W0035010

Das Buch
Eine Frau auf der Reise zu ihrem eigenen Ich

Trudy Culross ist 33, als sie sich entschließt, ihren ständig fremdgehenden Ehemann aus dem Haus zu werfen und die zwölfjährige Ehe zu beenden. Wenige Monate später ist das Haus
verkauft, sie sitzt in einer kleinen Londoner Wohnung und ist frei
– doch was nun? Zunächst holt sie nach, was sie in ihrer Ehe an
Sex und Selbstbestätigung versäumt hat. Doch bald wird dieses
wilde Leben schal, und Trudy ahnt immer deutlicher, daß sie das
alles nur tut, weil sie Angst hat vor dem Alleinsein. Von einer
Reise erhofft sie sich Veränderung in ihrem Leben, aber als sie den
Sprung schließlich wagt und völlig unvorbereitet Richtung
Spanien aufbricht, ändert sich zunächst überhaupt nichts. Wie
bisher gabelt sie wahllos Männer auf und läßt sich auf kurze,
unbefriedigende Affären ein. Allerdings merkt sie bald, daß ein
Verhalten, das in London keine Schwierigkeiten machte, auf
Reisen höchst gefährlich sein kann. Nach einem schrecklichen
Erlebnis in Italien beginnt für Trudy ein langer, mühsamer Lern-
prozess, der sie von Ägypten über Indien nach Thailand, Neusee-
land und Kalifornien führt – und am Ende sogar zu sich selbst.

Die Autorin
Trudy Culross ist Engländerin.

TRUDY CULROSS

HINTER KAIRO
WIRD ES BESSER

Die Reise einer Frau auf der Suche nach sich selbst

Aus dem Englischen
von Waltraud Götting

WILHELM HEYNE VERLAG
MÜNCHEN

HEYNE ALLGEMEINE REIHE
Nr. 01/13206

Die Originalausgabe
IT GETS BETTER AFTER CAIRO
erschien bei Ebury Press (Century Hutchinson), London

Umwelthinweis:
Dieses Buch wurde auf
chlor- und säurefreiem Papier gedruckt.

Der Titel erschien bereits im Heyne Sachbuch
unter der Nr. 19/2002.

Taschenbuchausgabe 11/2000
Copyright © 1988 by Trudy Culross
Copyright © 1989 der deutschen Ausgabe by
Weitbrecht Verlag im K. Thienemanns Verlag, Stuttgart-Wien
Wilhelm Heyne Verlag GmbH & Co. KG, München
Printed in Germany 2000
Umschlagillustration: Premium Stock Photography/
S. Vidler/Nawrocki Stock
Umschlaggestaltung: Nele Schütz Design, München
Druck und Bindung: Ebner Ulm

ISBN: 3-453-17746-0

http://www.heyne.de

INHALT

Für meinen Vater,
der sich Sorgen machte, aber sie zu verbergen suchte,
und meine Mutter,
die mich segnete und mich auf meinen Weg schickte.
Ohne ihre Ermutigung hätte ich meine Reise nicht begonnen.
Ohne ihre Hilfe hätte ich dieses Buch nicht zu Ende geschrieben.

Mit besonderem Dank
für meine Freundin Nadia, für ihre unendliche Geduld
und gute Kritik,
und für Yvonne, meine Verlegerin, die meinetwegen oft bis spät in die
Nacht arbeitete.

Und für Martin . . .
einen Kuß, wo immer du auch sein magst.

Prolog

Dieses Buch hier wird nicht viel über die Kunst des Reisens verraten. Ich kann Ihnen den Preis für eine Fahrkarte zweiter Klasse von Rangun nach Mandalay oder die richtige Art, gegrillte Heuschrecken zu essen, nicht nennen und auch nicht die ersten Symptome von Typhus beschreiben. Das überlasse ich den Fachleuten. Aber ich *bin* Expertin dafür, eine wie niederschmetternde und beschämende Erfahrung das Reisen sein kann und wieviel es uns lehren kann. Ich *kann* Ihnen etwas über die Freiheit erzählen – wie selten sie ist und wie leicht zu mißbrauchen, wie schwer es ist, sie wirklich zu genießen. Es ist schon eine Ironie, nicht wahr, daß völlige Freiheit unbedingte Selbstdisziplin erfordern soll.

Vor ein paar Jahren war ich das traurige Überbleibsel einer gescheiterten Ehe. Verwirrt, voller Angst, verbittert und rachsüchtig. Aber es war nicht zu spät, mich zu verändern. Die Welt war voller Frauen, die wie ich die Scherben aufheben und von neuem beginnen mußten. Aber ich übertraf sie noch. Nicht zufrieden damit, mein Leben nur wieder aufzubauen, entwarf ich es von Grund auf neu – gestaltete mich selbst nach, wie ich meinte, schnittigeren, schickeren Mustern. Eine Zeitlang gefiel mir das fertige Produkt nicht schlecht. Ich sah mich selbst als Frau der achtziger Jahre – geschieden, kinderlos, finanziell unabhängig, emotional auf niemanden angewiesen, in der Liebe aggressiv. Aber als Modell der neuen Weiblichkeit hatte ich ein paar Mängel, die nach und nach ans Licht kamen. Und bevor ich recht wußte, wie mir geschah, begann meine Fassade abzubröckeln.

Natürlich schob ich die Schuld äußeren Einflüssen zu – der Hektik des Londoner Lebens, dem beruflichen Druck, der Oberflächlichkeit der Freunde – und bildete mir ein, ein Szenenwechsel würde genügen, um alles wieder ins Lot zu bringen. Also trat ich eine völlig überstürzte Reise an und nahm, ohne es zu wissen, mein einziges wirkliches Problem mit – mein neues »verbessertes« Ich.

Die Frau, die London verließ, verfügte über alle Fähigkeiten und Eigenschaften, die für das Stadtleben notwendig sind. Sie wußte, wie man mit Kellnern umging, wo man spät in der Nacht noch ein Taxi auftreiben konnte, wann man in einer Geschäftsbesprechung hart bleiben mußte und was man bei Dinnerparties sagte. Sie konnte einen Mann ebenso leicht zur Schnecke machen wie ihn verführen und hatte ein grausames Vergnügen daran, beides zu tun. Aber außerhalb ihres Reviers war das alles nicht viel wert, und sie hatte anscheinend anstelle dessen nichts anzubieten. Sie hätte die Reise niemals überleben können – ihresgleichen besteht nicht lange in der Welt der Wirklichkeit. Aber sie war außerdem ein Teil von mir, und in dem Versuch, sie auszumerzen, hätte ich uns um ein Haar beide vernichtet. So viele törichte Entscheidungen, so viel unnötige Risikobereitschaft... warum wurde aus meiner Reise ein so todesverachtendes Unternehmen? Als die Antworten kamen, waren sie zutiefst erschreckend. Es hatte nichts damit zu tun, daß ich eine Amateur-Globetrotterin war, sondern ausschließlich damit, daß ich geschieden, voller Wut und Rachegefühle war... daß ich mich zurückgestoßen fühlte und kein Selbstwertgefühl besaß. Und als ich endlich hinter die Wahrheit kam, war ich völlig vor den Kopf gestoßen.

Wenn Sie je darauf aus waren, Macht über andere Menschen zu haben, wenn Sie sich je danach gesehnt haben, völlig frei zu sein, kann ich Ihnen sagen, wie aufregend – und wie gefährlich – diese Dinge sind. So schwer zu genießen, so leicht zu mißbrauchen.

Wenn Sie je von einer neuen Identität geträumt haben und davon, Ihr Leben ganz anders zu gestalten, dann können Sie meine Erfahrung teilen. Springen Sie herüber auf meine Seite des Zaunes und überzeugen Sie sich selbst, daß das Gras nicht grüner ist. Nur länger. Aber je mehr sich die Welt mir öffnete, um so mehr öffnete ich mich selbst. Je weniger ich versuchte, zu beeindrucken, um so mehr Bestätigung bekam ich. Je verwundbarer ich wurde, um so weniger fühlte ich mich bedroht. Als ich einmal zu vertrauen gelernt hatte, begegnete ich unendlicher Freundlichkeit. Und indem meine Zuneigung zu den Menschen und meine Freude an ihnen wuchs, stellte ich fest, daß auch meine Liebe zu mir selbst zunahm. Und so wurde meine innere Reise zu einem ebenso wunderbaren Erlebnis wie das äußere Abenteuer.

Ich hatte nie die Absicht, ein solches Buch zu schreiben, hätte nicht einmal im Traum gedacht, daß ich je so viele schmerzliche Wahrheiten vor vollkommen Fremden eingestehen würde. Es dreht sich alles darum, Gelegenheiten zu haben, Chancen zu bekommen – und doch Fehler zu machen. Aber wenn es dazu beiträgt, daß Sie ein bißchen weniger Angst haben, sich ein bißchen weniger allein fühlen, dann ist es gut. Wenn meine Geschichte Ihnen zeigt, daß Sie im Grnnde nur lernen müssen, sich selbst zu vertrauen, dann haben sich die Jahre der Arbeit, die gewaltigen Schulden, die verlorenen sozialen Bindungen und die Tränen (eine Unmenge davon) gelohnt.   *Trudy Culross*

ERSTER TEIL

MEINE ZEIT ZU WEINEN

ERSTES KAPITEL

Nimm mich mit in dein Bett und zeig mir, daß du mich magst

Damals dachte ich, daß jene ersten Sekunden nach dem Liebesakt – wenn Ruis Körper sich von meinem löste, sein Atem bereits flach ging im Schlaf – die traurigsten aller Augenblicke seien. Mit ihm zu schlafen gab mir nichts, bedeutete nichts für mich. Aber falls er es überhaupt merkte, schien es ihm doch gleichgültig zu sein. Mein Bett wurde zum einsamsten Ort der Welt, erfüllt vom Geruch und von der Wärme eines schlafenden Fremden, den ich einst so gut gekannt hatte.

Damals dachte ich auch, die Leere des Zusammenseins mit ihm sei erträglicher als das Alleinsein; ich dachte, daß es allemal vorzuziehen war, sich zu zweit im Bett einsam zu *fühlen*, als in einem leeren Bett einsam zu *sein.*

Früher, als ich ihn wirklich liebte, glaubte ich, für ihn sterben zu können. Selbst als die Liebe nachgelassen hatte, glaubte ich, ohne ihn sterben zu müssen. Damals dachte ich vieles, was ich heute nicht mehr denke, aber an jenem Sommerabend vor sechs Jahren dachte ich, während ich darauf wartete, daß mein Mann nach Hause kam, noch eingehender über diese Dinge nach als gewöhnlich.

Wie *macht* man Schluß mit einer zwölfjährigen Ehe? fragte ich mich, als ich unser stilles Haus aufschloß und mich daranmachte, meine abendlichen Hausarbeiten mechanisch zu erledigen. Mich trennten nur wenige Stunden von genau diesem Schritt, aber ich wußte nicht, wo ich anfangen sollte, wenn Rui nach Hause kam. *Falls* Rui nach Hause kam ...

Es war kurz nach acht, und die Zimmer waren noch von Tageslicht durchflutet, als ich durch das Haus wanderte und mich fragte, was er wohl gerade trieb. Vermutlich trank er mit den Typen im El Vino – ihre protzig vor der Tür geparkten Porsches stellten unweigerlich sicher, daß der stete Strom weiblicher Wesen, die begierig waren, bei freiem

9

Champagner umschmeichelt zu werden, nicht abriß. Von Bexley-heath und Bromley, aus der Wäscheabteilung von Selfridges und von Kosmetikständen von Dickins & Jones kommend, wetteiferten diese sorgfältig aufgemachten Verkäuferinnen mit dunkeläugigen Sprach-studentinnen und gelegentlich einem schwedischen Kindermädchen um die Aufmerksamkeit und Teilzeitgunst meines Mannes und seiner Kumpane.

Ruis Bande gab im El Vino den Ton an, mit stolz zur Schau getragenen teuren Anzügen und großspurigem Charme, mit ihrem portugiesischen Akzent, der auch der banalsten Bemerkung noch einen Hauch von Romantik verlieh; dabei sammelten sie horrende Rechnungen an und übernahmen es abwechselnd, vom Büroapparat des Wirtes aus ihre Frauen zu besänftigen, während schwärmerische Aushilfstippsen und Schuhverkäuferinnen verträumt an ihrem Arm hingen und das Ambiente von Gefahr genossen. Ich hatte Verständnis dafür, denn war ich nicht auch einmal eine naive, an einem Männerarm hängende Träumerin gewesen – wohl spürend, daß Rui Unheil bedeutete, es aber dennoch im Vollgefühl der damit verbundenen Aufregung genießend?

Ich war gerade einundzwanzig, als ich ihn kennenlernte, und es war ohnehin für mich ein Jahr, in dem ich gefährlich lebte. Eine blutige Anfängerin im Spiel des Lebens, war ich kurz zuvor von Dundee nach London umgesiedelt und teilte mir hier eine Wohnung mit zehn überdrehten Frauen, die mich tödlich beeindruckten mit ihrer super-schicken Ausdrucksweise und ihrer noch schickeren Kleidung. Ich war berauscht von meinem aufregenden neuen Job bei einer Teen-agerzeitschrift – enttäuscht zwar, daß man mich nicht ans Telefon ließ, bevor sich mein breiter schottischer Dialekt gemildert hatte, jedoch fasziniert, von Menschen umgeben zu sein, die sich mit »Liebling« und »Schatz« anredeten und sich in der Mittagspause zum »Lunch« verabredeten.

Obwohl ich auf dem Gebiet der Sexualität ein Spätzünder war, gefiel mir die Vorstellung, daß ich seit meiner Ankunft in der Stadt die verlorene Zeit wettmachte, und ich konnte mich bereits einer eigenen kleinen Geschichte erotischer Eroberungen brüsten. Sicher, die unbeholfenen Bemühungen meines ersten *wirklichen* Freundes hatten keinen bleibenden Eindruck hinterlassen, da beim einzigen Versuch dieses Sohnes Zyperns, mit mir zu schlafen, eine Verbin-dung aus Angst und Grippe bewirkte, daß ich eine höchst unkoope-rative Partnerin war.

Freund Nummer zwei war ein junger Macho von der berittenen Polizei, der, obwohl mindestens ebenso neugierig auf Sex wie ich, noch weniger Ahnung davon hatte. Wir verbrachten unsere Abende in der Regel statt mit Liebesspielen mit Rangeleien, da er versuchte, mich in die Kunst des Judo einzuführen. Die blauen Flecke, die ich nach jeder Lektion von Griff- und Wurfübungen aufzuweisen hatte, trugen mir den Neid meiner Mitbewohnerinnen ein, die nicht den geringsten Zweifel daran hegten, daß es sich bei den Stößen und Schlägen, die sie durch meine Zimmertür hörten, um das Morsealphabet der Erotik handelte. Und wer war ich denn, sie eines Besseren zu belehren?

Freund Nummer drei war etwas vollkommen anderes – gewandt und modisch elegant, nett anzusehen und Südamerikaner. (Ich begann damals bereits, eine Vorliebe für fremdländische Männer zu entwickeln.) Ich bin sicher, daß er mir so manches hätte beibringen können, und ich hatte noch alles zu lernen. Aber als er mich mit viel gutem Zureden aus den Kleidern hatte, als er mich von meinem langen Nylonhaarteil befreit, die verpfuschte Dauerwelle darunter freigelegt und mich mit einem leuchtend rosaroten Pessar zur Empfängnisverhütung konfrontiert hatte, von dem ich keine Ahnung hatte, wie und wo ich es einführen sollte, war der Zeitpunkt, mich flachlegen zu lassen, verpaßt. Oder zumindest, das Erlebnis genießen zu können. Zu verlegen, zu gehemmt, zu bekümmert darüber, wie wenig ich wußte. Zwei Wochen später nahm ich die Pille. Wieder ohne Freund, jedoch ein wenig besser vorbereitet auf denjenigen, der, wer auch immer es sein mochte, Begegnung Nummer vier werden würde.

Und dann war es plötzlich Sommer. Ich feierte meinen Einundzwanzigsten, und wenn ich auch noch nicht gerade sagen konnte, was kostet die Welt?, so lag Portugal doch gewiß im Rahmen meiner Möglichkeiten. Meine erste Reise ins Ausland – mein erster Urlaub voll Sonne, Strand und Liebe. Alles außer einem »Küß-mich-gleich«-Hut schwenkend, machte ich mich auf in Richtung Algarve in ein stilles, malerisches Fischernest namens Albufeira. Dort begegnete ich Rui und wurde über Nacht erwachsen.

Ich kannte ihn achtundvierzig Stunden, als ich mit ihm ins Bett ging. Ich kannte ihn sechs Tage, als mir klar wurde, daß ich mich unsterblich verliebt hatte. Ich kannte ihn acht Tage, als ich erfuhr, daß er verheiratet war. An jenem besagten Morgen hatten wir es geschafft, uns aus dem Bett hochzurappeln (Sex begann endlich einen

Sinn für mich zu bekommen), und frühstückten in einem Straßen-café, als einer von Ruis Freunden im Vorbeigehen die Neuig-keit verkündete, daß auf der Post ein Telegramm auf ihn wartete.

Er bedachte mich mit einem breiten Lächeln von der Art, wie ich es neuerdings anbetete, und versicherte mir, daß es »bestimmt niix« sei. Und dann, den Blick voller Schalk: »Es ist siischer von meiner Frau – mit Nachricht vom Baby . . .«

Ich glaube nicht, daß er bemerkte, wie mir das Lächeln im Gesicht gefror, als er sich mit einem Achselzucken erhob und die Straße in Richtung Postamt überquerte, während ich seiner schmächtigen Ge-stalt nachstarrte und seinen arrogant wiegenden Gang und die selbstbewußte Schulterhaltung in mir aufnahm, die ausdrückte, daß er sich um nichts auch nur im geringsten scherte. Und um nieman-den. Das war der Augenblick, in dem das feine Stimmchen in meinem Kopf sagte: »Nimm dich vor dem in acht, Mädchen. Was immer als nächstes passiert, trau ihm nicht.« Das war der erste gute Rat, den ich mir selbst seit Jahren gegeben hatte – es war typisch für mich, daß ich ihn in den Wind schlug.

Das Telegramm kam von seiner Mutter – sein Sohn war mittler-weile zehn Tage alt, Mutter und Kind ging es gut. Wann er nach Hause zu kommen gedenke, wollte sie wissen. Während ich eine verdammte Menge mehr wissen wollte. Und beim Frühstück erfuhr ich dann alles.

Rui hatte Annabellas Bekanntschaft unter einem Tisch in einem Schickeria-Nachtclub in Lissabon gemacht. (Ich hatte, wie Sie sehen, wirklich *keine* Ahnung, wie die andere Hälfte der Menschheit lebte.) Von da an hatte sich die Verbindung in atemberaubendem Tempo entwickelt – und zwar in dem Maße, daß sie sechs Wochen später verheiratet waren. Ein Fehler, den Rui, wie er mir versicherte, nie gemacht hätte, wenn seine Eltern und sein Bruder sich nicht solche Mühe gegeben hätten, die Beziehung mit der Begründung, daß die Frau »unpassend« sei, auseinanderzubringen.

Mittlerweile sah er sich allerdings gezwungen, ihnen recht zu geben. Denn sie war eine Frau, deren Schönheit ihren Verstand um Längen übertraf, obwohl sich herausgestellt hatte, daß sie mehr als ihren Teil an animalischer Schläue abbekommen hatte. Bei all ihren Fehlern war sie aber doch phantastisch im Bett, und es war zu dumm, daß sie sofort schwanger geworden war, sinnierte er, während er in seinem Kaffee rührte. Die reizende Annabella hatte, wohl den plötzlichen Gefühlsumschwung ihres Mannes ahnend, für die beste Art von Versicherung gesorgt – ein Baby.

Während sie im Hause seiner Eltern behaglich ihre Schwangerschaft pflegte, hatte er weiterhin die Bars und Nachtclubs in Lissabon abgeklappert, und obwohl er ihr versprochen hatte, bei der Geburt ihres Sohnes bei ihr zu sein, traf es sich, daß er in jener Nacht eine Glückssträhne am Spieltisch hatte und sich dort die ganze Nacht um die Ohren schlug. Ein Frühstück zur Feier dieses Spielerglücks war gefolgt, in dessen Verlauf seine Freunde (die alle ebenso reich und verzogen waren wie er selbst) darauf bestanden hatten, daß er ohne das Geld seiner Eltern verloren wäre.

Als ein Mensch, der keiner Herausforderung widerstehen konnte, hatte Rui sich in der Morgendämmerung aufgemacht, hoffnungsfroh und völlig unbekümmert um seine bevorstehende Vaterschaft, nach Süden zu den sonnenüberfluteten Stränden der Algarve zu trampen.

Und da war er nun – der verrückte Rui, seiner ganzen Barschaft beraubt und gezwungen, sich ohne auch nur einen Satz Kleider zum Wechseln durchzuschlagen. Alles wegen einer Wette im Suff. Natürlich würde er jetzt, da ihn seine leidensgewohnte Familie aufgespürt hatte, nach Hause zurückkehren und die Suppe auslöffeln, die er sich eingebrockt hatte, soviel stand für ihn fest. Aber da ich mich in wenigen Tagen ebenfalls auf den Heimweg machen würde, und wir eine so herrliche Zeit miteinander hatten... wäre es nicht besser, wenn er noch ein wenig bleiben würde?

Das war genau der Augenblick, in dem mir zum zweiten Mal klar wurde, daß er mich in *Schwierigkeiten* bringen würde. Und hätte ich damals das Weite gesucht, dann hätte ich nun, zwölf lange Jahre später, nicht durch unser Londoner Heim wandern und mir den Kopf zerbrechen müssen, wie zum Teufel ich den Absprung schaffen sollte. Aber ich hatte noch nie einen Mann so aufregend gefunden, und wer könnte mir einen Vorwurf daraus machen, daß ich mehr wollte? Nein, ich hängte mich statt dessen, wie die kleinen Anhängsel unten im El Vino, an den Arm des Ehemannes einer anderen und war wild entschlossen, ihn zu meinem zu machen. Wissen Sie, mir war noch nie jemand wie Rui begegnet – und ich war erstaunt, daß ein Mensch, der so übersprudelnd und witzig war, so voll unermüdlicher Energie und guter Laune, überhaupt außerhalb meiner Phantasie existieren konnte.

Er war stets zum Lachen aufgelegt, so leicht zu erheitern – erzählte ständig umwerfend komische Geschichten, in denen er die Zielscheibe des Spottes war. Er war der Wasserskifahrer, der um ein Haar im nur einen Meter tiefen Wasser ertrunken wäre ... der Sohn, der das Tafelsilber seiner Eltern versetzte, um eine Spielschuld zu begleichen ... der Jagdflieger, der drei Maschinen zu Schrott flog und dem zur Strafe die Geschlechtsteile angemalt wurden ... der Luftwaffenoffizier, der in der Regel zu betrunken war, um zum Appell zu erscheinen, sich eine eigene Ziege und eine eigene Nutte als Maskottchen am Stützpunkt hielt und seine Uniformen aus den feinsten Stoffen maßanfertigen ließ. Er war der Musterstudent, den die Militärpsychiater für schizophren erklärt hatten, der Rock'n'Roll-König des Landes, der arme reiche Junge, der den Porsche Cabrio seines Vaters mit zwölf zu Schrott gefahren, sein erstes Mädchen mit vierzehn umgelegt und Barrechnungen und Spielschulden gemacht hatte, bevor er sein siebzehntes Lebensjahr recht begonnen hatte; der sich nie rasierte (das tat sein Friseur), sich nie selbst das Badewasser einließ (das tat sein Dienstmädchen) und mit fünfundzwanzig Jahren noch keinen Tag seines Lebens gearbeitet hatte.

Zu sagen, daß er mir den Kopf verdrehte, wäre eine Untertreibung. Rui brachte mich fast um den Verstand. Zwanzig Jahre, erfüllt von den Wertvorstellungen der arbeitenden Bevölkerung, der Moral des Spare-dann-hast-du-in-der-Zukunft-und-kein-Sex-bevor-du-verheiratet-bist (und vielleicht nicht einmal dann), hatten mein Hirn restlos durchdrungen. Gehorche deinen Eltern, spar dein Geld, sei dankbar, daß du eine Stellung hast, heb dir den Spaß für den Freitagabend und den Sex für samstags auf (vorausgesetzt, du hast das Glück, einen Ehemann dein eigen zu nennen). Jahrelang hatte ich diese Regeln bedingungslos befolgt und Beine und Geist gegen neue Erfahrungen aller Art schön fest verschlossen ... gleichzeitig wohl ahnend, daß diese Geschichte noch eine andere Seite hatte.

Und jetzt gab es Rui – das lebende Beispiel für einen Lebensstil, der praktisch das genaue Gegenteil meines eigenen war, und dem das offensichtlich prächtig bekam. Für ihn hatte das Leben keinen Sinn, wenn man sich nicht amüsieren konnte. Er sah keinen Sinn darin, Geld zu verdienen, wenn man nicht wußte, wie man es ausgeben sollte. Er fand Ehrgeiz sinnlos, wenn er alle Kraft aufzehrte und das Leben eines Menschen beherrschte. Ebenso, wie es unsinnig war, Ärger zu zeigen, wenn man es mit Lächeln und guten Worten weiter bringen konnte, zu streiten, wenn man, indem man zu allem »ja« sagte (auch wenn in Wirklichkeit »nein« gemeint war), die Gegenseite so lange verwirren konnte, bis man seinen Willen bekam.

Das untaugliche Credo, der Welt das klassische Zweifinger-Symbol zu zeigen, für Rui schien es zu taugen. Während ich – die ich das Leben ernst genommen und die Regeln eingehalten hatte – mit einundzwanzig schon stark auf die Vierzig ging und längst überfällig war in Sachen Lebensfreude. Also waren wir in den letzten beiden Tagen meines Urlaubs in Portugal kaum aus dem Bett gekommen und hatten uns auf Arten geliebt, die mir nicht einmal im Traum eingefallen wären, und in Positionen, von denen ich bis dahin keine Ahnung hatte. Und die ganze Zeit über murmelte er Koseworte in einer Sprache, die ich nicht verstand; streichelte mein Haar, liebkoste meinen Rücken, küßte meine Augen, meine Ohren und sang mir etwas vor. Trieb mir Lachtränen in die Augen, wenn ich nicht gerade vor Glück weinte. Überhäufte mich mit Liebe und lehrte mich, darauf zu reagieren. All die Zuwendung, die Zärtlichkeit, die Ausstrahlung, der Optimismus und die Spannung... all die Liebe, die ich mir je erträumt hatte. Hier war sie in einem einzigen Menschen vereint, und ich wußte nicht, wie ich noch ohne ihn leben sollte.

Das jedenfalls sagte ich mir in jenem Sommer vor ewigen Zeiten. Heute ist mir natürlich klar, daß ich andere, weniger edle Gründe hatte, mich in Rui zu verlieben. Dieser Mann triefte vor Selbstbewußtsein, er war im höchsten Maße ichbezogen und egoistisch und gehorchte zweifellos nur seinen eigenen Gesetzen; alles, das zu sein ich nie gewagt hatte. Überdies hatte er Stil, war kultiviert, weltoffen, arrogant und souverän – das Ergebnis einer sorgfältigen Erziehung und einer hervorragenden Ausbildung. Das Nebenprodukt von Reichtum und Privilegien.

Ich betrachtete all diese Eigenschaften als Vorzüge, statt in ihnen die Fehler zu sehen, die sie in Wirklichkeit waren. Und das Arbeitermädchen in mir war, in dem sehnlichen Wunsch, die bescheidene Herkunft abzuschütteln, fast ebenso versessen auf Ruis Identität wie auf den Mann selbst. Denn damals sehnte ich mich ehrlich danach, jemand zu sein, der Erfolg hatte, und Rui paßte mit seiner Vorliebe für die Annehmlichkeiten des Lebens ohne Zweifel ausgezeichnet in meine Vorstellung. Von ihm konnte ich die Kunst lernen, mich zu amüsieren und auf alle Welt zu pfeifen.

Wenn ich rückblickend meine Kindheit und die meiner Mutter betrachte, wird mir klar, daß sich all das nach einem bestimmten Muster vollzog, daß diese Sehnsucht nach etwas »Besserem«, danach, mehr zu sein als die Summe meiner langweiligen Einzelteile, fast ebenso alt war wie ich selbst – von einer Frau in mich eingepflanzt, die ihr Leben lang versucht hatte, den Nachteilen ihrer eigenen Geburt zu entkommen ...

Meine Mutter war ein uneheliches Kind, eine Tatsache, über die sie in gnädigem Unwissen war, bis sie vierzehn wurde und, bei Antritt ihrer Arbeitsstelle als Weberin in der Jutefabrik des Ortes, ihre Arbeitgeber eine Geburtsurkunde von ihr verlangten. Sie erwähnte dieses Ansuchen, als sie am Abend nach Hause kam. Darauf kam die Wahrheit ans Licht, und für meine Mutter brach die Welt zusammen. Nachdem sie vierzehn Jahre lang »Frances« gerufen worden war, entdeckte sie, daß ihr Name in Wirklichkeit »Sylvia« war.

Sylvia Buchan Lawrence.

Stellen Sie sich vor, man erzählt Ihnen so nebenbei am Teetisch, daß Sie nicht dazugehören. Daß die Kinder, die sich mit Ihnen um Brot und Marmelade prügeln, gar nicht Ihre Geschwister sind; daß sie nicht einmal miteinander verwandt sind. Meine Mutter war nur eines von vielen ungewollten Kindern eines Haushalts. Herumstreunende und verwahrloste Kinder, die schließlich eines nach dem anderen an Tuberkulose starben, während das Mädchen nur auf Grund seines verbissenen Lebenswillens weitermachte.

Später trat eine erbitterte Entschlossenheit zum Erfolg an dessen Stelle, als sie allmählich zu einer hübschen Achtzehnjährigen heranwuchs, die sich durchs Kriegsende scherzte und tändelte und mit ihren grünen Augen schon bald Walter den Kopf verdrehte. Er gehörte zur Brigade der »Überbezahlten, Übererotisierten und Über-den-Teich-hierher-gekommenen« – ein junger Arzt, der im Begriff stand, nach Idaho zurückzukehren und eine eigene Praxis zu eröffnen, und der in meiner Mutter die kluge und aufgeweckte junge Frau sah, die einem aufstrebenden Arzt die perfekte Ehegattin sein würde. Er machte ihr also einen Antrag, und meine Mutter sagte »ja« und hätte ihn auch geheiratet – überzeugt, ihn zu lieben, und ohne je zu merken, daß Walters Anziehungskraft in der Ehrbarkeit seines Namens und dem Status seines Berufs lag, während Idaho gleichzeitig die Befreiung aus den schäbigen Mietskasernen verhieß, in denen sie aufgewachsen war.

Doch dann lernte sie meinen Vater kennen, der, auf Heimaturlaub, in seiner Galauniform glänzte und in wahrer Gene-Kelly-Manier über das Parkett des Tanzpalastes dahinschwebte.

Auf den ersten Blick war er ein Niemand, hatte nichts zu bieten. Ein demnächst aus dem Militärdienst ausscheidender Marineinfanterist mit der überaus vagen Aussicht auf einen Hilfsarbeiterjob in einem

Schlachthof. Launisch und ungesellig – der Mickrigste aus einer Schar von zwölf Kindern, die mit großen Portionen Haferbrei und der Bibel großgezogen worden waren. Sein Vater war ein sanftmütiger Laienprediger, während seine überaus einschüchternde Mutter eine messerscharfe Zunge und ein entsprechendes Temperament besaß. Dennoch sah Frances, unabhängig davon, daß sie ihn liebte, irgend etwas in dem Mann: ein Ventil für ihre überströmende Energie, einen Kanal für ihren brennenden Ehrgeiz ... wer weiß?

Was ich allerdings weiß, weil sie es mir kürzlich eingestanden hat, ist die Tatsache, daß meine Mutter keinerlei Absichten hatte, je Kinder in die Welt zu setzen. Sie war entschlossen aufzusteigen, lange bevor der Begriff »Mobilität« geprägt wurde, und eine Kinderbrut steht einem solchen Fortschritt im Wege. Ein großes Haus am Hang, im vornehmen Viertel der Stadt, ein hübsches kleines Auto und ein Hund waren die Summe dessen, was sie meinem Vater versprach. Doch sechs Wochen nach ihrer Heirat stellte sie fest, daß sie schwanger war. Drei weitere Kinder folgten mir dicht auf den Fersen.

Für die meisten Frauen hätte das das Ende ihrer hochfliegenden Pläne bedeutet, aber meine Mutter war aus einem anderen Holz. Und wenngleich sie mit dem Heulen der Fabriksirene erwachte und deren Ruf pflichtschuldig folgte – und im Morgengrauen mit Hunderten anderer Weberinnen zur Fabrik eilte –, setzte sie doch ihre ganze Kraft daran zu beweisen, was sie schon immer gewußt hatte: daß sie irgendwie etwas anderes, etwas Besonderes war. Etwas Besseres als die anderen. Mein Vater, ein schwer arbeitender, anspruchsloser Mann, unterstützte sie uneingeschränkt. Er gehörte nicht zu denen, die nach der Arbeit mal ein Bier tranken oder am Samstagvormittag im Wettbüro das Haushaltsgeld verjubelten. Während andere Väter in neuen Autos herumkutschierten, feine Anzüge trugen und vom Urlaub in einem fernen Land namens Spanien erzählten, radelte mein Vater, die abgetretenen Schuhsohlen mit ausgeschnittenem Pappdeckel verstärkt, bei Wind und Wetter zur Arbeit. Oh ja, meine Mutter war eine Frau, die eine Berufung hatte, und sie hatte einen Mann geheiratet, wie man ihn unter Millionen nur einmal findet. Allerdings nur, bis er die Beherrschung verlor. Bis man auf einen geheimen Knopf drückte, einen furchtbaren Schalter betätigte, dann verwandelte sich dieser ruhige, zurückhaltende Mensch in einen wütenden Stier! Dann wurde unser Haus zum Schlachtfeld, und er drosch auf alles ein, was seinen Weg kreuzte. Kinder und Haustiere brachten sich hastig nach allen Seiten in Sicherheit, und nur meine Mutter hielt –

herausfordernd und beinahe spöttisch – die Stellung und setzte seiner körperlichen Gewalttätigkeit einen Damm von Worten entgegen, während ich in äußerstem Entsetzen hinter der Tür zur Spülküche kauerte und das Geschehen beobachtete.

Gleichgültig, wie häufig es passierte, ich konnte die Tiefe der Wut und den Ernst des Hasses nicht begreifen, von denen beide bei diesen Gelegenheiten besessen zu sein schienen. Und selbst an ruhigen Tagen war ich ständig auf der Hut vor dem allergeringsten Stimmungswechsel zwischen meinen Eltern. Doch obwohl ich die Luft pausenlos nach den ersten Vorboten von Sturmböen abschnupperte, traf es mich jedesmal wie aus heiterem Himmel, wenn das Gewitter losbrach, und mein Schreck hielt noch an, wenn es längst wieder abgeebbt war, denn ich konnte damals nicht mit Gewalt umgehen, und ich kann es auch heute noch nicht.

Zu viel Arbeit, zu wenig Geld. Zu viele Kinder, nicht genug Zeit für sich selbst oder fürs Vergnügen. Heute fällt es mir leicht, die Belastungen zu begreifen. Aber als Achtjährige, dann als Zehnjährige und auch noch als Vierzehnjährige wußte ich nur, daß die Kinder irgendwie schuld daran waren. Und mir als Ältester fiel, nach meiner Vorstellung, die Hauptlast der Schuld zu. Heute weiß ich, daß ich mit einem ziemlich verkümmerten Selbstwertgefühl aufgewachsen bin, und ich glaube, damit begann alles.

Unvermeidlich blieb mir die Betreuung ihrer Brut überlassen. Ich war die Wärterin, der Hirtenhund und häufig die Tyrannin. In dem Maße, in dem ich hinter ihnen aufräumte, auf sie aufpaßte, ihnen Manieren beibrachte, wuchs mein Groll gegen sie. Ich wusch ihre verschissenen Windeln, kochte für sie, half ihnen bei den Hausaufgaben, log für sie in der Bemühung, den empfindlichen Frieden aufrechtzuerhalten und entwickelte schließlich eine Abneigung gegen meine Schwester und meine beiden Brüder. Ein Gefühl, das zu verbergen ich mir keine Mühe gab, wenn meine Eltern nicht in der Nähe waren. Wenn sie allerdings da waren, zeigte ich mich von meiner besten Seite. Das kleine Hausmütterchen, die stille Helferin – ich spielte meine Rolle perfekt. Ich wurde das, was sie brauchten: eine vernünftige, pflichtbewußte älteste Tochter, der man alle erdenklichen Aufgaben anvertrauen konnte. Nach außen still und fleißig, während im Innern der Unmut wuchs und wuchs.

Heute frage ich mich, warum meine Erinnerungen an die Kindheit zum größten Teil so deprimierend sind, obwohl sie im Grunde nicht besonders hart war. Da, wo ich aufwuchs, waren wir fast alle

Schlüsselkinder, und verglichen mit anderen Familien, war unsere, glaube ich, vertrauter im Umgang miteinander und glücklicher als die meisten. Aber wenn ich an jene Tage zurückdenke, ist alles von einem Gefühl der Beklemmung überschattet. Die vorherrschenden Erinnerungen meiner Kindheit sind jene der Eifersucht und der Wut. Und ein starkes Gefühl der . . . Entbehrung, nehme ich an.

Mein Vater kann seine Gefühle nicht zeigen, und es macht ihn verlegen, wenn man über Liebe redet. Daher lernte meine Mutter, von Natur aus eine sehr emotionale Frau, schon bald, ihr mädchenhaftes Liebesgetue zu zügeln. Nun ist daran ganz und gar nichts Ungewöhnliches; die Wahrscheinlichkeit, daß ich roten Regen sehe, ist größer als die, daß sich zwei Menschen auf einer schottischen Hauptstraße zur Begrüßung küssen. Aber ich wollte geküßt werden – reichlich. Ich wollte, daß man mich in den Arm nahm, mit mir schmuste und mir *zeigte*, daß ich geliebt wurde.

Ganz zwangsläufig habe ich natürlich seither von Männern erwartet, daß sie es mir zeigen: *Nimm mich mit in dein Bett und zeig mir, daß du mich magst.* Erst jetzt ist mir klar geworden, daß ich mein ganzes Frauenleben damit verbracht habe, Sex mit Liebe zu verwechseln.

Ich weiß nur, daß ich als kleines Mädchen unbedingt einen Grund dafür finden mußte, warum ich die Zärtlichkeiten und Küsse nicht bekam. Und die Antwort lag auf der Hand. Es gab zu viele Kinder in der Familie, die alle dasselbe forderten. Und so entstand meine Eifersucht und mit ihr der Wunsch, Besitz zu ergreifen. Wesensmerkmale, die zu unterdrücken ich mir solche Mühe gegeben habe, daß das erwachsene Wesen in mir angesichts der Untreue meines Mannes Gleichgültigkeit vortäuschte – so vollständig verdrängt ist mein Wunsch zu besitzen, daß ich heitere Gelassenheit an den Tag lege. Wenn ich in Wirklichkeit doch von rasender Eifersucht erfüllt bin.

Und das Ganze – alles, was ich weiß – hat seinen Ursprung in dem Kind in mir, das immer noch so tut, als würde es das, was ihm am meisten wehtut, nicht fühlen. Dieses junge Mädchen, das herausfand, daß der Fehler darin lag, arm zu sein und Kinder zu bekommen, und sich schwor, daß keiner dieser entsetzlichen Schicksalsschläge es je treffen würde.

Während sich also meine Familie von Krise zu Krise schleppte – wobei mein Vater ständig unter dem Druck zusammenbrach und meine Mutter immer neue und noch raffiniertere Methoden erfand, den Alltag zu meistern –, widmete ich mich ernsthaft der Schule und schaffte meinen Abschluß spielend. Zum Teil in der abgedroschenen

Bemühung, den Eltern zu gefallen und mich damit bei ihnen beliebt zu machen, zum anderen aber auch, weil ich spürte, daß das Leben meiner Mutter vollkommen anders verlaufen wäre, hätte sie eine Ausbildung wie ich genossen.

Ich hatte aus ihren Fehlern gelernt, und es war unvorstellbar für mich, in einer trostlosen Stadt mein Leben zu fristen und mich von Geldsorgen und einem Haufen undankbarer Kinder zermürben zu lassen. Finanzielle Unabhängigkeit bedeutete Freiheit, und gute Noten waren mein Schlüssel nach draußen. Das sagte mir meine Mutter oft genug, und ich glaubte ihr, obwohl wir beide nicht recht wußten, wohin das »draußen« mich schließlich führen würde.

Nicht, daß ihr eigener Lebensplan allzusehr schiefgegangen wäre. Sie brachte es zu dem Haus am Hang, dem hübschen Auto *und* dem Hund. Sie arbeitete immer noch hart, in wieder einer anderen Fabrik, und sah doch, in jenem Herbst meines fünfzehnten Jahres, immer noch blühend aus – rank und schlank und so attraktiv wie eh und je.

Und glücklich obendrein. Es entging meinem geübten Blick nicht, daß meine Eltern gut zurechtkamen. Zu gut, wie sich herausstellte. Denn eines Sonntagnachmittages verkündete sie, als wir zusammen Geschirr wuschen, daß in Kürze weiterer Familienzuwachs zu erwarten war.

Visionen einer babybeherrschten Zukunft stiegen vor mir auf, und ich konnte nicht einmal so tun, als freute ich mich. Es verhieß noch mehr schlaflose Nächte, strapazierte Nerven und Geldknappheit. Mehr Belastungen, mehr Sorgen, mehr Ärger. Ganz zu schweigen davon, daß es für mich bedeuten würde, haufenweise vollgeschissene Windeln zu waschen, zahllose Fläschchen zu machen und endlose Zeiten mit Babysitting zu vergeuden ... und meine Eltern mit noch jemandem teilen zu müssen.

Meine Mutter, die meine Ablehnung spürte, bemühte sich, mich in die Vorbereitungen für die Hausgeburt des Neuankömmlings einzubeziehen, und schließlich kam der Morgen, an dem ich erwachte und feststellte, daß ich einen neuen Bruder hatte. Der Hebamme entging mein Mißfallen nicht, und sie hob den kleinen Colin aus dem Waschkorb, der ihm als Bett diente, legte ihn mir in die Arme und paßte gut auf, während ich ihn zum ersten Mal badete – eine Aufgabe, die ich mit geübter Lässigkeit erfüllen konnte.

Aber nichts an diesem Baby konnte meinen Ärger besänftigen. Nicht die seidenweiche Haut seiner winzigen, rosigen Füßchen oder seine weißblonden Locken, weder seine blauen Augen noch sein weltfernes Lächeln. So leicht war ich nicht herumzukriegen, denn mittlerweile war ich auf Dauer immun gegen Babys. Gegen alle Babys. Jedes einzelne Baby, das je geboren werden mochte, einschließlich meines eigenen. Und was *dieses* Baby hier betraf ... also, dieses verdammte Baby brachte das Faß zum Überlaufen.

Zwei weitere Jahre hielt ich es noch bei meiner Familie aus. Ertrug meine Schwester und meine beiden Brüder, ignorierte standhaft das neue Baby und plante zielstrebig mein Entkommen; so, wie zwanzig Jahre zuvor meine Mutter das ihre geplant hatte. An meinem siebzehnten Geburtstag war ich mit der Schule fertig und hatte mir eine Stelle in einem kleinen Verlag besorgt. Plötzlich hatte ich ein bißchen Geld in der Tasche und begann – zutiefst ernüchtert vom Familienleben und der Vorstellung vom Teilen – zu ahnen, daß es noch eine ganze Welt jenseits meiner vier Wände gab. Einen Ort, an dem ich meine eigenen Regeln aufstellen und mich mit den Menschen umgeben konnte, die mir die ungeteilte Liebe und Aufmerksamkeit zukommen lassen würden, nach der ich mich sehnte.

Es bedurfte noch eines neuerlichen Streits (dazu kam es inzwischen häufig). Eines weiteren lautstarken Wettkampfs, der das Haus erschütterte und dessen Nachwirkungen – kalter Krieg und eisiges Schweigen – unerträglicher waren als sonst. Eines Morgens, nachdem meine Mutter zur Arbeit gestürmt und mein Vater mit steinerner Miene nach ihr aus dem Haus geschritten war, wartete ich, bis die Kinder zur Schule gegangen, und packte dann entschlossen meine Koffer.

Ich knallte ein letztes Mal die Haustür hinter mir zu, warf meinen Schlüssel trotzig in den Briefkasten und machte mich auf die Suche nach dem Ort, von dem meine Mutter so lange geträumt hatte. »Endlich«, dachte ich, »komme ich wirklich nach draußen ...«

»Draußen« war eine winzige Wohnung am anderen Ende der Stadt, in der ich mich zufrieden für die nächsten zwei Jahre niederließ, kam und ging, wann es mir gefiel, und im großen und ganzen machte, was ich wollte. Ich fand Gefallen an einem großen, schlaksigen Einheimischen, der sich wesentlich mehr für Fußball interessierte als für voreheliche Sexspiele, und ging die vorgeschriebenen fünfzehn Monate mit ihm, bevor wir die unvermeidliche Verlobung verkündeten.

Inzwischen war der Bruch mit meinen Eltern gekittet, und ich stattete ihnen als gute Tochter an den meisten Samstagen meine Pflichtbesuche ab – das heißt, wenn mein Verlobter und ich nicht gerade auf der Suche nach einer kleinen Wohnung waren, die wir unser eigen nennen konnten. Meine Hochzeit stand kurz bevor – ich hatte sogar begonnen, eine Aussteuer zusammenzustellen –, als ich geschäftlich nach London geschickt wurde. Nach vier Tagen, die ich, Bilder und Geräusche dieser Stadt in mich aufsaugend, zwischen Strand und Piccadilly herumgependelt war, hatte sich mein Leben für alle Zeiten geändert.

Sicher, ich hatte mich durch die Vorstellung eines Lebens als Ehefrau vorübergehend ablenken lassen. Aber der Gedanke, eine kleine Fußballmannschaft großziehen zu müssen, hatte meine Träume vom häuslichen Glück immer leicht getrübt. Und nun erwies sich der Reiz Londons als unwiderstehlich; ich gab meinen Verlobungsring zurück, kündigte meine Stellung und packte meine gesamte weltliche Habe in einen zerbeulten blauen Metallkoffer.

Meine Familie brachte mich an einem frostigen Oktobermorgen an den Zug nach London, und während mein Vater das Gepäck in den Waggon wuchtete, sahen meine Mutter und ich uns nur an. Wir wußten in diesem Augenblick beide, daß es endlich passierte ... daß schließlich doch eine von uns sich wirklich nach der Freiheit streckte.

In den ersten drei Stunden der Reise war ich zu befangen, um mich zwischen so vielen Fremden hinzusetzen. Daher blieb ich im Gang stehen und starrte haltsuchend auf meinen Koffer hinunter. Dann tastete ich nach dem Geld in meiner Jackentasche – zwanzig Pfund. Zwanzig Pfund zwischen mir und dem, was mich als nächstes erwartete. Zwanzig Pfund, und keine Arbeit, keine Wohnung, keine Ahnung, was geschehen würde, wenn ich mein Ziel erreichte. Eine eigenartige Vorstellung ... und als der Zug schließlich im Bahnhof Carlisle einlief, war mir ein ganz kleines bißchen ängstlich zumute.

Ich hätte mir allerdings keine Gedanken zu machen brauchen. London Anfang der Siebziger, das war der Ort, an dem sich alles abspielte, und ich heulte schon bald mit den Wölfen. Mir gefiel mein neuer Job bei einer Jugendzeitschrift, mir gefielen meine neuen Freunde. Ich genoß mein Leben. Und hielt beständig Ausschau nach Mitteln, es noch zu verbessern. Kein Wunder, daß Rui eine solche Anziehung auf mich ausübte.

Als ich jedoch ein paar Tage aus Portugal zurück war, und die anschaulich geschilderten Einzelheiten meiner Ferienromanze bei meinen Mitbewohnerinnen ein alter Hut waren, begann ich zu der Überzeugung zu kommen, daß Rui vielleicht doch nicht allzuviel zur Verbesserung meiner Lebensqualität beigetragen hatte. Na gut, dann hatte ich eben mit einem halbverrückten, verheirateten Latino abgehoben, aber ich war sicher wieder auf dem Boden gelandet. Und ich fing gerade an, mich wieder sachte auf der Erde einzurichten und mich für die altbekannte Arbeite-bis-zum-Umfallen-, Spare-bis-ins-Grab- und Kein-Sex-auf-dem-Sofa-Moral zu erwärmen, als der halbverrückte, verheiratete Latino mitten in der Nacht anrief.

Es war der erste von vielen Anrufen, in deren Verlauf wir darüber diskutierten, warum wir es *nicht* tun sollten; warum wir es, unter praktischen Gesichtspunkten betrachtet, nicht tun *konnten*; und er versprach, daß er es nicht tun *würde*. Dennoch war ich, als er drei Wochen später auf meiner Türschwelle stand, so aufgeregt wie noch nie in meinem ganzen öden Leben. Ich stellte mir vor, daß wir ein ausgezeichnetes Team abgeben würden, er mit seinem Stammbaum (welch ein Stil, welch ein Prunk) und ich mit meinem nimmermüden Antrieb und meinem verbissenen Ehrgeiz.

Und eine Zeitlang waren wir auch genau das ...

Das plötzliche Klingeln des Telefons zerriß die Stille, und während ich mich langsam erhob, stellte ich fest, daß das Tageslicht vergangen und das ruhige Wohnzimmer in Dunkelheit getaucht war. Ich machte mir nicht die Mühe, die Tischlampe einzuschalten, bevor ich den Hörer aufnahm, wohl wissend, daß Rui am anderen Ende war.

»Allo, meine Süße!« schrie er über die Lärmmauer hinweg. Offensichtlich war er vom El Vino weitergezogen. »Mach dir keine Gedanken wegen dem Abendessen. Ich hab' vergessen, dir zu sagen, daß ich außerhalb esse. Diese langweiliige Sache mit dem fliegenden Personal ... ich muß heute abend noch etwas zu Papier briingen. In Ordnung?« fügte er im Nachsatz hinzu. In dem Wissen, daß es das, wie immer, sein würde.

Langsam legte ich den Hörer auf die Gabel zurück. Er hatte also etwas zu Papier zu bringen, soso. Das bedeutete vermutlich, daß seine Verabredung-zum-Abendessen in der Schreibwarenabteilung von John Lewis arbeitete. Irgendein kleines Ding, das gewöhnlich weiße Umschläge im Dutzend verkaufte und sich, nun, da sie Ruis Bekanntschaft gemacht hatte, im siebten Himmel wähnte. Ihm gefielen seine kleinen Scherze, wissen Sie – er gab mir stets schlaue kleine Hinweise, so daß ich in ihm lesen konnte wie in einem offenen Buch. Wenn ich Lust hatte – wenn ich den Mut hatte –, zwischen den Zeilen zu lesen.

»Nun ja, sieht so aus, als müßte ich allein zu Abend essen«, erklärte ich Angus. Mein kleiner Scotchterrier, der alles vorhergesehen hatte, trottete freundschaftlich hinter mir her, als ich in die Küche ging und auf dem Weg dorthin alle Schalter anknipste und die Räume mit Licht durchflutete.

»Wie *macht* man Schluß mit einer zwölfjährigen Ehe?« fragte ich mich noch einmal, während ich mir irgendeine Dose griff und den Dosenöffner hineinbohrte.

Nun, zuerst wartest du ... und wartest ... und wartest, bis es deinem verdammten fremdgehenden Ehemann beliebt, nach Hause zu kommen.

Und dann?

»Und dann sagst du dem Scheißkerl die Meinung!« schrie ich die halb geöffnete Dose Thunfisch an, als endlich die Tränen kamen.

ZWEITES KAPITEL

Die Herrin des kalten Kusses

K ennen Sie den Spruch – wie sehr »alle Welt die Liebenden liebt«?
Ich halte das für vollkommenen Quatsch. Meine Bemerkung
gründet sich auf persönliche Erfahrung, denn wenn die Welt und die
meisten Leute, die wir darin kannten, unsere Liebesbeziehung nicht
mit offenem, altmodischem Mißfallen bedachten, dann waren sie
verdammt unverblümt ablehnend.

Möglich, daß ich das Ganze zu persönlich nehme. Vielleicht
grassierte in jenem Oktober, als Rui in London ankam, in Europa der
Ausländerhaß, und wir waren einfach nur zwei unter vielen Opfern.
Aber meine Mitbewohnerinnen, die meine turbulente Affäre als
notwendige Beigabe eines Urlaubs in einem fremden Land angesehen
hatten, waren nun, als wir diese Romanze in meinem kleinen Zimmer
im Dachgeschoß wiederbelebten, äußerst skeptisch.

Selbst meine engsten Freunde – zwei junge Waliser, die am
anderen Ende der Straße wohnten – fragten mich, was ich mit
»diesem zottelhaarigen Gigolo« wollte, da sie mir doch beide schon
lange ihre Dienste angeboten hätten. Sicher, wenn ich Rui mit ihren
Augen betrachtete, merkte ich, daß sie nicht unrecht hatten; die
schmale, in einen Marinemantel geduckte Gestalt hatte wenig Ähnlichkeit mit dem arroganten, sonnengebräunten Romeo, dem unum-
schränkten Herrscher von Albufeira.

Hier, in dem kalten Licht des Nordens wirkte Ruis Haut hingegen
gelblich, seine großen braunen Augen blickten stumpf und teilnahmslos aus einem zunehmend verkniffenen Gesicht, und selbst
seine blauschwarze Haarmähne hatte ihren Glanz eingebüßt. Überdies verlor Rui auch noch an Gewicht. Die Anstrengung, die es ihn
kostete, sich selbst zu rasieren und das Bad einzulassen, forderte
bereits ihren Tribut, und es war fraglich, ob seine Widerstandskraft
ausreichen würde, sich in einem Job zu bewähren.

Und damit kommen wir zu einem *weiteren* Problem – Arbeit. Rui
sprach zwar sehr gut französisch und mehr als leidlich italienisch,
aber sein Englisch war stockend und von einem schweren Akzent
gefärbt – besonders am Telefon. Bevor er darin Fortschritte machte,
würde er aller Wahrscheinlichkeit nach lediglich die Sorte Arbeit
bekommen, die er um keinen Preis der Welt getan hätte. Er war

nicht aus dem Holz des Taxifahrers, Kellners oder Barmanns gemacht.

Also gewöhnte er es sich an, den ganzen Tag im Bett herumzulungern, während ich mich allmorgendlich in die Welt der Pendler stürzte. Ich war inzwischen Lektoratsassistentin bei der Zeitschrift, ein Redakteursposten stand bevor, und es war an der Zeit, daß ich mich ernsthaft mit der Welt des Journalismus befaßte. Aber ich konnte es mir nicht leisten, mich in Ruis Nähe allzu begeistert darüber zu äußern, da er meinen drängenden Ehrgeiz mit leiser Eifersucht beäugte. Hier war ein Mann, der Zeit im Überfluß zur Verfügung hatte – ein Mann mit überschüssigen Kräften. Er hatte die Marathon-Veranstaltungen im Bett genossen, die wir in Portugal gehabt hatten, und nun wollte er hier in London eine neue Runde einläuten, da es nicht viel gab, das ihn beschäftigt hätte. Aber jetzt, da ich wieder eine werktätige Frau war, die sich bemühte, den Lebensunterhalt für zwei zu verdienen, hatte ich mit der rauhen Wirklichkeit des Lebens zu kämpfen. Weder mein Körper noch mein Bankkonto konnten die Belastung verkraften, und die ganze zusätzliche Arbeit und Sorge bedeutete williges Fleisch, schwachen Geist und all das. Um es ganz offen zu sagen, nach Hause zu kommen, bedeutete flachgelegt zu werden – gewöhnlich sogar noch, *bevor* ich beginnen konnte, das Abendessen zu kochen, und es passierte aller Wahrscheinlichkeit nach wieder, nachdem wir gegessen hatten und bevor ich mich an den Abwasch machte. (Ich sehe, Sie haben es bereits bemerkt, und Sie haben recht: Rui gehörte nicht zu den Männern, die sich mit Hausarbeiten abgeben.)

Wenn er besonders munter war, konnte der Sex den größten Teil der Nacht fortdauern, und obwohl ich wirklich in diesem Übermaß an Zuwendung schwelgte, gab es einen Punkt, an dem selbst ich nicht mehr konnte und dafür den Reiz der Gewohnheit, lange im Büro zu bleiben, zu begreifen begann. Mit anderen Worten, ich war längst nicht mehr so amüsant wie im Sommer, während Rui, weit weg von der Heimat und seinen Freunden, pleite war und anfing, sich zu langweilen. Die Lage war höchst angespannt, und die anderen waren auch nicht gerade eine Hilfe.

Nehmen Sie zum Beispiel meine Familie, die sicherlich niemals zu den Gründungsmitgliedern von Ruis Fan-Club zählen würde. Ich schleppte ihn mit nach Dundee, wo mein Vater ihm feierlich die Hand schüttelte und ihm anbot, ihn auf ein Glas Bier mitzunehmen (eine Gunst, die gewöhnlich den Fest- und Feiertagen vorbehalten war), *vorausgesetzt,* er ließ sich die Haare schneiden. Dann deutete mein Vater, indem er mir eine scharfe Schere in die Hand drückte, auf das Badezimmer, worauf ich Rui kleinherzig hineinschob und Anstalten machte, mich an seinem Kopf auszutoben.

Meine Mutter hatte in der Zwischenzeit eine ihrer schweigenden, sekundenschnellen Taxierungen vorgenommen, während Rui sich um eine Unterhaltung mit dem überdrehten, sechsjährigen Colin bemühte, von der keiner der beiden ein einziges Wort verstand. Ein paar Minuten später erwischte sie mich im Obergeschoß, und ihre Augen blitzten vor Zorn während sie mir zuzischte: »Er ist verheiratet, stimmt's?« Ihr entging nie etwas. »Bist du *übergeschnappt?*« fuhr sie mich, in mein Schweigen hinein, an. »Ihn in dieses Haus zu bringen! Gott steh dir bei, wenn es dein Vater herausfindet–« Dabei machte sie das Bett und wirbelte die kalten Tücher heftig durch die Luft, während ich hilflos da stand und mich fragte, was sie sagen würde, wenn ihr je etwas von dem Kind zu Ohren kam.

Natürlich mußten wir in getrennten Zimmern schlafen. Rui brachte die folgenden paar Tage damit zu, hochbrisante Fragen aller Art zu parieren, beispielsweise die, womit er seinen Lebensunterhalt verdiente, und das Wochenende erwies sich nicht eben als rauschender Erfolg. Deprimiert schleppten wir uns nach London zurück; Rui mit einer ernsten Magenverstimmung, die von einem Übermaß an Hackfleischpasteten und warmem Bier herrührte, während mir Mutters lebhafte Warnung vor arbeitsscheuen, verheirateten Ausländern in den Ohren klang.

Die portugiesische Seite tat ebenfalls ihr bestes, einen Keil zwischen uns zu treiben, indem immer wieder eigenartige Bekannte, die auf Geschäftsreisen oder Einkaufszügen durch London kamen, Rui anriefen, um ihn schmerzlich an all die Freuden zu erinnern, die ihm entgingen. Manchmal kamen sie auch vorbei, um mich zu begutachten. Und einer von ihnen setzte es sich sogar in den Kopf, mich zu verdrängen.

Paulo war einer von Ruis alten Spielerfreunden, der die Tatsache beklagte, daß Lissabons bester Pokerspieler die Bruderschaft verlassen hatte. Ich erinnere mich, daß wir an jenem Samstag eine rauschende Party in der Wohnung feierten, und während ich mit Flaschen von diesem und Tabletts von jenem durch die Räume schwebte, bemerkte ich, daß Paulo mit einem sehr hübschen Mädchen im Schlepptau eingetroffen war. Mir war schnell klar, daß sie nicht Paulos Freundin war, aber ich brauchte ein wenig länger, um zu merken, daß sie ein Köder war – hierher gebracht, um Rui daran zu erinnern, wie die andere Hälfte der Menschheit immer noch lebte.

Ich fühlte mich bedroht und besitzergreifend, war aber fest entschlossen, es nicht zu zeigen, und daher schlug ich die wohlgemeinten Ratschläge der anderen Mädchen in den Wind und verlegte mich darauf, Miß Lissabon und meinem Freund viel Raum zu lassen. Nicht, daß sie ihn zu diesem Zeitpunkt benötigt hätten; das Mädchen hatte sich praktisch an Ruis Hosenbein geheftet, und ihre Arme waren schlangengleich um seinen Hals geschlungen. Zwar sagte sein Blick in meine Richtung, wie peinlich ihm das alles sei, aber das Lächeln, mit dem er sie bedachte, sagte etwas ganz anderes.

»Sie geben ein hübsches Paar ab, meine beiden Freunde – findest du nicht auch?« erkundigte sich der aalglatte Paulo, und Tatsache war, daß er recht hatte. Wie Zwillinge, mit ihrer olivenfarbenen Haut, den blitzenden Augen und dem glänzenden schwarzen Haar, das im Kerzenlicht schimmerte. Hmmm...

Die Kerze näher heranzurücken, war ein leichtes. Dann beobachtete ich aufmerksam, wie sie mit Rui flirtete, und jedes Mal, wenn sie ihre dichte schwarze Mähne zurückwarf und um Haaresbreite die Flamme verfehlte, sah ich geduldig wartend zu. Als ihr lackschwarzes Haar schließlich mit der Kerze in Berührung kam, war die Lichtexplosion prachtvoll und meine geistesgegenwärtige Reaktion wirklich medaillenreif. Der Inhalt einer Flasche tiefroten Weinfusels, über dem Kopf ausgegossen, löscht unfehlbar jedes Feuer – insbesondere dasjenige erotischer Natur. Es war das letzte, was ich je von der angesengten und erbarmungswürdigen Miß Lissabon gesehen habe.

Viel später, als ich schlaflos neben einem betrunkenen, schnarchenden Rui lag, wunderte ich mich über mich selbst und ließ endlich meiner Eifersucht freien Lauf. Wenn ich mit ihm zusammen war, wurde ich ständig überrascht von der Tiefe der Leidenschaft, deren ich fähig war, und nun begann ich, mich zu fragen, was ich noch alles an mir selbst entdecken würde, wenn wir unser Zusammenleben fortsetzten.

Ich wußte, daß unsere Zukunftsaussichten trostlos waren, und sein Dasein ohne einen Pfennig und ohne Freunde machte Rui immer unglücklicher. Ich konnte den Gedanken nicht ertragen, daß er mich verlassen und nach Hause zurückkehren könnte, aber es war abzusehen, daß wir bald kein Dach mehr über dem Kopf haben würden. Meine Mitbewohnerinnen, die es ganz gelassen sahen, wenn Freunde über Nacht blieben, hatten es verständlicherweise satt, daß ein Mann andauernd im Haus herumhing, und es fielen beinahe täglich anzügliche Bemerkungen. Und ich fragte mich gerade, wie es überhaupt noch schlimmer kommen konnte, als es selbstverständlich passierte.

Etwa eine Woche später ging ich am Telefon im Flur vorbei, als es schrill klingelte. Ich hörte ein seltsames Surren und Klicken in der Leitung, und dann verlangte eine Frau mit weicher, leiser Stimme, Rui zu sprechen. Ich wußte instinktiv, daß es seine Mutter war, und er kehrte mit nachdenklichem Gesichtsausdruck und der Nachricht, daß seine Familie ihn wieder bei sich haben wollte, vom Telefon zurück.

Er war vier Monate von zu Hause weg gewesen, und in dieser Zeit hatte sich ihre Einstellung gründlich geändert. Sie waren jetzt nur allzu bereit, seine Schulden zu bezahlen und ihren Einfluß geltend zu machen, um ihm einen »passenden« Job zu verschaffen. Sie würden sogar den Gedanken in Erwägung ziehen, daß ich mich auf die Bildfläche drängte, wenn er sein Leben (und die Sache mit seiner Frau?) erst im Griff hatte. Ein Ticket lag in Heathrow für ihn bereit, ihm blieb nur, ein Flugzeug zu nehmen.

Ich hätte ihm die Heimkehr gern ausgeredet, wurde mir aber mit einem wachsenden Gefühl der Hilflosigkeit bewußt, daß dies eine Entscheidung war, die er vollkommen allein treffen mußte. Wir sprachen natürlich darüber, aber viel später an jenem Abend ging ich allein zu Bett, während Rui unten blieb, um sich die Sache durch den Kopf gehen zu lassen.

Als er gegen drei Uhr morgens ins Bett schlüpfte, klammerte ich mich unfähig, etwas zu sagen, an ihn. Doch indem er mir flüchtige Küsse ins Haar drückte, hielt er sich gleichzeitig von mir fern, und ich brauchte ihn nicht zu fragen, wie seine Entscheidung ausgefallen war.

Sie fragen sich vielleicht, warum mir der Gedanke, ihn zu verlieren, so wehtat, da wir uns gegenseitig doch nichts als Schwierigkeiten gemacht hatten. Aber diese elenden Monate unseres Zusammenseins hatten auch eine andere Seite. Alberne Spielereien und vertraute Scherze ohne Ende. So viel gemeinsames Gelächter. Heftige, laute Auseinandersetzungen, die ich genoß, weil nicht ein einziges Mal die Gewalttätigkeit – dieses Element, das ich fürchten gelernt hatte – dabei ihr häßliches Gesicht zeigte.

Und dann war da noch die Zuwendung. Die Umarmungen, Küsse und zärtlichen Worte, nach denen ich mich so gesehnt hatte, kamen bei Rui so selbstverständlich wie das Atmen. Mir stand ein Übermaß an Zärtlichkeit zur Verfügung, die ich nicht verdienen und mit niemandem teilen mußte. Und nicht zu vergessen der Sex; seitdem Rui mir die Geheimnisse dieses besonderen Zeitvertreibs erschlossen hatte, war das Vergnügen wirklich stets auf meiner Seite gewesen.

Und mehr noch – die Liebe zu ihm verschaffte mir ein Ventil für mein einziges angeborenes Talent: Menschen zu versorgen. In meiner Kindheit hatte ich einen fein ausgeprägten mütterlichen Instinkt entwickelt, und Rui wurde des Aufhebens und der Fürsorge nie müde, die es mit sich brachte, wenn ich ihm die Haare wusch, ihn badete und in den Schlaf streichelte, sein Lieblingsgericht für ihn kochte und seine Kleider ausbesserte. Dienste, die ich so gern verrichtete, wie sie ihm zupaß kamen.

In den frühen Morgenstunden spürte ich, wie er seinen warmen Körper von meinem löste; nahm das Stöhnen der Bettfedern wahr, als er seine Füße auf den Boden schwang. Hörte das leise Rascheln, als er in die Hosen stieg, die quietschenden Scharniere, als er den Wandschrank öffnete, seine wenigen Kleider verstohlen herausnahm und die Reisetasche herunterhob. Rui ging, ohne sich zu verabschieden, und ich wußte, daß es in jeder Hinsicht weniger schmerzhaft sein würde, wenn ich einfach vorgab, noch zu schlafen.

Sekunden nachdem er aus dem Zimmer gegangen war, stand ich auf und schlich mich zum Fenster. Unten über der beleuchteten Straße schwebten ziellose Schneeflocken und überzogen das Pflaster mit einer kaltgelben Schicht. Und plötzlich tauchte er auf; seine schmale Gestalt gegen den Wind gestemmt, eilte er die Straße hinunter, und die Tasche schlug ihm gegen die Beine. Dann verschwand er hinter einem Schneeschleier, und ich wußte, daß mit ihm das Lachen aus meinem Leben gegangen war.

Am Abend desselben Tages schrillte kurz nach acht die Türklingel. Ich kam gerade mit einer Tasse Kaffee aus der Küche, als Alison die Tür öffnete... und Rui wehte, den Marinemantel von einer feinen Schicht Pulverschnee überzogen, der in dem warmen Flur aufwirbelte, mit einem eisigen Windstoß herein.

Unfähig zu glauben, daß er wahrhaftig vor mir stand, ging ich auf ihn zu, und seine kalten Hände schlossen sich gierig um die Tasse. Er genoß meine Verwirrung, leerte die Tasse mit einem Zug und sagte: »Nun, meine Süße – gib mir einen Kuß. Ich habe einen Job, weißt du, also habe ich wohl einen verdient.«

Mich fest im Arm haltend, saß er in der überfüllten Küche und unterhielt die anderen mit einem übermütigen Bericht von seinem

Besuch bei einer Stellenvermittlung, seinem Fußmarsch zu einer schäbigen Pension in der Cromwell Road und seiner ersten Lektion im Bettenmachen und Spiegeleierbraten. Denn Rui, der einstmalige Trinker, Spieler und herrschaftliche Genießer, hatte sich, wenige Stunden, nachdem ihm seine Mutter einen eleganten Ausweg aus seinem Exil angeboten hatte, in die Reihen der Dienstboten der Hauptstadt begeben. Und während meine Mitbewohnerinnen ihn mit Glückwünschen überhäuften, saß ich nur da und liebte ihn in diesem Augenblick so sehr, wie ich seither nie wieder einen Mann geliebt habe.

Der Februar ging in den März über, und an einem von kaltem Sonnenschein erfüllten Morgen erhielt Rui einen geheimnisvollen Anruf, in dem er gebeten wurde, sich im Büro der portugiesischen Fluggesellschaft zu einem Einstellungsgespräch vorzustellen. Hatte seine Familie endlich begriffen, daß er entschlossen war, sein Leben in London erfolgreich zu bestreiten, und waren die Fäden in Lissabon doch endlich zurückgezogen worden? Wir erfuhren es nie wirklich. Aber plötzlich hatte Rui eine gute Stellung in der Regent Street, in einem Büro, in dem jedermann seine Sprache kannte, und er konnte wieder einen eleganten Anzug tragen und gepflegte Fingernägel haben.

Wir hatten uns noch nicht von diesem Glücksfall erholt, als eine Freundin anrief und uns das winzige zweite Zimmer in ihrer eleganten Erdgeschoßwohnung in Chelsea anbot, und indem wir uns auf das Leben in der King's Road einrichteten, gemeinsam mit der weichherzigen Maureen, ihren beiden Katzen und ihrem Schatz an Beatles-Platten, wußten wir, daß wir die glücklichsten Menschen der Welt waren.

In der ersten Nacht legten wir uns in dem winzigen, vollgestopften Zimmer nieder und unterhielten uns flüsternd bis tief in die Nacht. Darüber, wie froh wir waren, so jung, so glücklich, so verliebt zu sein. Durften wir hoffen, daß es andauern würde?

Damals gaben wir uns das Versprechen. Schworen uns um der Liebe willen, die wir in diesem Augenblick füreinander empfanden, daß wir niemals den Weg gehen würden, den wir bei anderen Paaren gesehen hatten. In dem Augenblick, in dem es nicht mehr funktionierte – in dem Augenblick, in dem wir nicht mehr glücklich miteinander waren und wußten, daß der Zauber gewichen war –, würden wir einander loslassen. Das verzweifelte Klammern, die endlosen Vergeltungsschlachten, die Zerstörung, die so viele Men-

schen bei ihren Partnern anrichteten, die sie zu lieben behaupteten –
all das wollten wir nicht.

Es war ein aufrichtiges Versprechen, das keiner von uns je vergaß. Ein
Versprechen, von dem ich nicht im Traum dachte, daß ich es einmal
würde halten müssen. Die Frage war jetzt, ob wir immer noch
auseinandergehen konnten, ohne einander allzu großen Schmerz zu
verursachen. Oder hatte die Zerstörung bereits begonnen … war das
Unheil bereits geschehen?

Ich dachte über die Frage nach, während ich mir ein Bad einlaufen
ließ, mich auszog und mein Gesicht im Spiegel betrachtete. Ich hatte
Angst, und man sah es mir auch an. Als ich mich müde in das warme
Wasser gleiten ließ, begannen meine Gedanken wieder zu schweifen,
und die altbekannten Fragen kreisten in meinem Kopf.

Was war in unserer Ehe schiefgegangen und warum? Und wann?

Ich glaube, eine Waschmaschine, ein Auto und sogar unser Körper
strahlt Warnsignale aus, wenn es Probleme gibt. Und dasselbe geschieht in einer Beziehung. Aber oftmals wünscht man sich erst, wenn
das ganze verdammte Gebäude einstürzt, man hätte aufmerksamer
auf all die Puffe und Schläge und Schnaufer geachtet, die man
geflissentlich ignorierte.

In unserer war, soviel ist mir heute klar, von Anfang an der Wurm
drin, nur war ich zu verliebt in mein Bild von Rui, um auch nur in
Erwägung zu ziehen, daß ich, was ihn anging, vielleicht mit Blindheit
geschlagen war. Und daß es, jenseits meines eingeschränkten Gesichtsfeldes, Seiten an diesem Mann gab, von denen ich noch keine
Ahnung hatte.

Ich erhielt meinen ersten flüchtigen Eindruck davon, als seine
Eltern uns zu einem Besuch nach Portugal einluden. Rui war von der
Aussicht begeistert, seine Freunde wiederzusehen, die Lokale, die
alten Reviere wieder zu besuchen. Während mich der Gedanke mit
Aufregung erfüllte zu fliegen, eine fremde Stadt kennenzulernen,
endlich von seiner Familie anerkannt zu werden – eine andere Seite
des Mannes zu erfahren, der immer noch ein solches Rätsel für mich
war.

Die »andere Seite« offenbarte sich buchstäblich in dem Augenblick,
als wir die Treppe vom Flugzeug hinunterstiegen. Ich übertreibe
nicht, wenn ich behaupte, daß sich mit Rui eine Veränderung vollzog,
noch bevor wir die Zollformalitäten erledigt hatten. Etwas Ungreif-
bares lag in der Luft – etwas in der Hitze oder dem Aufbrodeln der

fremden Sprache, die von allen Seiten auf uns einstürmte. Was immer es war, es bewirkte, daß der alte Rui aus den Tiefen emportauchte, und als er sich aus dem Taxi in die erwartungsvoll ausgebreiteten Arme seines supercoolen Bruders Luis fallen ließ, war anstelle meines Rui ein großspuriger, überheblicher und vornehm gelangweilter Latino getreten, der mich gleichermaßen faszinierte und einschüchterte.

Ich habe nicht mehr viele Erinnerungen an diesen ersten Besuch, abgesehen von ein paar, in der Zeit erstarrten Augenblicken.

Ein Kind mit einem Engelsgesicht, auf dessen goldener Stirn sich dunkle Löckchen ringeln, schläft in seinem winzigen Bett, und Rui beugt sich über die reglose Gestalt und gibt selbstgefällig mit seinem achtzehnmonatigen Sohn an.

Dienstmädchen kichern, und die plumpe junge Köchin errötet heftig, als Rui ihr ein paar Näschereien abschmeichelt. Wieder heimisch in seinen alten Gewohnheiten, schmeichelt er sich scherzend in ihre arglosen Bauernherzen.

Unsere Schlafzimmertür knarrt im Morgengrauen, als Rui nach einer durchzechten Nacht mit seinem Bruder nach Hause geschlichen kommt... Rui, der ins Bett schlüpft und mich umarmt, ohne zu bemerken, daß ich steif bin vor Mißbilligung. Denn während er den Playboy von Lissabon gespielt hat, habe ich den ganzen Abend auf dem Sofa gesessen und belangloses Zeug mit seiner Mutter geplaudert.

Und, die schlimmste aller Erinnerungen, Rui, der mich auf einen Zug durch seine Lieblingskneipen mitnimmt. Ein Abend voller Geschiebe und Gedränge, serviler Oberkellner und Barbesitzer. Die Nacht der sinnlichen Damen von Lissabon, die mit kalter Gleichgültigkeit und spitzen Lippen meine Wangen streifen und mir zeigen, welch eine berechnende Beleidigung in einem Kuß liegen kann. Während sie mir von einem Rui, den ich kaum wiedererkenne, alle als Ex-Freundinnen, Ex-Geliebte und Ex-Gespielinnen vorgestellt werden.

Ich erinnere mich an die Spannung, die in jener Nacht in der Luft lag. Daran, wie ich von Lokal zu Lokal geschleppt wurde und dabei das Gefühl hatte, in das hinterste Ende von irgend etwas zu stolpern. Oder wie, als wir im Begriff waren zu gehen, etwas bevorzustehen schien. Und ständig war eine aufgeregte Hektik um mich – als müßte irgend etwas unter allen Umständen von mir ferngehalten werden.

Erst Jahre später erfuhr ich, daß Annabella in derselben Nacht in der Stadt herumzog. Man hatte mir gesagt, sie wäre zu Besuch bei Freunden in Brüssel, doch sie hatte uns die meiste Zeit über beschattet – war entweder unmittelbar vor uns in einer Bar aufgetaucht oder mit ihrem Gefolge eingefallen, wenn wir gingen.

Wie viele Male hatten sie sich aneinander vorbeigeschoben, Ehemann und Gattin, während ich mich abmühte, mich mit seiner lärmenden Gesellschaft zu unterhalten? Wie viele Male waren sich ihre Blicke begegnet im Einverständnis dieses köstlich schlechten Scherzes – während ich versuchte, die unaufrichtigen Schmeicheleien, den Lärm, die Sprache und die schlichte Fremdheit des Ganzen gelassen zu ertragen?

So viele Bilder ... und Rui ein Fremder in jedem von ihnen. Wie er sich beobachtend im Hintergrund hielt und mich zappeln ließ, fast, als bereite ihm mein Unbehagen Vergnügen. Ich hätte die Warnung, die er aussandte, begreifen müssen – daß ich immer auf mich selbst gestellt sein würde, wenn die Dinge schwierig wurden. Aber sie war zu spät gekommen, denn ich war bereits gefangen von der Eleganz, der mühelosen Gewandtheit, der geistreichen Unterhaltung, dem Glanz und der leichtfertigen Dekadenz des Ganzen. Alles, was Rui in jenem Sommerurlaub für mich symbolisiert hatte, war hier, eingehüllt in sein Lissaboner Leben. Und ich wollte mehr davon.

Es war für mich wie die Erwachsenenform des Spiels, sich zu verkleiden und dadurch ein anderer Mensch zu werden. Hier bot sich mir die Gelegenheit, eine andere Frau zu sein, mich in den auserwählten Kreisen der eleganten Welt zu bewegen – eine Verwirklichung keiner kindlichen Phantasien und ein Spiel, von dem ich überzeugt war, daß ich es bald beherrschen würde. Es dauerte lange, bis ich entdeckte, daß es für Rui keineswegs ein Spiel war. Er war all das wirklich, was ein Mensch brauchte, um in einer solchen Gesellschaft zu überleben – und nichts davon war sonderlich lobenswert.

Ruis »Freunde« sonnten sich in Tratsch und Intrigen, Skandalgeschichten, schlecht verhüllten Lügen und der Untreue, mit der sie sich auch noch ständig brüsteten. Und, um ihm nicht Unrecht zu tun, er erhob niemals den Anspruch, anders zu sein als der übrige Haufen. Aber ich dachte ernsthaft, er hätte eine neue Seite aufgeschlagen. Und im übrigen, waren wir nicht in unserer Londoner Existenz sicher vor den schlimmsten Aspekten seines früheren Lebens? Und an dieser Stelle beging ich den Fehler. Denn er hatte es nicht ... und wir waren es nicht.

Heute weiß ich, daß er im wahrsten Sinne des Wortes ein Frauentyp war. Charmant und geistreich, ausschweifend und leichtsinnig, die verführerische Mischung, aus der die perfekten Liebhaber gemacht sind. Der ideale Mann für eine rauschende, überschwengliche Romanze. Und ich glaube, ich hatte mehr Spaß mit ihm als mit irgendeinem anderen Mann.

Aber als es schwierig wurde, als das Leben hart wurde und andere Eigenschaften vonnöten waren – wie Standhaftigkeit, Geduld, Verständnis, Anteilnahme oder auch nur der mindeste Sinn für das Praktische –, da war Rui nicht zu gebrauchen. Und ganz gewiß war er nicht aus dem Holz, aus dem Ehemänner geschnitzt sind.

Da ich diesen Verdacht von Anfang an hatte, frage ich mich heute oft, warum wir uns überhaupt die Mühe machten zu heiraten. Zu dem Zeitpunkt, als seine Scheidung rechtskräftig wurde, lebten wir bereits drei Jahre glücklich und zufrieden miteinander, und nach dem ganzen Papierkrieg und dem endlosen Gefeilsche war es fast eine Ernüchterung, als er vorschlug, wir sollten heiraten.

Aber die Wahrheit war, daß meine sogenannte Fortschrittlichkeit eben nur in einer papierdünnen Schicht bestand. Darunter war ich immer noch ein Mädchen, das die Ehrbarkeit eines Eherings brauchte. Das hätte ich allerdings nie zugegeben, und so redete ich mir statt dessen ein, ich hätte seinen Antrag angenommen, weil er mir schmeichelte – weil es ein Kompliment an mich war, daß er mich nach drei Jahren noch immer so sehr liebte.

Für Rui dagegen war das alles nicht ernst – er legte Gelübde ab, die mir zwar auch nicht eben heilig waren, für ihn aber tatsächlich weniger als nichts bedeuteten. Verheiratet oder nicht, sein Maß an Verpflichtung würde immer dasselbe bleiben. Verheiratet oder nicht, er würde immer noch herumhuren und sich einfach davonmachen, wenn ihn die Lust packte.

Aus den Urlaubsliebenden wurde ein ehrbar verheiratetes Paar. Liebe, die alle Widrigkeiten überwindet. (Mittlerweile hatte sich sogar meine Familie für meinen Mann erwärmt.) Eigentlich hätte dies das Ende der Geschichte sein müssen, und eine Zeitlang war es das auch vermutlich. Die folgenden Jahre verstrichen wie in den meisten Ehen, und ich muß wohl sagen, daß wir ebenso zufrieden waren wie die meisten Paare um uns herum, denn auf unsere egoistische und bequeme Art bekamen wir beide, was wir von einer Beziehung zu erwarten glaubten.

Rui wurde sowohl beruflich als auch finanziell immer erfolgreicher, während ich mein eigenes Unternehmen, ein Verlagsberatungsbüro, gründete und ebenfalls meine Karriere vorantrieb. Wir waren inzwischen aus unserem ersten eigenen Heim – einer bescheidenen kleinen Londoner Wohnung – in ein geräumiges Haus umgezogen, der Sportwagen stand in der Auffahrt, und an den Wochenenden waren wir mit stilvollen Gesellschaften und gepflegten Freunden beschäftigt. Doch ohne daß ich es recht merkte, war ein Funken in meinem Leben erloschen, und obwohl ich spürte, was mir verlorengegangen war, wollte ich es lange Zeit nicht einmal mir selbst eingestehen.

Oh ja, von Zeit zu Zeit dachte ich sehnsuchtsvoll an jene frühen Tage zurück. An die Sonntage, die wir, uns faul im Bett räkelnd, so sehr genossen hatten, uns gegenseitig mit Toast und Marmelade fütternd; an die Nächte, in denen wir einander sogar im Schlaf noch erforscht, uns geküßt, gestreichelt und geliebt hatten. Die Morgenstunden in der U-Bahn, die Arme schützend umeinander gelegt, um das Gedränge der Mitfahrenden abzuwehren. Die Stunden, die wir ohne besonderes Ziel herumgelaufen waren, ohne viel zu reden, zufrieden damit, zusammen zu sein. Damals waren wir uns so nah gewesen – hatten beinahe in der Haut des anderen gesteckt. Und es machte mich traurig, daß diese Nähe verloren war.

Doch dann erinnerte ich mich selbst daran, daß eine Beziehung mehr beinhaltete als *romantische Flausen*, und zählte im Geiste auf, was wir erreicht hatten. Entgegen allen Wahrscheinlichkeiten waren wir verheiratet. Und glücklich, mahnte ich mich immer wieder. Glücklich, weil wir so vieles gemeinsam hatten – unsere Liebe für das angenehme Leben, unsere unermüdliche Jagd nach dem Vergnügen, unsere Fähigkeit, endlose Parties zu feiern, unsere übereinstimmend scharfe, wenn auch vielleicht grausame Schlagfertigkeit. Und ohne Zweifel waren wir jetzt ein elegantes Paar, von vielen unserer Freunde beneidet. Wir hatten Geld auf der Bank, machten Urlaubsreisen ins Ausland und besaßen die Freiheit zu tun, was wir wollten und wann immer uns danach zumute war. Und, wichtiger als die Dinge, die wir beide wollten, waren die, die wir übereinstimmend um *keinen Preis* wollten. Wie zum Beispiel: Verantwortung in irgendeiner Form oder Ausprägung. Oder – Gott bewahre – Kinder.

Denn wovor ich mich noch immer am allermeisten fürchtete, war die Vorstellung, Mutter zu sein. All die Tränen und Wutausbrüche, all die Windeln und die geistlosen Unterhaltungen mit Kleinkindern. Die entsetzlichen Mutter-und-Kind-Gruppen und Tischgespräche darüber, was Klein-Johnny heute gesagt, getan oder angestellt hat.

Ganz zu schweigen von der dramatischen Einkommenseinbuße, der Einsamkeit meiner Tage... und der Unfähigkeit, mit Rui Schritt zu halten.

Wer hat schließlich schon einmal gehört, daß ein echter Mann von Welt Babymahlzeiten bereitet? Wer hat von einem Playboy gehört, der einen Kinderwagen schiebt? Wer kann sich vorstellen, daß Peter Pan zum Papi wird? Nein, Rui liebte das rauschende Leben; er würde sein Tempo nicht für ein Baby *oder* dessen Mutter drosseln. Und ich wollte verdammt sein, wenn ich mich abhängen ließ.

Sie haben ganz recht. Wir waren zwei Egoisten, die sich gegenseitig mehr als verdienten. Doch damals, in meinem neunundzwanzigsten Lebensjahr, bemühte ich mich immer noch, mir zu meiner klugen Partnerwahl zu gratulieren, und weigerte mich, mir einzugestehen, wie oberflächlich unsere Beziehung geworden war.

Die Einundzwanzigjährige, die ihren zerbeulten alten blauen Koffer aus dem Bahnhof King's Cross herausgeschleppt hatte, war in meinem Äußeren nicht mehr sichtbar. Ich kleidete mich jetzt elegant und teuer – gab Unsummen für das Vorrecht aus, die Markenzeichen französischer und italienischer Modeschöpfer in meinen Kleidern und Schuhen, ja, sogar in den Unterhosen zu tragen.

Rui hatte mir beigebracht, wie man Oberkellner behandelte (von oben herab); Amtspersonen (geringschätzig), Geschäftspartner (mißbilligend), andere Frauen und alle gesellschaftlich wichtigen Bekannten (distanziert). Dank ihm konnte ich mich in einer französisch-, portugiesisch- oder italienischsprachigen Speisekarte zurechtfinden, und ich warf ihm keine hilfesuchenden Blicke mehr zu, wenn mir die Weinkarte vorgelegt wurde.

Ich hatte die Kunst des Trinkgeldgebens gelernt und die richtige Art, Champagner einzugießen, Austern zu schlürfen und Krabben zuzubereiten. Ich las an Wochentagen den *Guardian*, und an den Sonntagen arbeitete ich mich durch die *Times* und den *Observer*, alles nur, um mich noch besser in geistreichem Geplauder ergehen zu können. Ich hatte mich sogar überreden lassen, Bridge zu lernen, um Rui bei seinen langweiligen Bridgeabenden besser zur Seite stehen zu können.

Es brachte mich nicht mehr ins Rotieren, wenn er unangekündigt Geschäftspartner, alle möglichen Verwandten oder ausländische Freunde mitbrachte, denn unser Gästezimmer war stets bereit. Ich hatte einen nie ausgehenden Vorrat an Eis im Kühlfach, Alkohol im Schrank und genügend Lebensmittel im Haus, um eine Armee zu versorgen. Mit anderen Worten, ich war schon die ideale Ehefrau für Ruis Leben in London; aber es war in Lissabon, wo ich mich als die vollkommene Partnerin für ihn hervortat. Einfach dadurch, daß ich, was meine Ansichten betraf, beinahe ebenso portugiesisch war wie Rui selbst.

Mit der Zeit war mir Ruis Familie ans Herz gewachsen, aber wenn ich mich auch bei ihnen wohlfühlte, bereitete mir doch der gesellschaftliche Wirbel, der mich einmal so in seinen Bann gezogen hatte, ausgesprochenes Mißbehagen.

Ganz allmählich hatte ich gelernt, ihre boshaften Spielchen mitzuspielen; ich war jetzt ebenfalls eine Beherrscherin des kalten Kusses und teilte, auf portugiesisch ebenso niederschmetternd wie auf englisch, verletzende kleine Spitzen aus. Aber wir waren der Lissaboner Krankheit schließlich doch nicht entkommen, denn Rui hatte längst aufgehört, so zu tun, als wäre er mir treu; und ich unterstützte seine Untreue, indem ich vorgab, nichts von seinen Seitensprüngen zu wissen.

Ich war wahrhaftig portugiesischer geworden, als er es sich je hatte erhoffen können. Ich hatte mich auf eine Stufe gestellt mit den gelangweilten, gehässigen Frauen, die die Treulosigkeiten ihrer Männer stillschweigend erduldeten – sich sogar mit ihren Geliebten gemein machten –, weil alles andere als unsouveränes, spießiges Verhalten gewertet wurde. Ich hatte längst festgestellt, daß all die hübschen »Cousinen«, die Rui mir auf Parties und in Nachtclubs vorstellte, überhaupt nicht mit ihm verwandt waren. Das Wort war eine beschönigende Bezeichnung für »Geliebte«, und er flirtete mit diesen Frauen offen, in dem sicheren Wissen, daß mir meine hart erkämpfte Überlegenheit zu kostbar war, um ein gewöhnliches Aufhebens zu machen. Dahin waren die Tage des flammenden Konkurrenzkampfes. Jetzt gab ich mit lächelnder Miene vor, nichts zu sehen.

Ein Teil meiner Person hatte sogar Verständnis für sein empörendes Benehmen. Schließlich stammte er aus einer Gesellschaft, in der seit Generationen jeder erfolgreiche, selbstbewußte Ehemann eine Geliebte hatte. Während die Frauen – durchaus zufrieden mit dem Namen ihres Mannes, seinen Kindern, seinem Geld und seinem Ansehen – ganz froh waren, daß ihnen eine andere die oftmals lästigen ehelichen Pflichten abnahm.

Wenn er mir in den ersten gemeinsamen Jahren in London treu gewesen war, dann lediglich aus Mangel an Geld, Zeit und Gelegenheit, die nötig waren, um herumzuhuren. Nicht etwa, weil ihm die

Lust dazu gefehlt hätte. Rui kam mit anderen Worten seinem eigentlichen Wesen wieder näher, und ich konnte nichts dagegen machen, außer ihn zu verlassen.

Es konnte also kaum verwundern, daß das Lissaboner Leben bald keinerlei Reiz mehr für mich hatte. Ruis regelmäßige Geschäftsreisen nach Portugal fanden dementsprechend meistens ohne mich statt, und die lange Liste seiner Eroberungen nahm ständig zu. Nicht nur dort unten sondern auch an der Heimatfront. Denn das Lissaboner Leben hielt schließlich Einzug in London, und El Vino war eine nie versiegende Quelle attraktiver junger Mädchen.

Und doch liebte ich ihn selbst dann noch, wissen Sie. Klar, vielleicht nicht so kopflos und überschwenglich wie in den frühen Tagen ... aber es gab Augenblicke, in denen wir wirklich glücklich zu sein schienen. Augenblicke, in denen ich mir einredete, daß er mich so sehr liebte, wie er jemanden nur lieben konnte. Und in solchen Momenten glaubte ich wirklich, wir könnten es schaffen.

In den Morgenstunden, in denen wir nach einer Party nach Hause fuhren, mit geöffnetem Verdeck in unserem roten Sportwagen durch die Park Lane brausten, während die Dire Straits aus der Stereoanlage dröhnten und sich in den morgendlichen Chor der erwachenden Vögel Londons mischten. Dann schmiß Rui die Gänge ein und lachte, wenn das Auto buchstäblich Flügel bekam, und ich lachte mit ihm, während seine Hand über mein Bein und zwischen meine Schenkel glitt und mir alle erdenklichen Spielereien verhieß, bevor wir uns endlich dem Schlaf überlassen würden.

An den Abenden, wenn ich kühl in die Bar marschierte, um ihn wieder einmal aus einer seiner Lieblingskneipen abzuholen, und ihn dort stehen sah, inmitten einer völlig unverdächtigen Bande von Trinkkumpanen, weit und breit kein hübsches Mädchen in Sicht. Dann verkündete sein Lächeln, daß er sich aufrichtig freute, mich zu sehen, er schlang den Arm um meine Taille und zog mich besitzergreifend in seinen Kreis.

An den Sonntagnachmittagen, wenn er in seinem schäbigen alten Morgenmantel auf dem Sofa lag – die Haare wild zerzaust, der Bart ein blauer Schatten auf seiner fahlen, unrasierten Haut. Rui verkatert – kein schöner Anblick. Und doch reizten mich sein jungenhaftes Grinsen und seine schelmischen Augen, ihm das Haar zu zausen, wenn ich an ihm vorüberging, um ihm ein lebensrettendes Bad einlaufen zu lassen. Denn in diesen Augenblicken war er der alte Rui. Der Mann, für den ich alles zu tun bereit war. Und ich konnte mir nicht vorstellen, anderswo und mit einem anderen Menschen glücklich zu sein.

Und dann gab es die Zeiten, in denen er wieder einmal auf eine seiner »Geschäftsreisen« ging, und während ich seine Hemden bügelte und seinen Koffer packte, wußte ich genau, daß er kein anderes Geschäft im Sinn hatte als eine andere Frau. Oder die Gelegenheiten, wenn er mit mir schlief, ohne den geringsten Wunsch, der Person, die ich war, wirklich »nah« zu sein – ohne auch nur den leisesten Anschein von Zuwendung oder Zärtlichkeit.

Es gab Zeiten, in denen ich wußte, was es hieß, Trauer und Leere und Angst zu spüren. Damals entdeckte ich, daß ein Bett – besonders eines, das man mit jemandem teilt – der einsamste Ort der Welt sein kann. Nach Jahren der Bemühung hatte ich alles, von dem das Kind in mir geglaubt hatte, es sei notwendig, um glücklich zu sein, aber irgendwo auf diesem Weg hatte ich einen fürchtbaren Fehler gemacht.

Zu spät versuchte ich, ihn wiedergutzumachen. Begann, am Haus zu arbeiten, und bestellte Heerscharen von Handwerkern, Klempnern und Elektrikern, die es auseinandernahmen, während ich den Garten neu anlegte, jahrealte Politurschichten von den Türen entfernte, strich und tapezierte und viel Aufmerksamkeit auf diese Hülle verwendete, die ich in ein Heim verwandeln wollte.

Ich hatte die traurige Vorstellung, daß ein stabileres, geordneteres, *normaleres* Leben ausreichen würde, uns wieder zusammenzubringen. Wenn wir uns weniger mit anderen Leuten trafen und mehr Zeit miteinander verbrachten, vielleicht ...

Traute Häuslichkeit war es vermutlich, was mir vorschwebte. Nur wir beide: behaglich vor dem Fernseher, beim Abendessenkochen, im geselligen Beisammensein mit ein paar engen Freunden. Danach sehnte ich mich immer mehr, und ich hoffte, daß es auch sein Wunsch sein könnte. Aber mein Sinneswandel kam viel zu spät. Denn der Mann, der früher einmal freudig mit mir eingekauft und gekocht hatte, der in der Münzwäscherei mit mir geschmust und mir mitten in der Nacht lustige Geschichten erzählt hatte ... nun, dieser Mann war vor langer Zeit aus dem Haus gegangen, und der trinkfreudige Lissaboner Frauenheld hatte jetzt auf Dauer Einzug gehalten.

Das Zuhause war für Rui nichts mehr weiter als ein Ort, an dem er sich erholen konnte, wenn er sich nicht außerhalb amüsierte. Und ich war lediglich eine Person, die dafür sorgte, daß er alltäglich gut genährt und ordentlich gekleidet in die Welt hinausging.

Alle anderen Bedürfnisse wurden anderswo erfüllt; während ich *meine* Bedürfnisse damals noch nicht einmal recht benennen konnte. Doch die Wahrheit ist, daß ich älter wurde und nach etwas Frieden und Ordnung in meinem Leben Ausschau hielt – nach einem Sinn in dem Ganzen. Und je mehr sich Verwirrung und Unsicherheit in mir breitmachten, um so stärker sehnte ich mich nach einem Mann, auf den ich mich verlassen konnte einem Mann, dem ich trauen und dem ich mich anvertrauen konnte.

Nach fast dreißig Jahren des Stolzes auf die Art, wie ich selbst für mich sorgen konnte, wurde ich des Kampfes müde und wollte jemanden haben der meine Hand hielt. Jemanden, der mich emotional stützte, auch wenn ich finanziell selbst für mich sorgte. Es war töricht von mir zu glauben, daß ich meinen Mann je mit dieser Rolle würde betrauen können, doch je entschiedener Rui sich weigerte, Verantwortung für mich zu übernehmen, um so verzweifelter versuchte ich, sie ihm aufzudrängen. Und ungefähr zu dieser Zeit ereignete sich eine Kette merkwürdiger Dinge, die mir den perfekten Vorwand lieferten, mich mit aller Macht auf ihn zu stützen.

Als erstes bekam ich Hepatitis. Besser gesagt, Rui infizierte mich mit dem Virus, das er sich eingefangen hatte. In meiner Naivität hielt ich seine Lebererkrankung für die Auswirkung zu ausschweifenden Alkoholgenusses – in gnädigem Unwissen der Tatsache, daß die Ansteckung, die er sich zugezogen hatte, auf sexuellem Weg erfolgte. Kein Preis also für denjenigen, der errät, was er getrieben hatte.

Jeder Hoffnungsschimmer, daß er mich während meiner Krankheit so umsorgen würde, wie ich ihn erst kürzlich gepflegt hatte, schwand dahin als er mich – kaum, daß keine Ansteckungsgefahr mehr bestand – zur Genesung nach Lissabon verfrachtete. Was bedeutete, daß er den Test Nummer eins nicht bestand.

Test Nummer zwei tat sich kurz nach meiner Rückkehr aus dem Hause seiner Eltern auf, da ich es, in Lissabon darniederliegend, irgendwie geschafft hatte, mir Typhus zuzuziehen. Es folgte ein alptraumhafter Monat der Quarantäne in einem Hochsicherheitskrankenhaus im Norden Londons. Ein langer Monat der Isolation, während dessen Rui klarstellte, daß er Krankenhausbesuche haßte, indem er häufiger durch Abwesenheit als durch Anwesenheit glänzte.

Die letzten Zweifel darüber, wie sehr ihn meine Abwesenheit bedrückt hatte, wurden jedoch zerstreut, als ich endlich aus diesem Höllengefängnis entlassen wurde. Ein einziger Blick auf unsere Bankauszüge genügte, mich davon zu überzeugen, daß mein Mann von echtem Kummer heimgesucht war, den er mannhaft zu ertränken versucht hatte... indem er mehr als tausend Pfund in Bars, Nachtclubs und Restaurants gelassen hatte, die arme Seele, während ich in meinem Kerker geschmachtet hatte. Herzergreifend, finden Sie nicht?

Und dann war da das Loch. Kann ich, ohne allzusehr in die Einzelheiten zu gehen (es würde Ihnen ohnehin schwerfallen, das meiste davon zu glauben), sagen, daß ich, an einem Fußgelenk hängend, darin endete? Da es in einer Februarnacht war und ich vollkommen nackt (nein wirklich, fragen Sie nicht weiter) – und da der einzige Mensch, der mich befreien konnte, Rui, sich gerade das *große Spiel* im Fernsehen ansah (England gegen Portugal, ohne Tore und mit Verlängerung), begreifen Sie sicher, warum zu dem Zeitpunkt, als mein Mann mich vermißte, suchte und fand und schließlich befreite, mein Bein so gut wie nicht mehr zu gebrauchen war und ich an einem schweren Schock und gefährlicher Unterkühlung litt.

An dem Morgen, nachdem man mich ins Krankenhaus gebracht hatte, trat er wieder einmal eine »Geschäftsreise« an. So aufgeregt war er angesichts dieser unerwarteten Freiheit, daß er ganz vergaß, an mein Krankenbett zu kommen und sich zu verabschieden. Es blieb Freunden überlassen, mich aus dem Krankenhaus zu karren und mich, nach einem wechselnden Plan, zu versorgen und mir Gesellschaft zu leisten, während ich Methoden vervollkommnete, mich aus dem und ins Bett zu schleppen und Klo und Badezimmer mit meinem Gipsbein aufzusuchen.

Als Rui zwei Wochen später heimkehrte, lag ich mit einem Gipsverband (vom Knöchel bis zum Hintern) auf dem Sofa hochgestützt, ein Anblick, der ihn so in Hitze brachte, daß er unverzüglich auf mich hüpfte und mich mit Genuß vögelte. Eine abscheulich mechanische Angelegenheit, die mir mehr Schmerz als Vergnügen bereitete und mich einmal mehr daran erinnerte, daß der Egoismus dieses Kerls wirklich keine Grenzen kannte.

Es war die jüngste in einer langen Reihe von Prüfungen, und er hatte in allen jämmerlich versagt. Das waren die Gedanken, die mir durch den Kopf gingen, als ich ein paar Wochen später auf dem Rücksitz eines Taxis ausgestreckt lag und zur Arbeit fuhr. Rui konnte mich nicht hinbringen, da sein Wagen, ein langer, niedriger Sportflitzer – wiewohl vielleicht bestens geeignet, Sekretärinnen, Kosmetikverkäuferinnen, Friseurlehrlinge und all die anderen Frauen, mit denen er in der Stadt herumzog, zu befördern –, nicht eben geschaffen war für eine Frau mit Hinkebein.

Eines Tages, als ich vom Taxi zum Büro humpelte, lernte ich Peter kennen. Genau gesagt, trat ich ihm bei dem Versuch, mein Gipsbein über den Bordstein auf den verschneiten Gehweg zu hieven, auf den Fuß. Und wie ich da stand und mich für seine um ein Haar gebrochenen Zehen entschuldigte, hätte ich nicht einmal im Traum gedacht, daß dieser Mann einmal eine so wichtige Rolle in meinem Leben spielen würde.

Peter wurde mir ein echter Freund, als der Winter in den Frühling überging und ich, als mir der Gips abgenommen wurde, feststellen mußte, daß mein Bein nicht richtig verheilt war. Eine versteifte Kniescheibe und ein starkes Hinken bedeuteten einen Sommer lang täglich Gymnastik und eine Menge Schmerzen und Rückschläge. Ein Problem, mit dem Rui sich nicht befassen wollte oder konnte, weshalb er beschloß, es einfach zu ignorieren.

Ganz im Gegensatz zu Peter. Jeden Tag holte er mich in der Mittagspause vom Büro ab und führte mich durch die sonnigen geschäftigen Straßen – zwang mich, das Bein zu gebrauchen, dessen ich mir mittlerweile peinlich bewußt war. Und an den Tagen, an denen mir alles über den Kopf stieg und ich mich in wehleidigem Selbstmitleid erging, tat Peter mir den unschätzbaren Gefallen, mir einen verbalen Fußtritt zu versetzen.

Peter machte es nichts aus, daß ich mir manchmal Sorgen machte und meine Angst zeigte. Er war nicht enttäuscht, wenn ich die Nerven verlor und wurde nicht ungeduldig, wenn ich nur noch zu hoffnungslosen Tränen fähig war. Peter störte es nicht einmal, daß ich mich mehr und mehr an ihn anlehnte. Im Gegenteil, es gefiel ihm. Und ohne es zu merken, fing ich an, Peter zu mögen.

Es hätte ewig so mit mir weitergehen können, zusammenlebend mit einem Mann, abhängig von einem anderen, und vielleicht hätte ich der Wahrheit über meine Ehe und meinen Mann niemals ins Gesicht gesehen. Wenn nicht das Baby gewesen wäre ...

DRITTES KAPITEL

Wie beendet man eine zwölfjährige Ehe?

Ich hatte mich nie sonderlich für Biologie interessiert, und in der Schule hatte ich mich Männchen malend durch Vorträge darüber, was Frösche taten, wenn sie zusammenkamen, gequält. Dagegen hatte es mich durchaus fasziniert, zu erfahren, daß die Empfängnis nicht während des Verkehrs stattfand und daß hoffnungsfrohe kleine Eier unter Umständen tagelang warten mußten, bis sie die Bekanntschaft eines zappelnden Spermatozoon machten. Danach hatte ich lange Zeit Frauen betrachtet, wie sie Briefe in den Kasten warfen, Kartoffeln schälten oder an der Bushaltestelle Schlange standen, und mich gefragt, welche von ihnen gerade unter meinen Augen schwanger wurde. Ich weiß, daß *ich* an meinem einunddreißigsten Geburtstag schwanger wurde – beim Mittagessen, um es genau zu sagen –, während ich eben eine mit Krabben gefüllte Avocato verspeiste.

Ich feierte ohne Rui, der, nachdem er bereits für meine ausstehenden Geburtstagsbedürfnisse vorgesorgt hatte, wieder einmal nach Portugal geflogen war. Aber seine Geschenke hatten mich nicht beeindruckt, denn sowohl dem halbherzigen Morgenfick als auch der scheußlichen braunledernen Schultertasche (eindeutig von seiner Sekretärin ausgesucht) fehlte es an Stil und Originalität.

Den ganzen Vormittag über hatte ich mich eigenartig gefühlt, irgendwie aus dem Zusammenhang gerissen und losgelöst von meiner Umgebung, während ich mich im Auto meiner Freundin auf den Beifahrersitz hatte fallen lassen und teilnahmslos auf die vorüberfliegende Landschaft starrte. Lesley hatte mich zum Geburtstagsessen in eines ihrer Lieblingsrestaurants eingeladen, und während wir in dem reizenden alten Gasthof aßen, wurde mir wirklich komisch zumute. Während ich mir das Essen gedankenlos ins Gesicht schaufelte, wurde mir bewußt, daß Lesley mich und meinen stehengelassenen Bloody Mary prüfend betrachtete.

»Himmel, ich glaube, ich traue meinen Augen nicht!« bemerkte sie, als ich auch den Wein unbeachtet ließ. »Du – eine Abstinenzlerin? Wenn ich es nicht besser wüßte, würde ich sagen, du bist schwanger.«

In dem Augenblick, als sie das sagte, wußte ich, daß sie den Nagel auf den Kopf getroffen hatte. Und obwohl es noch Wochen dauern würde, bis ich Gewißheit hätte, ließ mich das eigenartige Verhalten meines Körpers nicht im Zweifel darüber, daß ich mich in der Babyfabrik verdungen hatte – und dieser Gedanke erschreckte mich.

In den nächsten Tagen schlich ich trübsinnig durchs Haus und versuchte, mich mit der bevorstehenden Mutterschaft anzufreunden, aber wie ich es auch drehte und wendete, es war keine erfreuliche Aussicht. Ich wußte, daß Kinder selbst für die stabilste, liebevollste Beziehung eine Bedrohung darstellen konnten. Was würden sie in einer bereits so angespannten und unguten wie der unseren bewirken?

War ich bereit, zu Hause zu bleiben und mich mit Babys zu beschäftigen? Die Antwort war ein donnerndes »Nein«, die Vorstellung erschien mir mit einunddreißig ebenso beängstigend wie damals mit sechzehn. Mir wurde klar, daß die einzige Möglichkeit, jemals zur Mutterschaft zu kommen, darin bestand, daß der Mann, mit dem ich zusammenlebte, versessen darauf war, Vater zu werden, und daß ich versessen darauf war, ihn glücklich zu machen.

Ein solcher Mann *hätte* mich überreden können, wenn seine Geduld für uns beide ausreichte. Wenn ich ihm vollkommen vertraute und wußte, daß ich mich auf ihn verlassen konnte, sobald es einmal schwierig wurde.

Aber Rui ... also, er war einfach nicht dieser Mann. Etwas, worüber er mich nicht im Zweifel ließ, als ich am Abend seiner Heimkehr das Thema beim Essen anschnitt.

Fast, als hätte er damit gerechnet, daß es früher oder später dazu kommen würde, und als hätte er schon vor langer Zeit seine Reaktion darauf festgelegt, faßte Rui *seine* Gefühle im Nu zusammen. Er war fünfunddreißig; er hatte nichts zu beweisen (wortwörtlich), da er bereits einen Sohn hatte. Er war nicht scharf auf die Aussicht, weitere Kinder zu haben, aber ihm war klar, daß ich in ein Alter kam, in dem viele Frauen zur Schwermut neigten. Wenn ich daher schwanger *war* und das Kind haben wollte, dann würde er eben seine Verpflichtungen uns gegenüber erfüllen.

Seine letzten Worte ließen mich frösteln, denn im El Vino wimmelte es von Männern, die ihre Pflicht gegenüber ihren Frauen erfüllten, Frauen, die die Kinder großzogen – und es sich angelegen sein ließen, keinen Widerspruch zu erregen, während ihre Männer kamen und gingen, wie es ihnen gefiel. Frauen, deren Ehemänner völlig außer Kontrolle waren.

Nun lief *mein* Gatte bereits an ziemlich langer Leine; es gelang mir nur noch schlecht und recht, ihn bei der Stange zu halten. Und als ich über das nachdachte, was er gerade geäußert hatte, wurde mir klar, daß mir unsere Beziehung völlig entgleiten würde, wenn ich das Baby bekam. Also …

»Rui – was würdest du sagen, wenn ich es abtreiben ließe? Das heißt natürlich, *falls* ich wirklich schwanger bin – und ich bin sicher, es ist falscher Alarm.« Es war eine schamlose Lüge.

»Na ja, das ist deine Entscheidung, meine Süße«, entgegnete er und schenkte sich Wein nach. »Ich habe dir gesagt, wie *ich* dazu stehe, wenn du also das Baby nicht willst, wäre es das Sinnvollste, es loszuwerden.«

Da war es – das Todesurteil. Und dabei so leichthin, so mühelos ausgesprochen.

»Wissen Sie, diesem Baby fehlt überhaupt nichts – es scheint vollkommen gesund zu sein.« Die Ärztin, auf deren Untersuchungstisch ich lag, das Papiertuch unter meinem Rücken zerknüllt, die Beine über mir in den kalten Halterungen eingehängt, blickte teilnahmslos auf mich herunter.

»Wie alt sind Sie?«

»Einunddreißig«, erklärte ich, erstaunt darüber, wie ruhig und entschlossen meine Stimme klang.

»Also, in dem Fall ist es höchstwahrscheinlich das gesündeste Baby, das *Sie* je bekommen werden. Sind Sie ganz sicher, daß wir den Abbruch machen sollen?«

»Ganz sicher«, sagte ich, indem ich meiner Stimme soviel Festigkeit verlieh wie irgend möglich. Ich rief mir dabei in Erinnerung, wie schwierig es gewesen war, bis an diesen Punkt zu gelangen – wie viele Ärzte mir ihre Hilfe verweigert hatten. Denn Rui und ich waren offensichtlich der Inbegriff der glücklichen Familie – verheiratet, begütert, reif und halbwegs intelligent. Die perfekten Eltern, wie unser Hausarzt uns beschieden hatte – ebenso wie die Vertreter der Harley-Street-Clique und verschiedener Abtreibungskliniken, die nichts mit mir zu tun haben wollten.

Unser Beharren darauf, daß keiner von uns das Baby wollte, war auf taube Ohren gestoßen – bis schließlich meine unbegründeten Wutausbrüche und tiefen Depressionen für alle erkennbar wurden. Ich fühlte mich von meinem Körper betrogen, der frohgemut Wasser speicherte, anschwoll und sich ausdehnte – die Nase rümpfte angesichts von Speisen, die er immer geliebt hatte, und sich morgens, mittags und abends erbrach. Und meine Unausgeglichenheit wuchs in demselben alarmierenden Maße wie die winzige Bedrohung in mir.

Man ließ mich auf den Eingriff warten, bis ich in der neunten Woche war. Neun Wochen, in denen ich, wie die Klinikärzte hofften, meine Meinung ändern würde; in denen ich einen Beschützerinstinkt und Zärtlichkeit entwickeln würde für diese Handvoll rosigen Fleischs, das in meinem Bauch wuchs.

War eine Frau wie ich eines solchen Sinneswandels fähig? Ich weiß es wahrhaftig bis zum heutigen Tag nicht genau. Vielleicht, wenn ich es mir gestattet hätte, die Existenz des Babys auch nur einen Augenblick lang in einem weicheren Licht zu betrachten, und so einer Flut sanfterer, zärtlicherer – und in jeder Hinsicht natürlicherer – Gefühle die Tür geöffnet hätte.

Aber ich hatte meinen Kopf von meinem Körper abgekoppelt, mein Herz gegen dieses Kind verhärtet, und als ich an jenem Morgen vom Untersuchungstisch herunterstieg, war ich entschlossen, seine Existenz mit aller mir zur Verfügung stehenden Macht zu leugnen. Von diesem Augenblick an gab es keine Hoffnung mehr für mein Baby. Und nicht viel Hoffnung für mich.

Von der Straße betrachtet, sah es aus wie jedes andere exklusive Privathaus, unauffällig hinter einer hohen Mauer zurückgesetzt und von hohen Bäumen überschattet, aber es war eine jener teuren Privatkliniken, die sich mit den Wehwehchen der Reichen befaßten. »Abbrüche«, wie sich die Klinikbediensteten auszudrücken pflegten, wurden im hinteren Teil des Hauses vorgenommen, in einem Anbau, der aus Fertigteilen gemacht zu sein schien. Am vereinbarten Tag erschien ich auf die Minute genau um neun Uhr – äußerlich kühl und beherrscht, innerlich dagegen halb wahnsinnig vor Angst.

Rui hatte gemerkt, wie groß meine Angst war, und unfähig wie gewöhnlich, mit Problemen umzugehen – besonders mit solchen, die mich ausrasten ließen –, verhielt er sich während unserer Fahrt durch den morgendlichen Berufsverkehr still und in sich gekehrt.

Als wir endlich den Wagen parkten und zur Anmeldung schlurften, glaubte ich, vor Nervosität in Ohnmacht fallen zu müssen, und er war wie eine Katze auf dem heißen Blechdach – besonders, da er der einzige Mann im Raum war.

Ich erkannte mit einem einzigen Blick, daß alle anwesenden Frauen »Abbrüche« waren; in allen Gesichtern war die gleiche Furcht, die gleiche müde Entschlossenheit zu lesen. Rui nahm mit erschrockenem Blick die gesenkten Köpfe auf, und als er mich ansah, lag in seinen Augen fast ein Flehen. »Du weißt, daß ich Krankenhäuser hasse –« er zögerte, nichts sehnlicher im Sinn, als gehen zu können. »Was hält dich dann zurück?« fragte ich kalt. »Es sei denn, du hattest vor, die Abtreibung für mich machen zu lassen?« Das gab ihm das Stichwort, auf den Fersen kehrtzumachen und das Weite zu suchen – dem letzten Ankömmling ausweichend, als er durch die Pendeltür hechtete.

Mary war ihr Name. Zweiunddreißig, Irin, mit sechs Kindern und einem versoffenen, arbeitslosen Ehemann. Mary, die den vernünftigen Ratschlag ihres Arztes, eine siebte Schwangerschaft zu vermeiden, befolgte – aber nicht begreifen konnte, daß sie irgendwann in den nächsten Stunden ihr Kind verlieren würde.

Die arme Mary war fast noch aufgeregter als ich – und einsamer, denn sie hatte es nicht gewagt, ihrem Mann etwas von der Schwangerschaft zu sagen. Da saßen wir also nebeneinander auf den braunen Lederstühlen – ich, die ich einem Kind alles zu bieten hatte, *außer* Liebe, und Mary, die nichts *anderes* zu bieten hatte – wir ungleichen Komplizinnen ...

Sie plauderte nervös, und ich ließ sie reden, während die anderen Frauen, eine nach der anderen, in einem Nebenzimmer verschwanden, wo sie sich entkleideten, Nachthemden anzogen, sich den Blutdruck messen ließen und auf die Waage stiegen ... und, wie ich bald feststellen mußte, ihre Rechnung bezahlten. Denn selbst in einem teuren Haus wie diesem wollen sie dein Geld sehen, bevor sie ein Geschäft abschließen. Mary ging vor mir hinein, und ich blieb allein in dem düsteren Raum zurück und grübelte über mein Schicksal nach – ohne daß mir recht bewußt war, daß es im Begriff war, eine weitere interessante Wendung zu nehmen.

Ich wurde aufgerufen. Und dann saß ich in einem weißen Nachthemd und einem groben blauen Bademantel da, mein Kostüm ordentlich neben mir zusammengefaltet, und beantwortete eine Menge Fragen, während eine schlaksige Krankenschwester ein weißes Plastikarmband an meinem Handgelenk befestigte. Ich sah, daß mein Nachname und alle möglichen Zahlen mit blauem Filzstift daraufgeschrieben waren.

Als sie dann unvermittelt das Geld von mir verlangten – die ganzen zweihundertfünfzig Pfund auf einmal–, wurde mir zu meinem Schrecken bewußt, daß ich ohne Bargeld und Schecks aus dem Haus gegangen war. Ich hatte keine Kreditkarten dabei und keinerlei

Ausweise – weil mir der Gedanke, daß sie das Geld auf der Stelle von mir verlangen könnten, überhaupt nicht gekommen war. Konnte nicht mein Mann die Rechnung begleichen, wenn er mich abholte? Aber wenn sie mir den Sachverhalt auch außerordentlich diplomatisch auseinandersetzten, blieb die schlichte Wahrheit doch bestehen. Ohne Geld keine Abtreibung.

Benommen stieg ich wieder in meine Kleider, wohl wissend, daß ich das Geld irgendwie auftreiben mußte, wenn sie nur ein Weilchen warten würden; denn ich hatte absurderweise furchtbare Angst davor, daß sie ohne mich anfangen könnten – so, als würde der Vorhang zum ersten Akt aufgehen, während ich noch nach einer Eintrittskarte anstand. Aber das war gar nicht so weit von der Wahrheit entfernt. Sie mußten neun Schwangerschaftsabbrüche bis zur Mittagspause geschafft haben, und es war bereits zehn Uhr. Wenn die Reihe an mir war, und ich war nicht da, so hatte ich eben Pech gehabt.

Rui war nicht im Büro, als ich ihn, wieder zurück in der Anmeldung, anzurufen versuchte. Einen Augenblick lang war ich versucht, Peter anzurufen, denn ich wußte, ich konnte mich darauf verlassen, daß er irgendwie das Geld beschaffen und mir bringen würde. Aber es war nicht fair, ihn in diese Sache hineinzuziehen. Da doch mein verdammter Ehemann wenigstens an diesem Tag in der Nähe des Telefons hätte bleiben müssen.

Fünf Minuten später stand ich jenseits der hohen Mauer und strebte der Hauptstraße entgegen, zu bedrückt und aufgeregt, um auch nur zu weinen, und ohne klare Vorstellung davon, was zu tun war. Der willkommene Anblick des Firmenzeichens meiner Bank an einem Gebäude weckte einen Hoffnungsschimmer in mir; ich betrat die Schalterhalle und verlangte den Direktor zu sprechen, der sich mitfühlend meine Geschichte anhörte, wie ich ohne Geld und Ausweis von zu Hause weggegangen war und ausgerechnet jetzt den *reizendsten* Schaukelstuhl in einem Antiquitätengeschäft um die Ecke entdeckt hatte. Genau der Stuhl, nach dem ich schon seit einer Ewigkeit suchte.

Wäre es zuviel verlangt... könnte er vielleicht meinen Bankdirektor in der Fleet Street anrufen und es einrichten, daß mir gleich hier etwas Bargeld zur Verfügung gestellt wurde? Und ich lächelte gewinnend über den breiten, lederbezogenen Schreibtisch zu dem entgegenkommenden Herrn hinüber, der eine Nummer wählte und mir dann den Hörer zur Stimmüberprüfung reichte.

»Na, wo drückt denn *diesmal* der Schuh?« drang mir die Stimme meines geduldigen Bankdirektors aus der Leitung entgegen, und ich betete meine Verschen zum zweiten Mal herunter.

Wenig später steckten zweihundertfünfzig Pfund in meiner Handtasche, und der Bankdirektor begleitete mich zum Ausgang. Erst als ich seinen festen Händedruck erwiderte, fiel mein Blick auf das Klinikarmband aus Plastik, das matt zu mir aufschimmerte – zu *uns;* mit meinem Namen und all den anderen Daten, die in strahlend blauer Tinte leuchteten.

Ich glaube, ich verdiene eine Medaille dafür, daß ich in diesem Augenblick nicht vor lauter Verlegenheit in Ohnmacht fiel. Ich weiß allerdings, daß mein Gesicht puterrot war, als ich mich verabschiedete. Vermutlich war die Klinik eine allseits bekannte Adresse, und verzweifelte Frauen, die mit verräterischen Armbändern an den Handgelenken herumliefen, waren ein alltäglicher Anblick. Gott, war das demütigend. Doch dann fiel mir wieder ein, was ich als nächstes über mich würde ergehen lassen müssen, und plötzlich verlor die gute Meinung des Bankdirektors von mir an Bedeutung.

Raus aus den Kleidern, rein ins Nachthemd – der Blutdruck hatte sich mittlerweile bis durchs Dach hochgeschraubt –, ich wartete schweigend, bis sie das Geld sorgfältig gezählt und mir eine Quittung über den Tisch herübergeschoben hatten. Als die Transaktion beendet war, erhob ich mich schwerfällig; ganz sicher wirkte ich ein wenig lächerlich in meinen hochhackigen schwarzen Lederschuhen. Ob ich keine Pantoffel mitgebracht hätte, erkundigte sich die Frau hinter dem Schreibtisch besorgt, und ihre Teilnahme hätte mich gerührt, wäre sie nicht weniger als eine Stunde zuvor drauf und dran gewesen, mich in Bausch und Bogen hinauszuwerfen.

Mich ergriff so etwas wie Freude, als ich feststellte, daß ich ein Zimmer mit Mary teilte, und nachdem der Anästhesist uns seinen Besuch erst einmal abgestattet hatte, versuchten wir, uns in unseren Betten zu entspannen und von dem abzulenken was uns erwartete. Wir konnten beide nicht umhin, uns zu fragen, ob es sehr wehtun würde, und unsere Augen wanderten zur Decke. (Mary hatte herausgefunden, daß die Eingriffe im Stockwerk darüber vorgenommen wurden.) Wir hörten die scheußlichen Geräusche irgendwelcher Apparaturen, die ansprangen und wieder verstummten, um dann mit entsetzlichem Kreischen wieder zum Leben zu erwachen. Es klang ganz wie eine Bohrmaschine, und ich schauderte bei der Vorstellung, wie sie sie wohl anwenden mochten. Doch dann warf ich zufällig einen Blick aus dem Fenster, das sich unmittelbar über meinem Kopf befand, und da sah ich ihn – einen Zimmermann, der unbekümmert mit seiner Black & Decker vor sich hin arbeitete und keine Ahnung hatte, daß er in unserer düsteren Phantasie zum Status eines Arztes aufgestiegen war.

Mary war still geworden – ganz ruhig und wie betäubt. Als die beiden Krankenschwestern kamen und sie abholten, war sie kaum mehr in der Lage, zu laufen, und während sie ihre schlaffe Gestalt zwischen sich nahmen, sprachen sie mit ihr, als hätten sie es mit einem schlaftrunkenen fünfjährigen Kind zu tun. Allein in dem Zimmer zurückgeblieben, überließ ich mich quälenden Vorstellungen von dem, was vor mir lag, und wenn ich die vergangenen neun Wochen schon für die längsten meines Lebens gehalten hatte, so waren sie nichts im Vergleich zu den nächsten fünfzehn Minuten. Dann wehten die Krankenschwestern wieder durch die Tür herein – sprachen mit mir, als hätte ich gerade eine Hirnamputation hinter mir, und reagierten etwas beunruhigt auf die Tatsache, daß ich in der Lage war, in meine hohen Schuhe zu steigen und ohne ihre Hilfe die schmale Treppe vor meinem Zimmer zu bewältigen. Am Ende der Treppe angelangt, betrat ich einen Raum – und eine Szene, die ich wohl mein Leben lang nicht werde vergessen können.

Die Wände, der Fußboden, alles war weiß – und vermittelte damit den Eindruck von Licht und Raum –, während Sonnenstrahlen auf den Chrombeschlägen von Tischen, Medikamentenschränken, Apparaten und auf den zahllosen Reihen chirurgischer Instrumente blitzten. Ein paar Schwestern eilten geschäftig umher, während der Anästhesist mit besorgter Miene auf mich zukam. Aber es war die gegenüberliegende Seite des Zimmers, die meine Aufmerksamkeit fesselte.

Dort stand ein langer, niedriger Metalltisch, an dem glänzende Halterungen aus Metall und Leder befestigt waren. Am Fußende des Tisches saß, die Arme mit angewinkelten Ellbogen und inwärts gerichteten Handflächen ausgestreckt, auf einem so niedrigen Stuhl, daß seine Beine fast sein Kinn berührten – der Mann.

Er trug einen grünen Overall, einen Gesichtsschutz aus Gaze und auf dem Kopf eine weiße Operationshaube, und seine Hände steckten bis zu den Ellbogen in Gummihandschuhen. Er sah in jeder Hinsicht wie ein Fänger in einem amerikanischen Baseballspiel aus, der auf einen Wurf wartet. Aber er wartete auf mich, und der Anblick war wahrhaftig furchteinflößend.

Der Anästhesist merkte zur gleichen Zeit wie ich, was schiefgegangen war – man hatte mir kein vorbereitendes Medikament gegeben. Während ich draußen gewesen war, um Geld aufzutreiben, hatten alle anderen einen Schuß Dope verpaßt bekommen; kein Wunder, daß Mary so benommen gewesen war. Als sie in diesem Raum angekommen war, hatte die Glückliche nicht mehr gewußt, wo oben und unten war. Ich dagegen stand hier – absolut stocknüchtern – und sah Dinge, deren Anblick ich mir lieber erspart hätte.

Der Fänger verschwand auf wundersame Weise aus meinem Blickfeld, als ich meine Schuhe abstreifte und auf das Bett stieg. Das letzte, woran ich mich erinnerte, war das besorgte Gesicht des Anästhesisten, das über mir schwebte, während seine freundliche Stimme mit mir rückwärts zählte und das Sonnenlicht auf den Halterungen über mir blitzte. Und dann schloß ich die Augen.

Als ich wieder zu mir kam und abrupt in die Höhe fuhr, stellte ich fest daß ich, zugedeckt mit einem blauen Laken, auf einer fahrbaren Metallbahre lag. Ich war umgeben von anderen reglosen Gestalten, und eine Krankenschwester, die in einem Winkel geduldig darauf gewartet hatte, daß diese Leichengesellschaft wieder zum Leben erwachte, brachte mich in mein Zimmer zurück.

Wieder in meinem Bett, verkroch ich mich tief unter der Decke und stellte fest, daß man mir eine Monatsbinde angelegt hatte. Nun, ich blutete, aber nicht allzu stark, und ich hatte Krämpfe, aber sie waren nicht unerträglich, und ich dankte gerade meinem glücklichen Stern, daß alles vorüber war, als eine Schwester hereinkam und mir ein tragbares Telefon zur Benutzung anbot. Bevor ich recht wußte, was ich tat, hatte ich die Nummer des Menschen gewählt, mit dem ich jetzt am liebsten sprechen wollte – desjenigen Menschen, der in meinen Gedanken an erster Stelle stand. Peters Stimme war sofort in der Leitung. Sanft, teilnahmsvoll und beruhigend gleichermaßen. Und erst, als ich mit ihm gesprochen hatte, dachte ich überhaupt daran, Rui anzurufen. Zugegeben, auch *seine* Stimme klang nett, allerdings ein wenig unbeholfen und verlegen, und es war keine Spur der echten Teilnahme und Verbundenheit darin, die ich in Peters Stimme wahrgenommen hatte. Und wenn ich die Distanz zwischen uns schon am Telefon herausgehört hatte, so wurde sie noch offenkundiger, als Rui mich am Abend besuchte.

Er saß voller Unbehagen an meiner Bettkante, und ich weiß noch, daß wir viel lachten. Zu viel. Ich erzählte ihm das Drama mit dem Geld, indem ich die ganze entsetzliche Geschichte auf die Ebene einer schwarzen Komödie herunterspielte, vermutlich, um selbst besser damit fertigzuwerden. Aber unter der Oberfläche dieser Witzeleien war ich wütend auf Rui. Wütend und unglaublich verbittert, jedoch zu müde, um mir Gedanken über die Gründe dafür zu machen.

Immerhin hatte ich diese Abtreibung gewollt. Ich hatte alles dafür in die Wege geleitet und mit Zähnen und Klauen darum gekämpft, und ich konnte, wenn ich ehrlich war, nicht behaupten, daß mich der Verlust des Babys traurig gemacht hätte. Warum empfand ich also eine solche Abneigung gegen meinen Mann, während wir da beieinander saßen und lachten?

Heute glaube ich, daß ich wütend auf ihn war, weil ich tief in meinem Innern spürte, daß er – wenn er mich wirklich liebte und ihm etwas an mir lag – hätte wissen müssen: Es war höchste Zeit, daß ich mein Problem anging. Selbst wenn ich immer darauf bestanden hatte, keine Kinder zu wollen, hatte ich wohl insgeheim gehofft, er würde den Versuch machen, mich umzustimmen – mich davon zu überzeugen, daß ein Kind mein Leben nicht zerstören würde.

Ich glaube, was ich wollte – brauchte – war, daß er meine Entscheidung beiseite gefegt hätte. Weil ich beim Thema Mutterschaft im Grunde nicht wußte, was richtig für mich war, und es wäre eine Erleichterung für mich gewesen, hätte mir jemand gesagt, was ich tun sollte. Etwa so wie ein Kind, das darauf beharrt, übermüdet und gereizt, aufzubleiben – und gleich darauf mühelos einschläft, wenn seine Mutter es ohne Umstände ins Bett legt.

Wenn Rui nur ein liebevoller, einfühlsamer Mann gewesen wäre. Wenn ich eine weniger unzulängliche Frau gewesen wäre. Wenn, wenn, wenn …

Die arme Mary konnte sich den Luxus, über Nacht zu bleiben, nicht leisten, denn ihr war klar, daß ihr ahnungsloser Ehemann sich bereits fragen mußte, wo zum Teufel sie blieb. Wir verabschiedeten uns – eine schwierige Sache, wenn zwei Fremde in wenigen Stunden so vieles gemeinsam durchgemacht haben. Während sie zur Tür ging, drehte sie sich noch einmal zu mir um und sagte: »Er sieht wirklich gut aus, Ihr Mann. So schöne Augen hat er – und er ist so lustig. Was *sind* Sie doch für eine glückliche Frau.«

Ich lächelte und sagte nichts darauf. Denn war es nicht genau das, was ich mir seit Jahren einredete? Wußte ich nicht besser als alle anderen, daß es einfach nicht mehr stimmte?

Ein paar Wochen später waren mein Taillenumfang und mein

Leben wieder zur Normalität zurückgekehrt. Ich hatte mein nutzloses Diaphragma gegen eine Spirale eingetauscht und alle Kleider, die ich während der Zeit meiner Gewichtszunahme hatte tragen müssen, hinausgeworfen und hatte meine Arbeit wieder aufgenommen, als wäre nichts geschehen. Im Grunde war alles wieder so, wie es vor meiner Schwangerschaft gewesen war. Außer zwischen Peter und mir. Und es war fast eine Erleichterung, die Selbsttäuschung – so zu tun, als wäre er ein Bekannter wie viele andere – aufgeben zu können und die Liebesbeziehung aufzunehmen.

Oh, wir ließen uns viel Zeit dafür. Gingen es behutsam, fast mit Bedauern an. Denn indem man einen Liebhaber auf Zeit gewinnt, läuft man immer Gefahr, einen dauerhaften Freund zu verlieren. Und ich war mehr denn je auf Peters Freundschaft angewiesen.

Und so waren zwar Lächeln und Blicke, die zwischen uns hin und herflogen, längst aufreizend von meiner und bedeutungsvoll von seiner Seite geworden, hatten sich unsere Gespräche aus anfänglichen Flirts zu einem offenen erotischen Spiel entwickelt... doch hatten wir uns nach einem gemeinsamen Mittagessen oder einem Drink nach Büroschluß stets mit züchtigen Umarmungen und Küssen und dem Versprechen, uns bald wiederzusehen, getrennt.

Aber jetzt trafen wir uns täglich, und als ich mich endlich überreden ließ, mit Peter in seine Firmenwohnung zu gehen, wo wir eine Flasche Wein zusammen tranken, bevor wir ins Schlafzimmer schlenderten und ins Bett krochen, hatten wir beide das Gefühl, daß dieser Besuch längst überfällig war. Ein vernachlässigter Ehemann und eine verbitterte Ehefrau mehr, die in eine Affäre hineinschlitterten.

Die meisten Frauen werden, wenn sie ehrlich sind, zugeben, daß sie sich lieber mit einer schwierigen Ehe abfinden, als gar keine zu haben. Denn es ist etwas außerordentlich Beruhigendes, einen Mann im Haus zu haben. Ein Ehemann ist ein Mensch, der die Tür öffnen kann, wenn es spät abends klingelt, der das Auto an kalten Tagen morgens in Gang bringen und das Bett in noch kälteren Nächten wärmen kann. Er kann mit Hilfe von umgebogenen Kleiderbügeln, Haarklemmen und Gummibändern technische Wunderwerke vollbringen und sogar dazu überredet werden, im Falle einer Katastrophe hinauszueilen und eine Schachtel Tampax zu kaufen.

Mit einem Ehemann kann man streiten, wenn das Fernsehprogramm langweilig ist, er kann einem den Reißverschluß zumachen, einen zum Tanzabend der Firma begleiten und den Milchmann bezahlen, wenn man gerade im Bad ist. Er versorgt einen mit einer zusätzlichen Einkommensquelle und liefert einem immer, immer einen Grund, sich bei den Freundinnen auszujammern.

Wirklich, er sollte in keinem Haus fehlen, sagen wir uns selbst, wenn sich herausstellt, daß es harte Arbeit bedeutet, verheiratet zu sein. Genau darum finden sich die meisten Frauen, selbst wenn keine Kinder da sind, die die Angelegenheit komplizieren würden, mit ihren Männern ab und *träumen* nur davon, alles hinter sich zu lassen.

Ich hatte dasselbe oft getan, wenn zwischen mir und Rui etwas schiefging – ich hatte davon geträumt, daß ich einfach fortgehen würde, wenn die Dinge sich verschlechterten, und mir die ganze Zeit über eingeredet, daß es im Grunde nicht so schlimm war. Unsere Beziehung hustete und spuckte – sie wurde ernsthaft krank. Doch ich weigerte mich, die Symptome zu erkennen, und erklärte unsere Ehe für vollkommen gesund, während sich die Krankheit allmählich ausbreitete.

Selbst nach der Abtreibung blieb ich noch mit Rui zusammen und machte mir vor, daß es genau das Richtige sei; traf mich gleichzeitig mit Peter und redete mir ein, daß das ebenfalls in Ordnung wäre. Wenn das kein gefährliches Leben war! Doch eine Zeitlang genoß ich mein Doppelleben und beglückwünschte mich dazu, daß ich es schaffte, alles zusammenzuhalten. Ich erzählte keiner Menschenseele, was los war, denn ich wollte unter keinen Umständen, daß Rui es herausfand.

Nicht, daß Peter mich meinem Mann weggenommen hätte. Man konnte eher sagen, daß Rui mich praktisch jemandem überlassen hatte, der mich so behandelte, als ob er sich wirklich etwas aus mir machen würde. Ein Mann, in dessen Gegenwart ich mich ausgesprochen wohl fühlte, einfach darum, weil er mich von Anfang an genau durchschaute.

Vizedirektor einer großen, aufstrebenden Werbeagentur, gehörte Peter zum Typus des großen, eher derben Mannes, der seinen Erfolg und seinen Wohlstand leichthin trägt, weil er weiß, daß ihnen am Ende doch keine große Bedeutung zukommt. Er war ein waschechter Lancashire-Abkömmling – ein kleiner Stadtjunge, der es zu etwas gebracht, aber seine Wurzeln nie vergessen hatte und der keine Zeit hatte, sich mit Menschen abzugeben, die sich wie ich für etwas Besseres hielten. Und so setzte er mir jedesmal, wenn ich mein affektiertes Benehmen annahm, den einen oder anderen gezielten Dämpfer auf – was mir nur allzu gut bekam, da ich im Begriff war, mich zu einem Snob schlimmster Ausprägung zu entwickeln.

Sechzehn Jahre älter als ich, hatte er bereits zwei erwachsene Kinder – einen Sohn, der in den Vereinigten Staaten studierte, und eine Tochter, die noch zu Hause wohnte und eine Tanzausbildung absolvierte. Ich hatte seine Frau nur einmal von weitem gesehen – eine attraktive Blondine Anfang vierzig –, und ich bin sicher, daß er sie sehr liebte. Warum nahm er also die Gefahren auf sich, die damit verbunden waren, daß er mit mir zusammen war? Damals kam es mir nicht in den Sinn, ihn danach zu fragen, aber seither habe ich oftmals darüber nachgedacht. Ich nehme an, er hatte das Gefühl, zu Hause allzu selbstverständlich hingenommen zu werden, in seinem großen alten und weitläufigen Haus in Kensington. Er war so lange dagewesen – als Brötchenverdiener, als der Fels, der ruhige, feste Mittelpunkt der Familie –, daß man begonnen hatte, ihn wie einen Teil des Mobiliars zu behandeln.

Wenn er nicht zu Hause übersehen wurde, dann stand er im Beruf ständig unter Druck und wurde von einem Geschäftspartner unterlaufen, der längst aufgehört hatte, die Arbeit ernst zu nehmen. So kam eines zum anderen, und der große, blonde, gutmütige Peter mit seinem Schnurrbart, den trägen blauen Augen und dem ausgeprägten Sinn für Humor begann, sich ausgenutzt und mißmutig zu fühlen, als er auf sein fünfzigstes Jahr zurückschaute. Zu diesem Zeitpunkt lief ich ihm über den Weg. Jung, durchaus ansehnlich, einigermaßen intelligent – und verzweifelt auf der Suche nach einem Menschen zum Anlehnen.

Heute scheint es mir erstaunlich, wenn ich daran denke, daß er in den folgenden zwei Jahren den größten Teil meines Lebens ausfüllte, und ich erinnere mich mit Unbehagen daran, daß ich diese Situation so lange aufrechterhielt. Doch Peter gab mir all das, wozu mein Mann nicht in der Lage war, und zusammen gaben sie mir das Gefühl, vollständig zu sein. Doch schließlich war er der Ehemann einer anderen Frau, und am Ende mußte er sich entscheiden, wem seine Loyalität gehörte.

Es waren die Einbrüche – drei davon in ebenso vielen Wochen –, die die Entscheidung herbeiführten. Jedesmal wurde unser Haus aufgebrochen und verwüstet, so daß am Ende jenes entsetzlichen Monats alles, was irgendeinen Wert hatte, entweder gestohlen oder kaputt war. Und diese Erfahrung hatte ihre zerstörerischen Spuren in mir hinterlassen.

Das erste Mal, als sich mir beim Nachhausekommen der schreckliche Anblick umgestürzter Schubladen, zerbrochener Teller und

Gläser und überall verstreuter Kleider bot, telefonierte ich sofort in allen Kneipen herum, die Rui gewöhnlich besuchte, bis ich ihn schließlich fand. Er war erschüttert, als er hörte, daß seine neue Stereoanlage einen halben Zentimeter verrückt worden war, aber obwohl er mir versprach, umgehend nach Hause zu kommen, war es fast zwei Uhr morgens, als er endlich auftauchte. Mit der Entschuldigung, daß es keinen Sinn hatte, nach Hause zu hetzen, nachdem der Schaden bereits geschehen war. Die praktische Überlegung, daß das Chaos beseitigt werden mußte, war ihm überhaupt nicht gekommen, ebensowenig wie die Möglichkeit, daß ich vielleicht ein ganz kleines bißchen entnervt war angesichts der Tatsache, daß ich ganz allein mit der Polizei verhandeln und inmitten der Verwüstung sitzen mußte.

Zwei Einbrüche später war ich mit meinen Nerven am Ende, und ich weigerte mich, am Abend einen Fuß ins Haus zu setzen, wenn Rui mich nicht von der Arbeit abholte oder vor mir zu Hause war. Nun, er spielte die Rolle des guten Hirten ungefähr eine Woche lang, dann konnte er dem Reiz des El Vino nicht mehr widerstehen und mahnte mich, »mich zusammenzureißen«, bevor er seine Abende mit seinen Freunden wieder aufnahm.

Und so kam es, daß Peter mich Abend für Abend nach Hause brachte und die Eingangstür selbst aufschloß, um sich zu überzeugen, daß niemand im Haus war. Ein paarmal trank er sogar etwas, bevor er ging, und ich hörte auf, mir Sorgen darüber zu machen, daß Rui zeitig nach Hause kommen und uns überraschen könnte. Denn es spielte im Grunde keine Rolle mehr für mich, was er in einer solchen Situation tun oder sagen würde.

Es war an einem dieser Abende – an denen Peter die Aufgabe meines Mannes übernahm und sich darum kümmerte, daß ich mich in Sicherheit befand –, daß jemand in *sein* Haus einbrach und seine Frau allein damit fertigwerden mußte, weil sie ihn nicht erreichen konnte. Als Peter mich am nächsten Tag anrief, um mir das zu erzählen, war ich außerordentlich niedergeschlagen, weil ich wußte, daß es mein Fehler war, daß sie ihren Mann nicht hatte erreichen können, als sie ihn gebraucht hatte.

Langsam dämmerte es mir, daß Peter, indem er versuchte, mir die Aufmerksamkeit zukommen zu lassen, nach der ich mich sehnte, seine Frau in mannigfaltiger Hinsicht vernachlässigt hatte – daß er sich allmählich zu dem verlogenen, unzuverlässigen Ehemann entwickelt hatte, der Rui schon lange war. Fast erfüllte es mich mit

Erleichterung, als Peter gleich darauf erklärte, daß wir uns eine Zeitlang nicht treffen könnten, weil er das Gefühl hatte, daß er zu Hause bei seiner Frau sein müßte.

Vielleicht war es für Peter noch nicht zu spät. Immerhin wußte er noch, wo seine Prioritäten lagen. Das waren meine Gedanken, als ich den Hörer auflegte und mir endlich eingestand, daß ich viel zu lange vom Ehemann einer anderen Frau abhängig gewesen war. Es war an der Zeit, daß ich das Problem meiner verfahrenen Ehe und meines hoffnungslosen Mannes löste. Aber wo sollte ich beginnen?

Eine weitere Woche verging. Sieben lange Tage quälender Unruhe, in denen der größte Teil meiner Person sich verzweifelt bemühte, sich mit dem abzufinden, was ich mit Rui gemeinsam hatte, während ein kleiner, entschlossener Bruchteil meiner selbst darauf bestand, daß es Zeit war, auszubrechen. Und da lag ich nun zusammengerollt auf dem Bett und beobachtete, wie die Zeiger der Uhr von eins auf halb zwei, auf zwei wanderten – bereit, die ganze Nacht wach zu bleiben, nun, da ich wußte, was ich zu tun hatte.

Angus stieß ein leises Knurren aus und bewegte sich auf dem Bett, als er das Motorgeräusch von Ruis Wagen weiter oben von der Straße her hörte. Der bog in die Auffahrt ein, und einen Augenblick lang war das Schlafzimmer in Licht getaucht. Dann knirschten Ruis Schritte auf dem Kiesweg. Als es ihm endlich gelungen war, seinen Schlüssel zu finden und ins Schlüsselloch zu stecken, öffnete ich meinem leicht angetrunkenen Gatten bereits die Tür. Langsam, bedeutungsvoll schlang ich ihm die Arme um den Hals, worauf er den Kopf zurückbog und auf mich heruntersah – mit wachsamem, auf eine Zurechtweisung gefaßtem Blick.

»Bist du *sehr* blau?« fragte ich ihn. »Oder bist du noch zu einer Unterhaltung fähig?«

»Fast drei Uhr morgens, und meine Frau möchte sich *unterhalten*«, lachte er freudlos. Und gleich darauf: »Also – worüber möchtest du dich unterhalten?« Er stellte die Frage mit lauernder Stimme.

»Über UNS, Rui«, entgegnete ich, indem ich ihn die Treppe hinauf zu unserem Schlafzimmer schob. »Ich möchte ernsthaft über uns sprechen . . .«

Am Ende war es Rui selbst, der das Thema anschnitt – fast, als hätte er seit einer Ewigkeit darauf gewartet, es sich von der Seele zu reden. Erklärte mir, er wüßte, daß er mich nicht mehr glücklich machte, und gestand mir, daß auch er nicht mehr glücklich sei. Und er schloß damit, daß er offen mit mir über das Leben sprach, das er für sich wünschte – und es hatte nichts mit dem zu tun, das ich mir als unser gemeinsames Leben vorstellte.

»Diese ganze Häuslichkeit –« begann er und schüttelte niedergeschlagen den Kopf. »Dafür bin ich nicht geschaffen, ich will mich amüsieren, herumspielen – vielleicht mehr reisen, ich möchte zur Abwechslung einmal tun, was ich will – mein Geld so ausgeben, wie es mir paßt, ohne die ganze Zeit auf jemanden Rücksicht nehmen zu müssen. Das kann ich einfach nicht verwirklichen, wenn ich verheiratet bleibe. Und du...«

»Ich möchte zur Ruhe kommen. Ich möchte, daß du endlich erwachsen wirst, und das ist aussichtslos, nicht wahr? Ich habe all diese Parties und die Leute, mit denen du dich umgibst, satt. Ich habe es satt, daß ich mich nie auf dich verlassen kann. Und ich bin es unendlich leid, ständig wegzusehen, während du mit allem, was in einem Rock steckt, herumvögelst!« Ich beendete meine Rede – indem endlich die Worte aus mir herausbrachen, von denen ich geglaubt hatte, daß ich lieber sterben als sie eingestehen würde, und nun brach meine Stimme und der Damm meiner äußerlichen Überlegenheit.

Das war der Punkt, an dem der Streit ausartete und Gegenvorwürfe, bösartige Beleidigungen und wütende Beschimpfungen durch das Haus dröhnten. Ich erfuhr von allen Frauen, von denen ich *nichts* wußte, und auch von denen, die mir bereits bekannt waren. Und ich schlug mörderisch zurück mit allen nur erdenklichen Schmähungen – angefangen von seinem Mangel an sexuellem Einfühlungsvermögen bis hin zu seiner Arroganz. Dieser Arroganz, mit der er angenommen hatte, ich wäre ihm die ganze Zeit über treu gewesen. DAS verschlug ihm die Sprache und brachte ihn unfehlbar auf die Palme. Damit war der Zeitpunkt gekommen, daß die ganze Straße einen lautstarken Wettstreit darüber geboten bekam, wie ich sein Baby getötet hatte, worauf ich zurückschlug mit der Behauptung, daß es wahrscheinlich gar nicht seins gewesen sei... hier verstummten wir beide erschrocken. Zum Schweigen gebracht vom Entsetzen über die furchtbaren Dinge, die wir einander antaten.

Ich kämpfte gegen die aufsteigenden Tränen an und versuchte, meine Gefühle irgendwie wieder unter Kontrolle zu bekommen, während sich Ruis Gesichtsausdruck veränderte und er nachdenklich sagte: »Erinnerst du dich noch, daß wir uns vor vielen Jahren ein Versprechen gegeben haben? Daß wir, wenn es zwischen uns nicht mehr stimmt, versuchen würden, uns gegenseitig nicht allzu sehr zu verletzen?«

Er hatte es sich also gemerkt...

Unfähig, ein Wort herauszubringen, saß ich da, die Tränen liefen mir über die Wangen, und ich starrte auf sein bekümmertes Gesicht. »Tja, meine Süße – ich glaube, es ist vielleicht an der Zeit, daß wir dieses Versprechen einlösen...«

Darauf setzte er ein schiefes Lächeln auf. »Aber wir hatten auch schöne Zeiten, stimmt's? Mach dir keine Sorgen, ich ziehe morgen aus.« Dann ging er ins Badezimmer hinüber, während ich mich schluchzend und völlig erschöpft im Bett verkroch.

Als Rui am nächsten Morgen zur Arbeit ging, war er schweigsam und in sich gekehrt. Ich blieb zu Hause und brachte den Tag damit zu, seine Hemden und Unterwäsche zu waschen, seine Anzüge zu bügeln und seine Koffer zu packen. Als ich am späten Nachmittag das Haus verließ, standen sie, in Sonnenlicht getaucht, mitten im Eingangsflur. Ich weiß nicht mehr genau, wohin ich ging und was ich tat – ich streifte wohl blind durch die Kaufhäuser, aß irgendwo etwas. Und als ich mich gegen Mitternacht nach Hause schleppte, nachdem ich einen langen, einsamen Abend an die Theke irgendeiner merkwürdigen Bar gelehnt verbracht hatte, schloß ich die Tür auf und stellte fest, daß das Haus verlassen war. Die Koffer waren verschwunden. Und ebenso mein Mann.

Wie *beendet* man eine zwölfjährige Ehe?
Unter Qualen... nicht anders.

VIERTES KAPITEL

Wer hat gesagt, es gebe ein Leben
nach der Scheidung?

Natürlich hört eine Frau nicht an dem Tag auf, verheiratet zu sein, an dem sie ihren Mann oder er sie verläßt. Oder wenn sie ihren Ehering abstreift oder gar ins Bett eines anderen Mannes schlüpft. Eine Frau hört erst auf, verheiratet zu sein, wenn sie sich wieder vollständig zu fühlen beginnt. Manchmal dauert das Jahre. Manchmal geschieht es nie, und die Frauen bringen den Rest ihres Lebens damit zu, diesen merkwürdig »leeren« Bereich irgendwo zwischen Bauch und Gedärm zu pflegen – denn es ist ein fast körperliches Gefühl. John oder Bill oder Fred zu verlieren, kommt »dem Verlust eines Armes oder eines Beines« gleich, eine Behauptung, zu der sich manche Frauen in dem Versuch versteigen, mit der plötzlichen Lebensunfähigkeit fertig zu werden. Verwundert, wie sehr sie von diesem Gliedmaß abhängig waren, auch wenn es einigermaßen nutzlos erschien.

Für einige ist es leichter, so zu tun, als sei der Verlust ein vorübergehender, wie ich es einmal getan habe. Während ich das Zauberwort »mein Mann« in jede Unterhaltung einbrachte, zog ich meinen Ehering aus dem hintersten Winkel einer Schublade hervor und zwängte ihn trotzig an den Finger, obwohl ich ihn seit Jahren nicht getragen hatte. Ich bezeichnete mich als »Mrs.« und unterschrieb alles, vom Scheck bis zum Brief, mit diesem begehrenswerten Titel, obschon ich zuvor stets darauf bestanden hatte, meinen Mädchennamen zu benutzen. Ach, ich war so *emanzipiert* gewesen in der Zeit der Ehe! Vielleicht hatte ich im Augenblick keinen Ehemann, aber ich war immer noch verheiratet. In mancher Hinsicht verheirateter als je zuvor, nun, da ich zu begreifen begann, wieviel Gewicht der Titel hatte. Die Ehe gibt uns Frauen den notwendigen Status. Jemandes Frau zu sein, legt, ebenso wie jemandes Mutter zu sein, unsere Stellung im Leben fest – unseren Platz in der Ordnung der Dinge. Solange ich Ruis Frau war, wußte ich, wer ich war. Und alle anderen wußten es im übrigen auch.

Spricht man mit einer verheirateten Frau über die Aussicht, wieder allein zu leben, wird sie sich stundenlang darüber auslassen, wie wunderbar das wäre. Man stelle sich den Luxus vor, sich die Finger-

und Fußnägel lackieren, die Augenbrauen zupfen und Gesichtspakkungen auflegen zu können, ohne gestört zu werden. Man stelle sich vor, was es bedeutet, den Fernseher auszuschalten, wenn einem das Geräusch zuviel wird, und alles Badewasser zu verbrauchen, ohne ein Dankeschön und ohne zu fragen. Man denke daran, wie es ist, den ganzen Sonntag im Bett zu bleiben, wenn es regnet, oder an jedem Abend der Woche Nudeln zu kochen, wenn einem danach ist.

Und dann wären da die Männer... man könnte sie so häufig wechseln wie die Unterwäsche. Jeder wäre anders, aufregend – eine neue Herausforderung. Jedesmal eine neue sexuelle Erfahrung – anstelle des guten alten Harry, der glaubt, Vorspiel habe etwas mit Fußball zu tun, oder die Missionarsstellung liebt, weil es bedeutet, daß er danach (oder sogar währenddessen) bequem einschlafen kann, und es nur dann von hinten oder drunter versucht, wenn die Bardame unten aus dem Lokal seine Phantasie anheizt. (Die Hoffnung, sie könnte sie in Flammen setzen, wäre zu viel verlangt.)

Oh ja, wir verheirateten Frauen erzählen viel über das Alleinleben, spinnen eine herrliche Phantasie darum, weil wir genau wissen, daß wir es wohl nie mit der rauhen Wirklichkeit dieser Situation zu tun haben werden. Doch plötzlich fand ich mich in genau dieser Lage – und es war alles andere als einfach.

Es gefiel mir nicht, mir allein den Kopf zu zerbrechen: über unbezahlte Rechnungen, den weggelaufenen Hund, die Mormonen, die stundenlang meine Haustür belagerten und mich zu bekehren versuchten, oder den feuchten Fleck, der sich an der Decke des Badezimmers bildete.

Es gefiel mir nicht, wie mein Nachbar jedesmal, wenn seine Frau einkaufen war, vorbeikam, um »zu sehen, wie es mir ging«, und mich ganz krank machte mit seinem Bieratem und seinen anzüglichen Blicken. Nein, es gefiel mir ganz und gar nicht, ebensowenig wie die Art, in der »Freunde« mich von ihren Einladungen ausschlossen – einige, weil sie in mir als alleinstehender Frau eine Bedrohung sahen, andere, weil sie ungerade Zahlen einfach nicht ausstehen konnten. (Und es gefiel mir auch nicht, eine von *denen* zu sein.)

Es gefiel mir nicht, allein im Bett zu liegen, angestrengt bemüht, den Wind in den Bäumen, das Knarren und Seufzen eines leeren Hauses zu überhören. Ich mochte nicht allein essen und nicht allein schlafen – und ganz sicher gefiel mir die Entdeckung nicht, daß ich Selbstgespräche zu führen begann, um das ewige Schweigen zu brechen.

Und was das allnächtliche Umgelegtwerden betraf, so hatte ich nun, da sich mir die Gelegenheit dazu bot, die Lust daran verloren. Was vielleicht auch ganz gut war, da ich nicht wußte, wo ich beginnen sollte, all diese anderen, aufregenden, aufreizenden Männer zu suchen, von denen mein verheiratetes Ich geträumt hatte.

Wenn *das* Alleinsein bedeutete, wollte ich entschieden keinen Anteil daran haben. Und obwohl ich vorgab, selbständig zu sein (indem ich verstopfte Abflüsse reinigte, die Reißverschlüsse an meinen Kleidern selbst hochzog und mich allein aufmachte zum Tanzabend der Firma), und einen Neuanfang demonstrierte (indem ich ein neues Bankkonto eröffnete, ein neues Bett kaufte und mir die Haare abschneiden ließ), wußte ich doch, daß ich auf der Stelle trat.

Ich liebte Rui – daran war jetzt kein Zweifel mehr –, und ich weigerte mich, zu glauben, daß er aufgehört hatte, mich zu lieben. Na gut, dann hatte er eben die Nase voll. Sein Stolz war verletzt, und es würde vielleicht Monate dauern, bis er sich beruhigt hatte und zur Vernunft kam. Ich konnte warten, so lange es sein mußte – möglicherweise tat uns die Trennung sogar gut. Und es machte mir nicht einmal etwas aus, daß er mit einer anderen Frau zusammenlebte. Schließlich mußte sich jemand um ihn kümmern, bis er zu mir zurückkehrte – und das würde er, früher oder später, bestimmt tun. Wir hatten zu viel zusammen erlebt. Zwölf lange Jahre verbanden ihn mit mir – das machte ihn zu *meinem* Mann.

Wenn ich nur still vor mich hin lebte – jeden Tag zur Arbeit ging und abends immer ohne Umwege heimkehrte – und wenn ich ein braves Mädchen war und mich anständig benähm, würde er uns doch gewiß noch eine Chance geben? Ich mußte nur warten und Geduld haben. Ich würde alles so lassen, wie es war. Besonders unser Heim.

Das Haus war mittlerweile für mich zum Symbol unserer Ehe geworden und zum einzigen, was uns noch zusammenhielt. Solange wir das hatten, gab es noch Hoffnung für uns, redete ich mir ein, während aus den Wochen Monate wurden. Also fuhr ich fort, den Rasen zu mähen, die Schränke mit Lebensmittelvorräten vollzustopfen – ja, unser Schlafzimmer in Vorbereitung auf seine Rückkehr zu renovieren. Und die ganze Zeit über sagte ich mir selbst, es sei Liebe, die mich an Rui festhalten ließ, obwohl es doch in Wirklichkeit die Angst vor dem Alleinsein war, die mich daran hinderte, loszulassen.

So stand ich also da, meines Ehemannes und meines Liebhabers beraubt, und mußte auf die harte Weise erfahren, daß eine Trennung oft der Grippe nicht unähnlich ist. Sie schlägt überall zu und scheint fast etwas Alltägliches – bis man selbst betroffen ist. Und dann wird man qualvoll daran erinnert, wie elend man sich dabei fühlen kann und wie verdammt schmerzhaft sie ist. Mein Leben stand Kopf, und ich mogelte mich Tag für Tag recht und schlecht durch. Aber fünfhundert Meilen weiter nördlich hatte es ein anderes Mitglied der Familie Culross ebenfalls mit einem empfindlichen Rückschlag zu tun ...

Mein kleiner Bruder Colin, inzwischen achtzehn Jahre alt, hatte gerade seine Träume von einer Karriere bei der Marine begraben müssen und war, niedergeworfen von dieser ersten wirklichen Enttäuschung, entschlossen, den Rest seines Lebens in seinem Zimmer eingeschlossen zu verbringen. Er war mir sicher nicht öfter als ein dutzendmal unter die Augen gekommen, seitdem ich Schottland verlassen hatte. Jedesmal war er wohl ein Stück größer geworden und hatte an Persönlichkeit gewonnen. Aber ich kann nicht behaupten, daß ich bei meinen Blitzbesuchen zu Hause seine Existenz auch nur zur Kenntnis genommen hätte. Und gerade als meine Welt um mich herum zusammenbrach, rief mich meine Mutter an, um mir zu sagen, daß sie sich Sorgen machte um den Gemütszustand ihres Sohnes, und um mich zu fragen, ob er ein paar Tage bei mir wohnen könnte, während er mit sich ins reine zu kommen versuchte.

Nun, ich bemühte mich, ihr zu erklären, daß es keine gute Idee wäre, da ich selbst nicht in der Verfassung war, einen Teenager zu hüten, der noch feucht war hinter den Ohren. Aber da meine Mutter über einen ungewöhnlichen Durchblick verfügte, wußte sie, daß es zu diesem Zeitpunkt das beste für mich war, jemanden zu haben, um den ich mich kümmern und sorgen und mich so von mir ablenken konnte. Also blieb sie standhaft, und ich war zu kraftlos zum Streiten und sagte mir, während ich auf die Ankunft dieses Fremden wartete, daß wir uns immer noch gemeinsam eine Überdosis verpassen konnten, wenn es zum Schlimmsten kam.

Er stand verlegen in der Eingangstür – ein ein Meter neunzig großes Riesenbaby, das noch um einiges zu wachsen hatte –, das Haar ausgefranst wie Rod Stewart, die unmöglich engen Hosen straff gespannt über unmöglich langen Beinen, das Gesicht eine Miene des Elends hinter der Maske der Verärgerung, die mir deutlich zu verstehen gab, daß sein Besuch bei mir *nicht* seine Idee gewesen war.

Die ersten paar Tage verkroch er sich einfach in einem meiner Gästezimmer – die gleiche Todessehnsucht, anderer Schauplatz. Ich, selbst die meiste Zeit in meinem Schlafzimmer verkrochen, verstand seine Gefühle sehr gut und ließ ihn in Ruhe. Wie vorauszusehen, trieb ihn der Hunger am dritten Tag heraus, und er taumelte die Treppe hinunter, um den Kühlschrank zu suchen, den ich mit den Sachen vollgestopft hatte, von denen ich annahm, daß sie einem Jungen schmecken würden – nur für den Fall, daß er sein Sich-zu-Tode-Fasten doch abbrechen würde.

Am Abend des vierten Tages konnte ich Angus nirgendwo finden, und als ich mich, nachdem ich das ganze Haus durchkämmt hatte, in Colins Zimmer schlich, fand ich sie aneinandergeschmiegt in tiefem Schlaf vor. Nun, ein Junge, der Hunde mochte, konnte nicht ganz und gar schlecht sein ... ich fing an, mich für den verbohrten Jüngling zu erwärmen, und blieb eine Weile stehen, um ihn im Schlaf zu betrachten. Erstaunt, daß ein so winziges Baby zu einem so gewaltigen Mann herangewachsen sein konnte.

Am fünften Tag begann Colin mit mir zu reden, und ich stellte zu meiner Freude fest, daß er einen großartigen Sinn für Humor hatte – schlagfertig, treffend und von schottischer Trockenheit. Und wenn er lächelte, zeigte er schöne Zähne, während seinen stahlblauen, tiefliegenden Augen nichts entging. Am sechsten Tag fand ich bereits, daß er ganz gesellig und lebhaft war – sogar auf eine schluderige Art gutaussehend. Wenn er nur etwas mit dieser entsetzlichen Frisur tun würde ... und wenn ich ihn überreden könnte, diese schrecklichen Kleinstadtklamotten abzulegen ... Und der dumpfe, schwere Nebel, der mich so lange betäubt hatte, begann sich unmerklich zu lüften, während ich mich meiner neuen Aufgabe widmete.

Am Ende jener ersten Woche legte ich meine Karten auf den Tisch. Colin kannte mich nicht sehr gut – kannte mich, genaugenommen, überhaupt nicht. Doch meine Ehe ging zu Ende, und es war anzunehmen, daß mein Leben sich in den kommenden Monaten ziemlich eigenartig und unvorhersehbar entwickeln würde. War er erfahren genug, um zu verstehen, daß ich auf die Möglichkeit von Whisky, Männern und einem wilden, ausschweifenden Leben anspielte? Vermutlich. Aber wahrscheinlich tat er diese Vorstellung, wenn er mich betrachtete, als höchst unwahrscheinlich ab. Ich fand sie selbst ziemlich weit hergeholt. Aber man wußte ja nie.

Er konnte also bei mir bleiben, wenn er wollte – aber nicht, wenn der sittenstrenge Puritaner in ihm alles mißbilligte, was ich sagte oder tat. Jeder würde sein eigenes Zimmer haben, sein eigenes Leben leben – sich um seine eigenen Angelegenheiten kümmern –, vielleicht stellte sich dann sogar heraus, daß es ganz lustig war. Aber ich stellte noch eine weitere Bedingung – Colin würde sich einen Job suchen müssen. Auf dieser Reise konnte ich keine Schnorrer gebrauchen.

Ich weiß nicht, was er von dem Gedanken, bei mir zu wohnen, hielt, aber die Alternative war die Rückkehr in die trostlose Stadt mit ihrer hohen Arbeitslosigkeit, wo er mit seinen Kumpanen an den Straßenecken herumhängen würde, bis er früher oder später irgendwie in Schwierigkeiten käme. Wir wußten beide, daß es seine einzige Chance war.

Nachdem er die Bedingungen einmal angenommen hatte, gingen wir die Abendzeitung durch und schrieben Bewerbungen auf einige Dutzend Stellenangebote – alles von der Arbeit in einer Bar bis zum Teilzeit-Baseballtrainer. Irgendwann verriet Colin, daß er glaubte, er würde in Uniform eine gute Figur abgeben, also schrieben wir an das Heeresinformationsamt, das Polizeipräsidium, den St. John-Rettungsdienst und sogar die Londoner Feuerwehr. Da er wußte, daß es ein paar Wochen dauern würde, bis die ersten Antworten eintrafen, kehrte er nach Schottland zurück, um sich von seiner Familie und seinen Freunden zu verabschieden – um sein altes Leben abzuschließen.

Als er fort war, empfand ich die neuerliche Leere im Haus als schrecklich, und ich begann automatisch, aufzuräumen – zog die Laken von seinem Bett ab und spülte seine Bartstoppeln und die Reste der Rasierseife aus dem Waschbecken. Dankbar schlüpfte ich in meine alte Rolle zurück – die der Versorgerin in Sachen Wohlbefinden –, und es spielte kaum eine Rolle, daß ich es für einen anderen Mann tat. Ich dachte nichts anderes, als daß das Leben doch nicht so schlimm war – daß ich jetzt immerhin Gesellschaft hatte, während ich auf die Rückkehr meines Mannes wartete. Dann rief Rui mich im Büro an und machte meine Illusion zunichte. Nach Hause zu kommen war das letzte, was er wollte. Er wollte unser Haus zum Verkauf anbieten.

An einem Morgen, wenige Tage später, wurde ich von lautem Hämmern und Klopfen vor dem Haus geweckt, und ich sah mit sinkendem Mut von meinem Schlafzimmerfenster aus zu, wie ein paar Männer ein großes, häßliches Maklerschild an der Gartenmauer befestigten. Ich tröstete mich jedoch mit der Tatsache, daß das Haus auch mir gehörte, und ich forderte einen hohen Preis dafür – in dem Bewußtsein, daß der Immobilienmarkt flau war. Mit etwas Glück würde es uns vielleicht mißlingen, einen Käufer zu finden, bevor Rui seine Meinung änderte.

Dennoch wurde mir bewußt, daß es nicht schaden würde, mit einem Anwalt zu reden – nur um zu wissen, woran ich war. Und vielleicht sollte ich mir ein paar Wohnungen ansehen. Auch wenn ich nie eine brauchen würde ...

Der Anwalt wußte, daß Zeit Geld ist und verlor nicht viele Worte. Ich war die verlassene Ehefrau. Als ich zu der Erklärung ansetzte, daß auf beiden Seiten Fehler gemacht worden seien, hob er die Hand, und sein Lächeln duldete keinen Widerspruch. Er beharrte darauf, daß ich die arme Frau war, der man Unrecht zugefügt hatte, und indem er jedes Wort sorgfältig betonte, ernannte er sich selbst zu meinem Fürsprecher in der Not. Die Frage war nicht, *ob* Rui leiden mußte, sondern wie lange und wie sehr. Sollten wir ihn gleich völlig vernichten oder ihm die Schläge einen nach dem anderen verpassen? Hatte ich irgendwelche besonderen Wünsche, oder wurde ich das ganze schmutzige Geschäft in die fähigen Hände meines Fürsprechers legen?

»Zu dumm, daß keine Kinder da sind ...«, hörte ich ihn fast denken, als er das Kinn in seine plumpen, kurzen Finger stützte. So gesehen war es vermutlich ein Jammer, daß Rui nicht die Angewohnheit gehabt hatte, mich jeden Samstagabend zu verprügeln. Bedauerlich, daß ich nicht blind oder an den Rollstuhl gefesselt war. Gelähmte Mutter von drei Kindern von brutalem südländischem Gigolo verlassen. Oh, wie hätten wir den Schuft dann zur Ader gelassen!

»Nun ja, machen Sie sich nichts draus«, witzelte der Anwalt gutgelaunt, während er mich hinausschob. ‚Wir haben Methoden, mit Ihrem Mann fertigzuwerden, keine Sorge. Dafür sind wir ja da – um Damen in Not zu helfen! Äh – wenden Sie sich wegen eines zweiten Termins an meine Sekretärin, ja? –«

Doch diese Dame hatte kein Verlangen, noch einmal dort anzurufen. Die Scheidung von Rui war eine Sache. Ihn fertigzumachen eine andere. Zum ersten Mal begann ich zu begreifen, wie armselig das Ende einer Liebe ist. Rui und ich, wir hatten uns das Versprechen gegeben, uns nicht gegenseitig zu verletzen – aber vielleicht war es gar nicht so einfach, es auch zu halten.

Meine ersten Versuche, eine Wohnung zu finden, waren ebenso verheerend. Ich rief die Nummer an, die in zwanzig Zentimeter hohen Zahlen an den Rand meines Gartens gemalt war, und sprach mit einem Mr. Batt, den die Aussicht, mir ein neues Heim suchen zu müssen, offenbar mit noch weniger Begeisterung erfüllte als mich. Dennoch rief er, nachdem er drei Besichtignngstermine für den nächsten Vormittag vereinbart hatte zurück – und ich hätte sie auch alle eingehalten, wäre nicht die Tatsache gewesen, daß ich Angus rasch einmal um den Block führte, bevor ich ihn für den Rest des Tages einschließen mußte. Nur, um bei der Rückkehr zu meiner Haustür festzustellen, daß ich uns beide ausgeschlossen hatte.

Unmöglich, durch ein Fenster einzusteigen oder eine Tür aufzubrechen – mein dreimal ausgeraubtes Heim war mittlerweile so uneinnehmbar wie Fort Knox. »Dann verpasse ich also die Termine«, dachte ich, während ich auf der Treppe saß und auf den Schlosser wartete. »Na und? Ich will ohnehin keine verdammte Wohnung kaufen...«

Ich arbeitete inzwischen im Rahmen einer großen, geschäftigen Kooperative. Hier saßen Hunderte von selbständig arbeitenden Menschen wie ich in Großraumbüros herum und bemühten sich, eine ehrliche Mark zu machen. Es gab keine Rückzugsmöglichkeiten, und jeder wußte über die Geschäfte des anderen Bescheid. Aber mir waren die Gesellschaft, das Gelächter und die gutmütige Rivalität willkommen.

In dieser Atmosphäre der Öffentlichkeit war meine bevorstehende Scheidung eines von vielen offenen Geheimnissen, und am Morgen, nachdem ich mich ausgeschlossen hatte, saß ich an meinem Schreibtisch und mußte mir von einer Geschiedenen, die alles richtig zu machen schien einen Vortrag darüber halten lassen, was ich alles falsch machte.

»Du wirst nichts erreichen, wenn du jeden Abend trübsinnig zu Hause sitzt«, erklärte sie eindringlich. »Du warst zu lange aus dem Verkehr gezogen – und jetzt mußt du ein bißchen in Bewegung kommen, dich zur Abwechslung einmal amüsieren. Wenn du erstmal ein paar Männer kennengelernt hast...« Und so schwafelte sie immer weiter, und ich hörte ihr zu, mehr aus Höflichkeit denn aus wirklichem Interesse. Ich hatte diesen harten, herausfordernden Ausdruck in den Augen vieler Geschiedener gesehen und häufig solche scharfen Worte gehört. Sie erklärte mir, wieviel Spaß ich haben könnte – aber ich spürte, daß sie das alles mehr um ihrer selbst als um meinetwillen sagte. Wenn sie behauptete, daß sie sich oft genug amüsierte, glaubte sie vielleicht schließlich selbst daran.

Auf der anderen Seite hatte sie nicht unrecht. Ich konnte mich nicht für alle Zeiten zu Hause einschließen. Ihr Leben gefiel mir wohl nicht besonders, aber von meinem war ich auch nicht eben begeistert. Aber es mußte doch eine Alternative geben, fand ich – fast erleichtert, als meine Gedanken durch das Telefonklingeln unterbrochen wurden. Ich nahm den Hörer ab und hatte einen verärgerten Mr. Batt am anderen Ende der Leitung, und bevor ich wußte, wie mir geschah, sah ich mich einem Stereovortrag ausgesetzt.

Mr. Batt war wütend. Ich hatte die Termine nicht eingehalten und nicht angerufen, um abzusagen oder mich zu entschuldigen. Und die Erklärung, die ich stockend durch das Telefon abgab, besserte seine Laune nicht im geringsten. Mit leidgeprüfter Stimme informierte mich Mr. Batt darüber, daß er für den folgenden Vormittag neue Termine vereinbart hatte, und bat mich, doch die Güte zu haben, zu erscheinen. Eisiges Schweigen schlug mir entgegen, als ich erklärte, daß ich meinen Entschluß geändert hatte und daß keine Besichtigungstermine mehr nötig waren.

Schließlich: »... Ihnen ist doch klar, wieviel Zeit und Ärger mich die Arbeit für Sie gekostet hat?« drang seine Stimme schleppend durch die Leitung, und ohne meine neuerlichen Entschuldigungen zu beachten, fuhr er fort: »Ich finde, das mindeste, was Sie unter diesen Umständen tun können – ist, mich zum Abendessen einzuladen.«

»Sie zum *Abendessen* einladen, Mr. Batt?« schrie ich fast, verblüfft von seiner Unverfrorenheit. »Oh – aber ich *kann* nicht. Ich kann unmöglich«, und dann, stotterte ich absurderweise, »ich bin eine verheiratete Frau!« Noch während ich es sagte, fiel mein Blick auf den leidgeprüften Augenausdruck der Geschiedenen, und mir kam der Gedanke, daß sie vielleicht recht hatte. Vielleicht *war* es an der Zeit, daß ich wieder in Bewegung kam. Und der Zeitpunkt war genauso gut wie jeder andere. Also fügte ich trotzig hinzu: »Ein Abendessen kommt nicht in Frage, aber ich würde Sie gern auf einen Drink einladen.«

»Ja, na gut, das wäre immerhin ein Anfang –«, sagte er unerschüttert. »Ich hole Sie also heute abend ab. Sagen wir um acht herum?« Damit legte er den Hörer auf, bevor ich meine Meinung ändern konnte. Ob es mir gefiel oder nicht, meine erste Verabredung mit einem mir unbekannten Menschen lag wenige Stunden vor mir.

Nun, für den Rest des Nachmittages war ich die Zielscheibe allen Spotts. Welch eine Vorstellung, sich mit einem vollkommen Fremden zu verabreden – einer Stimme am Telefon! Die anderen Mädchen kreischten vor Vergnügen. Irgendein schmieriger Immobilienmakler, der sich als gut über fünfzig erweisen würde, mit einem Toupet, einem Volvo, einem breitgestreiften Anzug, der gedrungene Körper zentnerschwer mit Gold behangen. Mußte ein ziemlich häßlicher Kerl sein, unterbreiteten sie mir geduldig, als ich angesichts dieser Beschreibung zusammenzuckte. Warum sonst könnte ein Mann an einem Freitag um halb fünf noch keine Verabredung haben? Und sie lächelten mir zu – mitleidig, aber nicht ohne Spaß an meinem Unbehagen. Natürlich mußten sie recht haben. Was Männer betraf, war ich völlig unerfahren und hatte noch verdammt viel zu lernen. Ernüchtert kehrte ich an meinen Schreibtisch zurück und gestand mir mit einem Frösteln ein, daß Mr. Batt, auch wenn seine Stimme jung – ja, sogar recht nett – geklungen hatte, ganz bestimmt ein echter Reinfall war. Und der vor mir liegende Abend würde unter Garantie höllisch werden.

Gegen halb acht hatte ich mich – bemüht, verheiratet, aber nicht matronenhaft, attraktiv, aber nicht aufreizend auszusehen – ein dutzendmal umgezogen. Mir war der Gedanke gekommen, so zu tun, als sei ich nicht zu Hause, und ich hatte, um die Täuschung zu vervollständigen, alle Lichter gelöscht. Dann hatte ich sie wieder eingeschaltet, weil Verabredungen mit Unbekannten, ebenso wie Zahnarzttermine, unbedingt eingehalten werden mußten. Ich goß mir etwas zu trinken ein, um meine Nerven zu beruhigen, war aber zu nervös, um es zu trinken, und wollte eben nach oben eilen, um mich erneut umzuziehen, als es an der Tür klingelte – und es war erst Viertel vor acht!

Ich rannte zur Tür, und als ich sie öffnete, stand ein hochgewachsener junger Mann auf der Schwelle. Mir sank der Mut mit der Erkenntnis, daß es sicher einer von Colins neuen Trinkkumpanen aus dem Pub um die Ecke war. Wenn das keine ungünstige Zeitplanung war!

»Hören Sie, es tut mir fürchterlich leid – aber Colin ist für ein paar Tage nach Schottland gefahren, und ich bin furchtbar in Eile. Wenn Sie ihn also anrufen könnten, vielleicht nächste Woche . . .?« und ich machte Anstalten, mit einem verzeihungsheischenden Lächeln die Tür zu schließen. Doch in diesem Augenblick hörte ich die tiefe, leicht belustigte und unverkennbare Stimme und war wie erstarrt. »Es tut mir leid – ich bin hoffentlich nicht zu früh?« Und die Bilder von Schmerbäuchen und aufdringlich gestreiften Anzügen verblaßten, als der vermutlich einzige nette Immobilienmakler der Welt über meine Schwelle trat.

Denn Mr. Batt – Verzeihung, Simon – war ohne weiteres einen

Meter neunzig groß, hatte Augen von sprichwörtlichem Blau und ein Lächeln das auch das Herz der eiseskältesten Geschiedenen erwärmt hätte.

Ich bin sicher, mir blieb vor Schreck der Mund offenstehen, als er an mir vorüber ins Wohnzimmer ging und den Raum mit erfahrenem Blick musterte, während Angus, froh, wieder einen Mann im Haus zu haben, um seine Füße tollte. Ich war mir nicht so sicher. Dann rollte er den Hund mit der Schuhspitze herum, machte ihn sich, indem er ihn hinter den Ohren kraulte, zum Freund fürs Leben, und ich bemerkte, wie er, indem er es sich allmählich gemütlich machte, mit seiner Gegenwart den Raum ausfüllte.

Ich konnte meine Augen nicht von ihm nehmen, als er es sich auf dem Sofa bequem machte, die langen, in blauen Cordhosen steckenden Beine vor sich ausgestreckt. Sein weißes Hemd stand am Hals leger offen, und die Ärmel waren über kräftigen Unterarmen, die locker auf der Rückenlehne ausgebreitet lagen, aufgerollt. Es war keine Spur von Gold zu sehen.

»Gott – wenn ich bedenke, daß ich fast die Lichter ausgemacht und so getan hätte, als wäre ich nicht zu Hause!« dachte ich, kaum fähig, mein Glück zu fassen – während Simon lächelte, als wüßte er haargenau, was ich dachte.

Er lächelte immer noch, als ich mich an unseren Getränken zu schaffen machte, wobei ich mich heimlich im Spiegel über dem Barschrank begutachtete und mich verfluchte, weil ich eine so – eine so *entmutigende* Aufmachung gewählt hatte, wie ich, selbst erstaunt über meine Reaktion, befand. Aber leider hatte ich die Wirkung, auf die ich abgezielt hatte, mehr als erreicht, und ich sah in meinem schwarzen Kleid mit den langen, eng anliegenden Ärmeln und dem seitlichen Schlitz ziemlich beängstigend aus. Und man sah mir, verdammt nochmal, jede verfluchte Minute meiner dreiunddreißig Jahre an.

»Jesus, wie alt ist *er*?« fragte ich mich, während ich ihm das Glas in die Hand drückte und dabei sein jugendfrisches Gesicht und das helle Haar, das ihm in die vollkommen faltenlose Stirn fiel, registrierte. Ich beschloß, mir keine Gedanken darüber zu machen, wie jung er wohl sein mochte, hockte mich verlegen und so weit wie möglich von ihm entfernt in einen Sessel und überlegte, wie ich die Unterhaltung eröffnen sollte. Aber darüber hätte ich mir keine Sorgen zu machen brauchen – Mr. Batt hatte die Sache vollkommen unter Kontrolle.

Zwei Stunden später hatte er sein Lächeln und seine Leutseligkeit noch immer, und ich ließ mich, mittlerweile in einem Zustand völliger Betäubung, von ihm überreden, uns etwas zu essen zu machen. Ich war froh, eine Beschäftignng zu haben, denn unsere Unterhaltung hatte mich einigermaßen entnervt. Unbekümmert hatte Simon zugegeben, daß während ich mich mühsam zu dieser Verabredung mit einem Fremden durchgerungen hatte, sein Handeln auf von ihm eingeholten Informationen gründete. Die grob gesagt lauteten: nicht schlecht aussehend, um die Dreißig, sie läßt sich gerade scheiden und hat große Titten.

Zu spät fiel mir der Mann ein, der im Auftrag derselben Agentur gekommen war, um das Haus zu schätzen. Während ich ihm eifrig Badezimmer, Schlafzimmer und Abstellräume gezeigt hatte, war mir nicht aufgefallen, daß er mich ebenfalls begutachtet hatte. Die Beschreibung, mit der er ins Büro zurückgekehrt war, war jedenfalls so ausgefallen, daß Simon nur zu gewillt war, ihre Richtigkeit selbst zu überprüfen.

In der Hoffnung, daß er nicht enttäuscht war – belustigt darüber, daß ich glaubte, er könnte es sein –, machte ich mich daran, Tomaten zu schneiden und Thunfischdosen zu öffnen, und ich errötete wie ein Schulmädchen, während er im Türrahmen lehnte und mich träge beobachtete – und immer wieder die Hand ausstreckte, um sich eine Olive oder eine Tomatenscheibe zu stibitzen. »Herrje, ist er immer im Vorteil mir gegenüber?« dachte ich, seltsam aufgeregt angesichts der Vorstellung, daß ein Mann mir über war.

Nach dem Essen setzte ich mich zu Simon auf das Sofa, und wir leerten fast zwei Flaschen Wein. Während ich mich allmählich zu entspannen begann, erzählte Simon mir alles mögliche über seine Familie, seine vielen Freundinnen und sich selbst, ich dagegen berichtete von den vergangenen zwölf Jahren mit Rui beinahe so, als wären sie ohne jede Bedeutung gewesen, obwohl doch das Gegenteil der Fall war.

Es war schließlich lange nach Mitternacht, als ich erklärte, daß es vielleicht Zeit für ihn wurde zu gehen. Und ich glaube, er wäre auch gegangen, denn abgesehen davon, daß er gutaussehend, amüsant und unglaublich selbstsicher war, war er auch noch ein echter Gentleman. Als ich mich jedoch vom Sofa hochrappelte, lächelte er, stellte sein leeres Weinglas auf den Couchtisch, beugte sich über mich und küßte mich ganz zart – etwas, wonach ich mich fast den ganzen Abend über gesehnt hatte –, und meine Hände streckten sich unwillkürlich in die Höhe und verloren sich in seinem Haar. Herrlich dichtes, dunkles Haar, Ruis so sehr ähnlich. Wenn ich die Augen schloß, konnte ich mir fast einreden, dieser Fremde *sei* Rui ...

Mir wurde klar, welche Richtung meine Gedanken nahmen, und der Selbstbetrug machte mich traurig – denn ich wußte wohl, daß es an der Zeit für mich war, ein wenig Abstand zwischen mich und meinen Mann zu bringen. Und wie hätte ich das besser bewerkstelligen können als mit einem anderen Mann? Ich ließ mir keine Zeit, darüber nachzudenken, was ich tat, sondern nahm Simon bei der Hand und führte ihn die Treppe hinauf zu meinem Schlafzimmer – froh über die Dunkelheit, als ich mich von ihm entkleiden ließ. Verwundert darüber, wie anders sich seine Hände anfühlten als Ruis oder Peters, barg ich, die ich mir plötzlich sehr klein vorkam, mein Gesicht an Simons Schulter, während er die Arme um mich schlang und mich auf das Bett hob. Ich hatte die höchst eigenartige Vorstellung, daß ich etwas Schlechtes tat. »Ich bin im Begriff, Rui zu betrügen«, dachte ich immer wieder, und das köstliche Gefühl, daß es »falsch« war, nahm mir den Atem. Verboten. Irgendwie hatte ich es nie als etwas Verbotenes empfunden, wenn ich mit Peter schlief. Warum nicht? fragte ich mich. Doch dann berührte ich Simons Haut – so überraschend weich – und hörte auf, mir über irgend etwas Gedanken zu machen. Spürte das unerwartete Gewicht seines Körpers, so neu und aufregend. Und während ein Teil meiner selbst traurig war über das, was geschah, schwelgte ein anderer Teil in der Wärme der Gefühle.

Lächelte Simon immer noch, als wir uns in diesem breiten neuen Bett liebten – in dem Raum, den ich so sorgfältig für Ruis Rückkehr renoviert hatte? Vielleicht. Alles, was ich weiß, ist, daß ich vermutlich ebenfalls lächelte, als wir uns geliebt hatten und ich ruhig und zufrieden da lag, einen Arm über seine breite Brust gelegt, die Beine warm unter seinem Schenkel vergraben.

»Simon ...«, flüsterte ich in die Dunkelheit hinein, »machst du so etwas oft – deine verheirateten Kundinnen verführen, meine ich?« und wußte dabei sehr genau, daß *ich* das Bett im Sinn gehabt hatte.

»Ständig ...«, seufzte Simon zufrieden, der es ebenfalls wußte. Gleich darauf schlief er ein.

Ich trieb aus den Tiefen eines herrlichen Traumes an die Oberfläche, und als ich aufwachte, schien mir die Sonne blendend ins Gesicht.

Einen Augenblick lang konnte ich mich nicht erinnern, warum ich am Vorabend die Vorhänge offengelassen hatte – und dann fiel mir ein, daß ich keine Zeit gehabt hatte, sie zu schließen. Ich drehte mich um und war ein wenig erschrocken über den Anblick der dunklen Haarbüschel, die unter der Daunendecke hervorsprossen. Simon war fast völlig unter der Decke verborgen, und mir sank der Mut bei der Vorstellung, wie entsetzlich verlegen wir beide sein würden, wenn er erwachte.

Dann fiel mir plötzlich ein, wie schrecklich ich aussehen mußte, und geriet in Panik. Denn erstens sehe ich immer, auch an guten Tagen, schrecklich aus, und zweitens hatte ich noch lange geweint, nachdem der Junge eingeschlafen war. Hatte geweint, weil sich mein Leben veränderte und ich nicht recht begriff. Nun war mein Gesicht ganz sicher verquollen, waren meine Augen rotgerändert, war die Wimperntusche verschmiert. Es war eine Sache, im kalten Licht des Tages verlegen zu sein, und eine andere, seine Würde zu verlieren. Also schlüpfte ich aus dem Bett und schlich mich ins Badezimmer, um den Schaden zu begutachten. Erstaunlicherweise sah ich gar nicht so schlecht aus. Zwar war meine Wimperntusche verwischt, sicher, aber das war in einem Augenblick wieder hergerichtet. Mein Gesicht wirkte jedoch irgendwie ausgeruht... und dann wurde mir bewußt, daß ich eine ganze Nacht durchgeschlafen hatte. Kostbarer, ungetrübter Schlaf. Ich hatte ihn seit langem nicht mehr genossen.

Ich kämmte mir die Haare und putzte mir die Zähne, dann legte ich sorgfältig ein wenig mehr Wimperntusche und Kajal auf, um meinen Morgenaugen ein etwas lebhafteres Aussehen zu geben. Darauf trat ich zurück, begutachtete meinen Körper im Spiegel und versuchte, ihn mit seinen Augen zu sehen.

Nun...? Ich befragte den Spiegel mit gnadenlosem Blick, aber ich war tatsächlich ganz passabel. Gewiß konnte ich nicht für zwanzig durchgehen, aber für dreiunddreißig sah ich ziemlich gut aus. Und wenn ich meine Schultern geradehielt, den Bauch einzog und auf Zehenspitzen ging – wirkte ich sogar ziemlich schlank, wie ich mir selbst versicherte. Dann wickelte ich, entschlossen, lieber auf Nummer sicher zu gehen, als etwas bedauern zu müssen, meine fragwürdigen Vorzüge in ein flauschiges Badetuch und tappte in das Schlafzimmer zurück.

Simon schlief noch, und sein Atem ging leicht und flach, obwohl er jetzt auf dem Rücken lag und sein Gesicht nicht mehr bedeckt war. Er sah im Morgenlicht immer noch ebenso anziehend aus. Ebenso jung.

Außerstande, länger zu warten, kroch ich neben ihn ins Bett und rüttelte ihn wach. Er hatte kaum ein Auge blinzelnd geöffnet und verschwommen auf mich gerichtet, als ich ihn fragte: »Wie alt bist du?« Nicht einmal *Guten Morgen* oder *Möchtest du eine Tasse Tee* – plötzlich war sein Alter schrecklich wichtig geworden.

Ich wurde fast ohnmächtig vor Schreck, als er ›dreiundzwanzig‹, sagte, und rollte, peinlich berührt von dieser unverzeihlichen Zehnjahreskluft, von ihm weg. Etwas, das er offenbar erwartet hatte, denn er zog mich unverzüglich wieder an sich und sagte: »Aber ich bin sehr reif für mein Alter!«

Darauf lachte ich, wohl wissend, daß es ohnehin zu spät war für irgendeine andere Reaktion, und wir liebten uns wieder, da es eine Schande gewesen wäre, eine so großartige Gelegenheit ungenutzt verstreichen zu lassen. Als Simon anschließend darauf bestand, das Frühstück zu machen, war ich sprachlos. Angus setzte sich leutselig zu mir aufs Bett, während Simon vor sich hin pfeifend im Erdgeschoß herumklapperte und ich mit unter dem Kopf verschränkten Händen liegenblieb, tief beeindruckt von der jüngeren Generation (Colin fand sich ebenfalls bestens in der Küche zurecht und machte unglaubliche Aufläufe).

Das Omelett war köstlich, die Toasts goldbraun und noch heiß, der Tee stark und aromatisch, und ich schlang alles hinunter, während Simons Augen auf mir ruhten und ich mich fragte, wie ich im kalten, ungnädigen Licht des Tages auf ihn wirkte. Er schien es nicht eilig zu haben, zu verschwinden, und ich führte ihn, nachdem wir das Frühstück beendet hatten, ins Badezimmer, wo wir gemeinsam in die große Wanne stiegen, die ich nie mit Rui geteilt hatte, und herumplanschten wie zwei Kinder.

Danach bestand dieser freundliche, lächelnde Riese darauf, mich abzutrocknen, und ich stand gehorsam still, während er mich energisch trockenrieb. Ich weiß noch, daß ich dachte: »Das hat noch kein Mann je für mich getan . . .«, und daß ich mich daran erinnerte, wie ich immer diejenige gewesen war, die Rui abgetrocknet hatte; und ich entdeckte, wie angenehm es war, zur Abwechslung einmal umsorgt zu werden. Und was das Frühstücken im Bett betraf –!

Da stand ich also, genoß die Morgensonne und Simons Hände und den zarten Duft des Handtuchs. Und dachte nicht einmal im Traum daran, daß Simon und ich im Begriff waren, Gewohnheiten festzulegen – daß wir noch lange gemeinsam frühstücken, baden und vieles andere tun würden.

Die Neuigkeit, daß ich einen dreiundzwanzigjährigen Geliebten hatte, hatte sich bald herumgesprochen. Die meisten meiner Freundinnen erklärten, sie würden eine Menge dafür geben, wenn sie nur halb soviel Glück hätten, und nur wenige schienen es zu mißbilligen. Alle nahmen an, daß es eine Phase war, die ich durchmachte. Trudy schlug über die Stränge – warum auch nicht?

Und ich selbst – nun, manchmal stieg ich in meiner Achtung, da doch ein tatkräftiger junger Liebhaber der Wunschtraum jeder verheirateten Frau war. Dann wieder machte es mich traurig, zu denken, daß ich mir selbst beweisen mußte, daß ich noch nicht »jenseits« war. Am meisten machte ich mir jedoch Gedanken darüber, was passieren würde, wenn Colin zurückkam. Schließlich waren nur fünf Jahre Altersunterschied zwischen ihnen, und ich konnte mir nicht vorstellen, daß mein kleiner Bruder es je verstehen oder gutheißen würde. Und wenn er auch nur ein Wort in der Familie verlauten ließ... beim Gedanken an ihre entsetzte Reaktion überfielen mich die alten Kindheitsängste wieder. Sie hatten die Trennung sehr verständnisvoll aufgenommen; ich bin allerdings sicher, daß sie gestorben wären, hätten sie die schmutzigen Umstände erfahren. Unmöglich würden sie sich damit abfinden, daß ihre Tochter in Scheidung lebte *und* einen Liebhaber hatte, der zehn Jahre jünger war als sie.

Colins stahlblaue Augen wurden noch einen Deut kälter, als ich ihn mit Simon bekannt machte. Er war gerade müde und griesgrämig vom Nachtbus aus Schottland gekommen – und seine Laune besserte sich nicht, als er Simons offenes, ehrliches Engländergesicht sah und seine »snobistische« Sprechweise hörte. Denn Colin fühlte sich Leuten aus dem Süden gegenüber immer noch unsicher. Und Simon war einer dieser feinen Pinkel aus dem Süden, denen er instinktiv mit Feindseligkeit begegnete – dessen sanftes Auftreten, dessen weiche Hände und weiches Lächeln ihm in den Augen eines jeden Schotten, der etwas auf sich hielt, den nach unten gekehrten Daumen einbrachten.

Aber Simon war nicht umsonst Immobilienmakler, und sein freundliches, unaufdringliches Wesen und seine anregende Unterhaltung lockerte bald die wachsame Spannung meines Bruders. Dann zog ich den Trumpf hervor – einen amtlich aussehenden Brief von der Städtischen Feuerwehr –, und Colins Gesicht verzog sich zu einem breiten Lächeln, während er uns das Datum und die Uhrzeit seines Vorstellungsgespräches vorlas. Simon beglückwünschte ihn überschwenglich, und dann machten sie sich auf, das Ereignis in einem

Pub zu feiern, während ich, erleichtert, daß die Begegnung so gut verlaufen war, das Mittagessen für uns drei bereitete.

Drei Wochen später war Colin ein Feuerwehrkadett mit der Dienstnummer 64923. Und während er forsch im Wohnzimmer herumstolzierte, größer denn je in seiner marineblauen Uniform mit den vergoldeten Knöpfen und dem beeindruckend geschwungenen Metallgürtel, spendete ich ihm lachend Beifall – und dachte dabei, daß sich dieser lange verlorene Bruder als eine wahre Entdeckung entpuppte. Er fand alles aufregend; sich selbst, seine Uniform, seine Stellung, sein großzügiges Gehalt, das Leben in London. Er war so überglücklich, daß es ihn nicht im geringsten störte, als ich ihm verkündete, daß Simon zu uns ziehen würde.

Ich mochte Simon vom ersten Augenblick unserer Begegnung an – und ich mag ihn bis zum heutigen Tag –, aber ich habe ihn nie geliebt. Warum ließ ich mich also darauf ein, daß er bei mir wohnte? fragen Sie vielleicht. Weil ich einsam war, würde eine Antwort lauten. Weil es mein angeschlagenes Ich aufrichtete. Weil ich wußte, daß es Rui zu Ohren kommen würde und weil er dann vielleicht aufhorchen und Notiz davon nehmen würde. Weil es tröstlich war, einen Mann im Haus zu haben, und Simon war alles, was man von einem Mann erwartete, und mehr.

Aber vor allem gab es mir meine Identität zurück, mich um Simon – und Colin – kümmern zu können. Jetzt war ich Schwester und Freundin, und das waren Rollen, mit denen ich mich auskannte. Jetzt hatte ich einen Grund, nach der Arbeit heim zu eilen. Ich hatte jemanden, für den ich einkaufen und kochen konnte – jemanden, für den ich aufräumen und um den ich ganz allgemein Aufsehen machen konnte. Das Haus war lebendig und voll, das Leben schien fast wieder normal – Routine, Häuslichkeit und Behaglichkeit. Und ich ließ mich geduldig darin nieder und wartete wieder auf Ruis Rückkehr – gleichgültig, wie lange es dauern würde!

Während ich wartete, amüsierte ich mich. Unmöglich, das nicht zu tun, mit zwei zu groß geratenen Schuljungen, die das Haus auf den Kopf stellten; ständig wurde ich in Wasser- und Kissenschlachten verwickelt, und wir plünderten in mitternächtlichen Gelagen den Kühlschrank.

Natürlich hatte keiner meiner neuen Männer Geld im Überfluß, aber das schien ihre Fröhlichkeit kein bißchen zu beeinträchtigen, und allmählich begann ich in ihrer Gesellschaft die Dinge zu tun, die ich einmal mit dem mittellosen Rui getan hatte – und sie machten mir beim zweiten Mal immer noch ebensoviel Spaß. Lärmende Abende im Pub, wo ich neuen Gefallen daran entdeckte, billigen Wein zu trinken und über den Zustand der Welt zu diskutieren; lange Spaziergänge im Richmond Park, wo ich mich, in Simons abgelegten Gummistiefeln und seiner alten Windjacke, mit den anderen an die versprengten Hirschherden heranpirschte. In Jeans und einem alten, weiten Pullover, die Haare hoch aufgesteckt, brachte ich ganze Vormittage damit zu, in die Eingeweide seines uralten Wagens hinunterzustarren, während er mich über Vergaser und Zündkerzen aufklärte.

Simon ließ sich sogar dazu verführen, sein streng gehütetes Geheimrezept für Omeletts preiszugeben, als ich ihm eines Abends in meiner Küche einen Tauschhandel von der Art anbot, der kein gesunder junger Mann widerstehen kann. Und die ganze Zeit über hingen meine teuren Kleider verlassen, überflüssig geworden, im Schrank. Ebenso vergessen waren meine blasierte Redeweise und meine Begabung dafür, etwas vorzutäuschen, Spiele zu spielen und vorzugeben, etwas zu sein, was ich nicht war. Denn das war das Rüstzeug von Ruis Ehefrau. Und ob es mir nun gefiel oder nicht, ich war nicht mehr Ruis Frau.

Meistens gestattete ich mir nicht, bei dieser Überlegung zu verweilen, aber von Zeit zu Zeit hörte ich Neuigkeiten von ihm – und seiner ehemaligen Sekretärin, der jetzigen Frau in seinem Leben –, und dann wurde ich in tiefe Depressionen gestürzt. Bei anderen Gelegenheiten wurde mein Elend durch subtilere Erlebnisse ausgelöst – Simons Anblick, als er eines Abends zur Haustür hereingestürmt kam, oder sein Spiegelbild im Badezimmer, wenn er sich rasierte. Manchmal sogar, wenn wir miteinander schliefen. Einen Augenblick lang erstarrte die Szene, die ich vor mir hatte (oder an der ich teilhatte), während ich zum Leben erwachte und entsetzt diesen Mann anstarrte, der nicht Rui war, und mich fragte, was zum Teufel ich da eigentlich tat.

Bei solchen Gelegenheiten gab Simon vor, den plötzlichen Kälteeinbruch nicht zu bemerken. Ebenso, wie er in jenen Nächten, in denen ich aus dem Bett schlüpfte, um im Erdgeschoß im Dunkeln herumzuwandern und hilflos zu weinen, vorgab, fest zu schlafen. Bestimmt litt nicht nur ich so, pflegte ich dann zu denken und betete, daß Rui diesen Verlust ebenfalls spürte. Es muß wohl so gewesen sein, denn inzwischen hat er mir gestanden, daß er damals oft an seinem alten Heim vorbeifuhr, mit schnurrendem Motor am verlassenen Straßenrand stehenblieb und, eine Zigarette rauchend, die dunklen

Fenster nach einem Lebenszeichen absuchte. Doch Simons alte Kiste hatte unermüdlich Wache gehalten, und Rui war, seiner Gegenwart bewußt, stets wieder in die Nacht davongeglitten.

Doch diese düstere Stimmung verflog früher oder später wieder, und als der Winter kam und heftige Schneefälle mit sich brachte, hatten wir, wie gewöhnlich, allen möglichen Unfug im Kopf. Eines Abends sahen wir zu, wie der Schnee träge an unserem Fenster vorüberschwebte, bis er sich schließlich, kurz nach Mitternacht, mit dem Wind ganz legte, und zurück blieb ein stiller glitzernder Teppich, der im Schein des Vollmondes bläulich schimmerte.

Ideales Schlittenwetter, verkündete Colin, und ohne weitere Umstände packten er und Simon mich in mehrere Pullover, füllten ein paar alte Marmeladengläser mit Brandy, schnappten sich die Deckel von meinen Plastikmülleimern und brachen mit mir auf zu einem verzauberten Hampstead Heath, wo wir johlend die Hänge hinuntersausten und -rutschten.

Auf einem umgedrehten Mülleimerdeckel sitzend, in Colins kräftige Arme geschmiegt, spürte ich, wie der Nachtwind über mein eiskaltes Gesicht peitschte, und begleitet von meinen übermütigen Schreckensschreien, flogen wir dahin und purzelten in tiefe, weiße Verwehungen. Colin grub mich aus, und ich lachte unbändig und konnte mich nicht erinnern, wann ich mich zuletzt so wunderbar lebendig gefühlt hatte.

Dann kamen und gingen die gefürchteten Weihnachtsfeiertage, und ich hielt verbissen die Sylvesterfeier durch – hoffend und betend, daß Rui diesen Zeitpunkt wählen würde, um sich mit mir zu versöhnen. Er tat es nicht.

Der Frühling hielt in diesem Jahr früh Einzug; der Garten sah prachtvoll aus, und wir veranstalteten jede Menge Parties. Das Haus füllte sich mit den Freunden der Jungen, von denen keiner älter als fünfundzwanzig war, die mich aber dennoch umstandslos akzeptierten. So daß ich nach einiger Zeit aufhörte, mich »alt« zu fühlen, wenn ich mit ihnen zusammen war, und mich schließlich nicht einmal mehr »älter« fühlte. Ich stellte fest, daß das Alter ein Bewußtseinszustand ist, und entdeckte mit einem Gemisch aus Staunen und Belustigung, daß Simon, wenn man ehrlich sein wollte, um einiges »älter« war als ich. Behutsam und einfühlsam, erstaunlich konservativ und konventionell hinter seinem jungenhaften Äußeren, hatte er eine unbändige Sehnsucht danach, seßhaft zu werden und eine Mannschaft kleiner Immobilienmakler großzuziehen. Er sehnte sich noch stärker nach

Häuslichkeit und sicherem Familienleben als ich. Mir wurde unangenehm bewußt, daß das Thema »Bindung« immer breiteren Raum in
unseren Gesprächen einnahm, und allmählich wurde mir klar, daß
Colin und Simon, während ich liebend gern unser gegenwärtiges
Zusammenleben bis in alle Ewigkeit unverändert fortgesetzt hätte,
ihre eigenen Vorstellungen hatten.

FÜNFTES KAPITEL

Ich bin frei – und was nun?

Mein kleiner Bruder hatte sich in dem Jahr, das wir zusammen verbracht hatten, drastisch verändert, und man erkannte in ihm den mißmutigen, unsicheren Jungen, der Simon bei jener ersten Begegnung so böse angestarrt hatte, nicht mehr wieder. Wie von mir erwartet, hatte er sich die selbstsichere, lockere Art, die er an meinem Freund entdeckt hatte, nur zu bereitwillig angeeignet, und er hatte sich als gelehriger Schüler von mir in Restaurants, Clubs und eine neue Lebensweise einführen lassen. Vermutlich hatte ich versucht, das für ihn zu tun, was Rui einst für mich getan hatte – seine rauhen Kanten abzuschleifen –, und ich muß sagen, ich war sehr zufrieden mit meinem Werk. Colin war jetzt ein vollwertiger Feuerwehrmann, der sozusagen in Geld schwamm. Geld, das er für den stetigen Strom hübscher Mädchen ausgab, die durch das Haus wanderten. Manchmal blieben sie über Nacht oder für ein Wochenende – und immer, immer belegten sie, wenn sie sich putzten und zurechtmachten, um diesem äußerst vorteilhaften jungen Mann noch besser zu gefallen, das Badezimmer mit Beschlag.

Das Leben bei der Feuerwehr hatte Colins Persönlichkeit abgerundet, ihn nicht nur körperlich stark, sondern auch gefühlsmäßig außerordentlich reif gemacht. Mittlerweile sicher einen Meter fünfundneunzig groß (und immer noch im Wachsen), gab er in modischen, gutgeschnittenen Kleidern eine beeindruckende Figur ab. Sein ehemals unbändiger Schopf war jetzt glatt zurückgekämmt, und wo er ging und stand, verbreitete er den zarten angenehmen Duft eines teuren Rasierwassers.

Sicher und ungezwungen in jeder Gesellschaft, gelang es ihm mit seiner natürlichen Liebenswürdigkeit und seiner Bereitschaft zum Lachen immer, andere zu bezaubern – oder gar zu beschwichtigen, wenn der ätzende Sarkasmus seines Humors ins Schwarze getroffen hatte. Denn wir hatten diesen boshaften Zug gemeinsam – mein Bruder und ich –, die Fähigkeit, mit unschuldig klingenden Worten zu verletzen, und wir genossen beide die Schärfe, die es uns verlieh. Wir waren uns inzwischen sehr nah, fast telepathisch in unserer Fähigkeit, Witze zu machen, die nur wir beide verstanden, oder Menschen und Situationen füreinander auszusondieren.

Ja, ich war stolz auf Colin und wußte, daß ich dem Gefühl einen Sohn zu haben, niemals näher sein würde. Und ich war froh darüber, daß ich teilgehabt hatte an seiner Entwicklung, dankbar für diese Gelegenheit, wenigstens einen meiner Brüder kennen und lieben zu lernen. Aber Colin war jetzt wirklich erwachsen. Es gab nichts mehr, das ich ihn hätte lehren können. Und er hatte beschlossen, daß es Zeit war für ihn, sich eine eigene Wohnung zu suchen. Wie um ein Zeichen zu setzen, kam Colin eines Abends nach Hause und hatte einen Ausdruck im Gesicht, der mir verriet, daß er etwas im Sinn hatte.

Er hatte seinen Entschluß, umzuziehen, kaum verkündet, als jemand ein Angebot für mein Haus machte. Es stand jetzt seit einem Jahr zum Verkauf, und mir war klar, daß ich nicht wagen würde, das Angebot abzulehnen oder das Geschäft irgendwie zu verhindern. Doch ich war sicher, daß keine Hoffnung mehr auf eine Rettung unserer Ehe bestand, wenn unser Heim erst einmal fort war. Und als die Aussicht auf eine Scheidung sich schließlich gewaltig und drohend vor mir aufbaute, begann ich mich ernsthaft nach einer Wohnung umzusehen. Mitten in diesen plötzlichen Aufruhr hinein kam Simons Geständnis. Er hatte sich in mich verliebt und wollte, daß wir heirateten . . .

Inzwischen war es Juli. Rui und ich lebten jetzt seit fast genau einem Jahr getrennt, und ich fand, daß es an der Zeit war, die Lage zu prüfen. Also traf ich mich zu unserem ersten Jahrestag mit meinem Mann zum Essen. Ich saß da, gab vor zu essen und verdaute statt dessen die unangenehmen Tatsachen – seine neue Frau würde bei ihm bleiben, unser Haus würde verkauft werden, die Scheidungsformalitäten würden erledigt werden. Das alles nahm ich äußerlich ziemlich ruhig hin, doch ich verließ das Restaurant völlig benommen. Denn während ich Rui über den Tisch hinweg betrachtet hatte, mußte ich mir eine noch deprimierendere Tatsache eingestehen. Ich liebte meinen Mann noch immer, und mit diesem Wissen konnte ich Simon niemals heiraten. Oder sonst jemanden.

Eine sanfte Brise bewegte das Laub des alten Apfelbaumes über mir und trug den süßen Duft der Rosen zu dem Korbsessel herüber, in dem ich ruhig saß. Ich goß mein Glas aus der Flasche zu meinen Füßen wieder voll und versuchte, die Geräusche, die vom Haus her durch den Garten herüberwehten, zu ignorieren, doch drinnen war der Verkauf in vollem Gange, und ich sagte mir zum soundsovielten Mal, daß es das einzig Richtige war. Denn in meinem neuen Heim –

einer winzigen Zwei-Zimmer-Wohnung – war niemals genügend Platz für alle meine Möbel.

Die Anzeigen, die ich in den Lokalzeitungen aufgegeben hatte, hatten einen ganzen Schwarm neugieriger Nachbarn an meine Tür gelockt, und ein beständiger Menschenstrom hüpfte jetzt, beladen mit Sesseln und Beistelltischchen, Decken, Blumentöpfen und Tischlampen – alles zu Tiefstpreisen erstanden – auf der anderen Seite der Gartenmauer entlang.

Colin und Simon, die wußten, daß ich es nicht ertragen hätte, diese Verwüstung meines Hauses mit anzusehen, hatten mich mit einer stärkenden Flasche Wein in den Garten verbannt, und als ich am späten Nachmittag ins Haus zurückkehrte, fand ich die Räume kahl vor – unfreundlich und abweisend.

In Simons Augen lag ein aufmunterndes Lächeln, und seine Stimme hallte eigenartig in dem leeren Wohnzimmer, als er sagte: »Ich finde, wir waren ziemlich erfolgreich, Liebling. Wir haben mehr eingenommen, als ich erwartet hatte –« Damit hielt er mir ein dickes Bündel schmuddeliger Scheine entgegen. Etwas mehr als tausend Pfund. Ich dachte daran, wie ich jede Lampe, jede Vase, jeden Druck über Jahre sorgfältig ausgesucht hatte, und wußte, daß ich an diesem Nachmittag mehr als nur ein paar Möbel verloren hatte. Ich hatte ein Stück Geschichte verloren – Ruis und meine. Zwölf Jahre des Planens, Träumens und Zusammentragens. Und alles, was ich dafür vorzeigen konnte, war ein Stoß schmuddeliger Fünfer.

Am selben Abend zog Colin aus, um sich, Wunschtraum eines jeden jungen Mannes, eine Wohnung mit drei Frauen zu teilen, und ich verbrachte meine letzte Nacht allein in meinem seltsam kahlen Schlafzimmer. Noch vor dem Morgengrauen erhob ich mich nach einer schlaflosen Nacht und saugte ein letztes Mal die Teppiche, putzte die Fenster und staubte das Holzwerk ab. Dann wanderte ich durch das leere Haus, traurig und wütend darüber, was mit meinem Leben geschah.

Ich zog ein letztes Mal die Haustür hinter mir zu, verschloß sie, warf den Schlüsselbund durch den Briefschlitz und sah zu, wie er mit einem dumpfen Klirren auf dem Kachelboden der Vorhalle landete, wo er liegenblieb und zu mir aufblitzte. Ich betrachtete ihn lange und dachte daran, wie ich mit siebzehn einen ähnlichen Schlüsselbund fortgeworfen hatte, bevor ich von zu Hause weggegangen und ins Unbekannte aufgebrochen war. Aber damals war ich jung und energisch und voller Hoffnung gewesen, und nun stand ich, sechzehn

Jahre später, wieder dem Unbekannten gegenüber. Und fürchtete mich vor dem, was auf mich zukam.

Am fortgeschrittenen Vormittag stand ich im Wohnzimmer meiner neuen Erdgeschoßwohnung, deren Schlafzimmerfenster zur Straße hinausging. Eine kleine Eingangshalle führte in das kleine Wohnzimmer, von der aus man durch eine Fenstertür auf die winzige Terrasse trat, während eine andere Tür in die verhältnismäßig große Küche führte. Die Wohnung war dunkel und beengt, doch Simon hatte mir versichert, daß es ein guter Kauf sei.

»Und jetzt bist du hier zu Hause – ob es dir gefällt oder nicht«, dachte ich, indem ich die verblichenen Wände, den zerkratzten Parkettfußboden, den in den Kücheneinbauten festsitzenden Dreck, die fleckige Badewanne und Toilette betrachtete – und damit endlich etwas gefunden hatte, wohin ich meine Wut kanalisieren konnte. Also putzte und scheuerte und desinfizierte ich, und meine Hände bewegten sich automatisch über Böden und Wände, während meine Gedanken sich überstürzten und mein Zorn sich steigerte.

»Zwölf Jahre harter Arbeit, und nun sieh dir an, wohin es dich gebracht hat!« stachelte ich mich selbst auf. »Da sitzt du jetzt in einer verfluchten winzigen Erdgeschoßwohnung, und deine einzige Gesellschaft ist ein Hund ... mit dreiunddreißig Jahren fängst du wieder bei Null an!«

»Und wer ist *daran* schuld?« fragte ich, meine eigene Verteidigung energisch in die Hand nehmend. Rui natürlich. Denn hatte ich ihm nicht meine besten Jahre geopfert – hatte ich ihn nicht aufgenommen, als er ein nichtsnutziger, leichtsinniger Verschwender war, und ihn auf die verdammte Erfolgsstraße gebracht? Himmel, wenn es nach Rui gegangen wäre, gäbe es kein Haus zu verkaufen. Er hätte sich niemals eine Hypothek aufgeladen – eher hätte er das Geld zum Fenster hinausgeworfen! Doch meine ganze Zukunftsplanung hatte ihre Früchte abgeworfen, und nun erntete selbstverständlich eine andere Frau den Segen meiner harten Arbeit. Was hatte sie doch für ein Glück – erbte meinen Mann jetzt, da er ein großartiges Gehalt bezog, während ich jeden Pfennig, den ich ausgab, zweimal umdrehen mußte.

»Komisch«, dachte ich, indem ich weiter schrubbte, »daß ich vorher überhaupt keine Wut empfunden habe.« Nun, bis zu diesem Zeitpunkt hatte ich mich nicht so bedroht gefühlt wie jetzt, da mir klar war, daß er vermutlich keine Ruhe geben würde, bis er wieder verheiratet und endgültig für mich verloren war.

»Sieh dich nur vor, Süßer!« zischte ich und klatschte Wasser über Fenster und Holzwerk. »Noch sind wir nicht geschieden!«

Ich arbeitete, grübelte und peitschte meine Wut auf und bemerkte dabei kaum, daß das Tageslicht am Himmel verblaßte und Dunkelheit gegen die kahlen Fenster andrängte. Doch endlich machte ich erschöpft halt – mein Körper feucht von schalem Schweiß, die Nägel abgebrochen und schmutzig, das Haar wirr und strähnig. Ich machte mir nicht die Mühe, mich auszuziehen, sondern ließ mich auf mein Bett fallen und schlang die Arme um einen verwirrten, unruhigen Angus, froh, endlich die weißglühende Wut los zu sein, die mich den ganzen Tag getrieben hatte. Aber natürlich hatte ich diese Wut nicht hinter mir gelassen – sie hatte sich einfach tief in mein Innerstes eingebrannt. Lange Zeit hatte ich sie in Schach gehalten, und nun war sie über mir zusammengeschlagen. Und sie sollte mein Leben in den folgenden zwei Jahren beherrschen und jede Möglichkeit, zu meinem vollständigen Ich zurückzufinden, zunichte machen, während ich diese Leere, den fast physischen Schmerz nährte.

Wenn ich heute darauf zurückblicke, so kann ich wohl mit Recht behaupten, daß in jener Nacht die Veränderung in mir begann. Ich wurde mürrisch und launenhaft, hatte immer eine bissige Bemerkung parat und war mit nichts zufriedenzustellen, und der arme Simon hatte die Hauptlast meiner Wut zu tragen. Plötzlich war nichts, was er sagte, richtig, nichts, was er tat, gut genug. Ich langweilte mich, wenn wir ins Kino gingen, langweilte mich, wenn wir fernsahen. Langweilte mich, wenn wir nicht miteinander schliefen, langweilte mich, wenn wir es taten. Und ich wehrte jedes Wort von Heirat mit einer höhnischen Bemerkung und einem kalten Blick ab. Schließlich begriff Simon und hörte auf, mich in meiner Wohnung zu besuchen, hörte auf, mich anzurufen. Hörte auf, mich zu lieben.

Ich war frei ... was zu tun? Nun, natürlich mein Leben wieder zu ordnen, hätte ich jedem geantwortet, der mir damals diese Frage gestellt hätte. Frei, eine Zeitlang all die Vorteile zu genießen, die dem Alleinleben so nachdrücklich nachgesagt werden – den Sex ohne Verbindlichkeiten, das nur-an-den-eigenen-Bedürfnissen-orientierte Leben. Und wenn ich mich erst ordentlich ausgetobt hatte, stand es mir frei, den richtigen Mann zu suchen – nicht irgendeinen idealistischen Dreiundzwanzigjährigen mit romantischen Vorstellungen von der »Liebe«.

Ja, das hätte ich damals gesagt, denn ich hatte keinen blassen

Schimmer, was Freiheit bedeutete. Heute, da ich dieses Wort endlich zu verstehen beginne, erstaunt mich die Interpretation, die ich vor fünf Jahren damit verband. Es war allerdings eine, die von vielen Frauen geteilt wurde.

Denn es war das Zeitalter der Gleichberechtigung – und hieß das nicht, daß es uns gestattet war (nein, daß wir *verpflichtet* waren), zu denken, zu fühlen und zu handeln wie die Männer, die so lange die Oberhand gehabt hatten? Jetzt war die Zeit gekommen, alte Rechnungen zu begleichen und quitt zu werden, und, nicht zufrieden damit, daß wir uns am Arbeitsplatz und zu Hause mit den Männern anlegten, begannen wir auch noch sie in der Arena der Sexualität zu unterminieren.

Eine Frau, die daran zweifelte, daß eine Veränderung in der Luft lag, brauchte nur das Radio oder den Fernseher einzuschalten oder eine Zeitung oder Zeitschrift zur Hand zu nehmen, und schon hatte sie ihn, den unwiderlegbaren Beweis, daß die Frauen auf dem Kriegspfad waren und die Männer auf der Flucht. »Zwei von drei Ehen enden mit Scheidung!« verkündeten die Schlagzeilen schrill (und sie wurden nicht alle von Männern beendet), während sich auf dem Greenham-Common-Militärflughafen diejenigen von uns drängten, die Heim, Herd und Mann um einer wichtigen Sache willen verlassen hatten. Immer mehr von uns zogen eine Mutterschaft ohne den Segen des Zusammenlebens mit dem Vater in Erwägung. Denn wurden die Männer wirklich noch gebraucht, wenn sie uns erst einmal geschwängert hatten? Frauen flogen Maschinen für zivile Fluggesellschaften, löschten Feuer – setzten sogar zum Sturm gegen die Türen der römisch-katholischen Kirche an, sehr zum Schrecken der bis dahin rein männlichen Priesterschaft.

Überall schienen die Frauen ihre Muskeln spielen zu lassen und die Männer mit eben jener Waffe zu bekämpfen, die sie einmal so verletzlich gemacht hatte – ihrer Sexualität. Rachsüchtige Geliebte zerstörten die Karrieren von Industriemanagern und eingeschüchterten Politikern, indem sie ihre Geheimnisse in der Presse ausbreiteten, während üppige Sechzehnjährige aus den Tiefen der Seite drei ihre Brüste schwenkten und die hechelnde männliche Leserschaft mit Verachtung bedachten, während sie gewaltige Summen Geldes einstrichen und mit dem leicht verdienten Gewinn Restaurants, Bars und Clubs eröffneten.

Wohin ich auch blickte, überall schien die Botschaft die gleiche zu sein. Wir lebten in einem Zeitalter, in dem Frauen die Männer dutzendweise in der Hand hatten. Und es wurde Zeit, daß ich mich der Bewegung anschloß.

Es fiel mir nicht schwer, mich zu überzeugen, daß ich genau so und nicht anders handeln mußte. Daß es so etwas wie einen »guten Kerl« nicht gab und daß alle Männer Scheißtypen waren. Mir ging es mies. Und dafür konnte ich mich bei einem Mann bedanken. Ich hatte das Elend selbst über mich gebracht, indem ich Rui geliebt hatte, aber dieser Fehler sollte mir kein zweites Mal passieren. Vielleicht konnte ich es *ihm* nicht heimzahlen, aber es gab schließlich jede Menge Männer – und welche Rolle spielte es schon, *wer* den Preis zahlte, da alle Männer gleich waren.

»Der Himmel stehe demjenigen bei, der sich mit mir einläßt«, schwor ich mir, angestachelt von meiner Wut und Angst. »Zeig es den Mistkerlen, bevor sie es dir zeigen.«

Und Männer waren Mistkerle – das hatte Rui bewiesen. Und ich legte es darauf an, so viele wie möglich mit der einzigen mir zur Verfügung stehenden Waffe fertigzumachen.

Oliver gabelte mich in der Hauptstraße von Hampstead auf, als ich auf ein Taxi wartete. Indem ich so tat, als konzentrierte ich mich auf den fließenden Verkehr, beobachtete ich ihn aus den Augenwinkeln, als er auf mich zugeschritten kam. Groß und breitschultrig, hatte er dunkles, gelocktes Haar mit ergrauenden Schläfen, einen üppigen Schnurrbart und dichte, über dunkelbraunen Augen zusammengewachsene Brauen. Er war von klassischer Schönheit mit starken, ausgeprägten Gesichtszügen. Und als er lächelnd, eine Hand lässig in der Tasche seines makellosen Anzuges, neben mir stehenblieb, strömte seine ganze Gestalt ein Fluidum kraftvoller Männlichkeit aus.

»Taxis sind zu dieser Tageszeit immer furchtbar rar, finden Sie nicht?« bemerkte er, an niemanden Bestimmtes gewandt, mit wohltönender BBC-Stimme. Dann schlängelte er sich, noch immer lächelnd, zwischen den Autos hindurch und verschwand mit forschem Schritt die Straße hinunter.

Ein paar Minuten später, ich wartete noch immer geduldig auf dem Bürgersteig, hielt eine herrliche kastanienbraune Limousine mit schnurrendem Motor vor mir. Der Wagen erwies sich als ein Rolls-Royce-Oldtimer. Der Fahrer entpuppte sich als Oliver.

Während er mich nach St. John's Wood chauffierte, stellte er sich vor. Und als wir bei meiner Wohnung angelangt waren, hatte ich in Erfahrung gebracht, daß Oliver ein Londoner Finanzier und Präsident einer bedeutenden Firma war. Der einzige Sohn aus einer russisch-polnischen Verbindung und künftiger Erbe eines noch größeren Vermögens, als seine kostspielige Aufmachung ahnen ließ, besaß dieser Junggeselle ein Haus in der Nähe und ein Apartment in Kensington. Das alles stellte ich in weniger als fünfzehn Minuten fest. Es dauerte ein wenig länger, bis ich feststellte, daß er schwul war.

Wir hatten unser erstes Rendezvous noch am selben Abend – gute indische Küche in einem erstklassigen Restaurant. Und zu dieser Gelegenheit hatte ich eines meiner Rui-geprägten Kostüme angezogen. Oliver schien es angemessen zu würdigen.

Beim zweiten Mal lud er mich zum Abendessen in sein Haus ein, und ich saß, beeindruckt von seiner Villa, seiner Kochkunst und seiner Geschicklichkeit mit dem Cocktailshaker, in seiner futuristischen Küche aus Chrom und Weiß. Mein Appetit war mittlerweile geweckt – nicht nur auf das Essen. Doch ich hielt es für diplomatisch, eine zweite Portion von dem köstlichen Hummer Mornay abzulehnen. Ebenso seine Dessertschöpfung ... etwas Leichtes, Sahniges, das er aller Wahrscheinlichkeit nach oben im Bett zu servieren beabsichtigt hatte. Denn es hatte keinen Sinn, allzu früh zu hungrig zu erscheinen.

Unser drittes Treffen fand an Bord einer Yacht statt, die einem seiner Kunden gehörte – ein stromlinienförmiges Wunderding mit einer professionellen Crew (deren Mitglieder mit Nummer Eins, Nummer Zwei und Nummer Drei angesprochen wurden). Ein luxuriöses rundes Schlafzimmer im Bug stand uns zur Verfügung, und ich beäugte es bewundernd von der schmalen Tür aus, neugierig, was der Ausflug wohl bringen würde.

Während wir durch das glitzernde Wasser glitten und auf die Insel Wight zuhielten, beobachtete ich Oliver hinter halb geschlossenen Lidern, wie er sich als Seemann betätigte, und seine kräftigen Beine und starken Arme verhießen alle möglichen Freuden, wenn wir erst für die Nacht vor Anker gegangen waren. Nur ... irgend etwas an Oliver stimmte nicht. Das ging mir durch den Kopf, während ich meinen Wodka Tonic schlürfte und, auf die Weite des Meeres hinausblickend, versuchte, die Unstimmigkeit zu benennen.

Ja, wir schliefen in dieser Nacht miteinander – eine Aufgabe, die Oliver ebenso geschickt erledigte wie alles andere, was er anfaßte, da bin ich ganz sicher. Aber genau das war es – es war eine Aufgabe. Professionell ausgeführt. Und als Oliver fast unmittelbar danach aufs Deck verschwand – machte er einen beinahe *erleichterten* Eindruck.

Wenn ich mir etwas aus ihm gemacht hätte, dann hätte mich sein Verhalten vielleicht verletzt. Aber ich empfand nichts für Oliver, außer einer vorübergehenden körperlichen Anziehung. Und jetzt spürte ich darüber hinaus eine gewisse Neugier, zu wissen, was hinter seiner selbstbeherrschten sexuellen Darbietung und seinem Bedürfnis nach Distanz steckte.

Einige Tage später war ich abends wieder in seinem Haus eingeladen, und diesmal ließ ich mich in das Allerheiligste führen – das Schlafzimmer des Hausherrn. Sorgsam unaufdringliche cremefarbene Leinentapeten bildeten den Hintergrund für eine Galerie von Drucken und Kohlezeichnungen – der menschliche Körper, geschmackvoll in seiner ganzen Pracht dargestellt. Dutzende über Dutzende männlicher Nackter blickten auf das gewaltige Mahagonibett hinunter.

Da stand es auf einem Podest in der Mitte des Raumes, das Kopfteil eine massive Wand aus dunklem, geschnitzten Holz, die Matratze mit dicken Kissen übersät und mit feinster Satinwäsche bezogen – alles in gestärktem, blendendem Weiß. Ein Raum der beeindruckend spartanisch und bedrohlich männlich zugleich wirkte – und hier fertigte mich Oliver ein zweites Mal gekonnt ab. Langsam, gründlich, fachmännisch. Kalt. Und als es vorbei war und wir unsere Gliedmaßen entwirrt hatten, fragte mich Oliver, ob es mir etwas ausmachen würde, zu gehen.

»Ich weiß, du wirst es mir übelnehmen, meine liebe Trudy. Aber ich kann so viel besser schlafen, wenn ich allein bin. Geht es dir nicht auch so?« Und er ließ sich behaglich in die Kissen zurücksinken, während ich duschte.

War ich vernichtet? Nein. Vielleicht einen Augenblick lang gekränkt – und dann gewaltig neugierig. Gut, mein Liebesleben hatte gegenwärtig aus One-Night-Stands bestanden – aber selbst dann bildete doch die Nähe, die die Partner danach genossen, einen Teil des Vergnügens. Und offen gesagt habe ich mich meinem verdammten Zahnarzt oftmals näher gefühlt als Oliver in diesem Augenblick, selbst nach dem entsetzlichen Bohr- und Plombiererlebnis. So kam es, daß ich die Decke mit ungespielter Gleichgültigkeit zurückschlug und meinen frostigen Liebhaber mit lieblicher Stimme darüber informierte, daß ich mit Vergnügen nach Hause zurückkehrte – aber er würde mich hinfahren.

So dauerte also unsere Verbindung (man kann es kaum Beziehung nennen) an, und ich versuchte, herauszufinden, was mit Oliver los war. Während er sich die ganze Zeit über der eigentlich anliegenden Aufgabe widmete – nämlich eine passende Frau zu finden, die den notwendigen Nachwuchs für diesen zweiundvierzigjährigen einzigen Sohn alternder und reicher Eltern großziehen würde.

Für diese Ehre zog Oliver meine Person in Erwägung, so abstoßend Titten, Ärsche und Mösen auch waren – widerwärtig, wie Frauen für diesen kühl berechnenden Schwulen wohl sein mochten. Ich sollte seine bereitwillige Tarnung sein, und unsere Kinder würden die Lästermäuler zum Schweigen bringen und ihn mit einem Mantel der Ehrbarkeit umhüllen. Als Gegenleistung hatte Oliver sich dafür gewappnet, mich unerbittlich zu vögeln, so oft es nötig war, um mich zu schwängern und am Aufmucken zu hindern.

Ich würde gerne sagen können, ich wäre auf das alles selbst gekommen. Aber ich tauchte eines Morgens unerwartet bei Oliver auf, als er gerade mit einem Mann frühstückte, den ich nie zuvor gesehen hatte – der aber seinerseits Oliver offensichtlich gut kannte und seine Abneigung gegen mich nicht verbergen konnte. Und alle eventuell noch vorhandenen Zweifel wurden am nächsten Tag zerstreut, als er wieder einmal versuchte, mich aus seinem Bett zu drängen. Ich stürmte aus seinem Schlafzimmer, drehte mich in der Tür noch einmal um und sagte: »Ich gehe! Aber eines muß ich dir lassen – für einen Schwulen ziehst du eine ganz gute Show ab. Dafür würdest du einen Oscar bekommen, Ollie. Aber *versuch* das nächste Mal wenigstens, so zu tun, als würde es dir Spaß machen, ja?«

Mit dem Bild seiner entgeisterten Miene vor meinem inneren Auge, schlenderte ich mitten in der Nacht nach Hause. Triumphierend jetzt, da ich die Teile zu einem Ganzen zusammengesetzt hatte und wußte, daß Oliver, obwohl sein Haus, sein Wagen, sein wohldurchdachtes Äußeres Männlichkeit verkündeten, dieses Markenzeichen nicht verdiente. Jetzt machte es mir nichts mehr aus, daß er versucht hatte, sich meiner zu bedienen – während er mich gleichzeitig verabscheut hatte, weil ich genau das war, was er brauchte. Eine Frau. Eigentlich hatte er mir einen Gefallen getan, denn hatte er nicht meine schlimmsten Ansichten über die Männer bestätigt? Sie nahmen und benutzten, jeder einzelne von ihnen.

Ich gratulierte mir noch dafür, daß ich Oliver demaskiert hatte, als Alan meinen Weg kreuzte. In den Fünfzigern, klein und von untersetzter Figur, liebte er es, sich mit seinem ganzen Gewicht in Szene zu setzen, und er benahm sich seinen Mitarbeitern gegenüber wie ein Schwein. Ich hatte für einen meiner Kunden mit seiner Firma zu tun, und seine Angestellten unterhielten sich stets darüber, wie er dieses Mädchen zu Tränen heruntergeputzt oder jenes auf der Stelle gefeuert hatte. Und während er seine endlosen Breitseiten abfeuerte, weinte sich seine arme, unterdrückte Frau nach Aussage der Telefonistinnen (immer eine herrliche Quelle des Tratsches) am Telefon aus. Alan hätte für alle Zeiten das Problem seiner Frau bleiben können, wäre ich ihm nicht zufällig selbst in die Schußlinie geraten. Ich hatte mich über einen nicht eingehaltenen Ablieferungstermin beklagt (ihre Schuld, nicht meine), und da ich dadurch eine empfindliche Einbuße hatte hinnehmen müssen, bestand ich darauf, daß sie einen Teil der Vorwürfe und der Verluste auf ihre Schulter nehmen sollten.

Während ich im vorderen Büro mit seinem Geschäftsführer über die Sache sprach, kam Alan vorbei und mischte sich schroff und unflätig ein. Plötzlich erfuhr ich seine tyrannischen Methoden am eigenen Leib, und ich konnte die Bösartigkeit der Beschimpfungen, mit denen er mich vor allen Anwesenden überschüttete, kaum fassen. Wenn er seine Bemerkungen auf das Geschäftliche beschränkt hätte, hätte ich es vermutlich überlebt. Aber er zog in chauvinistischer Weise über »diese verdammten, blöden Weiber« her, »die zu Hause bleiben und die richtige Arbeit den Männern überlassen sollten«. Dann steuerte er, zufrieden, daß er mich niedergemacht hatte, wichtigtuerisch auf sein Büro zu und ließ mich mit brennenden Wangen, die Augen mit Zornestränen gefüllt, inmitten seiner Angestellten stehen. Tränenblind packte ich meine Aktentasche und verließ das Büro so würdevoll, wie ich konnte. Ich wußte, daß ich es ihm irgendwie heimzahlen würde. Doch während ich die Straße entlangstürmte und versuchte, meine Fassung wiederzugewinnen, mußte ich mir eingestehen, daß ich Alan persönlich keinen Schaden zufügen konnte. Der Mann war außerhalb meiner Reichweite. Aber sein Sohn, fiel mir plötzlich ein, war es nicht – und der Gedanke munterte mich unsagbar auf.

Jamie war erst einundzwanzig. Ein junger Mann mit frischem Teint, der gerade eine vielversprechende Geschäftskarriere begonnen hatte. Er hatte sich bereits einen ausgezeichneten Ruf erworben, und die Leute im Geschäft schätzten ihn ebenso sehr, wie sie seinen Vater haßten. Und Jamie war nicht nur ein ausgesprochen netter junger Mann, er war außerdem verliebt und mit einem wirklich reizenden Mädchen verlobt. Er war ein richtiger Mustersohn, und es konnte daher nicht verwundern, daß er der Augapfel seines Vaters war. Ein so wohlgeratener schön gerundeter Apfel – von dem sich so leicht ein Biß nehmen ließ ...

Als ich daher Jamie »zufällig« in einem Weinlokal begegnete, lächelte ich verschwenderisch und flirtete bescheiden – sehr zum Spott seiner Freunde und zu seiner eigenen Verlegenheit. Beim nächsten Mal sah ich ihn in einem Restaurant, wo er mit einem älteren Mann – offensichtlich einem Geschäftspartner – aß. Ich schickte eine gute Flasche Wein an seinen Tisch, was seinen Begleiter beeindruckte, das Selbstwertgefühl des jungen Jamie hob und sein Interesse an mir steigerte.

Ein paar Tage später stieß ich auf der Straße mit ihm zusammen und schleppte ihn mit zum Mittagessen. Und dort ließ ich ihm über (und unter!) dem Tisch die Spezialbehandlung zukommen, war unverfroren anzüglich, befummelte ihn, ach, so zufällig und entzündete seine jugendliche Phantasie mit erotischem Getue aller Art.

Eine Woche später hatte ich Jamie genau da, wo ich ihn haben wollte – nämlich in meinem Bett. Und es dauerte nicht lange, da parkte sein Wagen zu jeder erdenklichen Tageszeit vor meinem Haus. Gefiel mir Jamie? Nicht im geringsten – obwohl ich es behauptete. War der Sex mit ihm gut? Er war, genau genommen, schrecklich, obwohl ich so tat, als wäre ich außer mir vor Entzücken. War er anstrengend? Jede beschissene Minute. Aber er verließ mich jedesmal in der Überzeugung, großartig zu sein, und hielt mich neben seiner wichtigsten Liebe – nämlich Cricket – für das Wunderbarste in seinem Leben.

Langsam, langsam verfiel Jamie meinem Einfluß. Wenn er eigentlich zu wichtigen Terminen hätte eilen müssen, lag er in meinem Bett; wenn er bei Verkaufsbesprechungen seinen Bericht hätte abgeben müssen, befand er sich in meiner Badewanne. Wenn er mit seiner Verlobten hätte essen gehen oder sie vom Büro abholen müssen, hing er in meinen Kissen fest. Und ich ließ erst locker, als seine Stellung auf dem Spiel stand, seine Verlobung geplatzt und sein armer alter Papa völlig verzweifelt war angesichts der Verwandlung, die ich in seinem Sohn bewirkt hatte.

Denn selbstverständlich sprach die ganze Firma über seine Leidenschaft für mich – und der Tratsch kam Alan schließlich zu Ohren. Oh, was hatten sie für einen Streit (das Mädchen in der Telefonzentrale erzählte mir alles)! Vater und Sohn in verbissenem Clinch, in dessen Verlauf Alan versuchte, den Jungen dazu zu zwingen, mich fallenzulassen – in seiner gewohnten Holzhammermanier, aber mit dem

Erfolg, daß Jamie, entschlossener denn je, an mir festzuhalten wie Kleister, aus seinem Büro stürmte.

Zum erstenmal im Leben entglitt etwas Alans Kontrolle. Er sah, daß sein Sohn auf die Katastrophe zusteuerte – wußte, daß ich dahintersteckte –, und mußte untätig zusehen. Es war ein Wunder, daß er keinen Herzinfarkt erlitt, während er seine Wut an wirklich jedem im Büro ausließ. Und wenn er seinen Zorn und seine Enttäuschung nicht gerade über das Telefon auf seine arme Frau niedergehen ließ, lag ihm Jamies Ex-Verlobte in den Ohren und bearbeitete ihn inständig: »Tun Sie etwas! Er ist schließlich Ihr Sohn. Können Sie ihn nicht zu Verstand bringen?«

Ach, was für ein herrliches Durcheinander.

Was wurde aus Jamie? Ich weiß es nicht genau, denn ich verlor zu diesem Zeitpunkt das Interesse an ihm, betrieb meine Geschäfte anderswo, erwiderte Jamies Anrufe nicht mehr und versetzte ihn zweimal, bis er die Botschaft verstanden hatte. Zweifellos kittete er sein zerbrochenes Verlöbnis und vergaß mich mit der Zeit völlig. Aber was Alan betrifft... nun, ich habe gehört, daß er selbst heute noch bei der bloßen Erwähnung meines Namens an die Decke geht.

Mittlerweile hatte das *Lieben* – dieser einfühlsame Ausdruck der Zuneigung, des Teilenmüssens und -wollens – für mich fast aufgehört zu existieren. Ich war jetzt gefangen in einer Welt, in der Sex eine brauchbare Waffe war, nicht mehr und nicht weniger. Und indem ich allmählich lernte, sie zu beherrschen, lernte ich auch, mich ihrer ohne Gefühle zu bedienen.

Ich war noch vollauf damit beschäftigt, Jamies Leidenschaft zu dämpfen, als Ron mich wegen dieser »ganzen Schmierenkomödie«, wie er es nannte, zur Rede stellte. Ron war der jüngere Teilhaber einer Druckerei, und er hatte durch seine Arbeit häufig mit Alan zu tun. Auch Jamie war er ein- oder zweimal begegnet.

Wir liefen uns bei einem Werbeempfang für eine neue Zeitschrift über den Weg, wo ich ihn, den ich mit einem Glas in der Hand an die Bar gelehnt stand, sich einen Weg durch die Menge auf mich zu bahnen sah. Bei seinem Anblick durchrieselte mich immer ein Freudenschauer, denn Ron gehörte zu den Männern, die jede Frau gerne zu fassen bekommen hätte. Er sah gut aus, und zwar auf eine so zurückhaltende Art, daß man es zuerst kaum merkte. Und gerade dann, wenn man im Begriff stand, sein Gesicht als angenehm einzuordnen und nicht mehr, fiel einem das überraschende Blau seiner Augen auf und wie wohlgeformt und sinnlich sein Mund war. Und dann fing man vielleicht an, genau wie ich es getan hatte, ihn näher zu betrachten, und bemerkte das Grübchen in seinem Kinn, wenn er lächelte, die Wärme seines volltönenden Lachens und die liebenswerte Gewohnheit, an den blonden Locken zu zupfen, die sich um seinen wohlgeformten Kopf schmiegten.

Oh ja, er war göttlich. Erotisch. Einer dieser ungezwungenen, natürlichen Männer, die großartige Liebhaber abgeben. (Und ich hatte zwischen Simon, Oliver und Jamie genügend davon gehabt, um es beurteilen zu können.) Und das angenehmste an Ron war, daß er keine Ahnung hatte, wie umwerfend er war – und das ist immer das Beste.

Aber (und haben die netten Männer nicht immer ein »Aber« an sich?) Ron war verheiratet. GLÜCKLICH verheiratet. Leidenschaftlich verliebt in seine hübsche Frau und hingerissen von seiner achtzehn Monate alten Tochter. Ron war ein Mann, der immer noch sein Glück pries, und selbst die raubgierigste unter uns Frauen hielt sich im Angesicht der Wahren Liebe zurück. Jede von uns erinnerte sich auf ihre Weise daran, wie wundervoll eine solche Beziehung sein konnte, und keine von uns wollte Ron um sein Glück bringen.

Ich freute mich, Ron auf mich zukommen zu sehen, obwohl er als Bekannter absolut tabu war. Doch er wischte das Begrüßungslächeln rasch aus meinen Zügen, indem er mich, bemüht, nicht allzu mißbilligend zu erscheinen, auf das hinwies, was jeder wußte. Daß ich Jamie benutzt hatte, um meine Rechnung mit Alan zu begleichen. Mutig verkündete er, was andere Leute nur hinter meinem Rücken zu sagen wagten – daß ich mich in ein hartes, zynisches Biest verwandelte.

Das alles hörte ich mir mit großen Augen und einem wohleinstudierten Lächeln um die Lippen aufmerksam an. Doch in meinem Innern tobte ein Hexenkessel der Verletzung, Beschämung und Verlegenheit. Ron hatte natürlich recht, aber es wäre leichter für mich zu ertragen gewesen, hätte er Zorn auf mein sorgsam frisiertes Haupt geladen. *Das* hätte ich abschütteln können, da es mir in jenen Tagen fast Vergnügen bereitete, Mißfallen zu erregen. Doch Ron wählte die Rolle des Verständnisvollen – das einzige, was ich nicht ertragen konnte. Er hielt mir den Zweifel zugute – wollte nicht glauben, daß bei mir alles verloren war. Spielte auf mein unglückliches Privatleben an, das Trauma der Trennung und darauf, wie einsam und, verständlicherweise, wütend ich sein mußte.

»Aber du bist ein so reizendes Mädchen, Trudy – es ist furchtbar, mitanzusehen, was du dir antust. Du darfst nicht zulassen, daß dich diese Scheidung so bitter macht.«Dann warf er mir ein liebenswürdiges Lächeln zu. »Wir kennen uns nun schon seit Jahren, nicht wahr? Wir sind Freunde, oder? Und ich fand dich immer klasse.«

Wie kannst du es wagen! Wie kannst du es, verdammt nochmal, *wagen*, mir Vorträge zu halten! Du Scheißkerl! schrie es in mir drinnen, während ich lächelnd nickte. Und sowas nennt sich mein Freund! Du bist schlimmer als alle anderen, du arroganter, selbstgefälliger Mistkerl ... Und das Gift machte sich in mir breit, während er weiterredete.

»Bald wird alles wieder besser gehen – du wirst sehen. Du siehst zu gut aus, um lange allein zu sein. Wirklich«, fügte er in dem Versuch, mich zu trösten, hinzu, »wenn ich nicht ein glücklich verheirateter Mann wäre, wärest du genau die Frau, nach der ich mir alle Finger lecken würde.«

Das brachte mich auf den Gedanken, Ron zu verführen. Er gab mir die Waffen in die Hand, und ich benutzte sie – setzte auf seine aufrichtige Besorgnis um mich und auf die Tatsache, daß er mich attraktiv fand. Das hinzugefügt zu seinem Bedürfnis, zu beschützen, liebenswert und nett zu sein, wußte ich – wenn ich mich in bezug auf die Männer nicht sehr täuschte –, daß zum Erreichen meines Ziels nur noch ein klein wenig Schmeichelei von meiner Seite vonnöten war. Warm und geborgen (und wie ich es sah, selbstgefällig) mit seinem Sprößling, seiner Frau und seinem glücklichen, wohlgeordneten Leben, hatte er es gewagt, mich auf die Sinnlosigkeit meines Lebens, die Leere meiner Welt hinzuweisen.

»Du hast noch ein paar Dinge zu lernen, mein Junge«, dachte ich, während ich es mit gesenktem Kopf, scheinbar niedergeschmettert und voller Reue, zuließ, daß er mich erst am Boden zerstörte und dann wieder aufbaute. Er legte den Arm tröstend um meine Taille, und als ich eine reumütige Träne vergoß, zwickte er mich in die Wange und sagte: »Kopf hoch, Schätzchen. Davon bricht die Welt nicht zusammen. Alan und Jamie werden das Kriegsbeil bald begraben. Ich dachte nur, daß – na ja, daß dir jemand das alles sagen sollte.« Und gleich darauf: »Hör mal – wir sind seit einer Ewigkeit nicht mehr miteinander ausgegangen. Wie wär's mit einem Mittagessen irgendwann in der nächsten Woche? Die Firma kann die Rechnung begleichen!«

Und während ich ihn dankbar anlächelte, ging mir durch den Kopf, wie leicht sich Träume zerschlugen, wie schnell das Leben aus der Bahn geraten konnte. *Ich* wußte das, und Ron würde es auch bald erfahren. Aber sicher, wir würden zusammen essen. Aber er würde die Rechnung selbst begleichen ...

Ich mußte all meine Verführungskünste anwenden – meine ganze neuentdeckte Tücke –, um Ron herumzukriegen. Denn er war wirklich verliebt, und er wollte wirklich treu sein. »Aber Männer sind doch alle gleich, nicht wahr?« dachte ich lächelnd bei mir, als ich nach einigen Wochen harter Arbeit einen leicht angetrunkenen Ron durch meinen engen Flur in das kleine Wohnzimmer schob, wo ich ihn großzügig mit Brandy und noch großzügiger mit Komplimenten bedachte, während ich ihn seines Jacketts entledigte, seine Krawatte lockerte und meine Hand unter sein Hemd gleiten ließ. Und als er dann nichts und niemanden mehr sah als mich schleppte ich ihn ins Bett.

Er liebte so zärtlich und einfühlsam, so rücksichtsvoll und auf natürliche Weise erotisch, wie es seinem ganzen Wesen entsprach, und als er hinterher an meiner bloßen Schulter in einen schweren Schlaf fiel, strich ich ihm über seine blonden Locken und küßte seine geschlossenen Augen. Während ich ihn in den Armen hielt, stellte ich fest, daß ich mich danach sehnte, einen Mann wie ihn für mich zu haben. So lag ich da, sah zu, wie die nachmittäglichen Schatten über die Decke meines Schlafzimmers krochen, und mir war klar, daß es ein harter Kampf um Rons Seelenfrieden gewesen, mein Triumph aber irgendwie leer war. Wahrhaftig, ich hätte ihm um nichts in der Welt wehgetan. Aber er hatte mich mit seiner reinen, ehrlichen Liebe verhöhnt, hatte mich mit seiner Selbstgefälligkeit gereizt – und ich hatte ihm das nicht durchgehen lassen können.

Wir schliefen nie wieder zusammen. Brauchten es nicht, denn er hatte seine Lektion gelernt – daß Glück etwas Kostbares ist. Empfindlich und leicht zu zerbrechen. Da Ron jetzt wußte, wie leicht jeder von uns in Sünde fallen konnte, würde er es sich hoffentlich zweimal überlegen, bevor er mir wieder einmal Lektionen erteilte. Ich hätte mir allerdings keine Gedanken darüber zu machen brauchen, denn Ron hat von jenem Tag an nie wieder ein Wort mit mir gesprochen.

»Auch gut«, dachte ich. »Die einen gewinnt man, die anderen verliert man.« Und machte mich auf die Suche nach neuer Beute.

SECHSTES KAPITEL

Meine Freundinnen und ich:
Die Sturmtruppe

Wie sich herausstellte, war kein Mangel an leichter Beute. Und selbst wenn es keinen so tödlichen Verlauf nahm wie mit Ron, Alan und Oliver, richtete ich doch einige Verheerung unter den Männern an, an die ich mich in Bars, auf Parties und während meiner Arbeit heranpirschte. Männer, die ich immer wieder überrumpelte (und faszinierte) durch die Art, wie ich direkt und ohne Umstände auf den Sex zuging und, während sie sich fragten, wie sie mich ins Bett bekommen sollten, bereits in der Vorfreude darauf, meine neueste Eroberung nach Hause zu schleppen und meinen Spaß daran zu haben, die Bettdecke zurückgeschlagen und den Wein auf Eis gelegt hatte.

Vielleicht ist »Spaß« nicht das richtige Wort, wenn es darum geht, zu beschreiben, was mir Sex bedeutete. Denn obwohl ich im Umgang mit Männern immer sicherer wurde – überzeugt von meinen sexuellen Fähigkeiten und erfreut über die Macht, die sie mir über Männer aller Art, jung wie alt, verliehen –, brachte mir der Sex keine große Befriedigung. Gleichgültig, wie akrobatisch oder ausgedehnt die Übungen waren – gleichgültig, wieviel Kraft ich mit einem fordernden Partner verausgabte –, das Gefühl satter Schläfrigkeit, das immer auf die *Liebe* gefolgt war, überkam mich nicht mehr.

Wie erfahren meine Liebhaber auch sein mochten – für mich gab es kein Loslassen. Keinen Augenblick in dem ich mich über den Rand hätte treiben lassen und mich im Geruch, im Geschmack und in der Leidenschaft des Mannes, mit dem ich zusammen war, hätte verlieren können. Denn Sex war schließlich ein Wettkampf – und ich war entschlossen, als Siegerin, nicht als Besiegte daraus hervorzugehen. Die Unterwerfung, das Ausgeliefertsein und die Verwundbarkeit, die immer folgen, wenn man sich dem Vergnügen vollkommen überläßt, das alles war nichts für mich. Ich verwehrte es mir – verbot mir den Luxus, für irgendeinen Mann ganz Frau zu sein.

Aber selbst wenn ich nicht so versessen gewesen wäre, die Rollen zu vertauschen – ebenso aggressiv zu denken und zu handeln wie Männer –, wäre mir befriedigender Sex vorenthalten geblieben, denn es gibt einige unabdingbare Voraussetzungen, damit Sex lustvoll sein kann. Wie etwa ein Band des Vertrauens, ein Gefühl der Zuneigung, das Bedürfnis, zu teilen. Mit anderen Worten, die körperliche Liebe wird erst dann zum Leben erweckt, wenn zwei Menschen aufrichtig etwas füreinander empfinden – selbst wenn dieses Gefühl nicht ganz die Vorstellung von der großen Liebe erfüllt.

Doch ich war unfähig, *überhaupt* viel zu spüren – außer Bitterkeit und dem Wunsch, Männern wehzutun. Besonders denjenigen, die dumm genug waren, echte Gefühle für mich zu haben.

Ich war tatsächlich zu sehr am Boden zerstört, um irgendeinem Mann etwas bedeuten zu können, aber ich brauchte unbedingt eine Vertraute. Die Götter müssen es erkannt haben, denn sie schickten mir Hannah.

Noch heute zucke ich zusammen, wenn ich an unseren ersten gemeinsamen Abend denke. Mich hatte wieder einmal eine trostlose Stimmung überfallen. Ich saß in meinem Büro und wußte, daß ich hätte nach Hause gehen sollen, fürchtete mich aber vor der Aussicht auf mein Heim. Im Grunde genommen wollte ich vor allem eine Weile entkommen – und das konnte ich am einfachsten erreichen, indem ich mich sinnlos betrank.

In diesem Augenblick ging Hannah an meinem Schreibtisch vorüber. Groß und nach außen hin kühl, mit schulterlangen Haaren, die sie manchmal offen trug und manchmal nach der Mode geflochten. Sie war mir bereits aufgefallen – Zuwachs für unsere aufstrebende Bürogemeinschaft. Jetzt lächelte ich ihr, einer Eingebung folgend, zu, stellte mich vor und fragte sie, ob sie nach der Arbeit ein Glas mit mir trinken wolle.

Schulter an Schulter in dem lauten Pub, überschrien wir das Gebrabbel unserer Mittrinker und verteidigten die kostbaren Zentimeter Platz, die wir erobert hatten. Anfangs ergingen wir uns in dem üblichen belanglosen Geplauder zwischen Fremden, doch nachdem ein großer Wodka nach dem anderen durch meine Kehle geronnen war, ließ Hannah die halbherzige Bemühung um Konversation fallen. Statt dessen stand sie schweigend da und hörte sich meinen Monolog über Männer, Ehe und Einsamkeit an. Und während ich schnell und mühelos in alkoholisiertem Selbstmitleid versank, wandte sie ihre grünen Augen nicht ein einziges Mal von mir ab, blieb ihr ernster Gesichtsausdruck unverändert.

Und als ich dann meine Beine nicht mehr spürte, als mir alles vor den Augen verschwamm, mein Körper schwankte und meine Sprache undeutlich wurde, ließ ich meinen Tränen voller Erleichterung freien Lauf. Ich weinte vor all den Menschen in der Bar, ohne die neugierigen Blicke der Fremden zu beachten, während Hannah mir meine Adresse abschwatzte. Dann führte sie mich ein Stück durch die frische, kühle Luft, bevor sie mich in ein Taxi packte.

Bei mir zu Hause nahm sie mir die Kontaktlinsen aus den blicklosen Augen, zog mich dann voll bekleidet in die Duschkabine und drehte das kalte Wasser ganz auf; sie wandte sich ab, als ich mich übergab und an der kalten, gekachelten Wand zusammensackte.

Es war das erste Mal, daß ich meine Selbstkontrolle verloren hatte, versuchte ich Hannah am nächsten Morgen zu erklären.

»Gott weiß, was Sie von mir denken müssen, aber gewöhnlich benehme ich mich nicht so. Oder betrinke mich derartig«, fügte ich, meinen hämmernden Schädel in die Hände gestützt, hinzu. »Es ist einfach in letzter Zeit sehr viel passiert, und ich mußte mich ein bißchen gehenlassen. Aber ich hätte Sie nicht hineinziehen sollen. Es tut mir leid.«

»Das kenne ich alles«, sagte ihr Lächeln, während sie mir versicherte, daß ich mich nicht auffällig benommen hätte und daß es ihr nicht peinlich gewesen sei. »Ihnen war eben danach, sich zuzuziehen – na und. Ich freue mich, daß Sie mich dazu mitgenommen haben«, fügte sie lässig hinzu. »Vielleicht können Sie sich irgendwann einmal revanchieren!«

Wir lachten miteinander, ohne zu wissen, wie eng unsere Freundschaft einmal sein würde. Oder daß ich mich eines Tages *wirklich* revanchieren würde.

Ich stieg in den schwarzen Satin-Tanga, zog ihn straff zwischen die Beine und schnürte ihn hoch auf den Hüften. Den Hüftgürtel bequem um mich gelegt, strich ich die Netzstrümpfe mit Naht über meinen Schenkeln glatt und knipste sie fest, bevor ich in spitze Lederpumps mit Pfennigabsätzen schlüpfte, die mich gut zehn Zentimeter größer machten.

Dann folgte das tief ausgeschnittene schwarze T-Shirt und der enge schwarze Lederrock, der sich über Bauch und Hintern spannte. Ich legte eine schwere Kette um meine Taille, wand weitere Ketten eng um Handgelenk und Hals und steckte mir Metallklunker an die Ohren.

Das Haar zu einem flammenden Glorienschein um meinen Kopf gezupft, beugte ich mich zum Spiegel vor, um die letzten Tupfer auf dick geschminkte Augen zu setzen, einen Strich grellroten Lippenstift aufzutragen – dann trat ich einen Schritt zurück und betrachtete mein Spiegelbild mit einer Grimasse. Ich wollte lockend, aber bedrohlich, aufregend, aber gefährlich aussehen. Den »Vamp-Look« könnte man das vielleicht nennen – eine Wirkung, die ich mühelos erzielte. Ich beglückwünschte mich. Mehr als zufrieden mit dem kühlen, raubgierigen Bild, das mich herausfordernd aus dem Spiegel anblickte.

Und nun, rein in die schwere Lederjacke, die Schultern ausladend wattiert, die Taille mit einem breiten Lederriemen eingeschnürt. Schwarze Lederhandschuhe, eine von Metallbeschlägen strotzende schwarzlederne Schultertasche – ein letzter Blick, und ich war bereit, mich in die Schlacht zu stürzen. Fast. Zuvor marschierte ich hinüber zu der Flaschensammlung auf dem Beistelltisch, schenkte mir einen großen Wodka ein – pur, ohne Eis –, kippte ihn in einem Zug hinunter und seufzte dankbar, als er mir in der Kehle brannte. »Jetzt komme, was wolle«, sagte ich mir und schritt in die Dunkelheit hinaus. In dem Wissen, daß an diesem Samstagabend, wie an jedem anderen, alles passieren *konnte*. Und vermutlich auch würde.

In dem überfüllten Lokal herrschten schummrige Beleuchtung und Lärm, aber Bruno, der Barmann, lächelte mir zu, als er mich sah, und winkte mich zu meinem gewohnten Platz am anderen Ende der hufeisenförmigen Theke. Bruno hielt diesen Platz immer für Hannah, Amy und mich frei – und gleichgültig, wie voll es in der Bar wurde, keiner der anderen Gäste hätte es gewagt, unsere Hocker mit Beschlag zu belegen. Denn dies war unsere zweite Heimat, unser Spielplatz, unser Schlachtfeld – der Ort, an dem wir drei Frauen praktisch lebten, wenn wir nicht gerade arbeiteten.

Ich war früh dran. Von den Mädchen war noch nichts zu sehen, und ich drängte mich durch die vorwiegend aus Männern bestehende Menge. Nachdem Bruno unaufgefordert Gläser und die übliche Flasche vor mich hingestellt hatte, musterte ich die Anwesenden.

Auf der anderen Seite der Theke saß Alex, in eine angeregte Unterhaltung mit seiner Freundin, mit der er zusammenlebte, vertieft. Er tat so, als hätte er mich nicht gesehen, aber an der Art, wie er mir den Rücken zukehrte und die Augen beharrlich auf seine Begleiterin geheftet hielt, erkannte ich, daß er es vermeiden wollte, meinem Blick zu begegnen. Vermutlich dachte er daran, was wir beide erst vor wenigen Abenden miteinander getrieben hatten, als seine ahnungslose Freundin geschäftlich im Norden gewesen war – und betete, daß ich ihn nicht verriet, nun, da er wieder bei Sinnen war.

Nun, ich würde es wohl nicht tun. Andererseits, vielleicht könnte ich einfach... ging es mir durch den Kopf, während mein Blick weiter über die Menge schweifte.

Ah, da war Art. Er hob den Kopf, lächelte und winkte zu mir herüber. Ich winkte zurück und dachte an den Abend, an dem ich auf diesem selben Platz gesessen hatte. Gelangweilt, wie gewöhnlich. Aber, wie gewöhnlich, nicht bereit, nach Hause zu gehen. Gegen halb elf war er mit einem anderen Mann hereingekommen, und sie hatten sich, in ein Gespräch vertieft, an die Theke gelehnt. Ich hatte ihn zwanzig Minuten lang beobachtet, ihn mit sengendem Blick durchbohrt. Gewiß, daß er den Blick irgendwann spüren und sich umdrehen würde, um herauszufinden, wo er seinen Ursprung hatte. Es war ein alter Trick, dieser unerschütterliche Blick. Einer, auf den ich zufällig gekommen war und den ich jetzt ständig anwandte. Er verfehlte selten seine Wirkung, doch Art schien an jenem Abend nicht beeindruckt, und hätte ich mich nicht so sehr gelangweilt, so hätte ich an dieser Stelle vielleicht das Interesse verloren.

So aber merkte ich, daß Brunos Blick auf mir ruhte, und wandte die Augen lange genug von meinem Opfer ab, um zu sehen, wie mein Lieblingsbarmann meine Vorstellung verfolgte. Bruno hatte hier schon hundertmal unsere Aufführung gesehen. Hatte zugesehen, wie die Objekte unserer Aufmerksamkeit wie Kegel umgefallen waren, und wußte, daß uns nur selten ein Mann widerstand. Sein dünnes Lächeln hatte mich an jenem Abend angestachelt, und ich war wie beiläufig an der Theke entlanggeschlendert und dicht neben Art stehengeblieben.

»Verzeihen Sie...«, begann ich, worauf die beiden Männer ihre Unterhaltung unterbrachen und sich mir zuwandten. Und dann fuhr ich fort, in einem Tonfall, als wollte ich mich nach der Uhrzeit oder dem Weg zum Klo erkundigen: »Es tut mir leid, daß ich Ihre Unterhaltung störe... aber ich habe gerade überlegt, ob Sie vielleicht später Lust auf einen Fick haben.« Dabei lächelte ich mein Opfer liebenswürdig an und wartete auf den entsetzt/schockierten Ausdruck und das aufgeblasene Getue, das gewöhnlich auf diese Bemerkung folgte. Ich hatte dieses Spiel schon viele Male gespielt.

Aber Art war wunderbar. Sein langes, melancholisches Gesicht verzog sich nicht die Spur, während er mich aufmerksam musterte. Dann lächelte er bedächtig, wobei er bemerkenswert lange, weiße Zähne entblößte, und warf sein ungewöhnlich langes, glattes und dunkles Haar mit einer leichten Kopfbewegung zurück. »Nichts ist unmöglich...«, bemerkte er und sah mich an, während die Augen seines dicklichen Freundes, der sprachlos daneben stand, zwischen uns hin und her schossen.

»Warum trinken Sie nicht ein Glas mit uns, während ich darüber nachdenke?«

Oh ja, Art, das hatte sich herausgestellt, steckte voller Überraschungen, und eine Zeitlang hatte ich sogar ein wenig Spaß mit ihm. Bis ich mich wieder langweilte. Jetzt winkte er mir zum Abschied und schob sich zum Ausgang durch. Ich mußte mir selbst eingestehen, daß Art einer der wenigen Männer gewesen war, die keine Angst vor mir hatten.

Anders als Rick, der schweigend ein paar Schritte von mir entfernt stand und mich sinnierend beobachtete. Sich fragte, ob ich je einen Schritt auf ihn zumachen würde. Der hoffte, daß ich es tun würde, aber auch Angst hatte davor. Denn er hatte natürlich die Gerüchte über mich gehört, und nun wollte er selbst herausfinden, was daran war.

»Tja, so gefallen mir die Männer«, überlegte ich, mich an seiner Unsicherheit weidend. Ihre gefühlsmäßige Reaktion war, mich in Ruhe zu lassen, aber das wollten sie nicht wahrhaben und kamen immer wieder. Es war mir mit Männern wie Rick häufig passiert. Sie fühlten sich gleichzeitig fasziniert und abgestoßen – lehnten eine Frau wie mich ab, wollten aber dennoch mit mir schlafen. Und schließlich entdeckten sie, daß ich noch besser – und um so vieles schlimmer – war, als sie erwartet hatten.

Oft kam mir, wenn ich einen Mann so bearbeitete, der Gedanke, daß er nicht wissen konnte, was ich im Sinn hatte – ihm so einen zu blasen, wie er es nie erlebt hatte, oder aber eine unverhoffte grauenvolle Amputation seiner kostbarsten Teile. Ich wußte es, offen gesagt, selbst oft bis zum letzten Augenblick nicht genau, so groß war mein Verlangen, die ganze verfluchte Bande zu kastrieren.

»Tja, ja!« dachte ich und setzte meine Musterung der Anwesenden fort. »All diese Männer auszuprobieren, könnte ein Lebenswerk sein.« Dann richtete ich mich auf meinem Hocker kerzengerade auf und kniff die Augen zusammen, um den Mann, der eben hereingekommen war, besser sehen zu können. Michael. Fremdartig und schön, kurzgeschnittenes Kraushaar, dicht um den hübschen Kopf geschmiegt, große Augen, die zu den Schläfen hin eigenartig schräg gestellt waren, volle, großzügige Lippen – es war eine Freude, seine fremdländischen Züge, breiten Schultern und schmalen Hüften zu betrachten.

Aber wie gewöhnlich machte Michael einen weiten Bogen um mich. Ich war schon seit einem Jahr hinter ihm her, aber er wollte keines meiner Spielchen mitspielen. Bisher jedenfalls nicht. Und ich fragte mich, wann ich mich dieser besonderen Herausforderung gewachsen zeigen würde – und ob überhaupt...

»Gott, ist es ungemütlich da draußen!« sagte Hannah plötzlich neben mir und schüttelte Regentropfen aus ihrer lockigen Mähne. Ich sah mit eigenartig besitzergreifendem Stolz zu, wie sie den langen silbernen Reißverschluß aufzurrte und aus ihrer Motorradjacke aus glänzend schwarzem Leder schlüpfte, das so geschnitten und vernäht war, daß es gleichermaßen bedrohlich und sexy wirkte. Darunter trug sie hautenge Leggins, die in knöchelhohen Stiefeletten mit schweren Beschlägen steckten. Und (als Krönung) einen Pullover aus allerflauschigstem, zartrosafarbenem Mohair, der auf wunderbare Weise die Signale, die sie aussandte, durcheinanderbrachte und die bewundernden Männer im Umkreis zwang, sich immer wieder zu fragen: War sie – waren wir – einfach nette Mädchen, die sich mit ihrer Aufmachung ein gefährliches Aussehen geben wollten? Oder waren wir in Wirklichkeit als nette Mädchen verkleidete männermordende Vamps?

Sie setzte sich mir gegenüber – die schönen grünen Augen mit tiefdunklem Kajal umrandet, der Teint ein geschicktes Zusammenspiel aus hell und rötlich, die Lippen makellos nachgezogen –, genoß meine Bewunderung und erwiderte meine Komplimente. Dann ließ sie ihren hochmütigen Blick über den Barraum schweifen, während Bruno wortlos ihr Glas füllte.

Es war jetzt fast zwei Jahre her, daß ich mich in Hannahs Beisein betrunken hatte, und obwohl wir in Kontakt geblieben waren, hatte es noch fast ein Jahr gedauert, bis wir richtige Freundinnen geworden waren. Ich war eine echte Einzelgängerin geworden. Verheiratete Bekannte, die mit ihrem eigenen Leben beschäftigt waren, konnten mein Bedürfnis nach einer echten Freundschaft nicht befriedigen. Nach einem Menschen, dem ich trauen und mich anvertrauen konnte. Einem Menschen, den ich mit meiner Zuneigung überhäufen konnte, der Zuneigung, die ich unter keinen Umständen an Männer vergeuden wollte. Hannah war die geeignete Wahl, und als ich sie näher kennenlernte, stellte ich fest, daß ihre Geschichte der meinen gespenstisch ähnlich war.

Zwei Jahre jünger als ich, hatte sie sich mit achtzehn in den wunderbaren, begabten Tony verliebt. Hatte ihn mit zwanzig geheiratet und, ihm blind um die halbe Welt folgend, ihre Freunde und Verwandte in Neuseeland zurückgelassen, um ihn auf seiner Jagd nach Ruhm und Glück zu begleiten. Hatte in den frühen Jahren seiner Suche zu ihm gehalten, den Löwenanteil ihres Lebensunterhalts in einer Stellung, die ihr zuwider war, verdient, ihn nach seinen anfänglichen Mißerfolgen aufgerichtet und ihm den Rücken gestärkt, wenn er bereit war, alles hinzuschmeißen. Sie hatte ihn geliebt und darauf bestanden, daß er weitermachte, hatte seinen Erfolg unbedingt gewollt. Bis er schließlich soweit war – und ihm Geld, Erfolg und Ansehen zur Verfügung standen. Ebenso wie schnelle Autos, aalglatte Freunde und Frauen.

Nachdem er jahrelang auf der Reservebank gesessen hatte, stand er nun im vollen Rampenlicht. Unglücklicherweise hatte er noch eine Frau im Publikum, und sie war plötzlich eine Belastung und stand zwischen ihm und der Lobhudelei seiner neuen Gefolgschaft. Da Hannah wußte, daß sie ihn früher oder später verlieren würde, zwang ihr unerbittlicher Stolz sie, von der Bühne abzutreten. Sie kehrte ihrem alten Leben den Rücken und begann, sich ein neues aufzubauen. Entschlossen, finanziell unabhängig zu sein, hatte sie sich unserer Gemeinschaft angeschlossen und eine kleine Firma gegründet, und ich bewunderte die ruhige, würdevolle Art, in der sie mit den Problemen eines neuen Geschäfts und einer zugrunde gehenden Ehe fertig wurde. So hatten wir uns Schritt für Schritt einander anvertraut. Beide wachsam darauf bedacht, niemanden zu nahe an uns herankommen zu lassen – nicht einmal eine andere Frau.

Zum Spaß waren wir in ein Kosmetikstudio gegangen, um uns von einer Schminkkünstlerin ein »neues Gesicht« verpassen zu lassen, und begutachteten kichernd unsere grotesk bemalten Züge im Spiegel. Hannahs schräg geschnittene Augen und die Blässe ihrer Haut waren übertrieben betont worden, so daß sie eigenartig japanisch wirkte, während ich mit meinem vulgären goldenen Lidschatten und den roten Lippen einer aufgedonnerten Puffmutter glich. Plötzlich fiel Hannah eine Photographie, die im Spiegelrahmen steckte, ins Auge, und Sheila, die Kosmetikerin, die ihrem Blick gefolgt war, sagte: »Ach, das ist Mandy. Hat eindeutig das Zeug zum Topmodell – ihr Agent verschafft ihr gute Aufträge. Und sie hat ein erstaunlich geschnittenes Gesicht – herrlich zum Schminken.«

Hannah wandte den Blick nicht von dem Bild, aber in ihren Augen stand ein merkwürdiger Ausdruck.

»Manche Frauen haben eben unverschämtes Glück!« witzelte ich, um das tödliche Schweigen, das plötzlich eingetreten war, zu brechen.

»Kann man wohl sagen!« Sheila beugte sich lachend über Hannah, um ihre bleichen Lippen zu schminken. »Und Mandy hat mehr als ihr Teil davon. Sie sollten den Typ sehen, mit dem sie zusammenlebt – phantastisch!« Dabei verdrehte sie in gespielter Verzückung die Augen.

Das Lächeln gefror mir im Gesicht, als Hannah sich das Handtuch von den Schultern riß, es so heftig auf den Tisch schleuderte, daß Flaschen und Tiegel zerbrachen, aus dem Behandlungsstuhl aufsprang und zur Tür stürzte. Schreckensstarr blieb ich noch einen Augenblick sitzen, und als ich sie einholte, warf sie eben hastig, mit zitternden Händen und zuckenden Schultern, heftig um Fassung ringend, den Mantel über.

Sie eilte, dicht von mir gefolgt, mit klappernden Absätzen die Treppe hinunter, und ich drückte krampfhaft ihre Handtasche an mich, ihren Schirm und all die anderen Dinge, die sie in ihrer Eile vergessen hatte. Als wir auf die Straße hinaustraten, zischte sie: »Ich brauche verdammt was zu trinken!« Und damit eilte sie über den Bürgersteig davon, und ich hastete neben ihr her und ahnte irgendwie, daß diese »Mandy« hinter allem steckte.

»Sie ist schön – findest du nicht?« knirschte Hannah, indem sie ihren Zorn plötzlich gegen mich richtete. »Hat das Zeug zum Topmodell!« Sie ahmte höhnisch Sheilas Liverpooler Dialekt nach. Schließlich jammerte sie, ernüchtert von dem verständnislosen Ausdruck in meinem Gesicht: »Sie ist es!« Und schon begannen die Tränen aus ihren verrückten japanischen Augen zu strömen. »Sie lebt in meinem verdammten Haus – mit meinem Scheißmann!«

»Und ich werde mich jetzt betrinken!« fügte sie trotzig hinzu. »Kommst du also mit oder nicht?« Damit riß sie mir ihre Siebensachen aus den Händen und stolzierte davon, ohne eine Antwort abzuwarten.

»Na schön – du willst dich also betrinken?« fragte ich, indem ich sie am Ärmel packte. »Sehr gut. Aber machen wir es bei mir zu Hause. Da ist der Schnaps billiger«, erklärte ich, als sie zögerte.

Und in meiner Wohnung waren wir mehr unter uns, pflichtete sie mir am nächsten Morgen nach dem Erwachen bei. Ihr Schädel dröhnte, ihr Atem stank, und ihre Augen waren klein und blutunterlaufen. Aber ihre Würde – diese Sache, die Hannah höher schätzte als alles andere – war immer noch intakt.

Es hatte mich beeindruckt, wieviel Cognac sie in sich hineinschüttete, nachdem wir es uns auf dem Sofa gemütlich gemacht hatten. Unter Fluchen und Rülpsen und Schluchzen hatte sie, ihr sorgfältig gemaltes Makeup ruinierend, fast eine ganze Flasche Courvoisier geleert. Und ich hatte aus Mitgefühl mitgeweint, ihr Glas immer wieder gefüllt, ihr den Kopf gestreichelt und sie ein übers andere Mal in den Arm genommen, bis sie sinnlos betrunken war und nicht mehr klar sprechen konnte. Dann machte ich ihr ein Lager auf dem Sofa, half ihr aus den zerknitterten Kleidern und ließ sie, die sich in den Schlaf schluchzte wie ein Kind, allein.

Am nächsten Morgen lag sie im heißen Badewasser, während ich das Frühstück machte, und als sie sich die Haare gewaschen, das Gesicht geschminkt und geborgte Kleider von mir angezogen hatte, wäre niemand, der sie sah, auf die Idee gekommen, daß Hannah »einen über den Durst getrunken« und daß ich sie dabei begleitet hatte. Aber ich hatte mich revanchiert, und unsere Freundschaft war dadurch gefestigt worden.

Hannahs Scheidung war inzwischen eingereicht, wenn sie auch, ebenso wie ich, noch nicht recht akzeptieren konnte, daß ihr Mann für sie verloren war. Sie liebte ihn noch immer, fühlte sich immer noch betrogen und abgeschoben, und ihr Zorn kam ebenso aus der Seele wie meiner. Doch wenn sie auch manchmal das Bedürfnis hatte, die Rechnung zu begleichen, wurde sie davon nicht in dem Maße getrieben wie ich. Weidete sich nicht so an ihren Eroberungen wie ich.

Und darin unterschieden wir uns wahrscheinlich. Hannahs Männerjagd war halbherzig und ohne Bosheit, während ich einen Frauenkreuzzug im Alleingang veranstaltete. Aber wenn sie auch manchmal meine Methoden und Beweggründe in Frage stellte, war ihre Freundschaft doch unerschütterlich, ihre Treue leidenschaftlich, und wenn ich mich durch mein Mundwerk in eine heikle Lage mit Männern brachte, konnte ich mich stets darauf verlassen, daß sie mir Rückendeckung gab.

Diese Gedanken gingen mir durch den Kopf, als das dritte Mitglied unseres Trios in die Bar geschlendert kam. Amy – unsere Geheimwaffe. Amy mit dem Blick, als könnte sie kein Wässerchen trüben, dem Gesicht bar jeder Schminke, ihren weit auseinanderstehenden, klaren Augen, den intelligenten Brauenbogen und einem beständigen, sommersprossigen Lächeln. Ihr kräftiges, rötlichblondes Haar trug sie lose in einem klassischen Bubischnitt, und ihre Figur war auf unzeitgemäße, aber aufregende Weise kurvenreich, während ihr fröhliches Lachen und der herrlich schleppende amerikanische Dialekt sie als den gesunden und sauber lebenden Menschen auswiesen, der sich viel an der frischen Luft aufhält. Die unschuldige Miß Amerika. Aber Amy war noch viel mehr, als ihr Äußeres vermuten ließ.

Denn sie hatte einen ätzenden Witz und einen scharfen Verstand, und die Art, wie sie Menschen und Situationen beherrschte, war fast eine Kunstform. Sie konnte einen Mann im Nu einschätzen, seine Stärken und Schwächen haargenau benennen, ihn mit ihrer Goldzunge mit wortreichen Knoten umschnüren und gleichzeitig heftig seine Achillesferse attackieren. Das heißt, wenn sie ihn nicht mochte.

Aber wenn er ihr gefiel – ah, dann erriet sie, wie seine Traumfrau beschaffen sein mußte, und wurde im Handumdrehen zu eben diesem Wesen. Verführerisch, der Welt überdrüssig, abgeklärt – das alles war sie. Intellektuell, analytisch, berechnend – auch das war sie. Mädchenhaft, temperamentvoll, albern – das alles und mehr konnte Amy sein. Oder in Wirklichkeit nichts von alledem. Bei ihr war das schwer zu sagen. Was sie zu einem faszinierenden, wenn auch unberechenbaren Menschen machte.

Sie stürzte sich, die Wangen regennaß, die Lippen kalt, die Augen funkelnd, mit einem Aufruhr von Küssen und Umarmungen auf uns. Und ihre Wärme und Lebendigkeit durchdrang den Raum so sehr, daß die Temperatur um ein oder zwei Grad stieg.

Sie schälte sich aus einem weiten Ledermantel und begann unverzüglich, Bruno zu necken, um dann zwei Männern, die dicht hinter ihr standen, ein paar deftige Bemerkungen entgegenzuschleudern. »Stunk, auf der Suche nach einem Schauplatz«, bemerkte ich, als ich erkannt hatte, welche von Amys verschiedenen Seiten diesmal zum Zuge kommen sollte.

Sie begann, uns von ihrer Begegnung mit einem alten Freund zu erzählen, und ihre Beschreibung seiner kläglichen Versuche, so etwas wie Leidenschaft in ihr wieder zu entfachen, während sie in der überfüllten U-Bahn an den Halteriemen nebeneinander schaukelten und die Berufspendler köstlich unterhielten, löste überschäumende Heiterkeit bei uns aus.

Während ich über ihre übermütige Erzählung lachte, ging mir durch den Kopf, daß sie den Namen dieses Mannes noch nie erwähnt hatte. Aber schließlich gab es so vieles, was ich über Amy noch nicht wußte.

Sie war vor einiger Zeit in die Bürogemeinschaft spaziert, eine

Südstaatenschönheit auf einem dreiwöchigen Urlaub in London, die vorbeigekommen war, um eine unserer »Mitarbeiterinnen« zu besuchen. Das erklärte sie jedenfalls Hannah und mir, als wir sie in der Kantine kennenlernten. Wir fühlten uns sofort zu ihr hingezogen, und bald wurden wir ein Dreiergespann. Inzwischen war es fast Weihnachten, und Amy machte noch immer keinerlei Anstalten, abzureisen. Ihre Vergangenheit verbarg sich hinter einem Schleier von Geheimnissen, ihre Lebensgeschichte, wie sie sie erzählte, war bruchstückhaft und vage. Und ihre Gegenwart war ebenso rätselhaft, denn sie arbeitete nicht, verfügte über keinen sichtbaren Lebensunterhalt und hatte nicht einmal eine dauerhafte Bleibe, sondern pendelte zwischen Hannahs Wohnung und meiner hin und her und verschwand dann von einem Augenblick auf den anderen, um bei »Freunden« zu übernachten. Vielleicht hatte sie Geld auf der Bank gehortet. Vielleicht war sie eine reiche Erbin oder eine Drogendealerin. Wer konnte das sagen? Bei Amy war alles möglich, und wir hatten einfach gelernt, sie zu akzeptieren, ohne Fragen zu stellen.

Hannah und Amy – meine neue Familie. Meine Schwestern. Der Gedanke an sie machte mich, dort zwischen den beiden hübschen Frauen sitzend, stark. Es war beruhigend, zu wissen, daß, wenn irgendein Mann einer von uns dumm kam, die beiden anderen sofort gnadenlos über ihn herfallen würden. Denn wir drei waren unzertrennlich.

Arm in Arm unterwegs – in dem Bewußtsein, daß wir uns in Erscheinung und Persönlichkeit perfekt ergänzten –, suchten wir Londons Weinlokale und Jazzkneipen heim. Immer darauf bedacht, Aufsehen zu erregen – stets sorgfältig in Schale geworfen. Die Mienen der Barmänner hellten sich sichtlich auf, wenn wir auftauchten, und Wirte zwinkerten uns lächelnd zu und drängten uns zu den besten Tischen, während die anderen Gäste gespannt darauf warteten, daß die Vorstellung begann. Man hatte uns den Spitznamen »Die Sturmtruppe« gegeben, und wir gaben uns alle Mühe, diesem Titel gerecht zu werden.

Indem wir uns derselben Einschüchterungsmethoden bedienten, die Männer Frauen gegenüber so lange angewandt hatten, machten wir es zu unserem bevorzugten Zeitvertreib, uns auf irgendeinen nichtsahnenden Mann zu stürzen – dazu stellte sich eine von uns zu seiner Rechten, die andere zu seiner Linken auf, und die dritte baute sich Zentimeter vor seinem Gesicht auf, um ihn so von seiner Clique zu trennen. Danach wechselten die Methoden. Manchmal waren wir ganz sanft, klopften ihn ab, bürsteten unsichtbare Fädchen von seinem Jackett, strichen ihm den Kragen und das Haar (das zerzauste Gefieder) glatt, gurrten und säuselten ihm ins Ohr und klimperten mit den Wimpern, während wir uns, ach so heimtückisch, über ihn hermachten.

Bei anderen Gelegenheiten waren wir aggressiver – dann rollte Hannah lüstern die Augen, Amy machte obszöne Bemerkungen, und ich schob die Hand unter die Jacke unseres Opfers und zog ihm die Fingernägel über den Rücken oder tätschelte ihm lässig den Hintern.

Oh, ihre Verlegenheit war süß. Ihr Schrecken erheiterte uns unendlich, und wir verdoppelten unsere Anstrengungen, wenn wir Wut oder Empörung spürten. Oder Angst. Du meine Güte ... was *waren* wir für schlimme Mädchen. Ein tödliches Team – und ebenso verhängnisvoll, wenn man uns einzeln begegnete. Mit meinem finsteren Sarkasmus, Amys untrüglichem Menschengespür und Hannahs arrogantem Auftreten waren wir jedem Mann mehr als gewachsen.

Doch im Grunde *war* es ein Spiel, und Hannah nahm es auch so. Und obwohl Amy sich gelegentlich dazu verleiten ließ, weiterzugehen, war ich doch die einzige, die es jedes einzelne Mal bis an die Grenze trieb.

War also alles nur Gerede von mir, ja? Wieder eine von denen, die alles versprachen und nichts hielten, wie? Immer wieder warfen Männer mir das vor und mußten erfahren, daß ich zu allem fähig war, und zu noch mehr. Mit der Zeit eilte mir mein Ruf voraus, und wohin ich auch ging, wurde ich von nervösen Blicken und feindseligen Bemerkungen empfangen.

SIEBTES KAPITEL

Leerer Sex. Gefährlicher Sex.
Und schlecht für mich

Macht über Männer. Plötzlich hatte ich sie. Es spielte keine Rolle, daß sie Angst vor mir hatten – mich sogar verabscheuten. Endlich hatte ich die Oberhand. Ich beglückwünschte mich zu der Tatsache, daß jetzt kein Mann mehr je den Fehler machte, mich sanftmütig zu behandeln oder mich leichthin fallenzulassen. Und wenn sie sich vielleicht auch auf der elementarsten sexuellen Ebene mit mir befaßten, war keiner von ihnen töricht genug, daß er auf den Gedanken gekommen wäre, sich ernsthaft auf mich einzulassen. Das kam mir eine Zeitlang entgegen, und dann begann mir zu dämmern, daß ich an einem Wettstreit teilnahm, in dem es keinen Preis zu gewinnen gab.

Und *wenn* es mir nun gelang, die tiefe Abneigung und das Mißtrauen der Männer zu gewinnen – was dann? Was sollte ich tun, wenn ich den Ehrgeiz meines Lebens befriedigt hatte – mich in ein Kloster zurückziehen? Mir die Kehle aufschlitzen? Es war eine Sache ohne Aussicht auf Gewinn, und früher oder später würde ich die Verliererin sein. Ich begann mich mit dieser Erkenntnis abzufinden, als Amy und ich eines Freitagabends mit John und Gerry herumgealbert und gescherzt hatten – und mit ihnen nach Hause gegangen waren. Und mit Rick und Tommy und Paul. Es waren fünf – und nicht einer war einen Tag älter als zwanzig. Großspurig und arrogant, unterhaltsam und gutaussehend – aber eben doch nur Jungen. Und ich hätte sie in Ruhe lassen sollen. Aber nachdem ich ein Jahr lang mit Typen ins Bett gegangen war, ödete mich jetzt alles an, empfand ich alles als schal. Und wurde immer perverser.

Während ich mit einem von ihnen schlief – war es Tommy oder Paul? –, konnte ich Amy auf dem anderen Bett erkennen. War sie mit John oder mit Gerry zusammen? Oder mit beiden? Es spielte keine Rolle, wir wechselten von einem zum anderen, tauschten die Partner aus wie andere Frauen höfliche Bemerkungen. Den Jungen war anzumerken, daß sie ihr Glück nicht fassen konnten – selbst ich fand die Sache irgendwie aufregend. Aber als ich erwachte und im grauen Dämmerlicht des Morgens um mich blickte, fühlte ich mich plötzlich entsetzlich niedergeschlagen.

Selbstverständlich überwand ich das schnell. Zog Amy unter den schlafenden Leibern hervor, zog alle meine Kleider an (mit Ausnahme des Tangas, den ich sachte um Pauls großen Zeh wickelte), und dann schlichen wir uns aus der Wohnung.

War das nicht umwerfend! Wir beglückwünschten uns gegenseitig, als wir im Taxi saßen und über das Erlebnis lachten. Während wir durch die menschenleere Stadt nach Hause fuhren, waren wir begeistert von uns selbst. Als wir später in meiner Küche ein üppiges Frühstück hinunterschlangen und Bemerkungen darüber machten, wie appetitanregend Gruppensex war, wurden wir vom schrillen Klingeln des Telefons gestört. Paul war am Apparat. Dann Tommy. (Wie hatten sie meine Nummer herausgefunden?) Amy hörte am Nebenanschluß in meinem Schlafzimmer mit, während wir einander beipflichteten, daß es große Klasse gewesen sei – und warum machten wir das Ganze nicht noch einmal?

Vier von ihnen tauchten, mit Flaschen beladen, am späten Nachmittag auf (Rick hatte gekniffen), und dann saßen sie alle in meinem Wohnzimmer herum, und Amy und ich erzählten ihnen Geschichten die sie nicht im Zweifel ließen, über welchen Reichtum an »Erfahrung« wir verfügten – was ihnen wahnsinnige Angst einjagte und sie gleichzeitig ungeheuer in Spannung versetzte. Ein Teil meiner selbst war ganz berauscht von dem Machtgefühl, und einem anderen Teil war zum Kotzen zumute, als die ganze abartige Vorstellung von vorne begann und ich die ganze Nacht und den größten Teil des nächsten Tages damit zubrachte, vom Bett zum Sofa und wieder zum Bett zurück zu wandern. Als der Sonntagabend anbrach, hatten wir uns zum Stillstand gebumst und lagen jetzt zu sechst zusammengedrängt in meinem Bett, unterhielten uns ruhig und lernten uns endlich, ob Sie's glauben oder nicht, gegenseitig kennen.

Dann fiel Paul ein, daß Muttertag war, und wir lagen still, während er seine Mutter anrief und sich dafür entschuldigte, daß er ihr keine Blumen geschickt hatte. Dann rief Garry seine Mami an und John seine, und mir wurde mit Schrecken klar, daß ihre Mamis vermutlich nur wenige Jahre älter waren als ich ...

Der Montagmorgen kam, und die Jungen mußten zur Arbeit gehen. Fasziniert, sie wie Hündchen herumtappen zu sehen, nackt und auf der Suche nach Unterhosen, fehlenden Socken, Hosen und Schuhen, stand ich mit Amy in der Tür. Ich mußte zugeben, daß sie einen wunderbaren Anblick boten – groß, gutaussehend und mit kräftigen Muskeln, die im Morgenlicht schimmerten.

Aber ein Teil von mir empfand Ekel bei diesem Anblick.

Ich rief mir in Erinnerung, daß es im Grunde genommen nette Kerle waren – befreundet seit Schulzeiten und lediglich darauf aus, Erfahrungen zu sammeln, wo und wann immer sie sich ihnen boten. Niemand war zu Schaden gekommen, es war nichts als ein bißchen harmloses Vergnügen gewesen. Das alles redete ich mir ein, aber es half nichts, das miese Gefühl darüber, wie ich die letzten achtundvierzig Stunden verbracht hatte, zu vertreiben.

Ich war danach tagelang niedergeschlagen. Versuchte, die verschwommenen Bilder von schweißnassen Leibern, erregten jungen Gesichtern und begierigen, tastenden Händen abzuschütteln. Versuchte, die Geräusche zu vergessen – das leise Stöhnen und Rascheln, das Kichern und Raunen, das die endlosen Nächte erfüllt hatte.

Hannah hatte von unserem verdrehten Wochenende gehört – lauschte ernst, als ich ihr unsere Erlebnisse beschrieb. Ich hatte das Ganze voller Würze und Boshaftigkeit erzählt und mit einem Humor gespickt, von dem ich weit entfernt war – hatte behauptet, ich hätte Spaß daran gehabt. Aber Hannah ließ sich nicht täuschen, und ihre ruhige, ernste Miene sagte mir deutlicher als Worte, daß ich den Fuß in ein unbekanntes Gebiet gesetzt hatte, das sie nicht zu erforschen wünschte. Mich auf eine Reise begeben hatte, die sie niemals antreten würde.

»Du kannst immer noch umkehren –«, sagten ihre Blicke. Obwohl wir beide wußten, daß ich es nicht tun würde. Noch nicht. Denn ich mußte alles bis zum Äußersten treiben – und das bedeutete auch, daß ich mir selbst schlecht vorkommen mußte.

Zu diesem Zeitpunkt zog sich Hannah ein Stück von mir zurück. Sie wollte nicht an meinem, wie auch immer gearteten, nächsten Abenteuer beteiligt sein. Ich konnte ihr keinen Vorwurf daraus machen, denn ich spürte, daß ich mich allmählich zu der Art Frau entwickelte, die ich, als ich noch verheiratet gewesen war, immer bemitleidet hatte. Die harte, zynische, ausgebrannte geschiedene Frau, die, so hatte ich mir selbst versprochen, nie aus mir werden sollte. Ich war immer noch voller Wut und Rachegefühle, aber doch traurig, daß ich einen wichtigen Teil meiner selbst verloren hatte. Den weiblichen Teil.

Das Mädchen, mit dem Simon hatte seßhaft werden wollen und das der arme Ron hatte retten wollen – es verblaßte rasch. Und das Mädchen, das Rui geheiratet hatte, war vollkommen verschwunden.

Dieser Gedanke ging ihm durch den Kopf, als wir uns zum zweiten

Mal zum Mittagessen trafen. Ich weiß es, weil ich es in seinen überraschten Augen las, als ich in unser gewohntes Restaurant schlenderte – meine Lederaufmachung knirschte bedrohlich, und meine Metallgehänge klimperten herausfordernd, als ich mich ihm gegenüber auf den Stuhl fallen ließ. Er hatte mich wenige Wochen nach DEM Wochenende angerufen, um ein Treffen vorzuschlagen. Er wollte die letzten Einzelheiten unserer Scheidung mit mir besprechen, und als das erledigt war, hatte er den Fehler gemacht, mich zu fragen, wie es mir ging.

Ich erzählte es ihm mit Vergnügen, ohne auch nur eine einzige schmutzige Einzelheit auszulassen – und wurde mit dem flüchtigen Ausdruck von Ungläubigkeit, Enttäuschung und sogar Abscheu belohnt, der über sein Gesicht huschte.

»Warum mache ich mich selbst so schlecht?« meldete sich ein kleiner Teil von mir zu Wort, während ich die Schäbigkeit meines Lebens beschrieb. Aber ich wollte natürlich, daß er wußte, was er aus mir gemacht hatte: und er, wie ich gehofft hatte, war traurig darüber, wie ich aussah, meine Worte verletzten ihn, und es entsetzte ihn, was für eine Frau ich geworden war.

Es war eine gelungene Vorstellung, und ich hielt meine Rolle durch, bis wir uns verabschiedet hatten und ich langsam davonging und mich unter die Menge mischte. Doch dann überkam mich plötzlich eine Welle der Erschöpfung, und ich merkte, wieviel Kraft mich die Bemühung gekostet hatte, diesen Mann zu verletzen, den ich immer noch zu lieben behauptete. Und zum ersten Mal stellte ich mir die Frage: War es möglich, daß ich meine Selbstzerstörung betrieb, indem ich versuchte, es Rui und allen anderen Männern heimzuzahlen? Ich verwarf den Gedanken als blödsinnig. Warum hätte ich mir, die ich so sehr verletzt worden war, noch mehr Verletzungen zufügen sollen? Es ergab keinen Sinn. Dennoch versuchte ich – nur für den Fall, daß es doch stimmte – mich zu bessern.

Bemühte mich, nach der Arbeit gleich nach Hause zu gehen, ohne das Weinlokal anzusteuern. Sah fern, kochte Abendessen, las Bücher – allein in meinen vier Wänden, versuchte ich, mich mit allen möglichen Dingen zu beschäftigen. Aber früher oder später überfiel mich die Stille und die Leere – und die bloße Vorstellung, ich müßte den Rest meines Lebens »in Einsamkeit« verbringen, erschreckte mich so sehr, daß ich zur nächsten Kneipe hastete. Dort saß ich dann und durchbohrte wieder einmal einen ahnungslosen Mann mit den Augen, bis er mich schließlich bemerkte und mir ein Glas ausgab.

Wenn alles gut ging, führte ein Glas zum anderen. Und zu noch einem. (Denn zu dieser Zeit konnte ich den Gedanken an Sex nur noch ertragen, wenn ich mehr als halb betrunken war.) Und genügend Gläser führten schließlich zum Bett.

Verrückt von mir, nicht wahr? Ich konnte sie nicht ertragen, und doch brauchte ich die Männer in meinem Leben. In dem Bewußtsein, daß ich ohne sie dazu verdammt war, allein zu schlafen, zu gehen und zu leben. Eine Vorstellung, die ich einfach nicht ertragen konnte, obwohl ich nicht wußte, warum.

Heute weiß ich, daß es leicht ist, allein zu leben – sogar ein Vergnügen –, wenn man erst mit sich im reinen ist. Wenn man erkennt – und gut findet –, wer und was man ist. Aber in jenem hemmungslos gelebten Jahr mochte ich mich überhaupt nicht.

Der Oktober kam und ging. Dann der November. Das miserabelste Jahr meines Lebens schleppte sich matt dem Ende entgegen. Der Dezember stand vor der Tür, und London begann sich für das Fest herauszuputzen. Inzwischen wurde nur noch von Weihnachten in New York gesprochen – Amys glänzende Idee, da sie wegen eines ihrer geheimnisvollen »Geschäfte« hinüberfliegen mußte und gern wollte, daß wir die Feiertage dort mit ihr verbrachten.

Hannah war begeistert von dem Vorschlag, aber ich schloß mich den Plänen nur halbherzig an, denn die Vorstellung, auf Männerjagd zu gehen, hatte nicht mehr den gewohnten Reiz für mich, und es spielte keine große Rolle, ob ich es in Maida Vale oder in Manhattan tat. Im Grunde genommen war ich in jenem Dezember schon gegen den bloßen Gedanken allergisch, Weihnachten überhaupt und wo auch immer zu feiern, weil es befrachtet war mit Erinnerungen an bessere Zeiten. Ebenso, wie mir die Aussicht auf Neujahr mit all seinen leeren Versprechungen der besseren Dinge, die da kommen würden, verhaßt war.

Die Tage vergingen in einer raschen Aufeinanderfolge von Parties, Einladungen zum Abendessen, betrunkenen Nächten und Trostlosigkeit, wenn ich mich morgens beim Erwachen wieder einmal mit einem Mann im Bett fand, den ich kaum kannte und aus dem ich mir noch weniger machte. Dennoch machte ich weiter, das Gesicht in einem aufgesetzten, strahlenden Lächeln erstarrt, und schlug die Warnungen dieses kleinen, intakten Teils meiner selbst in den Wind, der mir sagte, daß ich auf die Katastrophe zusteuerte. Dabei betete ich, daß mich irgend etwas plötzlich aufhalten würde – und konnte es doch nicht glauben, als es dann passierte ...

Wieder einmal Samstagabend – und kein Lebenszeichen von meinen Freundinnen. Amy bekam gerade die Erkältung, die Hannah zu überwinden im Begriff war, darum blieben beide zu Hause. Ich wäre durchaus selbst gern zu Hause geblieben, wenn ich irgendwelche Gesellschaft gehabt hätte, um die Nacht zu überstehen. So aber steuerte ich Bruno und meinen gewohnten Barhocker an, und während ich da saß und das übliche Publikum beobachtete, kam ich mit einer Frau, der ich schon einige Male dort begegnet war, ins Gespräch.

Angie war Ende zwanzig, blond und recht hübsch, wenn ihr Gesicht auch einen etwas nichtssagenden Ausdruck hatte und ihre Unterhaltung, wie ich bald entdeckte, sich auf Kleider, Geld und Männer beschränkte. Aber ich hatte längst gelernt, nicht zu wählerisch mit meinen Trinkkumpanen zu sein, und der Abend verging, indem wir auf der halbherzigen Suche nach Talenten von Bar zu Bar zogen, durchaus angenehm.

Es war gegen Mitternacht in einem Jazzclub, den ich sonst nie besuchte, als wir in eine ziemlich langweilige Unterhaltung mit einem noch langweiligeren Mann gezogen wurden.

Jeff war, das erkannte ich auf den ersten Blick, eine der völligen Nieten im Leben. Ein schwerfälliger Körper, triste Kleider, eine schleppende Stimme, mit der er uns Vorträge über einen abstoßend langweiligen Job hielt, während in seinem Gesicht, das zu denen gehörte, die man augenblicklich wieder vergaß, ein selbstgefälliger Ausdruck spielte.

Warum ließ ich mich darauf ein, auf einen Kaffee mit zu ihm zu gehen? Langeweile vermutlich. Und um Angie einen Gefallen zu tun, die seine hirnlose Unterhaltung tatsächlich zu genießen schien – nachdem er bei Kleidern, Ferienreisen und seinem neuen CD-Player angekommen war. Oh Gott! Aber es hieß entweder Kaffee bei ihm – womit eine weitere tödliche Stunde vertrieben werden konnte – oder geradewegs nach Hause ins Bett – allein. So gesehen, fiel die Wahl leicht.

Als wir in seinem Einzimmerappartement ankamen, stellte ich mit grimmiger Belustigung fest, daß Jeff ein Mann war, der Wort hielt. »Kaffee« hatte er gesagt. Und genau das meinte er auch, setzte seinen CD-Apparat in Gang und ließ uns, bequem auf seine Bodenkissen hingegossen, zurück und verschwand in der Küche. Sex war offensichtlich das letzte, was er im Sinn hatte – und mein altes Ich hätte das als eigenartig rührend empfunden. Aber mein *gegenwärtiges* Ich wußte, daß ich es nur mit einem unter vielen Schlappschwänzen zu tun hatte, und ich konnte der Versuchung, gerade mit ihnen kurzen Prozeß zu machen, nicht widerstehen.

»Jämmerlich!« signalisierte ich Angie mit den Augen, und sie zuckte gutgelaunt die Schultern; und während ich da saß und sie gedankenverloren betrachtete, nahm mich die Bosheit an der Hand und führte mich in fremdes Gebiet.

Es ist nicht gelogen, wenn ich sage, daß ich mich nicht sexuell zu ihr hingezogen fühlte, während ich ihre halb geschlossenen Augen, ihre Schultern, ihren rhythmisch zur Musik sich wiegenden Körper in mich aufnahm. Wir waren Fremde, aber sie gefiel mir nicht schlecht, und sie schien durchaus geneigt zu sein. Beinahe zu allem bereit... stellte ich fest, während ich Neuland betrat, dem ich schon einmal einen Besuch abgestattet hatte. Damals waren es fünf Jungen gewesen, heute waren es ein Mann und eine Frau. Leerer Sex. Sinnloser Sex. Und gefährlich für mich. Aber trotzig zog ich die Sache durch. Ich lächelte Angie zu, und sie las die Herausforderung in meinen Augen.

Wortlos stand sie auf und begann sich auszuziehen. Ich folgte ihrem Beispiel – mit langsam klopfenden Schläfen, meine Bewegungen leicht, aber mechanisch, ließ ich meine Kleider in einem Häuflein auf den Boden fallen.

Jeff kam summend und polternd, die Augen fest auf das beladene Tablett in seinen Händen gerichtet, rückwärts durch die Tür, doch als er sich zu uns umdrehte, entfloh jeder Gedanke an Kaffee aus seinem trägen Hirn, und er starrte mit offenem Mund auf die beiden nackten Frauen in seinem Bett.

Und das Ganze begann von vorn, im Zeitlupengefühl und so, als spulte sich ein Film ab, und meine Welt verengte sich zu Geräuschen und Gerüchen, Weichheit und Schatten, Bewegung und Wärme. Das ungewohnte Gefühl, den Arm einer Frau um mich zu spüren, den süßen Atem einer Frau auf meiner Wange... das beruhigende Gewicht eines Männerbeins und seinen salzigen Schweiß. Lippen, die meine Schultern liebkosten, und Hände, die meine Lippen streichelten... und meine Hände und Lippen, die plötzlich ein Eigenleben hatten und von einem eigenen Willen getrieben wurden... der Geschmack und der Geruch von Haut, wohin ich mich auch drehte... Sehnen und Muskeln und samtweiche Rundungen. Dann seine Augen, starr geöffnet... und ihre, hinter schweren Wimpern. So dicht vor mir – und so weit entfernt...

Ein Teil von mir schwebte, drängend und verängstigt, von mir fort zur Decke und beobachtete mich. Uns. Wissend, aber nicht glaubend, was ich tat, und verzweifelt bemüht, zu entkommen. Dann wurde dieser Teil von mir unter dem Ansturm der Gefühle still. Setzte sich wartend zur Ruhe und überließ den Rest meiner Person ihrem Schicksal...

Ich lag am Außenrand des Bettes. Angie schlief fest an meiner Seite, den Kopf an meine Schulter gelehnt, und Jeff, der zwischen Angies warmem Körper und der Wand eingeklemmt war, schnarchte leise. Keiner von beiden bewegte sich, als ich aufstand und, im Dunkel herumtappend, meine Kleider suchte, von denen ich die meisten auch fand. Zwei Minuten später schlich ich aus der Wohnung, nachdem ich mir kurz vor der Eingangstür die Zeit genommen hatte, mir die Stiefel anzuziehen und den Mantel fester um mich zu wickeln. Dann sah ich auf die Uhr – fast vier Uhr.

Draußen regnete es – ein feiner Nieselregen, der auf dem Straßenpflaster glänzte und milchige Ringe um die Straßenlaternen bildete. Ich war dankbar für die feuchte Kälte, die mir ins Gesicht schlug, während ich dahineilte. Meine Schritte hallten hohl, als ich mit aufgestelltem Kragen, das Haar am Kopf festgeklebt, durch die Tottenham Court Road und Marylebone auf den Regent's Park zuhielt. Und ich lief.

Von Zeit zu Zeit überholte mich ein Wagen oder Taxi mit feucht prasselnden Reifen, und die Insassen starrten wie Gespenster durch beschlagene Fenster zu mir heraus. Ein- oder zweimal sah ich eine andere Gestalt vorübereilen, und einmal hörte ich eine zornig erhobene Stimme und das Weinen einer Frau. Und ich lief.

In der Nähe der Moschee überholte mich ein schwarzes Taxi, dessen Frei-Zeichen wie ein goldener Leitstrahl die Nacht durchdrang, und der Fahrer spähte hoffnungsvoll zu mir herüber. Doch ich winkte ihm ab – und lief weiter.

Lief und führte dabei Selbstgespräche – sagte mir das, wozu ich vorher nicht den Mut gefunden hatte. Daß mein Leben den Bach hinunterging. Und daß ich wirklich und wahrhaftig am Arsch war.

Wie lange war es her, daß ich an einfachen Dingen Freude gehabt oder mir ein unschuldiges Vergnügen gegönnt hatte. Wie lange war ich schon nicht mehr an meinem Geschäft interessiert, befriedigte mich meine Arbeit nicht mehr? Wann hatte ich zum letzten Mal beim Aufwachen dem Tag freudig entgegengeblickt und gewußt, daß es schön war, zu leben? Und da ich schon dabei war, wie lange war es her, daß ich mich gemocht hatte – oder irgendeinen anderen Menschen? Wie lange fühlte ich mich schon nicht mehr fähig, zu lieben, oder wert, geliebt zu werden?

In Wahrheit war ich unfähig, Gefühle wie Zärtlichkeit, Güte, Mitgefühl und Verständnis zu empfinden. Ich mußte mir eingestehen, daß das Eigenschaften waren, über die ich nicht mehr verfügte. Ich war so tief in Gedanken versunken, daß ich kaum merkte, wohin ich ging.

Dann kam mir das Bild der schlafenden Angie in den Sinn, und ich stellte mit einem Frösteln fest, daß ich, wenn ich an diesen Raum und an diese Menschen dachte, nicht einmal Scham oder Bedauern aufbrachte. So tief war ich im Schlamm meiner furchtbaren, bösen Wut versunken.

Sex? Man konnte es nicht so nennen – nicht, was ich gerade getan hatte. Und es war *meine* Idee gewesen! Vielleicht, wenn mir Angie wirklich gefallen hätte – wenn ich auch nur das lauwärmste aller Gefühle für Jeff empfunden hätte –, vielleicht wäre es mir dann möglich gewesen, eine Entschuldigung für mich zu finden. Aber ich mochte sie nicht einmal. Nein, wir drei waren miteinander im Bett gelandet, weil ich zutiefst gelangweilt war.

Oder war es noch schlimmer? Das fragte ich mich, während ich dahin lief. Waren wir zusammengekommen, weil ich wollte, daß der Sex schmutzig war? Wollte ich jeden Gedanken daran, daß er schön – etwas Besonderes – sein konnte, im Keim ersticken? Alles zerstören, was Sex, wie ich wußte, für *andere Menschen* bedeuten konnte?

Aber *warum?* Warum wollte ich etwas zerstören, was mir einmal so viel Freude gemacht hatte?

Mit einem Mann zu schlafen... merkwürdig, wenn ich mir jetzt vorstellte, welch ein wunderbares Gefühl das einmal gewesen war. Wie aufregend, von einem Mann in Besitz genommen zu werden, der einem etwas bedeutete. Die Leidenschaft, mit der ich mich in einem Mann hatte verlieren können, der mich verehrte. »Aber sieh dich jetzt an, Kindchen!« sagte ich laut und sah mich zum ersten Mal so, wie andere Menschen mich vermutlich sahen. Erstarrt und mit einer Eisschicht überzogen, schrien mein Gesicht, meine Kleidung, mein Körper doch immer noch höhnisch Trotz heraus. Ich hatte einer Welt die Faust gezeigt, die mein Zorn völlig unbeeindruckt gelassen und die mein Schicksal mit fröhlicher Unbekümmertheit hingenommen hatte. Vage wurde mir bewußt, daß ich mich ins Abseits manövriert hatte, daß ich nur noch tiefer sinken konnte und nichts mehr hatte, worauf ich mich freuen konnte. Außer vielleicht noch mehr Nächte wie die heutige. Meine Augen füllten sich bei diesem Gedanken mit Tränen der Angst. Versessen darauf, die Männer zu demütigen – ihren Stolz und ihre Würde zu verletzen –, hatte ich nichts anderes bewerkstelligt, als mir selbst Wunden zuzufügen. Und während ich durch vertraute Straßen stapfte und die letzten paar Meter bis zu meiner Wohnung zurücklegte, überkam mich ein tiefes Gefühl der Verzweiflung.

Ich war fünfunddreißig, vermutlich lag mein ganzes Leben noch vor mir, doch ich hatte mich auf Selbstzerstörung eingestellt. Und ich hatte gedacht, *ich* würde eine Rechnung begleichen!

Mit sich überschlagenden Gedanken schloß ich meine Wohnungstür auf und erkannte, daß es jetzt, da ich mich endlich damit konfrontiert hatte, für mich kein Zurück mehr gab. Ich mußte mir ein paar ernsthafte Gedanken machen, und weil ich wußte, daß ich ohnehin keinen Schlaf finden würde, ließ ich mir ein Bad ein – ich fühlte mich plötzlich schmutzig und war begierig, alle Spuren von Angie und Jeff von mir abzuwaschen.

Ich zündete Kerzen im Badezimmer an, und der warme, behagliche Schein beruhigte mich ein wenig; ich entspannte mich im Wasser und versuchte, herauszufinden, wie mir wirklich zumute war. Ich war vor allem verwirrt – weil in mir zwei verschiedene Frauen zu existieren schienen. Mein ganzes Leben lang hatte ich so getan, als hätte ich alles im Griff, wäre mein eigener Herr. Aber immer, immer hatte ich mich danach gesehnt, daß jemand mich an der Hand nähme, wenn es schwierig wurde. Etwas, wozu Rui nie in der Lage gewesen war, was Simon dagegen versucht hatte. Und jetzt hatten Amy und Hannah das Händchenhalten übernommen.

War es *das*? Hatte ich Angst vor dem Alleinsein, weil es hieß, daß ich auf eigenen Füßen stehen mußte? Nun, vielleicht war es an der Zeit für mich, zu beweisen, daß ich es schließlich doch konnte. Aber ich hatte *nie* gelernt, hier in London allein zurechtzukommen. Wann immer es schwierig wurde, konnte ich mich darauf verlassen, daß die Mädchen zur Stelle waren, und früher oder später war ich wieder bei meinen alten Spielchen angelangt – war durch die Bars gezogen und hatte die erstbeste Gesellschaft, die sich bot, mit nach Hause geschleppt. Das Biest in mir hatte am Ende immer das Sagen, und der andere Teil war dem nicht gewachsen.

Nein – wenn ich diesen Teil abschütteln und mit mir ins reine kommen wollte – mußte ich verdammt aus der Stadt raus. Und wegbleiben, bis ich gelernt hatte, auf mich aufzupassen.

Das war die Antwort. So einfach. Ich mußte mein Geschäft zumachen, meine Wohnung abstoßen und mich von allem und jedem fernhalten. Die Erkenntnis war so gewaltig, daß mir einen Augenblick lang der Atem stockte, dann ließ ich ihn mit einem langen, leisen, ungläubigen Pfeifen entweichen. Konnte ich meinem Leben wirklich den Rücken kehren – einfach *alles* hinter mir lassen? Dann dachte ich an die billige Szene mit Angie und Jeff; das Wochenende mit John und Gerry, Tommy und Paul. Erinnerte mich daran, wie ich mich mit Ron und Jamie erniedrigt hatte. Dachte an all die Mistkerle, die Schlange standen, um ihr Glück zu versuchen – und die netten Typen, die mich nicht einmal gegrüßt hätten.

Bis ich es endlich akzeptierte – mein Spiel war aus, und ich war mit London fertig. Wegzugehen, würde sich vielleicht als vernichtend erweisen, aber wenn ich blieb, war mir der Untergang gewiß.

Es ist merkwürdig, wie sich das Leben fast von selbst zu ändern beginnt, wenn man erst den Entschluß gefaßt hat, es zu ändern. Wie das, was man sich am meisten zu wünschen glaubt, einem plötzlich in den Schoß fällt, wenn man aufhört, danach zu suchen.

Was meinem Leben damals fehlte, war ein Inhalt, was *mir* am meisten fehlte, war ein Gefühl für Ziel und Richtung. Was ich am meisten vermißte (auch wenn ich es nicht einmal mir selbst eingestanden hätte), war die Liebe und die Achtung eines Mannes, der mir wirklich etwas hätte bedeuten können. Alles das außerhalb meiner Reichweite, davon war ich überzeugt. Doch nach jener Nacht der Selbsteinschätzung in der Badewanne begannen sich erstaunliche Dinge zu ereignen.

Meine Angst vor Weihnachten legte sich fast vollständig, und ich begann mich auf die Feiertage zu freuen; war richtig gespannt auf unseren geplanten Ausflug nach New York. Plötzlich konnte ich Silvester kaum erwarten, da es für mich die Chance eines Neuanfangs bot – die elende Gegenwart würde bald der Vergangenheit angehören.

Obwohl ich nicht allzu viele Gedanken daran verschwendete (hauptsächlich wohl, weil es mir höllische Angst machte), ließ ich die Idee, aus London zu verschwinden, nicht fallen. Plötzlich hatte ich ein Ziel, auf das ich zuhalten konnte. Etwas Neues, worüber ich mir Gedanken machen konnte. Ich hörte auf, von dem zu träumen, was ich, tief im Innern, am meisten wünschte. Und Sie werden es nicht glauben, genau zu diesem Zeitpunkt kam es geradewegs in mein Leben marschiert.

Ich hatte kaum aufgehört, die Schwierigkeiten zu suchen, als die Schwierigkeiten – in Gestalt der mächtigen, kompromißlosen Erscheinung von Henry C. Stone jr. – mich ereilten. Und zum ersten Mal traf es mich völlig unvorbereitet.

Es war Heiligabend, und New York lag unter einer Schneedecke. Die Straßen waren gespenstisch verlassen, nur ein paar Autos schlichen mit kettenumhüllten Rädern über die Fifth Avenue oder schlidderten unsicher die Park Lane entlang. Die Straßen der Innenstadt sahen anders aus – dort wimmelte es von New Yorkern, die zwischen Bars und Parties umherschwirrten –, und die Luft war erfüllt von Gelächter und fröhlichem Geplauder, während sich vollkommen Fremde im Vorübergehen »Fröhliche Weihnachten« zuriefen.

Obwohl die Dunkelheit hereingebrochen war, war das Ganze hell erleuchtet von den bunten elektrischen Girlanden an den Laternen, einem ganzen Heer funkelnder Weihnachtsbäume und dem Schein aus Dutzend von festlich geschmückten Schaufenstern. Das Licht ergoß sich in regenbogenfarbenem Lachen auf die knirschende Schneedecke und fing die Millionen Schneeflocken, die vom eisgrauen Himmel fielen und wirbelten, in der Bewegung ein. Das schmutzige Manhattan hatte sich in ein Winterwunderland verwandelt, und Arm in Arm schlidderten wir drei durch die City wie aufgeregte Kinder nach Schulschluß.

Wir waren erst vier Tage in Manhattan, und ich fühlte mich bereits ein wenig dazugehörig – wieder ein Einwanderer mit großen Augen im Land der unbegrenzten Möglichkeiten. Amys gemütliches kleines Apartment in Greenwich Village hatte sich als eng, aber wohnlich erwiesen. Im zweiten Stockwerk eines Backsteinhauses gelegen, war es ein Denkmal für Amys Fähigkeit, aus nichts eine Menge zu machen – die Wände und Bodendielen waren mattweiß gestrichen, in den dick gepolsterten Sesseln türmten sich kunterbunte Kissen. Das Badezimmer grenzte an die Küche, was bedeutete, daß Badende und Küchenchefin sich mühelos unterhalten konnten – wobei die Erstere ständig aufgesucht wurde, um hier ein wenig zu kosten, da zu beurteilen, ob noch Salz fehlte, während sie in der großen alten viktorianischen Badewanne eine Schaumorgie veranstaltete.

Das Heizungssystem war uralt – die ganze Nacht hindurch gurgelte und seufzte und stöhnte das Wasser, das durch die verschnörkelten, von Amy golden gespritzten Heizkörper lief. Sie hatte, wohl um ihre Farbdose in Spargröße voll auszunutzen, auch einige Türen und die meisten ihrer Pflanzen mit dem Zeug lackiert. Die eigenartig schimmernden Panzer der heimischen Kakerlaken deuteten darauf hin, daß sie ebenfalls ihrer festlichen Sprühleidenschaft zum Opfer gefallen waren.

Dieser jüngste Einblick in Amys Lebensweise war aufschlußreich; eine faszinierende Mischung aus vornehmlicher Ärmlichkeit und Stil. Es mochte sich nichts Eßbares im Kühlschrank befinden, aber ein einziger Anruf genügte, und fünf Minuten später stand ein Adonis in Uniform mit einer untadelig gekühlten Flasche Wein auf der Schwelle. Die Eingangstür mochte zusammenbrechen unter dem Gewicht zahlloser Riegel und Ketten, denn Amy lebte wie unter einer Belagerung, aber aus ihrem Anrufbeantworter ergoß sich eine Flut von Einladungen von den begehrtesten Leuten. Im Augenblick gefiel sie sich darin, herumzulaufen wie eine Pennerin, und ihre Garderobe bestand hauptsächlich aus abgelegten Sachen von uns. Aber in ihrem Schrank fanden sich elegante Kleider und Kaschmirmäntel – all die notwendigen Accessoires eines teuren Lebensstils in der Vergangenheit. Und zweifellos irgendwann in der Zukunft wieder.

Ihr Schlafzimmer war von einem riesigen Bett und einem fast ebenso riesigen Fernseher beherrscht. Jeden Morgen drang das silberne Licht eines neuen New Yorker Tages durch die regenstreifigen Fenster zu uns dreien herein, wie wir, in dem Bett eingekuschelt, schallend lachten über eine der unzähligen albernen Quizsendungen oder Talentshows.

Mollig warm eingepackt in T-shirts, Socken, Pullover und Schals, verbrachten wir den größten Teil des Vormittags plaudernd unter ihrem Federbett, während Johnny Carson seinen Blödsinn herunterrasselte und die Fensterscheiben im Schneesturm klirrten. Jeden Tag wand sich eine von uns in meinen Nerzmantel und marschierte zu dem dampferfüllten kleinen italienischen Cafe am Ende des Blocks, um doppelte Cappuccinos und frischgebackene Croissants zu holen. Es machte mir, als ich einmal da stand und darauf wartete, daß ich bedient wurde, eine diebische Freude, daran zu denken, daß ich unter dem Nerz und den schwarzen Lederstiefeln fast vollkommen nackt war.

Die Tage waren mit Besichtigungen und Einkäufen ausgefüllt, die Abende verbrachten wir in rauchigen Bars oder schummrig erleuchteten Weinlokalen, wo wir unsere gewohnte Vorstellung vor einem neuen und dankbaren Publikum gaben. Oh, wir gaben wirklich unser Bestes für New York – betonten, daß es schließlich unsere

Premiere in den Staaten war, obwohl uns allen bewußt war, daß es wohl der Schwanengesang der Sturmtruppe sein mußte. Wir schienen doch alle ziemlich erschöpft zu sein.

Doch wir legten alles, was wir hatten, in diesen letzten öffentlichen Auftritt, und an jenem Heiligabend stürmten wir, wie gewöhnlich von oben bis unten in Leder herausgeputzt, die dritte Bar in ebenso vielen Stunden. Wenige Sekunden nach unserem Erscheinen hatte Amy ein paar alte Freunde gefunden, Hannah hatte das Klo gefunden ... und ich hatte Henry C. Stone jr. gefunden.

Ich stand an der überfüllten Theke, um etwas zu trinken zu bestellen, und hatte ihn nicht einmal bemerkt, so sehr ließen mich meine Fähigkeiten im Stich. Dann wurde ich mir seiner Blicke bewußt – anerkennend und fast unverschämt glitten sie über mich und reizten mich, den Blick zu erwidern. »MEIN Trick ...« Ich erinnere mich, daß das mein Gedanke war, während ich ihn trotzig anstarrte. Da war er nun, auf einen Barhocker hingegossen, an sein kleines Stückchen Marmortheke gelehnt. Gewaltig. Tadellos gekleidet. Und starrte gelangweilt meine Beine an.

»Ihre Schuhe gefallen mir ...«, begann er mit einem Blick auf meine hohen Hacken. Ich nahm das beiläufige Kompliment mit einem kurzen Nicken auf. »Ihre Strümpfe auch ...«, fuhr er fort und beäugte meine Netzstrümpfe mit Naht. »Und Ihr Rock ...«, fügte er mit leiser, schleppender Stimme hinzu und ließ seinen Blick langsam aufwärts wandern. »Und das gefällt mir auch ...«, bemerkte er, als seine Begutachtung in Brusthöhe anlangte. »Ich nehme an, Sie meinen mein Hemd«, gab ich hochmütig von mir. »Aber selbstverständlich«, entgegnete er, während er endlich Blickkontakt aufnahm.

The first time ever I saw his face. Nun, in Henrys Gesicht fand ich alles. Es war intelligent, hochmütig, schlau, jungenhaft, sinnlich. Wirklich schön. Und doch uralt, einsam, verschlossen, zurückgezogen, egoistisch. Zutiefst kalt und unerreichbar. »Laß mich in Ruhe«, stand ihm unmißverständlich auf die glatte, hohe Stirn geschrieben, spiegelte sich in seinen großen, dunklen Mandelaugen. Drückte sich in seinem selbstbewußten Mund aus, sprach aus seinem Lächeln. Ich kann also niemandem einen Vorwurf machen, außer mir selbst; daß ich erkannt hatte und doch nicht wahrhaben wollte, daß ich hier einem klassischen Herzensbrecher begegnet war; überaus erotisch, überaus umgänglich, aber auch überaus mißtrauisch; die unwiderstehliche Herausforderung. Ein menschliches Wesen, das nicht lieben konnte und nicht geliebt werden wollte. Ein emotional Zurückgebliebener im

Sechshundert-Dollar-Anzug. An Heiligabend in Manhattan glaubte ich, dem Mann meiner Träume begegnet zu sein.

Und so begann es. Geplänkel über dem Eiskübel führte zu Sticheleien beim gemeinsamen Champagner, währenddessen ich *seine* schönen Schuhe, *seinen* herrlich geschneiderten Anzug, *seine* flammend roten Hosenträger, *seine* unauffälligen reingoldenen Manschettenknöpfe begutachtete. Mr. Wall Street; von Harvard kommend; und Spitzenklasse von den kurzgeschorenen Haaren bis zu den glänzend polierten Schuhspitzen. Exklusiv, redegewandt ... und unverheiratet. Als mich die Mädchen eine Stunde später aus dem Lokal zogen und wir uns aufmachten zur nächsten Bar, hatte ich mir selbstverständlich längst Henrys Telefonnummer geben lassen. Und dafür gesorgt, daß er meine hatte – obwohl ich nicht davon überzeugt war, daß er wirklich anrufen würde. (Man bemerke den erfrischenden Mangel an Selbstvertrauen.)

Erst, als die mißbilligende Südstaatlerin in Amy mit einem vielsagenden Zwinkern eine Bemerkung darüber machte, wurde mir die erstaunlichste aller Tatsachen bewußt. Daß Henry C. Stone jr. nämlich vollkommen und zutiefst – und ohne Zweifel *gewaltig* (also *wirklich*, Amy!) – schwarz war.

Bis zu diesem Zeitpunkt waren farbige Männer nicht auf meiner Liste von Vorsätzen gewesen, aus dem einfachen Grund, daß sich diese Möglichkeit nicht geboten hatte. Ich hatte ihnen nie mehr als einen flüchtigen Blick gewidmet oder mir höchstens einen Augenblick lang Gedanken über die Schönheit schwarzer Haut gemacht. Ich glaube, bis zu dem Abend, als ich Henry kennenlernte, war ich eher farbenblind als vorurteilsbeladen gegen Farbige gewesen. Ganz sicher jedenfalls verliebte ich mich nicht in ihn, weil er schwarz war, sondern weil er Henry war.

Einige Tage später rief er an und lud mich zu einer Party ein. Den ganzen Abend über lauschte ich Unterhaltungen, die reich waren an politischer Satire, gespickt mit boshaften, ethnischen Witzen und durchzogen von einer Fülle wohlinformierter Meinungen. Die versammelte Gesellschaft – die nach Erfolg roch und einen aktienschweren Eindruck machte – war schwarz. Und meinte es ernst. Überwältigt von diesem neuen Blickwinkel auf das Leben, wie ich es kannte, und auf die Diskrimination, wie ich sie begriffen hatte, machte es mir kaum etwas aus, daß Henry, im Gegensatz zu meinen früheren Begleitern, mehr im Kopf zu haben schien, als mit mir ins Bett zu gehen, und ich war einigermaßen fasziniert, als er mich am Ende wieder an Amys Tür absetzte und in der verschneiten New Yorker Nacht verschwand.

Unser zweites Treffen, achtundvierzig Stunden später, erwies sich als ebenso anregend. Ich sollte mich bei dieser Gelegenheit um neun Uhr dreißig im Harvard Club zum Essen einfinden und schlenderte, der Form gerecht, einige Minuten vor zehn in das Lokal. Mit frostigem Lächeln erhob er sich zur Begrüßung und sagte: »Sie kommen spät. Aber das Warten hat sich gelohnt...«, und sein Blick machte sich wieder auf die Wanderung von den Schuhen aufwärts. Beiläufig und nur halb interessiert. Hatte ich ihn, oder hatte ich ihn nicht? Ich war einfach nicht sicher, und die Ungewißheit war ein herrlicher Nervenkitzel.

Als wir das Mahl zur Hälfte hinter uns gebracht hatten, verkündete er plötzlich gelangweilt: »Ich tue das nur ungern, aber ich muß unser Abendessen vorzeitig abbrechen. Ich muß ins Büro zurück – erwarte eine Nachricht aus Tokio.«

Da ich mit meiner Ente en croûte gerade erst begonnen hatte, fand ich diese Neuigkeit nur schwer verdaulich, und mein Blick muß dem unmißverständlich Ausdruck gegeben haben.

»Schauen Sie nicht so empört drein«, bemerkte er. »Immerhin hätten wir, wenn Sie um neun Uhr dreißig aufgetaucht wären, wie ich gesagt hatte, noch Zeit für den Kaffee gehabt. So allerdings...« Und gerade, als ich spürte, daß sich mein »tödlicher Blick«, wie ich es nenne, auf mein erstarrtes Gesicht legte, hob er kapitulierend die Hände.

»Also gut – Sie sind wütend. Sie haben wohl Grund dazu. Was halten Sie von einem späteren *Dessert*?« Dabei sah er mich mit großen, unschuldigen Augen an, und sein Lächeln verriet nichts. Nachdem ich bereits festgestellt hatte, daß wir beide nicht dieselbe Sprache sprachen, wenn auch die Worte übereinstimmten, fragte ich mich jetzt, ob dieser im englischen Wortschatz vollkommen unverfängliche Begriff für Amerikaner vielleicht eine andere, exotischere Bedeutung hatte. *Dessert*... Was in aller Welt bedeutete das? Es gab nur einen Weg, das herauszufinden.

Zwanzig Minuten später glitt ich im Fond einer langgezogenen, chauffeurgesteuerten Limousine durch die Straßen der Stadt. Immer noch verwundert über die Ergebenheit, mit der ich ihm erlaubt hatte, mich von meiner köstlichen Ente zu trennen; immer noch im Banne erotischer Vorstellungen von einem *Dessert*.

Es erwies sich als eine phantastische Kreation aus Wildkirschen und Walnüssen, in Brandy flambiert und mit einem Berg Schlagsahne auf köstlichen, hauchdünnen Crêpes serviert; und ich verspeiste das alles morgens um zwei Uhr vierzig in einem vollkommen veränderten, vollkommen menschenleeren Restaurant. Ein Anruf hatte mich geweckt, und als ich zum Telefon gewankt war, hatte mich Henrys entschiedene Stimme darüber informiert, daß mich der Chauffeur vor dem Haus erwartete.

Natürlich hätte ich ihm sagen können, er solle sich zum Teufel scheren, und dann wäre ich wieder zu Bett gegangen. Warum zog ich mich also an, schminkte mich und stürzte mich wieder in das nachmitternächtliche Leben? Wahrscheinlich war ich hungrig, Leute. Als ich ihm, tief beeindruckt und um Worte verlegen, gegenübersaß, konzentrierte ich mich auf meinen Teller und versuchte, Henrys belustigten Blick zu ignorieren. In dem Wissen, daß ich etwas wesentlich Naheliegenderes, wenn auch weniger Originelles, erwartet hatte, lehnte er sich in seinem Polstersessel zurück und schob seinen Teller unberührt zur Seite. »Mögen Sie es?« erkundigte er sich. Er spürte, daß das Dessert in diesem Augenblick nicht das einzige war, was ich genoß, und lachte.

Ich merkte, wie mir die Röte in die Wangen stieg, und mußte mir eingestehen, daß mich dieser Kerl hatte. Mir wurde zu meinem Entsetzen bewußt, daß ich im Begriff war, mich in Henry zu verlieben – und zwar richtig. Daß mich die Tatsache faszinierte, daß er sich nichts aus mir machte. Nicht von mir hingerissen, offensichtlich nicht einmal leise interessiert war – und sich nicht von mir um den Finger wickeln ließ. Es auch nicht nötig hatte, da er sich seine eigenen schlauen Spielregeln ausgedacht, seinen eigenen Ball mitgebracht hatte.

Um vier Uhr lag ich wieder im Bett, lauschte auf Hannahs regelmäßigen Atem im Nachbarbett und dachte über diesen Mann nach. Diesen ehrgeizigen, außergewöhnlichen, ichbezogenen Menschen, der spielend sein Geld verdiente, aber nur als Mittel zum Zweck. Diesen Mann mit dem hochfliegenden politischen Ehrgeiz, der es für einen folgerichtigen ersten Schritt auf der angestrebten Straße hielt, der erste schwarze Bürgermeister von New York zu werden. Ich hatte nie – habe nie – jemanden wie ihn kennengelernt. Und lange, bevor er mich, unangetastet, zum zweiten Mal in dieser Nacht auf Amys Türschwelle absetzte, hatte ich bereits entschieden, daß Henry C. Stone jr. der richtige Mann für mich war. Das Problem war nur, wie sollte ich *ihn* davon überzeugen?

Als der 30. Dezember nahte, war ich ein Nervenbündel gespannter

Erwartungen. Zum einen, weil die Heidin in mir viel zu viel Gewicht auf das legte, was geschah und was nicht geschah, wenn die letzten Stunden eines alten Jahres verrannen. Und zum anderen, weil mir Henry C. Stone jr. im Kopf herumspukte. Er hatte mich immer noch nicht angerührt.

Törichterweise dachte ich, daß er mir vielleicht wegen seines Geldes davonlaufen würde. Aber er war mir stets einen Schritt voraus – eine Vorstellung, die ich gleichermaßen aufregend, verlockend und beunruhigend fand.

Als ich mich an diesem Abend zum Essen fertigmachte, warf mir Amy einen langen Blick zu und gab mir einen guten Rat. »Liebes, du hast es mit dem Manhattan-Mann zu tun. Eine vom Aussterben bedrohte Art. Auf fünf verfügbare Frauen kommt einer von ihnen, und niemand hat ihn bis jetzt eingefangen. Amüsier dich mit ihm – er ist eine ebenso gute Methode, Manhattan kennenzulernen, wie jede andere. Aber nimm es nicht zu ernst – er wird es nämlich todsicher nicht tun.«

Ein guter Rat, aber er kam zu spät. Sehr viel später in dieser Nacht saßen wir aneinandergeschmiegt im Fond der Limousine, die durch Greenwich Village schlich und dann sanft vor Amys Backsteinhaus ausrollte. Einen Augenblick lang sprach keiner von uns, ich saß nur da und genoß Henrys Körperwärme, und der Schnee wehte in lautlosen Wirbeln gegen das Auto. Dann bemerkte er: »Wir sind bei dir, Rotschopf«, so sachlich, daß ich ihm, ein wenig erstaunt über diese, wie es schien, kurzangebundene Verabschiedung, das Gesicht zuwandte. »Oder würdest du lieber mit zu mir kommen?« fuhr er fort. »Du kannst mir zeigen, wie ihr Schotten Kaffee kocht.«

Seine Wohnung war ein weiträumiger Loft hoch über der Stadt, voller bizarrer Skulpturen und üppiger Grünpflanzen. Abgezogene Bodendielen, große weiße Sofas, eine High-Tech-Küche. Das Schlaf-zimmer war spartanisch – die Wände kahl bis auf ein Aluminium-rennrad, das gegenüber dem Bett aufgehängt war. Lange nachdem wir uns geliebt hatten, lange nachdem Henrys schwerer Körper sich, an mich geschmiegt, im Schlaf entspannt hatte, lag ich wach und betrachtete den Fahrradrahmen, der silbern in der Dunkelheit schim-merte. Ich war jetzt noch faszinierter von diesem Mann, der sich ganz auf die Vertraulichkeit der körperlichen Liebe einlassen konnte und dabei doch nichts von seinem wahren Selbst hergab.

Früher Morgen, und ich bewegte mich im Schlaf und tat so, als hätte ich nicht gemerkt, daß er leise aus dem Bett geschlüpft war.

Sekunden später war er gegangen; er hatte die Tür leise hinter sich zugemacht, und ich blieb zurück und konnte mir meinen nächsten Schritt überlegen. Wie würde die Manhattan-Frau mit der Situation umgehen – ihre Hosen aufklauben und gehen oder einen Kaffee und die Höflichkeit eines »Lebewohls« fordern, bevor sie sich davonmachte? Ich entschloß, zu bleiben, bis ich entweder die Nerven verlor oder er mich an die Luft setzte.

Die Zeit, die er fort war, schien mir sehr lang, und ich weinte fast vor Erleichterung, als ich seinen Schlüssel an der Eingangstür klappern hörte und er pfeifend an der Schlafzimmertür vorüberlief. Ich hörte Wasser rauschen, und eine Weile später kam er leise ins Zimmer, beugte sich über mich und streichelte mir über Schultern und Rücken, während ich vorgab, zu schlafen.

Wortlos drehte er mich um, hob mich mühelos hoch und schlenderte gemächlich aus dem Schlafzimmer hinaus, den Flur entlang. Das Badezimmer war groß und fensterlos, der Fußboden mit Teppichen belegt. Sein Badezimmer war eine Studie viktorianischen Stils, von den Topfpflanzen und dem gewaltigen Handwaschbecken bis zu der riesigen weißen Porzellanbadewanne auf geschwungenen Füßen. Ein beeindruckender Raum – und ein perfekter Hintergrund für einen so großen, breiten und schönen Menschen wie Henry. Aber das Erstaunlichste von allem war die Beleuchtung.

Als er mich sanft in das dampfende, schaumige Wasser gleiten ließ und mich die feuchte Wärme umfing, blickte ich in stiller Verwunderung auf die drei oder vier Dutzend Kerzen, die anzuzünden er sich die Mühe gemacht hatte. Um mich herum flackerten die winzigen Flämmchen in der Dunkelheit, und ihr Schein warf schimmernde Lichter auf Henrys nackten Körper, als er seinen Trainingsanzug abstreifte und mich zu baden begann.

Es war ein *wunderbares* Gefühl, und ich konnte mein Glück nicht fassen, als ich mich, von oben bis unten blitzsauber, in dem heißen Wasser ausstreckte. Er küßte mich leicht auf die Stirn und ging hinaus, »um Frühstück zu machen«, wie er mir erklärte, indem er sich in der Tür noch einmal umdrehte und einen Gegenstand in die Badewanne warf. Als ich im Schaum danach suchte, kam es an die Oberfläche geschnellt und schaukelte mit einem albernen Lächeln auf dem Gesicht herum. Und ich erwiderte das Lächeln töricht und wußte, daß ich verloren war. Denn wer konnte einem Bären von einem Mann widerstehen, der alles hatte – einschließlich seiner eigenen gelben Plastikbadeente?

Und so entschwand der letzte Tag des alten Jahres unmerklich, während wir auf Henrys großem Sofa zusammengeschmiegt saßen, Jazzplatten spielten und uns alte Filme ansahen. Ich war blind für den dunkler werdenden Himmel und den Schneesturm, der draußen tobte, gleichgültig gegen alles außer Henry. In meiner irrationalen Angst, daß auch Henry gleichgültig sein könnte gegen alles, einschließlich meiner Person, wußte ich, daß ich gefunden hatte, wovon ich bisher nur hatte träumen können – einen Mann, der mich faszinierte. Und doch wußte ich, daß ich ihn in wenigen Tagen wieder verlieren würde. Es ist einfach ungerecht, sagte ich mir immer wieder, als Hannah und ich an unserem letzten Tag in New York in Amys Apartment herumhasteten. Wir hatten das Packen bis zum allerletzten Augenblick aufgeschoben, und nun warfen wir unsere Kleider in Taschen und suchten in dem Chaos, das herrschte, wenn drei Frauen versuchen, in einer briefmarkengroßen Wohnung zusammenzuleben, nach unseren Pässen und Flugtickets. Bald hatte ich nicht nur den Verlust des wunderbaren Henry zu beklagen, sondern darüber hinaus meines himbeerfarbenen Mohairpullovers und meiner herrlichen Art-Deco-Ohrringe, die mich bei Harrods ein Vermögen gekostet hatten.

Hannah war zu sehr mit dem Verbleib ihres grauen Ledergürtels und eines Paares weißer Wollsocken beschäftigt, um Mitleid für mich übrig zu haben, und als Amy uns aus dem Apartment und zum Taxi hinunter drängte, machten wir einen solchen Lärm, daß wir um ein Haar das Telefonklingeln überhört hätten. Als ich den Hörer aufnahm, drang Henrys Stimme gelangweilt durch die Leitung.

»Bist du startklar, Rotschopf?« erkundigte er sich. »Ich würde gern zum Flughafen kommen, aber ich erwarte einen dringenden Anruf aus Paris . . .« Bei diesen Worten rutschte mir das Herz in die Hose. Ich hatte gehofft, ihn noch einmal zu sehen, bevor ich nach Hause aufbrach – denn ich war nach dem gestrigen Tag und der letzten Nacht und dem Tag davor und all den anderen herrlichen Nächten noch immer hungrig. Wollte mehr haben von diesem rätselhaften Mann, der mir nichts gegeben hatte – nicht das kleinste Zeichen oder das leiseste Wort –, was meine völlige Besessenheit ermutigt hätte. Aber während ich da stand und nicht wußte, wie ich Lebewohl sagen sollte – in diesem Augenblick kam es endlich.

»Sieh mal, Rotschopf . . . es fällt mir schwer, meine Gefühle auszudrücken. Aber diese letzten paar Tage haben mir viel bedeutet. Ich weiß, wir werden noch viele solche Tage erleben. Das ist nicht das

Ende. Und Rotschopf – ich liebe dich.« Und dann war die Leitung tot.

Ich schwebte die Treppe hinunter und in das Taxi. Spürte kaum Amys warmen Kuß auf der Wange und bemerkte nicht, wie verzweifelt sie uns beide umarmte. Ich wußte nur, daß Henry mich liebte und daß ich das alles irgendwie noch einmal erleben würde. In *diesem* Wissen konnte ich alles überstehen.

»Gott, wir sind spät dran...« Hannahs besorgte Stimme riß mich aus meinen Gedanken, als das Taxi losfuhr. Wir drehten uns um und winkten zum Abschied aus dem Rückfenster. Amy stand mitten auf der Straße und winkte uns mit freudig/trauriger Miene heftig nach. »Arme Amy, es ist ein schreckliches Gefühl, sie zurückzulassen«, setzte sie hinzu. Dann stieß sie plötzlich einen spitzen Schrei aus. »Scheiße – hast du das gesehen? Sie trägt meinen verdammten Gürtel – und ich habe überall danach gesucht!«

»Ja, ich sehe es. *Und* deine Socken!« kicherte ich, während das Taxi schneller und Amys Gestalt immer kleiner wurde. Ich wußte, daß die mittellose, aber praktische Amy wieder einmal zugeschlagen hatte, und brach in schallendes Gelächter aus.

»Ich bin froh, daß du es von der komischen Seite nehmen kannst – besonders, da sie auch deine Ohrringe trägt«, bemerkte Hannah eisig. Als sie meinen ungläubigen Ausdruck bemerkte, fügte sie hinzu: »Es ist wahr. Ich habe es gesehen, als ich ihr einen Abschiedskuß gab...« Dann fiel sie in mein Gelächter ein.

Wir lehnten uns zurück, und das Taxi raste durch die aufziehende Abenddämmerung auf den Flughafen zu, und als wir den Fluß überquerten und uns rasch von der unvergeßlichen Skyline entfernten, nahm ich schweigend Abschied von dieser magischen Stadt. Beim Gedanken an Amy und das Los meines Mohairpullovers mußte ich lächeln... nun ja, er hatte ihr ohnehin immer besser gestanden als mir. Aber den anderen Verlust nahm ich mit weniger Gleichmut. Schmuck und Pullover ließen sich jederzeit ersetzen. Aber würde ich je einen Ersatz für Henry C. Stone jr. finden?

Die einfache Antwort war »nein«. Wieder in London, redete ich mir ein, daß es nichts als ein weiteres Abenteuer gewesen war – ein wichtiger Teil des Weihnachtsfestes in New York und beileibe kein Grund, in Aufregung zu geraten. Vielleicht hätte ich es sogar geglaubt, wenn nicht die Anrufe gewesen wären.

Mitten in der Nacht und kurz vor Tagesanbruch. Lange, glühende, bedeutungsvolle Gespräche; anzüglich und wollüstig und manchmal nachgerade obszön, wenn wir in unseren Betten an den entgegenge-setzten Enden der Welt lagen und uns gegenseitig Stoff zum Denken gaben. Jedenfalls, wenn einer von uns scharf war. Bei anderen Gelegenheiten waren unsere Gespräche sanft und traurig. Geflüsterte Worte voller Sehnsucht und Verlangen, wenn seine mitternächtliche Einsamkeit meine morgendliche Besinnlichkeit unterbrach; oder wenn meine Schlaflosigkeit um drei Uhr morgens hineingezwängt wurde zwischen seine Neun-Uhr-Verbindung mit Tokio und seine Neun-Uhr-zwanzig-Anfrage in LA.

Im Februar flog ich wieder nach Manhattan, entschlossen, heraus-zufinden, ob Henry C. Stone jr. der Stoff war, aus dem meine Zukunft gemacht war, oder ein bloßes Produkt meiner Einbildung. Es stellte sich heraus, daß er keines von beidem war.

Oh, er war durchaus wirklich und in vieler Hinsicht noch besser, als ich ihn in Erinnerung hatte. Ebenso witzig, gewandt, reizend und provozierend wie der Mann, den ich am Heiligabend kennengelernt hatte. Und anscheinend verrückter nach mir als je zuvor. Ich ver-suchte mir einzureden, daß es ein bloßer Zufall war, wenn es so schien, als würde die Ankündigung meiner Rückreise seine Leiden-schaft anfachen. Aber für einen Mann, der es vermeiden will, einge-fangen zu werden, kann es nichts Verlockenderes geben als eine Frau, die in Kürze in die entgegengesetzte Richtung entschwindet. Nichts leichter, als Liebe und Zärtlichkeit auf jemanden zu häufen, an den die Bindung vorübergehend ist.

Begierig darauf, London zu verlassen, hatte ich mich mit dem Gedanken zu befassen begonnen, daß New York als Schauplatz eines Neuanfangs ebenso gut war wie jeder andere. Das spürte der Manhattan-Mann in Henry ziemlich schnell, und er gab sich alle Mühe, mich im Laufe der Zeit davon abzubringen. Die Arbeit türmte sich plötzlich himmelhoch, und er kam kaum noch aus seinem Büro heraus, während ich meine unausgefüllten Tage damit verbrachte, in seiner Wohnung herumzuirren, Blumen zu kaufen, die er niemals bemerkte, und Mahlzeiten zu kochen, die mit mir einzunehmen er niemals die Zeit fand. Jeden Morgen verließ er mich lange vor dem Morgengrauen; und abends kam er gegen zehn oder elf zurück und fand mich im Dunkeln sitzend und trübsinnig auf die Stadt hinunter-starrend.

Ein- oder zweimal lud er mich ein, mit ihm in der Stadt zu Abend zu essen, und jedesmal endete der Abend in seinem Büro, wo er seine unvermeidlichen nächtlichen Telefonate in die ganze Welt erledigte. Als ich das erste Mal dort war, fühlte ich mich deprimiert. Sicher, der Schreibtisch war groß und der Teppich dick, und an den Wänden hingen, in geschmackvoller Anordnung, seltene Drucke in beschränkter Auflage. Aber Henrys Büro lag tief in den Eingeweiden der Erde, weit unter dem Pflaster der Wall Street, und die Vorstellung, daß er im Dunkeln zur Arbeit ging, im Dunkeln nach Hause kam und kaum jemals das Tageslicht erblickte, machte mich traurig, auch wenn er nur lachte, als ich einmal eine Bemerkung darüber fallenließ. Henry *machte Geld.* Henry *brachte es weit im Leben.* Henry war ein Mann mit einer *Aufgabe,* und angesichts dessen war es kaum ernsthaft von Bedeutung, ob er das Tageslicht zu sehen bekam oder nicht.

Seltsamerweise sprach er immer noch von *unserer Zukunft* und all den Dingen, die wir tun würden, wenn ich von meiner Reise zurückkehrte. Fast als wäre, sie zu unternehmen, eine Art Prüfung, die ich bestehen mußte, bevor Henry mich und meine Gefühle ernst nehmen würde.

Ich konnte ihn nicht richtig einordnen. Er beharrte darauf, ein Einzelgänger zu sein, und hütete seinen Freiraum eifersüchtig; dennoch schien er einsam zu sein. Manchmal errichtete er alle möglichen Mauern um sich, und ich verlor den Mut. Dann wieder klammerte er sich an mir fest, als wollte er mich nie wieder gehen lassen. Wenn er sich nicht weigerte, überhaupt zu reden, erzählte er mir alle möglichen Ereignisse aus seiner Kindheit – verzweifelt bemüht, mitzuteilen, wer er war und was er von einer Beziehung erwartete. Aber ich konnte ihm keine Antwort auf die Frage entlocken, ob er mich wollte oder nicht.

Eines Tages, ich schäme mich, es sagen zu müssen, unternahm ich in meiner Verzweiflung ein wenig Detektivarbeit in seiner Wohnung und brachte schließlich jene Beweismittel zum Vorschein – Briefe, Karten und Photos –, die unzweifelhaft bewiesen, daß Henry tatsächlich diese legendäre Gestalt war, der Mann, der lächelnd Frauenherzen brach. Und zwar viele, wie das traurige Bündel Briefe verriet; alle potentielle Fallenstellerinnen für den begehrten Mr. Stone und alle überzeugt, daß sie ihn schon beinahe im Griff hatten.

Ich sah *meine* Karten, *meine* Photos, *meine* Briefe in diesem jämmerlichen Stapel liegen und wußte, daß ich meine Zeit verschwendete. Indem ich mich in Henry verliebt hatte, hatte ich meinen bereits begangenen Fehlern einen weiteren hinzugefügt. Was immer vor mir liegen mochte, Manhattan im Sturm zu erobern, gehörte nicht dazu.

Wer immer ich in der Zukunft sein mochte, es war nicht wahrscheinlich, daß Mrs. Henry C. Stone jr. aus mir werden würde.

Von alledem sagte ich ihm natürlich nichts, an dem Abend, als ich nach Hause flog. Erklärte nur, daß ich Pläne zu machen und Dinge zu richten hatte. Sagte ihm, wie gut es getan hatte, ihn zu sehen; wie sehr ich hoffte daß wir uns wiedersehen würden. Zwei Menschen, die davon sprachen, wie »wirklich« es gewesen sei, und das Wort Liebe sorgfältig vermieden.

Ich war schon fast eine Woche zurück in London, als das Telefon mitten in der Nacht klingelte, und meine Hand schwebte über dem Hörer, während der Lärm durch die stille Wohnung hallte. Es war vier Uhr morgens – elf Uhr abends in New York, und Henry nur einen Augenblick entfernt. Rief in einer Frühlingsnacht in Manhattan aus seinem neonerleuchteten Büro an – zweifellos müde und melancholisch am Ende eines langen Tages. Begierig, sich aufheitern zu lassen und sich die Last von der Seele zu reden.

Ich spürte, daß die Unterhaltung zärtlich sein würde; traurig und voller Bedauern, süß und romantisch. Vielleicht würde ich sogar einen zerknirschten Henry am Ende der Leitung antreffen – einen, der mich schließlich doch unsterblich liebte. Und unfähig war, sich ein Leben ohne mich vorzustellen, begierig auf die Chance, es zu beweisen ...

So lag ich da und stellte mir nachdenklich die Dinge vor, die ich gern von ihm gehört hätte, und übersprang diejenigen, die ich nicht hören wollte – während das Telefon immer weiter klingelte. Dann verstummte es, und in der Stille war in meiner Wohnung und in meinem Herzen eine entsetzliche Leere.

ACHTES KAPITEL

Ertrage es nicht, zu bleiben.
Wage es nicht, zu gehen.

Februar in London heißt chinesisches Neujahrsfest in Soho. Es war die erste Nacht im Jahr der Ratte, in der Gerrard Street und Umgebung waren die Feiern trotz des sintflutartigen Regens in vollem Gange. Doch wir gaben uns angesichts des Wetters geschlagen und verließen das Straßenfest, um völlig durchweicht in unserer gewohnten Bar Zuflucht zu suchen. Jetzt saß ich, Amy zur Rechten und Hannah zur Linken, trübsinnig im schummrig gelben Licht des Lokals, während Bruno uns einen großen Kaffee-Cognac servierte und Albinonis klagende Weisen zwischen den verlassenen Stühlen und Tischen umherirrten. Samstagnacht – und alle Welt war, eingeschüchtert von dem heftigen Sturm, zu Hause geblieben. Himmel, was für ein langer, elender Winter. Ich konnte mich kaum erinnern, daß es auch nur einen Tag lang nicht wie aus Eimern geregnet hätte.

»Gott – lange halte ich das nicht mehr aus«, murmelte ich, indem ich die trostlose Szenerie beäugte.

»Das mußt du ja auch nicht, Li-iebling, bald bist du weg«, sagte Amy gedehnt. »Allerdings ist der Regen überall gleich«, mahnte sie. »Und *unsere* Gesellschaft wird dir dann fehlen.« Dabei fixierte sie mich mit rachsüchtigem Blick. Wieder einmal ließ mich Amy nicht im Zweifel darüber, daß sie wütend war über meine Fahnenflucht, wie sie es betrachtete.

Sie hatte zurückhaltend reagiert, als ich meine Neuigkeiten verkündet hatte, aber nachdem sie nun Zeit gehabt hatte, darüber nachzudenken, war ihr klar geworden, daß meine Abreise eine plötzliche Verschiebung in der glücklichen Ausgewogenheit unserer Dreierfreundschaft mit sich bringen würde. Und das konnte sich in der Folge auf ihre Beziehung zu Hannah auswirken – im positiven oder negativen Sinne. Wer konnte das sagen? Und das wiederum konnte das Londoner Leben, wie es Amy gewöhnt war, drastisch verändern.

Sie spürte den Wind der Veränderung durch die Reihen streichen, und es gefiel ihr nicht besonders. Ich war die erste, die abtrünnig wurde, aber sie nahm an, daß es damit noch nicht getan war (wußte aber noch nicht, daß sie bald nach meiner Abreise nach Amerika zurückkehren würde).

»Ach ja . . .«, seufzte sie, indem sie ihre Tasse an die Lippen hob und das Cognac-Aroma einsog. »Ich glaube, du wirst dein blaues Wunder erleben, meine Li-iebe!« Das letzte Wort brachte sie im weinerlichen Südstaatenton hervor. »Ich sehe dich schon vor mir, in einer Nacht wie dieser – ganz allein am Ende der Welt. Naß und elend, zitternd in irgendeinem Hauseingang. Wie ein verirrtes Hündchen –« Ihre Augen und ihr Lächeln waren kalt, als sie hinzufügte: »Hmmm, ich weiß nicht viel über das Jahr der Ratte. Vielleicht erweist es sich am Ende als das Jahr des Hündchens!«

Ich wußte, daß sie mich provozieren wollte, aber ihre Bemerkungen verunsicherten mich so sehr, daß ich unfähig war, zu reagieren. Es war Hannah, die mir zu Hilfe kam, indem sie sagte: »Weißt du, Trudy, wenn du es gar nicht mehr aushältst, weißt du ja, daß wir nur einen Telefonanruf entfernt sind.« Und dann sah sie mir fest in die Augen und fügte hinzu: »Und du weißt, daß du mich jederzeit anrufen kannst – Tag und Nacht, wenn du das Bedürfnis hast, zu reden.«

»Ja, ja! Das gilt auch für mich!« warf Amy ein, die erkannte, daß sie den Scherz, wie gewöhnlich, zu weit getrieben hatte.

»Was – auch wenn es ein R-Gespräch ist?« erkundigte ich mich vernichtend, da Amys Großzügigkeit sich selten bis zu ihrer Geldbörse erstreckte.

»Ja – auch dann!« lachte sie. »Aber nur, wenn es ein Notfall ist.«

»Und woher willst du wissen, ob es ein Notfall ist?« bohrte ich, betroffen von ihrer Sprödigkeit, weiter.

»Oh – du mußt nur sagen, das Hündchen ist am Apparat. Dann nehme ich an – versprochen!«

Ich spürte Hannahs traurigen Blick auf mir und dankte wieder einmal meinen glücklichen Sternen, daß es sie gab. Meine Reisepläne hatten sie ebenfalls beunruhigt. Aber während Amys Reaktion egoistische Beweggründe hatte, machte sich Hannah um meinetwillen Sorgen. Weil sie der einzige Mensch war, der wußte, wie groß meine Angst vor der Reise war.

Natürlich hatte die Nachricht von meiner neuesten Wahnsinnsidee schnell die Runde gemacht, und die Frage, die jeder auf den Lippen hatte, lautete *warum*? Da ich ein turbulentes gesellschaftliches Leben zu genießen schien und ein Geschäft führte, das praktisch von selbst so gut lief, daß ich mir (vermeintlich) um Geld keine Sorgen zu machen brauchte, war es eine durchaus naheliegende Frage, die mir immer wieder, ob bei einem Wein, beim Essen oder bei einem Schwätzchen an der Straßenecke, gestellt wurde. Und meine Antwort war immer eine andere.

Den Leuten, die ich kaum kannte, warf ich einen typischen Culross-Brocken hin. So etwas wie: »Ich bin auf der Suche nach einem reichen Ehemann!« oder: »Mein Steuerberater besteht darauf, daß ich mir ein Jahr Urlaub verdient habe!« Und so trieb ich das Spiel bis zum bitteren Ende.

Menschen gegenüber, die ich besser kannte, gestand ich ein: »Ich brauche die Abwechslung – ich habe die Nase voll von London.« Oder sogar: »Ich glaube, es ist Zeit für einen Ortswechsel. Vielleicht lasse ich mich irgendwo anders nieder.«

Aber Hannah war die einzige, der ich die Wahrheit gesagt hatte, daß ich nämlich nicht wußte, warum ich ging. Oder wohin und für wie lange. Oder was ich mir davon versprach. Ich wußte nur, daß ich es nicht wagte, zu bleiben. Und Hannah, die Gute, begriff. Sie hatte gespürt, daß ich mich auf gefährlichem Boden bewegte, lange, bevor ich selbst es wußte. Und die Tatsache, daß sie kein einziges Mal den Versuch machte, mich zum Bleiben zu bewegen, bewies mir, in welchen Schwierigkeiten sie mich bereits wähnte.

Aber wenn ich London verließ, *wohin*, zum Teufel, sollte ich wirklich gehen? Meistens dachte ich nicht darüber nach. Doch eines Abends machte ich es mir mit Angus und einer Flasche Wein auf dem Sofa bequem (ich begann, in Vorbereitung auf den Ernstfall, mich im Alleinsein zu üben), nahm einen Atlas zur Hand und sah nach, was es zu sehen gab.

Und so plante ich, leicht beschwipst und nicht eben in ernster Geistesverfassung, meine Reise. Ich hatte mir immer gewünscht, einmal Spanien kennenzulernen – die Landhäuser und Burgen und die weiten, hügeligen Ebenen –, und ein paar Monate auf dem Kontinent schienen mir vernünftig. Ich würde mich an die Hitze gewöhnen, den veränderten Tagesablauf und den unbekannten Zustand des Alleinseins. Und wenn eines der oben genannten Dinge oder alle auf einmal sich als zuviel für mich erwiesen, dann befand sich die Heimat immer noch in erreichbarer Nähe.

Dann waren da die griechischen Inseln. Und Rhodos – das Rui einmal als Ziel für unsere Hochzeitsreise vorgeschlagen hatte, wie mir bei grimmiger Miene einfiel, während ich mit dem Zeigefinger heftig darauf klopfte. Nun, jetzt würde ich es zu sehen bekommen! Von da aus war Ägypten nur einen Katzensprung entfernt. Ein Land, versunken in Rätseln, mit seinem Blauen und Weißen Nil und den kohlschwarzen Nubiern.

Birma ... also, dieses Land hatte mich auch schon immer fasziniert. Rangun und die Straße nach Mandalay. In meinem Kopf entstanden Bilder von Sümpfen, tropischen Wäldern, leuchtend bunten Vögeln und Wolkenbrüchen. Aber Birma lag östlich von Indien ... Ach, zum Teufel! Dann mußte ich Indien eben auch mitnehmen. Dann waren da die exotischen Reize des benachbarten Thailand. Und Java war auf der Karte nur fünf Zentimeter von Birma entfernt. Noch ein Name, der Wunder beschwor. Und mir wurde erst jetzt bewußt, daß es praktisch am äußersten Zipfel von Singapur klebte. Hmmm ....

Je weiter mein weinverhangener Blick über die hellroten, grünen, blauen und gelben Flecken der Landkarte glitt und immer neue exotische Oasen entdeckte, um so lebhafter wurde meine Begeisterung. Ich würde alles Schritt für Schritt – Farbe für Farbe – machen, beschloß ich. Die Nomadin in mir loslassen und sehen, wohin es mich führen würde.

Ich stellte fest, indem ich den Atlas mit einem entschlossenen Knall zuschlug und einen Schluck auf die erfolgreich getane Arbeit trank, daß der Gedanke anfing, mir Spaß zu machen. Wirklich, reisen war ganz einfach, wenn man erst einmal alles im Griff hatte.

Am nächsten Morgen waren mein neu erworbenes Selbstvertrauen und der Optimismus verflogen, kaum, daß ich die Augen aufgeschlagen hatte – nur mein Kater blieb mir den ganzen Tag über erhalten. Doch wenn mich danach jemand nach meiner Reiseroute fragte, konnte ich ohne Zögern eine ganze Liste von Ländern herunterrasseln.

So viele Länder, ein so langer Weg ... Ich konnte den Zweifel in ihren Blicken lesen, wenn selbst die zuversichtlichsten meiner Freunde sich fragten, ob ich es wirklich so weit schaffen würde. Ich konnte es ihnen kaum verdenken, da ich selbst nicht glaubte, daß ich auch nur bis zum Flughafen Heathrow ohne zittrige Knie kommen würde!

Amy spürte das offensichtlich, als sie mit gezieltem Angriff über mich herfiel.

»Mach dir keine Sorgen, Hannah«, bemerkte sie mit einem Augenzwinkern. »Bevor du dich versiehst, wird unser Mädchen wieder hier sein. Sie wird gerade lange genug in Spanien bleiben, um schön braun zu werden. Und dann kommt sie nach Hause, um damit anzugeben!«

Lachend bestellte sie einen neuen Brandy, und als Bruno die goldene Flüssigkeit in ihr Glas füllte, warf er mir einen langen, forschenden Blick zu. Ihm entging nie etwas. Und auch an diesem Abend war ihm nichts entgangen.

»Trudii...«, begann er mit seinem erotischen Pariser Akzent. »Wenn du nach Thailand kommst, mußt du einen Ort namens Ko-Samui besuchen. Er ist völlig unzivilisiert und sehr schön, habe ich gehört.« Und er wiederholte den Namen für mich, bevor er mit einem Lächeln und einem Nicken entschwebte.

»*Wenn* du nach Thailand kommst«, hatte er gesagt. Nicht »falls«, sondern »wenn«. Wenigstens Bruno hielt zu mir, und das war nett. Ko-Samui, so so? Nun, ich würde mir den Namen ganz bestimmt merken.

So machte ich mich, als sich der erste Abend im Jahr der Ratte dem Ende zuneigte, auf den Heimweg, und Amys Worte klangen mir in den Ohren. Würde mein Ausflug wirklich nicht mehr sein als eine Spritztour nach Spanien und zurück? Oder würde sich herausstellen, daß es schließlich doch das Jahr des Hündchens war – komplett mit nächtlichen Anrufen aus allen möglichen gottverlassenen Winkeln der Welt?

Beiläufig fragte ich mich, was in Amys Augen einen Notfall darstellen würde. Wenn ich, sagen wir, meinen Make-up-Beutel verlor – wäre das einer? Oder wenn ich mein spanisch-englisches Wörterbuch verlor? Was, wenn ich das Leben verlor? Würde sie dann für den Anruf eines Hündchens bezahlen?

Keine so unwahrscheinliche Vorstellung. Denn je eingehender ich über meine bevorstehende Reise nachdachte, um so mehr verstärkte sich das eigenartige Gefühl in mir, daß etwas Furchtbares passieren würde. Etwas Endgültiges. Und das färbte natürlich darauf ab, wie mir angesichts meines Aufbruchs zumute war.

Einige Wochen später versuchte ich, es Peter beim gemeinsamen Mittagessen zu erklären – daß ich so etwas wie eine Todesahnung hatte. Daß ich die Reise aber dennoch unbedingt unternehmen wollte.

»Vielleicht auch gerade darum?« bemerkte er scharf, als ich eben in der Mitte meiner Erklärungen angelangt war. Peter wußte besser als jeder andere, wie mein Leben langsam aber sicher auseinandergefallen war. Unfähig, etwas dagegen zu tun, hatte er die unangenehme Veränderung in mir beobachtet. Hatte gesehen, wie ich ein »Bewußtsein wie ein Korb voller Würmer« entwickelt hatte – wie er es treffend formulierte.

»Also – wenn du wirklich glaubst, du könntest dabei umkommen, warum fährst du dann, zum Teufel? Beantworte mir nur diese Frage«, fuhr er angesichts meines wütenden Leugnens fort. »*Du* kannst es eine Ahnung nennen, wenn du willst. Mir scheint allerdings, daß es eher ein verdammter Todeswunsch ist...« Und er lehnte sich mit einer Miene voller Zorn, Traurigkeit und Sorge zurück.

Na ja, vielleicht hat er nicht unrecht... räumte ich insgeheim ein, während ich einen Schluck von meinem Wein nahm. Obwohl ich nicht akzeptieren konnte, daß ich mir wünschte, tot zu sein, mußte ich zugeben, daß ein Teil von mir dem Leben zunehmend ambivalent gegenüberstand. Jedenfalls dem Leben, wie ich es geführt hatte. Wenn ich auf die zwölf Jahre mit Rui zurückblickte – ganz zu schweigen von den drei furchtbaren Jahren nach unserer Trennung –, nun, dann schien mir alles so verdammt sinnlos. Und in meiner trostlosen Gemütsverfassung hätte ich den Tod vielleicht einer Fortsetzung dieses elenden Lebens vorgezogen.

Und wie gewöhnlich war Peter mir mit dieser Erkenntnis zuvorge kommen. Um seine Sorge also nicht noch mehr zu schüren, unterließ ich es, ihm zu sagen, daß ich meine Ahnung immerhin so ernst nahm, daß ich Vorkehrungen dafür getroffen hatte. Und jetzt war jeder, der mir im Leben je etwas bedeutet hatte, angemessen in meinem Testament bedacht.

Für meine Eltern die Wohnung, meine Geschäftsanteile, mein Bankguthaben (wenn ich damals gewußt hätte, was ich später ent- deckte, hätte ich auch »meine beträchtlichen Schulden« hinzufügen können). Für meine Mutter den Nerzmantel... für Hannah meine ärmliche kleine Kunstsammlung... für Amy das Aquarell auf Seide, auf das sie schon so lange scharf war... für Colin 4000 Pfund, vorausgesetzt, daß er sein Studium beendete (er konnte schließlich nicht ewig Feuerwehrmann bleiben!)... für Rudi 1000 Pfund, auszu- geben für ein rauschendes Fest – mit mir als abwesendem Ehrengast.

Aber nein, ich wollte Peter mit diesen Dingen nicht belasten. Statt dessen erzählte ich ihm in allen Einzelheiten von meinem kürzlichen Besuch zu Hause in Schottland. Vom Wetter, vom Essen und dem Angeln. Nur über den eigentlichen Grund meiner Heimreise erzählte ich ihm nichts. Meine Eltern. Und meine furchtbaren Schuldgefühle darüber, wie ich sie in den letzten achtzehn Jahren behandelt hatte.

Am Anfang war es meine Wut auf sie gewesen, die mich veranlaßt hatte, mich von ihnen zu distanzieren. Ich hatte es mit achtzehn nicht gutmütig hingenommen, von ihnen für den größten Teil meines Lebens zur Oberköchin und Flaschenwäscherin, Putzfrau und Aufpasserin gemacht worden zu sein, und es dauerte ein paar Jährchen, bis ich meine Kindheit anders als mit feindseligen Augen betrachten konnte. Und dann hielt ich meine Eltern aus einem ganz anderen Grund von meinem Leben fern. Denn in der Zeit, als ich Ruis Frau war, paßten meine Eltern einfach nicht in das Bild des Menschen, der ich gerne sein wollte. War ich nicht diese überlegene, weltgewandte und elegante Frau geworden, die fröhlich zwischen Lissabon und London hin und her jettete, verschwenderische Parties besuchte und veranstaltete und ein Leben in Luxus führte?

War ich nicht die Ehefrau mit einem Geliebten *und* einem Mann, der sich Freundinnen hielt? Wie hätten meine praktischen, hart arbeitenden Eltern, die mit beiden Füßen auf der Erde standen, in dieses Leben gepaßt? Die einfache Antwort lautete: überhaupt nicht – und hätten es nicht einmal gewollt. Zumindest sagte ich mir das, bevor ich sie schlichtweg aus meiner Welt verbannte.

Schämte ich mich ihrer – meiner Herkunft? Wissen Sie, so einfach war es nicht einmal. Es war das altbekannte Problem – sie hätten es nicht gutgeheißen. Und ich konnte, Gott steh mir bei, immer noch nicht den Gedanken an ihre Mißbilligung ertragen. Und mehr noch, sie hätten das ganze Spiel auffliegen lassen können – hätten ihre verlogene Tochter verpfeifen können. Hätten ihr den verdienten Dämpfer aufsetzen können mit ihrem ganzen klugen Geschwätz und dem affektierten Getue.

Eine *solche* Katastrophe konnte ich um keinen Preis heraufbeschwören. Also hielt ich sie auf Abstand, abgesehen von einem Anruf alle vierzehn Tage und einem alljährlichen Besuch zu Hause. Bis ich schwanger wurde. Und dann hatte sich meine Mutter als eine Bastion der Stärke erwiesen. Obwohl sie die Vorstellung fürchtete, ich könnte das Baby bekommen (und mich damit zu einem Leben verdammen, das ihrem nicht unähnlich wäre), bemühte sie sich doch, mich nicht zu beeinflussen, wenn wir am Telefon darüber sprachen. Ihr Seufzer der Erleichterung hallte wahrscheinlich hörbar über die schottischen Berge, als ich mich schließlich zu einer Abtreibung entschloß. Aber ich weiß, daß sie mir nach Kräften geholfen hätte, wäre meine Entscheidung anders ausgefallen.

Sie hatten sich, was unsere Trennung betraf, überaus verständnisvoll verhalten – weder Schuld zugewiesen noch in der Auseinandersetzung Partei ergriffen. Meine Mutter hatte sogar auf ihre gewohnte

Kanonenbootdiplomatie verzichtet, als sie sich kurz nach unserer Trennung mit Rui zum Essen getroffen hatte. Sie hatte sich einfach seine Version der Geschichte angehört und ihre eigenen Schlüsse gezogen. Selbst mein Vater hatte sich um Verständnis bemüht, als meine ausgedehnte Affäre ans Licht kam, und er war zu der einfachen Erkenntnis gekommen, daß beide Seiten Fehler gemacht hatten.

Es war ungefähr zu diesem Zeitpunkt, daß mir zu dämmern begann, ein wie verläßliches, liebevolles Paar sie waren. Aber kaum hatte ich ihren Wert erkannt und mich für die Idee erwärmt, sie besser kennenzulernen, da begann ich mich zu der Art von Tochter zu entwickeln, die sie nicht verdienten. Denn jetzt bewegte ich mich in einer traurigen kleinen Welt, deren ich mich mehr und mehr schämte. Eine Welt, die ich um jeden Preis von ihnen fernhalten wollte, da sie niemals Verständnis dafür aufgebracht hätten. Und so begann alles von vorn – die wohldurchdachten Geschichten, die kleinen Täuschungen. Und immer war ich darauf bedacht, sie mir auf Armeslänge vom Leib zu halten, für den Fall, daß sie die Wahrheit über mich entdeckt hätten.

Bis jetzt, da ich – versessen darauf, um jeden Preis zu entkommen, und bedrückt von dem Gefühl, daß ich nicht wiederkommen würde – mich mit allen Fasern meines Herzens zur Heimat hingezogen fühlte. Mit meinen Eltern mußte ich Frieden schließen, das spürte ich genau.

Schottland ist wunderschön! Die Märztage waren morgens kalt, frisch und klar – die Berge mit weichem, grünen Samt überzogen und in violetten Nebel gehüllt. Verschlafene Dörfer schmiegten sich in stille Täler, und blaue Rauchkräusel schwebten zum lautlosen Himmel auf. Und ich blickte das alles verwundert an und war traurig, daß ich all dem so lange den Rücken gekehrt hatte.

Ich schlenderte mit meinen Eltern über menschenleere Wege, das trockene Laub raschelte unter unseren Sohlen, und ich beobachtete Angus (der ein neues Heim gefunden hatte), wie er begeistert an den moosbewachsenen Böschungen herumschnüffelte. Als sie von meinem Kommen gehört hatten, waren sie ganz aufgeregt – verwirrt über meine Reisepläne gewesen. Meine arme Mama wünschte sich nichts weiter für mich, als daß ich einen netten Mann kennenlernen und mit ihm glücklich werden würde. Und zwar so sehr, daß sie sogar Simon, nachdem sie sich erst einmal vom ersten Entsetzen über sein Alter erholt hatte, unterstützte, als er mir einen Antrag machte. Und nun erfüllte die Neuigkeit, daß ich ganz allein zu einer langen Reise aufbrechen wollte, die beiden mit stiller Sorge.

Ich war zum Platzen voll mit all den Dingen, die ich sagen wollte – all den Bekenntnissen, die ich gern gemacht hätte. Denn dann hätten sie wenigstens verstanden, warum ich unbedingt gehen mußte. Aber natürlich sagte ich nichts von alledem.

So lange hatte ich gebraucht, um festzustellen, daß meine Eltern nicht dumm waren. Wieviel wußten sie bereits von meinem Leben – wieviel hatten sie bereits erraten? Genug. Ich konnte es in ihren Augen lesen und wußte, daß ich ihnen die schmutzigen Einzelheiten ersparen mußte. Reichte es nicht, daß ich hier war und daß wir uns endlich wohl fühlten?

Ich betrachtete sie so genau, wie ich es schon lange nicht mehr getan hatte – und stellte mit Bestürzung fest, daß ich nicht die einzige war, die älter wurde. Mein Vater hatte Geldsorgen, und ich erkannte an seinen müde abfallenden Schultern, daß sie ihre Spuren hinterließen. Meine immer noch hübsche Mutter lächelte mir zu, während wir durch den gesprenkelten Sonnenschein schlenderten. Sie strahlte noch immer dieselbe Stärke aus – und diese wilde Entschlossenheit. Aber wann waren ihre Haare so vollkommen schneeweiß geworden?

Wir drei hatten uns nie über die Liebe unterhalten. Das war die Art von rührseligen Gesprächen, die mein Vater nicht einmal im Fernsehen ertragen konnte. Rührstücke, in denen die Gefühle hohe Wellen schlugen. Nicht wie im wirklichen Leben – unserem Leben –, wo ein zärtlicher Blick oder ein bißchen liebevolles Necken der einzig erlaubte sichtbare Beweis der Zuneigung war. Also sagte ich nichts von dem, das zu sagen ich nach Hause gekommen war. Nicht einmal, daß ich sie liebte – was sie unendlich verlegen und noch viel besorgter gemacht hätte. Statt dessen lachten wir und schwelgten in Erinnerungen, und sie begeisterten sich für meine bevorstehende Reise, weil sie wohl intuitiv spürten, daß ich alle Ermutigung nötig hatte, die ich nur bekommen konnte.

Und während ich es herunterspielte und darauf beharrte, daß ich zurück sein würde, bevor sie sich versahen, fragte ich mich, ob sie ahnten, wie sehr ich mich davor fürchtete. Wußten sie, daß ich nach Hause gekommen war, um Lebewohl zu sagen?

Die kleine sechzehnsitzige Postmaschine hüpfte über die Betonpiste und hob sich mühelos über die Startbahn des Flughafens von Dundee. Sie schwenkte über das dunkle, träge fließende Wasser des Tay, setzte spielerisch über die Brücke und reckte die Nase in die aufgehende Sonne, während ich mich bemühte, einen letzten Blick auf Schottland zu erhaschen, das in den Schatten des frühen Morgens gehüllt war.

Als wir die Startbahn entlanggesaust waren, hatte ich meine Leute deutlich erkennen können, wie sie, in der verzweifelten Hoffnung, ich könnte sie sehen, dicht zusammengedrängt gegen die Kälte, zum Abschied gewunken hatten – der gesprenkelte Tweedmantel meiner Mutter ein bunter Fleck vor der grauen Absperrung.

Dann ließ ich mich, die Kehle zugeschnürt von Tränen, in den Sitz zurücksinken und dachte über das kurze, traurige Wochenende nach. Ich wußte, daß ich mit meiner Familie Frieden geschlossen hatte, so gut ich es konnte, aber ich wußte auch, daß das bei weitem nicht gut genug war ...

Aber auch das würde ich Peter nicht erzählen. Statt dessen beschäftigten wir uns mit diesem, unserem letzten gemeinsamen Essen, und unser Gespräch zog sich in gemächlichen Mäandern durch Gegenwart und Vergangenheit. Während er sprach, betrachtete ich sein ausdrucksvolles Gesicht und dachte daran, wie wichtig er einst für mich gewesen war ... vor, ach, so langer Zeit.

In jenen Tagen hatte ich dieses Gefühl immer, wenn ich mit alten Freunden zusammen war. Diese Mischung aus Traurigkeit und Glück. Die Ahnung, daß ich vielleicht nicht zurückkommen würde, und die Angst vor dem Sterben machten vieles, das ich bisher als selbstverständlich genommen hatte, plötzlich überaus kostbar.

Daher vermied ich es sorgsam, die Worte noch einmal auszusprechen, nachdem ich sie vor Peter geäußert hatte. Statt dessen hielt ich die Augen wie ein Kind fest auf den Boden meines Bewußtseins geheftet – immer darauf bedacht, nicht auf die Ritzen zu treten, während ich schneller und schneller über die Pflastersteine und die Wochen bis zu meiner Abreise schlidderte.

So viel zu erledigen ... so viel noch zu tun. Das Geschäft abschließen. Die Geschäftsbücher in Ordnung bringen. Die Wohnung vermieten. Meine Kleider einlagern. Visa besorgen. Alle Impfungen machen lassen. Eine Party geben. Lebewohl sagen ... Lebewohl sagen ... Lebewohl sagen. Aber während ich sorgfältig alle losen Enden meines alten Lebens verknotete, weigerte ich mich immer noch standhaft, ernstlich Pläne für mein neues zu schmieden. Für diese Reise, von der Gott allein wußte, wohin sie mich führen würde.

Der März ging unmerklich in den April über, und ich änderte

meine Pläne ein dutzendmal. Fand jede Menge gute Gründe dafür, nirgendwohin zu gehen.

Ich war ernsthaft kurzsichtig und in viel schlechterer körperlicher Verfassung, als mein Aussehen ahnen ließ... Ich sprach überhaupt keine Fremdsprachen... Ich hatte Angst vor Spinnen, und beim Busfahren wurde mir immer schlecht... Ich hatte einen miserablen Orientierungssinn (danke, Bruno, für den Kompaß)... Ich konnte nicht ohne meine heizbaren Lockenwickler leben... Ich war viel zu alt, um einen verdammten Rucksack herumzuschleppen!... Ich würde das Peggy-Lee-Konzert verpassen – und was hatte ich doch gleich über Ella Fitzgerald in der Albert Hall gehört? Ich würde zwei meiner Lieblingssängerinnen verpassen, zum Teufel nochmal!... Und dann hatte ich auch bald Geburtstag, sollte ich bis dahin nicht bleiben, wo ich war? Scheiße, vielleicht war mein Zeitplan vollkommener Blödsinn. *Wann* war die Monsun-Zeit in Indien? Würde ich sie nicht haarscharf erwischen, wenn ich jetzt aufbrach?

Und so ging es weiter und weiter mit dem jämmerlichen Hin und Her. Aber ich wußte die ganze Zeit über, daß ich gehen mußte. Denn meine Ankündigung hatte die Phantasie aller Menschen, die ich kannte, in Bewegung gebracht. All dieser Opfer von Scheidungen, unerwiderter Liebe, nicht erfülltem Ehrgeiz, gescheiterten Geschäften, fortschreitendem Alter oder einfach der Langeweile. Gefangen in ihren Porsches, dem Londoner Berufsverkehr trotzend; in hoffnungslose Rückzugsgefechte in Sitzungssälen verwickelt; Ehemänner und Ehefrauen betrügend, nur um ihrerseits von Liebhabern und Geliebten betrogen zu werden... sie alle träumten davon, einfach alles hinter sich zu lassen und wegzugehen. Eines Tages.

Aber ich hatte dummerweise gesagt, ich würde jetzt gehen, und sie spürten, daß ich »Dem Großen Entkommen« ebenso nah war, wie sie es jemals selbst sein würden. Nun wurde ich von zu vielen Menschen beobachtet, die nur darauf warteten, daß ich die ganze Sache abblies. Und wenn sie mir auch vielleicht verziehen hätten, daß ich ein Feigling war – ich hätte es mir selbst nie verzeihen können.

So fand ich mich, als der April wärmer wurde und zu blühen begann, in einer ganz neuen Art von gesellschaftlichem Trubel gefangen und verbrachte meine Zeit damit, zwischen Pubs und Weinlokalen hin und her zu hasten und ein letztes Glas mit Leuten zu trinken, die mich küssen und umarmen und verabschieden wollten.

Ahnten sie, daß mich der Mut verließ? Vielleicht. Und natürlich tat er das. Ich wußte jetzt, wie Jeanne d'Arc vor ihrer letzten Schlacht zumute gewesen sein mußte. Oder Mrs. Smith vom Stockwerk über mir, in der Nacht, bevor sie den Weight-watchers beitrat. Denn manchmal kann man einen Entschluß nicht rückgängig machen, ohne wie der größte Versager der Welt dazustehen. Und dies erwies sich als eine dieser Gelegenheiten.

Aber selbst wenn ich an meinem alten Leben hätte festhalten wollen, es kehrte mir bereits unwiderruflich den Rücken. Ich paßte einfach nicht mehr hinein, obwohl ich es ein- oder zweimal versucht hatte.

Manchmal ließ ich mich in eine meiner alten Kneipen treiben, in der Hoffnung, mich für ein Weilchen in der altbekannten Menge zu verlieren. Dann stand ich da und trank in dem lärmerfüllten Schummerlicht oder plauderte mit irgendeinem Mann (alte Gewohnheiten sind hartnäckig!). Aber plötzlich trat ich im Geiste einen Schritt zurück und sah mir zu, wie ich lachte und scherzte und mich eifrig am Trubel beteiligte. Und ich erkannte resigniert, daß sich ein Teil von mir bereits losgelöst hatte und daß nur noch der Schatten meiner selbst hier war...

Der zwölfte Mai... und im Gesundheitszentrum herrschte hektische Geschäftigkeit; sie betrieben einen schwunghaften Handel auf dem exotischeren Gebiet – Cholera, Tollwut, Gelbfieber, Typhus. Ich hatte bereits das berauschende Vergnügen mit den meisten dieser Cocktails gehabt und saß nun geduldig in meiner Kabine, während die Ärzte die Liste der Impfungen überprüften, die ich bereits erhalten hatte.

Als die letzte der Nadeln sich in ihr Ziel bohrte, betrachtete ich die Landkarte an der gegenüberliegenden Wand – die malariagefährdeten Gebiete waren deutlich gekennzeichnet und zahlreich. Wie groß die Welt war. Ich fragte mich, wieviel ich wirklich davon zu sehen bekommen würde.

Wieder angezogen, bezahlte ich die Endrechnung, trat hinaus in das hektische Gedränge der Regent Street und strebte über Piccadilly Circus und Leicester Square meinem Büro zu. Ich schlenderte an grellbunten Andenkenläden vorbei, erspähte Tramper, die mutlos auf den Stufen des Eros hockten. Ging an Kinos vorbei, an den bunten, blinkenden Lichtern der Vergnügungshallen, an eselsohrigen Photographien nackter Mädchen, die trübselig in den Eingängen der Striplokale flatterten.

London. Ich sog alles in mich ein. Nahm alles auf. Diese Stadt war achtzehn Jahre lang meine Heimat gewesen, und in einer Woche, höchstens zwei, würde alles nur noch Erinnerung sein. So wanderte ich durch die Menge und versuchte, den dumpfen Schmerz in meinem Arm und das flaue Gefühl im Magen zu ignorieren. Und dachte an das eine Lebewohl, das mir noch bevorstand – fragte mich, wie es sein würde, Rui wiederzusehen.

Der neunzehnte Mai. Er sah aus wie das blühende Leben, als ich mich endlich mit ihm zum Essen traf. Stattlich in seinem dunkelgrauen Zweireiher, unverkennbar die Hand einer liebenden und aufmerksamen Frau: das blendend weiße Hemd und das gestärkte Batisttaschentuch, das aus der Brusttasche lugte. Denn Rui hatte Ende April wieder geheiratet.

Es war unser drittes gemeinsames Mittagessen in fast ebenso vielen Jahren, wir hatten uns viel zu erzählen. Die Neuigkeit, daß ich im Begriff war, eine lange Reise anzutreten, brachte die Unterhaltung ein paar Minuten lang zum Erliegen.

»Weißt du noch, worüber wir sprachen, kurz bevor wir uns trennten?« fragte Rui endlich. »Wie ich sagte, ich wollte frei sein und meine eigenen Wege gehen – das Leben eines Junggesellen führen, ohne mich vor jemandem rechtfertigen zu müssen.«

»Und ich wollte ein Leben der häuslichen Glückseligkeit«, fügte ich leise hinzu. »Wollte mit jemandem zusammenleben, der es aufregend findet, die Wohnzimmerwände zu streichen und gemütliche kleine Abendeinladungen zu veranstalten . . .«

Wir verfielen wieder in Schweigen, und ich dachte über das Leben nach, das ich in letzter Zeit geführt hatte – die jugendlichen Liebhaber, die Jazzclubs, die Parties. Tanzen bis zum Morgengrauen . . . Zweifellos ging ihm seine neue Frau, sein neues Heim durch den Kopf. Das Renovieren, die Gartenarbeit, die Bewirtung der Gäste . . .

»Was zum Teufel ist bloß passiert?« war die unausgesprochene Frage in seinen Augen, als sich unsere Blicke endlich begegneten. Dann hoben wir die Gläser. Lächelten. Tranken auf seine Ehe und auf meine Reise. Und gingen zu anderen, ungefährlicheren Themen über.

Als das Essen beendet war und wir uns auf der Straße verabschiedeten, sah sich Rui um, hob die Nase schnuppernd in die Luft und bemerkte, daß der Frühling in London Einzug gehalten habe. Ja, es stimmte. Gerade rechtzeitig, um mich aufbrechen zu sehen.

Der neunundzwanzigste Mai . . . und: »Jetzt ist wohl alles klar zum Start!« sagte Colin mit munterer Stimme, die niemanden täuschte. Wir saßen in Nadias Haus in der Küche und starrten in den kalten, unberührten Kaffee in unseren Bechern. Und er hatte natürlich recht – ich hatte meine Abschiedsparty gegeben, war aus meiner Wohnung ausgezogen, hatte Hannah und Amy zum Abschied geküßt. Und hatte mich verkrochen.

Alle Welt dachte, ich hätte das Land verlassen, aber ich wohnte bei Nadia und Graham – und ich hätte mich liebend gern für die nächsten zwölf Monate in ihrem Dachboden versteckt. Sie waren wie eine Familie für mich, und sie konnten nicht mit ansehen, was geschah. Sie hatten eine Woche vor Rui und mir geheiratet. Und wir vier waren seither eng befreundet gewesen.

Die drei waren tagelang wie auf Zehenspitzen um das Thema meiner Abreise herumgeschlichen. »Kein Grund zur Eile – wir hätten dich gern eine Zeitlang bei uns«, hatte Nadia mich beruhigt. Aber ich wußte, daß sie alle besorgt um mich waren. Hielten den Atem an – wie das Publikum, wenn die Schauspielerin auf die Bühne tritt und ihren ersten Satz vergessen zu haben scheint. Würde ich es schaffen? *Konnte* ich es schaffen?

Es war fast auf den Tag genau fünf Monate her, daß ich den Entschluß gefaßt hatte, die Stadt zu verlassen. Und jetzt war es wirklich an der Zeit, zu gehen.

Die Tageszeitung lag zerknittert zwischen uns, und ich blätterte sie durch, um Zeit zu gewinnen. Und dann sah ich es – eine Anzeige für Billigflüge. Einer Eingebung gehorchend, langte ich nach dem Telefon, wählte die Nummer, und eine angenehme Cockney-Stimme meldete sich.

»Ich möchte einen Flug von London – morgen«, informierte ich die Stimme lässig. »Irgendein Land in Europa – vorzugsweise Spanien. Ich hätte gern einen einfachen Flug. Genau – ich komme nicht zurück. Haben Sie irgend etwas?«

Ich wartete, während sich die Stimme mit anderen Stimmen beriet. Ich starrte auf die Zeitungsspalten hinunter, folgte dem Muster des blau-weiß karierten Tischtuchs, betrachtete den geriffelten Rand meiner Tasse. Ich brachte es nicht über mich, Colin anzusehen, damit er den ängstlichen, in die Enge getriebenen Blick in meinen Augen nicht merken sollte.

»Sie haben etwas?« Während meine Stimme sich erhob, sank mir das Herz wie ein Stein. »Ibiza? Wo ist das?«

Eine Insel vor der spanischen Küste...

»Und ich fliege morgen – um sieben Uhr abends? Wunderbar. Ich komme heute vorbei und hole mein Ticket ab. Danke...«

Als ich den Hörer auf die Gabel fallen ließ, spürte ich, wie sich Nadias Arm um meine Schultern stahl, und wußte, daß es nichts mehr zu sagen gab.

Der dreißigste Mai... und mein Flugzeug hob ab, als sich die Dämmerung herabsenkte, beschrieb eine sanfte Kurve – so daß ganz London als strahlende Lichterwelt am Ende einer schräg geneigten Flügelspitze hing.

Ich wußte, daß irgendwo dort unten Colin im Berufsverkehr vom Flughafen nach Hause schlich. Dort unten beschlossen Hannah, Nadia, Graham ihr Tagwerk – machten sich auf zur U-Bahn, den Pubs, nach Hause.

Irgendwo dort unten kochte eine fremde Texanerin in meiner Küche oder lag in meiner Badewanne. Und in diesem selben Augenblick nippte eine Frau an einem Glas Weißwein und beobachtete, auf meinem einstigen Lieblingsbarhocker sitzend, schweigend ihre Trinkkumpane.

Während ich hier oben mit lautlosen Flügeln und einem leisen Gebet in die samtene Nacht hineinflog. Und versuchte, nicht an das Morgen zu denken.

ZWEITER TEIL

MEINE ZEIT ZU STERBEN?

ERSTES KAPITEL

Endstation Córdoba?

Selbst als seine Hand schon durch die Luft schnitt, konnte ich nicht glauben, daß er mich schlagen würde. Ich blickte auf – der Mund stand mir vor Verwunderung offen –, und ich konnte in der langen Sekunde, bevor Knochen auf Knochen traf und seine Faust meinen Kopf berührte, deutlich die verschnörkelten blauen Tätowierungen auf seinen Knöcheln erkennen. Dann flog ich buchstäblich über die verblichene Holzbank, auf der ich gesessen hatte, schlug auf der staubigen Erde auf und blieb still und benommen liegen – wie eine gedankenlos vom Frühstückstisch geschnippte Fliege.

Benommen von der Explosion in meinem Kopf, war mein Denkvermögen völlig betäubt, und nur durch einen Reflex gelang es mir, haltsuchend an die Bank geklammert, erst auf die Knie und dann auf die Füße zu kommen, während er mit geballten Fäusten, offensichtlich begierig, sein Werk zu Ende zu bringen, drohend über mir stand.

Nur undeutlich des Schmerzes und der wachsenden Furcht bewußt, nahm ich an, daß er sich geirrt hatte, daß er mich mit einer anderen Frau verwechselte. Oder hatte ich etwas Falsches getan? Meine Augen und mein Körper stellten diese Frage, obwohl ich zu entsetzt war, um zu sprechen.

Seine Antwort war kurz und heftig, und über ihre Bedeutung konnte es keinen Zweifel geben, als seine Hand ein zweites Mal hervorschoß und mir einen harten Schlag ins Gesicht versetzte. Augenlid, Nasenrücken, Wangenknochen – alles wurde vom Feuer verschlungen, und mein Kopf flog unter der Wucht des Schlages zur Seite, so daß ich die Faust nicht kommen sah. Aber sie landete mit voller Kraft unter meinem Brustbein und hob mich mühelos vom Boden. Ich stieg in einer sanften Spirale auf, und es schien mir eine Ewigkeit, bevor ich zum zweiten Mal zu Boden ging.

Kraftlos und nach Atem ringend, sackte mein Körper in sich zusammen und blieb auf der ausgedörrten Erde liegen. Das Gesicht nach unten, grub sich meine Nase buchstäblich in den warmen Staub, während sich meine Augen auf ein winziges Insekt konzentrierten, das mein Blickfeld unbekümmert durchquerte. Gebannt folgte ich seiner Bewegung. Ich hätte es für immer beobachten können, so sicher fühlte ich mich dort, an die Erde geschmiegt. Vielleicht sollte ich nicht wieder aufstehen ...

In den Staub gekrümmt, mit brennenden Lungen, hörte ich meinen Herzschlag laut in meinem schmerzenden Kopf hämmern und hielt den Atem an, als ich mich, noch immer benommen und verwirrt, vorsichtig umsah.

Ich erblickte Füße. Füße, die im Vorübergehen innegehalten hatten ... unsicher scharrende Füße, die sich im lockeren Halbkreis um mich sammelten. Verlegene Füße von Menschen, die nicht wußten, was sie tun sollten, und es im Grunde auch gar nicht wissen wollten.

Ich spürte Steinchen im Mund und spuckte sie aus, bevor ich mich mit zitternden Armen hochstemmte. Dann erstarrte ich, denn *seine* Schuhe trieben in mein Blickfeld und blieben wenige Zentimeter vor meinem Gesicht stehen. Betäubt starrte ich sie an – braune Sandalen, abgetragen, aber robust. Ich staunte über seine schmutzigen Zehennägel und sah wie hypnotisiert zu, als er mit dem linken Fuß ausholte und heftig nach meinem Brustkorb trat. Im selben Augenblick zog ich meine Beine an, um mich zu schützen, und sein Schuh glitt von meinem Knie ab; mich durchfuhr ein weiterer, furchtbarer Schmerz, als er sich in meine Magengrube bohrte.

Übelkeit überkam mich in schwindelerregenden Wellen, und ich umklammerte meine Knie und drehte das Gesicht langsam zur Erde. Ich schloß fest die Augen, entschlossen, nicht mehr hinzuschauen. Nichts mehr zu sehen. Statt dessen würden sich mein Körper und mein Bewußtsein zusammen entspannen – den Schmerz hinnehmen und widerstandslos durch mich hindurchfließen lassen. Vielleicht würde es dann nicht mehr so entsetzlich wehtun ...

Die Zeit stand still, während ich reglos da lag und mich auf den nächsten Schlag gefaßt machte – mein Geist bereit, mich fortzutragen von jeglichem Schmerz, wo immer er mich treffen würde.

Ich hörte Vogelzwitschern hoch über mir und das nette, rhythmische Klipp-Klapp eines vorübertrabenden Kutschpferdes. Wenn ich meine Sinne zusammennahm, konnte ich die üppige, rote Erde um mich herum riechen, und mir war bewußt, daß die Sonne, die durch die belaubten Äste herunterfiel, Licht- und Schattenflecke darauf warf. Und immer wieder stellte ich mir die Frage: *Warum passiert mir das?*

Kies knirschte, und ich spürte, daß er sich unsicher von mir abwandte. Dann schien er sich zu besinnen und ging wortlos davon, und ich wußte, daß meine Qual ein Ende hatte – wenn ich es so wollte. Wenn ich, verängstigt und geschlagen, am Boden liegenblieb. Und schwieg.

In diesem Augenblick wurde mir bewußt, daß ich während der ins Unendliche ausgedehnten, ewigen Zeitspanne dieses Alptraums – in Wirklichkeit vielleicht nicht mehr als ein paar Minuten – keinen Laut von mir gegeben hatte.

Doch plötzlich trieb mir die Wut die Luft aus der Lunge, und sie preßte sich mit einem Zischen durch meine zusammengebissenen Zähne. Eine Lautexplosion, irgendwo zwischen einem Brüllen und einem Schrei, durchschnitt die stille, warme Luft. Mit ihr ging eine unglaubliche Welle der Kraft durch mich und hob mich auf die Füße, während in meinem Kopf eine Rachefee kreischte: *Das läßt du dir nicht bieten!* und ich aus vollem Halse schreiend und fluchend hinter ihm herlief. Ich hatte ihn im Nu eingeholt, packte ihn am Arm und zerrte ihn zu mir herum.

Ich starrte ihm eindringlich ins Gesicht. Er war in den Fünfzigern und hatte ungepflegtes, schmutziges Haar – das sich grau färbte und auf dem Oberkopf lichtete. Dichte Brauen trafen sich über einer scharfen Hakennase, und seine Augen waren dunkel und standen leicht schräg. Ein struppiger ergrauender Schnurrbart hing über schmale, rissige Lippen, und die Gehässigkeit in seinem Gesicht vermischte sich mit etwas anderem. Es dauerte einen Augenblick, bis ich erkannte, daß es Unsicherheit war, aber er konnte sehen, was ich nur undeutlich spürte – daß ich vor Wut am ganzen Leibe zitterte.

Den unbändigen Drang zur Gewalttätigkeit in mir ahnend, schüttelte er mich ab und ging ein paar Schritte weiter, und ich muß mich wohl mit den Fingernägeln auf sein Gesicht gestürzt haben, denn plötzlich hielt er meine Handgelenke mit hartem Griff umklammert. Wütend legte ich den Kopf zurück und spuckte ihm mitten ins Gesicht; ein Freudengefühl durchrieselte mich, als sich seine Augen angeekelt weiteten und er die Hand hob, um sich den Speichel von der Wange zu wischen.

»Ha! Wie gefällt dir *das*, du Arschloch! Du Mistkerl!« schrie ich, immer noch mit einem Handgelenk in seinem festen Griff, dabei aber voll boshafter Freude herumhüpfend und Schmähungen brüllend. Bis seine Hand plötzlich wieder zum Schlag vorschnellte und ich zum dritten Mal in den Staub niederging.

Mit einemmal war aller Kampfgeist von mir abgefallen, und ich starrte, wohl wissend, daß ich ihn nicht allein aufhalten konnte, in ohnmächtiger Wut seinem sich entfernenden Rücken nach. Und das war der Augenblick, in dem ich mich mühsam aufrichtete und mich auf die Schaulustigen stürzte. »Verdammt nochmal, TUT DOCH ETWAS! Holt die verfluchte Polizei. HELFT MIR, zum Teufel!« tobte ich. Doch während ich noch raste, spürte ich, wie meine Knie weich wurden, und ich brach unter einem Strom von Tränen zusammen.

Inzwischen hatte mich die Menge aufgenommen, und ich fühlte, daß mir jemand beschwichtigend auf den Rücken klopfte, während ein junges Mädchen sich bemühte, mir den roten Staub von den Kleidern zu bürsten. Dann wurden sie lauter, und ihre Gesichter nahmen zornige Mienen an, während sie die Angelegenheit in gutturalem Spanisch besprachen; ich merkte, daß sie sich der Sache angenommen hatten. Natürlich wurde die Polizei gerufen, der Mann wurde ergriffen, und wir wurden alle in einer dunkelblauen Limousine zur Polizeistation gekarrt.

Vermutlich war es eine törichte Erwartung von mir, aber ich war der Überzeugung, daß es eine Erklärung erforderte, wenn am hellen Tag eine anständig gekleidete Frau von einem ihr völlig fremden Menschen angegriffen wurde. Richtig?

Falsch!

Obwohl der Groschen bei mir immer noch nicht gefallen war, hatte ich soeben eine praktische Demonstration der Lektion Nummer Eins für Reisende erhalten: Wenn man fremd im Land und eine Frau ist und außerdem noch so schamlos, allein zu reisen, ist man an allem, was einem zustößt, unweigerlich selbst schuld. Oder, um es anders auszudrücken – Sie haben es herausgefordert, junge Frau!

Unglücklicherweise kam mir diese Erkenntnis nicht mit einem grellen Schlag, sondern es dauerte ein paar Stunden in gebrochenem Spanisch mit einem entnervten diensthabenden Wachtmeister, bis mir die Wahrheit zu dämmern begann. Ich war zusammengeschlagen worden, und alle waren voller Mitgefühl. Aber irgendwie war es meine eigene Schuld.

Als mir endlich klar wurde, daß ich meine Zeit verschwendete, machte ich auf dem Absatz kehrt und schritt stolz erhobenen Hauptes aus der Wachstube hinaus. Ledersandale saß niedergeschlagen in einem Vorzimmerbüro und leugnete hartnäckig, mir auch nur auf eine Meile nahegekommen zu sein, und ich spürte seinen Blick auf mir, als ich vorüberrauschte. Aber ich ging unbeirrt weiter – an herumlungernden Polizisten vorbei, die Zigaretten pafften und mich lüstern beäugten; dann hallten meine Schritte durch menschenleere Gänge, bis ich durch eine schwere Holztür in den Sonnenschein des Spätnachmittages hinaus schlüpfte.

Ach, Trudy. Willkommen in Spanien!

In meinem Hotelzimmer begutachtete ich dann müde den Schaden; eine dicke Schwellung auf der linken Gesichtshälfte, die genau über der Schläfe blau angelaufen war, und weitere üble blaue Flecken auf meinem Bauch und dem Brustkasten, die beide höllisch wehtaten. Zum Glück waren Nase, Zähne und Knochen alle heil geblieben, und es war im Grunde mein Selbstbewußtsein, das die eigentlichen Schläge eingesteckt hatte.

Tränen strömten mir über die Wangen, während ich in den Badezimmerspiegel starrte und mir eingestand, was andere wahrscheinlich schon die ganze Zeit über geahnt hatten – daß ich, was das Reisen betraf, ebenso naiv war wie früher einmal in allen anderen Dingen des Lebens.

Sicher, ich hatte die Impfungen machen lassen, hatte mir die Visa besorgt und Sprachführer gekauft. Ich hatte die Tabletten gegen Diarrhöe eingepackt sowie das schlaue kleine Ding, das so beschaffen war, daß es in die Abflußlöcher aller Waschbecken von hier bis Timbuktu paßte, und ich hatte sogar zwei Ersatzdiaphragmen mitgenommen, da man mich bei der Familienberatungsstelle darauf hingewiesen hatte, daß der Gummi in extremer Hitze kaputtgehen konnte.

Ich hatte mich der hochhackigen Schuhe entledigt, die bis dahin fast mein Markenzeichen gewesen waren, und lief nun zum ersten Mal in meinem Erwachsenenleben mit flachen Schuhen herum. Ich hatte mir sogar, um bequemer reisen zu können, Jeans geleistet (wenn auch ein Satz heizbarer Lockenwickler, ein seidenes Abendkleid und ellbogenlange Handschuhe in meinem Gepäck lauerten und nur auf eine Party warteten).

Aber damit hatten sich meine Vorbereitungen schon erschöpft. Was das Festlegen einer Route betraf, das Buchen eines Zimmers oder gar die Anschaffung eines günstigen Rund-um-die-Welt-Flugtickets, vergessen Sie's. Das alles hatte den Beigeschmack von gesundem Menschenverstand und erforderte ein praktisches Herangehen an das Reisen, das mir schmerzlich fehlte.

Im Grunde war es ein Wunder, daß ich Spanien überhaupt gefunden hatte, und je länger ich darüber nachdachte, um so klarer wurde mir, daß ich verdammtes Glück gehabt hatte, unversehrt bis hierher gelangt zu sein. Aber jetzt fühlte ich, daß mein Glück mich im Stich ließ, und diese Wahrnehmung veranlaßte mich, in meinem Fahrplan den nächsten Zug nach Madrid herauszusuchen, um dort das erstbeste Flugzeug nach Hause zunehmen.

Ich rannte herum, warf meine Kleider in die Reisetaschen, räumte die Badezimmerablagen von Seife, Zahnpasta und Shampooflaschen frei – und versuchte die ganze Zeit über, die kleine Stimme in meinem Kopf zu ignorieren, die mir sagte, daß ich noch nicht nach Hause zurückkehren konnte. Es war dieselbe Stimme, die ich in London gehört hatte. Die Stimme dieses kleinen, gesunden Teils meiner selbst, der mich überredet hatte, mein altes Leben aufzugeben und diese verrückte Reise überhaupt anzutreten. Dann erkannte ich, daß er mir, wie gewöhnlich, vernünftige Dinge zu sagen hatte, und ließ mich – wissend, daß ich ihm zuhören sollte – aufs Bett fallen.

Wütend und verwirrt streifte ich meinen einstmals weißen Trainingsanzug ab, der jetzt zerrissen und schmutzig war, stieg in die Dusche und ließ das warme Wasser meine Schmerzen lindern.

War es wirklich erst sechs Wochen her, daß ich von London fortgeflogen war? Mir kam es vor wie eine Ewigkeit. Ich dachte an meine erste Station und daran, wie ich mich in Ibiza zu verstecken versucht hatte, wie ich so getan hatte, als wäre ich einer der vielen Urlauber, die sich dieser spanischen Version des Wilden Westens anpaßten. Chartermaschinen waren rund um die Uhr gestartet und gelandet und hatten mir einen endlosen Vorrat an Gespielen beschert; und wenn auch die Gesichter wechselten, so war doch das Spiel immer dasselbe, als ich die Nächte in den billigen Bars und schäbigen Nachtclubs der Insel vertrank und vertanzte und meinen ständigen Kater an Stränden ausschlief, die flächendeckend mit einem Teppich von Nackten belegt waren. Als ich drei Wochen später auf die Fähre zum Festland torkelte, war ich ein Wrack – konnte den Geruch von Alkohol und den Anblick sonnenverbrannter Haut nicht ertragen, während mir Michael Jacksons Stimme, die »Thriller« sang, noch Wochen später im Kopf nachhallte. Über die Heckreling gelehnt, sah ich, wie Ibiza immer weiter zurückblieb, und hustete mir die Seele aus dem Leib, da die Bronchitis, die mich seit Tagen quälte, mich fester in ihren Griff zu nehmen begann.

Ich erreichte Valencia mit steigender Temperatur und schleppte mein Gepäck zu einem Taxistand, wo ich es dem ältesten Fahrer mit der freundlichsten Miene gab und ihn bat, mich zum nächsten Hotel zu fahren. Die Dämmerung brach gerade herein, als ich ins Bett kroch und zitternd und bebend liegenblieb.

Am Morgen war ich wahnsinnig vor Fieber und kaum fähig, mich im Schweiße meines Angesichts vom Bett zum Badezimmer zu schleppen, zu krank, auch nur daran zu denken, mich anzuziehen und mich auf die Suche nach einem Arzt zu machen. Ich hörte das zaghafte Klopfen an der Tür kaum, doch das Geräusch eines Schlüssels, der sich im Schloß drehte, veranlaßte mich, den Kopf vom Kissen zu heben, worauf ich mich einem Gesicht gegenübersah, das besorgt auf mich herabblickte.

Es war die hübsche junge Empfangsdame in Begleitung eines Zimmermädchens mit ängstlich aufgerissenen Augen, das meine Tür aufgeschlossen hatte.

Offenbar hatten Gäste aus dem Nebenzimmer, die an jenem Morgen abreisten, dem Hotelchef mitgeteilt, daß jemand in dem angrenzenden Zimmer schlief, der die ganze Nacht über gehustet und gestöhnt hatte und anscheinend sehr krank war. Dieser Jemand war ich, und wenige Augenblicke später half mir das Zimmermädchen beim Ankleiden, während die Empfangsdame ein Taxi rief. Sie war zu dem Schluß gekommen, daß es Zeitverschwendung war, einen Arzt ins Hotel kommen zu lassen. Ich sollte unverzüglich ins Krankenhaus fahren.

In der »Urgencia« hörte mir ein gereizter junger Mann mit schlecht verhohlener Verärgerung zu, als ich erklärte, ich habe vermutlich Bronchitis, doch seine Haltung änderte sich, kaum daß er sein Stethoskop an meine rasselnde Brust gehalten hatte. Plötzlich drängten sich drei Ärzte um die Untersuchungsliege, und ich hörte deutlich das Wort »Pneumonia«, bevor ich in einen Rollstuhl gesetzt und eilends in die Röntgenstation hinuntergebracht wurde. Ein falscher Alarm, wie sich herausstellte, die Bronchitis war jedoch so ernst, daß man mir empfahl, einige Tage im Krankenhaus zu bleiben.

Statt dessen kehrte ich in mein Hotelzimmer zurück, und vollgepumpt mit Medikamenten, ließ ich die Tage und Nächte ineinander übergehen, während Frühstück, Mittagessen und Abendbrot gebracht und unangerührt wieder hinausgetragen wurden. Meine Temperatur erreichte schwindelnde Höhen, und ich verlor jedes Zeitgefühl, doch schließlich ließ das Fieber nach, und ich stellte fest, daß ich, obwohl ich ganz alleine und krank gewesen war, doch überlebt hatte. Es war eines der Dinge, vor denen ich mich gefürchtet hatte, und nun gab es eine Sache weniger für mich zu befürchten.

Am Ende dieser Woche bewegte ich mich wieder durch die Straßen von Valencia, und zum ersten Mal fiel mir auf, wie sehr die Welt von Paaren beherrscht zu sein schien. Junge Leute hielten Händchen und küßten sich verstohlen beim Kaffee in den Straßenlokalen; Paare mittleren Alters machten Schaufensterbummel oder führten ihre Kinder in den Parks spazieren; ältere Paare schlenderten Arm in Arm und zogen alternde Köter hinter sich her. Sie alle machten mir unangenehm bewußt, wie allein ich war, wenn ich durch die schmalen Gassen wanderte und mich hoffnungslos verirrte, was mich auch nicht sonderlich störte.

Endlich merkte ich, was es hieß, wirklich allein zu sein, und ich hatte nicht die geringste Ahnung, wie ich damit fertigwerden sollte. Nach wenigen Tagen war ich schon wieder mit Ziel Madrid unterwegs, und während wir durch das spanische Inland rasten, starrte ich aus dem Fenster und staunte über den hellen Sonnenschein, den Dunst auf den Bergen, die statuenhaften Palmen und die schattigen orangefarbenen Wäldchen.

Eine gutaussehende Frau, etwa im gleichen Alter wie ich, saß neben mir und blickte mit wachen, interessierten Augen auf die ständig wechselnde Landschaft hinaus. Vollkommen gelähmt, wurde sie von vorne und hinten angebrachten Metallstreben aufrechtgehalten, die ihren Kopf auf den kraftlosen Schultern stützten. Ihr Rollstuhl war von traurig neuem Glanz, und während ich sie aus den Augenwinkeln beobachtete, versuchte ich wieder einmal, mich davon zu überzeugen, was für eine glückliche Frau ich doch war. Ich hatte die Freiheit der Bewegung und der Wahl, die sie nie kennenlernen würde – es war nur zu dumm, daß ich nicht wußte, wie ich mich ihrer zu bedienen hatte.

Madrid erwies sich als Stadt der breiten Boulevards und abenteuerlichen Statuen. Mein Hotelzimmer war ebenso teuer und unpersönlich wie alle anderen, in denen ich geschlafen hatte, mit einem frostigen Marmorbad, in dem meine Stimme unheimlich hallte, als ich unter der Dusche sang. Dann begab ich mich – die Nägel lackiert, das Make-up aufgelegt, die Haare duftig aufgelockert mit meinen treuen Carmen-Lockenwicklern – auf die Suche nach einem Abendessen.

Anfangs hatte mich die Vorstellung, allein in überfüllten Restaurants zu essen, mit echtem Entsetzen erfüllt (aber nicht weniger erschreckte mich die Aussicht, langsam verhungern zu müssen). Also hatte ich mir geschworen, allabendlich essen zu gehen, wo immer ich mich auch befand – und ich war fest entschlossen, mich jedesmal von meiner besten und elegantesten Seite zu zeigen.

So auch an diesem Abend, als ich auf das Botin zustrebte, eines der ältesten und bekanntesten familienbetriebenen Restaurants in Madrid. Dort wurde ich wieder einmal mit einer der Tatsachen des Lebens konfrontiert: Frauen ohne Begleitung sind schlecht fürs Geschäft, weil sie kostbare Tische für zwei oder gar vier Personen mit Beschlag belegen und die anderen Gäste mit ihrem verlorenen Gebaren nervös machen.

Der Kellner huschte mit einem mitleidigen Lächeln an mir vorbei, während mich der Maitre zu einem Barhocker im hintersten Winkel dirigierte und dann geflissentlich übersah, in der Hoffnung, daß ich gehen würde. Ich war im Begriff, genau das zu tun, als ein schmal gebauter Mann mit hungrigem Blick in den Augen hereingeschlendert kam. Er war offensichtlich allein, und ich trat, einer Eingebung folgend, an ihn heran, erklärte ihm meine mißliche Lage und wies ihn darauf hin, daß unsere Chancen, etwas zu essen zu bekommen, wesentlich besser standen, wenn wir uns zusammentaten – und so kam es, daß ich mit Pierre speiste.

Ein geschiedener Mann aus Paris, der in Barcelona lebte und arbeitete, war er in Gegenwart von Frauen offensichtlich qualvoll schüchtern, und jedesmal, wenn ich das Wort ergriff, bebten seine Schnurrbartspitzen erschrocken. Er hatte Augen wie ein scheuer, aber neugieriger Vogel und legte den Kopf schief, während er versuchte, meinem belanglosen Geplauder zu folgen, da ich drauflos schwatzte, als wäre ich zu wochenlanger Isolationshaft verurteilt gewesen.

Anschließend spazierten wir durch die mittlerweile menschenleere Innenstadt, und es war nach ein Uhr und immer noch sehr warm, als er mich zu meinem Hotel begleitete. Vor der Tür küßte er mich schüchtern auf beide Wangen, bevor er mir zum Abschied winkte und durch die stille Straße davonging. Wieder ein Schiff, das in der Nacht vorüberzieht, dachte ich – und eine unerklärliche Traurigkeit überkam mich, während ich ihm nachblickte und wußte, daß von nun an mein Leben eine lange Reihe von Begrüßungen und Abschieden sein würde.

Nach etwa einer Woche hatte ich Madrid satt und machte mich nach Süden, in Richtung Toledo auf, und nachdem ich die Runde durch diese prachtvolle alte Stadt gemacht hatte, bestieg ich wieder den Zug und brauste nach Córdoba. Als ich in den frühen Morgenstunden des Sonntags aus dem Bahnhof hinausschritt, wußte ich sofort, daß ich dieses malerische Städtchen mit seinen plätschernden Springbrunnen und singenden Kanarienvögeln, seinen maurischen Minaretten und efeubewachsenen Mauerzinnen lieben würde. Soviel zu meinen ersten Eindrücken!

Und nun sieht es so aus, als sei Córdoba die Endstation, so dachte ich, als ich aus der Dusche stieg – der letzte Aufenthalt auf meiner unbesonnenen Reise und ein passender Abschluß für die sechs langen Wochen, in denen ich nicht viel erreicht und jeden Zweifel darüber ausgeräumt hatte, daß ich es mit fünfunddreißig Jahren noch immer nicht fertigbrachte, auf mich selbst aufzupassen.

Aber sicher, zu Hause würde das Leben einfacher sein. Dort kannte ich mich aus, und jeder kannte mich. Ich würde sicher aufgehoben sein in meiner alten Clique, geborgen in meinen Stammkneipen, und bald würden alle vergessen haben, daß ich versucht hatte, auszubrechen – und damit gescheitert war. So daß vielleicht am Ende ich selbst auch würde vergessen können. Aber es gab noch eine andere Möglichkeit ...

Na gut, dann war ich eben ohne jeden ersichtlichen Grund grün und blau geschlagen worden, und es hatte mir ganz und gar nicht gefallen – weder die Angst noch der Schmerz, noch die Erkenntnis, daß ich allein war und jedem Spinner ausgeliefert, der zufällig meinen Weg kreuzte. Aber vielleicht hatte Ledersandale mir im Grunde sogar einen Gefallen getan. Ohne Zweifel hatte er mich aus meiner Apathie wachgerüttelt und meine Wachsamkeit geweckt – was seit Jahren niemandem gelungen war. Diese Reise entwickelte sich zu einem ganz neuen Spiel – einer Herausforderung, der ich mich stellen mußte.

Ich vergoß noch ein paar Tränen, als mir klar wurde, daß ich noch nicht sofort nach Hause zurückkehren konnte, weil ich dem einen Menschen, der sich nicht mehr zum Narren halten ließ, noch etwas beweisen mußte. Es wurde Zeit, *mich* selbst davon zu überzeugen, daß ich kein hoffnungsloser Fall war.

Früh am nächsten Morgen wurde ich von dem dumpfen Aufschlag der Orangen geweckt, die auf den kleinen Balkon vor meinem Fenster fielen, und ich zog die Holzläden auf, um den warmen Sonnenschein hereinzulassen. Mittlerweile, weniger als vierundzwanzig Stunden nach den furchtbaren Schlägen, war mein Körper über und über mit leuchtend blauen Flecken bedeckt und schmerzte von Kopf bis Fuß; daher legte ich mich nackt auf den Teppich unmittelbar vor dem Fenster und genoß die heißen Sonnenstrahlen, die auf meiner bloßen Haut spielten.

Der kleine schmiedeeiserne Balkon überblickte einen winzigen, verschwiegenen Platz, und ich konnte einen funkelnden Sprühregen sehen, der von einem zu meiner Rechten in die Mauer eingelassenen steinernen Löwenkopf herrührte. Ich lag da und freute mich an dem süßen Plätschern des Wassers, das sich in ein Steinbecken ergoß, und an dem sanften Rascheln des Windes im glänzend grünen Blattwerk des Orangenbaumes. Die friedliche Stille wurde von Stimmen unterbrochen, und wenige Augenblicke später schlenderten zwei Männer auf den kleinen Platz.

Als ihre Köpfe genau unter meinem Balkon auftauchten, war mein erster unwillkürlicher Gedanke, mich in die Schatten meines Zimmers zurückzuziehen. Doch mir gefiel die Wärme der Sonne auf meinem Körper, und ich wußte, daß ich von unten nicht zu sehen war, solange ich auf dem Fußboden liegenblieb.

Beide Männer waren Anfang zwanzig, der eine dunkelhaarig und mit olivefarbenen Teint, der andere ein muskulöser, sonnengebräunter Blonder. Lachend ließen sie ihre prallen Rucksäcke unter dem Orangenbaum fallen und unterhielten sich leise – zwei Menschen, die wußten, daß sie eigentlich nicht dort sein sollten und nicht gern entdeckt werden wollten. Nun, damit sind wir schon drei, dachte ich, während ich zusah, wie sie sich schubsten und balgten wie Schuljungen.

Sie begannen, ihre staubigen T-shirts und schmutzigen Jeans abzustreifen. Die Unterhosen und schmuddeligen Socken folgten, und dann gingen die beiden Männer leichtfüßig zu dem Brunnen hinüber. Spielerisch spritzten sie sich gegenseitig mit dem kalten Wasser naß, lachten und prusteten, als es ihnen in schimmernden Bächen über den sehnigen Rücken und das Gesäß hinunterrann. Dann tauchte der Dunkelhaarige den Kopf in das Wasserbecken und kam Sekunden später, nach Luft schnappend, wieder heraus. Als er seine Lockenmähne zurückwarf, wurden schillernde Wassertropfen in alle Himmelsrichtungen geschleudert und blitzten in der Sonne wie Diamanten.

Dann stand er geduldig still, während der Blonde ihn rasierte, und anschließend erwies er dem anderen denselben Dienst. Offensichtlich fehlte ihnen ein Spiegel, wenn auch aus ihren Rucksäcken Seife, Zahnpasta, Bürsten und ein Satz frischer Kleider für jeden zum

Vorschein kamen. Sie schienen allerdings keine Eile zu haben, sich wieder anzuziehen, denn sie setzten sich plaudernd auf den Rand des Brunnens und rauchten eine Zigarette – zwei junge Männer, die sich unbeobachtet fühlten, beide schön und irgendwie verwundbar in ihrer Nacktheit.

Es wäre gelogen, zu behaupten, daß es ein erotisches Erlebnis war, sie heimlich zu beobachten – dazu war das Ganze viel zu unschuldig. Ich hatte viel eher das Gefühl, einen uralten Ritus mitzusehen – etwas von der Art, worin sich die Männer eines primitiven Stammes, sofern sie sich außer Sichtweite des Weibsvolkes befanden, ergehen würden.

Als ich später meine Sachen zum Aufbruch packte, mußte ich lächeln beim Gedanken an die jungen Männer, die wie kleine Hündchen miteinander gespielt hatten, doch dann fielen mir die Ereignisse des Vortages ein und wie gefährlich Männer manchmal sein konnten, und ich wurde wieder ernst. Ich hatte meine Bemühungen aufgegeben, herauszufinden, warum ich angegriffen worden war – war bereits zu dem Schluß gekommen, daß ich einfach Pech gehabt hatte, daß ich zum falschen Zeitpunkt am falschen Ort gewesen war. Denn keine andere Erklärung ergab einen Sinn.

Wenn ich später jemandem die Geschichte erzählte, wie ich damals verprügelt worden war, wurde mir immer wieder dieselbe Frage gestellt: »Hast du ihn durch irgend etwas provoziert?« In London hatten die Leute stillschweigend begonnen, die Frau, die ich geworden war, abzulehnen. Aber hier draußen in der gefährlichen Welt rief meine hochmütige, aggressive und spöttische Haltung eine wesentlich heftigere Reaktion hervor, mit der ich immer wieder konfrontiert werden würde, bis ich mein Verhalten grundlegend änderte – oder bis es ein anderer für mich ändern würde. Wenn ich damals nur hätte erkennen können, was ich heute mit solcher Klarheit sehe, hätte ich aus den Schlägen vielleicht etwas gelernt – oder ich hätte sie gar nicht erst erlebt. Ach – geben wir es doch zu, wenn ich damals gewußt hätte, was ich heute weiß, hätte ich die ganze verdammte Reise überhaupt nicht zu machen brauchen.

So aber verließ ich Córdoba in seliger Ahnungslosigkeit der Schwierigkeiten, in die ich mich noch bringen würde, und den vielen harten Lektionen, die ich noch zu lernen hatte ...

ZWEITES KAPITEL

Auch in Spanien wird dasselbe Spiel gespielt

Mittlerweile zutiefst aufgewühlt und niedergeschlagen, war ich versucht, mich in einem teuren Hotel einzumieten und ein wenig im Luxus zu schwelgen, und es muß wohl der gute alte Masochismus gewesen sein, der mich veranlaßte, ein Zimmer in der miesesten Absteige zu nehmen, die ich in Sevilla, meiner nächsten Station, finden konnte.

Dicht an den Eisenbahngleisen in einer schmutzigen, trostlosen Gasse gelegen, wurde das Haus von einer gewaltigen Wirtin mit verschwitzten Achselhöhlen geführt, die drei Straßenköter besaß, welche nur aus Zähnen zu bestehen schienen, und dafür einen Mann mit völlig zahnlosem Mund und einer Vorliebe für billigen Rotwein. Hier machte ich die Bekanntschaft von Wanzen und dankte Gott dafür, daß er Sony den Walkman hatte erfinden lassen, denn ich verbrachte den größten Teil meiner Zeit in meinem Zimmer verkrochen und spielte, die Kopfhörer über die Ohren gestülpt, melancholische Klagelieder, die zu meiner trostlosen Stimmung paßten. Himmel, war ich nicht unerschütterlich, war ich nicht tapfer, daß ich mich einem so elenden Leben aussetzte? Voller Selbstbeweihräucherung lag ich auf meinem Bett und ignorierte, in Tränen des Selbstmitleids schwelgend, die emsigen Tierchen, die sich durch die Matratze fraßen.

Sevilla, nun, ich bin sicher, es ist eine sehr hübsche Stadt und hat viel zu bieten für aufmerksame Touristen – zu denen ich, wie Sie vermutlich gemerkt haben, nicht gehörte.

Es wäre milde ausgedrückt, zu behaupten, daß ich mir leid tat, wenn ich (schattengleich, wie ich mir einbildete) durch die heißen, staubigen Straßen schlich und hoffte, eine tragische Figur abzugeben, sicher, daß niemandem, der mich zufällig anblickte, die Traurigkeit in meinen Augen entgehen konnte und daß ein jeder bewegt sein mußte von dem Hauch von Rätselhaftigkeit und Einsamkeit, der mich umgab. In Wirklichkeit merkten die Vorübergehenden natürlich wenig von der griechischen Tragödie, die sich in ihrer Mitte abspielte, und wenn sie mich überhaupt wahrnahmen, dann wahrscheinlich darum, weil ich einen eigenartigen Geruch ausströmte – eine Mischung aus Hundepisse und abgestandenem Kohl, den meine Wirtin nur zu häufig kochte.

Nachdem ich eine Weile durch Sevilla gegeistert war, beschloß ich, Cádiz mit meiner gespenstischen Gegenwart zu beehren, und ich muß gestehen, daß sich meine Laune ein ganz klein wenig besserte, als der Zug losfuhr und ich, als einziger Fahrgast in einem leeren Abteil, da saß und mir Gedanken über meinen nächsten Anlaufplatz machte.

Cádiz ... der Name beschwor alle möglichen Bilder in mir herauf. Vor Anker liegende Schiffe mit hohen Masten, Seidenballen, die sich auf den Kais türmten, und Truhen mit Tee von weither von den chinesischen Meeren, flauschige Baumwollballen aus Indien und bergeweise Tabakblätter aus ... nun, aus irgendeinem exotischen Land wie Malaysia oder Java vermutlich. (Auf dem Warenmarkt wäre ich eine Niete.) Und überall die Matrosen in ihren blau-weiß gestreiften Hemden und der köstliche Duft von Kaffee, Gewürzen und ätherischen Ölen. Ich sollte mich noch wundern.

Als wir im nächsten Bahnhof einliefen, entstand vor dem Waggon ein Höllenspektakel; ich hob den Kopf und sah, wie eine buntgewürfelte Zigeunerschar die Türen aufzwängte und laut lachend und debattierend farbenprächtige Bündel umherschubste, von denen sich einige als Kinder entpuppten.

Drei Frauen, vier Männer und eine ganze Schar Kinder – sie schwärmten in den Gang, und als das Pfeifsignal ertönte und der Zug sich wieder in Bewegung setzte, starrten sie durch die Abteiltür zu mir herein und wagten offensichtlich nicht, einzutreten. Mit Ausnahme eines Mannes, der mich einen endlosen Moment lang mit einem atemberaubend hochmutigen Blick ansah, bevor er die Tür aufschob und sich auf den Platz mir gegenüber setzte.

Der Teil von mir, der »Ledersandale« für einen Zigeuner gehalten hatte, zitterte innerlich bei der Erinnerung daran, als was für ein Wahnsinniger er sich erwiesen hatte – und jetzt waren es ihrer sieben. Ich schimpfte mich selbst eine Närrin, daß ich einen leeren und nicht einen mit Menschen besetzten Waggon gewählt hatte, und nun hatte mich mein »Laßt-mich-allein-mit-meinem-Elend«-Gebaren wieder einmal gewaltig in Schwierigkeiten gebracht.

Verlegen hielt ich den Blick gesenkt, dann wieder starrte ich wie gebannt aus dem Fenster auf das flache, hitzeflimmernde Land hinaus und beobachtete dabei unaufhörlich das Spiegelbild des Zigeuners in der staubigen Scheibe, beunruhigt, weil er mich ebenfalls nicht aus den Augen ließ. Zweifellos überlegte er sich seinen nächsten Schritt, mutmaßte ich, und als er unvermittelt in die Tasche seiner Weste nach seinen Zigaretten griff, wäre ich vor Schreck um ein Haar in Ohnmacht gefallen.

Die ganze Zeit über hatten uns die Kinder mit großen Augen beobachtet, und nun schoben sie sich, gefolgt von den Erwachsenen, durch die offene Tür herein. Der einzige Junge unter ihnen war etwa zehn und trug eine Mischung aus kindlicher Neugier und erwachsener Unnahbarkeit zur Schau, als er sich entschloß, sich etwas weiter entfernt im Abteil zu den anderen zu setzen. Die drei Mädchen hatten dagegen keinerlei Skrupel, ihre Neugier zu zeigen, und bauten sich mit unerschrockenen, gebannten Blicken, die nicht zu übersehen waren, um den Mann herum auf, der mir gegenübersaß. Ich schätzte ihr Alter auf ungefähr vier, sieben und zwölf.

Ich lächelte. Niemand erwiderte das Lächeln. Und dann gab ich, da es offenkundig war, daß alle mich anstarrten, alle Verstellung auf und richtete meinen Blick ebenso unverhohlen auf sie. Ihr Anführer war ein gutaussehender Mann mit hellblonden, gelockten Haaren und blauen Augen, die in seinem golden gebräunten Gesicht strahlten. Es war ein herrliches Gesicht, die Nase gerade, der Mund entschlossen, die Züge gleichmäßig und angenehm. Er war groß, aber schmal gebaut, seine Jeans waren verblichen, aber sauber, und sein Hemd war zwar fadenscheinig, aber blütenweiß. Er trug ein rotes Tuch um den Hals, und seine Weste war aus lavendelfarbenem Stoff mit winzigen goldenen Pünktchen.

Während ich ihn betrachtete, stellte ich fest, daß die Ausstrahlung, die ich zuerst als Großspurigkeit und Prahlerei abgetan hatte, in Wirklichkeit etwas ganz anderes ausdrückte. Er war durchdrungen von einem ruhigen Selbstvertrauen und einer fast gebieterischen Art, die keinen Zweifel in mir ließ, daß er in der Welt der Zigeuner ein Jemand war.

Plötzlich kam das Kleinste der Mädchen auf mich zugeschossen und grapschte nach meinen Armbändern, zog sich dann mit leeren Händen wieder zurück und machte sich für einen zweiten Angriff bereit. Ich stellte mit Verwunderung fest, daß der Mann keinen Versuch unternahm, sie aufzuhalten, als sie sich erneut auf mich stürzte und in ihrem Begehren, noch näher an meine Armreifen zu gelangen, an mir hochkletterte. Sekunden später hingen alle drei an mir wie eine Affenbande und betasteten, während ich mich unbehaglich drehte und wand, prüfend meine Haare, meine Kleider, meine lackierten Fingernägel. Dann fing die Jüngste an, mit flinken Fingern in meiner Schultertasche herumzuwühlen, und ich wußte, daß sie

sehr bald das kleine Seidentäschchen, in dem ich meinen Goldschmuck aufbewahrte, zum Vorschein bringen würde.

Währenddessen sagte der Zigeuner nichts, und er verzog auch
keine Miene. Wir wußten beide, daß diese fingerfertige Schar ganz
versessen darauf war, alles mitzunehmen, was nicht niet- und nagel-
fest war, und es wunderte mich kaum noch, daß er keinerlei Absicht
hatte, auch nur einen Finger dagegen zu rühren – hatte ich nicht
bereits gezeigt, daß ich eine leichte Beute war?

Nun, in solchen Situationen geht es, glaube ich, nicht um das, was
man verliert, sondern um die Art, wie man es verliert, und so
beschloß ich, die Sachen lieber zu verschenken, als sie mir stehlen zu
lassen. Ich streifte die hübschen Muschelarmbänder ab, löste die
rosafarbene Schmetterlingsspange, die mein Haar zusammenhielt,
und zum Schluß die zarten Ketten billiger Modeschmuck, der unter
freudigen Jauchzern in schmuddeligen kleinen Pfötchen verschwand.
Woraufhin mein Gegenüber etwas zu den Frauen sagte, die die Szene
beobachtet hatten, und als er dann das Gesicht zu einem strahlenden
Lächeln verzog, wußte ich, daß ich irgendeine Art von Test bestanden
hatte.

Nach der ganzen Aufregung überließen sich alle einem Nicker-
chen, und es endete damit, daß die Vierjährige friedlich in meinem
Schoß schlummerte, während es sich die Mittlere an meiner Seite
zum Schlafen bequem machte und ihr Kopf sanft an meiner Schulter
hin und her geschaukelt wurde. Selbst im Schlaf kratzten sie sich wie
junge Hunde, und ich war überzeugt, daß sie von Flöhen und Läusen
wimmelten, denn sie waren wirklich sehr schmutzig. Doch ich genoß
das angenehme Gewicht des Kindes auf meinem Schoß und die
Berührung des warmen kleinen Körpers, der sich an meine Seite
schmiegte – und mir wurde mit einem leisen Schrecken klar, daß
Körperkontakt etwas war, das ich schmerzlich entbehrte; dann schloß
ich ebenfalls die Augen, längst nicht mehr beunruhigt durch den
Zigeuner, der mich unter halb geschlossenen Lidern beobachtete.

Unsere Wege trennten sich in Jerez, und als der Zigeuner aus dem
Zug sprang, stürzte sich auf dem Bahnsteig ein ganzer Schwarm
Menschen auf ihn. Er stand im Sonnenschein da und nahm die
überschwengliche Begrüßung entgegen, doch als sich der Zug
schnaufend wieder in Bewegung setzte, drehte er sich schwungvoll
um und blickte mich durch das Fenster an, um sich dann mit einer
halb spöttischen Verneigung von mir zu verabschieden. Die kleinen
Mädchen jagten meinem Waggon bis zum Ende des Bahnsteigs nach

und winkten dann noch lange – bunte kleine Gestalten, die bald darauf, als der Zug um eine Kurve ratterte, vom Staub verschluckt wurden.

Cádiz war das Allerletzte. Schmutzig, verkommen und stinkend, die Strände mit Abfall und Öllachen übersät, die Straßen schmal und dunkel und die Restaurants deprimierend.

Und dann mein Zimmer! Unvorstellbar verwahrlost und so winzig, daß nur eine Garderobe, ein Einzelbett und ein Waschbecken darin Platz hatten; aber die Wände waren ohne weiteres fünf Meter hoch, so daß ich das Gefühl hatte, in einem hochkant stehenden Schuhkarton zu wohnen. Der Spiegel über dem fleckigen Waschbecken war gesprungen und schmierig, und die kleine Glühröhre darüber war die einzige Lichtquelle im Raum. Gemeinschaftsdusche und -klo befanden sich am Ende eines düsteren Korridors, erwiesen sich aber als derartig ekelerregend schmutzig, daß ich es vorzog, mich am Waschbecken zu waschen (und hineinzupinkeln). Es war mein ureigener Schweinestall, und das alles für weniger als zwei Pfund pro Tag.

Und die übliche Prozedur ging wieder von vorne los. Einen Stadtplan kaufen, die Pension darauf ankreuzen, die Straßen abwandern, die Sehenswürdigkeiten besichtigen, ein Lokal zum Essen ausfindig machen, jemanden finden, der die Wäsche machte, eine Beschäftigung für den Abend finden. Meistens saß ich am Ende eines Tages in einem Straßencafé und kritzelte Dutzende von Postkarten an Leute zu Hause, die sich wünschten, auch nur halb soviel Glück zu haben wie ich, und ich hütete mich, etwas zu schreiben, das ihnen ihre Illusionen hatte nehmen können. Ich habe seither viele dieser Karten und Briefe zurückbekommen, und selbst *ich* werde ganz neiderfüllt angesichts der phantastischen Zeit, die ich angeblich gehabt habe.

Ich begann allmählich, einiges zu vermissen. Den Telefonhörer abnehmen und mit Freunden tratschen zu können; Angus, wie er dicht hinter mir her zottelte, und Hill Street Blues am Samstagabend; jene lange zurückliegenden Tage, als ich aus dem Bett taumelnd und splitterfasernackt in meine Küche wandern konnte, um mir diese lebenswichtige Tasse Tee aufzubrühen. Jetzt mußte ich mich waschen, anziehen und aus dem Haus begeben, bevor ich auch nur etwas so Elementares wie die erste Tasse Tee bekam. Mein Bad fehlte mir – italienisch, mit einer kleinen eingebauten Bank und dunkelgrünen Armaturen – und mein großes, wanzenfreies Doppelbett. Ich vermißte sogar meine heruntergekommene Nachbarin vom Stockwerk über mir, zum Teufel! Aber mehr als all das vermißte ich den schlichten menschlichen Kontakt. In jener Zeit hörte ich den Klang meiner eigenen Stimme nur, wenn ich mich nach dem Preis für ein Zimmer erkundigte oder eine Zugfahrkarte kaufte.

In dieser »Mir-fehlt-etwas«-Gemütsverfassung befand ich mich, als ich mich wieder einmal auf die Suche nach einem Frühstück machte. Meine Wahl fiel an diesem Morgen auf ein für Cádizer Verhältnisse recht feudales Lokal mit einer langen Chromtheke und hohen Barhockern aus Chrom; ich setzte mich auf einen davon und drehte mich unschlüssig hin und her, während meine Bestellung, Tee und Toast, fertiggemacht wurde.

Ich starrte zu den Einheimischen hinaus, die an der Glasscheibe vorüberschlenderten, und bemerkte den Schwarm schmutziger Kinder kaum, die die Straße entlanggetollt kamen. Sie erkannten mich jedoch sofort und stürzten sich mit einem Schwall aufgeregter spanischer Worte, die, nach den schockierten Blicken der Kellner zu urteilen, ziemlich unflätig sein mußten, durch die Restauranttür auf mich. In dem Augenblick, als der Wirt ihnen entgegentrat, um sie hinauszuwerfen, erkannte ich die Muschelarmbänder, die rosafarbene Haarspange und schließlich das kokette Lächeln unter den frischen Schmutzschichten.

Sie kletterten flink auf die Barhocker und aßen und tranken sich an diesem Morgen durch ein Vermögen – und die Kleinen plapperten und kicherten drauflos, während die älteste mir in die Augen lächelte und dabei versuchte, ihre magere kleine Hand verstohlen in meine Jackentasche zu stecken. Ich schlug ihr durch den Stoff hindurch auf die Finger und bemühte mich, ihr zu erklären, daß Freunde sich nicht gegenseitig bestahlen – dann verschlug es mir die Sprache bei der Vorstellung, daß ich diese Bälger überhaupt als Freunde betrachtete. Aber es waren immerhin die einzigen, die ich auf meiner Reise durch Spanien bisher gefunden hatte.

Diese Erkenntnis war so furchtbar, daß ich nicht wußte, ob ich lachen oder weinen sollte, und eine Weile, nachdem die Kinder verschwunden waren, saß ich noch an der Chrombar und dachte darüber nach, daß ich lange genug allein gewesen war. In diesem Augenblick brauchte ich Gesellschaft dringender als irgend etwas sonst; und ich wußte besser als die meisten Frauen, wie man es anstellte, sich diese zu beschaffen.

Als die Dämmerung hereinbrach, streifte mein altes Sturmtruppen-Ich durch die Straßen und Gäßchen der Altstadt von Cádiz und hielt nach einer geeigneten Bar Ausschau. Mit Stöckelabsätzen, die auf dem Kopfsteinpflaster klapperten, strebte ich auf einen warmen Lichtschein in der Mitte einer dunklen Straße zu und spürte, wie sich die Augen aller Anwesenden auf mich richteten, als ich in den Lärm und das Gelächter eintrat. Die Frauen beäugten mich mißtrauisch, während die Blicke, die einige Männer in meine Richtung warfen, mehr als nur ein flüchtiges Interesse andeuteten. Zum ersten Mal seit einer Ewigkeit hatte ich die Lage unter Kontrolle, denn wenn auch das Land ein anderes sein mochte, war das Spiel doch dasselbe. Die Jagd auf einen Mann war eröffnet...

Ohne die eindringlichen, vielsagenden Blicke der augenfälligeren Anwärter zu beachten, ließ ich mich auf einem Barhocker nieder und bestellte etwas zu trinken, während ich den Raum mit geübtem Auge musterte. Ich hielt nach einem besonderen Menschen Ausschau – nach einem Mann, der ruhig und irgendwie seriös war; vielleicht sogar von der etwas schüchternen Sorte. Einem, der mich mit ins Bett nahm und mir für ein paar Stunden Trost spendete, als würde ihm ein kleines bißchen an mir liegen. Und da war er auch schon, starrte, im Halbschatten sitzend, trübsinnig in sein Glas. Lang und hager, vermutlich Ende zwanzig. Gutaussehend, offensichtlich allein... offensichtlich unglücklich. Der einzige Mann im Lokal, der nicht auf der Suche nach einer Frau war und nicht einmal mein Erscheinen bemerkt hatte – was ihn zur idealen Wahl machte.

Da ich wußte, daß er zu den Männern gehörte, die glauben müssen, daß alle Schritte von ihnen ausgehen, beschränkte ich mich darauf, geduldig zu warten und seinen gesenkten Kopf immer wieder mit einem der langen, intensiven Blicke zu bedenken, die mir in der Vergangenheit so gute Dienste geleistet hatten; bis er schließlich meine Blicke gespürt haben mußte, und der Rest war, wie es so schön heißt, ein Kinderspiel.

Bald waren wir in so etwas wie eine Unterhaltung vertieft. Unter anderen Umständen hätte sein furchtbares Englisch und mein qualvolles Spanisch der Begegnung vielleicht ein gnädiges Ende bereitet, aber in unserer Einsamkeit verdoppelten wir unsere Anstrengungen.

Es stellte sich heraus, daß er ein Polizeileutnant aus Barcelona war, der nach Cádiz versetzt worden war und die Stadt haßte. Noch eine desillusionierte Seele, dachte ich, indem ich flirtete und lächelte und mich im Attraktivsein übte. Dann, als ich sicher war, daß er Feuer gefangen hatte, ließ ich ihn reden wie ein Buch und machte mir unterdessen, noch nicht ganz sicher, was ich eigentlich von ihm wollte, ein Bild von ihm.

Er schien einigermaßen solide ... keiner von denen, die ständig Frauen abschleppen, und ein wenig verunsichert ... ich konnte nichts Arrogantes oder Niederträchtiges an ihm entdecken, keine Spur von einem Hang zur Gewalttätigkeit. Wahrscheinlich suchte ich nach der Bestätigung, daß ich mich mit ihm sicher fühlen konnte. Zumindest so sicher, wie ich es erwarten konnte, wenn ich mich in einer unbekannten Bar in einer fremden Stadt mit einem vollkommen Fremden einließ.

Zwei Stunden später saß ich in einem kleinen, kahlen und unfreundlichen Zimmer auf der Bettkante und sah schweigend zu, wie Paco sich auszog. Ich hatte mich im Hintergrund gehalten, als wir in das schäbige kleine Hotel gegangen waren, der Tatsache, daß wir kein Gepäck hatten, peinlich bewußt und getroffen von dem wissenden Blick, den mir der Vermieter zuwarf, nachdem Paco sich nach einem Zimmer erkundigt hatte. Ich bin fast überzeugt, daß wir hinausgeworfen worden wären, hätte Paco nicht ganz beiläufig seine Polizeimarke und ein kleines Bündel Geldscheine auf den Empfangstisch gelegt. Daraufhin hatte sich die Haltung des Hoteliers auf wundersame Weise geändert, und er hatte Paco mit einem verschwörerischen Zwinkern einen Schlüssel zugeworfen.

Ich kehrte ihm den Rücken zu und begann mich ebenfalls auszuziehen, während ich mir einredete, daß es das war, was ich brauchte, obwohl ein Teil von mir plötzlich aufgehört hatte, es zu wollen. Dann glitt Pacos Arm, muskulös und warm, um meine Taille, und seine Augen wanderten voller Fragen über mein Gesicht. Neben ihm auf dem Bett liegend, fragte ich mich, wie ich wohl aussah in dem grellen, unvorteilhaften Licht, und war dankbar, als er sich plötzlich hochreckte, den Wandschalter ausknipste und uns beide in Dunkelheit tauchte.

Ich schmiegte mich an seine Schulter und versuchte, mich auf seinen Atem, den Geruch seines Rasierwassers und die weiche Beschaffenheit seiner Haut zu konzentrieren, und ich begann gerade das lange entbehrte Gefühl zu genießen, von einem Mann gestreichelt zu werden, als er sich plötzlich von mir abwandte und sich mit einem Seufzer auf den Rücken drehte.

Ich war verwirrt, spürte aber, daß ich ihn verloren hatte, und zog, plötzlich beschämt angesichts meiner Nacktheit, das Laken um mich, während ich mich insgeheim dafür verfluchte, daß ich mich vermutlich mit dem einzigen Mann in ganz Cádiz eingelassen hatte, der nicht scharf darauf war, flachgelegt zu werden. Andererseits hatte ich es immer geahnt, auch wenn ich es ungern zugab, daß dies ein Teil der Herausforderung war. Ich traute meinen eigenen Ohren kaum, als ich anfing, mich bei ihm zu entschuldigen. Ich kam mir wahrhaftig vor wie ein tölpelhafter Rugbyspieler, der erst versucht hatte, das unschuldige Mariechen von der Anfeuertruppe zu verführen und dann von Reuegefühlen übermannt worden war, und so konnte es mich kaum verwundern, als dieser kräftige Polizeileutnant wie auf ein Stichwort zu weinen anfing.

Ja, Sie haben es erraten – Paco war verliebt. Verlobt mit Rosanna, die zu Hause in Barcelona schmachtete, während er in Cádiz zusammenbrach; und ich, die ich ihn als Objekt für eine Nacht auserkoren hatte, schaute dumm aus der Wäsche. Ungefähr eine Stunde lag ich so da, hielt ihn in meinen Armen und wußte nicht, ob ich belustigt, gekränkt oder einfach nur neidisch sein sollte, während er weinte, Kette rauchte und ununterbrochen über dieses verdammte Mädchen redete. Und als er sich endlich alles von der Seele geredet hatte, drängte ich ihm noch den guten Rat auf, Cádiz zu verlassen und nach Hause zurückzukehren – ein Ratschlag, den ich liebend gern selbst befolgt hätte.

Wieder zurück auf der Straße, konnte ich es kaum erwarten, mich in ein vorüberfahrendes Taxi zu flüchten, während Pacos lange, hagere Gestalt mit federnden Schritten in der Nacht verschwand – ein Mann, der dank seiner Begegnung mit mir den Entschluß gefaßt hatte, heimzukehren.

Wieder in meinem Hotelzimmer, zog ich meinem gespenstisch blauen Spiegelbild eine Grimasse, bevor ich das Licht löschte. Dann legte ich mich auf das Bett und lauschte dem Leben, das außerhalb meiner kleinen Schuhschachtel noch im Gange war. Töpfe und Pfannen klapperten, Kinder weinten, und ein Paar überhäufte sich gegenseitig mit lautstarken Schmähungen, bis eine unsichtbare Hand ein Radio einschaltete und alle von der wohltönenden, schmachtenden Stimme eines Opernsängers zum Schweigen gebracht wurden.

Während ich da lag und mich von den Klängen umfluten ließ, versuchte ich die Tränen zurückzuhalten. Ich hatte mir nichts weiter gewünscht als ein wenig Gesellschaft, versuchte ich mir einzureden. Ich hatte lediglich versucht, mich mit einem mündigen Erwachsenen zu amüsieren, und was sollte daran schlimm sein? Na gut, es war auf peinliche Weise schiefgelaufen, aber ich litt, während ich mich bemühte, das Weinen zu unterdrücken, nicht nur unter gekränktem

Stolz. Ich stellte fest, daß mich Pacos Ablehnung ziemlich verletzt hatte.

Heute kann ich mir natürlich eingestehen, was ich damals nicht einmal ahnte – daß ich weinte, weil ich Angst hatte. Seitdem ich London den Rücken gekehrt hatte, war mir mein Leben immer mehr entglitten. Ich wußte buchstäblich nicht, ob ich kam oder ging, während ich von einer Stadt zur anderen zog – ich wußte nur, daß ich mein Leben immer weniger im Griff hatte.

Zu Hause war Sex ein Gebiet gewesen, in dem ich mich auskannte, und an diesem Abend hatte ich mich aufgemacht, das zu tun, was ich tun konnte – nämlich einen Mann einzuwickeln. Obwohl ich sie nicht besonders mochte – und ihnen ganz bestimmt nicht über den Weg traute –, fühlte ich mich nur vollständig, wenn ich von Männern umgeben war. Ohne die Aufmerksamkeit eines Mannes verblaßte ich, und ich fuhr nur unter vollem Dampf, wenn einer in der Nähe war. An diesem Abend hatte ich mir gewünscht, daß Paco nett und aufmerksam zu mir sein und mir ein gutes Selbstgefühl vermitteln würde, und Sex war der Preis, den ich mit Freuden dafür gezahlt hätte.

Doch Paco hatte das einzige, das anzubieten ich mich in der Lage fühlte, von sich gewiesen. Zum ersten Mal im Leben hatte mein Trick versagt – und das machte mir Angst. Wen wunderte es daher, daß ich mich in den Schlaf weinte, denn ich fing an, Männer zu *brauchen*. Ich wollte ihren Schutz, ihre Sicherheit, ihre Kraft haben und spürte dabei, daß es auf dieser Reise sehr, sehr gefährlich sein konnte, Männer zu brauchen.

Nach Cádiz war ich von Granada angenehm überrascht. So kultiviert, so freundlich (so sicher!), mußte ich unwillkürlich denken, als ich ankam. Ich begann die Tage mit dem Frühstück in einem vornehmen alten Haus – voll mit golden verschnörkelten Spiegeln an den Wänden, dick gepolsterten Sesseln und altersschwachen Kellnern. Anschließend erkundete ich dann die Basare oder vertrödelte die Nachmittage in der Alhambra, streifte durch schattige Klostergänge und symmetrisch angelegte Gärten oder hockte unter rosenüberwucherten Lauben und schrieb wieder einmal lange, irreführende Briefe nach Hause, in denen ich berichtete, wie großartig es mir hier ginge.

Ja, Granada war sicherlich kultiviert und freundlich und darüber hinaus farbenprächtig und malerisch und geschichtsträchtig. Aber ich glaube, daß kein einziger Ort auf dieser Erde als sicher bezeichnet werden kann. Jedenfalls dann nicht, wenn man ein wandelndes Unglück ist, das nur darauf wartet, sich irgendwo zu ereignen; und in Granada trat ich in meine alten Fußstapfen – trieb mich in abgelegenen Gäßchen herum (je düsterer und verlassener, um so besser), tat nur das, was mir gefiel, und ging genau da hin, wo es mir paßte; putzte mich heraus und ging essen und forderte jeden trotzig heraus, mich aufzuhalten.

Eines Abends befand ich mich auf dem Heimweg vom Restaurant zum Hotel, durch stille, menschenleere Straßen, als ich hinter mir eilige Schritte näherkommen hörte. Ich hatte wenige Augenblicke zuvor den grölenden Gesang des Mannes gehört, und da ich annahm, daß er betrunken war, beschleunigte ich ebenfalls meinen Schritt – und stieß einen Seufzer der Erleichterung aus, als unmittelbar vor mir eine Tür aufging und ein zweiter Mann ins Freie trat. Er schlug dieselbe Richtung ein wie ich, nur auf der anderen Straßenseite, und dem Betrunkenen, der hinter mir her torkelte, wurde wohl plötzlich klar, daß die Gasse mit drei Menschen bereits sehr belebt war. Als ich an einer Seitenstraße vorüberkam, die nach links wegführte, hoffte ich, daß er aufgeben und darin verschwinden würde. Und wahrhaftig hörte ich, daß seine Schritte genau an dieser Stelle abbogen, und warf einen Blick zurück, um mich zu überzeugen, daß er die Verfolgung aufgegeben hatte.

Die Hände, die sich um meinen Hals schlossen, erstickten jeden Schrei, den ich hätte ausstoßen können, während mich die schiere Wucht des Angriffs halb über die Motorhaube eines geparkten Wagens schleuderte. Rücklings auf das warme Blech gedrückt, den linken Arm unter mir gefangen, die Beine von seinem Knie auseinandergedrängt, dauerte es eine Weile, bis ich begriff, daß der Mann, der gerade zum richtigen Zeitpunkt aufgetaucht war, um mich zu retten, nur gewartet hatte, bis die Luft rein war, um sich auf mich zu stürzen!

Hektisch und unter aufgeregtem Gemurmel riß er an meinen Kleidern, und abenteuerliche Vorstellungen davon, wie ich ihm die Finger in die Augen stach und ihm das Knie in die Eier stieß, schossen mir, vervollständigt durch aufschlußreiche graphische Darstellungen, durch den Kopf. Aber die Schnelligkeit seines Angriffs machte all diese Artikel über Selbstverteidigung in Frauenzeitschriften zum Gespött. Die Wahrheit ist daß man gegen so einen Kerl unmöglich ankommen kann, wenn er einen erst in der Mangel hat.

Ich verpaßte ihm mit der freien Hand einen Schlag über den

Schädel, erreichte aber nichts weiter damit, als daß er mir einen kräftigen Hieb auf den Mund versetzte und meine Kehle noch fester umklammerte, und selbst wenn es mir gelungen wäre, zu schreien, wären vermutlich die Türen um mich herum alle fest verschlossen geblieben.

Er hatte eindeutig Vergewaltigung im Sinn – und ich, es über mich ergehen zu lassen, um meine Haut zu retten –, als ich plötzlich ein rauhes männliches Lachen und mädchenhaftes Gekicher hörte und ein Pärchen in die dunkle Straße einbog. Für eine Sekunde erstarrten wir beide, und mein Angreifer fluchte lang und heftig. Dann lösten sich seine Finger von meiner Kehle, und er rannte in die Nacht davon; ich blieb allein zurück und erbrach mich über den Kotflügel des Wagens.

Tief erschüttert kehrte ich in mein Hotel zurück und versuchte, das Ganze zu vergessen. Oh, ich hätte sicherlich zur Polizei gehen und sie mit einer Anzeige des Überfalls langweilen können, damit sie mir hätten erklären können, daß ich überhaupt nicht allein ausgehen sollte, und ich hätte mich dann dafür entschuldigen können, daß ich überhaupt atmete, ganz zu schweigen davon, daß ich allein zum Essen ausgegangen war. Nein, ich war dort gewesen und hatte das schon erlebt, und ich wußte, daß es die reine Zeitverschwendung war.

Statt dessen machte ich, daß ich aus Spanien verschwand. Ich fuhr schnurstracks an den Ort, der einem Zuhause am nächsten kam, und als die Zollbeamten an der Grenze in meinen Zug stiegen und ich Wortfetzen in schnellem, mürrischem Portugiesisch aufschnappte, konnte ich mich kaum halten vor Freude bei der Aussicht, in nur sechs Stunden in Lissabon zu sein.

Als ich endlich an der Tür klingelte, war niemand zu Hause. Also ließ ich mein Gepäck auf der Treppe stehen und machte mich auf zum nahegelegenen Sportplatz. Wie erwartet, gab mein Schwiegervater, dessen Rückhand so beeindruckend war wie eh und je, Tennisstunden, während seine Frau, die winzige Gestalt in blaue Seide gehüllt, von der Seitenlinie aus zusah. Die Begrüßung war noch überschwenglicher, als ich es mir erträumt hatte, das Badezimmer größer als in meiner Erinnerung, das Bett weicher und das Essen köstlicher als alles, was ich mir hätte vorstellen können.

Fast eine Woche lang unterhielt ich meinen Schwiegervater mit unglaublichen Geschichten von meiner Reise und ließ mich von meiner Schwiegermutter unsäglich verwöhnen. Doch sie merkte bald, daß alles nur Theater war, und als ich ihr in einem unbedachten

Augenblick gestand, daß ich allein reiste und daß die vergangenen Monate die reine Hölle gewesen waren, tat sie ihr bestes, mich zur Heimkehr zu bewegen. Ihr Rat war gut – es schien durchaus vernünftig, aufzuhören, solange ich noch obenauf war –, und darum verstand keiner von uns beiden, warum ich ihn nicht befolgte. Doch ich wußte, daß ich noch nicht aufgeben konnte, und hielt starrsinnig an meinem Vorhaben fest.

An einem meiner letzten Abende in Lissabon luden mich Freunde von Rui zu einer Party ein, und ich muß sagen, daß ich mich großartig amüsierte; verwundert, daß das ausgerechnet in Lissabon möglich war – und ohne Ruis Begleitung. Das Taxi brachte mich kurz nach dem Morgengrauen nach Hause, und als ich vor der Eingangstür stand, stellte ich fest, daß der kleine Beutel, den die Köchin als letztes am Abend an den Türknauf zu hängen pflegte, gefüllt war mit köstlich frischem Brot.

Mir fiel ein, wie ich in den frühen Tagen unserer Beziehung immer wieder bis in die Morgenstunden allein im Bett gelegen und darauf gewartet hatte, daß Rui von seinen Sauftouren durch Lissabon zurückkam, und wie er in den weitaus meisten Fällen betrunken und lärmend ins Haus gekommen war und sich durch den Inhalt des Brotbeutels gemampft hatte.

Ich nahm den Beutel vom Türknauf, schlich mich auf Zehenspitzen in die Küche, legte ihn auf den Kühlschrank und hoffte, daß meine Schwiegermutter sich über den Scherz freuen würde. Als sie mich am späten Vormittag weckte, lächelte sie, offensichtlich belustigt über die Vorstellung, daß ich mich, ganz genauso wie ihr mißratener Sohn, bis zum Morgengrauen herumgetrieben hatte.

Ich glaube, was ich ihr wirklich damit sagen wollte – und was sie auch begriff –, war die Tatsache, daß ich nicht mehr Ruis Frau war. Ich lebte jetzt statt dessen mein eigenes Leben und mußte demgemäß auch meine eigenen Fehler machen, und während wir über meine nächtlichen Eskapaden lachten, begannen wir wohl beide zu verstehen, warum ich meine Reise fortsetzen mußte – ich hatte immer noch furchtbar viel zu beweisen.

Sonntanmorgen in Mailand, und ich blickte aus meinem Hotelfenster auf eine menschenleere Straße hinunter. Eine Woche bei meinen Schwiegereltern hatte mehr Schaden als Nutzen gebracht, denn ich hatte dort liebevolle Gesellschaft, angenehme Unterhaltung und Gelächter genossen, und das hatte meinen Appetit auf mehr geweckt.

Ich stieg in die Rezeption hinunter, wo ich mir den obligatorischen Stadtplan besorgte; die Wirtin suchte mir die Pension heraus und kreuzte die Stelle an, für den Fall, daß ich einmal den Heimweg suchte.

Auf der Straße draußen vernahm ich aus der Ferne Kirchengeläut und ging ihm nach, bis ich auf einem belebten Platz ankam, der von einer gewaltigen Kathedrale überschattet war. Die Menschen drängten sich in Scharen durch die Portale, und obwohl ich weit von jeglicher religiöser Ergriffenheit entfernt war, gesellte ich mich dazu, froh, einfach nur von der Menge aufgesogen zu werden.

Verloren in dem düsteren, kühlen Innenraum, hatte ich Mühe, das Dachgewölbe und die Dutzende von Kreuzbögen zu erkennen, die sich in das luftige Halbdunkel emporhoben. Die Luft war mit Weihrauch geschwängert, und ich lehnte mich an eine der mächtigen Säulen und genoß die karnevalähnliche Atmosphäre, war umgeben von kleinen alten Damen, die mit tropfenden Kerzen vorübertrippelten, und Kindern, die unbeaufsichtigt durch die Gänge tollten.

Fasziniert von einer Gruppe seriös gekleideter Männer, die sich mit einem Wirbel freundschaftlicher Küsse und herzlicher Umarmungen begrüßten, drückte ich mich erschrocken an die Säule zurück, als der schwerfällige kleine Mann neben mir sich breit grinsend umdrehte und mir die Hand entgegenstreckte. Ich sah mich hilfesuchend um und stellte fest daß alle anderen sich auch die Hände schüttelten. Also ergriff ich seine knorrige Pranke zaghaft, und er schüttelte sie heftig auf und ab, indem er mir unaufhörlich ermunternd zunickte. Und das war's – meine tägliche Ration an menschlicher Wärme und Körperkontakt.

Zurück in meinem Hotelzimmer, hing mir alles so sehr zum Halse heraus, daß ich mir nicht einmal die Mühe machte, mich herauszuputzen und mich auf die Suche nach einem Lokal zum Abendessen zu machen. Oder nach Gesellschaft. Statt dessen setzte ich mich auf meine Fensterbank und sah zu, wie unten auf der menschenleeren Straße nichts geschah. Dann fing ich einen Brief an meine Mutter an. Gleich darauf dachte ich: Ach, zum Teufel! Warum ein Notbehelf, wenn ich es auch richtig haben kann? Und dann rief ich sie an.

Sie meldete sich mit ihrem unverkennbaren sanften schottischen Singsang und war aufrichtig verwundert, zu hören, daß ich aus Italien anrief. Sie hatte sich über alle meine Postkarten gefreut ... Vater ging es gut, obwohl er eine Sommergrippe hatte und sein Wagen wieder einmal Schwierigkeiten machte ... Angus hatte sich in die Dachshündin der Nachbarn verliebt... ob ich wußte, daß Colin Ende des Monats Geburtstag hatte? Er würde seinen Urlaub auf Korfu feiern... und so weiter und so weiter. Ich sog jedes ihrer Worte in mir auf, während ihre Stimme die Meilen überflog, aber noch bevor ich den Hörer auflegte, wußte ich, daß der Anruf ein Fehler gewesen war, denn danach fühlte ich mich einsamer und isolierter denn je zuvor.

Ich wollte mich nicht länger so fühlen oder länger so leben, aber ich konnte mir nicht vorstellen, daß es einmal anders sein würde – daß ich einmal mit Freuden allein unter Fremden leben würde. Konnte den Tag nicht vor mir sehen, an dem ich zurechtkam, an dem ich es geschafft hatte an dem ich meine Rechnung beglichen hatte und nach Hause zurückkehren konnte.

Also fuhr ich statt dessen nach Florenz weiter. Wo ich Hussein begegnete.

DRITTES KAPITEL

Tod eines Vamps

Zehn Tage später saß ich glücklich und entspannt in einem Zug, der sich rasch von Florenz entfernte, und mein Körper schaukelte in dem gleichmäßigen Rhythmus der Fahrt. Sonnenschein und Schatten tanzten durch das leere Abteil, und ich sah, wie einen Augenblick lang ein See am Horizont aufflimmerte. Dann ließ ich meine Gedanken wandern, die Augen blicklos auf ein Italien gerichtet, das in warmes, goldenes Licht getaucht war.

Bruchteile von Geräuschen und Bildern schossen mir durch den Kopf, Florenz wurde bereits zur Erinnerung – eine, an der ich festhalten wollte. Ich hörte noch das Echo meiner Schritte in Marmorkorridoren, die die mächtigen Schatten der Medicis einst verdunkelt hatten. Sah mich durch verborgene Türen im Palazzo schlüpfen und den Atem anhalten vor Staunen über die Geheimkammern, in denen einst Macht und Intrige geherrscht hatten.

Ich hatte mit atemloser Furcht den gewaltigen Duomo betrachtet, der mein gesamtes Zimmerfenster mit seinem schimmernd grünen, hellroten und weißen Marmorglanz ausgefüllt hatte. Ich hatte mit der hübschen Empfangsdame in meiner *Pensione* gelacht, obwohl keiner von uns beiden den Witz verstanden hatte. Hatte die großen Tonbecher mit frischem, dampfenden Kaffee genossen, der allmorgendlich auf meinem Frühstückstisch erschien. Hatte meinen einzigen rosaroten Lippenstift der munteren Kellnerin geschenkt, die die Farbe meines Mundes bewundert hatte. Mit einem Hauch von Bedauern die Einladung eines hübschen jungen Straßenkünstlers ausgeschlagen, der mich gebeten hatte, ihn in seinem Atelier zu besuchen und nackt für ihn Modell zu stehen. Jetzt, als mein Zug gen Süden eilte, erinnerte ich mich an all diese Momente. Und an vieles andere mehr...

Mein Walkman spielte süße, wehmütige Musik. Dieselbe Musik hatte ich Hussein in der Nacht zuvor vorgespielt. Oder vielmehr an diesem Morgen, kurz vor dem Morgengrauen. Das Gesicht nach unten gekehrt, die Arme ausgebreitet, war er zum sanften Rhythmus des Stückes unter meinen Händen, die ihm den Rücken massierten, eingeschlafen.

Interessanter Mann... Libanese. Mit beginnender Glatze, was der

Schönheit seines Gesichts eher zuträglich war, als ihr Abbruch zu tun. Dunkle, freundliche Augen ... lange, gerade Nase. Breiter, sinnlicher Mund und ein kantiges Kinn mit einem tiefen Spalt in der Mitte. Muskulöser Körper mit einem feinen Bewuchs weicher dunkler Haare. Wunderschön ...

Es hätte eine rein körperliche Beziehung sein können – Gott weiß, daß ich mir alle Mühe gab, mich dazu zu zwingen. Aber es hatte sich erwiesen, daß Hussein mehr war als nur ein hübsches Gesicht. Er hatte auch einen wißbegierigen Verstand und eine ausgeprägte Meinung in nahezu allen Dingen.

Nach zwei Monaten auf Reisen spürte ich deutlich das Fehlen jeglicher angeregten Unterhaltung, und ich hatte gelernt, alles, was einer lebhaften Diskussion auch nur ähnelte, zu vergessen. Aber mit Hussein hatte ich all das gehabt – und überdies in Englisch! Er war gerade rechtzeitig gekommen, um mich aus einer Gruppe von ungefähr zwanzig violinespielenden amerikanischen Jugendlichen herauszuziehen. Sie gaben den Gästen in einem Café, in dem ich vor der Nachmittagshitze Schutz gesucht hatte, Ständchen, die mehr von Begeisterung als von Können geprägt waren. Das Angebot, miteinander ein Glas zu trinken, hatte zu einer Einladung zum Abendessen geführt, und bei einem köstlichen Mahl in einem ruhigen Lokal hatte die Luft geknistert von unserem Geplänkel.

Mit seinen etwa dreißig Jahren schien er der Archetyp des kosmopolitischen Menschen. Eher kontinental als mittelöstlich mit seinen eleganten Kleidern, seiner überschwenglichen Gestik und überdies einer italienischen Ex-Gattin. Aber obwohl er bereits seit acht Jahren in Florenz lebte, fühlte er sich aufgrund seiner kulturellen Herkunft sehr isoliert, und je mehr er sich bemühte, sich von seinen Wurzeln zu entfernen, um so leidenschaftlicher wurde sein Interesse für den Libanon. Es dauerte nicht lange, bis ich aus seinen Reden herausgehört hatte, daß er sich auf seine Weise ebenso einsam fühlte wie ich.

Er war ein entwurzelter Mensch, und in seinem Leben klaffte eine Lücke, die nichts zu füllen vermochte. Weder seine italienischen Freunde, noch seine Arbeit als Architekt. Und auch nicht seine neueste Freundin, eine Amerikanerin, deren »Neue-Welt«-Ansichten er nur schwer begreifen und akzeptieren konnte. Ihre letzte Auseinandersetzung hatte dazu geführt, daß sie nach Kalifornien zurückgeflogen war, und nun forderte auch diese Trennung ihren Tribut.

Während ich all diese Dinge über ihn in Erfahrung brachte, spürte er seinerseits mein Bedürfnis, einfach nur zu reden und zu reden und zu reden. So verbrachten wir diesen und den folgenden Abend damit, bis spät in die Nacht über »das Leben« zu sprechen. Wahrscheinlich ahnten wir beide, daß wir uns nie wiedersehen würden, und nutzten diese Anonymität, um uns alle möglichen persönlichen und intimen Dinge von der Seele zu reden.

Ich fühlte es kommen, während wir uns unterhielten – fühlte die Wärme, die sich in mir ausbreitete, während ich allmählich auf seine Aufmerksamkeiten zu reagieren begann. Ich saß da und betrachtete mit Freude sein Gesicht, während er sprach, und plötzlich fragte ich mich, ob *er* es war, wonach ich suchte. Ich begann mir vorzustellen, wie das Leben in einer so herrlichen Stadt, mit einem Mann wie Hussein, sein würde... und dann verzweifelte ich an mir selbst. Man brauchte mir nur einen Mann zu geben – irgendeinen Mann –, und schon erstrahlte das Leben in einem ganz neuen Glanz.

Ich hatte diese meine Schwäche erst vor kurzem erkannt, und manchmal sah es nicht so aus, als würde ich sie je überwinden. Dieser Gedanke ging mir durch den Kopf, als ich mich in meinem Abteil zurücklehnte und überrascht feststellte, wieviel Hussein und ich in diese wenigen, kurzen Tage hatten hineinstopfen können. Tage, an denen wir zusammen spazieren gegangen waren, getanzt und gelacht, diskutiert und uns geliebt hatten.

Ich würde die Nebensächlichkeiten nie vergessen... die Palme unter seinem Schlafzimmerfenster, graublau schimmernd im Zwielicht der Morgendämmerung... den Blick auf seine kunstvoll bemalte Decke, während ich, beruhigt durch seine regelmäßigen Atemzüge, neben dem schlafenden Hussein lag. »Mein Mann«, mußte ich damals unwillkürlich denken. Wenn auch nur für diesen einen Augenblick und vielleicht noch den nächsten.

Ich rief mir die angenehme Ruhe an jenem ersten Morgen in Erinnerung – das friedliche Gefühl der Häuslichkeit. Ich hatte ihm zugesehen, wie er seine Kleider weggehängt und seine Garderobe in Ordnung gebracht hatte. Ich saß halbnackt im Sonnenschein auf seinem Bett und aß, malerisch eingehüllt in ein Laken, schwarz glänzende Kirschen aus einer Kristallschale. Mir gefiel die Art, wie er die Hand ausstreckte, um mir die Kerne abzunehmen, die noch naß waren von meinem Speichel. Irgendwie war diese Geste intimer und zärtlicher, als miteinander zu schlafen.

Seine Erzählungen über den Islam hatten mich fasziniert... die Art wie er auf absoluter körperlicher Reinheit bestand, bevor wir uns liebten, hatte mir insgeheim Freude bereitet. Und die nächtliche

Anruferin aus Kalifornien hatte mich betrübt. Denn sie wußte, ohne es zu wissen, daß ich da war. Ich konnte ihren Schmerz fast fühlen, als er ihr beschwichtigende Worte durch das Telefon zuflüsterte, darauf beharrte, er sei ganz allein. Ich konnte nicht einmal gekränkt sein darüber, daß ich so beiläufig verleugnet wurde, denn schließlich *war* ich niemand. Irgendeine Frau, die für kurze Zeit in seinem Leben und in seinem Bett verweilte – als Stellvertreterin für eine andere, wesentlich wichtigere Person. Es war dieselbe Rolle, die ich in der Begegnung mit dem Polizeileutnant in Cádiz gespielt hatte, und eine, an die ich mich, wie ich feststellte, gewöhnen mußte, solange ich durch das Leben anderer Menschen hindurchging.

Hussein... ein Mann, der alle Frauen bewunderte und möglichst viele verführte. Ein Mann, der die hochfliegenden Ideale der Ehe liebte, aber die Opferbereitschaft und Selbstbeherrschung nicht aufbringen wollte, die eine langanhaltende Beziehung erforderte. Er war ein Mann, der ebenso wie ich wußte, daß die fünf Tage, die wir gemeinsam verlebten, alles waren, was uns zustand.

Doch als wir uns am Bahnhof voneinander verabschiedeten und er zögernd vorschlug, ich solle noch ein wenig bleiben, war ich sehr, sehr in Versuchung. Erfüllt von dem angenehmen Gedanken an die Wochen (oder Monate?), die ich im eleganten Florenz würde leben können; all jene Morgen könnte ich sicher und behaglich unter der blau-weißen Malerei seiner herrlichen Decke liegen.

Und nun saß ich im Zug, der Richtung Rom raste – und sagte mir, daß es eine vernünftige Entscheidung gewesen war, Hussein zu verlassen, und ahnte die Gefahr nicht, die gleich hinter der nächsten Ecke auf mich lauerte...

Rom, die Ewige Stadt. Ich schlenderte in der zunehmenden Dämmerung über die Via Veneto, Treffpunkt der Reichen, der Eleganten, der Schönen. Der Abend war heiß und erfüllt von Parfüm und Gelächter, und ganz Rom schlang Essen, Wein und angenehme Gesellschaft in sich hinein. So kam es mir, die ich neidisch zusah, jedenfalls vor; ich hatte mich inzwischen zwar daran gewöhnt, allein zu essen, aber der Gedanke an Essen und Trinken erschien mir seltsam öde, da ich es nicht mit Freunden teilen konnte.

Dennoch zog ich die lärmende, farbenprächtige Straße der Einsamkeit meines Hotelzimmers vor, und ich wanderte die Via Veneto von einem Ende zum anderen ab, bevor ich mich für ein Restaurant entschied und an einem Zweiertisch Platz nahm. Es rief die gewohnte vorübergehende Unruhe hervor, aber ich hatte mittlerweile gelernt, mit den abschätzenden Blicken, den anzüglichen Bemerkungen, den angebotenen Drinks und sogar einem gewissen Maß an Belästigungen umzugehen ... man muß nur Stift und Block hervorholen und so *tun, als sei man beschäftigt.*

Eingekreist von lärmenden Grüppchen, bestellte ich mein Essen und ging einen Brief an Hannah an, den ich aber bald wieder unterbrach, um mich zurückzulehnen und statt dessen die Welt zu beobachten.

Jene lebendige Legende, der italienische Gigolo, war zu meiner Linken hart bei der Arbeit. Drei von der Sorte, genauer gesagt, bemühten ihren ganzen Charme, um jene andere lebende Legende, die reiche ältere Amerikanerin, aus den Miederhöschen zu turteln. Vier von der Sorte, genaugenommen. Eine bizarre Mischung aus albernem Gekicher und lüsternen, wissenden Augen; magere, in teure Kleider gehüllte, mit Schmuck behangene Figuren.

Zwei weitere Amerikaner, Männer in mittleren Jahren, saßen vor mir. Der eine beschrieb das »furchtbar beeindruckende« Erlebnis, Pompeji zu sehen, während der gelangweilte, dickliche Sohn des anderen sich in seine Serviette erbrach.

Zu meiner Rechten lachten und neckten sich gutgelaunt einige ausgelassene junge Italiener, während sie auf ihre Bestellung warteten. Und ich beobachtete das ganze Treiben und wurde immer niedergeschlagener.

Ich befand mich an einem schwülen Sommerabend im schönen, schicken Rom – und das war mir immer noch nicht genug. Es wäre einfach vollkommen gewesen, hätte ich es mit Menschen, die ich kannte, teilen können. Wir hätten über unsere Scherze lachen, dem anderen vom Teller naschen können ... und ich hätte ohne Bedenken mehr als zwei Gläser Wein trinken können in dem Bewußtsein, unter Freunden zu sein. Nun ja ...

Plötzlich machte eine der Italienerinnen am Nebentisch auf italienisch eine Bemerkung über mich, und als sie an meinem Gesichtsausdruck merkten, daß ich sie verstanden hatte, lächelte sie und sprach mich an. Sie fand heraus, daß ich allein war, und begann, mich in die allgemeine Unterhaltung miteinzubeziehen.

Es ist ungewöhnlich, daß eine Gruppe von Menschen, die vollkommen voneinander in Anspruch genommen sind, einen alleinstehenden Außenseiter überhaupt bemerkt. Aber diese jungen Leute waren reizend – besonders die Mädchen. Bald drängten sie mich, an ihren

Tisch zu kommen, und plötzlich stand ich nicht mehr außerhalb. Ich hatte Teil an der Fröhlichkeit, dem aufregenden Erlebnis einer römischen Nacht; lachte und scherzte mit einer fröhlichen Schar und genoß ihre Gastfreundlichkeit – als ein Schatten auf den Tisch fiel. Als der Lichtkreis, in dem ich saß, sich plötzlich verdunkelte, blickte ich auf und sah schweigend zu, wie meine neuen Freunde ein gewaltiges Aufhebens um diesen finsteren Fremden machten.

Ich mochte Sergio vom ersten Augenblick an nicht. Sein Gesicht gefiel mir nicht – obwohl er vermutlich auf eine harte Art gut aussah mit seinem kalten Lächeln, den stählernen Augen und dem dünnen Mund mit dem strengen Zug in den Winkeln. Mir mißfiel seine weltverdrossene Haltung und seine verächtliche Miene, als er den Tisch und die daran Sitzenden mit einem Blick erfaßte. Am meisten mißfielen mir die herablassenden Bemerkungen, die er jedesmal machte, wenn ich etwas sagte.

Er war furchtbar anstrengend! Älter, offensichtlich erfolgreich, schlagfertig und wortgewandt – und augenscheinlich ständig gelangweilt. Aber jetzt, durch ein neues Opfer ein wenig aus diesem Dauerzustand geweckt, regte er mich bei jeder Gelegenheit, während ich verzweifelt bemüht war, ihn versöhnlich zu stimmen – verwundert über mich selbst, daß ich mir seine außergewöhnliche Unverschämtheit gefallen ließ. In London hätte ich keine Zeit verloren, ihn zum Teufel zu jagen. Aber ich war nicht in London, und ich hatte in jenen Tagen gelernt, dankbar zu sein, wenn ich überhaupt Gesellschaft hatte. Bis zu seinem Auftauchen hatte mir der Abend gefallen, und ich wollte ihn mir durch nichts verderben lassen.

Also bemühte ich mich die nächste Stunde über, ihn bei Laune zu halten, während er die Augen nicht von meinem Gesicht nahm und ich mich ausgesprochen unbehaglich fühlte, wann immer ich gezwungen war, seinen unfreundlichen Blick zu erwidern. Noch bevor ich selbst es gemerkt hatte, wußte er, daß ich Angst vor ihm hatte. Und genau das war es, was er wollte.

Als ich mich später zum Gehen anschickte und er darauf bestand, mich zum Hotel zu fahren, hätte ich ablehnen sollen. Und als er dann, vor meinem Hotel im Wagen sitzend, wissen wollte, warum ich nicht den nächsten Tag mit ihm verbringen würde, *hätte* ich sagen sollen: »Ich kann Sie, ehrlich gesagt, nicht leiden.« Stattdessen hörte ich mich sagen: »Es ist nett, daß Sie mir das anbieten, Sergio. Aber ich habe mich für morgen mit ein paar Freunden verabredet.«

Darauf unterbrach er mich mit gequälter Miene. Er hatte seine

Aufgaben gemacht, hatte am Tisch Fragen gestellt. Wußte, daß ich allein unterwegs war, und sagte es mir. Spielte immer noch mit mir und war belustigt über meine Verlegenheit, bei einer Lüge ertappt worden zu sein.

»Aber wie dem auch sei«, schloß er, des Spiels allmählich überdrüssig. »Treffen Sie sich morgen mit Ihren ›Freunden‹, wenn es sein muß. Ich hole Sie am Sonntag um ein Uhr hier ab. Zum Mittagessen.«

Noch bevor er den Satz beendet hatte, beugte er sich über mich und öffnete die Beifahrertür. Dann blickte er, ungeduldig, loszufahren, starr geradeaus, während ich sprachlos und kleinlaut aus seinem Wagen kletterte.

Noch während ich mich am Sonntag zum verabredeten Mittagessen ankleidete, war ich unsicher, ob ich überhaupt hingehen wollte. Ich war jetzt seit sechs Tagen in Rom. Ich hatte das Forum und das Pantheon besichtigt und war durch ein Gewimmel von Künstlern die Spanische Treppe hinuntergestiegen. Ich hatte vor Michelangelos Moses meditiert und den Vatikan durch sein Säulengewirr hindurch bewundert. Still und einsam hatte ich einen Blick auf die Herrlichkeit von Rom geworfen.

Am Samstagnachmittag hatte ich am Trevi-Brunnen Zuflucht vor der Hitze gesucht und mich in den Schatten gedrückt, während kleine Italienerjungen Jagd auf Tauben und ausgewachsene italienische Männer Jagd auf ausländische Mädchen machten. In dem ganzen Treiben waren Münzen funkelnd und blitzend durch die Luft geflogen und in türkisblauen Tiefen versunken – geworfen von Liebenden, die sich wünschten, eines Tages gemeinsam nach Rom zurückzukehren.

Den ganzen Nachmittag über hatte ich zugesehen, wie alle Welt an mir vorüberzog – und das meistens zu zweit. Am Abend hatte ich allein gegessen, war früh zu Bett gegangen und hatte schlecht geschlafen. Ich hatte in den vorausgegangenen vierundzwanzig Stunden nicht mehr als ein Dutzend Worte von mir gegeben.

Anders ausgedrückt – ich hatte genug von meiner eigenen Gesellschaft. So sehr, daß mir sogar die Aussicht auf ein Mittagessen mit dem abweisenden Sergio fast verlockend erschien.

Ich versicherte mir selbst, daß ich ihn an jenem Abend zu streng beurteilt hatte. Er war zwar grob und unangenehm gewesen, aber möglicherweise war das eine Reaktion auf meine Gleichgültigkeit. Und die Romanen *hätten* nun mal eine arrogante Art, wenn sie mit Frauen zusammen waren.

Aber seine Augen waren so berechnend... und dieses gräßliche, dünne Lächeln... und sein Gesicht, es war so sarkastisch... Er kann dich nicht leiden... schrillte die kleine Stimme in meinem Kopf aufgeregt.

Oh ja, meine Instinkte bemühten sich, mich zu warnen, daß mir Gefahr drohte – daß dies kein normaler Mann war. All die Bitterkeit und die Wut, die ich an ihm gespürt hatte, existierte wirklich – ebenso wie seine Verachtung für mich. Aber mein Einsamkeitsgefühl überwog die leisen Regungen der Angst.

Und meine Überheblichkeit trug den Sieg davon. Der Sturmtruppen-Vamp in mir war dem Mann noch nicht begegnet, mit dem er *nicht* fertig wurde. (Abgesehen von dem in Córdoba, und darüber hatte ich sorgsam einen Schleier der Verdrängung gebreitet.) Ein launischer, Missonigekleideter Mann würde kein Problem darstellen, denn ich war ihm mehr als gewachsen.

Ich hatte schon andere merkwürdige Männer kennengelernt, und sie alle hatten mir bald aus der Hand gefressen; und vermutlich sah ich in Sergio lediglich eine weitere Herausforderung. So redete ich mir ein, daß ich zum Mittagessen mit einem Mann verabredet war, an dem nichts Gefährlicheres war, als daß er eine Wut mit sich herumtrug, während ich die Treppe zu seinem wartenden Wagen hinunterstieg und davonfuhr, um mit dem Teufel in Person zu speisen.

Es war entsetzlich. Eine unangenehme Begegnung vom ersten Augenblick unseres Treffens. Zunächst einmal machte er nicht einmal Anstalten, mit mir zu reden. Raste nur wie ein Wahnsinniger durch die Straßen der Stadt. Und obwohl er alles bestens im Griff zu haben schien, während er durch den Verkehr flitzte, strich er sich immer wieder mit einer nervösen Handbewegung das Haar aus der Schläfe zurück. Um die Spannung zu mildern, trieb ich höflich Konversation mit seinem steinernen Profil, während ich mir seine Erscheinung genauer ansah.

Ein teurer Armani-Pullover, sorgfältig in Wolle und Leder gearbeitet, dunkelgraue, tadellos geschnittene Wildlederhosen. Ein goldener Ring mit einem einzelnen Diamanten am kleinen Finger der rechten Hand. Glatte Hände mit sorgsam manikürten, schlanken Fingern. Trotz der dünnen Narbe, die von der Augenbraue bis zum Ohrläppchen verlief, *war* sein Gesicht schön. Aber selbst im Profil hatte es etwas unbestreitbar Grausames.

Im Restaurant aß und trank er wenig, sprach dafür aber viel. Sagte häßliche Dinge über seine beiden geschiedenen Frauen und häßliche Dinge über seine Kinder. Er war gehässig gegen Frauen im allgemeinen und äußerte Verachtung für Männer, die den Frauen zu sehr die Oberhand ließen. Das Mittagessen war kein Erfolg.

Mitten im Satz, offensichtlich durch seine Wutausbrüche verausgabt, rief er plötzlich nach der Rechnung, und ich sah mit aufrichtiger Erleichterung dem Ende meines Leidens entgegen, ohne recht zu ahnen, daß es gerade erst begonnen hatte. Der Sturm brach los, als wir in die Innenstadt zurückfuhren und ich vorschlug, er könne mich absetzen, wo immer es ihm gefiel. Das war der Augenblick, in dem ich entdeckte, daß er »Pläne« für uns beide gemacht hatte, Termine abgesagt hatte, um mit mir zusammen sein zu können.

»Aber es ist natürlich typisch für eine Frau, die Bemühungen eines Mannes, ihr zu gefallen, nicht zu beachten. Ihr seid alle gleich – egoistisch, undankbar –« Und weiter und weiter geiferte er, während ich ihn, entmutigt durch diesen neuerlichen Ausbruch, anstarrte.

Er war einfach nicht normal. Ganz sicher kein Mensch, den man leichtfertig reizen sollte, sagte ich mir, während er wütend die Gänge einlegte. In diesem Augenblick beschloß ich, das Ganze noch eine Weile mitzumachen – mir eine Stunde oder zwei die Stadt von ihm zeigen zu lassen. Es würde ihn bald langweilen, und dann konnte ich mich davonmachen.

Also dankte ich ihm für das Angebot, er bedachte mich mit einem dünnen Lächeln, und wir fuhren, äußerlich wieder ruhig, weiter. Aber mein Magen krampfte sich allmählich vor Nervosität zusammen. Irgend etwas stimmte nicht an der ganzen Sache. Es war eindeutig etwas faul daran.

Während ich die vorüberfliegenden Orientierungspunkte betrachtete, versuchte ich, meine Angst zu beherrschen – rief mir in Erinnerung, daß es eine Zeit gegeben hatte, in der ich jeden Mann zum Teufel schicken konnte, und fragte mich, warum ich mich jetzt nicht überwinden konnte, genau das zu tun. Aber der Angriff in Córdoba und der Überfall in Granada hatten zur Folge, daß ich mich selbst in harmlosen Situationen – wie dies gewiß eine war – bedroht fühlte.

»Ich wohne hier in der Nähe«, unterbrach Sergio plötzlich meine Gedanken. »Macht es Ihnen etwas aus, wenn wir kurz bei mir halt machen? Ich möchte ein paar Bücher holen.«

»Na endlich!« dachte ich. »JETZT weiß ich, was gespielt wird.« Aber in diesem Spiel kannte ich alle Finten. Ich erwiderte seinen auffordernden Blick und fragte mich, ob er wirklich glaubte, ich würde auf diesen Trick hereinfallen.

»Es macht mir nicht das geringste aus. Aber ich warte hier im Wagen«, entgegnete ich gelassen. Und registrierte sein etwas verzerrtes Lächeln des Einverständnisses, während er an den Bordstein fuhr.

»So – Sie können ein bißchen Musik hören, solange ich weg bin«, erklärte er, indem er eine Kassette in den Recorder einlegte. Dann stieg er aus, knallte die Tür zu und drehte sich noch einmal kurz mit einem Blick zu mir um, der mich zusammenzucken ließ, so viel Haß und Verachtung lagen darin. Als hätte er mein Mißtrauen geahnt und wollte mir zeigen, daß der bloße Gedanke daran, mich zu verführen, ihn abstieß. Obwohl ich es nicht wußte, *hatte* das Spiel bereits begonnen, und er war um Längen voraus.

»Sehr beherrscht«, gestand ich ihm verwirrt zu, als er gelassen auf die mächtige Eingangstür eines alten Wohnhauses zuschlenderte. *War* er nun harmlos oder nicht? Während ich das dachte, hielt er plötzlich mitten im Schritt inne, als wäre ihm soeben ein Gedanke gekommen. Dann machte er langsam kehrt und kam zögernd zum Wagen zurück.

»Mir ist gerade eingefallen –« begann er. »Erinnern Sie sich an unser Gespräch beim letzten Mal – über das Kaufen von Wohneigentum? Nun, die Wohnung, von der ich Ihnen erzählt habe, die ich als Kapitalanlage gekauft habe … sie ist auch hier im Haus. Völlig leer natürlich. Und in einem grauenhaften Zustand. Aber ich habe mich gefragt …« In seiner Stimme schwang jetzt eine entwaffnende Unsicherheit. »Vielleicht macht es Ihnen nichts aus, einmal einen Blick hinein zu werfen? Sie können mir sagen, was Sie davon halten. Ich wäre Ihnen sehr dankbar …«

Alarmglocken schrillten in meinem Kopf, und mein Magen krampfte sich zu einem Knoten zusammen. Ich suchte in seinem Gesicht vergebens nach einer Spur von Hinterhältigkeit. Mit vollkommen unschuldiger Miene wartete er geduldig auf meine Antwort. Himmel, war ich mißtrauisch! Es war höchste Zeit, daß ich meine Beherrschung wiederfand.

Ich stieg aus dem Wagen und folgte ihm durch die schwere Glastür in den verschnörkelten Messingaufzug. Zwei, drei Stockwerke aufwärts und hinaus in einen grün ausgelegten Korridor. Kleine vergoldete Kandelaber säumten die Wände, den angegilbten Anstrich zierten Stuckschnörkel, Girlanden und Trauben, unterbrochen von schweren dunklen Türen – der verblichene Glanz vergangener Zeiten.

Sergio blieb vor einer der Türen stehen und steckte einen Schlüssel ins Schloß. »Das ist meine Wohnung. Ich hole die Bücher und die anderen Schlüssel. Dann gehen wir hinauf«, erklärte er, indem er die Tür aufstieß. Mein Blick fiel auf Spiegel mit schweren Goldrahmen an taubengrauen Wänden und ein weißes, flauschiges Meer aus Teppichboden. Dann trat er ein – und schlug mir die Tür vor der Nase zu!

Es dauerte einen Augenblick, bis ich begriff, was geschehen war, und dann fühlte ich mich gedemütigt. Da stand ich nun, gewappnet gegen eine Vergewaltigungsszene, nur um mir eine Abfuhr von dem Vergewaltiger zu holen. Wellen der Verlegenheit durchfuhren mich, während ich mir so die Beine in den Bauch stand, dann schritt ich im Flur auf und ab und machte mir bewußt, daß er mich für vollkommen neurotisch halten mußte; es tat mir leid, ihn verdächtigt zu haben, und mir war klar, daß ich aufhören mußte, ständig Angst zu haben.

Als er endlich wieder auftauchte, schwer beladen mit Büchern und Heften, hatte sich meine Stimmung erheblich gebessert; ich war geradezu gesprächig, während wir noch zwei Stockwerke höher fuhren und in einen vollkommen identischen Flur traten. Ich hatte keinen Argwohn, als er auch hier eine Tür aufschloß, und als sie sich öffnete, erblickte ich – einen kahlen Flur. Gegenüber sah ich durch eine Innentür einen ebenso leeren Raum. Es war eine leere Wohnung, genau wie er gesagt hatte, und ich ging ihm unbekümmert voraus in den Flur und bewunderte die hohen Decken, die verschnörkelten Stuckleisten ...

Auf den dumpfen Schlag, mit dem die Bücher zu Boden fielen, folgte mit lautem Knall das Zuschlagen der Tür. Irgendwie wütend und gewalttätig. Das scharrende Geräusch von Riegeln, die heftig zugeschoben wurden, ließ mich überrascht herumfahren, und ich blickte einem Fremden ins Gesicht.

Oh, irgendwo dahinter war Sergio. Gefangen hinter den wilden Augen, dem bösartigen Grinsen, dem maskenhaften Gesicht. Das Herz schlug mir bis zum Halse, als er auf mich zutrat und mich mit aller Kraft den Flur entlang stieß. Unartikuliert vor sich hin brabbelnd, schob und drängte er mich durch den kahlen Korridor, und meine stolpernden Schritte hallten von der hohen Decke zurück. Was da passierte, war kaum zu glauben, doch die animalische Kraft in seinen Händen und die Wellen unbändiger Wut, die seine Berührung übermittelte, waren nur zu wirklich.

Aber erst, als ich in den letzten Raum gestoßen wurde und entsetzt auf das riesige, besudelte, von einem großen Fernsehgerät überschattete Bett starrte, begann ich zu begreifen, welche Gefahr mir drohte. Und jeder noch vorhandene Hoffnungsschimmer verblaßte, als ich die Bilder an den Wänden sah. Es waren schmucklose Schwarzweiß-Vergrößerungen, die in Augenhöhe aufgereiht waren, nachlässig mit Reißzwecken befestigt und einige an den Rändern aufgeworfen. Es waren ausnahmslos Photos von Mädchen. Alle waren nackt. Und alle waren geschlagen worden. Die Angriffe hatten offensichtlich hier in dieser leeren Wohnung stattgefunden, und aus den Mädchen waren verängstigte, geduckte Kreaturen gemacht worden, bevor man sie auf dem großen, schmutzigen Bett photographiert hatte. Einige von ihnen mit wild aufgerissenen Augen und weinend. Andere merkwürdig starr.

Wie festgewurzelt blieb ich stehen, als er sich an mir vorüber schob und auf das Fernsehgerät zustrebte. Er schaltete es ein und drehte die Lautstärke voll auf, um, wie mir bewußt war, meine Schreie und Hilferufe zu übertönen.

Mit einem wachsenden Gefühl der Unwirklichkeit bewegte ich mich auf den Bildschirm zu, und als das Bild darauf erschien, ließ ich mich langsam auf das Bett nieder und sah zu, wie Gruppen von Menschen durch ein Stadion marschierten. Ich befand mich in einem so tiefen Schockzustand, daß es eine Weile dauerte, bis ich begriff, daß es sich um die Eröffnungsfeier der Olympiade handelte – eine Zeremonie, der in diesem Augenblick wahrscheinlich die halbe Welt mit Spannung folgte, und irgendwo da draußen saßen jetzt Menschen, die mich liebten, sich etwas aus mir machten, sich um mich sorgten, gebannt vor ihren Bildschirmen und betrachteten dieselben lächelnden Gesichter, denselben stolzen Aufmarsch. Meine Eltern, meine Freunde, mein Bruder . . . wir alle waren durch dieses Fernsehbild verbunden. In gewisser Weise waren sie mir unglaublich *nah*. Und doch war ich ganz allein, eingesperrt mit einem Wahnsinnigen. Und nur ein Wunder konnte mich noch retten.

Seine Stimme ertönte, leise, gepreßt und beherrscht.

Bitte, lieber Gott – laß ihn nicht die Nerven verlieren!

Ich wußte nicht, *warum*, aber ich wußte, daß dann alles verloren war für mich.

»Ich bin nicht interessiert an Sex mit dir!« stieß er verächtlich hervor. »*Daran* liegt mir nichts. Aber ich *werde* dich schlagen. Danach mache ich Photos. Und dann kannst du gehen. Wie schlimm es wird, hängt von dir ab.«

Ich wollte ihm glauben, aber ein weiterer Blick auf die Bilder an den Wänden lehrte mich, was echte Angst ist. *Nein, er lügt. Ich komme hier nicht wieder raus. Nie wieder ...*

Das aufgeregte Scharren und Kratzen in meinem Kopf wurde lauter ... mein Atem ging flach und schnell ... und die aufsteigende Panik füllte meinen Mund mit einem säuerlichen Geschmack. Ich war wieder ein Kind, kurz davor, in die Hose zu machen. Wahnsinnig vor Angst, brauchte ich etwas, jemanden, um mich schutzsuchend festzuklammern.

Ich will ... ich will meine Mutter haben. Wo ist sie? Mir wurde schwindelig, und alles verschwamm vor meinen Augen. Dunkelheit senkte sich über den Rand meines Gesichtsfeldes, und ich konnte nicht mehr ausmachen, aus welcher Richtung seine Stimme kam, als um mich herum alles gnädig ausgeblendet wurde. *Kein Bewußtsein, kein Schmerz ...* dachte ich unzusammenhängend. Und dann geschah es plötzlich. Mein Kopf übernahm die Führung, und ich redete auf mich selbst ein wie auf ein verängstigtes Kind.

Halt ... immer mit der Ruhe. Zeig ihm nicht, daß du Angst hast. Keine Panik, kein Geschrei ... tu nichts, was ihn aus der Ruhe bringt. Und jetzt – sitz still. Nimm die Augen nicht vom Bildschirm. Konzentrier dich. So ist es gut. Die Olympiade ... siehst du? Erkennst du die Flaggen? Französisch, deutsch ... konzentrier dich auf die Flaggen. So ist es gut. Atme tief durch. Beruhige dich. Und noch einmal – gut so. Beherrsch dich. Beherrsch dich. Mach dir keine Sorgen, wir werden die Beherrschung nicht verlieren ...

Gehorsam saß ich da und blickte auf den Bildschirm und atmete. Und ich zwang meine zitternden Glieder zur Ruhe und ordnete meine Gedanken. Und dann wandte ich, ganz langsam, den Kopf und beobachtete die Vorbereitungen. Er hockte, umgeben von Photozubehör, auf dem Boden. Objektive und Film wurden bereitgemacht, und er redete wieder.

»Vergeude keine Zeit mehr. Zieh dich aus!« schrie er mich an und sah mir unvermittelt direkt in die Augen.

Es ist nicht so schlimm. Er wird mich nicht vergewaltigen. Das zumindest wußte ich mit Sicherheit. Ich hatte nie auch nur einen Funken von sexuellem Interesse in seinen Augen gesehen. Nie eine Anzüglichkeit in seinen Worten herausgehört. Das war es, was ich zuvor so merkwürdig gefunden hatte – was sich nicht zusammengereimt hatte. Aber jetzt empfand ich es als seltsam beruhigend.

Er will, daß ich mich ausziehe. Na gut, das ist nichts Neues für mich. Ich bin schon halb nackt vor den Leuten am Strand herumgelaufen. Ich werde einfach so tun, als wäre es nichts anderes. Und er wird mich schlagen. Na gut, ich bin auch schon geschlagen worden, und es gibt mich immer noch. So versuchte ich mich selbst zu beruhigen, aber ich wußte, daß die Prügel diesmal viel schlimmer sein würden. Und mir wurde schwindelig bei der Vorstellung des Schmerzes, der mir bevorstand.

»Scheiße, bring es einfach hinter dich!« flüsterte ich mir selbst zu, während ich bereits anfing, an meinem Gürtel herumzunesteln. Aber mein Verstand suchte immer noch nach einem Ausweg, und ein kleiner Teil von mir – einer, der sogar jenseits meines Überlebensinstinktes angesiedelt war – traf jetzt die Entscheidungen.

Laß deine Kleider an ... du wirst dich von ihm nicht unterkriegen lassen. Nicht einmal, wenn es heißt, daß wir uns hier aus diesem Fenster stürzen müssen. Er wird keine Gelegenheit haben, dir wehzutun – das ist ein Versprechen, sagte die kleine Stimme in meinem Kopf.

Und dann begann ich zu reden; die Worte quollen mir leicht und zwanglos von den Lippen. Unerwartete Fragen, unerhörte Vorschläge erfüllten den Raum, als meine fieberhaft arbeitende Phantasie all die geilen und grauenvollen Dinge hervorbrachte, von denen mein Instinkt mir sagte, daß er sie hören wollte. Dabei wanderte ich, ruhig und gelassen, unaufhörlich im Zimmer umher. Blieb einmal einen Augenblick stehen und blickte ungerührt durch das staubige Fenster auf die belebte Straße hinunter.

Wenn er dich anfaßt, springe ich wirklich.

Hielt dann vor den abartigen Bildern inne und legte in stummer Anerkennung ihres künstlerischen Verdienstes den Kopf schief – *Niemals, bei Gott. Nicht mit mir!* –, ganz wie ein Kunstsammler auf einer Ausstellung.

Was für Filme benutzte er – welche Kamera? Danach erkundigte ich mich, während ich mich zwang, mich neben ihn zu hocken und in seiner Ausrüstung herumzukramen. Seine Nähe weckte die Angst von neuem in mir, aber ich blieb eisern und wich nicht von der Stelle. Hatte er hier eine Dunkelkammer? Es war ja naheliegend, daß es sich empfahl, die Filme selbst zu entwickeln ... ich hörte meine Stimme und konnte nicht glauben, was ich alles sagte, wie normal es klang ...

Immer noch wachsam, blieb er in der Hocke und beobachtete mich, als ich aufstand und wieder begann, im Zimmer umherzugehen. *Versuch nicht, zur Tür zu rennen. Drei Riegel. Das schaffst du nie,* mahnte ich mich. Und wandte mich von meinem einzigen Fluchtweg ab, um Sergio anzusehen und ihm zu gestehen, daß ich mir so etwas schon immer gewünscht hatte; daß ich wissen wollte, wie es war, geschlagen zu werden. Unter gesteuerten Bedingungen, natürlich. Mit jemandem, der wußte, wie weit er gehen konnte.

Und so redete und redete ich, erzählte ihm, wie sehr ich es wollte – bot ihm sogar an, mich von ihm fesseln zu lassen! Und alles auf die vage Theorie begründet, daß es ihm überhaupt keinen Spaß machen würde mich zu schlagen, wenn ich den Eindruck erweckte, es würde mir allzu viel Spaß machen.

Es würde mich nicht kümmern, wenn er mir wehtat, behauptete ich, solange er mein Gesicht nicht ruinierte. Anschließend könnten wir vielleicht ein paar Tage zusammen verreisen, bis ich mich erholt hatte. Die ganze Zeit über, während ich redete, wagte ich kaum, ihm in die Augen zu sehen, aus Angst, er könnte die Lügen in den meinen lesen. Jeder normale Mensch hätte meine Worte mit Sicherheit durchschaut. Aber er war schließlich nicht normal, das bewiesen die Bilder an der Wand. Es war unmöglich, in seiner Miene etwas zu lesen, aber wenn er auf mein Geschwätz hereinfiel, war er wirklich verrückt.

Und dann der Härtetest.

»Es ist nur so, daß ich keine Lust habe, es jetzt gleich zu tun. Es wird schon spät – und ich bin müde. Und ich habe mittags sehr viel gegessen – wahrscheinlich kotze ich beim ersten kräftigen Schlag die ganze Bude voll. Außerdem werde ich heute abend im Hotel zurückerwartet – und zwar heil und gesund! Aber morgen könnte ich mich früh abmelden ... Sie könnten mich abholen ... und dann fahren wir direkt hierher und machen uns an die Arbeit. Ich meine, es dauert doch nicht länger als eine Stunde, oder?«

Seine Miene veränderte sich, und der ganzen Welt stockte der Atem mit mir. *Oh Gott – ich habe zu hoch gereizt. Darauf fällt er nicht herein.* Die Sekunden vergingen, und ich versuchte, ihn nicht anzusehen, während er das Gesagte verarbeitete. Dann blickte er mich an und nickte langsam. Einverstanden!

Der Teil von mir, der sich ängstlich hinter der ganzen unverfrorenen Schau zusammengekauert hatte, war benommen und verwirrt, als er sich erhob und den Fernseher ausschaltete. Während wir das Zimmer verließen und langsam durch den Flur gingen, sprach er unaufhörlich über die Sitzung am kommenden Tag und warf mir dabei ständig Seitenblicke zu. *Vorsicht ... er lauert auf ein Anzeichen, daß du lügst.*

Auf alles, was er sagte, antwortete ich mit begeistertem Nicken, und ich klammerte mich verzweifelt an die letzten Reste von Selbstbeherrschung, als die Wohnungstür vor uns auftauchte und in meinem Kopf plötzlich ein schrecklicher Gedanke Gestalt annahm. Hatte er mir wirklich geglaubt, oder spielte er noch immer mit mir – wie eine Katze mit der Maus? Hatte ich lediglich einem alten Spiel eine neue Wendung hinzugefügt? Und freute er sich hämisch – lachte innerlich über meine jämmerlichen Bemühungen, mich herauszuwinden?

»Schlägt er doch noch zu... und wird er es jetzt tun?« fragte ich mich, als wir vor der Tür standen und seine Hand zögernd am ersten Riegel verharrte. *Bitte, lieber Gott, laß ihn die Tür aufmachen,* und ich zwang mich, ihm mit einem, wie ich hoffte, spielerischen Lächeln in die Augen zu sehen. »Wissen Sie –« begann ich, »wenn Sie es mir früher gesagt hätten, hätten wir das Mittagessen ganz auslassen können...«

Seine Züge entspannten sich, der erste Riegel glitt zurück. Dann der zweite und der dritte. Die Tür schwang behäbig auf, und mir versagten fast die Knie beim süßen Anblick des grünen Korridors und des freundlichen Aufzuges. Ich ging wie im Traum darauf zu und wußte nur zu gut, daß er mich immer noch einfangen und zurückschleppen konnte, wenn ich losrannte. Und dann standen wir im Lift, und ich starrte durch den Messingkäfig hinaus, als er sich summend und rasselnd in Bewegung setzte und die Stockwerke entschwanden. Abwärts, abwärts schwebten wir. Er lächelte. Ich erwiderte sein Lächeln. Erdgeschoß. Glastüren. Straßenlärm. Sonnenschein. Sicherheit. *Danke, lieber Gott.*

Wenige Augenblicke später saß ich wieder im Wagen, und wir unterhielten uns, als sei nichts geschehen. Plötzlich fuhren wir durch Straßen, die ich erkannte, und dann kam mein Hotel in Sicht. Er beugte sich über mich und öffnete mir die Tür. »Bis morgen«, sagte er gleichmütig.

Bis morgen, bestätigte ich, dann stieg ich aus dem Wagen und schloß sacht die Tür. Ich schaffte es sogar, zu winken, als er sich mit aufheulendem Motor vom Bordstein löste.

Weniger als eine Stunde später saß ich zitternd auf einer Bank im Bahnhof, das Gepäck zu meinen Füßen, versessen darauf, Rom mit dem erstbesten Zug zu verlassen. Nervös suchte ich die Menge nach dem furchtbaren Gesicht ab – hielt Ausschau nach einem Mann, der vielleicht gerade in diesem Augenblick auf der Suche nach mir war.

Immer noch voller Angst, ich könnte ihm nicht entkommen, rannte ich buchstäblich über den Bahnsteig, als mein Zug in den Bahnhof einlief, stolperte mit meinen Taschen hinein und begab mich in den Schutz eines überfüllten Abteils.

Erst als die letzten Vororte Roms am Zugfenster vorübergeflogen waren und wir uns sicher auf dem offenen Land befanden, konnte ich glauben, daß der Alptraum vorüber war. Aber die schlimmen Träume... nun, mir war klar, daß sie gerade erst im Begriff waren, anzufangen...

VIERTES KAPITEL

Still und grollend, aber glücklich,
am Leben zu sein

Inzwischen haben Sie natürlich sicher längst herausgefunden, was ich noch nicht einmal zu merken begonnen hatte... daß ich ein bereitwilliges und begieriges Opfer war. Die Flucht aus London hatte mein Problem nicht gelöst, ich war immer noch auf Selbstzerstörung programmiert. Und während ich von einer Katastrophe in die nächste stolperte, hatte irgend etwas tief in mir mein Schicksal bereits akzeptiert (weshalb ich auch in den Wochen vor meiner Abreise so entschlossen daran gearbeitet hatte, mein Leben zu ordnen). Ein Teil meiner selbst hatte nie ernsthaft daran geglaubt, daß ich es schaffen würde, zurückzukommen, hatte nie wirklich damit gerechnet, daß ich die Reise überleben würde.

Jetzt spielte es keine Rolle mehr, welche Gestalt oder Form die Gefahr annahm – Mensch oder Tier, Feuer, oder führerloser Fünftonner –, ich würde nicht davor zurückweichen. Und wenn mich irgend etwas endgültig zum Stehen bringen, das Werk vollenden würde, das ich begonnen hatte... nun, ich hatte nichts dagegen.

Ohne Rücksicht auf mich und gleichgültig gegen mein Schicksal, tat ich Dinge, die ich nicht hätte tun sollen, ging an Orte, die ich hätte meiden sollen. Trotzte jedem, der mich aufhalten wollte, war aber kaum überrascht, wenn jemand es versucht hatte. Und jede Demütigung, jeder Angriff auf meine Würde, die mich zufällig trafen, waren mit immer derselben dumpfen Resignation akzeptiert worden. Bis Sergio mir in Rom schließlich den endgültigen Ausgang gezeigt hatte... und der Lebenswille in mir sich im letzten Augenblick geweigert hatte, einfach hindurch zu gehen.

Heute, hier an meiner Schreibmaschine, fällt es mir nicht schwer, mein damaliges Handeln zu verstehen, aber in der Nacht, in der ich aus Rom floh, entging mir die einfache Wahrheit. Ich stand, die Stirn ans Fenster gepreßt, in dem matt erleuchteten Gang und blickte starr in die endlose Dunkelheit, während der Zug seinen stetigen Weg Richtung Süden nahm.

Erst viel später im Laufe meiner Reise würde ich verstehen, in welch düsterer Weise mein Verstand gearbeitet hatte – oder den wahren Wert dessen entdecken, was ich um ein Haar fortgeworfen hätte.

Damals wußte ich nichts weiter, als daß ich immer noch am Leben war, obwohl ich es eigentlich gar nicht verdiente. Und ich war still und grollend froh darüber... ich hatte wieder einmal die Flucht ergriffen, war vor etwas davongelaufen, womit ich nicht umgehen konnte. Aber diesmal wußte ich genau, wohin ich wollte, als der Zug auf die Hafenstadt Brindisi zuraste. Kurz nach dem Morgengrauen ging ich an Bord der ersten Fähre in Richtung Griechenland, lehnte mich dankbar über das Heck und beobachtete, wie die italienische Küste in den Morgennebeln verschwand. Erst dann wich die Spannung so weit von mir, daß ich über mein glückliches Entkommen nachdenken konnte – und in diesem Augenblick erkannte ich, nach einer betäubenden Schrecksekunde, was mir eigentlich das Leben gerettet hatte.

Sergio hatte sich durch mein Theater keine Sekunde lang täuschen lassen; er hatte gewußt, daß er in mir keine willige Partnerin, keine verrückte Komplizin für sein Verbrechen gefunden hatte. Nicht durch das, was ich *gesagt* hatte, rettete ich meine Haut, sondern durch das, was ich *getan* hatte. Oder vielmehr, was ich *nicht* getan hatte. Er hatte darauf gewartet, daß ich in Panik geriet – daß ich die Nerven verlor. Er hatte gewollt, daß ich schrie und tobte; daß ich abzuhauen versuchte. Vielleicht sogar, daß ich ihn aus lauter Angst zuerst angriff. Denn er konnte erst die Beherrschung verlieren, wenn ich es tat. Konnte mich erst schlagen, wenn ich es durch das »verdiente«, was ich tat. Konnte den Verstand erst verlieren, wenn ich zuerst durchdrehte. Sergio hatte darauf gewartet, daß ich einen ganz bestimmten Knopf drückte, und statt dessen hatte ich ihn mit meinem *Reden* entschärft.

Das alles zu wissen, war ein schwacher Trost, wenn ich mich daran erinnerte, wie oft ich kurz davor gewesen war, in Panik zu geraten. Wie nah ich daran gewesen war, die Explosion auszulösen.

Wir fuhren den ganzen Tag und in eine mondlose Nacht hinein. Von meinem Standort auf dem obersten Deck sah es aus, als würde die tintendunkle Weite des Meeres ungebrochen in den dunklen Himmel übergleiten. Aber irgendwo da draußen lag Korfu, und während die Nase des Dampfers die Witterung des Landes aufnahm, sah ich in weiter Ferne Lichter schimmern.

Ich war unendlich müde von der mehr als dreißigstündigen Reise, und das Vernünftigste wäre gewesen, mir eine Nacht Ruhe zu gönnen und mich am nächsten Morgen auf die Suche zu machen. Aber ich wußte, daß Colin irgendwo auf der Insel seinen einundzwanzigsten Geburtstag feierte, und ich wollte ihn rechtzeitig finden, um dabei zu sein.

Ich nahm ein Taxi und steuerte Kassiopi an, das, wie sich herausstellte, auf der anderen Seite der Insel lag, und als wir endlich über die kleine Hafenpromenade des Dorfes fuhren, schien alles bereits menschenleer, bis auf eine Taverne. Warmes gelbes Licht strömte aus allen Fenstern heraus, Gelächter und Musik wurden von der Nachtluft herübergetragen. Ich wußte instinktiv, daß Colin drinnen war.

Seine Miene, als er aufblickte und mich sah, war ein Gedicht, seine Sprache dagegen war alles andere als poetisch. Dankbar überließ ich mich seiner stürmischen Umarmung und dem Willkommenskuß seiner Freundin Jo. Unbekümmert kippte ich einen Cognac nach dem anderen und gab mich dem Gelage und den Späßen hin. Es machte mir nicht einmal etwas aus, von meinem ausgelassenen Bruder in das schmutzige Hafenbecken geworfen zu werden, so herrlich war es, wieder unter Freunden zu sein.

Kurz vor Sonnenaufgang schwankten wir betrunken zu Colins Apartment zurück, wo ich eine Dusche nahm und ins Bett fiel. Und dort blieb ich die nächsten vierundzwanzig Stunden und schlief wie eine Tote. Fast drei Monate lang war ich nicht fähig gewesen, mich richtig zu entspannen, nicht einmal bei Nacht. Jetzt stand ich wieder unter dem Schutz eines Mannes – ein anderer hatte die Verantwortung übernommen. Ich wußte, daß ich bei Colin in Sicherheit war, und vermute, daß ich mich einfach fallenließ.

Als ich endlich wieder auftauchte, strahlten die weißgetünchten Fischerhäuser in der Sonne, Schäfchenwolken schwebten über einen azurblauen Himmel, und Möwen glitten über dem Hafen dahin. Und ich wurde für ein Paar Tage zum Urlauber – aß, trank, badete, sonnte mich und brachte mich auf den neuesten Stand der Nachrichten von zu Hause.

Obwohl Colin unzählige Fragen zu meinen jüngsten Erlebnissen stellte, ließ ich mich nicht zu Gesprächen über meine Reise bewegen, und Jo, die sich erinnerte, wie ausufernd mein gesellschaftliches Leben in London gewesen war, war enttäuscht darüber, daß ich wenig von den Männern berichtete, die ich unterwegs kennengelernt haben mußte.

Ich speiste sie mit einem gequälten Lächeln ab, denn die Wahrheit war, daß ich nach den leichten, bedeutungslosen Eroberungen zu Hause völlig unvorbereitet mit der Realität, es mit Fremden in fremden Ländern zu tun zu haben, konfrontiert worden war. Inzwischen fürchtete ich mich vor meinem eigenen Schatten, und während ich lachte und ihre Bemerkung darüber, wie »empfindlich« ich geworden sei, mit einem Schulterzucken abtat, wurde mir klar, daß ein Teil von mir von jetzt an stets Angst haben würde vor Männern.

Colin Lebewohl zu sagen, fiel mir noch schwerer, als ich erwartet hatte. Wir drei hatten uns den ganzen Weg bis zum Fährhafen von Korfu bemüht, fröhlich zu sein, hatten die warme Nachtluft mit der grölenden Wiedergabe von Hitlisten-Spitzenreitern erfüllt, während der gemietete Jeep über die holperige Straße rumpelte. Aber als sie mich zur Weiterreise am Fährhafen absetzten, schien es mir blödsinnig, in die entgegengesetzte Richtung zu ziehen, wenn sie nach Hause zurückkehrten.

Nachdem sie weitergefahren waren, suchte ich mir ein ruhiges Eckchen und machte es mir bequem, um auf den Sonnenaufgang und das Schiff nach Athen zu warten. Fast vierundzwanzig Stunden später hatte meine Fähre den Golf von Korinth durchquert, und meine Stimmung war durch alle Stadien von Mutlosigkeit über Trübsal bis zur ausgesprochenen Depression abgerutscht. Die Verhältnisse an Bord hatten die Dinge nicht gerade besser gemacht – die Klos verstopft, keine Waschgelegenheit, nichts zu essen und alle Decks überschwemmt von den ungewaschenen Leibern junger Rucksacktouristen. Eine griechische Alptraumfähre, auf der es aussah und roch wie auf dem Viehmarkt.

Kurz vor Mitternacht legten wir im Hafen von Piräus an und wurden in die wartenden Arme von Hotelschleppern getrieben, die wie Rattenfänger am Pier aufgereiht standen. Sie führten unter verführerischen Reden von sauberen Betten und niedrigen Preisen erschöpfte Grüppchen von dannen, und ich zottelte benommen mit einem von ihnen mit.

Der wartende Bus brachte uns zu einer richtigen Spelunke – nichts als nackte Glühbirnen und rissige Wände, wo wir erfuhren, daß es nur Platz für Schlafsäcke gäbe. Und zwar auf dem Dach. Nun ist die Stadt Athen berüchtigt für ihre Luftverschmutzung, so daß das Schlafen auf dem Dach nicht wesentlich verlockender ist als das Übernachten auf einer Verkehrsinsel im Zentrum von London. Doch die jungen Leute um mich herum nahmen ergeben ihre Rucksäcke auf und schleppten sich die Treppe hinauf – und in diesem Augenblick spürte ich einen Knacks in mir. Ich hatte genug vom spartanischen Leben.

Heute muß ich lächeln, wenn ich daran denke, was für einen Eindruck ich auf den Portier des eleganten Hotels um die Ecke gemacht haben muß. Ich war schmutzig – und ich weiß, daß ich wie ein nasses Schaf roch. Er war vermutlich entschlossen, mir den Weg zu verstellen. Aber ich war in ätzender Stimmung, und der Blick, mit dem ich ihn bedachte, brachte ihn zum Stehen.

Herrlich gekleidete Gäste, die in dem Luxusfoyer umherschwebten, drehten sich um und starrten mir nach, als meine staubigen Schuhe durch den hochflorigen Teppich pflügten, und zwei tadellos uniformierte Männer hinter der Rezeptionstheke wanden sich unbehaglich, als ich auf sie zusteuerte.

Der Direktor kam auf mich zugeglitten, und ich sah, als ich da unter den blitzenden Kronleuchtern stand, daß ich bereits als »unerwünscht« eingestuft worden war. Die nächsten Sekunden waren entscheidend, wenn ich vermeiden wollte, daß man mir die Türe wies. Mit einem Selbstvertrauen, nach dem mir gar nicht zumute war, verlangte ich ein Zimmer mit einem sehr großen Bett, einem sehr großen Bad – und dazu eine Flasche Wodka und viel Eis.

Es folgte ein langer Augenblick des Schweigens, währenddessen der Direktor überlegte. Dann schwenkte er mir mit einem eindringlichen Blick und einem dünnen Lächeln das Buch zur Unterschrift entgegen.

Das Bett *war* mächtig, das Bad das erste, das ich seit meiner Abreise aus Lissabon zu Gesicht bekommen hatte. Ich leerte das ganze Sortiment an Duftmitteln in den Wasserstrudel und legte mich, den Schaum bis zu den Ohren und einen großen Wodka neben mir, dankbar in die Badewanne. Das war die wahre Art, zu baden. So hatte ich mein Bad zu Hause immer genossen.

Zu Hause... vielleicht wur es höchste Zeit, daß ich umkehrte. Es gab täglich Dutzende von Flügen von Athen aus. Morgen um diese Zeit konnte ich schon in meiner eigenen Badewanne Wodka trinken. Was wollte ich mir letzten Endes mit dieser Reise beweisen? Ich hatte nicht einmal irgend etwas Brauchbares gelernt. Mit jedem Tag, der verging, wurde ich zynischer und mißtrauischer gegen die Menschen – ganz zu schweigen von meiner Niedergeschlagenheit und meiner Sorge um mich selbst.

Nein... vielleicht stimmt das nicht ganz, überlegte ich, während ich mir noch einen Wodka einschenkte. Ich hatte vor kurzem eine ermutigende Entdeckung gemacht, daß nämlich die kleine Stimme in meinem Kopf – diejenige, die mich immer wieder belästigte – doch kein Anzeichen dafür darstellte, daß ich etwa den Verstand verlor. Sie gehörte im Gegenteil der Seite meiner Person an, die um jeden Preis überleben wollte; die Seite, die mich aus London fortgezogen hatte. Seit Wochen hatte sie nun schon an mir herumgenörgelt, mir Mut gemacht; mich beruhigt, mich erschreckt. Aber die Stimme war es vor allem anderen, die mich während des Alptraumerlebnisses in Rom gerettet hatte. Ein Dutzend Mal hatte ich schon aufgeben und zurückkehren wollen, und diese hartnäckige Stimme hatte *nein* gesagt. Ich wollte verdammt sein, wenn ich wußte, warum!

Ich war kaum wiederzuerkennen, als ich dreißig Minuten später aus dem Lift in das Foyer trat. Ich schlenderte zur Rezeption, um mich nach Flügen zu erkundigen, und wurde mit einem Blick reinster Verblüffung vom Direktor belohnt. Es ist erstaunlich, was ein Föhn, heizbare Lockenwickler, ein bißchen Make-up, ein kleines Schwarzes und hochhackige Schuhe bei einer Frau ausrichten können.

Nach einem wunderbaren Abendessen schwebte ich wie auf Wolken zu Bett und dachte flüchtig an die armen Seelen, die sich auf einem Athener Dach drängten, während ich, alle viere von mir gestreckt, unter weichen Batistlaken einschlief.

Ich war ein anderer Mensch, als ich am nächsten Morgen gegen sieben aus dem Bett sprang, einen Badeanzug überstreifte und zum Swimmingpool auf der Dachterrasse hinaufstieg. Träge glitt ich durch das kühle Wasser, während mir das Frühstück auf einem Tisch am Beckenrand serviert wurde. Was für ein herrlicher Morgen... ideales Wetter zum Fliegen, wenn es mich Richtung Heimat zog.

Die kleine Stimme, die während der vergangenen paar Stunden eigenartig still gewesen war, hatte ihren Zeitpunkt gut gewählt. *Nach Hause zurückkehren – wozu?* fragte sie mich jetzt. *Nach Hause zum selben Job, zu denselben Bars, denselben Männern? Nach Hause zu dem, was vertraut und erdrückend ist? Zum Teufel, was auch immer vor uns liegen mag, es kann nicht so schlimm sein wie das, was wir hinter uns gelassen.*

Nach dem Frühstück tappte ich zu meinem Zimmer zurück und rief, einem Impuls folgend, in New York an. Dort war es jetzt kurz nach Mitternacht. Keine Frage, wo der Mann zu finden sein würde.

»Himmel – Rotschopf! Jesus, wo bist du, Mädchen?« Während Henrys Stimme über die Tausende von Meilen knatterte, rief ich mir im Geiste ein Bild vor Augen. Sah ihn in seinem Lederstuhl zurückgelehnt – ohne Jackett, die Hosenträger leuchtend über dem schneeweißen Hemd. Sah den Raum mit seinem mächtigen Schreibtisch, dem hochflorigen Teppich und den fensterlosen Wänden.

Ein paar Minuten lang plauderten wir miteinander, ohne viel zu sagen – Henry beklagte sich über die Hitze in Manhattan, während ich ein unglaublich romantisches und völlig falsches Bild vom Leben auf einer griechischen Fähre entwarf. Dann trat betretenes Schweigen ein, und ich merkte, daß es Zeit war, aufzuhängen. Später spielte ich an dem stummen Hörer herum und fragte mich, warum ich angerufen hatte.

Und mir wurde klar, daß ich die Verbindung zu Henry gebraucht hatte um mir selbst zu versichern, daß ich, gleichgültig, wie unklar ich mir über meine Situation war, auf keinen Fall mit ihm hätte tauschen mögen. Es war notwendig für mich gewesen, einen Augenblick lang die Klaustrophobie-erzeugende Enge seines Büros zu *spüren* – die erdrückende Schwüle von Manhattan wahrzunehmen –, um zu wissen, daß ich das bessere Los von uns beiden gewählt hatte.

Ich befand mich in Athen, und es war ein herrlicher Sommertag. Die griechischen Inseln lagen gleich hinter dem Horizont – und es wäre ein Jammer gewesen, sie nicht zu besuchen, nachdem ich den ganzen Weg hierher gereist war. Meine Stimme hatte recht. Es gab nichts, das mich nach Hause zog. Aber irgendwo vor mir gab es vielleicht etwas, das zu suchen sich lohnen würde ...

Wenn Sie je nach Paros kommen, spazieren Sie durch das Hafenviertel, bis sie ein verwittertes Schild erreichen, auf dem Gästezimmer angeboten werden. Dort habe ich Georgos zum letzten Mal gesehen, und dort werden Sie ihn vermutlich immer noch antreffen, Kaffee trinkend auf seinem wackligen Stuhl in der Sonne, mit den Vorübergehenden plaudernd, während er geduldig darauf wartet, daß ihm die Fähre Gäste bringt. An jenem Morgen war ich der einzige Kunde, der dem Schiff von Athen entstieg, aber er nahm das überaus gelassen, während er mir vorausging.

Ende fünfzig und gutaussehend mit seinem Silberhaar und dem scharfgeschnittenen Gesicht der Insulaner, ist er das Oberhaupt der Familie Kifnos und vermietet Zimmer im oberen Stockwerk seines Hauses.

Durch einen offenen Hof, der von einem natürlichen Baldachin süß duftenden Jasmins überschattet war, gelangte man auf eine Treppe, wo sich das Blütendach teilte und den Weg auf einen leuchtend türkis gestrichenen Balkon freigab. Von ihm gingen drei Zimmer ab, ein jedes mit einer einfachen Tür aus schmiedeeisernem Gitterwerk.

Mein Zimmer war winzig, taubenblau gestrichen und mit leuchtend türkisen Läden vor dem Fenster, das zur Hinterseite des Hauses hinausging. Ich öffnete sie, und mein Blick fiel auf einen kleinen schokoladenbraunen Maulesel, der ruhig auf dem schattigen Fußweg unten stand. Ein Nachbar mit samtenen Nüstern und feuchtglänzenden Augen, der mich mit einem leisen Wiehern begrüßte.

Am Morgen und am Abend saß ich in meiner offenen Tür, die Füße auf dem niedrigen schmiedeeisernen Balkongeländer, und sog das Bild in mich ein. Langsam wanderte dann mein Blick über unser jasminüberwachsenes Dach, zur Bucht hinunter und weiter hinaus zu den Inseln dahinter. Sie schienen sich ständig zu verändern – schimmerten und tanzten im Morgengrauen hinter blauen Schleiern und lagen träge und rosig gefärbt in der Abenddämmerung da.

Zu meiner Linken, hinter dem hübschen Glockenturm der griechischorthodoxen Kirche, flimmerten braune und hellrote Ziegeldächer und die Läden glasloser Fenster in der Nachmittagshitze – ein sanftes Flickenwerk, das zum Hafen hinunter verlief mit seinem Fransenrand aus Kaffeetischen und bunten Sonnenschirmen, seinem Gewimmel von Kleider-, Schmuck- und Andenkenläden. Es war eine Zufluchtstätte für Touristen, und ich bemühte mich nach Kräften, ihn zu meiden. Statt dessen stand ich spät auf, zog mich in aller Ruhe an und machte mich auf, die abgelegenen Straßen und Gäßchen zu erforschen, die gemächlich den Hügel hinaufführten. Bald stieß ich auf das alte Paros, das verschlafen im Schatten dalag, und an meinem dritten Abend dort saß ich selbstzufrieden vor Dimitris Taverne – einem netten kleinen Lokal in einem ruhigen Seitensträßchen als plötzlich ein sehr hochgewachsener und sehr sportlich wirkender Mann aus dem abendlichen Dunkel in den Lichtkreis des Restaurants trat. Das war Paul. Ein Meter dreiundneunzig groß, mit dunklen, grau gesprenkelten Locken. Sonnengebräunte und muskulöse Arme und Beine ließen in ihm den aktiven, sportlichen Typ vermuten. Und in seinem wettergegerbten, braungebrannten Gesicht leuchteten wachsame blaue Augen, was ihn als Seemann verriet, als der er sich tatsächlich auch erwies.

Er war auf der Suche nach einem Zimmer. Gab es irgendwas? Während sich der Kellner erkundigte, leistete er mir beim Abendessen Gesellschaft. In den folgenden Tagen waren wir nahezu unzertrennlich. Er war nett. Und er schien ein großartiges Leben zu haben. Paul ließ sich als professioneller Yachtskipper einfach über den Erdball treiben, hütete die Boote reicher Leute und überführte sie zu einer vereinbarten Zeit und einem bestimmten Preis von A nach B. Die Karibik, der Südpazifik, der Indische Ozean, er war überall schon gesegelt. Jetzt war er unterwegs nach Sardinien, wo er als Mannschaftsmitglied an einer großen Segelregatta teilnehmen sollte. Danach würde er eine Yacht abholen und drei Monate später bei ihrem Besitzer in San Francisco abliefern. Die dazwischenliegenden Wochen würde er auf See zubringen, das Deck abziehen und mit einem neuen Anstrich versehen und das Schiff ganz allgemein in Topform bringen.

Und ... fügte er hinzu und lächelte dabei auf mich herunter, es war Platz genug für mich darauf, wenn mir die Vorstellung gefiel. Und ob sie das tat!

Oh, es war verlockend. Und ich wußte auch, warum. Paul war groß und gutmütig und zuverlässig – völlig vertraut mit diesem feuchten Element und sein eigener Herr. Er würde alles deichseln – einschließlich meines Lebens. Er würde mir sagen, wann ich schlafen und wann ich aufstehen sollte und was ich in jeder Minute des Tages tun sollte. Und das Leben würde um einiges leichter sein als im Augenblick – und genau aus diesem Grund wußte ich, daß ich sein Angebot nicht annehmen konnte. Es war der einfachste Ausweg aus meiner Misere, und ich konnte ihn einfach nicht einschlagen.

Und doch, genug war genug, und eines Morgens, ein paar Tage später, trennten sich unsere Wege. Während er meine Taschen zum Hafen und zur wartenden Fähre hinuntertrug, versuchte er immer noch, mich zum Mitkommen zu überreden. Und das letzte, was ich von ihm sah, war seine mächtige Gestalt auf dem Pier, als die Haltetaue des Dampfers losgemacht wurden. Ich kletterte auf das oberste Deck hinauf und machte es mir bequem, während die Fähre auf die winzige Insel Sifnos zuhielt – meinen nächsten Anlaufhafen, auf den meine Wahl mit Hilfe der bewährten Karte-und-Stecknadel-Methode gefallen war.

Wie sich die Dinge entwickelten, steht mein Besuch auf dem sonnigen Sifnos noch aus. Denn ich wurde bald von Manolo wahrgenommen, der mich hartnäckig anstarrte, während ich mich an Deck sonnte. Selbst mein Walkman, die dunkle Sonnenbrille und ein gelangweilter Gesichtsausdruck hielten ihn mir nicht länger als eine Stunde vom Leibe. Und wenn ich es mir überlege, bin ich froh darüber. Neunundzwanzig Jahre alt, war er im Begriff zwei Wochen mit seinem Bruder Georgos und seinem Jugendfreund Stavros auf der nahezu unbewohnten Insel Kithnos zu verbringen. Und als die Fähre am späten Nachmittag in den winzigen Naturhafen von Kithnos einlief, schlugen sie mir vor, mit ihnen zu kommen. Drei Jungen, zwei Motorräder und ein Zelt ... es hörte sich interessant an.

Und es war ja nicht so, daß ich auf Sifnos von jemandem erwartet wurde.

Auf dem Sozius von Stavros' knatterndem roten Motorrad zu fahren, machte Spaß, und die Landschaft war prachtvoll. Auf Kithnos gibt es keine Bäume, und es ist sehr karg und bergig, aber auch abenteuerlich und aufregend. Wir trafen mehr Maulesel als Menschen an auf unserer Fahrt, während der wir uns gegenseitig auf Windmühlen und kleine weiße Kirchen aufmerksam machten und uns durch Grüppchen kleiner Jungen schlängelten, die ihre Ziegen heimtrieben.

Als wir in Loutros, einem winzigen Dorf mit einer einzigen Straße, ankamen, lauerte uns ein Einheimischer auf, der erklärte, er könne mir, obwohl sein Haus voll sei, ein Bett auf dem Dach anbieten. So kuschelte ich mich in meine sauberen Laken und ließ den Blick über die Backsteinmauern, Schornsteine, anderen Flachdächer wandern – alles vom Vollmond in ein gespenstisch blaues Licht getaucht. Beruhigt durch die lustlos flatternden Laken auf der Wäscheleine zu meiner Linken, fühlte ich mich glücklich und zufrieden und, aus irgendeinem Grunde, unvorstellbar behütet. Die zweite Nacht verbrachte ich unter einem Dach, zwischen verrosteten Motorrädern und alten Autoersatzteilen in einer Werkstatt. Selbst hier waren die Laken sauber, und ich hatte drei Kätzchen, die mir die Nacht über Gesellschaft leisteten.

Am nächsten Tag machten wir vier uns wieder auf den Weg und erreichten schließlich eine geschützte kleine Bucht, die am Fuße eines steilen Felsens lag. Ein sanft geschwungener, von jungen Bäumen gesäumter Kieselstrand – menschenleer, still und eine wahre Sonnenoase. Hier stellten wir das Zelt auf, und ich schlief in dieser Nacht zusammen mit den beiden Brüdern im Innern, während Stavros' schlaksige Gestalt im Freien lag und leise in seinem Schlafsack schnarchte.

Es war meine allererste Nacht unter einem Zelttuch – und als ich am Morgen aufstand, war ich überzeugt, daß es auch meine letzte war! Es war sehr stürmisch gewesen und hatte auch ein wenig geregnet, und obwohl ich voll angezogen war, hatte ich die ganze Nacht über gezittert und gefroren. Erst ein Bad im warmen Meer machte mich richtig wach. Und als ich dann schlechtgelaunt herumplanschte, wehte mir ein köstlicher Kaffeeduft von unserem Lagerfeuer über das Wasser entgegen und söhnte mich augenblicklich wieder aus.

Das Leben plätscherte angenehm und ohne Sorgen dahin, und wir brachten die Tage mit Fischen und Baden zu, während wir am Abend im Schein eines Feuers saßen, Fleischstücke rösteten, aus einer großen Flasche Metaxa tranken und uns gegenseitig Geschichten erzählten.

Die Jungen erinnerten mich sehr an meine Brüder, und obwohl sie nicht viel Geld hatten, teilten sie alles mit mir, und ihre Sorge um mich und ihre Freude an meiner Gesellschaft kamen aus dem Herzen. Sie waren gutmütig, verspielt und wild, und es war tatsächlich, als würde ich wieder zu einer Familie gehören – obwohl ihr Verhalten mir gegenüber manchmal alles andere als brüderlich war! Natürlich gefiel es mir, im Mittelpunkt der Aufmerksamkeit zu stehen, und ich konnte der Versuchung nicht widerstehen, sie gegeneinander auszuspielen. Aber es war ein vorsichtiges und harmloses Flirten, und niemand schien sich daran zu stören.

Während die Tage so verstrichen, wurde ich eine erfahrene Strandbewohnerin und kannte bald jeden Zentimeter unserer kleinen Welt. Da es keine erwähnenswerten Waschgelegenheiten gab, watete ich jeden Morgen hüfttief ins Meer hinaus, schäumte mich mit meiner griechischen Seife ein, wusch mir das Haar und putzte mir die Zähne – und dabei blickte ich zu den kleinen Inseln hinaus, die fern in der Morgensonne lagen. Hübsch!

Ich nahm mit der Zeit das unverwechselbare Aussehen der Frauen an, die sich ständig im Freien aufhalten. Mein Haar war von der Sonne gebleicht und unbändig, meine Haut bräunte allmählich. Das Gesicht, das mir aus dem gesprungenen Spiegel entgegenblickte, den ich in einen Baum gehängt hatte, kam mir vor wie das einer Fremden. Aber es wirkte entspannt.

Dann kam der Morgen, an dem ich mit dem bekannten Gefühl innerer Unruhe erwachte. Ich kroch aus dem Zelt, schlenderte ziellos über den Strand, und dann streifte ich die Kleider ab und sprang ins Wasser. In dem Augenblick, als ich eintauchte, wußte ich, daß es Zeit war, weiterzuziehen.

Die Jungen waren böse und aufgebracht, als ich ihnen beim Frühstück meinen Entschluß mitteilte. Manolo nahm sein Angelzeug und ging schmollend davon, während Georgos mir demonstrativ zeigte, daß es ihm nicht das geringste ausmachte. Stavros erklärte, er würde mich zur Fähre fahren. Schweigend half er mir, meine Siebensachen zusammenzusuchen, und wir rasten mit seiner kleinen roten Maschine den Zickzackweg zur Hauptstraße hinauf, die hoch über unserer Bucht verlief. Als wir die Felsspitze erreichten, warf ich einen letzten Blick auf die winzige geschwungene Bucht hinunter, die meine Heimat gewesen war.

Wir sagten uns traurig Lebewohl, und Stavros schrieb alle möglichen Nettigkeiten in mein Adreßbuch. Später stand ich weit über die Schiffsreling gebeugt und winkte, während er mit seinem Motorrad davonfuhr – winkte noch, als er nur noch eine Staubwolke und ein Chromblitz am fernen Berghang war.

Bald darauf saß ich im Badeanzug auf dem Oberdeck der Fähre, hatte die Schuhe abgestreift, die Sonnenbrille auf der Nasenspitze, den Walkman voll aufgedreht und ein Lächeln auf dem Gesicht. Eine Gruppe von Delphinen führte Kunststücke im warmen Windschatten für mich vor, während kleine Boote im weiten Umkreis das blaue Meer aufwühlten. Ich war wieder unterwegs, mein Ziel war Rhodos. Und ich war frei von allen Sorgen.

Ich saß in meiner gewohnten Ecke, ein großes Glas Orangensaft vor mir, und kritzelte in mein Tagebuch, während Alexis, der Wirt – und zufällig auch mein neuer Zimmerwirt –, meine Frühstücksbestellung durch die dunsterfüllte Küche brüllte.

Ich war vor drei Wochen auf Rhodos angekommen und unverzüglich in das verschlafene Dorf Lindos weitergereist – eine zauberhafte Ansammlung alter Häuser mit kunstvoll angelegten Kopfsteinhöfen und schön geschnitzten Türen. Geschäfte werden dort am frühen Morgen abgewickelt, dann kommt gegen Mittag alles wie durch ein Wunder zum Stillstand, und das ganze Dorf fällt in tiefen Schlaf, um erst am Abend wieder zum Leben zu erwachen.

Lindos ist ein Treffpunkt für Urlauber, und als ich eintraf, war in keinem der Gasthäuser ein Zimmer frei. Also nahm ich für ein paar Tage wieder mein Dachleben auf. Doch jeden Morgen, wenn ich mich auf meiner Matratze aufsetzte, um den neuen Tag zu begrüßen, war der Anblick von neuem atemberaubend – ein Gedränge pastellfarbener Häuser mit glänzenden Dächern, die sich bis hinunter zu der hübschen Bucht hinzogen, wo Yachten, die im Schutze der Dunkelheit hereingeglitten waren, sanft vor Anker schaukelten.

Eines Morgens erwähnte ich Alexis gegenüber zufällig mein Problem mit der Unterkunft, und er erbot sich sofort, mir ein Zimmer in seinem Haus zu vermieten. Hoch oben am Berg hinter dem Ort gelegen, erwies es sich als herrliches altes Gebäude, dessen sämtliche Zimmer auf einen Innenhof hinausgingen – auch er mit einem Baldachin von Blätterranken, schwer beladen mit reifen grünen Trauben.

Mein Zimmer hatte zwei Fenster mit Läden, einen großen alten Schrank und ein breites Bett, das vom Boden aus mehr als einen Meter hoch war und im Sockel kleine eingebaute Stufen hatte, so daß ich auf die Matratze steigen konnte. Ich fühlte mich von dem Augenblick an, als ich über die Schwelle trat, hier zu Hause und packte zum ersten Mal, seitdem ich London verlassen hatte, meine Sachen aus und bestückte die Regale mit meinen Kinkerlitzchen.

Ich hatte mir bald eine gewisse Routine zugelegt. Ich stand morgens spät auf, duschte und wusch ein paar Sachen und schlenderte dann zwischen wuchernder Bougainvillea und Hängegeranien ins Dorf hinunter, immer wieder schildpattfarbenen Kätzchen und schläfrigen Mauleseln ausweichend. Am späten Nachmittag, wenn sich das Gedränge gelichtet hatte, ging ich zum Strand hinab, um mit einem meiner neuen Freunde zu plaudern. Zum Beispiel mit Hafez, einem freundlichen Ägypter, der mich häufig zum Segeln auf einem der schnellen kleinen Leichtboote mitnahm. Wir stellten fest, daß wir viele Gemeinsamkeiten hatten, er und ich. Eine gewisse Desillusion und Orientierungslosigkeit und ein tiefes Mißtrauen gegen das andere Geschlecht, obwohl wir beide viel Zeit und Energie darauf verwendeten, das Gegenteil zu beweisen.

Obwohl er charmant, geistreich und weltoffen war, fühlte ich mich in Hafez Gegenwart nie ganz wohl. Vielleicht, *weil man seine Pappenheimer kennt*, wie es heißt? Wenn ich wußte, daß Hafez mir etwas vormachte, hatte er dann nicht auch die Wahrheit über mich erkannt? Es war eine beunruhigende Vorstellung, daß wir möglicherweise zwei vom selben Schlag waren.

Ich brachte viel Zeit am Strand zu und schwamm täglich fast eine Stunde. Ich bin eine miserable Schwimmerin und habe eigentlich große Angst vor dem Wasser. Aber ich schwamm jeden Tag ein Stückchen weiter hinaus und fühlte mich von Mal zu Mal ein wenig sicherer. Oft saß ich am Wasser und unterhielt mich mit Ingrid, die die Surfschule leitete. Als ich ihr von meiner bisherigen Reise erzählte, war ihre Reaktion eine Mischung aus Neid und Bewunderung. Und nachdem sie ihre Ausführungen darüber, was für ein unglaubliches Glück ich hatte, beendet hatte, begann mir zu dämmern, daß sie recht hatte. Ich hatte die Chance meines Lebens erhalten – nur war ich bis jetzt zu blind gewesen, es zu erkennen.

Vor vier Monaten, als ich London verlassen hatte, war meine Stimmung auf einem dauerhaften Tiefpunkt gewesen. Bemüht, vor etwas davonzulaufen, das ich nicht beschreiben konnte, vor dem ich mich aber dennoch ängstigte, hatte ich mich auf die Suche gemacht nach etwas, das ich nicht benennen konnte und das ich vermutlich nicht einmal erkennen würde wenn ich darauf stieß. So groß war meine Verwirrung. Jetzt mußte ich zugeben, daß ich kein Bedürfnis mehr hatte, nach Hause zurückzukehren. Statt dessen hätte ein Teil von mir bereitwillig auf die Freiheit verzichtet im Tausch gegen die Zärtlichkeit und den Schutz eines liebenden Mannes. Wäre das so furchtbar – sich in einem stillen Hafen zur Ruhe zu setzen und mit einem soliden, verläßlichen Mann ein einfaches Leben zu führen? Vielleicht *war* das im Grunde das Ziel meiner Suche. Aber bis jetzt hatte ich kein Glück gehabt.

Der Sommer neigte sich in diesem Teil der Welt dem Ende zu. Die Strände leerten sich, in den Bars wurde es ruhiger. Ein paar Restaurants hatten bereits ihre Läden geschlossen, nachdem das Geschäft nachgelassen hatte. Europa bereitete sich auf den Winter vor, und die Touristen traten den Heimweg an. Aber Kairo war kaum mehr als eine Stunde entfernt – der Nil, die Pyramiden, das Tal der Könige befanden sich in meiner Reichweite.

Wer nichts wagt, der nichts gewinnt, überlegte ich, während ich mein Frühstück aß. Und beschloß, während ich dem Postamt zustrebte, daß es nichts schaden würde, sich wegen Flügen nach Ägypten zu erkundigen.

Meine Augen leuchteten auf, als mir auf dem Postamt ein dicker, fetter Umschlag ausgehändigt wurde, und überglücklich trug ich ihn zu meinem gewohnten Plätzchen am Strand. Ich setzte mich dicht ans Wasser, und als ich das Päckchen ungeduldig aufriß, fielen etliche Briefe auf mein Strandlaken. Die Schrift auf den meisten erkannte ich – Briefe von meiner Mutter, meinen Freundinnen, meinem Bruder. Doch dann fiel mein Blick auf einen dünnen, braunen Umschlag, und ich hatte plötzlich ein flaues Gefühl im Magen – er wirkte irgendwie offiziell, mein Name war förmlich mit der Schreibmaschine getippt. Adressiert über American Express – aufgegeben im Juni in London, war er mir fast vier Monate lang quer durch Europa nachgejagt. Nur schlechte Nachrichten konnten so hartnäckig sein.

Der Brief war von Jeffrey, meinem Steuerberater – und er enthielt die denkbar schlechteste Nachricht. So lang und kompliziert der Brief auch war, ausgestattet mit verwirrenden Zahlenkolumnen, war der Schlußsatz doch unmißverständlich einfach. Ich war pleite. Jeffrey hatte versucht, den Schlag durch die freundliche Vermutung zu mildern, ich könnte meine Reise vielleicht fortsetzen, sobald alles geregelt war. Aber seine Anweisung war klar – ich mußte aufhören, Geld auszugeben, und unverzüglich nach Hause zurückkehren.

Ich ließ den Brief in den Sand fallen und starrte ungläubig über die Bucht hinaus. Wie zum Teufel war es dazu gekommen? Was immer schief gelaufen sein mochte, ich war bereits überzeugt, daß es meine Schuld war. Wie mit meinem übrigen Leben, war es mit meinem Job beständig bergab gegangen, bevor ich beschlossen hatte, mich abzusetzen; ich hatte die Bücher nicht geführt, die Korrespondenz nicht beantwortet und ganz allgemein alles vernachlässigt. Jeff hatte sich vor meiner Abreise durch den Papierwust gewühlt, aber obwohl ich eine Menge offenstehender Rechnungen hatte, war mein Konto doch stabil, und er hatte ausgerechnet, daß ich am Ende ein paar tausend Pfund mein eigen nennen konnte. Früher einmal hatte ich es auf die hohe Kante gelegt. Aber nun hatte ich beschlossen, es auf dieser Reise zu verschleudern.

Warum, oh, *warum* hatte ich nicht früher mit Jeff Verbindung aufgenommen? Er hatte den Brief im Juni geschrieben; seither hatte ich beständig Geld ausgegeben, und Gott allein wußte, wie hoch meine Schulden inzwischen waren. Warum hatte ich kein Geld mehr? Wo hatten wir uns verrechnet? Wie schnell konnte ich nach Hause zurückkehren? Wie groß war der Schlamassel, in dem ich steckte?

Zum Teil hatte ich Angst, denn die bloße Vorstellung, verschuldet zu sein, hatte mich immer erschreckt. Zum Teil war ich wütend, daß mir das hatte passieren können. Aber während ich einerseits in Panik geriet, war ich andererseits auch ein wenig belustigt. Denn es *war* ein Witz! Monatelang hatte ich mir sehnlichst gewünscht, nach Hause zurückkehren zu können, und ich hätte alles für einen Vorwand gegeben, der es mir erlaubt hätte, heimzufahren, ohne das Gesicht zu verlieren. Nun hatte ich ihn. Ich wurde nach Hause zitiert – von keinem geringeren als meinem Steuerberater –, und meine Qualen waren endlich zu Ende.

Aber anstatt außer mir vor Freude zu sein, war mir traurig zumute. Ich fühlte mich betrogen. Mit Schrecken stellte ich fest, daß der langersehnte Vorwand zu spät gekommen war. Denn mittlerweile war Aufgeben das letzte, was ich wollte. Wann hatte ich aufgehört, sehnsüchtig über die Schulter zurückzublicken? Ich konnte es nicht sagen. Aber ich hatte begonnen, die Reise zu genießen. Ohne es zu merken, hatte ich meine Einstellung geändert. Endlich war ich bereit, mich auf das wirkliche Abenteuer einzulassen, und plötzlich war alles vorbei.

Aber war es das wirklich? Ich hatte mein ganzes Leben lang vernünftig gehandelt, und es hatte mich nicht sehr weit gebracht. Nach Hause zurückzukehren, war der vernünftige Schritt, aber war es auch das beste für mich? Vielleicht war es an der Zeit, daß ich aufhörte, mich von der Vergangenheit gängeln zu lassen. Wäre es nicht besser, das Heute und das Morgen auszukosten? Und was die Zukunft betraf – nun, das würde sich von selbst ergeben.

Wenn mich Jeffs Brief nicht eingeholt hätte, hätte ich nie erfahren, daß ich in der Tinte saß. Ich würde also einfach so tun, als hätte ich ihn nie gelesen und weiterreisen, bis mich irgendwo irgend jemand von meinen Kreditkarten befreite und mich zwang, ein Ende zu machen. Zum Teufel es ging schließlich nur um Geld.

Ein berauschendes Gefühl der Sorglosigkeit ergriff mich, während ich mir den Gedanken durch den Kopf gehen ließ. Vielleicht stand ich im Begriff, den größten Fehler meines Lebens zu begehen. Aber vielleicht war es auch die vernünftigste Entscheidung, die ich je getroffen hatte. In vierundzwanzig Stunden konnte ich in Ägypten sein, wenn ich mich gleich auf die Socken machte. Ich stopfte meine Habseligkeiten in die Tasche und warf einen Blick auf Jeffs Brief, der verloren zu meinen Füßen aus dem Sand ragte. Dann machte ich auf dem Absatz kehrt, ging ruhig davon und schüttelte die letzte Spur meines alten Lebens so leichthin ab wie den Sand von meinen Zehen.

FÜNFTES KAPITEL

Zuletzt gesehen auf dem Weg in die Sahara

Kairo aus der Luft... also, es war einfach nicht da. Die späte Nachmittagssonne überflutete die Erde; ihre goldenen Strahlen glitten über die endlosen Wellen der Wüste, und ich spähte hinunter, dahin, wo die Stadt eigentlich hätte sein müssen, und hielt angestrengt Ausschau nach irgendeinem Zeichen von Bewegung oder Leben. Und die ganze Zeit über blickte Kairo zu mir auf. Die Häuser und Straßen geschickt getarnt in denselben staubfarbenen Tönen wie die überbordende Wüste, war die Stadt erst auszumachen, als wir uns tief im Landeanflug befanden. Und als sie sich dann endlich herabließ, sich zu zeigen – bar jeden Blattwerks oder sonstiger erkennbarer Farbtupfer –, war sie eine furchtbare Enttäuschung.

Als ich endlich mein Gepäck gefunden hatte und von einem schwergewichtigen, zahnlosen Polizisten aus den Fängen von ungefähr einem Dutzend »Taxifahrern« befreit worden war, war ich mit den Nerven am Ende. Die Taxifahrt ins Stadtzentrum machte die Sache nicht besser, da der Fahrer wild entschlossen schien, uns beide umzubringen, und wir jedesmal, wenn er gezwungen war, langsamer zu fahren oder gar – Gott bewahre – anzuhalten, von Wagenladungen voll liebäugelnder Ägypter umzingelt waren. So daß ich, als wir endlich den belebten T'alathaarb-Platz erreichten, praktisch am Wagenboden klebte.

Das Black Tulip Hotel befand sich im dritten Stock eines ausnehmend häßlichen Gebäudes, und ich hatte etwas dergleichen bisher nur in alten Kriegsfilmen gesehen. Sie kennen das sicher – ausgebombte Fassade eines einstmals prachtvollen Luxushotels; die Treppe eingestürzt und mit abgefallenen Mauerbrocken übersät; der früher einmal schöne Aufzug ein verbogenes Eisenwrack. Das ganze Haus eine Todesfalle freiliegender Elektroleitungen. Und doch für Billigreisende war dies eine der besseren Adressen.

Ich persönlich wäre viel lieber im Hyatt Regency abgestiegen, aber vor langen Monaten in London hatte ich törichterweise eine Verabredung mit einem Mann getroffen – heute war der Tag, und dies war der Treffpunkt.

Phil war mir von einem alten Freund im White Swan Pub in Covent Garden vorgestellt worden. Ein erfolgreicher Werbemanager mit einem Spesenkonto, fülliger Taille und einem schwarzen BMW war er schließlich auf die Idee gekommen, sich die Preisfrage zu stellen: Wozu zum Teufel soll das alles gut sein? Eine von den Fragen, auf die kein vom Leben enttäuschter Medienmensch vermutlich je eine annehmbare Antwort finden wird. Also hatte sich Phil entschlossen, auszusteigen und sich davonzumachen, und unser gemeinsamer Freund hielt es für einen besonders schlauen Schachzug, zwei Lebensflüchtige bei einem Drink zusammenzubringen.

Ich war voller Mitgefühl, als Phil zugab, daß er nicht die geringste Ahnung hatte, wohin er fahren würde, daß es ihn aber drängte, Ägypten kennenzulernen. Wir hatten mittlerweile ein paar Flaschen Wein geleert, fühlten uns wohl miteinander, und es schien uns vernünftig (so wie die meisten verrückten Einfälle, wenn man halb blau ist), uns wiederzutreffen und die Ufer des Nil zusammen zu »machen«.

In Rhodos hatte ich wieder Nachricht erhalten. Phil war irgendwo in der Nähe und auf dem Weg nach Kairo. Ob unsere Verabredung noch galt, wollte unser gemeinsamer Freund und Unterhändler wissen. Leichtfertig hatte ich ja gesagt und die Anweisung erhalten, mich am Abend des betreffenden Tages im Black Tulip einzufinden. Als ich mich jedoch an der schmuddeligen kleinen Rezeptionstheke erkundigte, löste der Name »Phil« jede Menge verwirrten Hochziehens von Augenbrauen und ratloses Fesgekratze aus. Sein Name stand nicht im Gästebuch, und es war auch kein Zimmer frei. Aber ich hatte nicht die Absicht, zu gehen. Mein erster Eindruck von Kairo – mit seinen wimmelnden Menschenmassen, seinen abstoßenden Gerüchen und erstickenden Dünsten, seinem höllischen Verkehr und seinen lüsternen Einwohnern – das alles hatte mich zu Tode erschreckt.

Also ließ ich mich in einem abgewetzten, speckigen Sessel nieder und war entschlossen, dort sitzenzubleiben, bis Phil auftauchte. Fünf Stunden später – um Mitternacht genau gesagt – hatte sich weder Phil gezeigt noch ein freies Hotelzimmer aufgetan. Ich hatte die ganze Zeit über stocksteif dagesessen und hatte eine solche Angst, daß mir alles, was ich besaß, gestohlen werden würde, daß ich mein Gepäck nicht einmal allein ließ, um aufs Klo zu gehen. Ich hatte mit dem Gedanken gespielt, essen zu gehen, aber ein einziger Blick aus dem Fenster auf die geschäftige Menschheit unten in den Straßen hatte mich zu dem Entschluß gebracht, den Hunger lieber zu ertragen.

Zwei Uhr morgens ... und eine Hand legte sich zaghaft auf meine Schulter und riß mich aus einem unruhigen Schlaf. Die Rezeption war dunkel, und der Junge, der mich geweckt hatte, winkte mir, ihm den schäbigen Gang hinunter zu folgen. Er drehte einen großen Schlüssel im Schloß einer der Zimmertüren und bedeutete mir, einzutreten. Dankbar und überzeugt, daß jemand ausgezogen oder einfach nicht erschienen war, um sein Zimmer in Anspruch zu nehmen, schleppte ich meine Taschen den Korridor entlang und ließ sie am Fußende eines der Doppelbetten fallen.

Es spielte keine große Rolle, daß das Zimmer schmutzig war und nach Scheiße roch, und in der Dunkelheit blieb mir der Anblick der fleckigen grauen Laken erspart. Ich ließ mir von dem Jungen den Schlüssel geben und schloß die Tür von innen ab. Dann legte ich mich, erschöpft und hungrig, angezogen aufs Bett und war bald darauf fest eingeschlafen ...

Ich spürte Ruis warmen Atem an meiner Wange; als ich merkte, daß er auf meine Bettseite herübergerückt war, wälzte ich mich unwirsch von ihm fort ... Aber eine Sekunde später war er wieder da, sein Atem kitzelte mich an der Wange und stieg mir stechend und unangenehm in die Nase ...

Dann wurde mir klar, daß Rui ein Traum, der Atem aber wirklich war – und ich wurde vor Schreck augenblicklich hellwach. Mein Instinkt mahnte mich, nicht mit der Wimper zu zucken, als ich spürte, daß das Gesicht eines völlig Fremden wenige Zentimeter über meinem eigenen schwebte. Ruhig sah ich zu ihm auf, und meine an die Dunkelheit gewöhnten Augen konnten seine Nase, seine Lippen und den Schnurrbart ausmachen, während er mich offensichtlich in der für ihn undurchdringlichen Finsternis nicht sehen konnte. Ich würde keine plötzliche Bewegung machen, aber das ganze Hotel zusammenschreien, wenn er mich anrührte, diesen Entschluß hatte ich bereits gefaßt. Und dann begann er zu reden.

Er sei der Hotelmanager, versicherte er mir mit leiser Flüsterstimme. Dies hier sei sein Zimmer. Und ich sei sein »Gast«. Wäre ich nicht so hundemüde gewesen – und hätte ich den Gedanken, mitten in der Nacht in die Stadt Kairo hinauszueilen, nicht so abstoßend gefunden –, ich wäre wie die Feuerwehr aus dem Zimmer gestürzt. Aber ich *war* müde. Und ich hatte viel mehr Angst vor dem, was dort *draußen* auf mich lauerte. Da war es schon besser, es mit meinem schmierigen kleinen Zimmerwirt zu riskieren, fand ich, und dankte meinen glücklichen Sternen, daß ich zu müde gewesen war, mich auszuziehen; die Tatsache, daß ich ziemlich fest in einen robusten Overall eingeschnürt war, trug viel zu meiner Beruhigung bei. Ich hatte ihn mit seinen elastischen Bündchen an Armen und Beinen zum Schutz gegen Moskitos ausgesucht, und mit einem bißchen Glück würde er auch diesen Angreifer abwehren.

So dankte ich ihm höflich für seine Gastfreundschaft, winkte ihn zurück in das andere Bett und hörte zu, wie er sich auf die ächzenden Bettfedern fallenließ und kläglich jammerte, wie es verschmähte Liebhaber überall tun. Und dann drehte ich mich – obwohl es mich heute erstaunt, wenn ich daran denke – auf die Seite, um alle seine Bewegungen besser im Auge zu haben. Und schlief prompt wieder ein.

Als ich am nächsten Tag aufwachte, stellte ich fest, daß ich allein im Zimmer war – das heißt, wenn man die mächtigen Kakerlaken nicht zählte, die über den Fußboden marschierten –, und meine Tür war umsichtigerweise wieder abgeschlossen. Gewaschen und angezogen, begab ich mich zurück zur Rezeption und verlangte den Direktor zu sprechen, der pflichtschuldig erschien. Ich hatte ihn nie im Leben gesehen. Ob es einen Verantwortlichen für die Nacht gebe, wollte ich wissen. Ja – das sei er selbst, teilte er mir mit. Er war eben im Begriff, seinen Dienst zu beenden. Wer war dann der Mann, der in der Nacht in mein Zimmer gekommen war? Augenbrauen schossen in die Höhe. Schultern wurden gezuckt. Die zusammengelaufene Dienerschar blickte verwundert drein und kratzte sich am Fes und zwischen den Beinen. Man kam zu dem Schluß, daß ich mir den Mann nur eingebildet hatte – und fast hätte ich es selbst geglaubt. Nur, daß ich mir weder die zerwühlten Laken noch die körperwarme Matratze auf dem Bett neben dem meinen eingebildet hatte.

Ich wartete den ganzen Vormittag auf Phil. Und den größten Teil des Nachmittages. Gegen vier Uhr war ich ausgehungert und beschloß, mich todesmutig allein auf die Straße zu wagen. In dieser Nacht türmte ich mein gesamtes Gepäck vor der Tür auf und schlief im Sitzen ein. Am nächsten Morgen verlor ich alle Hoffnung, Phil je zu Gesicht zu bekommen, und entschloß mich, meinen ganzen Mut zusammennehmend, mir statt dessen Ägypten anzusehen. Und für mich begann Ägypten, wie für jeden anderen, bei den Pyramiden.

Ich saß auf der Rückbank eines klapprigen Taxis, als ich sie zum ersten Mal sah. Sie füllten die Windschutzscheibe des Wagens wie eine riesige Bühnenkulisse aus, als sie hinter den Häusern der Stadt aufragten, obwohl es noch ein langer Weg bis dorthin war. Selbst aus dieser Entfernung waren sie ehrfurchtgebietend, und als mich das Taxi in der kleinen Stadt Gise absetzte, die sich an ihrem Fuß ausbreitet, war ich in einem Zustand erwartungsvoller Erregung.

Ich hatte den Zeitpunkt meines Eintreffens gut gewählt. Die letzten Touristenbusse waren bereits abgefahren, und nachdem das Geschäft für diesen Tag gelaufen war, leerte sich die Umgebung allmählich. Unverdrossene Kamele, Araberpferde mit rollenden Augen, Geldwechsler, Bettler und Diebe zogen in müdem Strom an mir vorüber den Hügel hinunter Richtung Gise, dessen Häuser unter uns verstreut lagen.

Ohne sie zu beachten, eilte ich weiter, da mit jedem Schritt, den ich tat, die Sonne tiefer in den bronzenen Himmel eintauchte und ihre gleißenden Strahlen die aufwirbelnden Staubschwaden vor schweißglänzenden Flanken und poliertem Zaumzeug aufleuchten ließen.

In diesem Teil der Welt neigt sich der Tag nicht mit zarter Röte dem Ende zu, sondern ein flammender Schein läßt die Wüste erglühen, soweit das Auge reicht, während der Himmel sich, eigenartig bar jeder beschreibbaren Farbe, zu weiten scheint und mit fahlem Dunkel überzieht.

Ich hatte kaum zu hoffen gewagt, daß ich mich mutterseelenallein an der Grabstätte der Pharaonen wiederfinden würde. So stand ich, überwältigt von der geheimnisvollen Kraft und Zeitlosigkeit, die von den Steinen ausströmte, reglos in der stillen Weite und wagte kaum zu atmen, um den Bann nicht zu brechen.

Ich weiß nicht, wie lange ich, tief in Gedanken versunken, da gestanden hatte, als der Gesang vom Wind heruntergetragen wurde, wild und traurig zugleich, eine volle, tiefe Stimme, die sich bei bestimmten Tönen hochschraubte und die Abendstille mit ihrer Melancholie durchdrang.

Plötzlich ängstlich geworden, als ich die Silhouette sah, die sich deutlich vor dem dunkler werdenden Himmel abhob, dachte ich daran, mich zu verstecken, wußte aber gleichzeitig, daß ich wahrscheinlich im Freien sicherer war. Nervös hielt ich meine Stellung, als aus den dichter werdenden Schatten ein Kamel auf mich zuschaukelte und neben mir schlingernd zum Stehen kam, eine wabbelnde Fellmasse, behangen mit roten, grünen und gelben Quasten.

Das Lied verhallte in der Luft, und der Sänger blickte von seinem

Platz, der plötzlich sehr hoch über mir schien, auf mich herunter. Er war mit üppigen Gewändern bekleidet, und sein Gesicht war von den Falten seines Kopftuchs fast verborgen.

Er beugte sich zu mir herunter und sprach erst ein paar Worte auf Deutsch, dann auf Französisch zu mir. Ich erklärte, ich sei Schottin, und hoffte, ihn damit zu verwirren. Aber er schwang sich nur mit einem gutgelaunten Lachen aus dem Sattel und baute sich vor mir auf. Das Kopftuch fiel locker herunter und ließ dunkle lachende Augen in einem jungen, glatten Gesicht mit walnußfarbener Haut sehen. Ein üppiger Schnurrbart prangte unter einer kräftigen ägyptischen Nase, und sein freundliches Lächeln enthüllte eine regelmäßige Reihe weiß schimmernder Zähne.

»*Marhabah*, Schottin!« murmelte er leise und berührte zum Gruß die Stirn. Und so lernte ich Amer el Habib kennen.

Überzeugt, daß ich eine gestrandete Touristin sei, die ihre Reisegesellschaft verloren hatte, weiteten sich seine Augen überrascht, als er erfuhr, daß ich ganz allein reiste und aus freien Stücken bei Sonnenuntergang allein hier draußen war.

Sein Kamel an der Leine führend, schlenderte er mit mir hinunter zu der kleinen Stadt, wo ich hoffte, einen Bus nach Kairo zu bekommen, und unterwegs plauderten wir über dies und das. Obwohl er keine genaue Vorstellung hatte, wo Schottland lag, wußte er doch, daß wir ein paar gute Fußballmannschaften hatten, und wenn auch sein Englisch nur die notwendigsten Kenntnisse umfaßte und stockend war, stellte ich doch bald fest, daß ich mich mit einem schlauen und gewieften Mann unterhielt, der nicht schlecht von Fremden wie mir lebte.

Als wir den Fuß der Anhöhe erreicht hatten, wandte er sich gemächlich zu mir um und lud mich zum Abendessen zu sich nach Hause ein – gewiß ohne zu erwarten, daß ich annehmen wurde. Und ich glaube auch nicht, daß ich sie ein paar Monate oder auch nur Wochen früher angenommen hätte. Aber ich hatte immer deutlicher gemerkt, daß ich einige Risiken auf mich nehmen mußte, wenn ich mich auf die Probe stellen wollte. Ohnehin schienen mich die Schwierigkeiten zu finden, gleichgültig, wie ich mich verhielt. Es war an der Zeit, daß ich einmal gute Erfahrungen machte – und ich hatte mittlerweile so viel Selbstvertrauen gewonnen, daß ich ein paar berechenbare Risiken auf mich nehmen konnte.

Und ich war neugierig auf das Leben, das dieser Mann führte, und auf das Dorf, in dem er wohnte – das, folgte ich seinem ausgestreckten Arm, irgendwo draußen in der Wüste liegen mußte. Die Erwähnung seiner Frau war es, die schließlich den Ausschlag gab, und bevor ich recht wußte, wie mir geschah, sagte ich ja zu der Einladung zum Essen in seinem Haus.

Sein murrendes Kamel wurde auf die Knie heruntergezogen, und als ich auf dessen Rücken kletterte, spürte ich die rauhe Satteldecke an meinen Beinen und die Körperwärme des Tieres an meinen Knöcheln, die sich in sein Fell gruben. Dann schwang sich Amer vor mir in den Sattel, und wir setzten uns in dem merkwürdig schaukelnden Gang in Bewegung, an den sich mein Körper später gewöhnen sollte, der mich aber bei dieser ersten Gelegenheit von Kopf bis Fuß durchrüttelte.

Amer bemühte sich um eine Unterhaltung in verkümmertem Englisch, verstummte aber, als er feststellte, daß meine Aufmerksamkeit abgeschweift war. Er hatte mich bereits an das leise Schwirren des Sandes, der an uns vorübergeweht wurde, und an die dunkle, mit Sternen bestäubte Weite des Himmels verloren. Hinter mir schrumpften die Pyramiden zu kleinen schwarzen Dreiecken vor dem Horizont. Während wir tiefer in die Sahara hineintrotteten, wuchs meine erwartungsvolle Spannung.

Ich verlor jedes Gefuhl für Zeit und Entfernung, und erst als ich in der Ferne Hundegebell hörte, nahm ich die dunkle Silhouette von Häusern wahr, die vor uns aufragte. Das Kamel, das die nahende Heimat spürte, beschleunigte seinen Schritt, und wir liefen in ruckhaftem Trab im Dorf ein. Aus der luftigen Höhe des Kamelrückens konnte ich mühelos in die Fenster blicken. Die Häuser der Beduinen waren niedrig und flach – in der Regel zwei Stockwerke hoch und aus Backsteinen. Überall flackerten Öllampen und warfen riesige Schatten an die Wände, während die Menschen in den Häusern umherliefen oder sich aus den Fenstern lehnten und mit Nachbarn plauderten. Händler verjagten kleine Langfinger von ihren Körben mit exotisch aussehenden Früchten und Gemüsen, und einige der Vorwitzigeren sprangen barfuß vor uns über den Weg und trieben die langhaarigen Ziegen, die in den an Hausmauern aufgetürmten Abfällen stöberten, mit ihrem schrillen Geschrei auseinander.

Überall herrschte Tumult... der sich allmählich legte, als Amers Kamel mit einer hellhäutigen, rothaarigen Frau im Sattel vorüberschritt. Amer beantwortete die Begrüßungsrufe mit einem leichten Kopfnicken. Ich merkte genau, daß er den Aufruhr genoß, den wir hervorriefen, und als wir in einen Hof einbogen, den ein fröhliches

Banner wehender Wäsche schmückte, stellte sich heraus, daß die Kunde bereits bis zu Amers Frau vorgedrungen war.

Sie stand erwartungsvoll im Dunkel, eine kleine, rundliche Frau, ganz in Schwarz gehüllt. Ich kletterte steifbeinig von dem Kamel herunter, faltete die Hände in der Geste der Begrüßung und versuchte, ihren Schleier zu durchdringen und ihre Miene nach einem Zeichen von Mißvergnügen abzusuchen. Aber in ihren kohlschwarzen Augen tanzte der Schalk – unverkennbar freundlich und herzlich.

An diesem Abend bemühten wir uns alle drei, die Sprachbarrieren, die Unterschiede in Tradition und Kultur zu umgehen, und ich bin immer noch erfüllt von Erinnerungen.

Ich weiß noch, wie Amer feierlich auf seinem Gebetsteppich kniete und sich beeilte, die Andacht vor dem Essen hinter sich zu bringen – und wie er prüfte, ob meine Hände sauber waren!... Ich weiß noch, wie seine Frau Samira den Schleier zurückschob und ihr lustiges, hübsches Gesicht zeigte und wie sie jedesmal hinter vorgehaltener Hand kicherte, wenn ich sprach... Amer im Schneidersitz an dem niedrigen Holztisch, wie er mich drängte, die »besten« Stücke von dem Kamelfleisch zu essen, die fast nur aus Fett bestanden... und wie ich mich heldenhaft zwang, sie hinunterzuwürgen, und mich gleichzeitig zu erinnern versuchte, ob es die rechte oder die linke Hand war, die niemals mit den Speisen in Berührung kommen durfte! Wie die Dinge lagen, hätte ich ohne weiteres auf beiden *sitzen* können, da Amer mir den größten Teil des Essens direkt in den Mund stopfte... Ich erinnere mich an viele Worte und fröhliches Gelächter ohne jeden Anlaß, während das Kamel hochnäsig von der offenen Tür aus zusah und der Maulesel sich daran machte, meine Schuhe zu zerkauen, die ich ordnungsgemäß am Eingang abgelegt hatte. Es war ein so unglaublicher Abend, daß ich nur ja sagen konnte, als Amer den Vorschlag machte, ich solle schnurstracks nach Kairo zurückkehren, ein paar Kleider einpacken und einige Tage bei ihnen wohnen.

Draußen in der Wüste war die Temperatur empfindlich gefallen, und ich schmiegte mich, froh über den Burnus, den Samira mir beim Abschied über die Schulter gelegt hatte, an Amers breiten Rücken. Als das Kamel endlich in Gise eintrottete, war ich todmüde und blieb erschöpft im Sattel sitzen, während Amer ein Taxi besorgte, das mich zurück nach Kairo brachte.

In meinem Zimmer im Tulip Hotel knipste ich den Lichtschalter an und blickte mich gedankenversunken um. Ich war erst vor ein paar

Stunden von hier fortgegangen – aber es schien eine Ewigkeit her, so viel war inzwischen geschehen. Ich hatte einen flüchtigen Einblick bekommen in ein vollkommen anderes Leben, in eine unbekannte Welt. Und ich konnte es kaum erwarten, dorthin zurückzukehren ...

Der rhythmische Schlag von Trommeln, der schrille Klang der Schalmeien und vereinzelte durchdringende Schreie wogten uns in auf- und abschwellenden Geräuschwellen entgegen. Eine Hochzeit stand bevor, und Spannung lag in der Luft. Während ich durch das Dorf ging und hoffte, daß ich dabei bescheiden wirkte, spürte ich die sengende Sonne auf meinem Kopf und den Schweiß, der mir durch das Haar und den Rücken hinunter lief, während ich mich bemühte, die unverhohlen neugierigen Blicke der Frauen, die mich umringten, zu ignorieren. Sie waren, formlose schwarze Gestalten, überall am Wege aus Türen und Seitensträßchen hervorgekommen. Und nun glitten sie zu meiner Rechten und zu meiner Linken durch den Staub und vermehrten den steten Strom der Festgäste.

Ich ging respektvolle zwei Schritte hinter Samira, die an diesem Tag ungeheuer zufrieden mit sich war. Sie war ebenfalls von Kopf bis Fuß in üppig wallendes Mattschwarz gehüllt. Aber wir beide wußten, daß sich darunter eine regelrechte Farbexplosion, reich vergoldet und verziert, verbarg – ein wahrer Augenschmaus. Sie konnte es nicht erwarten, sich darin zu zeigen, ebensowenig wie sie es erwarten konnte, das großzügige Geschenk für das junge Paar, das sie in diesem Augenblick in einem schweren Kupferkrug auf dem Kopf trug, zu enthüllen. Seltene Gewürze und Kräuter, aromatisierte Tees und Köstlichkeiten aller Art trug sie stolz durch den nachmittäglichen Staub, den Kopf hoch erhoben auf dem runden kleinen Hals. Und als ob das alles noch nicht genug wäre, um für Aufregung und regelrechten Neid unter den Nachbarn zu sorgen, hatte sie noch eine besondere Überraschung auf Lager. Mich.

Obwohl ich jetzt seit fast einer Woche in ihrem Haus wohnte, hatte mich Samira mit ihrem Hang zum Spektakulären und ihrem angeborenen Sinn fürs Theatralische geheimgehalten, bis der richtige Augenblick vor dem richtigen Publikum gekommen war. Und nun war sie im Begriff, der zukünftigen Braut die Schau zu stehlen.

Wir hatten, weiß Gott, den ganzen Vormittag darauf verwendet, uns auf das große Ereignis vorzubereiten. Samira hatte die wenigen Kleider, die ich mitgebracht hatte, einer eingehenden Prüfung unterzogen und schließlich eine weiße Bluse mit langen Ärmeln und

hochgeschlossenem Kragen und dazu einen knöchellangen purpurroten Rock ausgesucht. Ich hatte mir die Taille mit einem weißen
Ledergürtel eingeschnürt, war in weiße Lederpumps geschlüpft und
hatte mich erboten, mein Haar zu bedecken. Aber davon wollte
Samira nichts hören – ihr schien mein sonnengebleichter, schulter-
langer Wust zu gefallen.

Sie hatte mir aufmerksam beim Schminken zugesehen, hatte
ausgelassen in die Hände geklatscht, als ich den leuchtend roten
Lippenstift aufgetragen hatte, der mein helles Gesicht vollkommen
veränderte. Und sie hatte größten Wert auf den Nagellack gelegt –
es mußte eine frische Schicht sein, ohne Risse und abgesplitterte
Ränder.

Als ich fertig war zur Begutachtung, waren ihre einzige Enttäuschung meine Ohrringe und die vier oder fünf Armreifen, die an
meinem Handgelenk klimperten. Sie bestanden nämlich nur aus
Silber – einem Metall, für das Beduinenfrauen, die etwas auf sich
hielten und die als Brautgabe das vielbegehrte Gold erhielten, nur
Verachtung übrig hatten. Und die soziale Stellung einer Ehefrau, die
sich in der Öffentlichkeit zeigt, ohne mindestens mit einem halben
Zentner davon behangen zu sein, ist beklagenswert.

Samira selbst bot einen herrlichen Anblick in ihrer traditionellen
Tracht, einem Gewand mit rundem Halsausschnitt und geknöpftem
Schulterteil, von dem viele Meter Stoff in einem weiten, bodenlangen
Rock herunterfließen. Dieses besondere Gewand war aus kostbarem
burgunderrotem und blauem Samt, sein Muster in goldener und
silberner Stickerei hervorgehoben, während das Mieder aus Seiden-
fäden in allen Regenbogenfarben gearbeitet war. Ich wußte, daß
darunter eine ganze Garderobe von Unterkleidern steckte – von
langen Unterhosen und einem Hemdchen bis zu den Beinkleidern
und Unterröcken.

Ihr schwarzes Haar war zu zwei Zöpfen geflochten, die ihr fast bis
auf die Taille hinunterfielen, an ihren Ohrläppchen baumelten
schwere Ohrringe, und ein Panzer aus kunstvoll gearbeitetem Goldschmuck beschützte ihren üppigen Busen. Selbst ihre Kopfbedek-
kung für diesen Tag war aus feinstem Leinen, und der Schleier mit
feiner Stickerei durchbrochen. Ich besitze ein Photo von ihr, auf dem
sie sich mit ernstem Gesicht in ihrem Schlafzimmer in Positur gesetzt
hat und sich alle Mühe gibt, streng und matronenhaft zu wirken –
aber doch nicht anders aussieht als ein vorwitziges Kind, das sich mit
dem Putz ihrer Mutter behangen hat.

Wir hatten gekichert wie zwei Schulmädchen, während wir uns angezogen hatten, und obwohl wir uns dabei in unterschiedlichen Sprachen unterhielten, verstanden wir den Sinn unserer Worte, als wäre ein unsichtbarer Dechiffrierer am Werk. Ich wußte, daß sie mich verstand, als ich ihr sagte, daß sie großartig aussähe, und sie war ganz begeistert, als ich verkündete, sie erinnerte mich an ihre Schwiegermutter (eine Frau, die wie das Hinterteil eines Kamels aussah, deren Rang in der Dorfgemeinschaft Samira jedoch anstrebte).

Und ich verstand sie mühelos, als sie meine helle Haut bewunderte, dann bemängelte, daß meine Fußknöchel zu sehen waren, und anzüglich bemerkte, ich könnte vielleicht sogar einen passenden Mann bei der Hochzeitsfeier kennenlernen.

Nach einem letzten Blick in ihren vielgepriesenen Spiegel machten wir uns auf den Weg, Samiras winzige Gestalt von einem Meter fünfzig kerzengerade aufgerichtet, wie es sich für die Ehefrau des eleganten, gutaussehenden, vielbegehrten Amer el Habib gehörte.

Unsere Wirkung auf die Festgesellschaft muß Samiras kühnste Träume noch übertroffen haben. Von dem Augenblick an, als wir über die Schwelle des Hauses der Brauteltern traten, wurde ich von einer Schar von Frauen und Kindern belagert, und sie drängten und zogen mich so eifrig durch den Hof, daß ich den Boden unter den Füßen verlor.

Vor mir saß auf einem Podest eine lebensgroße Puppe auf einem Behelfsthron für zwei. Ihr Gesicht war dick geschminkt, die Augen ein wildes Zusammenspiel von Grün und Gold, die Lippen grellrot. Ihr Haar war ein gequältes Flechtwerk aus Perlen und Plastikblumen, ihr Kleid ein unbequem aufgebauschtes Gebilde aus rosafarbenen und silbernen Nylonrüschen.

Sie saß, unberührt von der Menge um sie herum, auf ihrem Stuhl, während kunstvoll mit Fähnchen angeordnete Palmwedel hinter ihrem Rücken den Eindruck eines Thrones vermitteln sollten. Die Wirkung war, gelinde ausgedrückt, sehr grotesk, und als ich zu ihren Füßen abgesetzt wurde – vermutlich um ihnen meine Aufwartung zu machen –, wußte ich nicht, was ich tun oder sagen sollte.

Ich wurde ganz kleinlaut bei dem Gedanken, daß die Augen aller Anwesenden auf mich gerichtet waren und daß alles, was ich tat, wahrscheinlich ein schlechtes Licht auf Samira werfen würde ... als plötzlich ein Trommelwirbel und Pfeifentusch zur rechten Zeit die Ankunft des Bräutigams ankündigten, der die letzten Stunden damit zugebracht hatte, von den Männern des Dorfes begleitet durch die Straßen zu stolzieren.

Mit einem scheuen Lächeln in meine Richtung nahm er an der Seite seiner Verlobten Platz, und es erstaunte mich, zu sehen, daß er einen schlechtsitzenden Anzug europäischer Machart trug, vervollständigt durch eine Krawatte, derengleichen ich bisher nur in alten Gangsterfilmen gesehen hatte.

Ein Tosen brach aus, als seine Mutter mit dem Goldschmuck vortrat, den er seiner Verlobten zum Geschenk machen würde, und das schien mir der geeignete Moment, mich unauffällig wieder unter die Menge zu mischen.

Aber plötzlich tauchte ein Stuhl auf dem Podest auf, und die Brautmutter winkte mir, bei dem errötenden Paar Platz zu nehmen. In diesem Augenblick wäre ich am liebsten im Erdboden versunken. Aber die zukünftige Ehefrau, deren Miene unter der Schminkschicht unergründlich war, hob die Hand und deutete auf den Stuhl.

Da saßen wir also zu dritt, hoch über der lärmenden Menge. In dem Meer von Gesichtern erkannte ich Samira, die herzlich lachte. Sie hatte sich inzwischen ihres Übergewandes entledigt und strahlte für alle sichtbar in der Sonne. Man hatte sie sogar aufgefordert, die Trommel zu schlagen – eine wirkliche Ehre, wie wir beide wußten. Und während sie einen komplizierten Rhythmus anschlug, lag ein triumphierendes Lächeln auf ihrem Gesicht.

In diesem Augenblick tauchte Amer im Hauseingang auf, warf einen Blick über den Hof zu mir herüber und hob grüßend die Hand – mit lächelndem Stolz darüber, daß das Haus el Habib allen anderen die Schau gestohlen hatte.

Später schlenderten wir, erhitzt von unserem erfolgreichen Auftritt, freundschaftlich unter dem abendlich blauen Himmel durch das Dorf. Ein paarmal sah Amer mich von der Seite an und lächelte – dankbar, nahm ich an, weil ich das Glanzlicht in Samiras Triumph gewesen war, und wir wußten es beide. Jetzt machte es ihm Spaß, zuzuhören, als sie die Ereignisse des Nachmittages wieder und wieder wie ein müdes, aufgeregtes Kind erzählte.

Während die Tage ins Land gegangen waren und ich Samira immer besser kennengelernt hatte, hatte ich zu verstehen begonnen, wie heikel ihre Stellung in der Gemeinschaft und wie wichtig jeder noch so kleine Sieg war. Denn Samira, verheiratet seit ihrem vierzehnten Lebensjahr, war inzwischen einundzwanzig und hatte noch keine Kinder geboren. Das hätte man als trauriges Los für eine

Europäerin betrachten können, aber für eine Beduinenfrau wie Samira war es ein wirkliches privates Elend und eine öffentliche Schande.

Am nächsten Morgen kitzelte mich der Staub, der leicht auf mein zur Decke gewandtes Gesicht fiel, aus dem Schlaf. Er rieselte träge zwischen den Deckendielen herunter, ein Zeichen, daß die Tiere im Obergeschoß wach waren und auf ihr Frühstück warteten. Sie zu füttern gehörte zu meinen Aufgaben.

Voll bekleidet wie immer, erhob ich mich vom Sofa und öffnete die Tür zum Hauptraum des Hauses – einer wirklich großen, quadratischen Eingangshalle, in deren einer Wand sich eine zweiflügelige Metalltür befand, die zur Straße hinausführte.

Auf der gegenüberliegenden Seite dieses Bereiches lag das einzige Schlafzimmer des Hauses, und außerdem das Bad und die Küche. Das Haus war das modernste im Dorf.

Gedämpfte Geräusche verrieten mir, daß Amer sich wusch und Samira die erste Mahlzeit des Tages bereitete. Es fiel mir schwer, sie als Frühstück zu betrachten, da sie aus streng riechendem Kamelfleisch und Gemüsegerichten mit fremdartigen Namen bestand.

Ich wußte, was von mir erwartet wurde, und ging durch das Haus zum Lagerraum, wo ich die Hennen von dem runden Holztisch scheuchte, den ich dann ins Haus rollte. Ich staubte ihn mit einem Palmwedel ab, brachte den Krug mit Wasser und holte Brot und Fleisch aus der Küche, wo ich einer verschlafenen Samira zunickte.

Dann ging ich zurück in mein Zimmer, das eigentlich Wohn- und Empfangsraum des Hauses war. Die Ziegelmauern waren verputzt und in grellem Blau gestrichen, und die Sofas, die im Kreis aufgereiht standen, waren mit einem einzigartig häßlichen Stoff mit schrillem orange-blauem Blumenmuster bezogen.

Die Fenster an der einen Wand waren aus Schmiedeeisen, ebenfalls in abscheulichem Orange gestrichen, und ihre Läden waren an der Außenwand des Hauses angebracht. Ich schob die Hände durch das Metallwerk und stieß die Läden zur Mauer zurück, um den Tag hereinzulassen. Obwohl es noch nicht sechs Uhr morgens war, schnitten grelle Lichtstrahlen wie Messer durch den Raum, und der plötzliche Hitzeschwall hätte ausgereicht, die Farbe an den schmiedeeisernen Fenstergittern, die in ungefähr zehn Minuten glühend heiß sein würden, zum Schmelzen zu bringen.

Der Fußboden des Raumes bestand aus gestampftem Lehm mit einem Belag aus Palmmatten, während ein Monstrum von einer

Anrichte aus dunklem Holz die kostbaren Besitztümer der Familie Habib enthielt – eine Vase mit staubigen Plastikrosen (hatte Samira je eine echte Rose gesehen oder gerochen?), eine Porzellantasse und ein mächtiges altes Transistorradio, das vor Knöpfen und Schaltern nur so strotzte und, meiner Vermutung nach, seit Jahren nicht mehr funktionierte.

Von einer großen, vergilbten Photographie, die den Raum beherrschte, funkelte Amers geschätzte Mama zänkisch herunter. Ich suchte in den Augen, dem Mund nach einem Zeichen von Weichheit. Aber aus jeder Linie und jedem Fältchen sprach nichts als Strenge. Und man mußte sich vorstellen, daß Samira sich nichts sehnlicher wünschte, als eines Tages so zu sein wie sie!

An diesem Morgen war die junge Herrin des Hauses niedergeschlagen und weigerte sich, einem von uns ein Lächeln zu gönnen. Ich konnte verstehen, warum. Genauso wie jede andere Frau, die es erlebt hatte, auf einem Fest der Mittelpunkt der Aufmerksamkeit zu sein und den ganzen Abend wie auf Wolken zu schweben ... nur, um am nächsten Tag unsanft wieder auf der Erde zu landen. Die Ernüchterung ist vermutlich die gleiche, ob man sie nun im Trubel von London erlebt oder in der stillen Weite der Sahara.

Amer verstand wieder einmal die Frauen nicht mehr und nahm schlechtgelaunt seine Mahlzeit ein, während wir einen verächtlichen Ramses aus dem Stall zogen, wo große Mistkäfer und quietschende Mäuse unter unseren Füßen auseinanderhuschten. Das Kamel sah morgens, wenn wir es herausholten, immer schamlos nackt aus – wie ein wabbeliger, alter schnurrbärtiger Herr aus einem Dickens-Roman, der es irgendwie geschafft hat, sich im Schlaf seiner Nachtmütze und seines Hemdes zu entledigen.

Samira mochte Ramses nicht – ich war erstaunt, zu erfahren, daß sie seit Jahren nicht mehr auf einem Kamel geritten war. Und um die Wahrheit zu sagen, war ich auch nicht gerade versessen auf ihn – was er ganz bestimmt spürte.

Aus der Nähe war er wie ein stinkender, alter Greis mit seinem fauligen Atem und den brüchigen, gelben Zähnen. Ständig rülpste und furzte er – gewöhnlich, wenn ich mich am entsprechenden Ende befand. Dann sah er mich von oben herab an, als wäre *ich* die Quelle des unangenehmen Geruchs. Aber eines mußte ich ihm lassen – in der Wüste lief er stets zu seiner Bestform auf.

Ich erinnere mich gut an den Tag, an dem Amer mich mitnahm, um mir die Wüste zu zeigen. Wir waren aufgebrochen, als das Dorf noch schlief und die Luft erfüllt war von nächtlichen Geräuschen. Wie eine einzige Kreatur schaukelten das Kamel, Amer und ich voran, während sich die Morgendämmerrnng sanft durch die Palmwedel stahl, die uns zu Beginn unseres Rittes Schatten spendeten, und Hühner mit Beinen wie Olympiakämpfer kreischend vor uns über den Weg rannten.

Ramses verlangsamte nicht ein einziges Mal seinen Schritt, als wir in die Wüste eintauchten. Und als die Sonne hoch am Himmel stand – damit sie mit ihren brennenden Augen besser auf uns arme Sterbliche herunterblicken konnte –, entwickelte ich einen völlig neuen Respekt vor dem Kamel.

Es pflügte beharrlich durch das goldene Meer, unbehelligt von der siedenden Hitze, die mein Hirn ausdörrte, blind für das grelle Licht, das mir bis tief in die Augenhöhlen zu brennen schien. Ich trug eine ähnliche Kopfbekleidung wie Amer, die mich vor der schlimmsten Hitze schützen sollte, aber meine Finger, Zehen, das Kinn und die Nase prickelten im heißen Atem der Sonne, und ich duckte mich immer tiefer in die Falten meiner Kleider.

Eingelullt von der stetigen Bewegung, hypnotisiert von der flimmernden, treibenden Sandfläche, spürte ich, wie der Rhythmus meines Körpers selbst sich verlangsamte und meine innere Maschinerie ins Stocken kam. Herz und Lunge schienen sich irgendwo in der Nähe meiner Ohren im Kopf festgesetzt zu haben. Ich vernahm deutlich den Tumult ihres leisen Stampfens und Rasselns, als sie sich bemühten, meine allmählich austrocknende Haut zu retten.

Doch Ramses trottete stoisch durch eine glatte, eintönige Landschaft von Bergen und Tälern – vor uns der Sand unberührt, hinter uns glattgefegt von einem reinlichen Wind.

Nein, ich habe Ramses nie gemocht, und er konnte mich nicht leiden. Aber von jenem Tag an empfand ich eine widerwillige Bewunderung für ihn. Vielleicht ging es ihm mit mir genauso?

Wie dem auch sei, Samira und ich führten ihn in den Hof, wo wir ihn schmeichelnd dazu brachten, in die Knie zu gehen, um ihm schweigend seine bestickte Satteldecke aufzulegen und die mit Troddeln geschmückten Satteltaschen, die mit Heu und weichen grünen Trieben gefüllt waren, über den Rücken zu hängen. Dann kam der Sattel mit seinem verschlissenen Haltegurt, der unter dem Schwanz hindurchlief, und das Zaumzeug mit seinem perlenbesetzten Stirnriemen und den Troddeln.

Als wir unsere Arbeit beendet hatten, bot er einen beeindruckenden Anblick. Ebenso wie Amer, als der in den Sonnenschein heraus-trat. Es muß gesagt werden, daß die Dorfbewohner, so reizend sie auch sein mochten, im allgemeinen nicht die bestaussehenden Men-schen waren. Ihre Kleider waren vorzugsweise zerlumpt, verblichen, schmutzig und fleckig. Während ihre zerfurchten und zerknitterten Gesichter, die fauligen und fehlenden Zähne, die starblinden Augen und zahlreiche andere Kampfnarben Zeugnis über ihr hartes Leben ablegten.

Ganz anders dagegen Amer el Habib. An diesem wie an jedem Morgen war er sorgfältig rasiert und verströmte einen frischen Duft. Seine *Dschellabah* aus grobem Leinen war strahlend weiß, und an der schieferblauen Weste, die er darüber trug, fehlte kein einziger Knopf. Das dunkelgraue Gewand, das über dem Ganzen wallte, war sorgfäl-tig mit einer dunkleren Borte abgesetzt, und sein Kopf mit dem kurzgeschnittenen Haar war in ein Tuch von feinstem weißen Leinen gehüllt.

Natürlich steckte in seiner strahlenden Erscheinung die Arbeit von Stunden. Ich mußte es wissen, denn ich hatte fast Blut geschwitzt vor Anstrengung, als ich wenige Tage zuvor versucht hatte, den Wüsten-staub aus eben diesen Kleidern zu waschen. Während Samira neben mir gesessen und einen ganzen Stapel Sachen säuberlich für ihn genäht und ausgebessert hatte.

Jetzt standen wir, zufrieden mit unserem Werk, nebeneinander und winkten ihm zum Abschied. Er würde wieder einen geschäftigen Tag damit zubringen, die Touristen bei den Pyramiden zu schröpfen, während wir zwei uns wieder an unsere nie endenden, zermürbenden Arbeiten machten.

Mittlerweile mit der alltäglichen Routine vertraut, stieg ich mit einer Schüssel Körner und einer Ladung überreifem Gemüse die schiefen Stufen zum ersten Stockwerk des Hauses hinauf, wo ich von den Ziegen begrüßt wurde, die mir mit ihren zierlich klappernden Hufen entgegenkamen – vier oder fünf mit zwei samtweichen Zick-lein. Ich ging dem halben Dutzend fauchender Gänse vorsichtig aus dem Wege, stieg über die Enten und sammelte die Eier von den Hühnern ein, die frei zwischen dem Schutt des unvollendeten Bau-werks herumliefen.

Das Stockwerk darüber war in einem noch unfertigeren Zustand – zwar waren die Außenmauern hochgezogen worden, aber die Trenn-wände waren bisher nichts als fromme Wünsche und ein Stapel Ziegel, und das Dach fehlte völlig. Amer hatte das Haus schon vor

Monaten fertigzustellen gehofft, das Geld aber dann statt dessen dafür verwendet, seine Mutter nach Mekka zu schicken.

Als ich mich da, wo einmal ein Fenster sein würde, hinauslehnte, sah ich, daß Samira am Brunnen Wasser pumpte, und nahm an, daß uns wieder einmal ein Waschtag bevorstand. Plötzlich spürte sie meinen Blick, sah zu mir auf und schalt mich, weil ich die Zeit vertrödelte. Lächelnd ging ich hinunter, um ihr zu helfen. In dieser Welt hatte jede Frau ihren Platz und ihre Aufgabe – und auch die Gäste des Hauses hatten ihren Teil beizutragen.

Einige Stunden kräftigen Knetens später bauschten sich die sauberen Wäschestücke an der Leine – nur meine BHs und Slips, bei deren Anblick Samira in schallendes Gelächter ausgebrochen war, trockneten schamhaft im Haus.

Jetzt war es Zeit, einen gründlichen Hausputz zu machen, die Matten in den Hof zu bringen und auszuklopfen, die Böden mit Palmwedeln zu kehren und dann mit Wasser zu besprengen, um den Staub zu binden.

Die schweren Tonkrüge mußten gereinigt und mit frischem Wasser gefüllt und die vier oder fünf Herdstellen mit Paraffin aufgefüllt werden, damit sie bereit waren für das nächste ausufernde Kochgelage.

Für Samira war die Küche etwas Ungewohntes, und sie zog es vor, auf die traditionellere Weise zu kochen – mit untergeschlagenen Beinen auf dem Boden hockend und über ihre kleinen Primuskocher wachend, obwohl diese die unglückselige Angewohnheit hatten, uns Stichflammen ins Gesicht zu schleudern und jeden Topf und jedes Kochgeschirr schwarz zu brennen. Was bedeutete, daß wir wieder einmal lange daran sitzen würden, sie mit Sand zu scheuern und mit nicht-schäumender Seife zu schrubben, bis sie wieder glänzten wie neu.

Das Essen nahm sie außerordentlich wichtig, und seine Zubereitung nahm eine Ewigkeit in Anspruch. Ich saß da und schnitt Stiele und Spitzen von einem okraähnlichen Gemüse ab, schälte und zerstampfte unendlich viele Knoblauchzehen, knetete Teig für das Fladenbrot und suchte endlich – die schlimmste von allen Arbeiten – den Schmutz heraus, der sich im Reis befand. Ihn zu säubern, konnte gut und gern eine Stunde meines Tages beanspruchen – und nie machte ich es gut genug für Samira.

Und als wäre das alles noch nicht genug des Guten, wurden wir auch noch jede Minute des Tages von Schwärmen von Fliegen belästigt. Riesige, glänzende Bündel übler Laune, bombardierten sie uns unaufhörlich, und anfangs versuchte ich, sie abzuwehren, indem ich sie sofort vertrieb, wenn sie sich irgendwo niederließen. Aber in einer solchen Hitze muß man seine Kräfte sparen und die Bewegungen auf ein Minimum beschränken. Daher hatte ich nach und nach gelernt, sie gewähren zu lassen, und mir angewöhnt, ihr Kitzeln und Schmatzen auf der Haut zu erdulden. Es kam soweit, daß, wenn ich nach ein paar Minuten der Ruhe eine plötzliche Bewegung machte, eine ganze Fliegenwolke von ihren gemütlichen Plätzchen in meinem Haar und aus dem Schläfchen aus meiner Kleidung aufstob und ärgerlich um mich herumsummte, bis ich mich bereit fand, wieder stillzuhalten.

Wenn alle Arbeiten erledigt waren, stand die Sonne tief am Himmel, und ich ging ins Badezimmer, um eine Dusche zu nehmen. Der Raum verfügte über ein richtiges Waschbecken mit einem Kaltwasserhahn, und es gab sogar eine Brause mit kaltem Wasser. Aber ein ordentlich ausgehobenes Loch im Boden ersetzte die gewohnte Toilette, ein erhabener Stein auf jeder Seite war für die Füße vorgesehen, und daneben stand ein kleiner Krug mit Wasser bereit. Inzwischen wußte ich natürlich genau, wozu man die linke Hand benutzte...

Gewaschen und angezogen und in Erwartung der bevorstehenden Ankunft des Herrn und Meisters, legte ich eine Ruhepause ein und zog mich zu meinem Lieblingsplätzchen auf dem Dach zurück. In der Mitte des unfertigen zweiten Stockwerkes hatte Amer einen einfachen Aussichtsturm errichtet. Eine Reihe brüchiger Stufen ragte vier bis fünf Meter in die Luft auf und führte zu einem winzigen Balkon, der rundum von einer hüfthohen Mauer umgeben war und genügend Platz für ein paar Stühle bot.

Dort saß ich gern und schrieb Briefe nach Hause, trug die neuesten Ereignisse in mein Tagebuch ein oder blickte einfach nur auf das unten sich entfaltende Dorfleben oder die große schimmernde Weite der Wüste hinunter, die sich nach allen Seiten ausdehnte.

Samira konnte nie verstehen, was ich daran fand, und sie murrte, daß ich mich zu sehr der Sonne aussetzte. Aber diese Stunde täglich vor dem Sonnenuntergang war für mich eine friedliche Zeit, die ich sehr genoß. Mein Leben war so ausgefüllt und geschäftig – so körperlich ermüdend –, daß dies die einzigen Augenblicke waren, in denen ich Zeit hatte, nachzudenken.

Am Abend war Samira wieder wie immer und zu jeder Schandtat bereit. Sie scherzte und turtelte mit Amer, kaum daß er den Fuß über die Schwelle gesetzt hatte, und plagte den armen Mann fast zu Tode, während er auf seinem kleinen Teppich kniete und zu beten versuchte. Sie setzte sich vor ihn, schnitt Grimassen und klimperte albern mit den Wimpern. Er schloß die Augen, um sie nicht ansehen zu müssen, aber mein ersticktes Gelächter verriet ihm, daß die Pantomime immer noch im Gange war. Und während er die uralten Worte intonierte, spielte ein nachsichtiges Lächeln um seine Mundwinkel.

Beim Abendessen hatte sie weitere Unterhaltung für ihn auf Lager – und wie gewöhnlich erwiesen sich meine Possen als reiche Quelle der Belustigung. Ich weiß noch, wie sie ihn eines Abends mit der Erzählung ergötzte, wie sie dazugekommen war, als ich meine Kontaktlinsen herausgenommen hatte, und sie darauf vor Schreck aufgeschrien hatte – als hätte sie mich bei einem düsteren Teufelsritual ertappt.

Nach ihrer beredten Mimik zu urteilen, drehte sich die Erzählung des heutigen Abends wohl um meine beklagenswerten Bemühungen, Wäsche zu waschen. Während ich sie umständlich gerubbelt und geknetet hatte, hatte Samira sie fast zu Tode geprügelt und dabei lachend über mich den Kopf geschüttelt.

Die Geschichte gefiel Amer. Und er lachte immer noch, als er in der Handvoll Reis, den er eben in den Mund geschoben hatte, auf etwas Hartes biß. Samira stöhnte reumütig auf, als er einen kleinen Stein ausspuckte, und schob die Schuld unverzüglich mir in die Schuhe. Ich wurde ganz klein unter Amers enttäuschtem Blick, und beide schwiegen eine Weile und warfen mir einen langen, nachdenklichen Blick zu. Ich wußte genau, was ihnen durch den Kopf ging ... was ist das für eine Frau, die nicht waschen kann, und nicht weiß, wie man Reis säubert?

Ich war eine Fremde von nirgendwo, unterwegs ins unbekannte Land, ohne Mann, ohne Kinder – sogar ohne jeden Goldschmuck. Sie hielten mich offensichtlich für eine traurige, beklagenswerte Gestalt. Und ich war zunehmend geneigt, ihnen zuzustimmen.

An den Abenden, während Samira die letzten Arbeiten des Tages erledigte, hatte Amer es gern, wenn ich ihm Gesellschaft leistete. Manchmal saßen wir oben auf seinem Turm und blickten in die blaue Wüste und zu dem sternbesetzten Himmel, während ich ihm mein Leben zu Hause zu beschreiben versuchte und er mir Geschichten von seinem Großvater erzählte – einem der echten Beduinen, die noch durch die Wüste gestreift waren.

Dann wieder saßen wir am vorderen Hauseingang, wo ich Amer die »Schreibschrift« erklärte, die er so gern aus meiner Feder fließen sah, oder er brachte mir die arabischen Zahlen bei.

An manchen Abenden spielten wir sein Lieblingsspiel, dessen Regeln ganz einfach waren. Amer stellte eine ganze Liste von Aufgaben zusammen, die ich zu erfüllen hatte. Er forderte immer dieselben Dinge in derselben Reihenfolge, und wenn ich in der Stimmung war, zu spielen und ihn zu erheitern, kam er auf seiner Liste ein weites Stück voran.

Wasser wurde ihm ins Glas gegossen, seine Wasserpfeife wurde ihm gebracht, dann ordentlich gereinigt und angezündet. Er bekam einen Schal für die Schultern, sein geliebtes Photoalbum, vielleicht sogar ein Kissen für den Rücken, und gelegentlich, wenn ich wirklich in gönnerhafter Stimmung war, saß ich artig neben der pflichtschuldigen Samira zu seinen Füßen – ein Paar weiblicher Bücherstützen.

Ein andermal traf gleich seine erste Forderung auf strikte Verweigerung, ein Kopfschütteln und den Vorschlag, sich das Gewünschte selbst zu holen. Gleichgültig, wie viele Punkte er für sich verbuchen konnte, das beste an dem Spiel war für Amer der Augenblick, in dem ich endlich aufbegehrte. Dann brach er in schallendes Gelächter aus, rollte, während ich ungehorsam davonstolzierte, mit den Augen – und bestand in seiner Ausgelassenheit darauf, daß ich ein »schlechter Einfluß« für seine Frau sei.

Er war dichter an der Wahrheit, als er ahnte. Denn obwohl Samira nach außen hin entsetzt war und mich schalt, wenn sie eine solche vorübergehende Dienstverweigerung miterlebte, erkannte ich doch an dem nachdenklichen Schimmer in ihren Augen, wie sehr ihr die Vorstellung zu gefallen begann, daß eine Frau auch »nein« sagen konnte ... und der Mann nicht außer sich war deswegen.

Auf diese Weise scherzte ich mit Amer nur, wenn wir uns in den vier Wänden seines Hauses befanden. Wenn wir zusammen in der Öffentlichkeit erschienen, verhielt ich mich stets untadelig – achtete sogar darauf, daß ich immer ein paar Schritte hinter ihm ging, wie es von einer Frau erwartet wurde.

Es muß gesagt werden, daß er eine solche Anpassung nie von mir forderte. Nur einmal, als wir auf dem Rücken von Ramses aus der Wüste zurückkamen, hielt Amer am Rande des Dorfes an und fragte mich, ob es mir etwas ausmachen würde, neben dem Kamel herzugehen.

»Ich glaube, Ramses ist müde«, begann er, um Verzeihung heischend, aber wir kannten beide den wahren Grund für seine Bitte. Schweigend schritt ich an Ramses, Flanke dahin, die Hand leicht auf dem Steigbügel, während Amer – ganz sicher dankbar für diese plötzliche Unterstützung strahlte und die Nachbarn mit seinem *Selam* begrüßte, als wir durch die Straßen zogen. Sie nickten beifällig und winkten uns lächelnd zu.

Nun – was sollte es! Zehn Minuten im Staub zu laufen, kostete mich nichts, während es für Amer einen ernsthaften Gesichtsverlust bedeutet hätte, mich reiten zu lassen. Und ich mochte ihn zu gern, um ihm das anzutun.

Samira war die unumstrittene Herrin des Hauses und hätte keine Überheblichkeiten von meiner Seite geduldet. Aber sie zeigte sich mir gegenüber außerordentlich herzlich – freute sich immer, wenn Amer mir Komplimente machte, und war glücklich, wenn er kleine Geschenke für uns beide mit nach Hause brachte. Und selbst wenn wir hart arbeiteten, war sie immer zu einem Streich aufgelegt.

Ich weiß, daß sie mir vertraute, und an einem bestimmten Tag, an dem sie ungewöhnlich still gewesen war, begann sie plötzlich zu weinen, als wir beieinander hockten und Töpfe putzten. Ich hörte aufmerksam zu, als sie mir unter Tränen gestand, wie sehr sie Amer liebte, was für ein wunderbarer Ehemann er war. Und wie gerne sie ihm Kinder geschenkt hätte, daß sie alle möglichen Mittel und Pillen eingenommen hätte, aber ohne Erfolg.

Ich nahm an, daß ihre Periode am Morgen eingesetzt und wieder einmal ihre Hoffnungen zerschlagen hatte. So nahm ich sie in die Arme und erklärte ihr, daß Amer sie, mit oder ohne Kinder, anbetete, daß sie eine wunderbare Ehefrau sei und was für ein Glück es für Amer sei, sie zu haben.

Darauf trocknete sie ihre Tränen und warf mir ein dankbares Lächeln zu. Jede von uns hatte in einer Sprache geredet, die zu verstehen die andere sich überhaupt keine Hoffnungen zu machen brauchte. Aber wir waren Frauen unter sich, und die eine wußte genau, was die andere ihr so angestrengt zu sagen versuchte.

Ja, ich mochte Samira – liebte ihre Späße, ihre Mädchenhaftigkeit, ihre geschäftige Art. Sie war eine wunderbare Kameradin, und ich wußte, daß sie mir fehlen würde. Aber ich wußte auch, daß es bald Zeit für mich wurde, weiterzuziehen.

Einige Abende später ließ ich die Bombe platzen, und als Amer erklärte, daß ich die Absicht hatte, weiter südlich durch Ägypten zu reisen, starrte mich Samira ungläubig an. Dieses Dorf war die einzige Welt, die sie kannte. Sie kam nur selten in die benachbarte Stadt Gise – hatte Kairo nur ein einziges Mal in ihrem Leben gesehen. Ich bezweifle, daß sie je etwas von Karnak, Luxor oder Khartum gehört hatte. Und was das Alleinreisen betraf – nun, ich glaube, sie hielt mich für verrückt, und sie bat mich, zu bleiben, während Amer den ganzen Abend über mißmutig war. Aber mein Entschluß stand fest.

Mein letzter Tag im Hause Habib war von hektischer Geschäftigkeit. Samira hatte es sich nicht nehmen lassen, jedes einzelne Stück meiner Kleidung eigenhändig für die Reise zu waschen, und sie bereitete ein wahres Festmahl für unser letztes gemeinsames Abendessen. Amer kam früher nach Hause als gewöhnlich und nahm mich mit zum Einkaufen – ein seltener Genuß für eine Frau –, so daß ich etwas Proviant für die lange Zugfahrt in den Süden einkaufen konnte.

Ich tat kaum ein Auge zu in dieser Nacht. Überhaupt schienen alle Hausbewohner von Unruhe ergriffen. Ich hörte Amer und Samira in ihrem Schlafzimmer miteinander flüstern, während die Ziegen über mir nervös auf dem Boden scharrten. Lange vor dem Morgengrauen war ich auf den Beinen, und als Samira zu mir kam und mich in ihr Zimmer hinüber bat, war ich längst angezogen.

Auf dem Bett ausgebreitet lag eine leuchtend hellrote *Dschellabah* mit einem Besatz aus geflochtenen Bändern, daneben eine ägyptische Kopfbekleidung aus feiner Baumwolle und ein Kopfband, aus purpurroten, blauen und hellroten Seidenschnüren geknüpft.

»Du sollst reisen wie eine anständige Ägypterin«, erklärte Amer bestimmt, während mir seine Frau aufmunternd zulächelte. Mir wurde klar, daß sie diese Kleider in der Hoffnung für mich gekauft hatten, daß mir von Fremden in dieser traditionellen Aufmachung mehr Achtung entgegengebracht würde. Ihre Großzügigkeit war so überwältigend, daß ich kein Wort herausbrachte.

Amer ging hinaus, um das Kamel zu satteln, und Samira half mir wortlos beim Anziehen, ordnete die Falten der Kopfbedeckung auf meinem hellen Haar und zog sie mir tief in die Stirn, bevor sie sie mit dem Band befestigte, das meinen Kopf wie ein Heiligenschein umschloß. Ich sah in den Spiegel und war erstaunt über die Verwandlung. In dem langen geraden Gewand und dem fließenden Kopftuch war ich zweifellos nicht wiederzuerkennen – wenn man mich auch auf keinen Fall für eine Ägypterin hätte halten können.

Später standen wir im dunklen Hof beisammen und wußten nicht recht, was wir sagen sollten, während Ramses die Nase schnüffelnd in die kühle Luft hob und den Aufbruch nicht erwarten konnte. Plötzlich umarmte mich Samira und lächelte mir ein letztes Mal zu, bevor sie ihr Gesicht mit dem Schleier verhüllte.

Ich faltete die Hände zur vertrauten Geste der Begrüßung und des Abschieds – genau wie ich es vor all den Wochen bei unserer ersten Begegnung getan hatte. Heute wie damals schimmerten ihre Augen kohlschwarz hinter dem Schleier. Aber heute waren sie sehr, sehr traurig.

Den ganzen Weg bis nach Gise paukte mir Amer Sätze ein, die ich sagen sollte, um »mir die Männer vom Leibe zu halten«. Eine arabische Litanei, die ich vermutlich bis zum heutigen Tage aufsagen könnte, so oft ließ er sie mich wiederholen. Schließlich nahm er mir das Versprechen ab, zurückzukehren, wenn meine Reise in den Süden beendet war. Und ich brachte es nicht über mich, es ihm abzuschlagen.

So ließ mich Amer el Habib zurück, wie er mich gefunden hatte, im Schatten der Pyramiden. Und mir war eigenartig elend zumute, als ich mich in die kleine Stadt Gise aufmachte, deren Häuser am Fuße des Hügels verstreut lagen. Mit jedem Schritt meines Weges spürte ich den Blick seiner dunklen Augen auf mir.

SECHSTES KAPITEL

Heimkehr zu den Beduinen

Sanft schaukelte der Nil die *Nubian Queen* hin und her, und sie zog, stromlinienförmig und elegant, träge an ihren Tauen. Zwischen ihren Schornsteinen war eine bunte Lichtergirlande gespannt, die die dunkel schimmernde Wasseroberfläche mit rot, grün und golden blitzenden Edelsteinen überzog.

Auf dieser hell erleuchteten Bühne prangte eine elegante Besetzung und bot eine Vorstellung des Überflusses – und ich hatte einen Logenplatz am Flußufer. Ich erinnere mich, daß ich als kleines Mädchen unendliche Freude an einem Adventskalender mit vielen kleinen Türchen hatte, von denen ich bis zum Weihnachtsfest täglich eines öffnen durfte. Jeden Morgen hatte ich ein neues Papierfenster aufgemacht und mit staunenden Augen die festliche Szene dahinter betrachtet. Hier hatte ich nun die erwachsene Version des Bildes vor mir, in der jedes erleuchtete Bullauge eine andere Ansicht der rauschenden Pracht bot, und während mein Blick müßig von den dunklen Eingeweiden dieses schwimmenden Palasts hinauf zum Glanz der Kabinen erster Klasse wanderte, nahm ich jede Einzelheit des überladenen Speisesaales, der blitzenden Chrombeschläge der Cocktailbar und die behagliche Atmosphäre der kleinen Nachtbar in mich auf.

Chiffon, Satin und Seide wehte im Walzer- und Foxtrottakt weich über das glänzend polierte Parkett des oberen Decks oder schmiegte sich verführerisch an die Reling, um besser mit Abendanzügen und Fliegen plaudern zu können.

Es war sogar Begleitmusik zu hören, als eine spielerische Brise vom Bug bis zum Heck über das Schiff strich und zwischen die Speisenden und Tanzenden eintauchte, hier ein perlendes Gelächter, da ein Gläserklirren aufschnappte – und gelegentlich sogar ein paar Takte einer romantischen Weise. Dann warf der Windhauch, als wäre er seiner Ausbeute überdrüssig, den ganzen Haufen über Bord, und die Laute wurden sanft ans Ufer geschwemmt, wo ich saß und das Schauspiel genoß.

Ich hatte die Musik und das Gelächter gehört, als ich vom Essen zum Hotel zurück geschlendert war, und der Versuchung nachgegeben, über das niedrige Geländer zu klettern und das kurze Stück den

Strand hinunter zu rutschen, um mir aus der Nähe zu betrachten, wie die Reichen durch Ägypten reisen.

Als sich meine Augen an die Dunkelheit gewöhnt hatten, stellte ich fest, daß ich nicht allein war. Um mich herum kauerten zahlreiche kleine, reglose Gestalten, ebenso gebannt von dem farbenprächtigen Anblick, zwischen den Steinen. Jetzt richteten sie ihre neugierigen Blicke auf mich – kleine Nubierjungen, die sich fragten, warum ich hier bei ihnen im Schmutz hockte, anstatt unten zu tanzen. Aber ich hatte keinerlei Bedürfnis, mich unter die Feiernden zu mischen. Im Gegenteil, auf dem Rückweg zum Hotel überlegte ich, daß ich um nichts in der Welt mit diesen Leuten hätte tauschen mögen. Sie zahlten ein Vermögen für eine echte Touristenversion von Ägypten. Am Tag zuvor hatte ich einige von ihnen gesehen – eine gehorsame Zweierreihe von Paaren, die hinter ihrem strahlenden Reiseleiter her trippelten und dabei verstohlene Blicke nach rechts und links warfen.

Und als ich später in meiner kleinen Feluke an der *Nubian Queen* vorübergeglitten war, hatten einige Passagiere zu mir heruntergestarrt – wie angepflockte Schafe nebeneinander über die Reling gebeugt, waren sie mir sehnsüchtig mit den Augen gefolgt. Sie wären allerdings vermutlich nicht so neidisch auf meine Freiheit gewesen, hätten sie etwas von dem Nervenkrieg geahnt, der an Bord meines kleinen Kahns ausgefochten wurde.

Das Ganze hatte am Morgen begonnen, als ich auf meinen Balkon hinausgetreten war, um mir Assuan im Tageslicht anzusehen, und voller Begeisterung gewahr wurde, daß mein Hotel nur einen Steinwurf vom Nil entfernt lag. Ich war, erschöpft nach meiner sechzehnstündigen Eisenbahnfahrt von Kairo, mitten in der Nacht angekommen. Ich hatte mich in eine kleine Pferdekutsche fallenlassen und den Kutscher gebeten, mich zu irgendeinem Hotel zu bringen – gleichgültig, welches, Hauptsache, der Zimmerpreis überstieg ein bestimmtes Limit nicht. Aber mir war nicht klar gewesen, daß er mich an einem so herrlichen Ort abgesetzt hatte.

Als ich über den breiten Fluß blickte, stellte ich erstaunt fest, daß er weder, wie ich erwartet hatte, braun war, noch grün oder blau. Im strahlenden Sonnenschein blitzten Millionen silberner Lichtpunkte und blendeten die Augen wie poliertes Metall, wenn es Sonnenstrahlen reflektiert. Auf der winzigen Insel in der Mitte des Flusses war eine berstende Fülle grünen Blattwerks – der botanische Garten –, während das gegenüberliegende Ufer aus einem durchgehenden Streifen schimmernden Sandes bestand, der, wie mit dem Pinsel in allen

Schattierungen von Gold, Beige und Silber dahingeworfen, in Sonnenschein getaucht dalag.

Zu meiner Rechten glitt der Fluß in einer trägen Biegung davon, und ich konnte die Schwesterschiffe der *Nubian Queen* sehen, die in der Ferne vor Anker lagen. Mittlerweile flog ein ganzes Heer von winzigen offenen Feluken, deren hohe Segel sich in der steifen Brise bauschten, zwischen den Ufern hin und her, wie große, weiße Libellen über dem Wasser. Sie sahen aus, als würde es Spaß machen, mit ihnen zu fahren, und ich konnte es kaum erwarten, es selbst zu versuchen. Aber zuerst mußte ich meine Feluke finden . . .

Heute kann ich mit dem Geschicktesten unter ihnen feilschen – bringe die kühle Gelassenheit auf, die unendliche Geduld, die das Spiel erfordert. Im Nu kann mein undurchdringliches Gesicht einen erbosten oder ungläubigen Ausdruck annehmen und gleichzeitig mit einem kaum merklichen Schulterzucken mein Desinteresse – oder gar die Botschaft »aus dem Geschäft wird nichts« – vermitteln.

An jenem Morgen war ich jedoch ein blutiger Anfänger, den gerissenen Bootsführern, die sich einen Spaß mit mir machen wollten, bevor sie mich ausnahmen, hoffnungslos unterlegen. Wie fünf Schuljungen, die über einer schweren Aufgabe die Köpfe zusammenstecken, drängten sie sich um mich und forderten, indem sie mich mit übelriechenden Tabakwolken umnebelten, Preise für eine einstündige Bootsfahrt, für die ich eine ganze Feluke vom Fleck weg hätte kaufen können. Das ist das Problem mit den reichen Touristen, sie verderben die Preise für alle anderen.

Ich hatte wahrhaftig nicht die geringste Aussicht, ein faires Geschäft abzuschließen, und vermutlich war es pures Anfängerglück, daß ich schließlich bei Faisal landete. Obwohl es mir anfangs alles andere zu sein schien.

Von den fünf Männern, die mich umringten, war er derjenige, den ich *nicht* zu bekommen hoffte. Er war der größte, und er sah am verschlagensten aus. Seine dunkle, lederne Haut war über den Wangenknochen und um die Augenhöhlen straff gespannt, was seinem Gesicht einen totenkopfartigen Ausdruck verlieh. Ich konnte in seinen kalten, berechnenden Augen keine Spur von Humor, um seinen Mund kein Zeichen von Freundlichkeit entdecken. Abgerissen und zerlumpt: von den gespaltenen Ohrläppchen bis zu dem ausgefransten Saum seines olivgrünen Gewandes, machte er sich, eine hagere Gestalt mit scharf gebogener Nase, an mich heran und nannte einen Preis mit ausdrucksloser, schleppender Stimme.

Ich wußte, daß der nicht überzogen war – man hatte mir an der Hotelrezeption gesagt, was ich ungefähr würde zahlen müssen –, und doch zögerte ich. Etwas an ihm erfüllte mich mit Unbehagen, und ich spürte, daß ich ihm nicht über den Weg trauen konnte. Was würde geschehen, wenn wir uns erst auf dem Fluß befanden und ich ihm ausgeliefert war? Sicher, ich war nicht eben eine reiche Beute. Mein Schmuck war wertloser Kram, und ich trug nie mehr als den Gegenwert von zehn Pfund mit mir herum. Ich hatte nichts Stehlenswertes dabei. Aber das war nur ein schwacher Trost, wenn ich mit aufgeschlitzter Kehle den Nil hinuntertrieb.

Während er schweigend vor mir stand und meine Entscheidung abwartete, fielen dreißig Jahre von mir ab, ich war wieder sechs und rannte vor meinem Vater her die Straße entlang. Ich war um die Ecke gebogen – und unmittelbar in den größten Hund hineingelaufen, den ich je gesehen hatte. Seine rosige Zunge hing sabbernd aus einem zähnestarrenden Maul, und er legte den Kopf schief, um mich besser mit seinen boshaften Augen anstarren zu können, während er überlegte, ob er mich mit einem Biß hinunterschlingen oder Stück für Stück verspeisen sollte.

Als mich mein Vater, einen Zentimeter vor dem geifernden Maul festgewurzelt, entdeckte, half er mir mit gutem Zureden über die Krise hinweg. »Er wird dich nicht beißen, wenn du ihm keinen Grund gibst. Heb jetzt ganz langsam deine Hand ... zeig ihm, daß du dich mit ihm vertragen willst ...«

Ich vertraute meinem Vater, daher folgte ich seinen Anweisungen, hielt dem Hund meine Finger vor die Nase und ließ ihn daran schnuppern, legte ihm dann vorsichtig die Hand auf den Kopf und kraulte ihn hinter den Ohren. Er wedelte mit dem Schwanz und setzte sich, während ich ihn weiter streichelte. Er hätte mich ohne weiteres beißen können, entschied sich aber dagegen.

Dreißig Jahre waren vergangen, und nichts hatte sich verändert. Ich war wieder einmal direkt in eine Bulldogge hineingerannt, die sich bereits die Lefzen leckte. Die Frage war nur: würde sie beißen ... oder würde sich die Maxime meines Vaters bewahrheiten?

Falls Faisal erstaunt war, als ich einschlug, so zeigte er es nicht. Doch als ich unvermittelt meine Hand ausstreckte, um unser Geschäft zu besiegeln, veränderte sich sein Gesichtsausdruck.

Er schien verwirrt, beinahe verängstigt, und ich bemerkte eine unsichere Bewegung im Innern seines langen, weiten Ärmels. In der Hoffnung, daß mein Lächeln ermutigend wirkte, streckte ich meine

Hand noch ein Stück weiter aus und blickte nicht hinunter, als sich die seine hineinschob. Daher erkannte ich erst, als sich meine Finger fest um einen glatten Stumpf schlossen, aus dem kleine Knötchen hervortraten, daß mein Bootsführer ein Leprakranker und seine Hand praktisch vollständig weggefressen war.

Mit zitternden Knien sprang ich in sein Schiffchen hinunter, und er folgte mir so behende wie eine Nubierkatze, löste die Taue, setzte das Segel und steuerte uns in die schnelle Strömung hinaus.

Eine schmale Bank zog sich rund um die Bordwand des Schiffes, und als ich den von ihm bezeichneten Platz eingenommen hatte, öffnete ich meine Tasche und holte meinen Imbiß hervor – zwei klebrige Gebäckstücke, die feucht an ihrer Hülle aus Zeitungspapier klebten. Er tat so, als würde er mich nicht sehen, während ich das Papier zwischen uns ausbreitete und ihm bedeutete, sich ein Stück zu nehmen. Er wies mein Angebot mit einem harten, unfreundlichen Blick zurück und prüfte statt dessen demonstrativ die Segel.

Ich aß mein Stück unbeeindruckt und legte das zweite neben ihn ins Heck, wo er, die Zehen des einen Fußes um das Ruder geklammert, ein Tau aufrollte. Es gab keinen Zweifel – er konnte seine Hände frei haben, wann immer er wollte, was nichts Gutes für mich verhieß, wie ich überlegte, während wir unter den neugierigen Blicken der versammelten Touristen an Deck der *Nubian Queen* vorüberglitten.

Dann fing sich der Wind in dem leuchtend weißen Segel, und Faisal bellte einen so scharfen Befehl, daß ich aufsprang und in Windeseile quer durch das Boot hechtete, während sich die Feluke hart in den Wind drehte und geschickt wendete. Der Platz, an dem ich gesessen hatte, war klatschnaß, und das Boot lag so schräg, als wollte es gleich kentern. Der Bootsführer sah meinen Gesichtsausdruck und stieß ein freudloses Lachen aus, in das ich einfiel – und dabei fasziniert beobachtete, wie er mit Zähnen und Zehen die Arbeit seiner verkrüppelten Hand verrichtete, die er, soweit es möglich war, verborgen hielt.

So lavierten wir im Zickzack über den Nil, nahmen Geschwindigkeit auf, wenn wir den Wind eingefangen hatten, und wurden langsamer, wenn die Segel schlaff wurden und Faisal auf der Suche nach dem nächsten Windstoß wendete. Langsam näherten wir uns der kleinen Insel, und ich vermutete, daß mein erster Halt – ob ich es wollte oder nicht – der botanische Garten sein würde.

Geübt legte er mit der Feluke an einem kleinen Steg an, und ich sprang ans Ufer. Er wies mit einem Kopfnicken auf eine Treppe und wandte sich dann ab, um das Boot zu vertäuen, während ich hinaufstieg in üppige Gärten, wo ich die folgenden zehn Minuten damit beschäftigt war, die verwirrende Vielzahl von Palmen zu begutachten und eine Toilette aufzuspüren. Ich entdeckte sie schließlich neben einem kleinen Restaurant. Tische mit weißen Leinendecken waren liebevoll unter zarten Palmwedeln und blühenden Büschen gedeckt, und ich wurde von einem strahlenden Kellner, dessen Jackenknöpfe über der fülligen Mitte abzuplatzen drohten, zu einem von ihnen hingeschoben. Ich setzte mich neben ein niedriges Mäuerchen, und als ich einen Blick darüber warf, erkannte ich die hochgewachsene Gestalt Faisals, der, geduldig vor sich hin starrend, auf meine Rückkehr wartete.

Der lächelnde Kellner wurde todernst und tat so, als würde er mich nicht verstehen, als ich ihm mit ausdrucksvollen Gesten mein Anliegen erklärte. Dabei war es ganz einfach – ich wollte, daß er meinen Bootsführer bat, mir beim Tee Gesellschaft zu leisten. Er war so außer sich, daß er den Wirt herbeirief, in der Hoffnung, er könnte mich umstimmen, und beide schüttelten mißbilligend den Kopf, als ich auf meinem Wunsch beharrte.

Aber die Schlacht war noch nicht geschlagen – belustigt beobachtete ich, wie Kellner und Bootsführer unter mir stritten. Offenbar war Faisal nicht minder entsetzt über die Einladung.

Feierlich aufgerichtet trat er an meinen Tisch – immer noch im Zweifel, ob er erfreut sein sollte oder nicht. Doch er übernahm schon bald das Ruder und bestellte Tee bei einem der fassungslosen Bediensteten. Als er sich erst einmal an die Situation gewöhnt hatte, machte er sich einen wahren Spaß daraus, sie herumzukommandieren, und als die Rechnung gebracht wurde und er sie überprüft hatte, zeigte er sich sichtlich erbost. Es kam nicht in Frage, daß gerade diese Touristin geschröpft wurde, und während er mit den Kellnern lautstark um die Preise stritt, spürte ich, daß Faisal beschlossen hatte, mich nicht zu beißen.

Als wir zum Boot zurückschlenderten, war er wie verwandelt, und unterwegs zum nächsten Hafen, den wir ansteuerten, übernahm er es, mir Arabischunterricht zu geben, indem er auf die Sonne, das Meer, das Boot, seine Augen, Nase und Ohren deutete und mir die entsprechenden Bezeichnungen mit so lauter Stimme zuschrie, daß ich mich fragte, ob er ein wenig taub sei. Für den Fall, daß es so war, brüllte ich ihm die englischen Wörter in derselben Weise zu, wobei ich mich alle paar Minuten unterbrach und mich geduckt auf die andere Seite des Decks warf, wenn der Baum herumschwang. Nachdem wir schließlich eine gewisse Übereinstimmung gefunden hatten, lehnte ich mich entspannt zurück und betrachtete den vorüberrauschenden Nil und die anderen Feluken, die wie ein aufgeschreckter Schwarm weißer Vögel über das Wasser glitten. Jedesmal, wenn ich zu Faisal hinübersah, erwiderte er meinen Blick mit einem Nicken und kniff die Augen zusammen – die überzeugendste Andeutung eines Lächelns, die er je zustande brachte.

Das, was als einstündige Bootsfahrt gedacht gewesen war, dehnte sich zu einem ganzen Nachmittag aus, und an jeder Anlegestelle, die wir anliefen, kamen Freunde von Faisal von Bord, die freudig und ohne bestimmtes Ziel mitsegelten und unverhohlene Neugier für seinen Fahrgast zeigten.

Wir müssen wie eine Piratenbande ausgesehen haben, als wir schließlich kurz vor fünf Uhr zu unserem Ausgangspunkt zurückkehrten. Während Faisal mich die Treppe hinauf zur Straße begleitete, zog ich, unsicher, wieviel mehr als den ursprünglichen Preis er erwarten würde, ein paar Geldscheine hervor. Doch er weigerte sich, mehr zu nehmen als das, was wir vereinbart hatten. Dann hielt er eine vorüberfahrende Pferdekutsche an und nannte dem Fahrer den Namen meines Hotels. Während ich hineinkletterte, feilschten sie um den Preis ... und dann reichte Faisal dem anderen das Fahrgeld. Bevor ich den Vorfall recht begriffen hatte, knallte der Kutscher mit der Peitsche, das Pferd setzte sich mit einem Ruck in Bewegung, und mir blieb nichts weiter, als Faisals knochigem Rücken meinen Dank zuzurufen.

Gegen sieben, ich hatte gerade geduscht und mich angekleidet und überlegte nun, wo ich zu Abend essen sollte, kam der Hotelportier, um mir mit einer Stimme, die vor Mißbilligung triefte, mitzuteilen, daß unten ein Mann auf mich wartete. Faisal lümmelte in seinen Lumpen an der Rezeption und scherte sich keinen Deut um das Mißfallen, das seine Anwesenheit unter den Hotelbediensteten erregte.

Mit leidgeprüfter Stimme übersetzte der Direktor Faisals aufgeregtes Gebrabbel. Offensichtlich war er gekommen, um mich zu einem Schneider zu bringen. Einen Augenblick lang war ich verwirrt. Doch dann fiel mir ein, daß ich eine bewundernde Bemerkung über Faisals Gewand gemacht hatte, das, wenn auch zerschlissen und verblichen, in langen, fließenden Linien fiel, die ich sehr kleidsam fand. Ich konnte mir sogar vorstellen, daß es mir selbst gut stehen würde, und nun war Faisal hier, um die Sache zu arrangieren.

Verwundert blickte uns der Direktor, der meinen Bootsmann mit einer scharfen Zurechtweisung hatte fortschicken wollen, nach, als ich begeistert nickte und ihm durch den Hoteleingang hinaus folgte. Wir müssen ein höchst ungleiches Paar abgegeben haben auf unserem Weg durch das Gewirr von Gäßchen, bis wir uns schließlich inmitten des Marktes befanden – eines Ortes, den ich nach Einbruch der Dunkelheit nicht gern allein aufgesucht hätte. Ich hatte mich schon bei hellichtem Tag sehr unbehaglich dort gefühlt. Aber nun, in Faisals Begleitung, war es etwas ganz anderes. Leute winkten uns lächelnd zu, als wir uns einen Weg zu der winzigen Bude bahnten, in der einer der besten Schneider von Assuan sein Quartier hatte.

Er saß, zwischen Ballen der feinsten ägyptischen Baumwolle eingeklemmt, hinter seiner Nähmaschine, und ich harrte geduldig aus, bis das unvermeidliche Handeln beendet war, in dessen Verlauf Faisal zweimal die Geduld verlor und hinausging (ein Trick, den ich in späteren Feilschgeschäften immer wieder erfolgreich anwandte), bis wir den niedrigstmöglichen Preis für zwei *Dschellabahs* erreicht hatten.

Als nächstes fand das heikle Unterfangen des Maßnehmens unter den mißtrauischen Augen meines Beschützers statt, der zu guter Letzt den Schneider mit der Forderung aus dem Gleichgewicht brachte, die Gewänder müßten am folgenden Abend fertig sein.

Zufrieden mit dem Erfolg seiner Bemühung, führte Faisal mich anschließend zu einem baufälligen Gasthaus, in dem es nach altem Blut und noch älterem Fleisch stank. Offenbar war ich beim Abendessen sein Gast. Indem ich mich ganz auf unsere Unterhaltung konzentrierte, versuchte ich, den Teil meines Bewußtseins auszuschalten, der beim bloßen Anblick der gedünsteten Innereien Ekel signalisierte und bei jedem Bissen, den ich in den Mund steckte, eindringlichste Warnungen vor der unweigerlich folgenden Übelkeit aussandte.

Später, auf der Treppe meines Hotels, verabschiedete sich mein Beschützer mit einem Nicken und kniff ein letztes Mal die Augen zusammen, bevor er in der Nacht verschwand.

Ich habe ihn nie wieder gesehen, aber er geht mir oft durch den Kopf als der Mann, der mich den Wert der freundlichen Annäherung lehrte und mir zeigte, wie wichtig es ist, alle Menschen – vom nubischen Leprakranken bis zum indischen Maharadscha – mit dem gleichen Respekt zu behandeln.

Im Verlaufe meiner Reise erwies sich dieses Wissen als wertvoller als jeder Dollarbetrag oder alle Traveller-Schecks zusammen. Denn seit der Begegnung mit Faisal habe ich oftmals den Widerstreit der guten und schlechten Kräfte an Fremden erlebt, die auf den Gedanken kamen, mich übervorteilen zu wollen. Jedesmal habe ich versucht, ihnen den Zweifel zugute kommen zu lassen, habe versucht, offen und freundlich zu sein – und es hat stets die besten Seiten der Menschen hervorgekehrt. Vermutlich hat mein Vater also doch recht behalten.

Am nächsten Tag fand ich mich im Morgengrauen auf dem Militärflughafen von Assuan und bestieg eine Maschine nach Abu Simbel, in der es von bloßen Knien, ausgebeulten Shorts und Baseballkappen nur so wimmelte. Um mich herum trugen amerikanische Senioren stolz ihre Namensschildchen zur Schau, die sie als »Ethel«, »Walt« oder »Marvin« auswiesen.

Nach der Landung hielt ich mich im Hintergrund, bis die lärmende, aufgeregte Menge in Richtung auf den alten Tempel Ramses' II. verschwunden war, den man erst kürzlich vor einem feuchten Grab bewahrt hatte. Ich wartete, bis ich damit rechnen konnte, daß sich alle sicher im Innern befanden, dann schlenderte ich allein den Hügel hinunter, umrundete die Felsenfläche und bestaunte ehrfürchtig diesen herrlichen und scheinbar verlassenen Ort – der dunkle Eingang flankiert von vier hoch aufragenden Pharaonenstatuen, die in alle Ewigkeit blicklos über die schimmernde Weite des Nassersees schauten.

Dann wandte ich mich nordwärts, Luxor zu mit der majestätischen und geheimnisumwitterten Tempelanlage von Karnak. Hier halten die finsteren Gestalten von Pharaonen und ihren Gemahlinnen ihre ewige Wache über verzauberte Säulenwälder. Hoch und schlank woben sie ein Licht- und Schattenmuster, das mich erschaudern ließ, als ich auf Zehenspitzen im Mondschein hindurchschlich. Der Ort war nicht weniger furchteinflößend, als ich meiner Spur in der Hitze und dem freundlichen Licht des Tages noch einmal folgte.

Dann ging es in die stille Einöde der nubischen Wüste, deren endlos wogender Sand sich über die Grabstätten und Paläste im Tal der Könige schiebt und von neuem Anspruch erhebt auf die uralten Kammern, die er viele Jahrhunderte lang vor neugierigen Augen verborgen hatte.

Hier übersetzte Mohammed die wildbewegte Geschichte Ägyptens für mich. Er war ein junger, ernsthafter Student der Ägyptologie, mit dem mich mein Zimmerwirt in Luxor bekanntgemacht hatte, und erweckte die verblichenen ockerfarbenen Wandmalereien zu neuem Leben – all die Abbildungen von Krieg, Verrat und Tod, von Sklaverei, Reichtümern und Religion. Die ganze Grausamkeit und Pracht dieses Zeitalters erstand vor meinen Augen, als ich in seinem Schlepptau dahinwanderte und die Symbole und Zeichen zu erkennen begann – die Gottheiten des Krieges, des Todes und der Unterwelt benennen konnte und lernte, Königin Nofretetes Profil und Königin Hatschepsuts dreifache Krone auf einen Blick zu erkennen. Und als ich begann, ein wenig von dem zu verstehen, was die Wandmalereien ausdrückten, stand Mohammeds Freude der meinen nicht nach.

Es war ein so überwältigendes Erlebnis, daß es mich verstummen ließ und ich gedankenversunken hinter ihm her trottete, als er mich zu immer neuen, für Besucher unzugänglichen Gräbern führte.

Der Verwalter, der sich im kühlen Schatten des Vorraums ausruhte, lächelte zur Begrüßung, als er Mohammed erkannte, und dann standen wir wortlos am Rande eines langen Tunnels, dessen Wände und Boden, glatt behauen, in steilem Winkel in das Innerste der Grabstätte führten. Das war der Gang, durch den die letzte Reise des Sarkophages geführt hatte, wenn die vielen irreführenden Eingänge und Korridore erst versiegelt worden waren.

Ich spähte in die dunkle Tiefe – begierig, sie zu erforschen, aber doch von einer merkwürdigen Angst ergriffen. Und als Mohammed mir zu verstehen gab, ich sollte allein hinuntergehen, warf ich dem Verwalter einen Blick zu und hoffte beinahe, daß er die Erlaubnis verweigern würde. Aber er nickte mir mit einem aufmunternden Lächeln zu, und als ich zögernd an ihm vorbeiging, streckte er mir die Hand entgegen und ließ zwei reife Datteln in meine offene Handfläche fallen. Und so kam es, daß ich mich mutterseelenallein in der kühlen, luftarmen Grabkammer eines ägyptischen Königs wiederfand. Ich hockte mich auf ein Podest, auf dem einst ein Vermögen an goldenem Schmuck und kostbaren Steinen, seltenen Ölen und Essenzen aufgehäuft war, aß gemächlich meine Datteln und starrte lange Zeit auf den gewaltigen Granitsarg, dessen Deckel Grabräuber vor einem Jahrtausend zertrümmert hatten.

Erst bei jüngsten Ausgrabungen freigelegt, roch es in der Grabkammer trocken und süß, und die geringste Bewegung, die ich machte, hallte in der Stille wider. Auch hier erzählten Wandmalereien jedem, der sie zu verstehen wußte, eine Geschichte – und ihre Farben, die so lange luftgeschützt gewesen waren, schienen an den Wänden zu flimmern.

Mohammed hatte gewußt, was er tat, als er mich die Kammer allein hatte erforschen lassen – es war ein überwältigendes Erlebnis. Und ich habe die Dattelkerne, die mich an jene erstaunliche Reise in die Vergangenheit erinnern, bis heute aufbewahrt. So reiste ich durch ein Ägypten, das eine Fülle von unvergeßlichen Bildern, Erlebnissen und Begegnungen für mich bereithielt, bis ich mich am Ende wieder auf dem Rückweg nach Kairo befand.

Wie ein Kind, das Angst hat, sich zu weit vom Rockzipfel seiner Mutter zu entfernen, verliert der Zug auf seiner steten Fahrt Richtung Norden den Nil nie ganz aus den Augen. Ganz Ägypten klammert sich an die Ufer dieses lebensspendenden Flusses, und ich sah vom staubtrüben Zugfenster aus zu, wie Frauen ihre Wäsche am Ufer walkten und ihre Töpfe scheuerten und wie kleine Jungen kamen und ihre Ochsen säuberten oder mit ihren Freunden nackt im flachen Ufergewässer tollten, ohne sich um die toten Schafe und Ziegen zu kümmern, die mit aufgeblähten Bäuchen und steifen Beinen vorübertrieben.

Hier sah ich eine Schulklasse von Kindern, die unter freiem Himmel lernten, da einen Ochsen, der in eine Tretmühle gespannt war und geduldig seine endlosen Kreise zog, während das Getreide zwischen den Steinen zermalmt wurde und nasse Wäsche um seine mächtigen Hörner flatterte.

Dorf nach Dorf scharten sich Ochsenkarren, Maulesel und Kamelkarawanen dicht vor den Schranken der ebenerdigen Bahnübergänge, und ich erhaschte einen verlockenden Blick auf leuchtende Kopftücher, funkelndes Metall, schmuddelige Gesichter und nackte, Kinder, während der Zug vorüberbrauste.

Aber immer, immer war der Nil zu sehen mit seinen schimmernden Schlammufern, den bunten Feluken und dem bewegten Baldachin dattelschwerer Palmen. Und hinter diesem grünen, fruchtbaren Band erhob sich in der Ferne schweigend die flimmernde Wüste.

Die Sonne stand schon tief am Himmel, als mein Taxi zu den Pyramiden hinaufratterte und wir von der üblichen Eskorte wild blickender Pferde, murrender Kamele und singender Jungen verschluckt wurden, die meine Aufmerksamkeit auf sich zu lenken suchten, indem sie auf das Wagendach und die Kofferraumhaube schlugen. Aber ich wußte, nach wem ich Ausschau hielt, und als das Taxi zum Stehen kam, rief ich den Namen »Amer« aus dem offenen Fenster. Der Ruf wurde augenblicklich aufgenommen, und ich lehnte mich geduldig zurück, um zu warten.

Wenige Augenblicke später wich die Menge auseinander, und ein Kamel bahnte sich seinen Weg – angetrieben von einem verwirrten Amer, der versuchte, einen Blick in das Taxi zu erhaschen.

Das Gefühl, das mich überkam, als ich so vor ihm stand und die Mischung aus Staunen und Freude sah, die ihm in das dunkle Gesicht geschrieben stand, war schwer zu beschreiben. Aber es war ein Gefühl, das sich noch verstärkte, als er vom Kamel stieg und auf mich zukam, Anerkennung in den Augen beim Anblick meiner grünen Dschellabah und meiner Kopfbekleidung, während er gleichzeitig in gespielter Verzweiflung den Kopf schüttelte.

Als er mich mit einem förmlichen Selam empfing und die Stirn zum Gruß berührte, hörte ich ihn deutlich flüstern: »Du bist eine verrückte Frau.« Dann brach er in Gelächter aus und führte mich aus dem Kreis der Schaulustigen davon.

Ich wußte, daß er begeistert war, mich zu sehen, und dieses Wissen erfüllte mich mit einem Gefühl der Wärme, als ich mich hinter ihm auf Ramses' Rücken setzte und das Tier sich umständlich erhob. Nicht weit von uns sprangen knatternd die Motoren der letzten Touristenbusse des Tages an, und als ich zu ihnen hinüberblickte, stellte ich fest, daß sich die Menschen hinter den Fenstern drängten, um Schnappschüsse von mir zu machen. Ich lächelte bei dem Gedanken, daß ich zur Kuriosität für meinesgleichen geworden war. Aber in diesem Augenblick schienen wahrhaftig Welten zwischen uns zu liegen. Und jetzt fiel es mir plötzlich nicht mehr schwer, das Gefühl zu beschreiben, vor Amer zu stehen. Ich hatte das Gefühl, nach Hause gekommen zu sein.

Unterwegs in die Wüste, beantwortete ich seine Fragen nach meiner Reise einsilbig, da ich die Müdigkeit plötzlich in allen Knochen spürte. Und bald war ich, an seinen breiten Rücken gelehnt, fest eingeschlafen und merkte nichts mehr von der aufkommenden Dunkelheit und den ersten abendlichen Sternen ...

Die späte Nachmittagssonne warf Streifen blendenden Lichts und Schwaden dunkler Schatten auf die weiten Sandstrecken hinter dem Dorf. Die Luft war schwül und windstill, und Kinderlachen und das Blöken der Haustiere drang zu Amers Aussichtsturm herauf, meinem

Lieblingsplatz, wo ich mich zu dieser meiner bevorzugten Stunde aufhielt.

Mit einem zufriedenen Seufzer lächelte ich, als mir plötzlich mein Ex-Mann wieder in den Sinn kam. Er war mir den ganzen Tag über kaum aus dem Kopf gegangen – seitdem ich bei einem Blick auf meine Armbanduhr festgestellt hatte, daß das heutige Datum irgend eine Bedeutung hatte. Der Geburtstag eines Verwandten ... ein Familienereignis? hatte ich mich gefragt, während ich meine Arbeiten erledigte. Und dann hatte es mir gedämmert ... auf den Tag genau vor zwölf Jahren hatte ich Rui geheiratet. Nun überlegte ich, welche Laune des Schicksals es war, die mich dazu gebracht hatte, Ruis Traum zu verwirklichen – die Freiheit des Reisens –, während er, indem er ein häusliches Leben in London führte, den meinen erfüllte. Und was in aller Welt würde er sagen, wenn er mich jetzt sehen könnte?

Ich vernahm ein leises Geräusch, und als ich mich umdrehte, fiel mein Blick auf Samira, die die schiefen Stufen auf den Turm hinaufgeklettert kam. Wortlos reichte sie mir eine Tasse mit kaltem Wasser, und wir saßen recht freundschaftlich beieinander, obwohl sie mir von Zeit zu Zeit einen Seitenblick zuwarf, den ich nur schwer deuten konnte. Im Grunde war sie seit meiner Rückkehr ins Dorf vor ein paar Tagen eigenartig gewesen – nach außen hin erfreut, mich zu sehen, aber irgendwie in sich gekehrt und, in manch einem unbeherrschten Augenblick fast ... unfreundlich.

Sie nahm meine leere Tasse und ging ebenso schweigend, wie sie gekommen war, wieder davon, und während ich noch sitzenblieb, wurde mir klar, daß nicht nur Samira sich verändert hatte. Es war ein phantastischer Gedanke ... aber ich hatte das eigenartige Gefühl, daß sich die Haltung des ganzen Dorfes mir gegenüber geändert hatte.

Es hatte am ersten Morgen nach meiner Rückkehr begonnen, als ein Besucher nach dem anderen sich im Hause Habib zeigte, um seine Ehrerbietung zu erweisen und Tee zu trinken. Samira saß geduldig mit untergeschlagenen Beinen vor ihrem Primuskocher und kochte zahllose Kessel des starken, süßen Gebräus. Und als achtundvierzig Stunden verstrichen waren, hatte sie mehr als die Hälfte der Dorfbewohner bewirtet. Normalerweise gesellig und gastfreundlich, hatte sie es diesmal stoisch über sich ergehen lassen, jedoch ohne eine erkennbare Spur von Vergnügen.

Und am gestrigen Abend, als wir nach dem Essen das Geschirr wegräumten und Samira die Utensilien für die Zeremonie des Teekochens bereitlegte, schlug Amer beiläufig vor, ich sollte mich einmal daran versuchen. Samiras kleines Gesicht blieb völlig unbewegt, als sie mir Platz machte, damit ich das feierliche Ritual vollziehen konnte, aber ihre Augen ruhten dabei kalt auf mir.

Es gibt keinen Zweifel – etwas ist hier im Busch, überlegte ich, als ich die Treppe hinunterstieg, um auf Amers Heimkehr zu warten.

Beim Abendessen war er nervös, und als er mir den Vorschlag machte, ihn zu einem »Heimkehrerempfang« zu begleiten, wirkte er fast verlegen. Einer der Dorfältesten war von seiner Pilgerreise nach Mekka zurückgekehrt, und das mußte gebührend gefeiert werden.

Ich zog meine grüne Dschellabah an, ließ aber meinen Kopf unbedeckt, und ich war aufs höchste erstaunt, als Samira keine Absicht zeigte, sich fertigzumachen. Noch mehr verwirrte es mich, als Amer erklärte, daß sie zu Hause bleiben würde. Wir wanderten schweigend durch das Dorf, geleitet von dem betörenden Klang der Trommeln und Schalmeien, der anzeigte, daß das Fest bereits in vollem Gange war. An der Eingangstür zum Hause des Ältesten blieb ich allerdings wie angewurzelt stehen, als ich ungefähr sechzig Männer im Innenhof sitzen sah und erkannte, daß ich die einzige Frau war.

Die Gespräche um uns herum verstummten, als Amer mich in den Hof schob, und ich setzte mich mit schicklich niedergeschlagenen Augen im Schneidersitz neben ihn auf die Erde und starrte angestrengt in meinen Schoß, bis die Unterhaltung wieder aufgenommen wurde und der Lärm um mich herum wieder anschwoll.

Dann nahm ich verstohlen das erstaunliche Schauspiel in mich auf, wie die Männer um mich herum, herausgeputzt mit ihren besten Kleidern und an üppig verzierten blauen Wasserpfeifen ziehend, lachten und gutgelaunt miteinander debattierten. Viele unter ihnen hatten kürzlich Amers Haus einen Besuch abgestattet, und einige nickten mir zu, wenn sich unbeabsichtigt ein Blickkontakt ergab.

Als ich meine Aufmerksamkeit auf die Unterhaltung richtete, die Amer mit zwei neben ihm sitzenden Männern führte, stellte ich fest, daß er über mich sprach – ihnen die Geschichte meiner Reise durch Ägypten erzählte. Sie hörten höflich zu, schienen aber nicht sonderlich beeindruckt von meinen Erlebnissen. Dann machte Amer eine Bemerkung, die bewirkte, daß ihre buschigen silbernen Augenbrauen fast unter ihrer Kopfbekleidung verschwanden, so verwundert waren sie.

Später fragte ich ihn: »Was hast du gesagt, um sie so aus der Fassung zu bringen?« Und er antwortete stolz: »Ich habe gesagt, du wärest so klug, daß du sogar einkaufen könntest, wenn ich es erlauben würde!« Wahrhaftig, welch ein Lob – kein Wunder, daß seine Nachbarn außer sich waren. Wer hatte je gehört, daß eine Frau einkaufen geht!

Je weiter der Abend fortschritt, um so wilder wurde die Musik, und die Männer erhoben sich, einer nach dem anderen, um zu tanzen. Der Staub wirbelte unter ihren Füßen auf, die im Rhythmus stampften, und sie drehten und wanden sich und sprangen mit ihren hölzernen Stöcken aufeinander zu, und ihre Darbietungen wirkten kriegerisch und sinnlich zugleich. Ein kraftvoller Anblick. Aber warum war mir gestattet worden zuzusehen, fragte ich mich auf dem Heimweg?

Dann wandte sich Amer in der Dunkelheit zu mir und sprach die Worte aus, die plötzlich alles erklärten. Den endlosen Besucherstrom ... Samiras Reserviertheit ... seine Unsicherheit ... meine Einladung zu diesem Fest ... sogar das Übernehmen des Teerituals ... ich verstand alles, jetzt, da ich wußte, daß Amer mich zu seiner Zweitfrau machen wollte.

Zu benommen, um ein Wort herauszubringen, ging ich neben ihm her, während er mir beschrieb, wie mein Leben aussehen würde. Ich sollte die Räume im ersten Stockwerk bekommen – die Tiere würden in das Stockwerk darüber verlegt werden. Ich konnte an Möbeln auswählen, was ich wollte, und es würde mein privater Bereich sein.

Er erwartete nicht von mir, daß ich die Hausarbeit verrichtete – Amer ahnte, daß ich einen Kopf fürs Geschäftliche hatte, und war gewillt, alle Konventionen über Bord zu werfen und mir einen eigenen Parfümeriestand oder auch einen Papierwarenstand, wenn mir das lieber war, zu besorgen. Oder vielleicht konnte ich ein eigenes Kamel bekommen und mit ihm die Touristen an den Pyramiden ausnehmen – eine revolutionäre Vorstellung, die ihn zweifellos als Mann auszeichnete, der seiner Zeit weit voraus war.

Wann immer ich wollte, dürfte ich zu Besuch nach Hause fahren – meine Eltern dürften sogar kommen und auch hier leben. Es gab nichts, was er nicht bedacht hatte. Und ich hatte als Gegenleistung nichts weiter zu tun, als ihm Scharen von Kindern zu gebären. Und obwohl ich am liebsten laut herausgelacht hätte über die Absurdität des Ganzen, war mir klar, daß er mir in seinen Augen eine große Ehre erwies, und Taktgefühl war jetzt alles.

»Aber – was ist mit Samira?« fragte ich ausweichend. »Außerdem würden mich die Leute im Dorf nie akzeptieren«, fügte ich zögernd hinzu, verzweifelt bemüht, einen Ausweg aus der Situation zu finden.

Amer hatte an alle Schwierigkeiten gedacht. Samira hatte seinen Entschluß bereits akzeptiert, ebenso ihre Eltern, die sich ihrer Unfähigkeit, Kinder zu bekommen, schämten. Seine Eltern ihrerseits fanden, daß eine Zweitfrau eine überaus vernünftige Entscheidung war, und die Dorfältesten hatten ihr Einverständnis erteilt, nachdem sie gekommen waren, um mich zu begutachten. Tatsächlich war das ganze Dorf auf das bevorstehende Hochzeitsfest vorbereitet und hatte seinen Segen gegeben. Und nun hatte Amer, glücklich, daß ich in die Gemeinschaft aufgenommen worden war, mich endlich in das Geheimnis eingeweiht. Er hatte sogar eine anfängliche Weigerung meinerseits in Erwägung gezogen und versicherte mir mit einem nachsichtigen Lächeln, daß ich meine Meinung in ein paar Tagen gewiß ändern würde. Was er *nicht* sagte, war, daß ich im Dorf gefangen war, bis ich schließlich meine Zustimmung erklärte, gleichgültig, wie lange das dauern würde...

Von da an verliefen die Tage höchst eigenartig. Samira und ich arbeiteten immer noch zusammen, aber die frühere Kameradschaft war verschwunden. Jetzt, da ihre Stellung als Hausherrin auf dem Spiel stand, verhielt sie sich begreiflicherweise abwehrend. Doch sie war verständig genug, zu wissen, daß Amer sich früher oder später gezwungen sehen würde, eine Zweitfrau zu nehmen, wenn sie kinderlos blieb. Und mit mir, einer Fremden, unter einem Dach zu leben, erschien ihr wesentlich weniger demütigend als die Aussicht, Mann und Haus mit einem jungen Mädchen aus dem Dorf teilen zu müssen. Und so betrachtete sie mich, auch wenn ihr meine Anwesenheit im Haus nicht angenehm war, als das geringere Übel.

Ich konnte jetzt nirgendwo mehr hingehen, ohne ins Haus gebeten zu werden, um unendlich mühselige Unterhaltungen über zahllosen Tassen Tee zu führen; oder die Kinder rannten in den Straßen hinter mir her und kamen in unseren Hof und riefen meinen Namen. Die ganze Zeit über wartete Amer mit gutmütigem Lächeln und wissendem Blick darauf, daß meine Vernunft die Oberhand über meine zögernde Schüchternheit gewinnen würde. Mein Einverständnis würde am Ende reine Formsache sein.

Aber das Erstaunlichste von allem war die Wirkung, die Amers Antrag auf mich hatte. Während ich mechanisch wusch, kochte und putzte, wuchs und gedieh der Gedanke in meinem Kopf. Bis ich schließlich wahrhaftig dachte: »Warum kann ich nicht bleiben?«

Monatelang war ich jetzt ohne Ziel herumgereist, und ich war des

Herumziehens müde – hatte es satt, immer die Fremde, die Außensei-
terin zu sein. Hier gab es immerhin ein Plätzchen, an dem ich mich zu
Hause fühlen konnte. Die Leute waren freundlich und hilfsbereit und
hatten mich vorbehaltlos akzeptiert. Ich hatte mich ihren Gewohnheiten bereits angepaßt, hatte die Rolle genau betrachtet, die die Frauen
hier spielten, und festgestellt, daß sie, selbst wenn von ihnen erwartet
wurde, daß sie ihren Männern gehorchten, alles andere waren als
Menschen zweiter Klasse. Sie hatten eine wichtige und geachtete
Stellung in dieser Gesellschaft inne. Es gab keine Identitätskrisen,
keine Verunsicherung über ihre Aufgaben. Sie schienen glücklich
und geborgen, im Gegensatz zu vielen Frauen, die ich in London
zurückgelassen hatte.

Körperlich führten sie ein hartes Leben, aber es würde angenehm
sein, unter dem Schutz eines Mannes zu stehen, der alle Sorgen und
Probleme auf seine Schultern nahm. Meine Tage der Einsamkeit und
Selbstbestimmtheit würden ein Ende haben. Sicher, dieses nach
festen Regeln ablaufende Leben war etwas, das ich bisher überhaupt
nicht kannte, aber das hieß noch lange nicht, daß ich nicht glücklich
damit sein würde. Wenn mein Leben etwas gehabt hätte, wodurch es
sich auszeichnete, hätte ich ihm schließlich nicht den Rücken gekehrt.
Vielleicht war es am Ende kein Zufall gewesen, daß ich in dieses Dorf
gekommen war. Vielleicht war es irgendwie vorbestimmt?

Oh, es reizte mich – praktisch einen ganzen Nachmittag lang und
den größten Teil des Abends dazu. Und wer hätte mir deswegen
einen Vorwurf machen können, als Amer mich in den Sattel seines
Kamels hob und wir gemeinsam gegen Ende des Tages einträchtig in
die Wüste hinausritten?

Auf einer hohen Düne saßen wir ab, Amer setzte sich ein kleines
Stückchen von mir entfernt nieder, und ich blickte zum Vollmond
auf, der tief über den fernen Pyramiden stand und auf eine sterbende
Sonne niederstarrte. Himmel und Sand, Pyramiden, Sonne und
Mond – alles war von derselben Farbe, wie durch eine goldene Linse
betrachtet. Ich wandte mich Amer zu und sah, daß er dieselbe
Goldfärbung angenommen hatte, ebenso wie der hochmütige
Ramses, der ein Stück abseits stand. Es war ein überwältigender
Anblick, und ich stellte mir wieder die Frage: »Warum kann ich nicht
bleiben?«

Die Antwort erhielt ich am nächsten Tag …

Der Morgen begann bereits schlecht, dank einer Herde Ziegen, die durch die offenstehende Tür hereinwanderten und sich daran machten, die Strohmatten zu fressen, die ich im Hauptraum eben ausgelegt hatte. Durch das leise Kaugeräusch aufmerksam gemacht, gelang es mir schließlich, sie hinauszujagen – aber nicht, bevor eine von ihnen ihre dampfende Visitenkarte auf dem Boden hinterlassen hatte, den ich wenige Augenblicke zuvor so ordentlich gekehrt hatte.

Samira stand in der Küchentür und sah mit überlegener Miene zu, wie ich die Schweinerei wieder beseitigte – obwohl sie doch diejenige war, die die Tür offengelassen hatte.

Ich nahm meine Arbeitsroutine wieder auf, klopfte den feinen Sand von den orange-blauen Sofas und verjagte die Fliegen mit der Gerte, und dabei nahm ich halb unterbewußt den schwermütigen Trauermarsch aus dem glänzenden neuen Radio wahr, das Amer irgendeinem Touristen abgeschwatzt hatte. Plötzlich verhallte die Musik, und ein vertrautes Glockengeläut hallte durch den Raum.

Es gab nur ein Glockenspiel auf der ganzen Welt, das so klang – und wie Aschenputtel um Mitternacht erstarrte ich, und der Raum um mich herum wich mit jedem Glockenschlag zurück.

. . .Ich ging, die Hände tief in den Taschen und den Kragen gegen den feinen Nieselregen hochgestellt, am Uferdamm spazieren, als das beruhigende Geläute von Big Ben in der Abenddämmerung über die Themse herüberhallte . . .

Einen Augenblick lang war ich mitten in London – es war wirklicher als die summenden Fliegen, die sengende Hitze, die Hennen, die im Raum über mir nach Futter scharrten. Und als das Läuten verklang und ich mich wieder in Samiras Empfangszimmer fand, überkam mich unsägliches Heimweh.

Ich blickte verwirrt um mich – nahm mit Erschrecken wahr, wie fremdartig meine Umgebung war. Was mir noch vor einem Augenblick normal erschienen war, kam mir jetzt fremd vor und wie aus einer anderen Welt. *Was zum Teufel suchte ich eigentlich hier?*

Ich war den ganzen Tag über bedrückt, und später spazierte ich durchs Dorf, vorsichtig durch schmale Seitengäßchen stakend, in denen es von übelriechenden Abfällen und Kameldung wimmelte. Ich hörte das wütende Gebrumm, als ich um eine Ecke bog, und geriet mitten hinein – eine lebendige Mauer von scheußlichen schwarzen Fliegen, die von einem Kadaver aufstoben. Ich zwang mich, mit geschlossenen Augen durch die wogende Masse zu gehen, und wurde von Kopf bis Fuß von Tausenden von wütenden geflügelten Leibern angefallen, die wie Hagelkörner auf mich prasselten. Es war ein abscheuliches Gefühl.

In der nächsten Straße blieb ich stehen, um mit Samiras Schwester zu plaudern, die, ihren schlafenden Sohn im Schoß, in der Tür ihres Hauses saß. Während sie auf mich einredete, starrte ich auf die Heerscharen von Fliegen, die über das Gesicht des Kindes marschierten – ihm in das kleine offenstehende Mündchen, die laufende Nase, die Ohren krabbelten. Es war ein Bild des Jammers, wie er im Schlaf zuckte und sich unbehaglich wand. Aber so vieles bot einen jammervollen Anblick, jetzt, da mir die Schuppen von den Augen gefallen waren.

Amer kam später als gewöhnlich und in gereizter Stimmung nach Hause und führte einen nicht weniger gereizten Ramses herein, der den ganzen Tag über schwierig gewesen war und das Fressen verweigert hatte. Das alles erklärte Amer, während er dem Kamel den Sattel abnahm und bündelweise frisches Grünfutter aus dem Stall herbeischaffte – köstliche zarte Triebe, die Ramses mit feindseligem Blick von sich wies. Und das bedeutete Zwangsernährung.

Es gab ein kleines Wortgefecht darum, wer es ihm in den Hals stopfen würde, und Samira lehnte die Arbeit rundweg ab. Also blieb es mir überlassen, mich mit dem räudigen Vieh abzuplagen. Während ich dort im Staub hockte und das Futter – *und* meine Hand *und* den größten Teil meines Unterarmes – tief in sein widerliches Maul stopfte und dabei versuchte, seinem unerträglichen Atem und seinen bösartigen Zähnen auszuweichen, gestand ich es mir endlich ein. Es war völlig ausgeschlossen, daß ich dieses Leben für mich akzeptieren konnte.

Als ich in dieser Nacht, von hungrigen Moskitos geplagt, auf meinem Bett lag, lauschte ich meinem anderen Ich – der Stimme der Vernunft, die ich erstickt hatte, seitdem ich hierher gekommen war. Endlich in der Lage, ihr Plädoyer zu halten, sagte mir die Stimme in meinem Kopf gehörig die Meinung und hielt mir einige unerfreuliche Wahrheiten vor Augen.

Ich hatte Beduinin gespielt – hatte ein kindliches Vergnügen darin gefunden, noch gehorsamer, unterwürfiger und fleißiger zu sein als die Beduinenfrauen selbst. Aber am Ende war es doch nur ein Spiel für mich – eine Scharade, die ich wochen-, ja monatelang aufrechterhalten konnte, die mich aber doch zur Schwindlerin abstempelte.

Oh, ich hatte es nicht in böser Absicht getan. Ich war vor meinem alten Leben davongelaufen und hatte meine Gewohnheiten abgeschüttelt, nur um festzustellen, daß ich das Bedürfnis hatte, an ihrer Stelle ein neues Leben, eine andere Aufgabe zu finden. Ich wußte, was für eine Frau ich nicht mehr sein wollte, hatte aber keine genaue Vorstellung von der Frau, die ich werden wollte. Und, verloren ohne eine feste Rolle im Leben, hatte ich eine Lösung darin gesehen, zur Beduinenfrau zu werden.

Aber unter dem Gewand und dem Kopftuch, hinter der unterwürfigen Miene und den niedergeschlagenen Augen würde ich in meinem Wesen immer eine Frau meiner Zeit und meiner Umgebung bleiben – ein Produkt der europäischen Kultur. Gleichgültig, wie sehr ich mich bemühte, es zu verleugnen, ich hatte fast zwanzig Jahre lang das Leben einer berufstätigen Frau geführt. Ich hatte einen ausgeprägten Willen und eine starke Entschlossenheit – meine unverwechselbare Persönlichkeit. Ich liebte es, meine eigenen Entscheidungen zu treffen. Selbst wenn das hieß, daß ich für meine Fehler bezahlen mußte. Und wenn ich dessen auch in letzter Zeit vielleicht ein wenig überdrüssig geworden war, hatte ich doch mein Leben lang die Verantwortung für mein Wohlergehen übernommen. Und mir war plötzlich klar, daß ich nie glücklich werden konnte, wenn ich darauf verzichtete.

Hinzu kam, daß ich an so viele Dinge gewöhnt war ... materieller Komfort, gute medizinische Versorgung, eine ausgeglichene Ernährung. Ich hatte das Gefühl der Freiheit immer genossen, die Gesellschaft gleichgesinnter Menschen, das Vergnügen, meine eigene Sprache zu sprechen. Es gab unzählige Dinge, die ich für selbstverständlich genommen hatte und die für immer verloren sein würden, wenn ich hier blieb.

Es war eine Sache, zu wissen, daß ich gehen mußte – und eine ganz andere, Amer davon zu überzeugen. Er weigerte sich schlichtweg, mit mir darüber zu sprechen, und verhinderte jeden meiner Versuche, das Haus zu verlassen.

Wenn Sie das lesen, denken Sie vielleicht, es wäre das einfachste der Welt gewesen, einfach zu packen und fortzugehen. Aber ohne ein Transportmittel *gab* es keinen Weg aus dem Dorf. Und niemand hätte mir ohne Amers Einwilligung eines zur Verfügung gestellt. Und ich weiß nicht, ob es sich wirklich so verhielt oder ob ich es mir nur einbildete, aber ich hatte zunehmend das Gefühl, daß das ganze Dorf sich verschworen hatte, mich dazubehalten. Und nicht zum ersten

Mal im Verlauf dieser merkwürdigen Reise verlor ich den Boden unter den Füßen und bekam Angst.

Dann kam der Abend, an dem ich die Beherrschung verlor und einen lautstarken Streit mit Amer hatte. Die winzige Samira trat, aufgeschreckt von dem Geschrei, an meine Seite und gab mir die einzige Unterstützung, zu der sie sich in der Lage sah, indem sie ihre kleine Hand verstohlen in meine schob. Die Augen vor Bestürzung geweitet, stand sie zwischen uns wie ein Kind zwischen den Eltern und musterte ängstlich unsere zornigen Gesichter, ohne darin etwas finden zu können, das ihre Furcht gemindert hätte.

In dieser Nacht schlief sie nicht mit Amer in einem Bett, sondern legte sich statt dessen auf das orange-blaue Sofa, das dem meinen gegenüberstand. Und obwohl ihre reglose Gestalt in der Dunkelheit kaum auszumachen war, wußte ich, daß sie mich beobachtete und sich fragte, was als nächstes passieren würde.

Amer beachtete mich während des Frühstücks überhaupt nicht, und mir war auch nicht eben nach Liebenswürdigkeiten zumute. Aber mit Samira stand ich wieder auf freundschaftlichem Fuße, und sie lächelte mir mitfühlend zu, während wir das Kamel sattelten. Kurz vor sechs schaukelte Amer aus dem Hof – die Wut und Gekränktheit deutlich erkennbar an seinem steif durchgedrückten Rücken, als er verschwand, ohne mich eines Blickes zu würdigen. Ich zuckte resigniert die Schultern und ging ins Haus, um meine Pläne zu fassen.

Ich legte die Dschellabah ab und wählte meine weiße, langärmelige Bluse, meinen knöchellangen Rock und die flachen weißen Schuhe. Um die Taille band ich mir einen Ledergürtel mit daran befestigter Tasche, die groß genug war, daß ich meinen Paß, meine Kreditkarten, mein Adreßbuch und die Sonnenbrille darin verstauen konnte. Dann hängte ich mir die Kamera über die Schulter und schlang mir die Kopfbedeckung wie einen Schal um den Kopf. Meine Kleider, meine kostbaren Kassetten, mein Sony-Walkman – das alles war eigentlich zuviel zum Tragen. Aber ich ließ nur die Kleider zurück. Samira blickte verwundert auf, als ich in ihr Schlafzimmer trat, und ein ängstlicher Ausdruck huschte über ihr Gesicht, als sie meine Aufmachung wahrnahm. Ich machte nicht viele Worte, um ihr Lebewohl zu sagen. Sie ebensowenig. Aber wir traten Arm in Arm in den sonnenhellen Hof hinaus. Und sie blieb an meiner Seite – und sicherte mir den ungehinderten Durchgang durch ein Dorf, das für mich zum Gefängnis geworden war.

Am Rande des Dorfes blieb sie schweigend zurück, und ich lief weiter; meine Füße versanken in dem bereits heißen Sand, und die Sonnenbrille schützte meine Augen nur unzulänglich vor der gleißenden Sonne.

Ich kannte die ungefähre Richtung, die ich einschlagen mußte, um zu den Pyramiden zu kommen, und irgendwo zwischen ihnen und mir lag die grob gekennzeichnete Straße, die ich ein paarmal mit dem Kamel überquert hatte. Ich wußte: wenn ich sie erst einmal erreicht hatte, würde ich einen Wagen finden, der mich mitnahm nach Giseh. Von dort bis Kairo war es nur ein Katzensprung.

So marschierte ich mit gesenktem Kopf aus dem Beduinendorf fort – und aus Amer el Habibs Leben hinaus. Ich frage mich, ob er noch je an mich denkt. Und wenn er es tut, ob er mir verziehen hat?

SIEBTES KAPITEL

Zuflucht – die ihren Preis hat

Nach der fast idyllischen Ruhe des Dorfes war Kairo ein ziemlicher Schock für mich, als ich am Ende eines langen, heißen Tages dort ankam. Ich hatte es zu dem halb verwehten Weg geschafft, der all die kleinen Ansiedlungen am Rande der Wüste miteinander verband, und wie ich gehofft hatte, war es mir gelungen, eine Mitfahrgelegenheit in einem der verrosteten kleinen Kombiwagen zu finden, die in dieser Gegend als öffentliche Transportmittel dienten. Von Giseh aus hatte ich mir eine Taxifahrt in die Stadt geleistet, war im schwindenden Tageslicht dort angekommen und zum Black Tulip Hotel am T'alathaarb-Platz zurückgekehrt, wo ich den größten Teil meines Gepäcks und, wie ich zu argwöhnen begann, auch meines Verstandes zurückgelassen hatte.

Mein Auftauchen wurde mit großer Aufregung zur Kenntnis genommen, und ich entnahm nach langem Hin und Her ihren Worten, daß Phil in meiner Abwesenheit gekommen und wieder gegangen war. Der Direktor zeigte mir seine Unterschrift in dem eselsohrigen »Fremdenbuch«, und während ich, meinen Zimmerschlüssel fest in der Hand, den schmuddeligen Korridor entlangging, fragte ich mich, wie Phils ägyptisches Abenteuer sich wohl entwickelte. Seine Erlebnisse konnten doch unmöglich so bizarr sein wie die meinen?

Ein anderes Zimmer, dasselbe schmierige Bett und verstopfte Klo, dieselben fadenscheinigen Vorhänge vor einem schmutzigen Fenster – es ging doch nichts über ein gemütliches Zuhause. Zumindest war in Samiras Haus alles untadelig sauber, dachte ich, während ich mich vollständig angezogen auf mein Bett legte, als befände ich mich noch unter Amers Dach. Dann fiel ich, ungeachtet meines leeren, knurrenden Magens, in einen tiefen Schlaf.

Am nächsten Morgen, nach einem aus Obst und Joghurt bestehenden Frühstück in einem schäbigen kleinen Lokal in der Nähe, bummelte ich lustlos durch die Stadt. Ich ging zum Museum, stellte fest, daß ich mich nicht überwinden konnte, hineinzugehen, und machte mich in der vagen Vorstellung, vielleicht auf ein paar andere Reisende oder Auswanderer zu stoßen, die dort herumhingen, zur Botschaft auf, wo aber gähnende Leere herrschte. Also saß ich allein im stauberfüllten Dämmerlicht der·Empfangshalle und blätterte in wochenalten englischen Zeitungen, bevor ich wieder in die Straßen hinauswanderte. Ja, Sie haben es erraten. Ich war auf der Suche nach Gesellschaft. Alter und Geschlecht waren mir gleichgültig – sogar die Qualität der Unterhaltung –, solange sie nur in einer Sprache geführt wurde, die ich verstehen konnte.

Nachdem ich am Nachmittag wieder in mein Hotelzimmer zurückgekehrt war, wanderten meine Gedanken unvermeidlich zu Hafez. Schließlich war er – mit Ausnahme von Phil, der ohne weiteres bereits durch Afrika streifen konnte – die einzige Person, die ich in Ägypten kannte. Sicher, unsere Verbindung war flüchtig. Ich hatte nicht genügend Zeit in seiner Gesellschaft verbracht, um ihn wirklich gut zu kennen. Und das wenige, das ich von ihm wußte, ließ mich fragen, ob wir uns zu *ähnlich* waren, um Freunde zu sein. Aber ganz allein in Ägypten zu sein, ohne eine Menschenseele zu kennen, war genug, um einen Versuch zu wagen, fand ich.

Ich hatte Hafez zum letzten Mal gesehen, als er sein neues Appartement hoch in den Bergen hinter der kleinen Stadt Lindos bezogen hatte, und wir hatten damals verabredet, zusammen ein Glas trinken zu gehen; ich hatte jedoch die Verabredung nicht eingehalten, und wenige Tage später hatte ich mich aus dem Staub gemacht. Aber er hatte gewußt, daß ich nach Kairo unterwegs war. Und er *hatte* darauf bestanden, mir seine Adresse zu geben. Ja, da gab es immer noch Hafez...

Er hatte allerdings keinen Hehl daraus gemacht, daß er es auf meinen Körper abgesehen hatte, und obwohl ich mich in seiner Gesellschaft wohlgefühlt hatte, hatte ich seine diesbezüglichen Absichten nicht gefördert. Aber gestern war gestern, und heute war heute, und es konnte sicher nichts schaden, einen alten Bekannten zu besuchen! Ich brauchte nicht lange, um mich davon zu überzeugen, daß dieser spezielle Ägypter begeistert sein würde, von mir zu hören, und als ich ins Freie hinaus eilte, um ihn anzurufen, wurde ich nicht enttäuscht.

»Trudy... Großer Gott – immer noch hier in Kairo! Wo zum Teufel hast du gesteckt, Mädchen – ich hatte dich schon abgeschrieben!« In dem Telefonhäuschen stehend, umringt von einer Schar kreischender, an mir zerrender Kinder und überwältigt vom Verkehrslärm, konnte ich Hafez' Stimme am anderen Ende der Leitung kaum hören, aber er brauchte die Einladung, auf einen Drink zu ihm zu kommen, nicht zweimal zu sagen. Wenige Minuten später rumpelte ich in einer

Rostbeule von einem Taxi quer durch die Stadt, Zamalek, Hafez al-Hakim und, wie ich hoffte, einem Hauch von Zivilisation entgegen.

Zamalek ist das elegante Viertel von Kairo, auch wenn man es auf den ersten Blick nicht erkennt, umgeben von der gleichen Pferdescheiße und den gleichen erstickenden Staubschwaden wie anderswo. Aber als wir durch die belebten Straßen fuhren, stellte ich fest, daß das Gemüseangebot am Straßenrand frischer und reichhaltiger war, und bei den halb unter Sand begrabenen geparkten Wagen handelte es sich um ausländische Modelle – selbst die Bettler sahen hier weniger mager und ausgehungert aus, und meine Stimmung besserte sich mit jeder Meile, die wir zurücklegten.

Der Hausverwalter musterte mich mißtrauisch, als ich Hafez' Appartementgebäude betrat, und ich konnte ihm keinen Vorwurf daraus machen. Obwohl mein Bild von mir sich auf das beschränkt hatte, was ich in meinem Schminkspiegel sehen konnte, hatte ich das ungute Gefühl, daß diese Wochen in der Wüste ihren Tribut gefordert hatten und daß ich, verglichen mit den eleganten, parfümierten Frauen, die gewöhnlich auf dem Weg zur Behausung Hakim vorüberschwebten, eine herbe Enttäuschung sein mußte.

Das Gefühl bestätigte sich, als wenige Augenblicke später ein grinsender Hafez, die wollüstigen Gedanken bereits in Aufruhr, die Tür aufriß und das begehrliche Lächeln aus seinem Gesicht verschwand, kaum daß er das Objekt seiner Wünsche erblickte. Denn da stand ich – das Ergebnis von zwölf Tassen süßen Tees am Tag, zahllosen Mahlzeiten aus Reis, Knoblauchbrot, Ziegenfleisch und Huhn. Oder um es anders auszudrücken, ich war fett. Außerdem war ich ausgetrocknet und insgesamt ausgelaugt, wie mir allmählich zu dämmern begann, während ich mich unter Hafez' ungläubigem Blick wand. Er fand seine Fassung so weit wieder, daß er mich in seine Wohnung zog, und ich betrat einen für mich völlig ungewohnten Luxus.

Auf der einen Seite des Wohnraumes befanden sich vier Fenster, deren Jalousien gegen die grelle Sonne heruntergelassen waren. Kostbare Webteppiche lagen auf dem Parkettboden verstreut oder hingen an den gestrichenen Wänden.

An einer Wand stand ein langes braunes Ledersofa, davor ein niedriger, mit Photokatalogen und Modezeitschriften beladener Tisch und zwei Direktorensessel. Eine ganze Bibliothek befand sich an der gegenüberliegenden Wand, unterhalb einer Treppe, die den

Raum mit dem oberen Stockwerk verband. Überall waren Beispiele von Hafez' Arbeit als Photograph zu sehen; berückend schöne Frauen in verschiedenen Stadien der Entkleidung lächelten von Diapositiven auf mich herunter, und Kurven und Rundungen reizten mich, in einer hervorragenden Ausgewogenheit von Licht und Schatten, aus ihrem Rahmen von vorteilhaftem Standort heraus.

Wohin mein Blick auch fiel, erinnerten mich Schenkel, Bäuche und Hüften daran, wie eine Frau aussehen konnte – wie ich selbst vor all den Wochen auf Rhodos ausgesehen hatte. Ich hatte gewußt, daß Hafez Photograph war, aber mir war nicht klar gewesen, daß er ein solcher Künstler war – einer, der mit Auge und Kamera alles sah, alles enthüllte. Und jetzt erprobte er sein Adlerauge an mir.

»Was zum Teufel hast du dir denn angetan?« Mehr sagte er nicht, während er mir einen steifen Wodka einschenkte und ich gebannt zusah, wie die Flüssigkeit über das Eis herunterrann – noch mehr schamloser Luxus. Keith Jarretts unverwechselbares Klavierspiel erklang aus der Anlage, als ich meinen ersten Schluck Alkohol seit einer Ewigkeit trank, und plötzlich war alles so furchtbar normal, so alltäglich, so überwältigend.

Als Hafez verstohlen den Arm um meine Schulter legte (ohne eine Spur von Lüsternheit jetzt), liefen mir die Tränen über die Wangen, und ich sprudelte meine traurige Geschichte hervor, während seine Augen mit den langen Wimpern groß wurden und sich in seiner Miene abwechselnd Belustigung, Ungläubigkeit und Mißbilligung spiegelte. Als ich in der Mitte meiner Erzählung angelangt war, hatte ich längst begonnen, die Geschichte nach allen Regeln der Kunst auszuschlachten, und lange bevor ich sie zu Ende gebracht hatte, wälzten wir uns bei der bloßen Vorstellung, daß ich mich als Beduinenfrau versucht hatte, in hilflosem Gelächter auf dem Sofa.

Die ganze Zeitspanne erschien mir bereits wie ein Traum, obwohl ich erst wenige Stunden zuvor erschöpft auf mein Bett gefallen war und nicht fassen konnte, daß ich es tatsächlich geschafft hatte, aus Amers Dorf – ganz zu schweigen von der Wüste – zu entkommen, ohne mir größeren Schaden als ein verbranntes Gesicht und einen bohrenden Kopfschmerz zugezogen zu haben.

Die Sonne neigte sich am Kairoer Himmel dem Horizont entgegen, und ich hatte dringend Schlaf nötig.

»Warum bleibst du nicht hier?« Hafez stellte die Frage ganz unverfänglich, als ich meinen Aufbruch zurück ins Hotel ankündigte. »Ich gehe heute abend aus, du hast also das Haus für dich. Und du siehst aus, als würde ein Bad dir guttun«, fügte er in neckendem Tonfall hinzu. »Komm – ich zeige dir, wo meines ist.«

Ich folgte ihm die Treppe hinauf in das obere Stockwerk, das aus einem völlig von einem Bett beherrschten Schlafzimmer und dem angrenzenden Badezimmer bestand. Was das Bad betraf, so hatte er recht. Die Badewanne war lang und tief, hatte mächtige Chromarmaturen und eine solide Dusche. Handtücher waren massenhaft in den Regalen gestapelt, daneben gab es Flaschen und Tiegel von diesem und jenem. Genau so muß ein Badezimmer sein, dachte ich mit einem Seufzer, während mir Bilder von Amers Waschkammer mit ihrem langen grünen Plastikschlauch, der Vertiefung im Boden, dem stets bereitstehenden Wasserkrug und den scharrenden Hühnern in den Sinn kamen.

»Gibt es warmes Wasser?« erkundigte ich mich, bemüht, meiner Stimme die kindische Freude nicht anmerken zu lassen; und als er antwortete: »Soviel du willst«, war ich verloren.

Auf diese Weise also wurde ich an den ägyptischen Herrn mit dem Bart und den schwarzen Augen verkauft. Wurde sein für den Preis von sauberen Laken und einer Wanne mit heißem Wasser. Nun mögen manche sagen, daß ich mich billig verkauft habe, aber gemessen an meiner traurigen Erscheinung damals, machte ich das beste aus dem Geschäft.

Als Hafez viel später am Abend nach Hause kam, lag ich, behaglich zugedeckt, nackt in seinem Bett. Oh, ich hatte auch daran gedacht, die Scheue zu spielen – Decken zum Sofa hinunter zu schleppen und zu behaupten, es sei sehr bequem, vielen Dank. Und ich hatte erwogen, zumindest mit der Unterhose bekleidet in sein Bett zu steigen, da das in der Schlafzimmersprache gewöhnlich das Zeichen dafür ist, daß man mit jemandem das Bett teilen, aber keinen Sex haben will. »Aber was soll's«, dachte ich. »Es ist lange her.« Außerdem fand ich, daß Hafez und ich nach unseren zarten Flirtereien in Griechenland noch eine begonnene Angelegenheit zu Ende zu bringen hatten.

Um die Wahrheit zu sagen, glaube ich, daß ich die Bestätigung brauchte, die Hafez mir gab, wenn er mit mir schlief - eine Aufmöbelung meines Selbstbewußtseins, wenn Sie so wollen. Denn zehn selbstkritische Minuten, die ich in unerschrockener Betrachtung meiner selbst vor seinem großen und entlarvenden Badezimmerspiegel zugebracht hatte, hatten mir bestätigt, was ich schon die ganze Zeit befürchtet hatte. Ich war, körperlich, ein unappetitlicher Anblick.

Meine Haut war da, wo sie die Sonne nicht berührt hatte, bleich und käsig, jedoch dunkel und lederartig im Gesicht, am Hals und an den Händen. Dank der außerordentlich ungesunden Ernährung war mein Teint pickelig, und ein Netz feiner Fältchen hatte sich um meine Augen gebildet. Meine Lippen waren ausgetrocknet und rissig, mein Haar hatte einen ausgeblichenen, irre orangeroten Farbton angenommen, und meine Nägel waren gespalten und schartig.

Ich kam also zu dem unverhohlenen Schluß, daß mir jeder Mann, der angesichts meiner traurigen Erscheinung freiwillig mit mir ins Bett ging, eindeutig einen Gefallen tat, und beglückwünschte mich dazu, daß ich die sichere Zuflucht von Hafez und Zamalek rechtzeitig erreicht hatte.

Alles, was in dieser Nacht zählte, war, sauber, entspannt und behaglich mit einem Mann im Bett zu liegen, der mich auf eine Art und Weise liebte, die mir das Gefühl gab, ebenso schön wie die Frauen an seinen Wänden zu sein, und der mir, während er mich in den Schlaf streichelte, versicherte, daß ich mich in einer Woche – höchstens zwei – wie neu fühlen und auch so aussehen würde.

Und er hatte recht; zwei Wochen sorgfältiger Pflege genügten, und die Frau, die von Rhodos fortgeflogen war, hatte ihren Platz wieder eingenommen, und mein Körper wies keine Spur mehr von der Bestrafung auf, die er in der Wüste hatte über sich ergehen lassen müssen. Ich ließ mir bei einem teuren Friseur Dauerwellen legen, und nachdem ich mich zwei Wochen lang einer strengen Diät unterworfen hatte, paßte ich wieder in einige der kostbareren und eleganteren Kleider hinein, die ich vor so langer Zeit in London eingepackt hatte. Und ich brauchte sie auch, denn Hafez' Leben war eine einzige Kette von Geselligkeiten in den allerschicksten und besten Kreisen.

Obwohl viele dieser Leute zum angeberischen, überheblichen Typ gehörten, den man in jeder schicken Großstadtclique antrifft, gab es einige großartige Menschen darunter. Martina war eine ägyptische Schönheit – eine Frau, die einige Jahre älter war als Hafez und eine verläßliche Freundin, die ihn trotz seiner weniger anziehenden persönlichen Eigenschaften gern hatte. (Diese sollte ich in Kürze ebenfalls kennenlernen.) Nips war ein herrlich bohèmienhafter Antiquitätenhändler mit einem unfehlbaren Geschmack für gute und schöne Dinge. Seine Haltung gegenüber Hafez war von gutmütiger Toleranz geprägt, seine Zuneigung zu ihm stand außer Zweifel. Mohammed war ein Schulfreund, dessen Begeisterung für das Lernen nur von seiner Vorliebe für guten alten Whisky übertroffen wurde. Und für das Malen. Er war ein begeisterter Maler und schien darin ebensoviel Zartgefühl zu entwickeln wie im Umgang mit allen Dingen und Menschen, mit denen er zu tun hatte.

Die Tatsache, daß sie alle Hafez gern hatten, bewies, daß er ein Mensch war, der die Zuneigung verdiente, und die Leichtigkeit, mit der diese Menschen mich in ihrer Mitte aufnahmen, wußte ich wirklich zu schätzen – auch wenn sie mich eher um Hafez, als um meiner selbst willen akzeptierten.

Und es war herrlich, wieder ein Leben voll unbeschwerter Behaglichkeit zu genießen, dank Hafez' Putzfrau, die täglich im Schlafzimmer, im Badezimmer und in der Küche hinter mir sauber machte. Das war zweifellos etwas anderes als die Zeit, da ich nach Samiras Pfeife hatte tanzen und hinter Amer und seinem verdammten Kamel den Dreck hatte wegmachen müssen.

Zwar arbeitete Hafez an manchen Tagen, aber er war sein eigener Herr und tat im großen und ganzen, was ihm gefiel. Daher verbrachten wir viel Zeit miteinander – gingen zusammen essen, besuchten seine Freunde, unternahmen Bootsausflüge auf dem Nil oder faulenzten einfach im Haus herum, hörten Musik, unterhielten uns und lernten uns immer besser kennen.

Ich war ganz froh, wenn er mich einmal allein ließ; mehr als zufrieden, allein durch Kairo streifen zu können oder die Lebensmittelläden und Gemüsemärkte von Zamalek zu erforschen, wo ich den Besitzern schon bald bekannt war. Bei anderen Gelegenheiten brachte ich Stunden im Badezimmer zu und schenkte meiner Haut verschwenderische Aufmerksamkeit, lackierte meine Zehennägel oder spielte mit meinem Haar herum – so faul, wie der Tag lang war.

All das fand keinen rechten Anklang bei Hafez' Haushaltshilfe, die sowohl mich als auch meine Wäsche (die zu waschen sie sich nicht nehmen ließ) mit einer gewissen Verachtung betrachtete. Die hauchdünnen Slips und winzigen Kleider, die ich wieder zu tragen begonnen hatte, brandmarkten mich als eine jener leichtsinnigen Europäerinnen – von denen, wie Hafez selbst eingestanden hatte, so viele in seinem Schlafzimmer und seinem Leben aus- und eingegangen waren.

War ich schockiert, verletzt – wenigstens enttäuscht? Wie hätte ich das sein können, denn hatte ich nicht endlose Jahre mit einem Mann zusammengelebt, für den das Herumziehen mit Frauen fast eine Tugend gewesen war? Und bei meiner eigenen, ziemlich bewegten Vergangenheit stand es mir kaum zu, den ersten Stein zu werfen.

Jedenfalls genoß ich es, daß Hafez sich in meiner Gegenwart so wohl fühlte, daß er mir von seiner Vergangenheit erzählte, die hier und da ziemlich turbulent war. Er räumte mindestens zwei geschiedene Ehefrauen ein, eine Unzahl von Geliebten und ganz gewiß ein Kind – kurz gesagt, er hatte das Leben voll ausgekostet. Dieses Wissen gab mir den Mut, ihm nach und nach Einzelheiten meines eigenen, wie ich fand, schillernden und bedauernswerten Lebenslaufs zu erzählen.

Ich war nicht im mindesten stolz auf mich, aber ich wollte, daß er verstand, wer ich gewesen war (und vielleicht immer noch war), und mich mit all meinen Ecken und Kanten akzeptierte. »Weltgewandter Ägypter aus dem Jet-Set begegnet anspruchsvoller Britin, die der Welt überdrüssig ist«, so sah ich es. Karten auf den Tisch; versuch nicht, den Schwindler zu beschwindeln – und all dieser Mist. Ich dachte, er würde verstehen, daß ich versuchte, Barrieren niederzureißen, aber ich hatte noch eine ganze Menge über Männer im allgemeinen – und Hafez im besonderen – zu lernen.

Ich vereinfachte alles auf die Feststellung, daß das Lissaboner Leben mich am Nil eingeholt hatte und ich mich wieder in einer Welt bewegte, die ich verstand – einer Welt der Nachtclubs, der Parties, der erfolgreichen Männer und schönen Frauen. Und Geld. Und Sex.

Hafez schien über einen unerschöpflichen Vorrat an ersterem und einen unersättlichen Appetit auf letzteres zu verfügen, was mir recht war, wenn ich auch meinen Verbindlichkeiten nachkam. Ich hatte mich nie gern als ausgehaltene Frau betrachtet, und seine Regale und der Kühlschrank waren schon bald vollgestopft mit Lebensmitteln, die ich von meinen Einkaufstouren mitbrachte. Ich hatte in allen Räumen frische Blumen aufgestellt und strotzte von Ideen, wie man die Wohnung mit einem neuen Anstrich hier und da aufmöbeln konnte – und alles schien seine Zustimmung zu finden. Dennoch war es angenehm, wenn er Wein und Essen für mich bezahlte; angenehm zu wissen, wenn er im Restaurant oder Club die Rechnung an sich nahm, daß es »keinen Armen traf« wie meine Großmutter zu sagen pflegte.

Und was den Sex betraf... nun, auch darin war er angenehm. Wenn auch ein wenig überdreht. Hafez war zwar keine umwerfende Schönheit, aber physisch sicherlich anziehend. Höchstens einen Meter fünfundsiebzig groß, war er schlank, aber kraftvoll gebaut und hatte ungewöhnlich zierliche, dabei aber überraschend kräftige Hände. Sein Haar war am Scheitel ein wenig gelichtet, und er trug es kurzgeschnitten. Dichte, buschige Augenbrauen wuchsen über seiner

Nasenwurzel zusammen, und eine vor Jahren überstandene Wüstenblindheit verlieh seinen Augen eine gewisse Transparenz, wenn sich das Licht in einem bestimmten Winkel darin fing. Seine Nase war unglaublich. Wirklich großartig in ihrem klaren Bogen, der seinem Gesicht einen ausgeprägten Falkenausdruck verlieh.

Aber hinter seinem Gelächter und seiner tiefen, vollen und scherzhaften Stimme war nichts Unbeschwertes an Hafez. Wahrscheinlich hatte ich es vom ersten Augenblick an gewußt – hatte bereits auf Rhodos gemerkt, daß er, ebenso wie ich, auf der Suche nach etwas war. Unruhig, unsicher in bezug auf die Entschlüsse, die er in der Vergangenheit getroffen hatte, und fast ängstlich, wenn es darum ging, Entscheidungen für die Zukunft zu treffen, litt er unter düsteren Stimmungen und ernsthaften Depressionen.

Er machte sich ständig um alles nur erdenkliche Sorgen. War er überhaupt talentiert? Würde ihm je wieder ein anständiges Bild gelingen? Sollte er in Kairo bleiben oder sich nach Europa aufmachen? Gab es irgendeinen Ort auf der Welt, wo er wirklich und wahrhaftig zufrieden sein würde? Und während er die Antworten auf all diese Seine-Lebensqualität-bedrohenden-Fragen suchte, sehnte er sich nach Vergessen im Sex und bei den Frauen. Jede Menge Sex mit unzähligen Frauen. Unermüdlicher Sex, der den ganzen Tag und die ganze Nacht andauerte. Sex, in dem er geben, geben, geben mußte, damit die Frauen ihn für einen wunderbaren, einfühlsamen, selbstlosen und großzügigen Liebhaber hielten. Der ideale, liebevolle Partner für jede, die sich nach einer echten Beziehung sehnte – und genauso wollte er sich selbst sehen.

Aber das Bild stimmte nicht, wenn es auch eine Weile dauerte, bis ich über diese Wahrheit stolperte. Denn ich schluckte den Köder ebenfalls. Bekam weiche Knie, wenn er mir übers Haar strich, mir tief in die Augen sah und sagte: »Hör mal, Mädchen, ich bin verrückt nach dir«, und mich dann liebte, als wäre es sein voller Ernst. Ich war, zugegeben, leicht zu überzeugen. All diese endlosen Meilen und einsamen Monate hatte ich nach einem Platz gesucht, an dem ich mich niederlassen konnte, hatte mich nach der Chance gesehnt, wieder die »nette« Person an der Seite eines Mannes zu sein. Ich hatte meine knallharten, mörderischen Draufgängermethoden bis zur Erschöpfung ausgekostet und war nun bereit, wieder die Frau herauszukehren, die ich, wie ich immer gewußt hatte, eigentlich war. Und es war kein Kunststück, im Zusammenleben mit diesem Mann sanft, hilfreich und verantwortlich zu sein, denn all die Dinge, in denen sich

Ruis Ex-Frau hervorgetan hatte, waren genau die Eigenschaften, die Hafez zu brauchen schien.

Ich sorgte mich um seine ständigen Migräneanfälle, die durch seine Hypochondrie genährt wurden (sein Medizinschrank enthielt genügend Medikamente, um das Britische Gesundheitswesen zu sanieren). Ich ertrug seine Gewohnheit, Psychospiele zu veranstalten, und seine theatralischen Ausbrüche. Ich nahm es sogar spielend hin, wenn er seine Zunge nicht mehr im Zaum halten konnte und zum Jämmerlichsten wurde, was ein Mensch nur werden kann – einem gehässigen, verletzenden, bissigen Fiesling.

Ergeben, willfährig, liebevoll (und, wie ich hoffte, liebenswert) kaufte ich weiterhin Blumen, richtete die Zimmer neu ein, staubte die Bücherregale und die gerahmten Bilder von Frauenbusen und -ärschen ab, alles in einem Nebel häuslicher Selbstverleugnung – dabei bemüht, mir nichts daraus zu machen, wenn die Frauen höchstpersönlich unangemeldet vor der Tür standen.

Während sie mich mißtrauisch beäugten, gelang es ihnen dennoch, mich vollkommen zu übersehen, wenn sie sich einem Hafez an den Hals warfen, der nie abgeneigt war, seinen Kopf in einem Haarschopf, einem tiefen Ausschnitt oder in anderen Bereichen exponierter Haut zu vergraben – denn ein so herzlicher Empfang war im Hause Hakim an der Tagesordnung. Unterdessen schlüpfte ich – der die Eifersucht nicht fremd war, die sie aber (wie ich mich gern glauben machte) zu beherrschen wußte – unauffällig ins Schlafzimmer oder ins Bad, wo ich meine Augenbrauen zupfte und über meine heikle Lage nachdachte. Ich wollte bei Hafez bleiben; wollte sein angenehmes Leben und seine reizenden Freunde mit ihm teilen. Wollte ihn in seiner Arbeit bestärken und ihm über diese Periode des Selbstzweifels hinweghelfen. Wollte gebraucht werden, vermute ich. Wollte unentbehrlich sein. Wollte am Neuaufbau seines Lebens beteiligt sein, um mir eine Nische darin einzurichten.

Ich liebte ihn nicht, aber das war kein Hindernis. Damals hätte ich jeden lieben können, wenn er nur mich liebte – aus purer Dankbarkeit, wenn es sein mußte. Und dann war da noch der Sex. Ich erinnere mich an einen Tag, an dem er sich über mich hermachte, als ich mich gerade zum Ausgehen angezogen hatte. Im Handumdrehen war ich aus den Kleidern, und es war, wie gewöhnlich, wunderbar, mit ihm zu schlafen. Zwanzig Minuten später war ich wieder angekleidet und stieg eben in die Schuhe, als er aus dem Badezimmer geschlendert kam, mich mit diesem Blick, den ich inzwischen schon kannte, fixierte

... und schon war ich wieder aus den Kleidern. Es war immer noch schön, mit ihm zu schlafen. Beim dritten Mal war ich im Begriff, die Treppe hinunterzusteigen, und er lümmelte sich auf dem Sofa im Wohnzimmer herum. Ich sah, wie er zu meinen Beinen aufblickte, und mein Kleid entschwebte praktisch wie von selbst. Wahrscheinlich war es noch immer nicht schlecht, mit ihm zu schlafen, aber mich beschäftigte die ganze Zeit über der Gedanke, daß die Geschäfte mittags alle schließen würden. Diese Szene wiederholte sich, ob Sie's glauben oder nicht, sieben Mal, und am Ende war mein Kleid ein zerknittertes, unansehnliches Häufchen auf dem Schlafzimmerboden, und meine eigene Verfassung war auch nicht viel besser.

Es wäre gelogen, wenn ich behaupten würde, daß ich nicht geschmeichelt war. Denn war dies nicht der ersehnte Beweis, daß ich ihm näher kam? Aber ein Teil von mir wußte vermutlich, daß zwar die Verführung durchaus echt war, die zärtlichen Gefühle aber nicht stimmten. Hafez behauptete, Frauen zu lieben, zu bewundern, ja sogar anzubeten. Die Wahrheit aber war, daß er sie meistens nicht mochte und ihnen stets mißtraute.

Rückblickend vermute ich, daß das Muster bei allen Frauen, die er kennenlernte, dasselbe war – er brachte sich mit seiner Sexualität, seiner Einfühlsamkeit, den Komplimenten und der Fürsorge ein. Dann lehnte er sich zurück und wartete darauf, daß sie ihn enttäuschte. Sicher, daß alle Frauen das früher oder später tun. Und daß ich keine Ausnahme sein würde.

An allem war natürlich seine Mutter schuld und die Tatsache, daß sie das eheliche Heim verlassen hatte, als er noch ein kleines Kind gewesen war – sie war gegangen, um mit einem anderen Mann zusammenzuleben, den sie schließlich auch geheiratet hatte. Sie hatte dem kleinen Hakim eine Erblast von Ablehnung und Verlassenheitsgefühl und das unerschütterliche Wissen mitgegeben, daß alle Frauen Huren waren, dazu bestimmt, einen kleinen Jungen zu enttäuschen, gleichgültig, wie sehr er sich anstrengte, ein braves Kind zu sein. Und nun beobachtete mich aus den Tiefen dieses achtunddreißigjährigen, sporttauchenden, wüstenwandernden, künstlerischen, wortgewandten, wohlhabenden, kultivierten und intelligenten Mann der kleine Hakim mit feindseligen Augen. Und wartete.

Die Begegnung mit seiner Mutter erwies sich aus vielen Gründen als denkwürdig, und der Hauptgrund war der Ort unseres Zusammentreffens – ihr Haus. Während Hafez seine monströse Sonderanfertigung von einem Jeep aus Kairo hinauslenkte und die Pyramiden ansteuerte, löste der bloße Gedanke an eine neuerliche Begegnung mit seiner Mama eine seiner düsteren, unangenehmen Stimmungen aus. Das führte wiederum zu einer Migräne, die jede Unterhaltung unmöglich machte, so daß ich mir statt dessen die Zeit damit vertrieb, die vorüberziehende Landschaft zu betrachten.

Ganz allmählich beschlich mich das ungute Gefühl, daß ich diesen Weg schon einmal zurückgelegt hatte. Ich erkannte einige markante Punkte, jetzt war ich sicher. Als wir von der Hauptstraße abbogen und eine Nebenstraße einschlugen, die auf der einen Seite von hohen Mauern und auf der anderen von einem träge dahinfließenden Bach begrenzt war, erkannte ich, daß ich auf eben dieser Straße vor Wochen auf dem Rücken von Amers Kamel entlanggeschaukelt war.

Wir hatten einen unserer seltenen Ausflüge nach Giseh unternommen, und von meinem hohen Aussichtsplatz aus hatte ich voller Neid zu einigen der Paläste hinübergespäht, die hinter diesen hohen Mauern lagen. Einer insbesondere war mir wie ein Zauberland von Minaretten und Bögen, Brunnen und Blumen vorgekommen – mit einem halben Dutzend wütender Mastiffs.

Auf Amers Befehl hatte sich Ramses dicht an die Mauer gestellt, damit ich einen besseren Ausblick hatte, und während ich mich noch in »Ohs« und »Ahs« der Bewunderung erging, hatte irgendein Mistkerl die Hunde losgelassen. Sie rannten über den Rasen und warfen sich wütend gegen die Mauer, sehr zum Vergnügen der Gärtner, die vom sicheren Schutz eines Nebengebäudes aus zusahen. Erschrocken wich Ramses unvermittelt zurück und warf mich dabei fast aus dem Sattel, als er seine Angst herausbrüllte und -furzte, bevor er auf höchst würdelose Weise davonschlingerte.

Und während ich noch die Schönheit dieser Residenz im Kopf hatte (man konnte das Gebäude kaum als »Haus« bezeichnen) und mich an das kunstvolle Eisentor erinnerte, das mindestens fünf Meter in die Höhe ragte, riß Hafez das Steuer plötzlich mit einem Ruck herum und kam in einer roten Staubwolke zum Stehen... vor eben diesem Tor.

Ich war zu überrascht, um einen Ton herauszubringen, als zwei Arbeiter – wahrscheinlich dieselben, die vor einigen Wochen mein Unbehagen genossen hatten – über den Rasen herbeigeeilt kamen und die schweren Torflügel zurückzogen, während Hafez unbeteiligt eine Zigarette anzündete, bevor er langsam hindurchfuhr. Seine Haltung war lässig, aber ich ließ mich keine Minute lang täuschen. Er haßte seine Mutter mindestens ebenso sehr, wie er sie liebte, und man merkte es ihm deutlich an. Als ich mich vom Beifahrersitz schwang, hörte ich die Hunde bellen, und bevor ich noch Zeit hatte, mir die Komik der Situation bewußt zu machen, wurde ich durch Gänge, über Treppen und durch kleine Innenhöfe geschoben, bis ich endlich vor Ihrer Herrlichkeit selbst stand.

Sie lag hingegossen auf einem mit Seidentüchern ausgelegten Sofa, auf ein Meer von Kissen gestützt. Der Raum war sehr groß und überdacht, schien aber auf der einen Seite nach oben hin offen zu sein. In der Mitte befand sich ein verschnörkeltes Becken, in dem ein Springbrunnen plätscherte und Rosenblätter hierhin und dorthin trieben. Das Mobiliar war zum größten Teil französisch, sehr alt und wunderschön – die Mischung aus europäischen und östlichen Kostbarkeiten, die ein gleichermaßen elegantes wie exotisches Ambiente erzeugte. Es war ohne Zweifel prachtvoll, aber nicht sonderlich freundlich und einladend. Ich hätte ebensogut in einem Museum mit einem eisig-schönen Kurator Tee trinken können.

Hafez' Mutter war eine überaus reizende Frau, die, wie es schien, alles in der Hand hatte. Außer ihren Gefühlen in bezug auf ihren Sohn. Während ich an meinem Tee nippte und albern vor mich hin lächelte, gingen sie aufeinander los wie die Kampfhähne – wenn auch in aller gebotenen Form.

Das Problem war, daß Hafez' Mutter eine Kunstmäzenin war, die jedem beliebigen Künstler, der ihr im Trend des Monats zu liegen schien, jede Art von Unterstützung und Ermutigung zukommen ließ. Während wir da saßen, summte irgendein mäßig begabter Kleckser unbeschwert in seinen Farbkasten hinein, in dem sicheren Wissen, daß er behaglich an den Fleischtöpfen saß. Und wann immer er die Zeit für gekommen hielt, sich der Öffentlichkeit zu stellen, würde seine Mäzenin eine Ausstellung in ihrer herrlichen Galerie veranstalten. Während ihr Sohn von Selbstzweifeln und dem Gefühl, ein Versager zu sein, gemartert wurde, was sie, wenn sie es überhaupt merkte, nicht zu beeindrucken schien.

Allmählich gelangweilt von ihrer schlecht verhohlenen Feindseligkeit gegeneinander, schlich ich mich unauffällig hinaus, um einen Erkundungsgang zu machen, und auf meinem leisen Gang durch das Haus stellte ich fest, daß es so angelegt war, daß man von jedem einzelnen Raum aus einen ungestörten Blick auf die Pyramiden genoß. Da lagen sie vor mir, und ihre Farben wechselten von Blau über Purpurrot zu Golden, als die abendliche »Son-et-Lumière«-Schau die vorzeitlichen Steine aufleuchten ließ. Und dahinter, irgendwo in der Wüste, saßen Amer und Samira – und möglicherweise dachte der erstere über mein Schicksal nach, während die letztere ihr eigenes betrachtete.

Danach hieß es nach Hause zurückkehren und ins Bett, und wieder einmal Sex bis zum Überdruß – nur daß Hafez diesmal wie ein Besessener ans Werk ging, was er in dieser Nacht vermutlich auch war. Lange nachdem er eingeschlafen war und bis in die Morgendämmerung hinein, lag ich wach an seiner Seite und lauschte auf die Geräusche des erwachenden Kairo – dem langgezogenen Gesang der Mullahs, die die Gläubigen zum Gebet riefen. Hoch oben in diesem Appartement im zwölften Stock, über einem Wald von Minaretten, lag ich und grübelte, während das Licht von tiefdunklem Saphirgrün über Silbergrau zu strahlendem Weiß wechselte, das sich durch die Jalousien stahl und Hafez mit seiner grellen Beharrlichkeit weckte.

Er blinzelte und starrte mich einen Moment lang verständnislos an. Dann zog er mich mit zärtlichem Lächeln und liebevoller Stimme an sich. Aber ich hatte die rasende Wut, mit der er mich in der Nacht geliebt hatte, nicht vergessen, und während ich die Arme um den Mann schlang, fragte ich mich, ob ich je mit dem unglücklichen Kind fertigwerden würde.

Wie die Dinge lagen, hatte ich keine Zeit, es zu versuchen. Wenige Tage später, als wir uns gemeinsam im Badezimmer wuschen, untersuchte er zum sicherlich zehnten Mal an diesem Morgen seine Gerätschaft und verkündete, er habe ein »Problem«. Voller Besorgnis hörte ich mir die Beschreibung der Symptome an – Ausfluß, Jucken, ein leiser Schmerz – und prallte zurück, als er hinzufügte: »Was bedeutet, meine Liebe, daß das Problem bei dir liegt. Immerhin habe ich seit einigen Wochen mit niemandem geschlafen – das heißt, außer mit dir. Du dagegen hast es ziemlich fleißig getrieben, könnte man sagen.«

Ich wußte, daß das eine Anspielung auf die vielen Männer meiner Vergangenheit war. Obwohl ich die Bemerkung vielleicht verdiente, fühlte ich mich unvorstellbar verletzt. Es ist wohl eine Sache, einem Mann gegenüber ehrlich zu sein, und eine andere, zu erwarten, dáß er deine Geständnisse nicht gegen dich verwendet. Sein Blick war schwer zu durchschauen, ebenso sein Ton. Toleranz, nachsichtiger Gleichmut war die Haltung, die er vermitteln wollte. Aber ich sah auch Gekränktheit und Mißtrauen. »Wie konntest du mir so etwas antun, da ich dich doch so gut behandelt habe«, sagte ein verbissener Zug um seinen Mund. Das Kind Hakim war zu sich gekommen.

Trotz meiner zahlreichen Liebhaber hatte ich nie eine Geschlechts-krankheit gehabt, und mir war nie der Gedanke an diese Möglichkeit gekommen. Solche Dinge passierten immer nur den anderen, wollte ich mir einreden. Nur schien diesmal Hafez' dräuendes und mitleid-erregend aussehendes Anhängsel zu beweisen, daß es mich am Ende doch erwischt hatte. Aber wo und wann – und wer hatte mich angesteckt? Nicht ein einziges Mal kam mir der Gedanke, Hafez' Beweise, seine Feststellung oder gar seinen Schuldspruch in Frage zu stellen. Ich war unrein – Hafez hatte es gesagt, und nicht einmal die Tatsache, daß ich mich selbst vollkommen gesund fühlte, veranlaßte mich, die Tatsache anzuzweifeln.

Nachdem er mir einen Todesstoß versetzt hatte, beeilte sich Hafez, mir zu versichern, daß wir beide »erfahrene Erwachsene« waren und »wußten, daß so etwas vorkommt, wenn man mit Hinz und Kunz schläft«.

Ich war krank vor Dankbarkeit.

»Es hätte ebenso gut mein Problem sein können. Aber nun ist es einmal dein Problem, und wir werden es unverzüglich lösen.«

Womit hatte ich einen so wunderbaren Mann verdient?

Das dachte ich immer noch, als Hafez eine halbe Stunde später von der Seite in dem medizinischen Nachschlagwerk, in dem er gerade las (wie alle Hypochonder besaß er deren mehrere), streng zu mir aufblickte. Er schlug es mit einem scharfen Knall zu und sagte mit beherrschter Stimme, »Also, ich habe alle deine Symptome (*meine* Symptome!) überprüft, und ich würde sagen, du hast Syphilis.« Ebensogut hätte er mir verkünden können, daß ich nur noch eine Woche zu leben hatte, so groß war mein Schreck. Wie lange hatte ich diese schreckliche Sache schon? Wen konnte ich sonst noch ange-steckt haben? Ich war ein nichtswürdiges Tier, das diese Pest über seine Schwelle gebracht hatte.

Hafez, so schloß ich, war ein Heiliger, daß er es so gelassen hinnahm.

Der Heilige hatte bald einen Termin beim Arzt für mich ausge-macht, und ich wankte am Abend in ängstlicher Erwartung, was die Untersuchung am nächsten Tag ergeben würde, ins Bett. Hafez' Bemühungen, mit mir zu schlafen, waren der Gipfel meiner Demüti-gung. Welch ein gütiger Mann. Man stelle sich vor, daß er mich sogar noch anfassen wollte, nach allem, was ich getan hatte.

Ich heulte wie ein Schloßhund vor Reue. Das Kind Hakim muß seinen großen Tag gehabt haben.

Am folgenden Nachmittag ging ich allein in das in Kairo spöttisch so genannte Zentrum für Geschlechtskrankheiten. Und ich kann sagen, daß niemand, der nicht einmal das Vergnügen einer Tripperklinik in Kairo genossen hat, weiß, was eine Demütigung ist.

Das Gebäude lag in einem besonders heruntergekommenen Viertel der Stadt, und der Haupteingang war kaum auszumachen hinter einem Knäuel furchterregend aussehender Männer, die die Tür umlagerten. Ich marschierte sehr zielstrebig an ihnen vorbei, so wie es in meiner Vorstellung die Frauen von der Heilsarmee zu Hause taten, wenn sie einen Arbeiterclub oder Pub betraten, um Spenden zu sammeln. Aber niemand ließ sich von meiner unschuldigen Miene täuschen. Ich erkannte an der Art, wie sie über mich lachten, daß die Männer genau wußten, aus welchem Grund ich hier war.

Ich stieg die schmutzübersäte Treppe hinauf und betrat ein Vorzimmer, in dem alle Anwesenden, einschließlich des Empfangspersonals, Männer waren. Dann hinein in das Wartezimmer, in dem vier oder fünf männliche Patienten saßen, die zusahen, wie ich so gebannt auf einen unsichtbaren Punkt vor dem Fenster starrte, daß schließlich einer den Kopf hinausstreckte, um nachzusehen, was ich betrachtete. Ich saß da und zupfte nervös an den Knöpfen meiner weißen Bluse, nestelte an der Stickerei auf meinem weißen Rock herum, bildete mir abgestoßene Stellen an meinen weißen Pumps ein. Und fühlte mich unsagbar schmutzig. Wußte, daß ich mit diesem ganzen jungfräulichen Vestalinnen-Weiß niemanden irreführte, und wünschte mir, sterben zu können. Was ich um ein Haar getan hätte, als die »Schwester« kam, um mich zu holen. Er war klein und dick und unglaublich schmuddelig. Ganz zu schweigen von einer Uniform, trug dieser Kerl überhaupt keine nennenswerte Kleidung, sondern ein Sammelsurium an Lumpen, die man auf der Stelle hätte verbrennen sollen. Ich hatte bereits den Entschluß gefaßt, daß ich lieber an Syphilis und allen damit zusammenhängenden Schrecken sterben wollte, bevor ich mich von diesem Scheusal anfassen ließ, als er die Tür zu einem winzigen Raum öffnete und ich mich einem tadellos gekleideten und beruhigend vornehm wirkenden Herrn gegenübersah. Mittlerweile einer Ohnmacht nahe vor Verlegenheit, erzählte ich ihm meine Geschichte, so wie sie war, und sah ihn verständnislos an, als er mich nach meinen Symptomen fragte. Er blickte ebenso verständnislos drein, als ich antwortete, ich hätte keine.

»Warum sind Sie dann hier?« erkundigte er sich geduldig.

»Weil mein Freund glaubt, daß ich behandelt werden muß.«

»Aber wenn er derjenige ist, der die Symptome hat, dann müßte er sich doch zweifellos untersuchen lassen?« warf er vorsichtig ein. Das klang einleuchtend.

»Na, egal«, fuhr er unbekümmert fort. »Wenn ich Sie mir so ansehe würde ich sagen, Sie brauchen sich keine Gedanken zu machen (ich war ihm dankbar für die tröstliche Lüge), aber wir werden Sie gründlich untersuchen, damit Sie ganz beruhigt sind. Wir werden jeden erdenklichen Test durchführen.«

Und so nahm sie ihren Lauf – die Demütigung der gynäkologischen Untersuchung. Aber hier war ich eine Million Meilen von der Marie-Stopes-Klinik für Frauen entfernt; hier gab es keine freundliche Gefährtin, die meine Ängste verstand; keine hübschen Bilder, die meine Gedanken abgelenkt hätten; keinen Tee zur Begrüßung im Wartezimmer, der meine angespannten Nerven hätte beruhigen können. Da war nichts als der schäbige kleine Raum mit den braunen Wänden und dem braunen Fußboden, der nackten Glühbirne und den schlurfenden Schritten des Pflegers, wenn er mit den Armesündern kam und ging. Ich versuchte, mich mit dem Gedanken an Hafez zu trösten, der geduldig draußen im verdunkelten Jeep wartete – und stellte mit einem flauen Gefühl im Magen fest, daß das ein schwacher Trost war.

Am nächsten Abend ging ich wieder hin, um meine Ergebnisse abzuholen. Sie waren sauber, und ich demgemäß ebenfalls. Was immer Hafez' Werkzeug quälte, ich war nicht die Schuldige, und diese Neuigkeit erfüllte mich mit einer solch gnädigen Erleichterung, daß es eine Weile dauerte, bis ich mich zu fragen begann, was nun eigentlich die Ursache war. Unterdessen hatte der Arzt darauf bestanden, sich Hafez anzusehen. Der Pfleger war zum Jeep hinuntergeschickt worden, um ihn zu holen, und nun saß er bereits mit heruntergelassenen Hosen in irgendeinem Vorzimmer und mußte ein ähnliches Verfahren über sich ergehen lassen wie ich. Ich hatte im Vorübergehen einen Blick auf sein Gesicht erhascht – ahnungsvoll und bleich vor Angst. Oder war es Zorn?

Zwanzig Minuten später standen wir wieder auf der Straße – ich mit Erleichterung im Herzen und Hafez mit erleichterter Brieftasche. Die Diagnose? Keine Syphilis, kein Tripper, keine Geschlechtskrankheit irgendwelcher Art. Nichts. Ich war kerngesund und Hafez ebenso.

»Schreib es meiner allzu lebhaften Phantasie zu«, lachte er, als er mich in dieser Nacht im Bett fest umarmte; und ich bemühte mich,

ich bemühte mich wirklich. Aber die abscheuliche Geschichte hatte mich mit einem Schlag wieder auf den Erdboden gebracht.

Immerhin, die gefürchtete Syphilis – diese handfeste Auswirkung meines zerstörerischen und ausschweifenden Lebens – hatte nie existiert. Aber ich fragte mich jetzt, wie oft Hafez mich angeschaut und in mir nicht die ruhige und gelassene Gefährtin gesehen hatte, die zu sein ich mich so sehr bemühte, sondern eine leichtfertige, verantwortungslose Nutte. Wie lange hatte er darauf gewartet, daß die Maske verrutschte, daß mein wahres Ich sich verraten würde? Und als das nicht geschehen war, wie leicht war es ihm da gefallen, zu glauben, ich sei infiziert.

Von diesem Tage an war Hafez voller Pläne. Wir würden mit dem Jeep auf die Halbinsel Sinai fahren – er war überzeugt, daß ich mich in die Wüste verlieben würde. Später würden wir zum Roten Meer weiterfahren. Ein paar Wochen dort bleiben, während derer er mir das Tauchen mit Gerät beibringen würde. Und er würde mich in die Technik der Photographie einweisen, damit ich ihm helfen konnte, sich auf seine nächste Ausstellung vorzubereiten. Diese Anerkennung hätte mich glücklich machen müssen. Aber sie kam zu spät.

Hafez hatte seine »Infektion« an dem Tag entdeckt, als noch ein weiteres weltbewegendes Ereignis stattgefunden hatte. Indira Gandhi war ermordet worden, aber ich war so beschäftigt mit meinen eigenen Problemen, daß ich es kaum registriert hatte. Mehr als einmal hatte ich Hafez gegenüber erwähnt, daß ich irgendwann nach Indien weiterreisen würde – einerseits, um allen Ängsten vorzubeugen, die wir beide vielleicht hegen mochten, daß ich irgendwann zum Bestandteil seines Inventars werden würde, und andererseits, um mich selbst daran zu erinnern, daß ich immer noch etwas (Gott allein wußte, was) zu Ende zu bringen hatte.

Es ist schwer zu sagen, ob ich je wirklich die Absicht gehabt hatte, dieses Land zu besuchen, aber wenige Tage, nachdem ich für pestfrei erklärt worden war, machte ich mich auf zur britischen Botschaft und erkundigte mich über die Lage in Indien. Die offizielle Auskunft lautete, daß davon abzuraten sei, ausgerechnet jetzt eine Reise in diesen Teil der Welt zu unternehmen, und das genügte mir.

Das Büro der Air India war geschlossen, aber ich machte eine Reiseagentin ausfindig, die glaubte, mir innerhalb von achtundvierzig Stunden einen Flug besorgen zu können. Ich ging fort und streifte durch Kairo, um darüber nachzudenken.

Die Lage war ganz eindeutig. Selbst wenn ich blieb, war eine Zukunft mit Hafez unwahrscheinlich. Erstens, weil ich bezweifelte, daß er je einer Frau genügend trauen würde, um ihr eine Chance zu geben, zweitens aber, weil ich mich selbst unterschätzt hatte. Ich hatte geglaubt, um jeden Preis einen Mann in meinem Leben zu brauchen, aber mir begann die Erkenntnis zu dämmern, daß sein Preis viel zu hoch war. Wenn ich bei ihm blieb, würde er mich immer wieder zur Rechenschaft ziehen für eingebildete Untreue und Gott weiß was noch alles. Ich würde immer der Sündenbock sein für alles, was in seinem Leben schief ging – und obwohl ich in den vergangenen Monaten einiges an rücksichtslosem Verhalten hingenommen hatte, begann mir doch klar zu werden, daß ich nicht jedermanns Prügelknabe war.

Wenn ich nach Hause zurückkehrte, würde ich gerade rechtzeitig ankommen, um mit meiner Familie Weihnachten zu feiern, aber wie würde mein Leben in London aussehen, wenn der Reiz des Neuen, wieder daheim zu sein, einmal vorbei war? Eine Wiedervereinigung mit der Sturmtruppe und mein gewohnter Platz in meiner gewohnten Bar; ein Kampf auf Leben und Tod mit der Steuerbehörde und kein Plätzchen, an dem ich mein Haupt zur Ruhe legen konnte, da ich meine Wohnung vermietet hatte.

Nein, es war noch nicht der richtige Zeitpunkt für mich, heimzukehren.

»Na schön, und was jetzt«, schien meine bisherigen ziellosen Wanderungen zusammenzufassen. Wenn diese Reise wirklich eine Erfahrung sein sollte, aus der ich etwas lernte, dann lag noch ein weiter Weg vor mir. Also hieß es weiterziehen. Aber in welcher Richtung? Nicht Afrika. Zuviel Hunger, zu viele Grenzkriege, zu teuer. Je länger ich darüber nachdachte, um so klarer wurde mir, daß Indien der einzige Weg war, der sich anbot.

Die lächelnde Reiseagentin händigte mir ein Ticket aus, das bis nach Singapur gültig war. Beim Gedanken an die Zwischenstationen – Bombay, Delhi, Kalkutta, Rangun und Bangkok – schlug mein Herz ein wenig höher. Beim Gedanken an Hafez sank es wieder. Entschlossen stopfte ich das Ticket in meine Schultertasche und überlegte, während ich den ganzen Weg bis nach Zamalek zu Fuß zurücklegte, wie ich ihm die Neuigkeit am besten beibringen sollte.

Die Welle der Jovialität, die von Hafez ausging, strömte mir schon durch die Tür entgegen. Die Blumen waren wunderschön, die Entschuldigungen überschwenglich, das Augenzwinkern teuflisch wie immer. Das Abendessen, so versprach er, würde eine besonders romantische Angelegenheit in einem prächtigen Restaurant sein, von dem aus man den Nil überblickte. Hafez war wieder er selbst.

Das übliche »Und was hast du den Tag über getan, mein Mädchen?« kam, als er mir einen Long Drink einschenkte und ihn mir auf den Balkon herausbrachte. Dort war ich an den meisten Abenden anzutreffen, mit Blick auf die Stadt, die sich in der Abenddämmerung blutrot färbte. Voller Staunen über das Band flüssigen Metalls, das der Nil war, während der Lärm Kairos aus dieser Stadt der tausend Moscheen heraufdrang. Eine Zeitlang hatte ich mich hier oben wirklich sicher gefühlt, abseits von der übrigen Menschheit.

»Ach ... nichts Besonderes«, murmelte ich und blickte in den goldenen, sandverhangenen Himmel hinauf. »Ich habe einen Brief an meine Mutter geschrieben, war auf der Botschaft, habe mit Martina zu Mittag gegessen. Und ich habe mein Flugticket nach Indien gekauft«, ich war verwundert, noch während ich die Worte aussprach, wie leicht sie mir über die Lippen gegangen waren.

Es wurde ein langer Abend. Und eine noch längere Nacht. Hafez bat, schmeichelte, fluchte – tobte und hüllte sich gleich darauf wieder in beleidigtes Schweigen. Er weinte sogar, ebenso wie am Ende ich selbst. Aber irgendwo in der ganzen verrückten Geschichte hatte es Dinge gegeben, die uns beiden gefallen hatten.

Die nächsten zwei Tage weigerte er sich, mit mir zu sprechen, er hielt das Schweigen sogar aufrecht, als ich am letzten Morgen aus dem Bett schlüpfte, und gab erst klein bei, als ich ins Badezimmer ging, um mich reisefertig zu machen, und er erkannte, daß nichts – am allerwenigsten seine Weigerung, mit mir zu sprechen – mich bewegen konnte, zu bleiben. Er kochte Tee, und wir tranken ihn zusammen im Badezimmer – auf dem Badewannenrand sitzend, hatten wir beide keine Ahnung, was wir tun oder sagen oder wie wir diese Beziehung zu einem schmerzlosen Ende bringen sollten.

Das Kind Hakim schaffte es, jämmerlich auszusehen in seinem Bademantel, mit den wirr vom Kopf abstehenden Haaren und den verschlafenen Augen, aber es konnte mich nicht mehr rühren. Im Wohnzimmer hielt er mich umarmt, als wollte er mich nie wieder loslassen. Und als ich mich dann aus seinen Armen befreit hatte, weigerte er sich störrisch, mir beim Hinuntertragen des Gepäcks zu helfen. So sah ich das letzte Bild von Hafez durch das Gitter des Aufzuges hindurch – seine dunklen Augen mit dem eigenartig transparenten Schimmer, mit einem Ausdruck von Begehrlichkeit und Zorn auf mich gerichtet.

Zwölf Stockwerke tiefer stand ein Taxi wartend im Staub der Straße. Die Luft war noch erfüllt von der Kälte des frühen Wüstenmorgens, und ich zitterte, als ich mein Gepäck in den Kofferraum warf. Ich wußte, daß Hafez, hoch oben in seinem Horst, sich über das Balkongeländer beugte und wollte, daß ich zu ihm aufblickte. Ich spürte seine Augen auf meinem Rücken, als ich in das Taxi stieg und davonfuhr, ohne noch einen Blick zurückzuwerfen, wohl wissend, daß ich ihn, und Kairo, vermutlich nie wiedersehen würde.

»Aber«, beruhigte ich mich, »es ist Zeit, nach vorn zu schauen. Kopf hoch – du bist unterwegs zu einem neuen Abenteuer, meine Süße!« Während wir in einer ockerfarbenen Staubwolke durch die holperigen Straßen rumpelten, begann ich mich zu fragen, wo genau an der Küste Indiens Bombay lag. Und stimmten die ägyptischen Fernsehberichte über das furchtbare Gemetzel und Blutvergießen, die Straßenkämpfe und die Massenmorde? Besuchen Sie Bombay und lassen Sie sich die Kehle aufschlitzen... nun, das war immer noch besser, als sich langweilen zu lassen. Ich schäme mich, es zuzugeben, aber bereits als das Taxi auf der anderen Seite der Brücke von Zamalek hinunterholperte, begann Hafez eine von vielen Erinnerungen zu werden, die es zu den anderen zu legen galt.

Indien war nur sechs Stunden entfernt, und es gab plötzlich wichtigere Dinge, die meine Gedanken beschäftigten.

DRITTER TEIL

MEINE ZEIT ZU FLIEGEN

ERSTES KAPITEL

Der Mut, wieder ich zu sein

Der Flughafen von Bombay lag so still da wie ein Friedhof. Es war drei Uhr morgens, und ein kleines Häufchen von Reisenden drängte sich, unsicher und benommen von der Zeitverschiebung, um die Wechselschalter, und sie tauschten deutsche, französische und Schweizer Reiseschecks gegen dicke Bündel schmuddeliger Rupienscheine ein. Die Gesichter um mich herum in der Schlange waren abgespannt und bleich im Neonschein und ich fragte mich, ob ich ebenso besorgt aussah wie sie. Die Maschine der Air India war zu zwei Dritteln leer gewesen; den Hauptanteil der Passagiere hatten Inder gestellt, die in den Gängen gestanden und sich gegenseitig übertroffen hatten mit schauerlichen Geschichten von allgemeiner Gewalttätigkeit, Straßenkämpfen und Massenblutbädern, während die wenigen Europäer an Bord immer ängstlicher geworden waren.

Zu spät fing ich an, mich zu fragen, ob der Flug nach Indien wirklich vernünftig war, und meine Unterhaltung mit einer der Stewardessen – einer Anglo-Inderin, die mir den Rat gab, mich von der Stadt fernzuhalten – hatte mich nicht eben aufgeheitert.

Nach der Landung hatte man uns mitgeteilt, daß wir den Flughafen wegen der Ausgangssperre erst am Morgen verlassen konnten. Also saßen wir auf unserem Gepäck und warteten auf das erste Tageslicht, während Polizisten um die Eingänge herumlungerten und nervös in die Dunkelheit hinausblickten.

Jan war der erste, der den Flughafen verließ. Ein junger, schüchterner, furchtbar magerer Schwede, der mich ein paar Wochen zuvor in einer Straße in Kairo buchstäblich umgerannt hatte. Damals waren ihm gerade Paß und Brieftasche gestohlen worden, und er wanderte auf der Suche nach der schwedischen Botschaft durch die Stadt, also hatten wir gemeinsam Ausschau gehalten. Es hatte mich beeindruckt, zu hören, daß er mit dem Fahrrad um die Welt reiste, und ihm auf dem Flug nach Indien wiederzubegegnen, war eine unerwartete Überraschung gewesen.

Jetzt schulterte er den Rucksack, warf mir ein letztes unsicheres Lächeln zu und schob sein Fahrrad zum Hauptausgang. Ich sah ihm durch die Scheibe nach. Er wirkte unglaublich verletzlich in seinem T-Shirt und den Shorts, als er mit seinen blassen Beinen in die Pedale trat, und ich wußte, da er von den Schatten verschluckt wurde, daß es Zeit für mich wurde, ebenfalls aufzubrechen. Aber zur Abwechslung beherzigte ich einmal den Ratschlag eines anderen Menschen und begab mich, wie die Stewardeß vorgeschlagen hatte, in den Außenbezirk der Stadt.

Die Taxifahrt zum Strandort Juhu schien eine Ewigkeit zu dauern, und ich konnte dem mürrischen Fahrer, der mich durch Gegenden holperte, die mir vorkamen wie der Welt größter Müllabladeplatz, keinerlei Auskünfte entlocken. Wir durchquerten Straße um Straße, in denen sich der Abfall türmte, den ich mißbilligend betrachtete, ohne zu erkennen, daß unter rostigem Eisen, Pappdeckeln und Persenningfetzen buchstäblich Tausende von Menschen schliefen. Ganze Familien fristeten wenige Meter von den Rädern meines Taxis entfernt ein elendes Leben – und sie gehörten noch zu den Glücklichen.

Ich fuhr an den Holiday Inns, dem Sea & Sand, den Fürsten-, Prinzen- und Kaiserhöfen vorbei, denn ich wußte, daß die Hotelpreise in Bombay im allgemeinen astronomisch sind und war nicht gewillt, mich unnötigerweise von meinen kostbaren Rupien zu trennen.

Das Hotel, auf das meine Wahl fiel, sah von außen recht anständig aus, insofern, als alle vier Mauern noch standen, das Glas in den meisten Fenstern unversehrt war und es sogar einen Portier gab, der vortrat, als mein Taxi vor dem Haupteingang vorfuhr. Ich war überrascht zu sehen, daß es sich um einen Sikh handelte (den wilderen Berichten zufolge, die ich gehört hatte, war von ihnen seit Beginn der Unruhe kaum einer am Leben geblieben). Aber dieser hier brachte es mit seinem Turban auf gut und gerne einen Meter neunzig, und er war unverkennbar unter den Lebenden.

Zwei hübsche Inderinnen in grauen Seidensaris hießen mich an der Rezeption willkommen, befreiten mich von meinem Paß und meinem Gepäck und rieten mir, alle meine Wertsachen in ihrem Safe zu deponieren. Ich folgte einem etwa vierzehnjährigen Kofferträger in fadenscheiniger Uniform in einen winzigen, baufälligen Aufzug und stand dann in einem grell beleuchteten Zimmer, während er mein

Gepäck fallenließ und mir mit persönlichen Fragen zu allem möglichen, angefangen von meinem Alter bis zur Zahl meiner Kinder, zusetzte.

Schäbige, deprimierende Hotelzimmer waren inzwischen nichts Neues mehr für mich, und so konnte mich dieses hier mit seinem kotzfarbenen Teppich und den scheußlich blauen Wänden nicht erschrecken. Ich verjagte eine große schildpattfarbene Kakerlake aus dem Waschbecken und wusch mir das Gesicht. Dann schlug ich die Bettdecke zurück, um zu sehen, ob das Bettzeug in letzter Zeit gewaschen worden war, und war angenehm überrascht über den sauberen Kissenbezug und das Fehlen von verräterischen Flecken im Laken. Zufrieden, daß das Bettzeug keinen Vorbenutzer gehabt hatte, riß ich eine Lage Klopapier von der Rolle im Bad und verstopfte damit die Löcher in der Tür, um etwaigen Spannern einen Strich durch die Rechnung zu machen. Dann zog ich mich aus, legte mich ins Bett und driftete langsam in den Schlaf, während draußen vor den verstaubten braunen Vorhängen die Stadt Bombay widerstrebend zum Leben erwachte.

Ich stand gegen zehn Uhr vormittags auf und zog die Vorhänge auf, um meinen ersten wirklichen Blick auf Indien zu werfen. Vier oder fünf Stockwerke unter mir drängten sich Schuppen und Barakken um die Hotels, an einem Brunnen an der Straßenecke standen Inderinnen Schlange, um Wasser zu holen, und nackte braunhäutige Kinder spielten im Schmutz und warfen Steine nach einem Rudel von ungefähr zwanzig Straßenkötern, die mit gebleckten Zähnen aufeinander losgingen.

Eine Reihe schwarzer und gelber Taxis stand am Straßenrand, und einige der Fahrer hielten halbherzig nach Kundschaft Ausschau, während andere eine Partie Kricket auf der Straße spielten und dabei Gefahr liefen, von einer Flotte motorisierter Rikschas umgepflügt zu werden, die zwischen den schwereren Fahrzeugen hindurchflitzten wie wahnwitzige Rasenmäher.

Während ich das Schauspiel in einem Hitzeschleier vor meinem Fenster betrachtete, stellte ich fest, daß die Armut und der Schmutz in Ägypten gar nichts gewesen waren gegen das, was nun außerhalb der Mauern meines Hotels lag... aber ich hatte ja noch keine Ahnung.

Als ich geduscht, mich angezogen und meine Kontaktlinsen eingesetzt hatte, musterte ich mein Gesicht im Badezimmerspiegel und kramte dabei in meinem Schminktäschchen nach der Wimperntusche. Ich stieß einen Schreckensschrei aus, als meine Hand auf etwas stieß, das sich aus meinem Griff wand, und die Kosmetika purzelten zu Boden, als die Eidechse und ich in entgegengesetzte Richtungen davonsprangen. Das war die erste von vielen Begegnungen mit der Tierwelt Indiens, und mit der Zeit mußte ich mich damit abfinden, den ohnehin engen Wohnraum mit Schlangen, Spinnen, Kakerlaken und Ratten von einer in Europa unbekannten Größe und Vielzahl – und der entsprechenden Angriffslust – zu teilen.

Ich glaube wirklich, daß ich den Tag mit gutem Appetit begann, bis ich den Kopf zufällig aus dem Badezimmerfenster streckte, um zu sehen, welcher Blick sich mir auf der Rückseite des Hotels bot. Unter mir lag die »Hotelküche« unter freiem Himmel – ein verblüffendes Durcheinander von offenen Feuerstellen und Gaskochern, die, den Elementen ungeschützt ausgesetzt, an der Rückwand des Gebäudes aufgebaut waren. Rohes Fleisch stapelte sich neben schmutzigem Geschirr, Körbe mit Brot standen neben Mülltonnen, in denen sich die Abfälle häuften. Alles – einschließlich des geplagten Kochs – war den Angriffen zahlreicher Hunde ausgesetzt, die, nichts als Haut und Knochen und scharfe Zähne, im Umkreis der Küche herumschlichen. Und wenn er den einen vertrieb, stahl sich bereits der nächste heran, um, gerade außerhalb seines Blickfeldes, an den leeren Tellern zu lecken, während große schwarzglänzende Krähen und Habichte mit mattbraunem Gefieder von oben herabschossen und sich mit Brötchen, Eiern und allem, was sie stibitzen konnten, davonmachten. Ich kam zu dem Schluß, daß ich auch ohne Frühstück überleben würde.

Es ist schwer zu sagen, was mich am meisten betäubte, als ich auf die Straße hinaustrat. War es der Wall von Geräuschen – Hunderte von Autohupen und Fahrradklingeln, die um Beachtung stritten, jedoch von dem Höllenspektakel indischer Popmusik und dem Stimmengeheul übertönt wurden? War es die Hitze, die gewaltsam in meine Lungen drang, oder der Staub, der sich mir in Augen und Mund setzte? Nein, ich glaube, mein erster und bleibendster Eindruck war der Geruch; ein tödlicher Mischmasch von brackigem Wasser, fauligen Pflanzen, verwesenden Tierkadavern, Urin und menschlichen Exkrementen mit einem feinen Unterton ungewaschener Körper und einer winzigen Spur von Curries und Gewürzen. Der Duft Indiens ... ein Hauch davon konnte einen Kutschgaul in die Knie zwingen.

Mit einem flauen Gefühl im Magen steuerte ich das nächste Taxi an, aber da hatte der Ruf bereits die Runde gemacht, daß eine Fahrt zu vergeben war. Taxifahrer strömten aus allen Himmelsrichtungen auf mich zu, wie Fußballfans, die am Sonntag zum örtlichen Sportplatz eilen. Noch während ich die hintere Fahrgasttür aufriß, brach ein Streit darüber aus, wer das Geschäft machen würde, und während mein Fahrer in den Wagen sprang und mit quietschenden, abgefahrenen Reifen davonbrauste, wurden etliche Schläge ausgeteilt. Als wir sichere Fahrt aufgenommen hatten, drehte er sich um und sah mich mit dankbarem, zahnlosem Lächeln an, das noch breiter wurde, als ich ihn aufforderte, mich zum American-Express-Büro zu fahren. Offensichtlich hatte er eine lohnende Fracht an Land gezogen, während ich (ohne es vorerst zu wissen) zur entsetzlichsten Autotour meines Lebens aufgebrochen war.

In den ersten zehn Minuten wußte ich nicht, wohin ich zuerst schauen sollte, so viel gab es zu sehen, und überall um uns herum herrschte Chaos. Mächtige Bullen, deren Hörner grellrot, bräunlich und jadegrün bemalt waren, zogen schwerfällig offene Karren, die hoch mit Zuckerrohr, Gemüse und Lebensmitteln aller Art beladen waren. Klapprige Lastwagen und Busse, Oldtimer und vorsintflutliche Motorräder rumpelten hustend und stotternd über die Schlaglöcher und Risse der Straße, während die Fahrer sich lautstark gegenseitig beschimpften.

Vergessen Sie Fahrspuren und Vorfahrtsrecht. Hier kämpfte jeder gegen jeden, und mein Fahrer stürzte sich – die Schultern über das Lenkrad geduckt, die Nase einen Zentimeter vor der mückengesprenkelten Windschutzscheibe – mit einem kichernden Ausdruck kindischer Freude in das Gewühl. Seine nackten Zehen mit den langen Nägeln hüpften auf der Bremse auf und nieder, wenn er zwischen Taxi und Rikscha durchflitzte oder eine der zahllosen heiligen Kühe sachte an ihrem schlammverkrusteten Hinterteil anschubste. Unter seinen zerlumpten Khaki-Shorts waren die Muskeln zu sehen, die von der Anstrengung hervortraten (ebenso die Venen an seinem dürren Hals). Was für eine Art, seinen Lebensunterhalt zu verdienen!

Bombay, wie es sich mir durch die Wagenfenster zeigte, war eine Farborgie. Ladenfronten, Tempel, Verkehrsschilder, Reklametafeln – überall herrschten schreiende Schattierungen von Orange, Limonengrün, Rosa, Gelb und Lila vor. Und alles, von den Hörnern der Kühe, über Windschutzscheiben und Fahrradspeichen bis zu den Götterfiguren, war behängt mit Gold- und Silberflitter, metallischen Bändern in allen Farbtönen und Girlandenketten aus Jasmin, Rosenblättern und Ringelblumen. Und dazwischen huschte ein Heer buntgekleideter Frauen dahin. So viele, daß der tosende Verkehrslärm und das

Geplärre der indischen Musik beinahe übertönt wurde vom millionenfachen Klirren der Kettchen an Hand- und Fußgelenken, dem millionenfachen Klingeln winziger Glöckchen an Ohren, Nasen, Fingern und Zehen.

Ängstlich darauf bedacht, mir nichts entgehen zu lassen, muß ich mich wohl zu weit aus dem Wagenfenster gebeugt haben – womit ich die Aufmerksamkeit aller auf meine Gegenwart lenkte, als wir uns der Ampel näherten. Unter einem Meer von Gesichtern fesselte eines meinen Blick – es gehörte einem Jungen von acht oder neun Jahren, der an dem Ampelpfosten hochgeklettert war und den Verkehr, der gerade zum Stehen kam, eingehend musterte. Sein Gesicht war, schlicht und einfach, grauenhaft. Es sah überhaupt nicht menschlich aus, sondern ähnelte am meisten noch einer Hundeschnauze. Sein Kiefer sprang grotesk hervor, sein Mund war zur Grimasse geöffnet, seine Lippen waren straffgezogene Striche. In dem Augenblick, als ich mich entsetzt zurückzog, fiel sein Blick auf mich, und er rutschte wie der Blitz die Stange hinunter. Dann schoß er zwischen den Autos auf uns zu, erreichte mein geöffnetes Fenster im Nu, und nachdem er sein entsetzliches Gesicht zu mir hereingeschoben hatte, zuckte er in dem Versuch, mich anzubetteln, aufgeregt mit Mund und Kiefer. Er hatte *zwei* Kieferpaare, eines leicht hinter dem anderen zurückversetzt und irgendwie miteinander verschmolzen – und in dem offenen Mund standen vier Reihen starker, weißer Zähne. Ich weiß, daß ich in Panik geriet, als sein Gesicht dem meinen nahe kam, aber ich glaube – ich bin sicher –, daß es genau das war, was ich sah. Doch in diesem Augenblick sprang die Ampel um, der Fahrer gab Gas, und das abstoßende Bild glitt vom Fenster zurück.

Ich war so sehr damit beschäftigt, entsetzt über die Schulter zurückzublicken, daß ich nicht merkte, wie vor uns die nächste Ampel auf Rot sprang, aber als der Wagen seine Fahrt an der nächsten Verkehrsinsel verlangsamte, hatte auch dort das Häuflein Menschen, das darauf herumlungerte, mein Herannahen bemerkt. Ein kleiner Junge auf Krücken hatte sich bereits bei meinem Anblick auf den Weg gemacht, und seine Beine – dem einen fehlte der Fuß, das andere endete direkt unter dem Knie – schlenkerten nutzlos zwischen den hölzernen Gliedern, als er sich in unglaublichem Tempo auf mich zubewegte.

Hastig mühte ich mich ab, das Fenster hochzukurbeln, aber der Griff war festgerostet, und während ich damit kämpfte, lehnte der Junge seinen Torso gegen das Taxi und schwang seinen abgesägten

Stumpf mühelos über den Fensterrand. Da baumelte das Ding, eine glänzende Kniescheibe und ungefähr zehn Zentimeter Schienbein, das in einem glatten Stumpf endete und in jeder Hinsicht wie ein großer gekrümmter Finger aussah.

Ich war so schreckensstarr, daß ich kein Wort herausbrachte, und es war mein Fahrer, der den Jungen wüst beschimpfte, als die Ampel wieder umsprang und wir mit aufheulendem Motor davonbrausten. Diesmal war mein Blick fest auf die dritte Ampel gerichtet, die vor uns lag, und obwohl ich mich buchstäblich von einer Seite zur anderen warf in der verzweifelten Bemühung, das Fenster mit Gewalt zu schließen, erreichte ich nichts weiter, als daß ich die Kurbel in der Hand hielt, als auch diese Ampel ...

Ich wußte inzwischen, was los war. Offensichtlich befuhren wir eine Hauptstraße, die ins Zentrum der Stadt führte – eine, die wahrscheinlich häufig von den Touristen von Juhu benutzt wurde –, und die Bettler versammelten sich um die Ampeln und warteten auf reiche Beute. Und selbstverständlich erwartete mich ein dritter Haufen – diesmal hauptsächlich Frauen und alle ziemlich jung. Unwillkürlich hielt ich Ausschau nach weiteren körperlichen Gebrechen, aber sie schienen, abgesehen davon, daß sie jämmerlich mager waren, ganz normal. Ein ungefähr vierzehnjähriges Mädchen, das ein Bündel Lumpen unter den Arm geklemmt hatte, trat an das Fenster des Fahrers, legte die Finger in einer Geste des Essens an die Lippen und bettelte dann, indem sie ihre knochige Hand durch das Fenster schob, um Geld.

Ohne sie auch nur anzusehen, sagte er grob ein paar Worte zu ihr, stieß ihre Hand zurück und machte sich, die Bremse loslassend, bereit, anzufahren. Als wir im Leerlauf an ihr vorüberrollten, trat sie einen Schritt zurück und warf mir einen bohrenden Blick zu. Dann schleuderte sie, ohne irgendeine Vorwarnung, das Lumpenbündel durch das Wagenfenster, und es landete schwer in meinem Schoß. Ich schrie erschrocken auf, und der Fahrer, der mittlerweile zutiefst nervös war, stieg in die Bremsen, drehte sich auf seinem Sitz herum und zerrte an dem schmutzigen Stoff. Das Lumpenbündel war ein Baby.

Völlig außer mir, und unfähig, einen Gedanken zu fassen, geschweige denn, zu handeln, saß ich einfach nur mit offenem Mund da, während der Fahrer aus dem Wagen sprang, meine Tür aufriß, das Baby nahm und zur Ampel zurückrannte, wo er es vermutlich einer der anderen Frauen in den Arm drückte. Ich werde es nie mit

Sicherheit wissen, denn ich sah ihm nicht nach. Statt dessen saß ich zitternd im Auto und starrte auf meinen leeren Schoß hinunter – auf den feuchten Fleck, da, wo das Baby gelegen hatte. Ein winziges Baby mit dunklen Augen und einem großen roten Ekzem am Mund. Ein halb verhungertes Baby, das wegzuwerfen jemand bereit gewesen war, hatte es einen Augenblick lang auf einem Seidenkleid gelegen, das mehr gekostet hatte, als die meisten indischen Arbeiter in einem ganzen Jahr verdienen. Ich fuhr jetzt seit weniger als einer halben Stunde durch die Straßen Indiens, und schon hatte ich die wahre Bedeutung der Begriffe »unmoralisch« und »obszön« erfahren.

Nichts hätte mich vorbereiten können auf die Armut, die in diesem Land das Leben bestimmte, aber jetzt, in dieser heruntergekommenen, trostlosen Stadt, begegnete sie mir Meile um Meile – ein endlos sich entfaltendes Panorama des Lebens am Rande. Ich sah Bettler, zu viele an der Zahl, um sie zu zählen; Straßenbewohner, die am Straßenrand schliefen, Kinder gebaren und starben. Menschen, die der sengenden Hitze und den Monsun-Regenstürmen ausgesetzt waren, ohne auch nur ein Stück Wellblech oder ein paar Meter Plastikplane zu besitzen, um sich zu schützen – nichts über dem Kopf, das einem Dach auch nur geähnelt hätte.

Als wir jetzt an einem aufgestellten Pappkarton vorüberfuhren, verstand ich, warum der Mann, der herausblickte, einen erfreuten Gesichtsausdruck hatte. »Philips ... Elektrogeräte ... nicht stürzen« lautete der Aufdruck auf der Seite, aber wen interessierte es, daß er einmal einen Kühlschrank beherbergt hatte? Gewiß nicht seinen gegenwärtigen Bewohner, der sich über diese Zuflucht vor der brennenden Sonne freute. Verglichen hiermit, konnten die unzähligen Bürger Bombays, die in den sich ausdehnenden Barackenstädten wohnten, sich glücklich preisen.

Es erwies sich als die erste von vielen Fahrten ins Zentrum von Bombay, und auf jedem dieser Ausflüge sah ich unglaubliche Dinge. Im Schatten der üppigen viktorianischen Architektur lebten Tausende von Familien auf den ausgedörrten Straßen der Stadt, ohne sich um den stetig vorbeidrängenden Menschenstrom zu kümmern. Oftmals, wenn ich über das Pflaster ging, stellte ich fest, daß ich ein Fleckchen betrat, das einer anderen Frau Küche oder Schlafzimmer war. Einmal war ich so sehr damit beschäftigt, einem schlafenden Mann auszuweichen, daß ich die fortgeworfene Zeitung nicht sah, die in meinem Weg lag, und mein Fuß schwebte nur einen Zentimeter darüber, als die Frau des Schläfers sich vor mich warf und den Säugling aufhob, der darunter verborgen lag.

Ein andermal kam ich, eher durch Zufall, an einem Gefängnis der Stadt vorüber und beobachtete die Männer, die sich im Dutzend um die Fenster des vielgeschossigen Bauwerks drängten und versuchten, die Arme durch die Gitter hinausgestreckt, die Aufmerksamkeit ihrer Frauen, die sich unten versammelt hatten, auf sich zu lenken. Die Frauen hatten Lebensmittel, Körbe mit Brot, Kartoffeln und Karotten mitgebracht, die an behelfsmäßigen Seilen hochgezogen wurden.

Für einige war das Leben in einem Maße trostlos, wie ich es mir nicht hätte träumen lassen, aber viele überlebten oder gediehen sogar prächtig unter diesen Bedingungen. Daran blieb mir kein Zweifel mehr, als ich meinen Nachmittagstee im Taj Hotel einnahm. Es war wie eine Kulisse aus einem strahlenden indischen Film, und es hätte mich nicht gewundert, zu erfahren, daß viele der prachtvoll gekleideten indischen Frauen, die um mich herum an den Tischen saßen, Prinzessinnen und Filmstars waren. In Indien sind die Reichen wirklich sehr, sehr reich – und vollkommen blind für die Armut, die buchstäblich auf ihren Schwellen haust.

Zwischen den Reichen und den Notleidenden stehen die Millionen von Bürgern, die die Räder in Indien in Schwung halten, und in diesem Land, in dem das geschriebene Wort – insbesondere in vierfacher Kopie – alles ist, strömen Tausende von Schreiberlingen nach Bombay hinein. Pendler im besten britischen Sinne des Wortes, in ordentlichen, wenn auch fadenscheinigen Hemden und Hosen, trägt ein jeder von ihnen stolz das Symbol des Beamtenstandes – die Aktentasche – bei sich.

Auf einem Meer von Papierkram schwimmend, fällt das Land buchstäblich auseinander; die Häuser von Grund auf baufällig, die Straßen durchzogen mit Rissen und freiliegenden Abwasserleitungen. Vorwärts getrieben auf wackligen Beinen, zusammengehalten nur vom unermüdlichen Amtsschimmel und einem komplizierten Korruptionsnetz, fordert Indien die Katastrophe geradezu heraus, und manchmal schlägt sie zu. Wenn auch nicht immer in dem Ausmaß wie in Bhopal.

Da war zum Beispiel das Zugunglück in Bombay.

Es dauerte einige Tage, bis ich den Mut aufbrachte, aus der Stadtmitte von Bombay mit dem Zug nach Juhu hinaus zu fahren. Das öffentliche Verkehrssystem der Stadt war berüchtigt für alle möglichen Gefahren, vom massenhaften Taschendiebstahl über brutale Raubüberfälle bis hin zum Mord. Schließlich redete ich mir ein, daß es nicht schlimmer sein konnte als in der Londoner U-Bahn, und eines Abends schloß ich mich dem Strom der Zehntausenden an, die in den Bahnhof drängten, bestieg einen Zug, der in meine Richtung fuhr und quetschte mich in den Waggon »nur für Damen«. Es müssen fast zweihundert Menschen darin gewesen sein – Frauen und Kinder, die buchstäblich übereinander saßen, während der vorsintflutliche Zugwagen schnaufend und keuchend die Schienen entlangeilte. Große, kajalumrandete Augen sahen mich von allen Seiten an, und wohin ich auch blickte, leuchtete ein sanftes Lächeln in den hübschen Gesichtern auf. Ich stellte fest, daß überall im Wagenabteil Plakate für kostenlose Abtreibungen und Vasektomien warben, mit den Empfehlungen der Regierung – auf manchen wurde den Frauen, die bereit waren, sich sterilisieren zu lassen, sogar Geld geboten. Und in diesem heißen, überfüllten Abteil begann ich zu verstehen, warum – Indien wird von dem schieren Gewicht seiner stetig wachsenden Bevölkerungszahl zermalmt.

Als ich sicher in mein Hotel zurückgekehrt war, beglückwünschte ich mich zu dieser neuerlichen Premiere und überlegte, daß der Zug, abgesehen von der unerträglichen Enge, kein solcher Alptraum gewesen war. Am nächsten Morgen, als ich mich in die Stadtmitte fahren ließ, waren die Zeitungstafeln voll mit der Neuigkeit; in den frühen Morgenstunden war ein Zug auf der Strecke von Bombay nach Juhu entgleist, hatte sich in den Bahnsteig gebohrt und Hunderte von Menschen auf der Stelle getötet.

Ohne nennenswertes Schneidgerät, kaum ausgerüstet mit Blutkonserven und Plasma und mit nur wenigen zur Verfügung stehenden Krankenhausbetten, rannten die Rettungsmannschaften noch immer herum wie aufgeschreckte Hühner und versuchten, den Verletzten zu helfen. Aber das Schrecklichste war die Nachricht, daß es der Waggon »nur für Frauen« gewesen war, der am schlimmsten betroffen war. Er war umgestürzt, und das Metall war derartig verbogen und zerdrückt worden, daß es sich als unmöglich erwiesen hatte, die Türen zu öffnen.

Meine Gedanken wanderten zum vergangenen Abend zurück – der Waggon mit seinen geduldigen, gutmütigen Fahrgästen, die Wände mit Ratschlägen zur Familienplanung gepflastert, an den Fenstern eiserne Gitterstäbe anstelle von Glas. Der Gedanke an die vielen Frauen und Kinder, die in diesem Augenblick in dem Eisenkäfig gefangen waren, ließ mich zusammenschrecken; viele von ihnen sicher verletzt oder im Sterben, zusammengepfercht wie ängstliches Vieh, während die Temperatur ständig anstieg und die Helfer immer kopfloser wurden.

Und dann kam mir ein anderer Gedanke. Der Zug war auf diesen selben Gleisen gefahren, seitdem die Briten vor fast hundert Jahren das Netz angelegt hatten. Fast ein Jahrhundert lang war es nicht überholt worden und dem Verfall preisgegeben, und wenn die Schwellen nur wenige Stunden früher zusammengebrochen wären, als ich mich in dem Waggon befunden hatte, so hätte das mein Ende bedeuten können. Die Tatsache, daß ich jetzt heil und gesund war, empfand ich als unglaublich tröstlich, wenn ich bedachte, daß ich seit meiner Abreise aus London darauf wartete, daß das Unheil zuschlug. Nun hatte ich das merkwürdige Gefühl, daß es endlich zugeschlagen hatte – daß meine Stunde geschlagen hatte, wenn Sie so wollen, – und daß ich aus irgendeinem Grunde noch einmal davongekommen war. Es klingt verrückt, ich weiß, aber als ich an diesem Abend die endgültige Zahl der Todesopfer in der Zeitung las, gab das meinen Gedanken eine völlig neue Richtung und vermittelte mir die absolute Gewißheit, daß mir auf dieser Reise nun nichts mehr passieren konnte.

Das also war Indien... mir waren die Augen geöffnet worden, könnte man sagen, und ich hatte den Kulturschock überlebt, der so viele Besucher von Ländern der dritten Welt veranlaßt, zum Flughafen zurückzueilen und das erstbeste Flugzeug zu besteigen, das sie wieder hinausbringt. Von Schuldgefühlen überwältigt und entsetzt über die Armut, entgeht ihnen völlig das unbezähmbare Leben des Landes – seine Farbenpracht, sein Lärm, seine Geschäftigkeit, seine bloße, ursprüngliche Kraft. Ebenso, wie es ihnen nicht gelingt, den ungeheuren Optimismus, die kindliche Neugier, die beharrliche Gutmütigkeit und den reinen unauslöschbaren Lebensmut seiner Bewohner zu erkennen.

Ich hatte nie erwartet, daß mir dieses Land gefallen würde. Ich hatte es als eine Zwischenstation auf meinem Weg nach Birma betrachtet. Aber diese wenigen Tage in Bombay veränderten alles, und als ich schließlich bereit war, weiter südwärts zu reisen, war mir bewußt, daß mich Indien vollkommen und dauerhaft in seinen Bann gezogen hatte mit seiner entsetzlichen Pracht, seiner herzzerreißenden Traurigkeit und seiner atemberaubenden, herzergreifenden Schönheit.

Nachdem mich jahrelang nichts und niemand hatte bewegen können, hatte ich mich nun in ein Land verliebt, und ich erreichte Goa aufgeregt und fröhlich – und unvorstellbar glücklich. In dieser Gemütsverfassung war es wohl unvermeidlich, daß ich mich auch in einen Mann verliebte. Unsterblich, wahnsinnig, Hals-über-Kopf.

Als ich Martin das erste Mal sah, war er bekifft; zusammengesunken über einem bierbesudelten Tisch in einer Baracke, die als Dorfbar diente. Es war der beliebteste Treffpunkt in dem verstaubten kleinen Dorf Calanguta, allerdings wurde hier nicht viel getrunken. Die etwa dreißig Stammgäste hatten sich versammelt – wie sie es den ganzen Tag über und jeden Abend taten –, um ein paar Joints herumgehen zu lassen, ein bißchen braunen Afghanen zu rauchen und Haschisch und Gras zu kaufen, zu verkaufen und zu drehen. Es waren ein paar Einheimische aus Goa darunter, aber in der Mehrzahl bestand die Kundschaft aus Europäern, die fast ein Bestandteil der Szenerie waren. Man erkannte die Auswärtigen auf einen Blick. Das Kontingent an Franzosen und Italienern – frisch aus Rom und Paris angereist, auf der Suche nach einem Alternativurlaub – arbeitete tagsüber hart an der Sonnenbräune und rutschte am Abend auf einer Glitschspur von Sonnenmitteln umher.

In der erfolgreichen Bemühung, sich dem Sechziger-Jahre-Hippie-Look anzupassen, dem man hier überall begegnete, zerzausten sich die Frauen kunstvoll die Haare und überhäuften sich mit indischem Schmuck, Fußkettchen, Nasenstickern und Kastenzeichen – eine Aufmachung, die in deutlichem Gegensatz stand zu den teuren Designer-Fetzen aus Leder und Seide. Die dazugehörigen Männer neigten dazu, sich barbrüstig und in verwaschenen Jeans zur Schau zu stellen; gelegentlich mit Westen und Halstüchern, um den »Woodstock«-Effekt zu vervollständigen. Es war wirklich lächerlich, wie diese gutsituierten jungen Leute danach trachteten, den ungesunden, ausgemergelten Eindruck des Drogenabhängigen zu erwecken, indem sie für einen Monat ungefähr das Leben eines Junkies aufnahmen, bevor sie zurückkehrten und in Paris ihr Jurastudium wieder aufnahmen oder eine Edelboutique in Florenz zu betreiben. Manchmal trieben sie es allerdings auch auf die Spitze – es machten unzählige Geschichten die Runde von Touristen, die nach Goa gekommen waren, um den Abhängigen zu spielen, nur um genau das zu werden.

Einige von ihnen waren an jenem Abend sicher da. Männer und Frauen deren zerlumpte Kleider und triefende Nasen echt waren; bleiche, magere Glieder und schwarz gefärbte Zähne deuteten darauf hin, daß es keineswegs die Sonne und das gesunde Essen war, was sie in Goa hielt.

Alles in allem war die Baracke mit ihrem primitiven Mobiliar, dem kippenübersäten Sandboden und dem Persenningdach Heimat für ein buntgemischtes Völkchen von Ausländern. Nicht meine Art von Kneipe und ganz bestimmt nicht die Art von Leuten, die mir gefielen, zu diesem Schluß kam ich, als ich am ersten Abend in den Gastraum schlenderte aber ich hatte mir inzwischen angewöhnt, aus jeder Situation das beste zu machen.

Also setzte ich mich, ohne die abweisende Atmosphäre zu beachten, an einen Tisch, bestellte einen Wodka Tonic und machte mich daran, meine Tischgenossen mit einem Blick, der dem ihren an Langeweile und Kälte in nichts nachstand, in Grund und Boden zu starren. Dabei streiften meine Augen Martins schlafende Züge, und mir wurde flau im Magen.

Mir sind unscheinbare, aber freundlich aussehende Männer begegnet. Ich habe Gesichter betrachtet, die ich als gewöhnlich, aber nett bezeichnen würde. Ich habe Männer kennengelernt, die attraktiv waren, und solche, denen ich das Prädikat »gutaussehend« gegeben hätte. Hin und wieder habe ich es mit Männern zu tun gehabt, die hübsch waren und diese Bezeichnung verdienten, und ich glaube, ein- oder zweimal in meinem Leben habe ich Männer gesehen, die ich nur als schön beschreiben kann. Diesmal war es so, und der Mann war Martin.

Ich muß dazu sagen, daß er vollkommen weggetreten war. Sein Kopf hing leicht nach hinten über, die Augen waren geschlossen, der Mund ein wenig offen. Sein Gesicht war lang und kantig – mit hervorstehenden Wangenknochen, schmaler Kieferpartie und einem feingeschnittenen Kinn, das in der Mitte ein tiefes Grübchen hatte. Sein Haar war von glänzendem Schwarz, an den Seiten und am Hinterkopf kurz geschnitten, während ihm Locken über Stirn und Schläfen fielen. Seine Nase war sehr lang und schmal, und er hatte einen breiten Mund und volle Lippen. Ich schätzte, daß er Mitte zwanzig war, und er hatte, wie er da die Nachwirkungen seines Haschischrauschs ausschlief, keine Ahnung von meiner Existenz. Ich saß nur da und trank ihn in mich hinein. Überzeugt, daß er einer der Männer war, die Frauen wie ich nie bekommen, zog ich nicht einmal den Versuch in Erwägung, sein Interesse zu wecken. So schön war er. Und nachdem ich ihn fast eine ganze Stunde lang still betrachtet hatte, stand ich auf und ging.

Calanguta ist ein kleines Dorf, und ich sah ihn oft in den nächsten Tagen – in einer Kneipe sitzend und etwas trinkend oder einfach nur durch das Dorf wandernd. Er war unglaublich groß – einen Meter zweiundneunzig – und sehr schmal. Aber er hatte schöne, man könnte fast sagen elegante Bewegungen. Ich hörte ihn sprechen. Er war Deutscher, und seine Stimme war in jeder Hinsicht genauso schön wie der Rest seiner Person. So sehr ich auch versuchte, ihn mir aus dem Kopf zu schlagen, meine Gedanken kreisten pausenlos um ihn – und ich wunderte mich über mich selbst, daß ich krank war vor Liebe zu einem Mann, mit dem ich noch nie im Leben ein Wort gewechselt und der von meiner Existenz nicht einmal eine Ahnung hatte. Ihn am Morgen flüchtig zu sehen, reichte aus, mich für den Rest des Tages in Hochstimmung zu versetzen, während er mich in tiefste Verzweiflung stürzen konnte, indem er mit einer anderen Frau plauderte oder sie anlächelte.

Dann kam der Abend, an dem ich, wie gewohnt, an dem endlos langen Strand entlangwanderte. Ich trug neuerdings immer weite Röcke mit Unterrock und hatte einen Zipfel des Stoffes im Bund festgesteckt, um barfuß am Wasserrand laufen zu können. Der Sonnenuntergang war an diesem wie an allen Abenden atemberaubend; die ganze Weite des Himmels war mit rosigen, roten und violetten Farbstreifen überzogen, während die Sonne – gewaltig rund und irgendwie unglaublich nah – in ein Meer eintauchte, das von endlosen goldenen, feuerroten und schwarzen Wellen bewegt war. Die Sandfläche hinter mir war gesäumt mit wogenden Palmen, die in dichteres Buschwerk übergingen, während in der Nähe Scharen von Ferkeln quiekend in der Erde wühlten und die Fischer des Ortes ihre Netze flickten und mir einen Gruß zunickten, als ich vorüberging.

Ich war jetzt seit vier Tagen in Goa und konnte nicht glauben, wie schön es war. Grün und üppig, gelassen und freundlich – eine exotische Mischung aus Asien und Portugal, Hinduismus und Christentum. Rui hatte mir oft von diesem fernen Ort erzählt, den er als Portugiese nicht besuchen durfte.

»Ach Rui . . . hier bin ich nun in dem Paradies, von dem wir einmal geträumt haben. Und wo bist du heute abend?« Tief in Gedanken an mein vergangenes Leben versunken, wanderte ich mit gesenktem Kopf dahin und staunte über die Muster, die jede Welle im Sand hinterließ, und die Art, wie das Wasser meine Fußspuren glättete, noch während sie entstanden.

Die Stimme, tief und angenehm, ließ mich vor Schreck fast aus der Haut fahren; Martin saß mit untergeschlagenen Beinen im noch warmen Sand und winkte mir, mich neben ihn zu setzen. Wir redeten, bis der Himmel sich dunkel färbte, und sahen zu, wie die ersten Sterne auftauchten. Dann schlenderten wir freundschaftlich zum Dorf zurück, knöcheltief in den schäumenden Wellen, und ein warmer Wind, der sanft vom Meer hereinstrich, bauschte meinen Rock und zauste Martins dunkles Haar. Martins Stimme schwebte in einer liebenswerten Mischung aus Deutsch und Englisch in der Dunkelheit, und während ich zusah, wie der Mond über den Palmen auftauchte, war mir, als müßte ich vor Glück platzen.

So begann sie also, diese süße Liebe, die erfüllt war von Augenblicken der Zärtlichkeit; die in einer müden Frau eine mädchenhafte Freude am Leben weckte. So lernte ich den Mann kennen, der mir meine Selbstachtung wiedergab, und den Mut, ich selbst zu sein.

Am nächsten Tag trafen wir uns, wie verabredet, kurz nach dem Morgengrauen auf dem Dorfplatz und mieteten bei einem der Einheimischen ein Motorrad. Bald flogen wir durch die Landschaft von Goa dahin, zwischen jadegrünen, palmengesäumten Reisfeldern, über Behelfsbrücken, die schnell fließende Bäche überspannten. Wir bogen schwungvoll um Kurven, hinter denen weiße, stuckverzierte Kirchen sich wie riesige Hochzeitstorten in die Palmwäldchen duckten, oder sausten über den Gipfel einer Anhöhe, und der Atem stockte uns beim Anblick, der sich uns bot – manchmal ein einsamer, von schimmernder Gischt überspülter Strand, dann wieder ein winziges Dorf am Straßenrand, in dem alle, ob Schulkinder, Friseur oder Schneider, ihrer Beschäftigung unter freiem Himmel nachgingen. Wir schlängelten uns zwischen Kühen und Ochsen hindurch, wichen Hunden und Hühnern aus und brausten Meile um Meile dahin, und ich hatte meine Arme glücklich um Martins Taille geschlungen, während unser fröhliches Gelächter in den Bergen um uns herum nachhallte.

Am späten Vormittag erreichten wir Martins geheimes Ziel – er hatte sich geweigert, mir den Ort zu beschreiben, und nur beharrlich erklärt, daß er mir gefallen würde. Wir stellten das Motorrad an einem überwucherten Weg ab und folgten dem Geräusch der Brandung. Der Weg mündete am Ende in einen weiten Strand, der weiß schimmerte und vollkommen verlassen dalag. Zur Rechten stieg eine felsige, mit Palmen bewachsene Landzunge steil aus dem Meer auf. Undeutlich konnte ich einen Pfad zwischen Strand und Felswand ausmachen, der in Windungen und Kurven verlief, bevor er in dem rauschenden, raschelnden Palmwäldchen verschwand.

Gemeinsam überquerten wir den glühendheißen Sandbogen und folgten dem schattigen Pfad. Zu meiner Linken öffneten sich immer wieder winzige geschützte Buchten, während zu meiner Rechten die Felsen, dicht mit Palmen bewachsen und mit ungefähr einem Dutzend weißgetünchter, augenscheinlich leerstehender Häuschen, hoch in den Himmel aufragten. Nach einigen Minuten verbreiterte sich der gewundene Pfad, und dann trat ich unter dem Palmendach hervor und befand mich wieder an einem breiten Sandstrand, der sich in sanfter Kurve vor mir erstreckte. Zur Linken spritzten die Wellen von der Wasserlinie auf, und das Meer dehnte sich, so weit das Auge reichte. Was ich zu meiner Rechten erblickte, nahm mir den Atem.

Der Strand stieg steil an und neigte sich dann wieder, und hinter diesem kleinen Hügelkamm lag ein Süßwassersee. Gesäumt von großen, glänzenden Felsblöcken und blühenden Sträuchern, hieß er uns funkelnd im Sonnenlicht willkommen, und sein Wasser klatschte leise auf den Strand, während wenige Meter entfernt auf der anderen Seite des Hügels das Arabische Meer toste. In der Mitte des Sees ragte ein großer flacher Felsen aus dem Wasser, und die Hänge im Umkreis waren von üppigem, unberührtem Dschungel bedeckt, der mit seiner Orgie von Farben und Pflanzen das gegenüberliegende Ufer säumte. Durch das dichte Filigran der Bäume konnte ich undeutlich ein bewegtes Glitzern erkennen, wo sich ein Bergbach in das stille blaue Wasser des Sees ergoß.

»Ein Paradies, nicht?« murmelte Martin an meiner Seite.

»Ein Paradies, ja!« antwortete ich mit den Augen, zu überwältigt, um zu sprechen.

Mutterseelenallein und splitternackt vergnügten wir uns dort für den größten Teil dieses unvergeßlichen Tages; spielten Wellenreiten in der Brandung, sprangen über den Strand und tauchten kopfüber in das süß schmeckende Wasser des Sees ein. Stundenlang tollten wir herum wie die Kinder, suhlten uns im flachen Wasser, wo Schwärme kleiner gestreifter Fische um uns herumflitzten und an unseren Zehen und Fingern knabberten, um dann zu der Felseninsel in der Mitte des Sees hinauszuschwimmen und uns von der heißen Sonne bescheinen zu lassen, während der Stein unter uns auf unserer Haut brannte.

Es war eine Freude, den nackten Martin zu betrachten. Er hatte durch eine Schellfischvergiftung ernsthaft an Gewicht verloren, aber er hatte desungeachtet einen beeindruckenden Körper. Breite Schultern, schmale Hüften, ein flacher Bauch und lange, schlanke Glieder. Ich war fasziniert von seinen Händen und Füßen, den schmalen, sich verjüngenden, zart geformten Fingern und Zehen. Und dann waren da noch seine Augen – kornblumenblau in seinem tief gebräunten Gesicht, in dem die Zähne weiß unter einem Zwei-Tage-Bart strahlten.

Ich kann Ihnen nicht sagen, wie erleichtert ich darüber war, daß es ihm offensichtlich auch Spaß machte, mich anzusehen, obwohl ich ungewohnt schüchtern gewesen war, als es darum ging, mich auszuziehen. Von diesem ersten Tag an fühlte ich mich linkisch und mädchenhaft in Martins Gegenwart. »Schamhaft« ist vermutlich das Wort, nach dem ich suche, und »unschuldig« ist der einzige Begriff, mit dem ich die Situation beschreiben kann, als wir an diesem See herumfaulenzten. Denn obwohl ich ihn so sehr begehrte, daß ich das Sehnsuchtsgefühl kaum ertragen konnte, obwohl die Körpersprache zwischen uns mich ganz schwindelig machte vor freudiger Erwartung, vermieden wir beide auch nur den geringsten Körperkontakt. Nur einmal, als wir zusammen schwammen, wand er sich plötzlich wie eine Robbe, und ich spürte seinen Bauch und seine Schenkel über meinen Rücken gleiten, eine flüchtige Berührung der Haut, die mich verlegen machte und schwindlig vor Vergnügen.

Und so schürten wir unsere Lust den ganzen Tag – und beide spürten wir, daß es vollkommen sein würde, wenn es endlich passierte, aber keiner von uns wollte das süße Warten und die Spannung beenden.

Nun, es passierte am Abend, als wir wieder in Calanguta waren, nach dem Essen und einem abschließenden unbeschwerten Spaziergang am Strand. Es passierte gemächlich und unendlich zärtlich auf Martins schmalem Eisenbett in einem winzigen, in Mondlicht getauchten Zimmerchen. Es passierte leise, weil die Wände papierdünn waren und um uns herum andere Reisende schliefen. Und als es passierte, stand die Zeit still – die Minuten und Stunden verrannen unbemerkt, während unsere Bewegungen und unser Atem miteinander verschmolzen. Es passierte wieder und wieder – und beide waren wir erstaunt über unsere Gier aufeinander. Und es war vollkommen.

Am nächsten Tag zog ich zu Martin in das Gästehaus und richtete mich in der Freude auf sechs Wochen ein, die sich als die romantischsten meines Lebens erweisen sollten. Wir schliefen und aßen, wann und wie es uns gefiel. Liebten uns, wo immer und wie immer uns danach zumute war – am Strand, im Meer, im Zimmer, unter der Dusche –, manchmal sogar im Bett. Wir erkundeten die Strände bei Ebbe und streiften über alle Wege und Stege des wunderbaren alten Goa; gingen zu Strandparties; erlebten Tage voller Glück.

Obwohl ich von Martins Gesellschaft nie genug bekommen konnte und sein bloßer Anblick in der Ferne oder der Klang seiner Stimme vor der Zimmertür ausreichte, um mir ein komisches Gefühl im Magen zu verursachen, gab es seltsamerweise Zeiten, da spürte ich aus unerfindlichen Gründen das Bedürfnis, mich davonzustehlen und eine Weile für mich zu sein. Dann wanderte ich über den verlassenen Strand und tauchte ins Wasser, drehte mich auf den Rücken und ließ mich, den Blick in den blauen Himmel gerichtet, schwerelos treiben. Oder ich saß reglos im Sand und starrte über das Wasser zu unsichtbaren fremden Küsten hinüber, in dem Wissen, daß hinter dem fernen Horizont Afrika lag. Das waren für mich unglaublich friedliche Momente, in denen meine Gedanken sich loslösten und zu meiner Familie, meinen Freunden und den Erinnerungen an die Vergangenheit wanderten, die immer mehr an Bedeutung gewannen, je weiter ich mich von ihnen entfernte. Manchmal drehten sich meine Gedanken auch um die Gegenwart und um Martin; darum, wie glücklich ich mit ihm war und wie sehr er mir fehlen würde, wenn die unvermeidliche Trennung kam. Diese Vorstellung machte mich unendlich traurig, aber ich lernte, sie in den Augenblicken, in denen ich allein war, zu akzeptieren.

Heute weiß ich, daß diese einsamen Stunden einen nützlichen Zweck erfüllten, denn da lernte ich ganz allmählich, das Alleinsein zu genießen.

Aber von allen Stunden des Tages war mir der Abend am liebsten. Dann saßen wir, die Stühle in gefährlichem Winkel zurückgekippt, die Füße auf das Geländer gestützt, auf der vorderen Veranda und unterhielten uns mit den anderen Bewohnern der Pension – alles Reisende wie wir –, tauschten Geschichten aus und tranken eine Flasche Bier miteinander. Und die ganze Zeit über wechselten wir verstohlene Blicke und neckten uns mit den Augen, während unsere Körper einander neuerliche Liebesfreuden bis tief in die tropische Nacht hinein verhießen.

Wenn wir miteinander schliefen, war es immer etwas Besonderes; ich konnte nie genug davon bekommen – etwas, das ich seit Jahren zum ersten Mal wieder genoß. Oft beobachtete ich Martin, wenn er es nicht merkte – wenn er in eine Unterhaltung vertieft war oder schlafend in unserem Bett lag. Und in diesen Augenblicken liebte ich ihn so sehr, daß es fast wehtat.

Inwiefern war dieser Mann anders? Diese Frage habe ich mir seither oftmals gestellt. Und was an meiner Liebe zu ihm war es, das auch mich veränderte? Ich habe versucht, eine rationale Erklärung dafür zu finden, habe mir vorgehalten, daß der Hintergrund einfach idyllisch und ideal für eine Romanze war; ich war so glücklich, wie schon lange nicht mehr, vollkommen entspannt und für alles offen und empfänglich. Ich rufe mir in Erinnerung, daß es vor ihm und auch nach ihm andere Männer gegeben hat, und vielleicht war er auch wirklich nur einer unter vielen Liebhabern. Oder vielleicht hat die Zeit und die Erinnerung etwas ausgeschmückt, was eine ganz gewöhnliche Begegnung war ... aber ich weiß, daß das nicht stimmt.

Seit ich zwanzig und verrückt nach Rui gewesen war, hatte ich etwas ähnliches nicht mehr erlebt. Sein Geruch, sein Geschmack, sein Lachen ... alles rührte mein Herz, und eines der häufigsten Gefühle in seiner Gegenwart war das, ihn beschützen zu wollen. Diese Erkenntnis kam überraschend, denn war ich nicht diejenige gewesen, die immer Ausschau gehalten hatte nach einem Menschen, der sich um mich kümmerte – der mir das Denken und die Entscheidungen abnahm? Aber jetzt sorgte und ängstigte ich mich um einen anderen als um mich selbst.

Denn Martin war nicht weltgewandt; Martin war nicht einmal schlau. Er hatte einen Hang zur Faulheit und dem Leben gegenüber eine phlegmatische Haltung. Aufgewachsen auf dem Bauernhof seines Vaters, hatte er keinerlei Interesse gezeigt, im Betrieb mitzuarbeiten, und statt dessen eine Stelle im Sägewerk des Ortes angenommen, wo er sich auch, so gut es ging, vor der Arbeit gedrückt hatte. Dann hatte er, auf einer Reise nach Spanien, seine Chance gesehen, an leichtverdientes Geld zu kommen, und hatte eine Ladung Haschisch versteckt. An der Grenze festgenommen, hatte er sich in einem spanischen Gefängnis wiedergefunden und war bald darauf zurückgebracht und der deutschen Polizei ausgeliefert worden.

Es hatte einen Prozeß gegeben, und er war zu vier Jahren Gefängnis verurteilt worden. Die Behörden hatten ihn angewiesen, an einem bestimmten Tag seine Gefängnisstrafe anzutreten, und Martin hatte sich, anstatt seine Strafe abzusitzen, einfach aus dem Staub gemacht. Jetzt war er auf dem Weg nach Australien, in dessen Weiten er sich für immer zu verlieren hoffte. Und das mit sehr wenig Geld und einem

Paß, der nur noch drei Monate Gültigkeit hatte. Aus naheliegenden Gründen konnte er nicht zur deutschen Botschaft gehen und einen neuen beantragen, und einen gefälschten zu kaufen, hätte selbst in Indien ein Vermögen gekostet.

Martin war zuerst und vor allem ein Junge vom Land. Er war nicht an das Leben in großen Städten gewöhnt, und ihm fehlten völlig die notwendigen Instinkte, um in dieser harten alten Welt zu überleben. Die Chance, daß er es bis nach Australien schaffen würde, war gering, und wie er über die Runden kommen wollte, wenn er es je schaffte ... nun, ich konnte es mir nicht im entferntesten vorstellen.

Aber er war unglaublich freundlich und sanftmütig, war immer auf andere Menschen eingestellt und ein wunderbarer Freund. Auf seine langsame und stille Weise bemühte er sich um die Dinge, die ihn interessierten, und er war sehr kreativ.

Ich erinnere mich an einen Nachmittag, an dem ich in unserem Zimmer geschlafen hatte und beim Aufwachen feststellte, daß er verschwunden war. Das Gästehaus bestand aus einem langen Mittelgang, an dessen einem Ende sich die Küche und am anderen die Veranda befand, während sechzehn kleine Zimmer auf den Korridor hinausführten. Zu dieser Tageszeit lag das Haus verlassen da, aber ich hörte zarte, betörende Flötenmusik und lief barfuß auf den Gang darauf zu. Martin saß in einem Korbsessel, zu seinen Füßen die Hunde des Hauses, während sich auf der Verandatreppe eine Schar Ferkel tummelte, und er spielte Flöte, die Töne süß und weich in der reglosen Nachmittagshitze. Das war mehr als nur ein ausgefallener Musikfetzen; es war eine schwermütige, trillernde Melodie, kompliziert und in meinen Augen fast unmöglich zu spielen auf der billigen Holzflöte, die er einem Inder im Vorübergehen abgekauft hatte. Er steckte voller Überraschungen; die größte davon war, wie er mich sah.

In der Nacht, in der er mir mein Wesen beschrieb, war ich wie vor den Kopf geschlagen. Ich lag neben ihm im Bett, hörte mir Worte an wie »mutig«, »ehrlich«, »großzügig«, »fähig«, »liebevoll«, weiblich« und erklärte, daß ich nichts von alledem sei. Ich wurde ärgerlich, als er auf seiner Einschätzung beharrte, und mir kam der Gedanke, daß ich vielleicht wieder meine alten Tricks angewandt hatte, ohne es zu merken – daß ich diesen Mann dazu gebracht hatte, in mir Eigenschaften zu sehen, die ich einfach nicht besaß. Ich hatte in ihm den fälschlichen Glauben geweckt, ich sei etwas Besonderes, genau wie ich es mit Hafez und Amer und Gott weiß wie vielen anderen versucht hatte. Es war eine beängstigende Vorstellung, denn nichts wollte ich weniger, als Martin zu täuschen.

Mitten in der Auseinandersetzung, die sich unversehens zu unserem ersten Streit zu entwickeln drohte, drehte er sich zu mir um und sah mir in die Augen, nahm mich in die Arme und sagte: »Du entsprichst meiner Vorstellung von einer vollkommenen Frau – verstehst du das, oder ist mein Englisch zu schlecht?«

Ich widersprach ihm nicht mehr. Schmiegte nur meinen Kopf an ihn und lag still, staunend über das, was er gesagt hatte. Instinktiv wußte ich, daß er die Wahrheit gesagt hatte, daß er mich so beschrieben hatte, wie er mich wahrnahm, und die Frau, die er sah, war kein bißchen unwirklicher als die Frau, die ich zu sein glaubte.

Ich hatte Martin nie etwas von meiner trüben Vergangenheit erzählt und davon, wie bitter und verängstigt ich geworden war. Oder wie verzweifelt ich versucht hatte, vor mir selbst davonzulaufen. Jetzt sah er mich in einem vollkommen anderen Licht ... konnte das also bedeuten, daß das, worauf ich am meisten gehofft hatte, geschehen war – daß ich mich irgendwie verändert hatte? Ich wagte es kaum zu glauben, aber sah Martin in das schöne Gesicht, sah den Blick in seinen Augen und wußte, daß es die Wahrheit war. Ich war eine andere Frau als die, die London damals verlassen hatte.

»Ich beobachte dich oft, und andere Menschen tun das auch«, fuhr er fort. »Du bist sehr – ruhig. Ist das das richtige Wort? Stark. Und unerreichbar, glaube ich. Unerschütterlich. Ich bewundere dich, weil du weißt, wer du bist. Und weil du keine Hilfe von anderen brauchst. Vielleicht liebe ich dich darum so sehr ...«

Sie kamen ihm so ungezwungen, so leicht, die Worte, von denen ich, ohne mir dessen bewußt zu sein, so lange Zeit gehofft hatte, ich würde sie aus dem Munde eines Mannes hören. Und die Nacht, in der Martin mir sagte, daß er mich liebte, war die Nacht, in der ich endlich begann, mich selbst zu lieben und zu schätzen.

Die Liebe zur eigenen Person entdecken ... es werden viele Lieder darüber geschrieben, nicht wahr? Und Psychiater schreiben Bücher darüber; Kummerkastentanten füllen ganze Spalten damit, und jeder, aber auch jeder, ist überzeugt, daß es nicht sein Problem sei. »Selbstwertgefühl? Davon habe ich jede Menge!« höhnen sie. »Eine negative Selbsteinschätzung – ich? Was redest du da für einen Mist?«, tönen sie beharrlich. Aber die Welt ist voller Menschen, die sich selbst nicht genug lieben, und bis ich Martin begegnete, gehörte ich zu ihnen.

Heute weiß ich, daß ich mich mein Leben lang nicht geliebt hatte.

Und das muß es anderen Menschen ebenfalls schwer gemacht haben, mich zu mögen. Heute kann ich eingestehen, daß es daran lag, daß ich mich immer als Schwindlerin sah, und wenn ich vielleicht auch sehr viele Menschen damit täuschen konnte, hatte ich immer das Gefühl, daß ich mich selbst verleugnete, indem ich nie zeigte, wer ich wirklich war und was ich brauchte, um glücklich zu sein. Ich glaube, daß das Muster sich schon früh ausprägte – vermutlich als ich das kleine Mädchen war, das seine Abneigung und seinen Zorn gegen die Brüder und Schwestern stets unterdrückte. Das wütend war auf seine Eltern, aber dennoch vorgab, die perfekte kleine Helferin, das super-verantwortungsbewußte Kind zu sein. Überzeugt, daß ich es nicht verdiente, geliebt zu werden, hatte ich es mir angewöhnt, mich mit allen Mitteln einzuschmeicheln.

Die junge Frau in mir hatte die fähige, einfallsreiche Journalistin hervorgekehrt und sich jedermanns widerstrebenden Respekt erworben während sie mit einem gewaltigen Minderwertigkeitskomplex und einem zutiefst gestörten Selbstbewußtsein durch London geisterte. Später war die Rolle als kultivierte Ehefrau eine Herausforderung an mich gewesen, und ich hatte Rui davon überzeugt, daß ich tolerant, weltoffen, verständnisvoll und ohne Anforderungen war. Er hatte es mir unbesehen geglaubt und nichts von meinem Zorn, meiner Eifersucht und meinem hartnäckigen, kläglichen Unzulänglichkeitsgefühl gemerkt.

Und dann hatte ich meine Starrolle gespielt – die der betrogenen Ehefrau. Die bittere Sitzengelassene in mir hatte sich in der Maske der Frau präsentiert, die sich aus nichts und niemandem etwas macht. Ich hatte versucht, mich als eine Frau darzustellen, mit der jeder Mann ins Bett gehen wollte und die keiner bereit war, zu lieben. Und genau das hatte ich gewollt, weil ich überzeugt war, daß ich nichts anderes verdiente.

Ich hatte mich fast fünfunddreißig Jahre lang bemüht, Kind/Ehefrau/Geliebte zu sein, so, wie man mich am leichtesten akzeptierte; vergessen Sie die Liebe – ein so hohes Ziel hätte ich nicht ins Auge zu fassen gewagt. Mein Gott ... wie erbärmlich.

Keine Selbstachtung. Das war immer mein Problem gewesen, ich hatte mich nur geweigert, es mir einzugestehen. Aber es war eine Last, die ich überall mit mir herumschleppte, und sie hatte auf jede Beziehung abgefärbt, die ich aufzubauen versucht hatte. Bis ich den Fuß auf den Boden Indiens gesetzt hatte. Ich hatte mich diesem Land geöffnet und zur Abwechslung einmal keine Gegenleistung erwartet;

aber irgendwie hatte das Land mein Vertrauen in die Fähigkeit, auf mich selbst aufzupassen, gestärkt. In mir ein Gefühl des Friedens erzeugt und mich gelehrt, daß alte Kränkungen und Enttäuschungen mich nicht mehr erreichen konnten, so daß die Wunden endlich zu verheilen begonnen hatten.

Das war die Frau, der Martin begegnet war, die er bewunderte und zu lieben begann. Und die bedingungslose Liebe eines anderen Menschen gab mir jetzt den Mut, weiterhin einfach *ich* zu sein. Durchschnittlich und gewöhnlich. Wahrscheinlich zum ersten Mal in meinem Leben normal.

Natürlich ist mir diese Selbsterkenntnis erst in jüngster Zeit gekommen, und damals in Indien war ich unfähig, meine eigene Gemütsverfassung so objektiv zu betrachten. Ich wußte nur, daß ich mir nicht mehr wie eine Schwindlerin vorkam – und das war ein großartiges Gefühl.

ZWEITES KAPITEL

Wunderbare Menschen, verzauberte Orte

Wenige Tage vor Weihnachten saßen wir still auf der Veranda, als das Telefon im Büro des Gästehauses klingelte. Der Verwalter nahm den Hörer ab, und wir hörten deutlich, wie er Martins Namen wiederholte. Jemand versuchte, ihn ausfindig zu machen, und noch bevor der Verwalter kam, um uns zu warnen, wußten wir, daß ihm die Polizei auf der Spur sein mußte. Wir blieben nicht lange genug, um in Erfahrung zu bringen, wie sie ihn gefunden hatten. Statt dessen warfen wir ein paar Sachen in einen Rucksack und machten uns zum Marktplatz auf, wo wir gleich darauf ein Motorrad mieteten. Während Martin um den Preis feilschte, besorgte ich an einem Lebensmittelstand Brot und Gemüse, und dann verließen wir Calanguta – auf dem schnellsten Wege.

Wir fuhren zu dem einzigen Ort, von dem wir wußten, daß uns dort niemand suchen würde, und wenige Stunden später standen wir wieder an »unserem« Strand mit dem wogenden Meer auf der einen und dem Süßwassersee auf der anderen Seite. Ein Einheimischer, dem das Kokoswäldchen gehörte, war auch der Besitzer der weißgetünchten Häuschen am Hang, und noch am selben Tag bezogen wir eines davon. Es war einigermaßen spartanisch. Ein einziger Raum von etwa drei mal drei Metern, in dem es von Kakerlaken und Käfern aller Art wimmelte. Wir brachten den Rest des Nachmittages damit zu, ihn mit Palmwedeln auszukehren und den Staub auf dem Boden mit Wasser, das ich aus dem großen steinernen Brunnen in der Nähe holte, zu binden. Es erfordert eindeutig eine gewisse Technik, auf diese Weise Wasser zu schöpfen, und ich dachte mit Belustigung daran, daß sich die Fertigkeiten, die ich bei Samira gelernt hatte, endlich als nützlich erwiesen. Natürlich gab es keine Elektrizität, kein fließendes Wasser, weder Klo noch Dusche und keine Kochgelegenheit.

Also machte Martin, als der Tag zur Neige ging, ein Feuer aus getrockneten Kokosnußschalen und Treibholz, das er gesammelt hatte, und mit ein paar geliehenen Töpfen und Gabeln von unserem neuen Vermieter machten wir uns daran, unsere erste Mahlzeit zu kochen. Die Rühreier und Tomaten waren ein Hochgenuß, und wir aßen sie, während wir auf unserer kleinen Veranda saßen und den Sonnenuntergang über unserem kleinen Reich beobachteten. Danach übermannte uns die Erschöpfung von der Anspannung des Tages, und wir beschlossen, den Tag als beendet zu betrachten.

Am nächsten Morgen, als wir in den Sonnenschein hinauswankten, waren wir gänzlich anderer Stimmung. Es war ungefähr fünf, und die Morgensonne warf lange Schatten, während wir über die furchtbare Nacht, die wir in dem durchgelegenen Bett verbracht hatten, jammerten und fluchten. Es war das einzige Möbelstück im Raum und wimmelte von Wanzen. Die Ratten hatten die ganze Nacht über am Dach genagt, auf das von Zeit zu Zeit eine Kokosnuß unmittelbar über unserem Kopf gepoltert war und uns aus unruhigem Schlaf aufgeschreckt hatte.

Martin ging schlechtgelaunt davon, um ein Stück zu schwimmen, während ich Wasser schöpfte und über meinen Kopf schüttete – eine Dusche im Freien, die ich um so lebhafter in Erinnerung behielt, weil ich sie in einer so wunderbaren Umgebung nahm. Als er – mit etwas vertrottelter Miene würde ich sagen – zurückkam, hatte ich einen Topf Wasser zum Kochen gebracht und war eben im Begriff, Tee zu machen. Plötzlich war die Welt wieder in Ordnung.

An diesem Tag wateten wir in den Bach, der in den See mündete, folgten seinem Lauf und drangen auf unserem Erkundungsgang bis tief in den Dschungel ein. Die Gerüche und Geräusche waren vielfältig und berauschend, Schmetterlinge flatterten vor unseren Nasen vorbei, und Affen schwangen sich hoch über uns durch die Bäume. Die Hitze wurde drückend, als die Sonne höher stieg, aber hier unten, in gefiltertes Sonnenlicht getaucht, fühlte ich mich wohl, wenn auch meine Haut bald vor Schweiß glänzte. Und dann hörten wir, buchstäblich mitten im Nirgendwo, den fernen Klang von Flötenspiel. Ungefähr fünfzehn Minuten lang folgten wir der Musik und stießen bald auf den gewaltigsten Tropenbaum, den ich je gesehen habe. Er muß wohl fünfundzwanzig bis dreißig Meter hoch gewesen sein und streckte zwei mächtige Äste aus, deren Spannweite so groß wie der ganze Baum hoch war. Er war ungeheuer, riesig. Ich stand staunend davor und folgte mit den Augen seinen ausgestreckten Gliedmaßen, von denen Schmarotzerpflanzen senkrecht herunterhingen und einen Halt auf dem Dschungelboden suchten, und fühlte mich ins Innere einer Kathedrale versetzt. Es herrschte eine Stille, als würden auch die Vögel und wilden Tiere, die in diesem Gebiet lebten, spüren, wie gewaltig dieser Baum war, wie eindrucksvoll die Dschungellichtung. Und dann setzte die Musik wieder ein, schwebte aus dem Baum herunter.

Es stellte sich heraus, daß der Musiker ein junger Frankoalgerier war, und wir fanden ihn, indem wir um den Baum herumgingen und in seinem Stamm emporkletterten. Er lebte in einer Höhe, die etwa einem dritten oder vierten Stockwerk entsprach, und war auf dieser natürlichen Plattform des Baumes, die gut und gerne die Größe eines durchschnittlichen Wohnzimmers bei uns hatte, ganz in seinem Element. Allerdings gab er zu, daß ihn seine Nachbarn gelegentlich belästigten – die Affen, die die Gewohnheit hatten, alles zu stehlen, was einen Augenblick lang unbeaufsichtigt blieb, die Schlangen, die immer wieder überraschend auftauchten, und natürlich die großen Fledermäuse, die den Baum ebenfalls als Behausung benutzten. Während Martin und er sich ein paar Joints drehten, setzte ich mich hin und bewunderte diese großartige natürliche Wohnstätte.

Ich war froh, daß Martin auf dem Rückweg zu unserem See die Führung übernommen hatte, denn er stieß plötzlich einen entsetzten Schrei aus und sprang so erschrocken zurück, daß er mich aus dem Gleichgewicht brachte und mit mir zu Boden stürzte. Als wir uns wieder aufgerafft hatten, gingen wir vorsichtig weiter, um zu sehen, was Martin so erschreckt hatte – was seine nackte Brust berührt hatte. Dann erkannten wir, daß Martin in das größte Spinnennetz, das mir hoffentlich je vor Augen kommen wird, gelaufen war. Nun ist Martin ziemlich groß, und sein Gesicht befand sich auf gleicher Höhe mit dem Mittelpunkt des Gespinstes, Sie können sich also vorstellen, wie enorm sein Durchmesser war. Als ich schließlich einen der an einem Felsen befestigten Haltefäden fand, daran zog und ihn wieder losließ, schnellte er so fest und straff wie die Darmsaiten einer Violine zurück. Es war ein richtiges Kunstwerk – wie ein schimmerndes Filigran aus gesponnenem Stahl, und genau in seinem Mittelpunkt saß eine unglaubliche Spinne.

Sie war gewiß größer als meine Handspanne, und aus einem Meter Entfernung war jedes einzelne ihrer Beinhaare deutlich erkennbar. Auf ihrem Rücken zeichnete sich, gut sichtbar, ein scharfer weißer Umriß ab, der einem Totenschädel ähnelte. Sie war schrecklich anzusehen und faszinierend zugleich.

Die Sonne glitt inzwischen dem Horizont entgegen, und da wir wußten, daß wir noch einiges zu erledigen hatten, bevor die Dunkelheit hereinbrach, kehrten wir zu unserer Hütte zurück. Bald prasselte ein lustiges Feuerchen, und Martin schälte Süßkartoffeln, während ich Wasser holen ging und mir das Wasser im Mund zusammenlief beim Gedanken an Bratkartoffeln mit Paprika. Aber Paprika gab es an diesem Abend nicht, dank des Eintreffens unseres einzigen Nachbarn hier – ein goldbraunes Kalb, dessen weiche Schnauze die in Zeitungspapier gehüllten Paprika entdeckt hatte. Es fraß unser Abendessen mitsamt der Zeitung auf, während ich an seinem Hals hing und wie eine Furie keifte.

Wir saßen lange auf der Veranda zusammen und sahen zu, wie die Sonne langsam in den Wellen versank. Blieben sitzen, als sich der Himmel von Hellrot über Dunkelrot bis zum mitternächtlichen Blau verfärbte und der erste Stern auftauchte (wir hatten ihn bereits zum unsrigen erklärt). Draußen auf dem Meer hatte es gestürmt, und jetzt trugen die Wellen eine eigenartige Substanz aus den Tiefen des Ozeans an Land. Sie färbte die Gischt leuchtend grün, und im Schein des aufgehenden Mondes schimmerten die Brecher wie Neon.

Martin zündete unsere kostbaren Kerzen an, und ihr Schein beleuchtete flackernd die undurchdringliche Dunkelheit, während einige Meter unter uns der Neonschimmer noch grüner zwischen den Bäumen aufblitzte und Lichtjahre über uns Sternschnuppen lautlos über den tintendunklen Himmel huschten. Ich legte mich auf den Rücken und betrachtete das silberne Licht des Mondes auf den Palmblättern über mir, während Martin mich zu lieben begann. Und indem ich mich den süßen Gefühlen hingab – der Magen leer, aber jeder andere Teil von mir mit Glück erfüllt –, taten mir die unzähligen Menschen leid, die eine so tiefe Zufriedenheit nie kennenlernen würden. Wo immer meine Freunde jetzt waren, was immer sie auch taten... niemand, aber auch niemand auf der ganzen weiten Welt konnte einen solchen Sinnesrausch erleben!

Es war Heiligabend.

Wir waren schon mit dem Morgengrauen auf den Beinen, einfach weil wir die Nacht im Freien verbracht hatten. Wir waren zu dem Schluß gekommen, daß es in der Hütte zu heiß und stickig zum Schlafen war, und darum waren wir auf ein kleines grasbewachsenes Plateau umgezogen, das aus dem Felsen vorsprang, und hatten uns dort zur Ruhe gebettet. Ich hatte ein Band mit verträumter Musik in meinen Walkman eingelegt, und wir lagen dicht beieinander auf dem Rücken, jeder ein Paar Kopfhörer über den Ohren, und um uns herum versank alles bis auf die Musik, der laue Nachtwind und das Kreuz des Südens, das seinen langsamen Bogen über den Himmel Indiens zog.

Eine kräftige Brise, die durch die Palmen strich, und das Donnern der Brecher weckten mich, und ich setzte mich schweigend auf und blickte zum Strand hinunter, der frisch und sauber in dem frühen Morgenlicht dalag.

Wir verbrachten den Weihnachtstag nackt wie gewöhnlich, schwammen und alberten herum, bis die Sonne hoch am Himmel stand. Dann versuchten wir, uns für den Rest des Nachtmittages wie vernünftige Erwachsene zu benehmen. Martin war auf die Idee gekommen, daß wir Fische fangen konnten – mit einer Schnur, einem Haken, den er bei sich hatte, und einigen Stücken unserer kostbaren Karotten. Nun, es waren ein paar wunderbare Stunden; wir saßen auf einem großen Felsen und warfen geduldig unsere Karotten aus, während die Krabben unter Wasser sich an unserem Köder gütlich taten und diejenigen über der Wasseroberfläche ständig aus den Felsenritzen hervorgekrabbelt kamen und uns in den Hintern zwickten.

Überflüssig zu sagen, daß Martin zweimal ins Wasser fiel, mich einmal hineinschubste und daß wir nicht einen Fisch fingen. Aber ich weiß noch, wie ich mich, wenige Meter von unserem Angelfelsen entfernt, auf dem goldenen Strand umsah und meinen Kopf in den Nacken legte, um unser Haus zu bewundern, das sich über uns an den Felsen duckte. Plötzlich tauchte eine kleine Herde Ziegen am Strand auf, und die blonden Zicklein hüpften ungebärdig in die Höhe, wenn ihnen die Wellen zu nah kamen. Dann blickte ich an mir herunter – meine Haut hatte sich goldbraun gefärbt, und meine Hüftknochen und das Brustbein waren zum ersten Mal seit Jahren sichtbar, und ich mußte lachen bei dem Gedanken, daß meine Freunde sich jetzt für die Parties zurechtmachten, zu viel Champagner tranken und viel zu viel aßen.

Hatten sie, während sie teure Geschenke austauschten und sich über ihr üppiges, verschwenderisches Festmahl hermachten, auch einen Gedanken für mich übrig gehabt? Und würden sie ihren Augen trauen, wenn sie mich jetzt hätten sehen können – mager, braungebrannt, nackt, nüchtern, hungrig – und mopsfidel?

Das Weihnachtsessen – der Hauptgang bestand aus Prusten und Quietschen. Martin war der Nachtisch. Ich glaube nicht, daß ich je ein solches Festmahl hatte.

Am Ende wünschte mir Martin frohe Weihnachten, und während wir darauf warteten, daß unser Stern aufging, fing er an, über die Zukunft zu sprechen – und darüber, daß er nach Australien weiterfahren mußte. Ich hatte gewußt, daß es irgendwann so weit sein würde, hatte aber nicht allzu viel übrig für seine Wahl des Zeitpunktes. Aber da saß er nun und sprach davon, daß er unser kleines weißes Haus in wenigen Tagen verlassen und nach Calanguta zurückkehren mußte, um seine Habe zu holen und sich in Richtung Süden aufzumachen.

»Trudy ... kommst du mit?« fragte er unvermittelt. »Ich weiß – ich weiß, daß du allein reisen willst«, unterbrach er mich, als ich zum Sprechen ansetzte, »aber Australien ist ein aufregendes Land. Meine Freunde sagen, es ist ein wunderbares Land für eine kluge Frau wie dich. Wir würden dort ein gutes Leben haben. Denk darüber nach.«

Und das tat ich. Dachte darüber nach, während sich das Jahr seinem Ende zuneigte und wir unser kleines Paradies hinter uns ließen. Dachte darüber nach, als wir wieder in Calanguta waren – das mir nach der Stille unseres Verstecks so hektisch wie eine Großstadt vorkam. Dachte darüber nach, während Martin die Runde machte und sich von seinen neuen Freunden verabschiedete; und stellte fest, daß ich, so töricht es sein würde, mit Martin zu gehen, die Vorstellung nicht ertragen konnte, ohne ihn in Goa zurückzubleiben.

Zwei Tage später machten wir uns mit unserer ganzen Habe nach Pangim, der Hauptstadt Goas, auf und bestiegen einen klapprigen Bus nach Süden, Richtung Mangalor. Als wir langsam aus Pangim hinausfuhren, vorüber an den prachtvollen alten portugiesischen Häusern, den Zuckerguß-Kirchen, den Gärten, die in üppig leuchtender Hibiskusblüte standen, und den schwer mit Früchten behangenen Palmen, wurde mir bewußt, daß eine wunderbare Phase meines Lebens zu Ende ging. Ich hatte wie im Traum gelebt, ich hatte einen Blick auf das Paradies erhascht, und der Abschied von Goa viel mir sehr, sehr schwer.

Die Reise in den Süden dauerte sechsundzwanzig knochenbrecherische Stunden, mit zahllosen Teehäuschen und Pißpäuschen auf dem Wege. Martin hatte einen Bekannten in Mangalor, einen Inder, den er irgendwann während der Reise kennengelernt hatte und der ihm vermutlich einen gefälschten Paß würde besorgen können; ausgerüstet mit einer neuen Identität, hoffte er, ein Boot von Madras nach Thailand hinüber zu bekommen. Er plauderte fröhlich über seine Pläne – unsere Pläne –, während der Bus Meile um staubige Meile zurücklegte, und obwohl ich mich bemühte, Begeisterung zu empfinden, merkte ich doch tief im Innern, daß irgend etwas nicht stimmte.

Martin schlief schließlich ein, und ich starrte aus dem Fenster und versuchte, die Ereignisse im Kopf zu ordnen. Ich liebte Martin und machte mir Sorgen um ihn. Ich wußte, daß er so schnell wie möglich die Sicherheit Australiens erreichen mußte, aber ... ich wollte nicht in dieses Land gehen. Es war nie Teil meiner Pläne gewesen. Es gab noch so vieles hier in Indien zu sehen – und was war mit Birma?

Und wenn ich es nun mit Martin bis nach Australien schaffte, was dann? Er war fast zehn Jahre jünger als ich; ein blendend aussehender Mann ohne ein Quentchen Ehrgeiz und mit einer beträchtlichen Abneigung gegen alles, was nach Arbeit roch. Wie lange würden wir gemeinsam überleben, wenn wir erst dem Ernst des Lebens ausgeliefert waren? Ich wußte, daß ich jede Arbeit verrichten konnte, daß ich überleben würde, koste es, was es wolle. Aber konnte ich das auch von dem Mann behaupten, der da an meiner Seite schlief? Und dann mußte ich mir eingestehen, was ich die ganze Zeit über gewußt hatte – ich liebte Martin zwar, aber nicht genug, um mit ihm ein Leben auf der Flucht zu führen. Er wollte in Australien untertauchen, bitte sehr. Aber ich stand im Begriff, etwas über mich selbst in Erfahrung zu bringen, und ich war schon zu weit gegangen, um jetzt aufzugeben.

Sich vorzustellen, daß ich mich vor einem Jahr ... oder drei Monaten ... oder sogar nur ein paar Wochen ... verzweifelt nach einem Mann gesehnt hatte, der mir dieses Angebot gemacht hätte, und jetzt saß ich hier – und war drauf und dran, es auszuschlagen.

Als wir im Hause seines Freundes ankamen, waren wir völlig erschöpft. Der Mann versicherte Martin, daß er ihm einen neuen Paß verschaffen könnte, und bot uns ein Zimmer in seiner Wohnung an, in dem wir ein paar Tage bleiben konnten, bis das Geschäft abgewickelt war.

In dieser Nacht liebten wir uns mit einer Begehrlichkeit, die wir nie zuvor erlebt hatten. Es war, als ahnte Martin bereits die Entscheidung, die mitzuteilen ich noch nicht den Mut gefunden hatte. Doch als wir in der Dunkelheit nebeneinander lagen, sagte ich schließlich mit leiser Stimme: »Martin ... es tut mir leid, aber ich kann nicht mit dir nach Australien gehen. Darum fahre ich morgen in aller Frühe ab. Es tut mir leid.«

Alles, was ich sonst noch sagen wollte, vergaß ich, als er mich an sich zog und fest im Arm hielt, und während wir einander liebkosten, wußten wir, daß es die einzige richtige Lösung war.

Ich erwachte, als sich die ersten Sonnenstrahlen in das Zimmer stahlen und als ich die Augen aufschlug, sah ich Martin, der auf mich herunterblickte. Wortlos begann das Streicheln und Küssen von neuem, obwohl ich insgeheim wünschte, es wäre nicht so. Sich mit dem Körper Lebewohl sagen zu müssen, ist wohl das Traurigste, was einem Menschen widerfahren kann. Ich jedenfalls weinte dabei, und ich glaube, Martin ebenso.

Als es vorüber war und seine Hände langsam über meinen Körper strichen, fuhren seine Finger der Linie meiner Wade nach und spielten mit dem Kettchen, das er mir, wie mir schien, vor einer Ewigkeit geschenkt hatte. »Damit ich immer weiß, wo du bist!« hatte er scherzend gesagt, während er es über mein Fußgelenk gestreift hatte, wo es geblieben war, so daß die kleinen silbrigen Glöckchen mit jedem Schritt klingelten und er immer wußte, wo er mich finden konnte. Jetzt streifte ich es ab und hielt es im Halbdunkel hoch, und die Glöckchen klirrten leise. Ich wußte, daß dieser Klang mich immer daran erinnern würde, wie wir uns geliebt hatten, denn wie oft hatte mein Kettchen lustig – und fast wie mit einem Eigenleben erfüllt – geklingelt, während unsere Körper in der Nacht miteinander verschmolzen waren? Wehmütig ließ ich es in Martins ausgestreckte Hand fallen. »Bitte – vergiß mich nie«, flüsterte ich. »Denn ich weiß, daß ich dich niemals vergessen werde.«

»Wie kann ich dich so gehen lassen – wie soll ich wissen, ob es dir gut geht?« fragte Martin jämmerlich. »Ich werde mir Sorgen um dich machen.«

Ich küßte ihn, und sein trauriger Blick folgte mir, als ich hinausging und zum Bad schlich, um mich zu waschen und anzuziehen. Nach zehn Minuten war ich im Zimmer zurück, vielleicht auf eine letzte Umarmung, noch einen Kuß hoffend. Aber Martin war eingeschlafen, während er im Bett gelegen und auf mich gewartet hatte. Es war der entspannte, zufriedene Schlaf, der auf den Liebesakt folgt, und obwohl ich ihn am liebsten geweckt hätte, entschied ich mich dagegen.

Statt dessen hockte ich mich neben der Matratze nieder und betrachtete ihn. Schaute dieses schöne, ruhige Gesicht an, das nur wenige Zentimeter von meinem entfernt war – die Lider fast durchsichtig, die Wimpern lang und dunkel. Versuchte, mir die Linie seiner Wangenknochen einzuprägen und den großzügigen Schwung seiner Lippen.

Mir fiel ein anderer Tag an einem anderen Ort ein – als ich zum ersten Mal still dagesessen und eben dieses Gesicht bewundert hatte. Und dann stand ich, genau wie vor all diesen langen Wochen, auf und ging fort von dem schlafenden Deutschen.

Leise schloß ich die Eingangstür hinter mir und ging über die menschenleere Straße davon. Auf der Hauptstraße angelangt, hielt ich eine vorüberfahrende Rikscha an, und wenige Augenblicke später holperte ich dem Bahnhof entgegen; in meinen Augen brannten die zurückgehaltenen Tränen, und ich hatte nicht die leiseste Ahnung, wohin ich mich überhaupt wenden sollte.

Selbst zu so früher Stunde war der Bahnhof das reinste Bienenhaus; die Träger gingen gebeugt und mit krummen Beinen unter Ballen von diesem und Kisten von jenem, während Käfige mit Hühnern und sogar ein paar Ziegen bereit standen, mit dem nächsten Zug verschickt zu werden.

Maisur war, wie sich herausstellte, das Ziel des ersten Zuges, der an diesem Tag die Stadt verließ. Beruhigt, weil die meisten der ungeduldig wartenden Fahrgäste eine noch ungenauere Vorstellung von ihren Zielen hatten als ich, kaufte ich eine Fahrkarte nach Maisur und machte mich dann zu einem *Chai*-Stand auf, um zu frühstücken. Der dunkle, dampfende Tee in der angeschlagenen Tasse und das *Chappati* waren ein Genuß, und ich las beim Essen in meinem zuverlässigen *Führer für Alleinreisende*.

Sandelholz-Stadt … indo-sarazenischer Palast … schattenspendende Bäume, saubere Straßen, und man konnte in zwanzig Minuten von einem Ende der Stadt zum anderen gelangen. Es wurde »ein Mekka für Reisende« genannt. Ich fand, daß die Stadt ebenso gut war, ein gebrochenes Herz zu pflegen, wie jede andere.

Ich saß seit fast einer halben Stunde auf meinem Gepäck, als ich die Ankunft einer zweiten Europäerin bemerkte. Sie machte den Eindruck einer Reisenden, die häufig hier gewesen war und alles schon kannte, wie sie sich ihren Weg durch die Warteschlangen vor den Fahrkartenschaltern bahnte und zwei aufdringlichen jungen Indern, ein Maul anhängte. Als sie endlich die Schlange vor dem Buchungsbüro und die Schlange vor dem Reservierungsschalter geschafft und die Schlange am Schalter für Fahrkarten zweiter Klasse hinter sich gebracht hatte (wie ich schon sagte, findet in Indien alles in mindestens dreifacher Ausfertigung statt), hatte sie offensichtlich Durst und stellte sich am *Chai*-Stand an.

Eine Minute später war das Eis zwischen uns gebrochen, und sie unterhielt sich mit mir in ihrem weichen irischen Dialekt, als würde sie mich schon eine Ewigkeit kennen. Ihr Name war Siobhan, und sie stammte aus Dublin, obwohl, wie sie erklärte, ihre Heimat seit Jahren da war, wo sie ihren Hut aufhängte. Später sollte ich erfahren, daß das »Hutaufhängen« noch das Geringste war; sie verdiente sich ihren

Lebensunterhalt damit, daß sie wesentlich interessantere Teile ihrer Kleidung ablegte. Denn Siobhan war, ihren eigenen Berichten zufolge, eine überaus begabte Tänzerin, eine erfahrene Kunststripperin und, wenn es die Umstände erforderten, eine vollendete Nutte.

Überflüssig zu sagen, daß ich das alles nicht während unserer ersten Unterhaltung beim Tee erfuhr. Ein Mädchen von Siobhans Gewerbe muß schließlich ein wenig Vorsicht walten lassen. Aber wir setzten unsere Unterhaltung während der langen Zugfahrt nach Maisur fort, und als wir in dieser geschichtsträchtigen Stadt, der letzten Gefechtsstellung des schrecklichen Sultans Tipu Sahib, ankamen, schien es uns das Vernünftigste, uns gemeinsam auf die Suche nach einem Hotelzimmer zu machen.

Wir begnügten uns mit einem winzigen, fensterlosen Zimmerchen in einem Gebäude, das von meinem neuesten Wirt stolz »der Anbau« genannt wurde. In Wahrheit war es eine hastig zusammengezimmerte Baracke auf der Hinterseite seines baufälligen Hauses und ähnelte sehr einer Hütte, die mein Großvater einmal am Rande seines Gartens gebaut hatte, um Wellensittiche darin zu züchten. Siobhan, noch mehr daran gewöhnt, unterwegs zu sein, als ich, verfügte über die wundervolle Gabe, die Frauen eigen ist – die Fähigkeit, jede Bruchbude in weniger als zehn Minuten in ein wohnliches Heim zu verwandeln.

Ihr winziger Kassettenrecorder kam zum Vorschein, und schon hatten wir Musik. Die eiserne Bettstatt wurde mit ein paar von den Sarongs behängt, die sie überall mit sich herumtrug, so daß die grauen, mottenzerfressenen Laken unter leuchtendem Türkis und Hellrot verschwanden. Dann warf sie ihr gelbes Handtuch zum Lüften über den Bettrand, der wackelige Tisch wurde mit einem Wirrwarr von Shampooflaschen, Schminktöpfen und Perlen überhäuft, und die Luft war erfüllt mit dem Jasminduft der Räucherstäbchen. Als ich dann ihrem Beispiel gefolgt war und meinen buntesten Flitter im Raum verteilt hatte, sah das schäbige kleine Zimmer wie ein Platz zum Wohlfühlen aus.

Dann schlenderten wir hinaus in das weiche Licht des Nachmittages, um etwas zu essen. Und, fügte Siobhan mit einem unmißverständlichen Augenzwinkern hinzu – um zu sehen, wo etwas los war. Die böse Überraschung bestand darin, daß in Maisur zum letzten Mal im Jahre 1799 etwas »los gewesen« war, als es den armen alten Tipu erwischte; aber die angenehme Überraschung war, daß es in Maisur eine Vielzahl guter Speiselokale gibt. Wir machten uns schon bald über gewaltige Platten mit Gemüsecurry her, und es stellte sich heraus, daß Siobhans Appetit ebenso gesund war wie alles andere an ihr.

Nach dem Abendessen machten wir einen Erkundungsgang durch die Stadt, bis die Dunkelheit hereinbrach. Dann kehrten wir zu unserem Zimmer zurück und erlebten die nächste angenehme Überraschung – der Anbau verfügte über Elektrizität. Sicher, es war nur eine nackte Glühbirne, aber es bedeutete, daß wir auch nach Einbruch der Dunkelheit nicht zur Untätigkeit verdammt waren, und das war ein ungewohnter Luxus für mich. Ich hatte mich kaum mit einem Buch auf mein Bett gelegt, als das Licht verlosch. In ganz Maisur, erfuhren wir, hatte der Fluch des indischen Lebens – der Stromausfall – wieder einmal zugeschlagen. Aber das hinderte Siobhans batteriebetriebenen Recorder nicht, sanft dahinplätschernde Musik von sich zu geben, und ich driftete in den Schlaf, bemüht, nicht an Martin zu denken, und seltsam beruhigt, Siobhans Stimme in der Dunkelheit zu hören, als sie ein Lied von Peter Gabriel mitsummte.

Das Gefühl, als ginge jemand an meinem Bett vorbei, weckte mich aus tiefem Schlaf; ich lag ganz still, versuchte mich zu erinnern, wo ich war, und stellte fest, daß jemand sich mit bloßen Füßen durch das Zimmer bewegte. »Ach, bist du endlich aufgewacht, du Faultier ...«, waren Siobhans erste Worte, während sie lustlos und ohne Erfolg den Lichtschalter an- und ausknipste. »Dem Himmel sei Dank für seine Barmherzigkeit, ich habe es satt, leise zu sein.«

»Wie spät isses?« nuschelte ich, noch ganz benommen.

»Eine gute Frage, du verschlafenes Stück. Es ist fast vier. Ich habe also einen Kübel Wasser für deine Dusche bestellt, ich habe meine schon genommen. Also – mach schon!« Damit versetzte sie meinem Bett einen kräftigen Tritt mit dem ausgestreckten Fuß. »Ein bißchen Bewegung. Es gibt nur eine Duschkabine, und in Kürze steht eine halbe Million einheimischer Idioten davor Schlange.«

Belustigt darüber, in Siobhan eine Frau kennengelernt zu haben, die ein noch größerer Morgenmuffel war als ich, wankte ich hinaus, um mich auf die Suche nach der Duschkabine zu machen, die ich dann am Ende der Baracke ausmachte. Ich erkannte sie an der Schlange von vier oder fünf Männern, die sich wartend davor versammelt hatten – was nach indischen Begriffen kaum als Schlange zu bezeichnen war. Ich kam mit den Männern ins Gespräch, die alle sehr klein, schlank und entsetzlich verlegen waren, verblüfft, mich in ihrer Mitte zu sehen. Offensichtlich gehörte ich nicht zu der Art von

Gästen, die man in dieser Absteige gewohnt war, und ich erfuhr, daß sie Wanderarbeiter waren, die das Glück gehabt hatten, in der Stadt eine Beschäftigung zu finden, auch wenn das bedeutete, daß sie in Schlafsälen mit zwanzig oder dreißig Betten übernachten und den größten Teil ihres Verdienstes in ihre Heimatdörfer schicken mußten. Für sie wie für alle Inder begann der Tag mit einer Ganzkörperwäsche und einem Gebet. Indien mag in einem Meer von Schmutz versinken, aber seine Bewohner gehören zu den saubersten auf dem ganzen Planeten.

Als ich in unser Zimmer zurückkam, entdeckte ich einen weiteren Zug an Siobhan – sie legte mindestens ebenso viel Wert auf ihre äußere Erscheinung wie ich. Als sie am *Chai*-Stand auf mich zugekommen war, war mir ihr Make-up aufgefallen – die blauen Augen mit grauem Lidschatten betont und mit Kajal umrandet, die Augenbrauen zu einem scharfen Bogen gezupft, ein Schimmer Rouge auf den gebräunten Wangen und die Lippen hellrot geschminkt. Und ihre schulterlangen dunklen Locken hatten frisch gewaschen geglänzt.

Auch ihre Kleider waren der letzte Schrei. Alberne hautenge pinkfarbene Leggins steckten in weißen Söckchen und flachen knöchelhohen, geschnürten Lederstiefeln. Das weite Baumwolloberteil war mit einem breiten schwarzen Gürtel, der bis über die Hüften reichte, eingeschnürt. Heute trug sie eine ähnliche Aufmachung, diesmal in den Farbtönen Pfirsich und Türkis; sie hatte das Haar hochgesteckt und einen himmelblauen Seidenschal wie einen Turban um ihre Locken gewickelt. Sie hätte ebensogut auf dem Weg zu einer Samstagmittag-Verabredung zu Hause in Covent Garden sein können, so modebewußt war sie gekleidet. Und hier draußen in Maisur zog sie die Blicke auf sich, wo sie ging und stand.

Das kam mir gelegen. Seit Monaten fiel ich jetzt auf wie ein bunter Hund zwischen den anderen Reisenden mit meinen lackierten Finger- und Zehennägeln, meinen bemalten Augen und den leuchtend geschminkten Lippen. Meine Kleidung und mein Schmuck waren, gelinde gesagt, farbenprächtig – im Gegensatz zur gewohnten Uniform der Reisenden, die aus verstaubten Jeans, T-Shirt, schmutzigen Füßen in Jesus-Sandalen, klobigem Gürtel mit Geldbeutel, fettigen, ungewaschenen Haaren und drei Tage alten Bartstoppeln (zumindest bei den Männern!) bestand. Hier nun war ich einer verwandten Seele begegnet – einer Frau, der es nicht gleichgültig war, wie sie in den Augen der anderen aussah und welchen Eindruck sie machte.

Siobhan steckte nicht nur voller guter Laune und Übermut. Sie hatte auch Klasse, war klug und unglaublich moralisch in allen Dingen, einschließlich ihrer Einstellung zum Sex außerhalb der Arbeitszeit – auch etwas, das ich entdeckte, als ich sie näher kennenlernte.

Einige Tage lang streiften wir durch Maisur und sahen uns »den indosarazenischen Palast, die sauberen Straßen und die schattenspendenden Bäume der Sandelholz-Stadt« an, wie sie in meinem Reiseführer beschrieben wurde. Aber der schönste Augenblick war der, als wir auf den prachtvollen überdachten Markt stießen – Maisurs bestgehütetes Geheimnis. Wir konnten unser Glück kaum fassen, als wir in den Auslagen der endlosen Stände mit gesundem, strotzendem Gemüse und Obst herumstöberten und über die dicken Pampelmusen, die süßen Mandarinen, köstlichen Bananen und Säcke voller Erdnüsse staunten. Wie Kinder, die einen Schatz entdeckt haben, wanderten wir von Perlenständen zu Sariständen und weiter zu den Ständen mit Parfümen, Gewürzen und Farben – in den letzteren türmten sich die Körbe mit jadegrünem, purpurrotem, kanariengelbem, kobaltblauem und grellrosa Farbpulver, ein wahres Kaleidoskop!

Durch und durch im Einkaufsrausch, jagten wir stundenlang durch die Hallen, unterhielten uns mit den Händlern und kreischten vor Entzücken bei jeder neuen Entdeckung. Am Abend veranstalteten wir in unserem Zimmer eine Stegreif-Modenschau und tänzelten in unserem neuen Putz und Flitter umher, während die Stromversorgung von Maipur schwankte und aussetzte und unsere zuckenden, tanzenden Schatten an die schmuddeligen Wände warf.

Am nächsten Morgen wachten wir beide mit demselben Gedanken auf – nämlich, daß es an der Zeit war, weiterzureisen. Die Aussicht, wieder unterwegs zu sein, belebte mich derartig, daß ich schon in der Duschkabine war, bevor Siobhan auch nur einen Fuß aus dem Bett gesetzt hatte. Nachdem wir die Taschen gepackt und das Zimmer geräumt hatten, frühstückten wir am Bahnhof, während wir auf den ersten Zug nach Ootacamund warteten – eine Bergstation, die sich bei den Briten einst großer Beliebtheit erfreut hatte und etwa zweitausendfünfhundert Meter hoch im Nilgiri-Gebirge lag. Unvorstellbar malerisch. Und schweinekalt, wie wir bald feststellen sollten.

Froh, der Hitze und Feuchtigkeit von Maisur entkommen zu sein, fanden wir es recht angenehm zu spüren, daß die Temperatur fiel, als die Dampflokomotive entschlossen die endlose Bergstrecke aus der

Ebene hinaufstampfte. Es machte uns auch nichts aus, als wir in unseren Taschen nach einem zusätzlichen Pullover kramen mußten. Aber es kam so weit, daß wir immer enger zusammenruckten, um uns gegenseitig zu wärmen, und an jedem Bahnhof aus dem Zug stürzten, um einen Stand mit wärmendem Tee zu suchen.

In Ooty waren die Dinge nicht besser, und wir übertrafen uns gegenseitig auf der Richterskala, als wir durch eine Vielzahl von Gästehäusern zogen und uns nach einem Schlafplatz umsahen. Diesmal war Wärme das Entscheidende, und wir glaubten, mit dem YMCA das Richtige gefunden zu haben. Von irgendeinem viktorianischen Briten erbaut, der unter Größenwahn gelitten hatte, lag das große, ausgedehnte Gebäude mit seinen zwei Stockwerken hoch über den Mauern der kleinen Stadt. Geräumig und überaus einladend wirkte der große Eingangsbereich mit seinen leuchtend bunten Teppichen und den zahlreichen blühenden Pflanzen in Messingtöpfen. Ich nahm die breite, polierte Holztreppe, die frisch gestrichenen Wände, die Zeitungsständer und die leinengedeckten Tische im Speisesaal mit einem Blick in mich auf und hörte Pianoklänge, die aus einem anderen Raum herüberdrangen – dies war zweifellos ein kultiviertes Haus. Aber was mich endgültig überzeugte, war der große Kamin hinter meinem Rücken. Sicher, er war nicht angezündet, aber er deutete doch gewiß darauf hin, daß die Betreiber das Haus *warm* hielten?

Wärmlich traf die Wahrheit eher. Und auch das nur, bis die Sonne unterging. Zitternd und bebend machten wir uns auf die Suche nach einem Abendessen, und obschon wir ein anständiges Lokal fanden und das Essen leidlich bis gut war, ging uns jedesmal, wenn sich die Tür öffnete und ein eisiger Windstoß hereinfuhr, die Kälte durch Mark und Bein.

Dann folgte eine lange, lange Nacht. Wir schliefen in Einzelbetten in unserem kleinen Zimmer, und ich schwöre, daß sie sich am nächsten Morgen ein paar Zentimeter von der Wand wegbewegt hatten, so heftig war das Gezittere und Geklappere darin während der Nacht gewesen. Ein ums andere Mal war entweder Siobhan oder ich aufgestanden, um eine weitere Schicht Kleider aufzulegen. Am Morgen hatte ich buchstäblich alles, was ich besaß, über mir aufgetürmt und konnte dennoch keine Wärme finden.

»Herrje, so eine Nacht möchte ich nicht nochmal durchmachen«, wehte Siobhans weicher irischer Dialekt unter einem Berg von Kleidern hervor. Dann bewegte sich der Haufen, und ihr Gesicht lugte daraus hervor, gefolgt von Beinen, die in drei Paar Leggins steckten, während sie ihren Körper in Schals, Röcke und Gott-weiß-was gehüllt hatte.

Es klopfte an der Tür, und der Wasserbursche verkündete, daß das kostbare Naß jetzt zur Verfügung stand. »Kaltes Wasser oder warmes, bitte?« erkundigte sich der verschlagen dreinblickende alte Knabe, als ich die Tür öffnete. »Kalt sehr nett – nur zwei Rupien. Warm viel netter, nur zwölf Rupien.«

Nun, wenn man bedachte, daß das Zimmer, in dem wir schliefen, fünfzehn Rupien pro Nacht kostete und daß wir eine ganze Mahlzeit für zehn und ein fürstliches Frühstück für fünf Rupien bekamen, werden Sie verstehen, daß warmes Wasser einen kostbaren Luxus darstellte. Aber ich glaube, an diesem Morgen hätten wir dem kleinen Mann jeden Preis für eine kreislaufbelebende warme Dusche bezahlt. Die Duschkabine war ein paar Türen von unserem Zimmer entfernt, und meine Zähne klapperten wie Kastagnetten in meinem Schädel, als ich hineinstürzte. Die Duschkabine hatte die Größe eines durchschnittlichen Badezimmers, und es war unter null Grad darin. In der Mitte des Zementfußbodens befand sich ein Abfluß, und es gab ein großes Faß mit eiskaltem Wasser, ein zweites Faß mit kochend heißem Wasser und einen Krug.

Das Ausziehen war eine langwierige Angelegenheit, an deren Ende ich fast die Herrschaft über meine zitternden Glieder verloren hatte; und dann fiel mir die alte Regel ein, an einer Stelle des Körpers einen Schmerz zu erzeugen, um demjenigen, den man an anderer Stelle spürte, entgegenzuwirken. Und wahnsinnig, wie ich bin, beugte ich mich in einem Ruck hinunter und tauchte meinen Kopf vollständig in das Kaltwasserbecken ein; es ist sicherlich zutreffend, zu behaupten, daß sich, als ich mit einem Schreckensschrei wieder auftauchte, der Rest meines Körpers ein verdammtes Stück wärmer anfühlte als mein berstender Schädel.

Auch Siobhan machte aus der Morgenwäsche ein ausgewachsenes Drama, und danach stopften wir alle verfügbaren Kohlehydrate in uns hinein und versuchten, uns für die Idee zu begeistern, einen Erkundungsstreifzug durch Ooty zu unternehmen. Es ist ein erstaunlicher Ort, gespickt mit scheußlichen englischen Häusern, die sich mit zaunbewehrten Vorgärten schmückten, wie man sie überall in Kent sehen kann. Wir ließen uns von einem Wahrsager die Zukunft voraussagen, schlenderten am Seeufer entlang und mieteten dann zwei Gäule, einen flotten Galopp durch die Gegend im Sinn; statt dessen brachten wir es nur zu einem lethargischen Trott und gelegentlich einem halbherzigen Traben. Diese Klepper wußten, wer der Herr war – und wir waren es nicht.

Dann machten wir uns gefaßt auf eine zweite Nacht des Zähneklapperns, in der wir wiederum keinen Schlaf finden konnten.
Ich hatte nicht übel Lust zu dem Vorschlag, gemeinsam in ein Bett zu kriechen, aber mir war bereits aufgefallen, daß Siobhan ihren Freiraum aufs heftigste verteidigte und sehr eigen in bezug auf Körperkontakt war (obwohl ich immer noch nicht wußte, *warum*). Also behielt ich meinen Vorschlag für mich und zitterte, klapperte und wälzte mich in meinem Bett, während sie in ihrem brummelte und grummelte.

Am nächsten Morgen packte ich meine Sachen, sobald ich aus den Laken war, und Siobhan tat es mir nach. In weniger als einer Stunde hatten wir Ooty hinter uns gelassen und bemühten uns verzweifelt, uns in der Schlange der Menschen, die auf den Bus warteten, vorzudrängen. Dutzende von Pilgern, die ihr in weiße Tücher gehülltes Gepäck auf den Köpfen balancierten – und bis auf die weißen und orangefarbenen Pilgergewänder und Ringelblumengirlanden um den Hals nackt waren –, schienen ebenso wild darauf versessen, die Stadt zu verlassen, wir wir. Also war die Hölle los, als der vorsintflutliche Bus rumpelnd zum Stehen kam, und wir hielten beim Drängen und Schieben nach Kräften mit und stellten fest, daß die Rippen und unbeschuhten Füße von Pilgern ebenso empfindlich sind gegen Angriffe wie die jedes anderen Menschen. Natürlich war der Bus wie ein Kühlschrank auf Rädern mit seinen glaslosen, vergitterten Fenstern und den Metallbänken, an denen nackte Haut augenblicklich festklebte, so kalt waren sie. Und da wir auf der Rückbank über der Hinterachse saßen, übertrugen sich die Stöße jedes einzelnen Schlaglochs und jeder Erhebung, über die das Gefährt rollte, direkt auf unsere Wirbelsäulen. Dennoch bemerkten wir die Unbequemlichkeit kaum, während wir Stunde um Stunde die Serpentinen des Nilgiri-Gebirges hinunterfuhren. Genau unterhalb der Räder konnten wir den Straßenrand erkennen, und daneben fing der leere Raum an. An jeder Kurve drehte ich mich um und betrachtete die Wegstrecke, die wir gerade hinter uns gelegt hatten, und beim Anblick der steilen Felswände, die manchmal Hunderte von Metern abfielen, drehte sich mir der Magen um. Unterdessen wand sich tief unter uns der Weg, den wir noch vor uns hatten, wie eine silbrige Schlange am Hang. Auf den benachbarten Bergen blitzte immer wieder Bewegung auf von den Wasserfällen, die aus dem Strauchwerk hervorsprudelten und in den Abgrund hinunterstürzten, immer wieder verhüllt von dünnen Nebelschleiern, die unter uns vorüberschwebten.

Abwärts und abwärts ging die Fahrt, bis Sandelholzwald schließlich von Teepflanzungen abgelöst wurde, auf die wiederum Palmenwäldchen und schließlich tropischer Urwald folgten, wo Affen kreischend auf dem Busdach landeten und ihre gierigen Pfoten zu den Fenstern hereinstreckten. Langsam stieg die Temperatur an, von schweinekalt auf kalt, von kalt auf angenehm kühl, von kühl auf warm (hier wurden Kleider ausgezogen), von warm auf brüllend heiß (überwältigendes Aroma bratender Leiber). Drei Stunden später krochen wir in einem glühendheißen Metallkäfig über die Ebene auf Koimbatur zu, und ich war kurz vor dem Schmelzpunkt.

Als wir in den Busbahnhof drängten, war es vollkommen um meine Ruhe geschehen. Als wir uns daher in eine Teestube schleppten, um eine belebende Tasse zu uns zu nehmen, war ich ganz und gar nicht in der Stimmung, das nachdrängende Publikum von etwa einem Dutzend Männern aller Altersstufen zu ertragen, die sich an der Wand aufreihten, um die fremden Frauen um so besser begaffen zu können. Ich schrie sie an, marschierte vor ihren erschrockenen Augen auf und ab und brüllte ihnen unflätige Beschimpfungen ins Gesicht, zwar wissend, daß sie kein Wort verstanden, aber dennoch erleichtert durch diesen Ausbruch.

Siobhan, die erkannte, daß ich mir schließlich eine Überdosis von Indien verpaßt hatte, wie es die meisten Reisenden früher oder später tun, trank ihren Tee und ließ mich gewähren.

Eine Stunde später waren wir wieder unterwegs, in südöstlicher Richtung nach Madurai; und obwohl ich jetzt viel ruhiger war, hatte ich immer noch eine miserable Laune – etwas, das Siobhan in Ordnung zu bringen gedachte.

Ich sah ihr zu, wie sie sich bückte und in einem ihrer Söckchen herumnestelte, in dem sie einen großen Teil ihres »Stoffs« aufbewahrte. »Hier – lutsch das«, befahl sie mir, indem sie mir einen Klumpen des braunen Zeugs in den Mund stopfte. Es war ein Stück so groß wie ein Daumen von der Spitze bis zum Knöchel, und es schmeckte *widerlich.* Ich starrte sie angeekelt an, worauf sie boshaft lachte und sagte: »Wage *nicht*, es auszuspucken. Es ist ein verdammtes Vermögen wert.«

So saß ich da und lutschte gehorsam, während wir Meile um Meile zurücklegten. Langsam wurden meine Augen glasig, mein Hirn löste sich los, mein Körper entfernte sich von seiner Mitte, und ich hatte das Gefühl, daß mein Hände und Füße an meterlangen Gliedmaßen hingen. Vollkommen stoned und durchgeknallt, total weggetreten, glotzte ich auf ein bizarres und großartiges Indien hinaus – eine farbenprächtige, unheimliche Halluzination.

Viel später, als wir durch die Dunkelheit rumpelten, stieg das perlende Gelächter aus dem Nichts auf und breitete sich ohne besonderen Grund aus – jedenfalls war es sicher nichts, worüber ich im Normalzustand gelacht hätte. Siobhan, die noch ein weiteres Stück Shit gelutscht hatte, war in ebenso gehobener Stimmung. So schrien wir vor Lachen über unsere bescheuerten Witze und grölten aus vollem Halse mit dem Walkman, dessen zwei Paar Kopfhörer wir uns übergestülpt hatten.

Überwältigt von der Vertraulichkeit der Situation, als wir mitten in der Nacht dahinrollten – umringt von Dutzenden von schlafenden Indern, aber mit dem Gefühl, ihnen merkwürdig fern zu sein –, begannen wir, einander unsere bestgehüteten, persönlichsten Geheimnisse anzuvertrauen. Und in dieser Stunde erfuhr ich, daß meine Reisegefährtin eine Frau mit vielen Talenten war.

Ich glaube, keine Frau kann bestreiten, daß sie sich irgendwann einmal gefragt hat, wie es wohl ist, sich für geleistete Dienste bezahlen zu lassen; die Macht zu nutzen, die ihr die Sexualität verleiht. Es ist eine Phantasie, die die meisten Frauen irgendwann im Leben einmal hatten – die Vorstellung, einem Harem anzugehören oder von einem Mann (einem atemberaubend schönen Mann, versteht sich) zu einer sexuellen Affäre gezwungen zu werden. Das ist der Stoff, aus dem die klassischen Liebesromane gemacht sind, das Rückgrat von Barbara Cartlands Dramen; aber an jenem Abend wurde mir eine lebendige Beschreibung dessen geliefert, wie das Leben »auf dem Strich« wirklich war. Es ist ein Los, das ich meiner schlimmsten Feindin nicht wünschen würde.

Nun, es berührte mich sehr, daß sie sich entschlossen hatte, sich mir anzuvertrauen – und ich hielt es für das mindeste, was ich tun konnte, diese Ehre zu erwidern. Und so begann ich, ihr Episoden aus meiner Vergangenheit zu erzählen. Ich hatte fast das Gefühl, mich entschuldigen zu müssen, weil ich ihre Geschichten, was die sexuellen Erlebnisse betraf, nicht schlagen konnte. Aber ich schaffte es mühelos, sie mit einigen der Situationen, in die ich mich in dieser Hinsicht gebracht hatte, zum Lachen zu bringen. Brüllend und nach Luft ringend vor berauschtem Gelächter, unterhielten wir uns den ganzen Weg durch Tamil Nadu, ohne zu merken, daß wir immer noch die Kopfhörer aufhatten und die endlose Musik aus dem Walkman hörten, so daß wir unsere zotigen, unanständigen Bekenntnisse aus vollem Halse herausbrüllten.

Ich erinnere mich nicht mehr, wie wir Madurai in der Nacht erreichten. Als Siobhan mich am nächsten Morgen wachrüttelte, lag ich wie ein Stein quer über einem Bett in einem Zimmer, das ich nicht kannte (sie hatte mich praktisch die drei Treppen hier herauf tragen müssen), und der Tod schien mir eine unendlich verlockende Aussicht, verglichen mit ihrem Vorschlag, ich solle aufstehen, duschen und mich mit ihr auf die Suche nach etwas Eßbarem machen. Es dauerte mehr als vierundzwanzig Stunden, bis sich mein Körper von dem Haschisch gereinigt hatte – es war das erste Mal in meinem Leben gewesen, daß ich es versucht hatte, und ich schwor mir, daß es auch das letzte Mal sein würde.

Madurai ist eine von Sonnenhitze durchdrungene, überbevölkerte, in Farben getauchte Stadt der Pilger, Bettler, Kaufleute und Schneider. In ihrem Zentrum liegt der berühmte Schri-Meenakshi-Tempel – ein Disneyland-Spektakel mit vielfarbigen Mauern und Türmen, das ganze Kunstwerk überladen mit lebensgroßen Statuen von Göttern, Göttinnen, Tieren und Fabelwesen. Es beherbergt Hunderte von Affen, die sich fröhlich von einem Ganescha-Standbild schwingen oder mit herunterhängenden Schwänzen über einer Lakschmi-Figur sitzen und angesichts dieser und anderer Gottheiten eine übermütige Mißachtung an den Tag legen.

Zwischen den Innen- und den Außenmauern des Tempels befindet sich einer der geschäftigsten Märkte Südindiens, auf dem alles verkauft wird: von Armreifen bis zu Messingtöpfen, von Seidenstoffen bis zu Schlangen; und über den Händlern sitzen auf einer erhobenen Plattform fünfzig bis sechzig Schneider an ihren vorsintflutlichen Singer-Nähmaschinen mit Fußantrieb und produzieren in unglaublichem Tempo maßgefertigte Kleider.

Mehr noch als in den nördlichen Städten wie Bombay herrscht in Madurai und den anderen Städten des Südens eine unverwüstliche, überschäumende Lebensfreude. Die Stadt ist eher schreiend als einfach nur bunt, sie ist nicht einfach laut – die Dezibels überschlagen sich. Die Bewohner sind mehr als nur freundlich – sie legen die ganze unschuldige Neugier und die unermüdliche Energie eines hyperaktiven Kindes an den Tag. Das Wasser war ungenießbar, das Essen abscheulich und die Unterbringung noch schlimmer. Aber die

Karnevals-Atmosphäre in Madurai verführte uns viel länger zu bleiben, als wir beabsichtigt hatten.

Wieder unterwegs, hielten wir auf Triwandrum an der Südspitze Indiens zu und wandten uns dann wieder nach Norden Richtung Quilon. Wie gewöhnlich kamen wir mitten in der Nacht an und nahmen eine Rikscha zum Stadtrand, wo sich der ehemalige britische Verwaltungssitz – jetzt ein Gästehaus – am Flußufer befand. Unseligerweise erkannten wir erst, als der Fahrer uns abgesetzt hatte und die Rikscha verschwunden war, daß das Gebäude über Nacht verschlossen und verriegelt war und die Umgebung verlassen und ohne ein einziges Haus oder ein Zeichen von Leben dalag.

Siobhan machte sich auf die Suche nach einem schützenden Toreingang, um sich darin niederzulassen. Aber ich hatte mittlerweile gelernt, daß ich in Indien sicherer war als sonst irgendwo in der Welt. Daher ließ ich mein Gepäck über die Gartenmauer fallen, die ungefähr einen Meter zwanzig hoch war, legte mich mit dem Rücken auf die Decksteine und war bald darauf fest eingeschlafen.

Fahrradklingeln, die von Arbeitern auf dem Weg zu ihrer Arbeitsstelle zum Gruß angeschlagen wurden, weckten mich. Das Hotel erwachte kurz vor der Morgendämmerung zum Leben, und bevor die Sonne noch ganz aufgegangen war, hatten wir ein wunderbares neues Heim in Besitz genommen. Im Eßzimmer konnten vierzehn Personen Platz finden, das Schlafzimmer verfügte über zwei Himmelbetten. Im Badezimmer gab es eine Dusche und eine Badewanne, davor eine Ankleidekammer, und das Klo – ein richtiges mit Sitz und allem – war ein einziger wimmelnder Haufen der größten Ameisen, die ich je gesehen hatte. Hunderte davon und alle gut und gern zweieinhalb Zentimeter lang. Die Außenwände der Zimmer bestanden aus einer Reihe von Lamellentüren, die sich zu den Zimmerecken hin aufschieben ließen, so daß man in allen Räumen freien Zugang zu der breiten Veranda hatte, die um unser ganzes elegantes neues Heim herum verlief. Es war wirklich ein Palast – zu einem Preis von zwei Pfund täglich.

Die Hotelleitung schien ein wenig nervös zu sein bei der Vorstellung, daß zwei Frauen allein diesen Flügel der Residenz bewohnten, und sie nahmen an, daß wir es vielleicht vorziehen würden, im Haupttrakt des Hauses zu übernachten. Natürlich rümpften wir geringschätzig die Nase über dieses Ansinnen, aber ein paar Stunden später verstanden wir ihre Befürchtungen.

Siobhan saß auf den breiten Stufen der Veranda, bewunderte die

Papageien, die zwischen den Bäumen umherflatterten, und genoß den erfrischenden Anblick des Flusses, der wenige Meter vor unserer Haustür vorüberrauschte. Der Inder ging ein paarmal vorbei; seine langen, schlaksigen Beine ragten aus dem schmuddeligen Hüfttuch, und sein dürrer Oberkörper war unter einem buntkarierten Hemd verborgen. Als er sicher war, daß er Siobhans Aufmerksamkeit auf sich gelenkt hatte, zog er scheu den Stoff auseinander, der seine Schenkel bedeckte, und ließ Siobhan die vermutlich erste unanständige Genitalienentblößung in Indien zuteil werden. (Ich hatte das Flitzen immer für eine sonderbare europäische Gewohnheit gehalten.)

Wie konnte er auch wissen, daß er sich die falsche Frau ausgesucht hatte? Aber Miß Irland, die mit Sicherheit mehr entblößte Genitalien gesehen hatte als er warme Mahlzeiten oder auch nur Satt-zu-Essen, war gänzlich unbeeindruckt. Wenn es um die Kunst des Strippens ging, kannte diese Dame alle Kniffe. Dennoch rief sie mich hinaus, damit ich mir das Schauspiel ebenfalls ansehen konnte, und während ich da stand und an mich halten mußte, um über die Possen dieses Menschen, ganz zu schweigen von seinem ziemlich armseligen Gerät, nicht in lautes Gelächter auszubrechen, bemerkte ich plötzlich einen großen braunen Gegenstand in einem der unteren Äste eines in der Nähe stehenden Baumes. Es war ein Mann. Und als ich den Blick auf die Bäume richtete, die das Gelände der Residenz säumten, entdeckte ich noch einen und noch einen. Offensichtlich war Quilon die natürliche Heimat einer merkwürdigen Spezies Mann, deren Vertreter gern ihre Schamteile entblößten und die höheren Äste von Bäumen den üblichen Teestuben und Bars vorzogen.

Wir wurden vor Einbruch der Dunkelheit nicht übermäßig belästigt und zogen die nach außen führenden Türen zu. Wir hatten uns eben jede in ihrem Himmelbett zur Ruhe begeben, als ich ein Klappern an der Tür in der gegenüberliegenden Ecke des Raumes hörte. Wenige Augenblicke später begann eine wesentlich näher gelegene Tür zu klappern, und ich hörte deutlich das Kratzen von Fingernägeln an den hölzernen Läden hinter meinem Kopf. Ich konnte Siobhans Gesicht in der Dunkelheit nicht erkennen, aber sie sagte nichts und schien eingeschlafen zu sein. Ich nahm an, daß ich sie nur nervös machen würde, wenn ich sie weckte. Das Kratzen und Klappern nahm kein Ende, und ich hörte das leise Patschen bloßer Füße, während Schattengestalten unaufhörlich um unsere Behausung schlichen. Obwohl ich mich nicht wirklich bedroht fühlte, war an

Schlaf nicht zu denken, bis der Morgen dämmerte und unsere Gäste verschwanden. An diesem Tag hielten wir es für klüger, in den Haupttrakt des Gästehauses umzuziehen.

Von Quilon ging es weiter nördlich nach Alleppey, und von dort aus unternahmen wir eine herrlich gemächliche Bootsfahrt nach Ernakulam. Unser Boot brauchte für die Strecke fast acht Stunden; es glitt durch flaches Gewässer, in dem es wimmelte von Fischern und Reihern; an den Ufern wuschen Frauen in leuchtenden Saris ihre Wäsche und ihre Kinder. Von Zeit zu Zeit glitt eine große Barke lautlos auf uns zu, deren Segel sich im leisesten Windhauch blähten, und dann und wann, wenn ein Wasserbüffel gemeinsam mit seinem staubbedeckten Hirtenjungen untertauchte, sahen wir das Wasser vor uns aufbrodeln.

Hinter jeder Flußbiegung gab es etwas Neues zu sehen – einen Arbeitselephanten oder eine Prozession, die am Ufer entlangzog –, und die *Chai*-Pausen gaben uns Gelegenheit zu wunderbaren Einblikken in das dörfliche Leben.

Den größten Teil des Nachmittags hatten wir faulenzend auf dem Dach des Bootes verbracht, oder wir hatten uns auf den Schiffsbug gesetzt und die Füße dicht über der Wasseroberfläche baumeln lassen; dabei hatte ich mehr über Siobhan erfahren. Ihre Eltern waren ziemlich wohlhabend, und sie selbst hatte eine solide Erziehung in einer Klosterschule genossen. Obwohl es ihre Absicht gewesen war, die Universität zu besuchen, hatte sie sich zuvor für ein Jahr auf Reisen begeben und war dabei auf den Geschmack gekommen. Unvermeidlich hatte es sie an Orte verschlagen, die hinter dem Mond und am Arsch der Welt lagen, und mehr als einmal hatte sie unfreiwillig in einem nicht sonderlich zuträglichen Gefängnis übernachtet. Wenn man in dieser Weise auf der Kippe lebt, muß man vermutlich früher oder später eine Entscheidung treffen, wie man sein Leben finanziert.

Siobhan hatte erstaunlicherweise ziemlich früh in ihrem Leben den Entschluß gefaßt, ihre natürlichen Anlagen nach besten Kräften für sich zu nutzen. Sie hatte sich jedoch nie auf Perversionen eingelassen und wollte nichts mit sado-maso zu tun haben. Sie erklärte mir, sie habe mittlerweile Kunden aus den besten Kreisen, von denen sie einige inzwischen recht gut kenne. Ihr Netzwerk von Zuhältern reichte von Amsterdam bis nach Java, und jeder von ihnen reihte nur zu gerne die Stammkunden dieser Freischaffenden auf, wann immer es sie in die Stadt verschlug. Sie beeindruckte mich mit ihrer geschäftsmäßigen Einstellung zu der Sache, obwohl ich wußte, daß ich diese Haltung nie hätte annehmen wollen. Jedenfalls aber stellte sich heraus, daß sie in ihrem Privatleben äußerst prüde in bezug auf Männer und Sex war und ihrem langjährigen Liebhaber, einem Engländer, der in Birmingham lebte und keine Ahnung vom eigentlichen Beruf seiner Freundin hatte, absolut treu ergeben. Und – welch eine Überraschung – sie mißbilligte meinen lockeren Umgang mit der Sexualität.

Nachdem wir auseinandergegangen waren, hatte ich noch lange über unsere Unterhaltung nachgedacht und mich gefragt, ob sie den strengeren Moralbegriff von uns beiden hatte. Sicher, in meiner Beziehung zu Martin war das Miteinander-Schlafen ein Ausdruck der Liebe und Zärtlichkeit füreinander gewesen. Aber bevor ich ihm begegnet war, hatte meine Sexualität weniger dem Vergnügen als der Beeinflussung der Männer gedient. Bis zu Hafez hin hatte ich meine Sexualität als Gegenleistung für Schutz und Anerkennung eingesetzt, und nun mußte ich mir das, was Siobhan gesagt hatte, ernsthaft durch den Kopf gehen lassen; daß nämlich viele Frauen – auch Ehefrauen – ihre Rolle als sexuelle Partnerin als eine sahen, die sie im Austausch für ihre Nahrung, ihre Kleidung, das Wohlergehen ihrer Kinder und selbst das Dach über ihrem Kopf erfüllten.

Waren wir, in diesem Licht betrachtet, nicht alle in höherem oder geringerem Maße Huren? Und machte die Tatsache, daß Siobhan Sex als einen fairen Gegenwert für Geld betrachtete, sie in irgendeiner Weise *ehrlicher* und *moralischer*, als wir anderen es waren? Das gab mir zu denken.

Nach Ernakulam kam Kotschin, dann Kalikut und schließlich, noch weiter im Norden, Mangalor. Mir winkte Goa wieder, während Siobhan die Absicht hatte, Richtung Osten nach Bangalor zu fahren, wo sie sich mit einer Freundin verabredet hatte, die auf dem Rückweg von den Philippinen war.

Ich erinnere mich, wie ich mit ihr am Busbahnhof von Bangalor stand, die Sonne hing tief am Himmel, und die Luft war von dem goldenen Licht erfüllt, das so einzigartig ist in Indien. Sie sah so hübsch aus wie immer, und plötzlich beugte sie sich vor und umarmte mich verlegen. In diesem Augenblick rollte der schmuddelige alte Knochenbrecher von einem Bus in den Bahnhof ein, und sie warf mir einen letzten sarkastischen Blick zu.

»Also – geh schon. Verpiß dich . . .« sagte sie im Plauderton und machte auf dem Absatz kehrt. Ich folgte ihrer Aufforderung, und während ich den Bus bestieg und vergeblich einen letzten Blick auf sie zu erhaschen suchte, wurde mir klar, daß dies das Wesentliche am Reisen war. Es ging nicht darum, welche Länder man sah – auch wenn einige Orte unvergeßlich waren. Es ging um die Menschen, denen man unterwegs begegnete. Es ging um das Wissen, selbst in dem Augenblick der Begrüßung, daß es früher oder später hieß, Lebewohl zu sagen. Und am Ende ging es beim Reisen um nichts mehr als darum, allein zu sein.

Ich habe noch oft an sie gedacht. Eine so großartige Frau, so voller Kraft und Lebenslust. Der Stoff, aus dem gute Freunde sind... und die beste Reisegefährtin, die ich mir hätte erhoffen können.

DRITTES KAPITEL

Reise in ein Land, das die Zeit
vergessen hat

Das Hotel in Bombay war noch genauso, wie ich es verlassen hatte – die Mauern standen noch, der Sikh mit seinem Turban bewachte immer noch den Eingang. Ich dagegen hatte mich offensichtlich bis zur Unkenntlichkeit verändert, als ich an die Rezeption trat.

»... Miss Culross?« fragte die hübsche Empfangsdame, als ich mich nach einem Zimmer und meinem Gepäck erkundigte, das sie fast drei Monate lang für mich aufbewahrt hatten.

Ich konnte ihre Verwirrung verstehen. Mindestens acht Pfund leichter, mit meiner tief gebräunten Haut und dem rotgolden gebleichten schulterlangen Haar, hatte ich wenig Ähnlichkeit mit der hellhäutigen, nervösen Frau, die vor all den Wochen aus Kairo hier angekommen war.

Sie fand die geziemende Haltung rasch wieder und sagte mit einem wissenden Lächeln: »Nun, das war wirklich ein langes Wochenende. Hat Ihnen Goa gefallen?«

Hatte mir Goa gefallen? Das ist die Untertreibung des Jahres, ging es mir durch den Kopf, nachdem mir der Träger mein wieder einmal schmuddeliges Zimmer gewiesen hatte und ich auf mein Gepäck wartete. Obwohl das Goa, das ich an diesem Morgen mit dem Flugzeug verlassen hatte, viel von seinem Zauber verloren hatte. Ich war wenige Tage zuvor aus Mangalor dort angekommen und hatte, als ich durch die Straßen von Calanguta gewandert war, festgestellt, daß ich es nicht ertragen konnte, zu unserem kleinen Gästehaus am Strand zurückzukehren – zu viele Erinnerungen waren damit verbunden. Statt dessen war ich zu Jill gezogen, einer grünäugigen Blondine aus Nottingham, die ein kleines Häuschen am Strand bewohnte, etwa eine Meile von unserem damaligen Gästehaus entfernt. Sie war ein Bündel ungezähmter Energie – lief schon vor dem Frühstück am Strand entlang und schwamm wie ein Fisch. Und sie war für alles zu begeistern, ob es heftige Trinkgelage waren, ausgelassene Disco-Abende oder lange, philosophische Mitternachtsgespräche. Aber Goa war für mich gleichbedeutend mit Martin und ohne ihn konnte ich einfach nicht bleiben.

Als das Gepäck kam, stellte ich mit Erschrecken fest, wie viele Kleider ich besaß. Ich packte Röcke und Kostüme, Hosen und Abendkleider aus und mußte dabei immer wieder meine kleine Reisetasche ansehen, die in der Ecke stand. Sicher, ich hatte nur die Absicht gehabt, vier oder fünf Tage in Goa zu bleiben, und hatte darum nur ein paar Röcke, Unterröcke und Oberteile eingepackt, um über die Runden zu kommen. Es hatte vollkommen genügt, und mit meinem kleinen Handgepäck war ich frei wie ein Vogel herumgereist.

»Wie bin ich je auf den Gedanken gekommen, ich würde den ganzen Kram brauchen?« fragte ich mich jetzt und beschloß, umgehend einen Teil davon nach Hause zurückzuschicken. Ich teilte alles in zwei Stapel auf, muß allerdings gestehen, daß das Abendkleid nicht auf den »Heimwärts«-Haufen wanderte. Auch nicht die langen schwarzen Abendhandschuhe und die hochhackigen schwarzen Seidenschuhe. Nie wieder würde ich mich dafür entschuldigen, daß ich Spaß daran hatte, mich herauszuputzen (etwas, was Siobhan mich gelehrt hatte), und ich hatte das Gefühl, daß ich dieses Kleid noch tragen würde, bevor meine Reise zu Ende ging.

Aus demselben Grund behielt ich alle meine Schminksachen, den größten Teil meines Schmucks, ein Paar Pumps und meine wunderbaren, persönlichkeitsverändernden heizbaren Lockenwickler. Aber ich trennte mich auch von einem großen Teil meiner Ausrüstung; einiges davon Dinge, von denen ich nie geglaubt hätte, mich trennen zu können. Zum Beispiel eine Tasche voll mit den merkwürdigsten Gegenständen – eine Streichholzschachtel, ein seidenes Taschentuch, ein Kompaß, ein winziges Büchlein mit Landkarten aus aller Welt und eine ganze Sammlung weiterer Kleinigkeiten. Jedes einzelne Stück war das Eigentum eines Menschen von zu Hause, der mir etwas bedeutete – ein faßbares Verbindungsglied mit der Vergangenheit, das ich in dem Bedürfnis, den Kontakt aufrechtzuerhalten, oftmals berührt und angesehen hatte.

Und dann waren da noch meine Briefe. Haufenweise. Gierig in jedem Postamt, jedem Amex-Büro eingesammelt, an dem ich unterwegs vorbeigekommen war. Die meisten von meiner lieben alten Mama, die mir treu und zuverlässig mindestens zweimal in der Woche geschrieben und sich nie beklagt hatte, wenn sie keine Antwort bekam. Meine Talismane, meine Glücksbringer, sie alle konnten jetzt heimkehren. Ich brauchte sie nicht mehr.

Bald hatte ich alles gebündelt und in die vorgeschriebene weiße Baumwollhülle eingenäht. Auf dem Postamt traf mich fast der

Schlag, als ich erfuhr, daß die billigste Versandart (mit einem Fracht-schiff, das sechs Monate unterwegs war) umgerechnet fünfzehn Pfund kosten würde. Ich war jetzt lange genug in Indien, um den Wert einer jeden einzelnen Rupie zu schätzen, und dies war ein Raubüber-fall an hellichtem Tage. Aber ich zahlte es trotzdem.

Vom Postamt aus eilte ich auf schnellstem Wege zum Amex-Büro, um mir Reiseschecks und, wenn ich Glück hatte, die Post abzuholen. Mama hatte mich nicht im Stich gelassen; Hannah hatte mir einen ganzen Roman geschrieben; Nadia und Graham schickten ein paar fröhliche Schnappschüsse; und es war ein Brief von Hafez dabei. Ich beschloß, ihn erst zu öffnen, wenn ich mich an einem ganz ruhigen Plätzchen befand.

Vom Amex-Büro aus begab ich mich zum Büro der Air India und buchte meinen Flug nach Delhi für den nächsten Tag. Dann kehrte ich auf schnellstem Wege aus der Hitze Bombays nach Juhu und in mein Hotel zurück.

Am späten Nachmittag, als die Sonne nicht mehr so heiß schien, ging ich am Strand spazieren, an dem es von Einheimischen aus Bombay wimmelte (von denen keiner auf die Idee gekommen wäre, sich auszuziehen und zu *sonnen*). Es gab hier unzählige Eisstände und Ponys, die kleine Kutschen am Strand auf und ab zogen – die Fahrt für zwei Rupien. Der Strand von Juhu kam schlecht weg im Vergleich mit seinem Gegenstück in Goa, aber ich merkte es kaum, und es kümmerte mich auch nicht – ich war in Gedanken zu sehr mit dem Inhalt von Hafez' Brief beschäftigt. Der Text war sehr kurz und prägnant:

Mädchen, wo bist du?

Du hast ein großes, schwarzes Loch in meinem Leben hinterlassen.

Komm zurück.

Auch wenn es ein weiter Weg IST.

HAFEZ.

Armer Mann ... Ich hatte ihm die Schuld gegeben für alles, was in Kairo schief gelaufen war – und auch heute noch fühlte ich mich ein kleines bißchen empfindlich und verletzt über die Art, wie er mit mir umgegangen war. Aber ich hatte in den vergangenen Wochen genug über meine Verhaltensmuster gelernt, um zu wissen, daß ich nicht nur das arme, unschuldige Opfer war. Denn ich hatte mich in sein Leben gedrängt, hatte geglaubt, es für mich in Anspruch nehmen zu können, und er hatte – ganz richtig – meine Beweggründe immer beargwöhnt. Ich hatte Hafez nie geliebt, und unsere Beziehung war auf Lügen begründet gewesen. Er hatte das offensichtlich noch nicht herausgefunden. Denn wenn˙ es so gewesen wäre, hätte er nicht gewünscht, daß ich in sein Leben zurückkehrte. Es war keine angenehme Aufgabe, ihm die Wahrheit zu schreiben, aber wo immer meine Zukunft lag, es war nicht in Kairo mit Hafez – und je eher er das erfuhr, um so besser.

Ich war nicht traurig, Bombay zu verlassen, denn mittlerweile hatte ich genug von Indien gesehen, um zu wissen, daß diese Großstadt ebenso untypisch für das Land und seine Bewohner war wie jede andere in der Welt. Ich erwartete nicht, daß es in Delhi viel anders sein würde, aber Sie wissen ja, wie das ist: wenn man ein Flugticket mit Zwischenstation hat, muß man fliegen. Und von Delhi aus konnte ich sicher an alle möglichen herrlichen Orte gelangen.

Am Samstagabend speiste ich im Herzen von Neu-Delhi mit der Crème de la Crème. Wir waren zwölf an einem runden Tisch und feierten irgend jemandes Geburtstag – und die angesehensten Brahmanen waren versammelt. Der Tisch bog sich unter der Last der Silberplatten, auf denen sich Lamm, Huhn und Gemüse türmten, alle Köstlichkeiten mit Sahne, Nüssen und Gewürzen verfeinert. Wir waren von aufmerksamen Kellnern umlagert – eine Flut von marineblau-goldenen Uniformen, die auf den geringsten Fingerzeig oder das leiseste Nicken vorschwappte und sich wieder zurückzog.

Die Frauen um mich herum waren in handbemalte, juwelenbesetzte Seidengewänder gehüllt – ein Regenbogen von tiefstem Purpur, leuchtendstem Jadegrün und kräftigstem Safrangelb –, während die förmliche Kleidung der Männer durch den warmen Schimmer von Gold und Diamanten aufgelockert wurde, die vorwitzig an Ringen, Manschettenknöpfen und Hemdknöpfen blitzten.

Ein Kabinettsminister zu meiner Rechten hielt seine Zuhörer mit vertraulichen Einzelheiten aus dem Hause Gandhi in Bann, während sich der schweigsame Prakash, der links von mir saß, zu mir umdrehte und mir ein Kompliment zu meinem Aussehen machte. Ich blickte mit einem schiefen Lächeln an meinem knöchellangen, an der Hüfte mit einer gewaltigen Schleife verzierten Abendkleid aus schwarzer und rosenroter Seide hinunter. Die langen schwarzen Handschuhe verdeckten meine bloßen Arme, meine Füße steckten in den schwarzen Seidenpumps, und – als hätte ich es nicht geahnt – meine Haare waren, dank der unentbehrlichen heizbaren Lockenwickler, elegant frisiert.

Mit dem Teil von mir, der immer erwartete, gelegentlich auf eine

Oase der Eleganz zu stoßen, war ich gut auf dieses Ereignis vorbereitet gewesen, und nachdem ich den verdammten Fetzen jetzt um die halbe Welt mitgeschleppt hatte, zahlte sich meine umsichtige Planung endlich aus.

Ich trug meinen Putz im Ashoka Palast Hotel im vornehmen Randbezirk von Delhi zur Schau. Eine ehemalige königliche Residenz, war es heute *der* Ort, an dem man sich sehen ließ, und mein erster Besuch hier lag ein paar Tage zurück, als ich verzweifelt auf der Suche nach einem Friseur gewesen war, der meinen widerspenstigen Haarwust zähmen konnte.

Der Friseursalon des Hotels war von unbehaglicher Eleganz geprägt – voll von reichen Inderinnen mit affektierter Sprechweise und einem schnatternden Schwarm amerikanischer Ehefrauen, deren Männer wegen irgendeiner Konferenz hierher verfrachtet worden waren –, und ich spürte plötzlich sehr deutlich, daß mein »Urwaldfrauen-Look« irgendwie fehl am Platze war. Ich persönlich fand, daß ich nie besser ausgesehen hatte (und ich besitze Photos, die es mir beweisen), aber es war an der Zeit, das Inselmädchen-Image abzulegen, und ich beschloß, bei den Haaren anzufangen. Gute fünfzehn Zentimeter fielen der Schere zum Opfer. Und als die rotgoldenen Strähnen in meinen Schoß fielen, hatte ich das Gefühl, ein weiteres Verbindungsglied zu Martin durchzutrennen. Zwei Stunden später starrte ich – kurzgeschoren und mit Dauerwelle, die nachgewachsenen Haare jetzt, da die blonden Spitzen abgeschnitten waren, viel dunkler – mein modisch-elegantes Spiegelbild an und war froh, daß mich mein Deutscher nie so sehen würde.

Am Abend, nachdem ich in mein kleines Hotelzimmer zurückgekehrt war (ein luxuriöser Raum mit einer Frisierkommode, einem *Bad*, und Zimmerservice!), überlegte ich, daß es Zeit war, alte Gewohnheiten wieder aufzunehmen – und das bedeutete, mich für das Abendessen herauszuputzen. Tollkühn fiel meine Wahl auf einen Sari, von denen ich mehrere auf meiner Reise in den Süden gekauft hatte, und eine Stunde mühseliger Arbeit später hatte ich mich mit Hilfe von fünf Metern brauner und pfirsichfarbener Seide verwandelt. Ich wollte meinen Augen nicht trauen, als ich in den Spiegel blickte. Mein Haar war zwar wesentlich kürzer, wirkte aber viel gesünder, ich hatte mehr Make-up aufgetragen als gewöhnlich, und daß ich abgenommen hatte, bedeutete, daß die sichtbaren Partien meines Körpers braun und straff aussahen und nicht unappetitlich schwabbelig.

Ich fand mich, um es schlicht auszudrücken, aufsehenerregend – und ich zweifelte nicht daran, daß ganz Delhi, wenn es erst einmal ein Auge auf mich geworfen hatte, derselben Überzeugung sein würde. Wie sich herausstellen sollte, war ich unheimlich hellsichtig.

Mein Hotel befand sich im ersten Stock eines Gebäudes, dessen Erdgeschoß von einem sehr vornehmen Restaurant eingenommen war, und der Haupteingang wurde gleichermaßen von den Speisenden wie von den Hotelgästen benutzt. Eine schmale Treppe verband die beiden Stockwerke, und wenn man sie hinuntergestiegen war, mußte man das ganze Restaurant durchqueren, um zum Ausgang und auf die Straße zu gelangen. Hingerissen von mir selbst, trippelte ich aus meinem Zimmer, schlenderte an der Rezeption vorbei und schwebte dann hochherrschaftlich die Treppe hinunter, wobei mich ein unangenehmes Gefühl der »Lockerung« an meiner Taille beschlich, wo der Seidenstoff festgesteckt war.

Ich übersah hocherhobenen Hauptes die bewundernden Blicke, die mir von allen Seiten zugeworfen wurden, als ich den Mittelgang des Restaurants durchschritt, und glitt zur Tür hinaus. Ich hatte die Straße überquert und war eben im Begriff, ein Taxi zu besteigen, als das Gefühl der »Lockerung« eindeutig dem der »Auflösung« meines Gewandes wich, und ich stellte fest, daß mein Sari auseinanderzufallen begann. Nun weiß ich, wenn mein BH aufgeht, wie ich ihn wieder befestigen kann. Wenn mein Hosengummi nachgibt, weiß ich, was ich festhalten muß, um Peinlichkeiten zu vermeiden. Aber hier hatte ich es mit einem vollkommen fremdartigen Kleidungsstück zu tun und wußte nicht, welche Teile festhalten.

In kopfloser Panik stürzte ich aus dem Taxi und hielt auf die Zuflucht meines Hotelzimmers zu. Unnötig zu sagen, daß ich es nicht schaffte. Ich hatte das Restaurant zur Hälfte durchquert – mit vor Angst verbissenen Zügen und hämmerndem Herzen –, als ganze Seidenschwaden um meine Knie zu schlackern begannen. Ich konnte weder weglaufen noch mich verstecken, und so hastete ich die Treppe hinauf, während mir der Stoff von der rechten Schulter rutschte. Ich hatte den rettenden Treppenabsatz fast erreicht, als sich die Seide an meinen Hüften löste und der Sari – in seiner gesamten Länge von fünf Metern lautlos hinter mir die Treppe hinunterglitt. Hoch über den Speisenden stand ich stocksteif vor Verlegenheit, nackt bis auf mein knappes Hemdchen und (der Gipfel der Demütigung) ein Paar hauchdünne Spitzenunterhöschen in grellem Pink. Man hätte eine Stecknadel herunterfallen hören können. Tatsächlich war eine Stecknadel heruntergefallen. Unglücklicherweise war es meine gewesen – und sie war alles, was meine Seidenkreation zusammengehalten hatte.

Die Empfangsdame sah mir mit offenem Mund nach, als ich in Unterwäsche die Treppe hinaufhastete, und wenige Augenblicke später klopfte sie zaghaft an die Tür – meinen Sari in einem raschelnden Häuflein auf dem Arm, mit besten Empfehlungen vom Ober. Nach und nach überwand ich meine erste Reaktion, den Wunsch, mich im Zimmer zu verkriechen, bis ich verhungert war. Schließlich konnte ich die Geschichte sogar von der komischen Seite betrachten, und ich machte mich erneut ans Werk, den verdammten Sari zu wickeln – aber diesmal steckte ich ihn mit einem ganzen Netzwerk von Sicherheitsnadeln fest.

Als ich mein Zimmer verlassen hatte, gelang es mir gerade noch, der Empfangsdame die Stirn zu bieten, aber nichts in der Welt hätte mich dazu gebracht, mich durch das vollbesetzte Restaurant zu schleichen. Also schlüpfte ich aus einem der Flurfenster und kletterte die Feuertreppe hinunter. Den ganzen Weg bis zum Ashoka Palast Hotel, wo ich mir einen Cocktail und ein extrafeines Abendessen leisten wollte, mußte ich kichern. Und dort, während ich in der Gartenbar saß (ohne zu merken, daß sie Clubmitgliedern und Hotelgästen vorbehalten war) und an einem Bloody Mary nippte, stellte sich mir Prakash vor.

Später gestand er, daß er mich nur angesprochen hatte, weil er noch nie eine Europäerin gesehen hatte, die einen Sari so vollendet tragen konnte. Nur gut, daß er nicht eine Stunde früher in dem Restaurant in meinem Hotel zu Abend gegessen hatte. Jedenfalls unterhielten wir uns bei jenem ersten Treffen ungefähr eine halbe Stunde lang, und danach bestand ich darauf, daß ich allein zu Abend essen wollte, verabredete mich allerdings für den nächsten Tag mit ihm zum Mittagessen.

Prakash – mehr als nur ein bißchen wohlhabend und mehr als nur ein bißchen verloren – wurde für die wenigen Tage, die ich in Delhi verbrachte, mein Begleiter, wenn ich auch mit einiger Genugtuung berichten kann, daß er nie mehr war als das. Ich hatte eine neue Seite aufgeschlagen, der Vamp der Sturmtruppe hatte das Zeitliche gesegnet und ebenso mein Interesse an flüchtigen erotischen Abenteuern.

Und hier war ich nun – Prakashs Gast auf einer Party der Reichen und Gegenstand beträchtlicher Neugier. Wie lange ich unterwegs gewesen war ... was ich alles gesehen hatte ... was ich von Indien hielt. Die Fragen kamen Schlag auf Schlag, und ich beantwortete sie alle bereitwillig.

»Und was ist Ihr nächstes Ziel, meine liebe Dame?«, erkundigte sich das Kabinettsmitglied an meiner Seite plötzlich.

»Dschaisalmir«, erwiderte ich liebenswürdig, was einen Augenblick verblüfften Schweigens zur Folge hatte, bevor der ganze Tisch in Gelächter ausbrach.

»Aber ... mein liebes Mädchen, warum in aller Welt wollen Sie eine so weite Reise machen? Es ist am Ende der Welt«, sprudelte er schließlich in seinem altmodischen Eton-Akzent hervor. »Meine Güte – Prakash, sagen Sie es ihr. Also, dort sehen Sie Hunderte von Meilen weit in allen Himmelsrichtungen nichts als Wüste. Es ist – nun, es ist eindeutig primitiv!«

Ich mußte noch einige Minuten lang sanft nachbohren, bevor ich begriff, daß, obwohl keiner der Anwesenden ein gutes Haar an der kleinen Stadt Dschaisalmir ließ, nicht einer von ihnen je wirklich dort gewesen war. Und warum sollten sie auch? Es war die letzte Station auf einer endlosen Bahnfahrt durch die Wüste von Radschasthan – ein Ort, der keiner dieser vornehmen Inder auch nur im Traum besuchen würde, und genau deswegen glaubte ich, daß er einen Besuch wert war.

Das Gespräch wandte sich anderen Themen zu, bis der Tanz die Aufmerksamkeit aller Anwesenden ablenkte und ich mit einer Reihe charmanter indischer Herren das Parkett betrat und mich zu einem Potpourri beliebter Tanzmusik unter den Kandelabern drehte. Während ich tanzte und lachte, stellte ich mir die kleine, vergessene Stadt mitten im Nirgendwo vor und war entschlossener denn je, sie mir anzusehen.

Als es später wurde, wandte sich die Unterhaltung dem Geschäft zu; und das Geschäft dieser Leute war, ebenso wie Prakashs, die Politik. Ich versicherte ihm, daß ich ohne Begleitung ins Hotel zurückkehren konnte, und ließ ihn, Brandys hinunterkippend und über die Lage der Nation diskutierend, in der Gartenbar zurück.

Ich ging, flankiert von kostbar uniformierten Dienstboten, die Marmortreppe hinunter, schlüpfte in ein wartendes Taxi und ließ mich zum Connaught-Platz und zu meinem Bett fahren.

Als wir jedoch am Bahnhof vorüberkamen, bat ich den Fahrer, an den Rand zu fahren. Vorsichtig stieg ich mit meinen hochhackigen Schuhen über schlafende Gestalten, erkundigte mich am Fahrkartenschalter nach einem Zug nach Dschaisalmir und erfuhr, daß es so etwas nicht gab. Von Delhi aus mußte ich mindestens drei verschiedene Züge nehmen und würde mein Ziel unmöglich in weniger als vierundzwanzig Stunden erreichen.

Aber es gab einen Zug nach Dschaipur, der um vier Uhr zwölf abfuhr. Immerhin die richtige Richtung, dachte ich, als ich wieder im Taxi saß, und bis wir das Hotel erreicht hatten, war mein Plan perfekt. Raus aus den auffälligen Klamotten ... hinein in die bequeme Reisekleidung ... ein paar Sachen zusammenpacken ... den Rest des Gepäcks zur Aufbewahrung geben ... die Rechnung begleichen und zum Bahnhof zurückhasten. Es war bereits drei Uhr.

Beschwingt von der Vorstellung, bald wieder unterwegs zu sein, flitzte ich in meinem Zimmer herum, riß feuchte Wäschestücke von der Duschstange und klaubte diverse Schuhe unter dem Bett hervor. Fünfundvierzig Minuten später war mein Gepäck verstaut, die Rechnung bezahlt, und ich hatte eine Nachricht für Prakash hingekritzelt.

Unten auf der stillen Straße lauerte mir, wie gewöhnlich, der kleine Bettler auf, der unter den Mauerbögen unmittelbar neben dem Hotel lebte. Als er meine Schritte hörte, kam er auf seinem Wägelchen herangerattert, und die kleinen Holzräder hallten unheimlich, als er es schwungvoll neben mich lenkte. Ein kleiner, vollkommen beinloser Torso auf Rädern, lächelte er hoffnungsfroh zu mir auf – indem er sich den Schlaf noch mit der einen Hand aus den Augen rieb und mir die andere, Handfläche nach oben, entgegenstreckte. Nicht älter als acht oder neun Jahre, war er zum Bestandteil meines Tagesablaufs geworden – unmöglich zu übersehen und fähig, sich schnell wie der Blitz fortzubewegen, wenn jemand versuchte, einen Bogen um ihn zu machen. Er ratterte in die Dunkelheit der Mauerbögen zurück, meine fünf Rupien fest in der Faust, und in diesem Augenblick hielt das Taxi vor mir.

Der Rosarote Expreß wartete, dicke Dampfwolken ausstoßend, auf Gleis 3 ungeduldig auf seine Abfahrt. Arbeiter kletterten flink an der mächtigen Lokomotive herum und prüften Dampfdruck und Ventile – ihre Zähne blitzten weiß in ihren rußgeschwärzten Gesichtern, und ihre Lampen durchdrangen die Dunkelheit mit ihrem Strahl. Ich blickte auf die Fahrkarte hinunter, die ich fest in der Hand hielt, und betrachtete die Schlange von bonbonrosa gestrichenen Waggons am Bahnsteig.

Ich hatte es so rechtzeitig geschafft, daß mir noch Zeit blieb, und als die Lokomotive die bevorstehende Abfahrt mit einem Fanfarenstoß wie von fünfzig Saxophonen hinaustrompetete und die tiefe Messingglocke aufgeregt klingelte, sprang ich ausgelassen auf.

Drinnen ließ ich mich auf einer leuchtend rosaroten Plastikbank nieder und starrte über den leuchtend rosaroten Plastiktisch zu meinem indischen Gegenüber, während uns Tee in puppengroßen rosaroten Plastikgefäßen serviert wurde. So dampften wir, von einer unvorstellbaren Kraft getrieben, aus Delhi hinaus – in einem Stahlungeheuer, das zischend Rauch und Dampf ausstieß, während ein matter rosaroter Plastikmorgen über dem Land dämmerte. Ich war wieder unterwegs, und das bedeutete, ich war glücklich.

Die hübsche Blondine neben mir war lässig gekleidet. So lässig jedenfalls, wie eine italienische Modejournalistin nur gekleidet sein kann, die die Kollektionen der kommenden Saison vor indischem Hintergrund photographiert – das nämlich erzählte sie mir später. Ihre Reiseaufmachung setzte sich aus weißen Gabardinehosen und einem weißen T-Shirt zusammen, und sie hatte sich einen ganz zartblauen Angorapullover um die Schultern geschlungen. Ich nahm an, daß sie nicht lange weiß bleiben würde. Sie blieb es nicht.

Plötzlich merkte ich, daß ich die ganze Nacht geschwelgt und getanzt und kein Auge zugetan hatte, zog meine Schuhe aus, zog die Beine auf dem Sitz an und schmiegte mich in meinen Kaschmirschal. Das letzte, woran ich mich erinnern kann, ist Miss Italien, die große Rußflocken von ihrem weißblauen Ensemble schnippte, nur um festzustellen, daß sie sich wie dicke, ermüdete Fliegen auf ihrem Gesicht und den Haaren wieder niederließen. Dann schlief ich, eingelullt vom rhythmischen Stampfen des Zuges, wieder ein.

Kurz vor elf Uhr fuhr der Rosarote Expreß in Dschaipur ein. Ich fühlte mich erholt und zu allem bereit, als ich auf den Bahnsteig hinaussprang – und das war gut so, denn ich mußte mich mit der halben indischen Armee herumschlagen, die rasselnd den Bahnhof stürmte. Der Kauf einer zweiten Fahrkarte kostete mich über eine Stunde (und wozu eigentlich vier Schlangen?). Und so war es nur gut, daß der Zug nach Dschodhpur – der inzwischen eigentlich hätte gekommen und wieder abgefahren sein müssen – zweieinhalb Stunden Verspätung hatte, denn ansonsten hätte ich ihn verpaßt.

Um zwei Uhr dreißig war ich glücklich im zweiten Zug untergebracht, obwohl er mit seinen hölzernen Lattenbänken dem Vergleich mit dem Rosaroten Expreß nicht standhielt. Ich unterhielt mich mit meinen neuen Mitreisenden – vier Polizisten, die auf dem Weg zu einem Schießwettbewerb waren. Sie sahen mich zweifelnd an, als ich ihnen erklärte, daß ich am nächsten Morgen gegen neun in Dschaisalmir zu sein hoffte. Aber das war der Zeitpunkt, zu dem das Wüstenfest begann – das Fest des Vollmondes. Nachdem ich durch halb Indien geeilt war, um es mitzuerleben, war ich zuversichtlich, daß ich es auch rechtzeitig erreichen würde.

Einige Stunden später brach die Dunkelheit herein, und es wurde immer klarer, daß sie recht hatten; ich würde die nächste Stadt nie rechtzeitig erreichen, um den Anschlußzug nach Dschaisalmir noch zu bekommen. Der Gedanke, daß ich die Eröffnung verpassen würde, nachdem ich so nah am Ziel war, ärgerte mich gewaltig. Als wir dann in einen kleinen Bahnhof einfuhren, erkundigte sich einer der Polizisten bei einem vorübergehenden Bahnwärter, und es stellte sich heraus, daß der Zug, dessen Umrisse wir undeutlich auf einem wenige Meter entfernten Nebengleis erkennen konnten, tatsächlich nach Dschaisalmir fuhr.

Das Problem war nur, daß unser Zug hier nicht anhielt – er hatte lediglich die Fahrt verlangsamt, fuhr aber durch. Die Männer öffneten jedoch blitzschnell die Waggontür und ließen mich und mein Gepäck in dem Augenblick, als der Zug wieder Fahrt aufzunehmen begann, auf die Erde hinunterfallen. Der Boden war beinbrecherische eineinhalb Meter unter mir, und meine Landung war alles andere als elegant. Als ich mich wieder aufgerichtet hatte, sah ich, daß meine Freunde von der Polizei sich besorgt aus dem Wagen gelehnt hatten, während der Zug sich entfernte.

In diesem Augenblick erwachte der andere Zug hustend zum Leben, und ich humpelte eilig in der Dunkelheit über die Gleise darauf zu. Angstvoll schwang ich mich auf den Zug, und in diesem Augenblick schrillte das Pfeifsignal, und mit einem Ruck und metallischem Gerassel war ich wieder in Bewegung.

Der gehetzte Schaffner war überrascht, mich ohne Fahrkarte und Platzreservierung anzutreffen. Das Problem war bald gelöst, aber es gab nur einen Stehplatz für die sechsstündige Fahrt bis Dschaisalmir. Ich entdeckte bald, daß es wahrhaftig möglich *ist*, im Stehen zu schlafen.

In eine Ecke des Ganges gedrückt, bemüht, dem eisigen Zugwind zu entgehen, wurde ich von einem Mann, der das Klo benutzen wollte, aus meinem traumlosen Schlaf gerissen – ich war, an die Tür gelehnt, eingeschlafen. Mittlerweile war die Temperatur ernsthaft gesunken und ich halb erfroren, so daß ich, als er zurückkam und mir einen Platz in seinem Abteil erster Klasse anbot, zwar versucht war, aber auch mißtrauisch – bis er die Tür aufhielt.

Das Abteil, das für acht Fahrgäste bestimmt war, platzte aus allen Nähten, es befanden sich ungefähr sechzehn Erwachsene und Kinder darin. Das Gedränge war so groß, daß es auf einen mehr oder weniger kaum ankam – und die Körperwärme, die auf diese Weise erzeugt wurde, hatte einiges für sich. Also legte ich mich vorsichtig zwischen die reglosen Gestalten, worauf andere Schnarcher sich über meine Arme und Beine streckten. Auf diese Weise fuhren wir Dschaisalmir entgegen – ein wirrer Menschenhaufen, sanft berieselt von einem Nebel feinen roten Sandes aus der Wüste von Rad-schasthan, der durch alle Ritzen und Fugen in den Zug eindrang.

Kurz vor der Morgendämmerung fühlte ich mich so unbehaglich, daß ich die Kontaktlinsen herausnehmen mußte. So kam es, daß ich, fünfhundertfünfundsiebzig Meilen und fünfundzwanzig Stunden von Neu-Delhi entfernt, vollkommen erschöpft und halb blind an unserem Zielort aus dem Zug stolperte.

Obwohl ich seine Gesichtszüge kaum erkennen konnte, vertraute ich der Stimme des jungen Mannes, der mir ein Zimmer in seinem Hotel anpries, und während ich im Fond seines Landrovers durchge-rüttelt wurde, gab ich den Versuch auf, die Häuser vom Himmel unterscheiden zu wollen – es war alles ein blau-grauer Schleier. Und ich machte nicht den Fehler, mich zu ärgern, als ich feststellte, daß es in dem Gasthof überhaupt keine freien Zimmer gab. Ich konnte ihm schließlich keinen Vorwurf daraus machen, daß er sich an die oberste indische Geschäftsregel gehalten hatte – zuerst fang dir deinen Touristen ein. *Danach* kannst du dir Gedanken darüber machen, was du ihm verkaufst.

Er versicherte mir allerdings, daß in wenigen Stunden ein Zimmer frei werden würde, und hatte keine Einwände, wenn ich mich bis dahin auf dem Dach schlafen legte. Ich folgte ihm über eine halbfer-tige Treppe auf ein flaches Dach aus gestampftem Lehm, legte mich, in meinen Schal gehüllt, auf den Boden und war innerhalb von Minuten eingeschlafen, nur noch mit halbem Bewußtsein die schwere Decke registrierend, die er heraufbrachte und über meine verstaubten Kleider breitete.

Wenige Stunden später weckte mich seine sanfte Stimme, und ich schlug die Augen in blendendem Sonnenschein auf, der die Feuchtig-keit in meinen Kleidern langsam verdampfen ließ. Er führte mich in ein kleines Zimmer hinunter, in dem er umsichtigerweise einen Eimer mit kaltem Wasser zurückgelassen hatte, den ich, nachdem ich mich ausgezogen hatte, über meinem Kopf ausleerte (wie mich das an Ooty erinnerte!). Fünfzehn Minuten später – ich hatte die Linsen eingesetzt, frische Kleider angezogen und mein Make-up erneuert – streckte ich den Kopf zu meinem Zimmerfenster hinaus und brüllte dem lächelnden Koch unten meine Frühstücksbestellung zu, dann kletterte ich wieder auf das Dach hinauf... und erfuhr den Schock meines Lebens.

Es war, als wäre ich durch eine Zeitkurve geglitten und tausend Jahre früher in einem Land erwacht, das die Zeit vergessen hatte. Unter mir bot Dschaisalmir seine schmalen Sträßchen, seine Minaretts, die verschnörkelten Säulengänge und filigranen Fenster einem brandneuen Tag dar. Und eine Vielzahl von Geräuschen und Myriaden von Farben eröffneten sich meinen staunenden Augen und Ohren.

Dicke graue Maulesel strichen um die Ecken, Ziegen stöberten wählerisch in liegengelassenen Abfällen. Kamele standen geduldig mit überkreuzten Beinen vor Geschäften, während die Waren abgeladen wurden.

Ungläubig drehte ich mich um, und hinter mir ragte ein Berg in die Höhe, der gekrönt war von einem Schloß aus Luft und goldenem Licht. Ein Kunstwerk aus Türmen, Giebeln und Flügelfenstern: so, wie ich mir die Schlösser aus Tausendundeiner Nacht immer vorgestellt hatte. Und nach allen Himmelsrichtungen dehnte sich die rote Wüste von Radschasthan wie ein fliegender Teppich in die Unendlichkeit aus.

Nach dem Frühstück erbot sich mein junger Wirt, mich zur Ebene vor dem Dorf mitzunehmen, wo das Fest stattfinden sollte. Hinter ihm auf dem Rücken eines schnaubenden Kamels sitzend, schaukelte ich durch die Straßen des merkwürdig verlassen daliegenden Dorfes, aber je näher wir dem Fuß des Berges kamen, um so dichter drängten sich die Menschen.

Ich hatte auf meiner Reise durch den Süden des Landes Tausende von Indern gesehen, und es waren warmherzige, freundliche und arglose Menschen gewesen. Klein und schmal gebaut, mager und dunkel – und nicht sonderlich attraktiv. Aber dies hier war eine vollkommen andere Welt. Hier waren die Männer durchweg größer als einen Meter achtzig, muskulös und kräftig, und ihre Haut hatte die Farbe von Bronze. Ihre Augen waren sorgfältig mit Kajal umrandet, die Ohren mit goldenen Mondsicheln behängt, und an ihren

Hand- und Fußgelenken klimperten lustig die Kettchen... es waren wirklich erstaunlich aussehende Männer. Sie hatten üppige, hängende Schnurrbärte, und ihre Augen blitzten übermütig unter den mächtigen, bunten Turbanen – sie trugen an diesem besonderen Tag ihren Feststaat. Die *Dhotis* waren makellos sauber, die Füße steckten in reichbestickten Pantoffeln, deren Spitzen nach oben gebogen waren, und auch ihre Westen und Schärpen zierte kostbare Stickerei.

Als wir um die Ecke des letzten Gebäudes bogen, sahen wir uns etwa zwanzig Frauen gegenüber, die auf einem niedrigen Mäuerchen hockten. Lachend und zwitschernd wirkten sie, ein Feuerwerk leuchtender Farben, wie ein Schwarm exotischer Vögel, die sich zum Abflug bereitmachten. Und sie waren drauf und dran abzuheben, als sie meine Kamera entdeckten. Kreischend flatterten sie mit den Armen und winkten mir, die Gesichter hinter ihren Schleiern versteckt, wegzugehen.

Wir setzten gemächlich unseren Weg zur Ebene fort, wo ich feststellte, daß ein Feld von der Größe eines Fußballplatzes mit Schnur abgesteckt worden war, während die versammelte Menge so groß war, daß sie jedem Wimbledon-Finale Ehre gemacht hätte. Das Menschenmeer wartete geduldig auf allen vier Seiten des Feldes, und ich saß unruhig auf Rajans Kamel und harrte gespannt der Dinge, die da kommen würden.

Als ich das Geräusch hörte, dachte ich zuerst, es sei ein fernes Donnergrollen. Es schien irgendwo weit draußen in der Ebene zu dröhnen... dann verhallte es im Wind... und ertönte von neuem. Als ich den Hals verrenkte und nach rechts blickte, sah ich in der Ferne eine Staubwolke, die sich auf uns zu bewegte. Das Dröhnen wurde so ohrenbetäubend, daß ich Rajan, als er zu mir sprach, nicht verstehen konnte, und als die Erde zu beben begann, spürte ich die Vibration durch unser Kamel hindurch, das nervös von einem Fuß auf den anderen trat.

Und dann kamen sie, Welle um Welle. Hunderte von Kamelen in gestrecktem Galopp preschten in einem tosenden Sandsturm auf uns zu. Während meiner Reise durch Ägypten hatte ich viele dieser Kreaturen vorübertrotten gesehen; manchmal waren sie sogar tapfer durch die funkelnde Sahara getrabt; aber nie zuvor hatte ich gesehen, daß sie sich so schnell oder mit solcher Kraft und Anmut bewegten. Jetzt war das Rennen, das weit draußen in der Wüste begonnen hatte, beinahe vorüber, und das Blut aller Beteiligten geriet in Wallung.

Mit rollenden Augen, von Schreien und Peitschenhieben angetrieben, flogen die Tiere an mir vorüber, ein Meer von Weiß, Beige, Braun und sogar Schwarz. Die Menge war längst in lautes Geschrei ausgebrochen – und selbst ich jauchzte und brüllte in meiner Begeisterung. Das Donnern der Hufe auf der ausgedörrten Erde, das hektische klirren des Zaumzeugs, die lebhaften Farben der Troddeln, die wie wahnsinnig an den kostbaren, gewebten Satteldecken tanzten … es war unmöglich, dieses Schauspiel unbeteiligt zu beobachten.

Es gab zahlreiche Darbietungen an diesem ersten Tag, aber ich ließ mich von den Aufführungen forttreiben und streifte statt dessen zwischen den Menschen umher. Und als ich jetzt die Frauen aus der Nähe betrachtete, begann ich zu begreifen, worin die unwiderstehliche Anziehung für die Perser bestanden hatte, die dieses Land so viele Jahrhunderte lang überfallen und ausgeplündert – und ihre Spuren unauslöschlich in Generationen hochgewachsener, hellhäutiger und mandeläugiger Inder hinterlassen hatten. Diese Frauen waren herrlich.

Sie sahen aus, als wären sie in ihre dunklen korsettartigen Leibchen gegossen, die mit einer einzigen Schnur auf dem Rücken befestigt waren. Dazu trugen sie zwei bis drei weite, mit den traditionellen Mustern in den Farben Grün, Blau und Orange oder aber Rosarot, Purpurrot und Gold leuchtend bedruckte Röcke. Sie waren mit Gold- und Silberborten eingefaßt und mit bunten Steinen besetzt. Unter den Röcken trugen die Frauen weite Beinkleider, die an den Knöcheln von fünf bis sechs mit Glöckchen beschwerten Kupfer- oder Silberkettchen zusammengehalten wurden. Die Köpfe mit dem glatt zurückgekämmten schwarzen Haar waren in meterlange glänzende Baumwolltücher gehüllt, die von schweren Schmuckstücken gehalten wurden und mit Ziermünzen behängt waren. An den bloßen Armen wurden stolz die Elfenbeinreifen (das Zeichen ihres Reichtums) zur Schau getragen, die vom Handgelenk bis zur Schulter reichen konnten, wenn die Frau einigermaßen wohlhabend war.

Als die Dunkelheit hereinbrach, kehrte ich zum Festplatz zurück, um den Tänzern zuzusehen. Sie wirbelten wie die Derwische zum schwermütigen Klang der Trommeln und dem dünnen Klagen der Flöten, während Kinder sangen und alte Leute Geschichten und Legenden erzählten. Das dauerte drei Tage und drei Nächte.

Wenn ich mich nicht auf dem Festplatz vergnügte, machte ich Erkundungsgänge, und auf jedem dieser Ausflüge gab es etwas Neues zu entdecken. An einem Tag stieß ich auf den von den Einheimischen so genannten »Heiligen See«. Er lag still und geheimnisvoll da, keine noch so winzige Welle störte seine glasglatte Oberfläche und die sich darin spiegelnden Tempel, winzigen Paläste, verfallenen Sommerhäuser – alles aus weichem, goldgelbem Sandstein –, und er schien das indische Sonnenlicht in sich aufzusaugen, um es, seltsam verändert und verzaubert, wieder in die warme Luft zu entlassen.

Ich saß, eingelullt von der Stille, stundenlang da – sah zu, wie sich ein Schwarm ebenholzschwarzer Krähen gemächlich in die Luft aufschwang. Sie waren von einer Großmutter aufgescheucht worden, die an das Seeufer gekommen war, um ihren Krug mit Wasser zu füllen. In Magentarot und Silber gehüllt, hielt sie ihren alten Körper kerzengerade, als sie das schwere Kupfergefäß auf ihren Kopf hob und grazil davonging, ohne einen Tropfen zu verschütten.

Ein andermal saß ich auf dem Dorfplatz, blickte zu den soliden alten Burgmauern auf, die hoch über mir in den Himmel ragten, und schrieb zahllose Postkarten an Menschen, die sich nicht im entferntesten wurden vorstellen können, was ich ihnen zu beschreiben versuchte. Dann kam der Tag, an dem ich das Schloß besuchte ... und mein ganz besonderes Zimmer fand.

Ich ging durch das massive Holztor, quälte mich die steile, gewundene Straße hinauf – über uralte Steinfliesen und unter gewaltigen Bögen hindurch –, während Hunderte von Krähen ihre Kreise über den Zinnen zogen. Es lebte eine ganze Gemeinde innerhalb der Mauern, und als ich durch die schmalen Gassen wanderte, traf ich auf einen dicken, gutgelaunten Inder, der auf der Eingangstreppe seines Hauses saß. Es stellte sich heraus, daß er der Lehrer des Dorfes war; er sprach ein fehlerfreies Englisch, und im Nu hatte sich zwischen uns eine Unterhaltung entsponnen.

Er lud mich ins Haus ein, und ich begrüßte förmlich seine Frau, seine Mutter, seinen Vater und die beiden Schwestern. Dann führte er mich durch das Haus, und ich folgte ihm über Fluchten ausgetretener Treppen, vorbei an reich geschnitzten Türen, die alle mit Ketten und Vorhängeschlössern verwahrt waren.

Unvermittelt blieb er vor einer Tür stehen, schloß sie auf und schob mich hinein. Etwas ähnliches wie diesen Raum hatte ich noch nie im Leben gesehen, aber als ich über die Schwelle trat und er die Läden aufstieß, überkam mich ein höchst eigenartiges Gefühl – fast, als wäre ich schon einmal in diesem Zimmer gewesen. Der Schock, den dieses Gefühl des Wiedererkennens in mir auslöste, muß deutlich in meinem Gesicht gestanden haben, aber der Lehrer stand einfach lächelnd da und beobachtete mich – als wüßte er genau, was in mir vorging.

Als ich ihn fragte, ob ich das Zimmer mieten könnte, lächelte er bedauernd. »Wir nehmen keine Gäste auf...«, setzte er leise an, mit einem freundlichen Kopfschütteln zu erklären, verstummte aber, als er meinen flehenden Gesichtsausdruck sah. Er wechselte ein paar Worte mit seiner hübschen, kindhaften Frau, und ich wurde noch am selben Nachmittag untergebracht.

Was soll ich Ihnen über das Zimmer sagen? Es war ungefähr fünf mal fünf Meter groß und hatte an der einen Wand zwei wunderschöne Fenster. Mit schlanken Säulen und schmalen Bögen und winzigen Balkons davor, wie für Romeo und Julia geschaffen. Vor mir ging der Blick auf die Dächer der Burganlage und den gegenüberliegenden Dschaina-Tempel hinaus, dessen steinerne Basilisken sich deutlich vom Himmel abhoben; und zu meiner Linken standen die Burgmauern nur wenige Meter entfernt. Dahinter erstreckte sich die Wüste unter einem flimmernden Hitzeschleier bis zum Horizont.

In der Mitte des Raumes vertiefte sich der Boden zu einem flachen Becken von etwa einem mal eineinhalb Meter Größe, während sich in der Decke darüber ein entsprechendes Loch befand, das wie ein Brunnen durch die zwei darüberliegenden Stockwerke des Hauses verlief und zum Himmel hin offen war. Auch das Becken war von schlanken Säulen umgeben, und das einzige Möbelstück im Raum bildete ein einfaches, mit Schnur bespanntes Bett, das auf einem niedrigen Podest in einem Alkoven stand. Ich liebte diesen Raum und hielt mich tagelang darin auf, unendlich glücklich und zufrieden. Ich machte zahlreiche Bilder davon, die ich heute oftmals in stillem Staunen betrachte.

An jenem ersten Abend legte ich mich in das Becken hinein auf den Rücken und sah geduldig zu, wie der Vollmond durch mein kleines Stückchen Himmel schwebte. Später saß ich, zu aufgeregt, um zu schlafen, in meinem Bett und betrachtete die Sterne, die langsam durch die Nacht wanderten – so, wie ich sie am Heiligabend mit Martin betrachtet hatte.

Die Morgendämmerung zog herauf, und ich wurde vom leisen Gurren der Tauben geweckt, die paarweise in den Deckenschacht geflattert kamen, mich mit ihren Knopfaugen ansahen und in meinem Raum umhersegelten, bevor sie aufgeregt durch die Fenster entschwanden.

Der letzte Abend des Festes... und ich saß im Sand und beobachtete abwesend das Tanzen und Singen. Die Nacht war kühl und klar, und alles war in blaue Schatten getaucht im Schein des Mondes, der tief am Himmel stand. Ich hatte ihn an vielen verschiedenen Orten zu- und abnehmen gesehen, seitdem ich London verlassen hatte. Und ich hatte den Vollmond in den unterschiedlichsten Stimmungen erlebt. Aber ich würde mich immer daran erinnern, wie ich ihn hier, beim Wüstenfest in Radschasthan, gesehen hatte.

Und noch heute, wenn ich zu einem winterlichen Londoner Himmel aufblicke, an dem die Sturmwolken dahinjagen ... muß ich unfehlbar an jene traumverlorenen, indischen Wüstennächte denken.

VIERTES KAPITEL

Ob König oder Bettler – alle sind sie freundlich

Der Zug von Dschaisalmir nach Dschodhpur fuhr, wie gewöhnlich, mitten in der Nacht mit kreischenden Bremsen im Bahnhof ein – es schien, als würde ich immer nur im Schutze der Dunkelheit durch Indien reisen. Ich befand mich jetzt am Rande der Thar-Wüste, in der Gegend, die einst als »Das Land des Todes« bekannt gewesen war. Aber als ich in der Rikscha an den stillen Häusern und einer Gruppe von Indern vorüberrollte, die sich um ein Straßenfeuer drängten, war ich nicht in der Stimmung, mich mit der Geschichte der Stadt zu befassen. Alles, was ich wollte, war ein Plätzchen, an dem ich mein müdes Haupt niederlegen konnte.

Ich nahm meine Umgebung kaum wahr, als der Fahrer von der staubigen Hauptstraße abbog und durch eine Reihe von schmiedeeisernen Toren eine Auffahrt erreichte, die mit blühenden Büschen gesäumt war, und ich konnte die Umrisse des Gebäudes, vor dem er anhielt, nur undeutlich erkennen. Aber ein schlankes, hübsches Mädchen, deren Augen übermütig funkelten in ihrem dunklen Gesicht, trat aus den Schatten, und ihre Röcke raschelten, als sie mein Gepäck aus dem Gefährt hob. Das war meine erste Begegnung mit Hapi, einer der bewährtesten Dienerinnen im Ajit Bawan Palast, eine Frau, die nie die gute Laune verlor.

Ihre Fußkettchen klingelten vorwitzig, als sie mit bloßen Füßen über die blumengesäumten Wege lief und mich schließlich eine schmale, gewundene Treppe hinaufführte, wo sie eine Holztür öffnete. Halb im Schlaf folgte ich ihr in einen runden Raum, es war sicherlich die am schönsten ausgestattete Wohnung meiner ganzen Reise, obwohl ich das erst in den frühen Morgenstunden richtig würdigen konnte, als ich in meinem bequemen Bett erwachte und mich staunend umsah.

Mein Bett war groß, mit teurem, sauberem Leinen bezogen, obenauf eine bunte, handgewebte Decke. Das Kopfteil war hoch und aus reich geschnitztem Holz, eingerahmt von einem Streifen winziger Spiegelvierecke. Die Decke war weiß gestrichen, die Wände leuchteten so rot wie Rubine, auf kleinen geschnitzten Hockern türmten sich dicke Satinkissen und der Holzboden war mit bunten Webteppichen bedeckt. Es gab ein kleines Fenster und eine Tür, die vermutlich auf eine Veranda führte, und beide hatten Scheiben, die aus vielen, glänzenden Buntglasstücken zusammengesetzt waren, während die zarten weißen Vorhänge von kunstvoll geschnitzten Holzstangen herunterflossen. Diese wiederum waren mit Holzträgern an der Wand befestigt, die in der Form von Pfauen mit aquamarinblau und rosarot bemalten Federn geschnitzt waren. Überall funkelten winzige Spiegelscherben; sie waren in die Vorhänge und den Bettüberwurf eingenäht und in das Holz der Stühle eingelassen. Spiegel, wohin man auch sah, so daß der ganze Raum blitzte und funkelte.

Den Eingang zu meinem Zimmer bildete eine schwere Holztür, die außen kunstvoll mit Messingrosetten beschlagen und auf der Innenseite mit Malereien geschmückt war, die Liebende im Garten darstellten. Weitere schrägäugige junge Mogule und juwelenbehängte Prinzessinnen zierten die schwarze Holztür, die in mein blendend weiß gekacheltes Badezimmer führte, in dem Klo und Waschbecken glänzend sauber geputzt und flauschige weiße Handtücher neben der Duschkabine aufgestapelt waren.

Meine Wohnung, bestehend aus Schlafraum und Badezimmer, war eigentlich ein kleines Häuschen oder ein Pavillon – einer von zwanzig seiner Art, die auf dem Gelände des alten Palastes verstreut waren und von denen jedes individuell angelegt und erlesen möbliert war. Mein Pavillon war in Form eines runden Steinturmes etwa sechs Meter über dem Erdboden gebaut, und man betrat ihn über die kleine Wendeltreppe. Diese Treppe bildete eine Brücke über den plätschernden Bach, der sich durch den gesamten Pavillonkomplex wand. Von raschelnden Gräsern gesäumt und mit weißen und rosafarbenen Lilien bestanden, sprudelte das Wasser im Schatten von Orangenbäumen über Steine und in kleine Becken und rauschte an kunstvoll angelegten Wegen und smaragdgrünen Rasenflächen vorüber. Ich war wieder über einen Winkel des Paradieses gestolpert – eine verzauberte Oase inmitten der Wüste.

Ich wollte meinen Augen nicht trauen und konnte mein Glück nicht fassen, als ich über die Wege schlenderte und Streifenhörnchen und leuchtend grüne Wellensittiche aufscheuchte. Die Pavillons wirkten verlassen, und das ganze Gelände schien menschenleer, doch plötzlich bog ein morgendlicher Jogger um die Ecke. Bekleidet mit einem marineblauen Trainingsanzug, ein weißes Handtuch um den Hals geschlungen, kam dieser umwerfend gutaussehende indische Herr vor mir zum Stehen. Groß und athletisch gebaut, das schwarze Haar an den Schläfen mit grauen Strähnen durchsetzt, über den

Lippen ein üppiger Schnurrbart, musterte er mich mit dunklen, mandelförmigen Augen unter dichten Brauen und wünschte mir dann mit einem freundlichen, breiten Lächeln einen »Guten Morgen«.

»Sie sind neu hier ... sind Sie in der Nacht angekommen?« erkundigte er sich heiter.

»Ja – aus Dschaisalmir«, erwiderte ich. »Und ich kann noch gar nicht glauben, wie schön es hier ist. Und wie friedlich«, fügte ich hinzu, denn mir schien, daß wir die einzigen Gäste hier waren.

»Hmmm, es *ist* im Augenblick sehr ruhig. Aber ich habe gehört, daß heute nachmittag neue Gäste eintreffen sollen.« Dann fuhr er fort: »Haben Sie schon gefrühstückt? Nein? Wollen Sie mit mir frühstükken – auf dem Rasen?«

Wir hatten uns kaum in einer Gartenschaukel auf dem scheinbar vollkommen menschenleeren Rasen niedergelassen, als drei Männer mit Turban aus dem Gebüsch am Weg auftauchten. Sie mußten friedlich unter dem Blätterdach geschlafen haben und beim Klang unserer Stimmen aufgewacht sein. Bevor sie sich noch richtig gesammelt hatten, begannen sie zu spielen – der erste auf einer Flöte, der zweite auf einer Fidel und der dritte auf einer kleinen Trommel.

Der jüngste der Musikanten, der so etwas wie eine Tweedjacke über einem beigen Dhoti trug, begleitete unser Frühstück, das aus Spiegeleiern, Toast, Marmelade und starkem Tee bestand, mit einem wehmütigen Trauermarsch. Das Frühstück war auf einem kleinen vierbeinigen Tisch gebracht worden – komplett mit weißem Tischtuch und einer einzelnen Blume von der unerschütterlichen Hapi auf dem Kopf getragen. Ich traute meinen Augen nicht, als der Tisch, dessen Trägerin unseren Blicken entzogen war, über den Büschen dahinschwebte. Selbst der Service im Savoy konnte sich damit nicht messen.

Als das Frühstück beendet war, erkundigte sich mein geselliger Nachbar, ob ich Dschodhpur schon kennengelernt hätte. »Nein? Oh, dann steht Ihnen eine angenehme Überraschung bevor. Die Gegend hier ist sehr schön – und die Stadt natürlich ebenfalls. Hätten Sie Lust, sich heute vormittag ein wenig umzusehen?«

Mr. Singh, wie er sich mir vorgestellt hatte, war offensichtlich ein Mann, der ein paar Stunden totzuschlagen hatte und sich in der Gegend leidlich auskannte; dieser Gedanke ging mir durch den Kopf, als er mich im Garten allein ließ, um sich umzuziehen. Ich hatte wirklich eine Glückssträhne, mit meinem herrlichen Zimmer in kultivierter Umgebung und einem reizenden Begleiter, der mir die Gegend zeigte.

Minuten später kehrte er zurück und führte mich zu einem zerbeulten Jeep, der auf der Rückseite des Palastes geparkt war. Er war also auch noch motorisiert – es wurde immer besser. Wir verließen das Palastgelände und bogen in die Hauptstraße ein, auf der wir munter in entgegengesetzter Richtung zur Stadt dahinrollten. Dann begegneten wir einer kleinen Gruppe von Menschen, die aufblickten, als der Jeep an ihnen vorüberfuhr, nur, um sich leicht zu verneigen und die Stirn mit den Fingerspitzen zu berühren. Beim ersten Mal dachte ich mir nichts dabei, aber es passierte immer wieder – alle Leute, denen wir begegneten, verneigten sich ehrerbietig beim Anblick des Jeeps und seines Insassen. Ich warf ihm von meinem Beifahrersitz aus einen verstohlenen Seitenblick zu, aber seine stolze Stirn, die ruhigen Augen und die kräftige, gebogene Nase verrieten nichts.

Wir fuhren in die Berge hinauf und gingen durch wildes, mit Unterholz überwuchertes Waldgelände spazieren, und der Vormittag verging wie im Fluge. Hier waren bis vor kurzem noch Tiger und wilder Bär umhergestreift, und Mr. Singh wies mich auf die zerfallenen Steingebäude hin, die einst den fürstlichen Radschputen und ihren Jagdgästen – Königin Viktorias adeligen Gesandten – als Deckung gedient hatten.

Wir fuhren weiter in die Berge hinauf und durch flache Täler, bis wir auf eine lange, niedrige Höhle in der Felswand stießen, in der einst ein heiliger Mann gelebt hatte. Mr. Singh deutete auf eine eigenartige Erhebung im Höhlenboden – kreisrund und mit einem Durchmesser von ungefähr sechzig Zentimetern, und darauf war deutlich der ockerfarbene Umriß eines Fußes zu erkennen. Als er den verwunderten Blick in meinen Augen sah, erklärte er, daß dies der Platz war, an dem Sadu zu sterben beschlossen hatte. Ein Loch war für ihn gegraben worden, und man hatte ihn hineingesteckt. Lebend. Und mit dem Kopf nach unten, daher der Fußabdruck.

Bald darauf machten wir uns auf den Rückweg zum Palast, und dieselbe Sache wiederholte sich: wo wir auftauchten, wurden wir von Kamelreitern und Rikschafahrern gegrüßt. Wieder schien mein Begleiter keine Notiz davon zu nehmen – blickte entweder angestrengt geradeaus oder drehte sich, angeregt plaudernd, zu mir um. Es störte mich irgendwie – etwas an Mr. Singh reimte sich nicht zusammen. Erst als ich mich am Abend zum Essen in den Palast begab – in Schale geworfen mit hochhackigen Goldsandalen und einem meiner Saris –, konnte ich das Rätsel lösen.

Mr. Singh stand vor einer mächtigen metallenen Feuerschale, und seine eindrucksvolle Gestalt hob sich scharf vor den zuckenden Flammen ab, deren Funken knisternd in die Wüstennacht aufflogen. Er war prachtvoll gekleidet in eine schenkellange Tunika aus Goldbrokat über blendend weißen Beinkleidern, in Pantoffeln aus rotem und goldenem Brokat und einen herrlichen langen Wollüberwurf, der in leuchtenden Schattierungen von Rostbraun, Gold und Schwarz gefärbt war. Dann trat, mit einem schalkhaften Lächeln angesichts meiner Verlegenheit, Mr. Singh vor – oder sollte ich lieber sagen der Maharadscha von Dschodhpur, Bruder des alten Maharadscha, Onkel des gegenwärtigen Fürsten des Staates? –, um mich zu begrüßen.

An diesem Abend speiste ich im Haupthof des Palastes. Nach oben offen, war er im unteren Stockwerk von einem Säulengang umgeben, von dem alle Zimmer abgingen, während das erste Stockwerk – in dem sich einst der Wohnbereich der Frauen befunden hatte – durch filigran geschnitzte Fenster vor neugierigen Blicken geschützt war. In den vier Ecken des Hofes blickten mächtige basiliskenhafte, schildbewehrte Steinstatuen hochmütig auf die versammelte Abendgesellschaft herunter. Und die Gäste unten nahmen sich von den köstlichen Speisen und verzehrten sie an langen Tischen, die herrlich dekoriert waren mit gestärktem Linnen, silbernen Bestecken und Blumen.

Uniformierte Kellner huschten unter dem wachsamen Auge der unermüdlichen Hapi hin und her, während Musikanten aufspielten und Jungen die flackernden Lampen überwachten und die Feuerschalen schürten, die tanzende Schatten an die alten Mauern warfen.

Zwei Wochen lang erholte ich mich hier – brachte die Tage damit zu, den schönen alten Markt von Dschodhpur mit seinem Zahnzieher und dem Schlangenbeschwörer zu erkunden. Ich erstand ein Paar wunderschöner Pantoffeln mit gebogener Spitze bei einem Schuhmacher und machte einen ausgezeichneten weißhaarigen kleinen Schneider im Labyrinth der überdachten Fußwege aus. Er nahm sich der endlosen Meter von Chintzstoffen an, die ich gekauft hatte: ein wildes Gemisch aus Mintgrün, Schockrosa, Feuerrot und Pfauenblau, das Ganze für dreißig Pence pro Meter – und verwandelte sie in weite, fliegende Röcke. Er nähte mir sogar Unterröcke – rosarot, violett und schwarz, mit üppigen Rüschen am Saum.

Sie zu tragen, veränderte meine ganze Erscheinung, und als eine reizende ältere Dame aus Deutschland eines Abends eine Bemerkung darüber machte, wie herrlich farbenfroh ich aussähe, mußte ich lächeln in der Erinnerung daran, wie ich mich als Vamp der Sturmtruppe von Kopf bis Fuß in Schwarz gehüllt hatte. Ich dachte an die deprimierende Garderobe aus Velours, Leder und Seide – eine Flut düsterer Kleider mit höchstens einem winzigen Hauch grün oder Rot. Schmucklos und maßgeschneidert enganliegend und streng, hatten diese Kleider, die zu meinem alten Ich gehört hatten, einiges über die finstere Gemütsverfassung ihrer Trägerin ausgesagt. Die Farbkaskade, in der ich jetzt herumlief, verkündete etwas wesentlich Optimistischeres.

Während meines Aufenthaltes dort lernte ich die Rani ein bißchen kennen. »Mr. Singhs« atemberaubend schöne Frau war stets freundlich und liebenswürdig – und eine ziemlich gerissene Geschäftsfrau. Sie war es schließlich, die mich gründlich in die Kunst des Saritragens einführte – indem sie sich eines Tages auf Hände und Knie niederließ und hier eine Falte ordnete, da ein wenig zupfte, während ich vor Scham am liebsten im Erdboden versunken wäre. Ich verstand das tiefe Erschrecken im Gesicht des Dienstboten nur zu gut, der, als er an meiner offenstehenden Tür vorüberkam, wie angewurzelt stehenblieb beim Anblick seiner geliebten Rani, die vor mir auf dem Boden kniete. Es war etwas, was sich einfach *nicht gehörte*, wie wir beide sehr wohl wußten, wenn sie sich auch weigerte, wieder aufzustehen, solange der Sari nicht untadelig saß.

Danach standen wir nebeneinander vor dem Spiegel und begutachteten mich. Ich fragte, ob schwarze und hellrote Seide wirklich die passende Farbzusammenstellung für eine Hochzeitsfeier sei, und die Rani – strahlend in ihrem traditionellen Gewand aus Leibchen, weiten Röcken und Schleier, das ganze scharlachrot und mit schwerer Stickerei verziert – versicherte mir mit ihrer weichen, freundlichen Stimme, daß ich großartig aussähe.

Sie hatte mich zu einer Hochzeit eingeladen – einer aufwendigen Angelegenheit, die schon seit Tagen im Gange war. Als ich in den herrlichen alten, chauffeurgesteuerten Wagen der Rani stieg, war ich so aufgeregt, daß man hätte meinen können, es wäre die allererste Party in meinem Leben, und als wir ankamen, wichen die anwesenden Frauen mit niedergeschlagenen Augen vor der Rani zurück.

Dann traf die Fürstin von Dschodhpur ein, soweit ich sehen konnte die einzige Frau in dieser Runde, vor der sich selbst die reizende Rani beugen mußte.

Es war eine Nacht voller Süßigkeiten und Zimbeln, Räucherwerk und Gelächter. Eine Nacht der wundervoll gekleideten Männer in weißen Hosen, goldgeknöpften Tuniken und unvorstellbar farbenprächtigen Turbanen. Eine Nacht, in der eine Frau schöner aussah all die andere, in Saris, die handbemalt und mit Blumen besetzt waren und mit Borten aus Blattgold gesäumt. Es war eine Nacht der funkelnden Juwelen und blitzenden Augen; der Fragen und Schmeicheleien; voller Wärme und Musik und fröhlicher Gesellschaft. Oh, welch eine Nacht!

Schließlich mußte ich natürlich weiterziehen, und als die Rani, die eine Autofahrt nach Delhi geplant hatte, erfuhr, daß ich am nächsten Tag nach Dschaipur zu reisen beabsichtigte, lud sie mich ein, mit ihr zu fahren. Wir brachen am frühen Morgen noch vor Sonnenaufgang auf, um es wenigstens auf der ersten Etappe der Reise erträglich kühl zu haben. »Mr. Singh« wartete auf dem breiten Treppenaufgang vor dem Palast, um sich zu verabschieden, und offenkundig gefiel ihm die Vorstellung überhaupt nicht, auch nur ein paar Tage von seiner wundervollen Frau getrennt zu sein. Aber bald glitten wir durch die Palasttore hinaus, und hinter uns flatterten Hunderte von Wellensittichen – die vom schnurrenden Motor unseres Wagens aufgeschreckt worden waren –, aufgeregt und mit gesträubtem Gefieder aus dem Gebüsch am Rande der Auffahrt, in dem sie geschlafen hatten.

Um uns die Zeit zu vertreiben, erzählte ich der Rani ein wenig von meinem Leben in England, während sie mir einen Einblick in die Welt einer indischen Prinzessin gewährte. Sie stammte aus der schönen, kalten Gebirgslandschaft von Kaschmir und wuchs als Tochter aufgeschlossener Eltern auf: eine Prinzessin, die ein ungewöhnliches Maß an persönlicher Freiheit genoß und deren rasche Auffassungsgabe und lebhafte Neugier dazu führten, daß sie mit knapp zwanzig Jahren die Universität besuchte. Dieses kluge, unbeschwerte und hübsche Mädchen war dem Maharadscha, ihrem auserwählten Ehemann, einige Jahre zuvor, als sie nicht älter als sechzehn gewesen war, vorgestellt worden. Obwohl sie den beeindruckenden älteren Mann mit den gefährlichen Augen überaus anziehend fand, war sie entschlossen, ihr Studium zu beenden. Er fügte sich mit leiser Belustigung.

Endlich mußte die Braut dann ihr Königreich der schneebedeckten

Berge, grünen Weiden, Seen und Blumen verlassen und nach Süden in die unwirtliche und unfruchtbare Wüsteneinöde von Radschasthan fahren – in das Land der kriegerischen Könige und der blutigen Geschichte. Und sie wäre am liebsten gestorben, als sie ihr neues Heim zum ersten Mal erblickte. Aber es sollte noch schlimmer kommen. Nach der Hochzeit stellte die Rani fest, daß man von ihr erwartete, sich für immer in die Frauengemächer zurückzuziehen – eine einsame Art, das Leben zu fristen, für eine Frau, die im Sinne des Purdah erzogen war, aber ein schockierendes Ansinnen an eine hellwache, fortschrittliche und gebildete Frau, die ein gewisses Maß an Unabhängigkeit gewohnt war.

Ungeachtet ihrer Bitten wurden die Räume im ersten Stockwerk des Palastes – derjenigen mit den vergitterten Fenstern, die auf den Haupthof hinausgingen – für die darauffolgenden sieben Jahre ihr Heim. Dort aß und schlief sie, unterhielt ihren Mann, plauderte mit ihren Dienerinnen und gebar ihre Söhne. Hier wartete sie Jahre später auf Nachricht vom Vater des Maharadscha, der ernsthaft erkrankt war. Dann kam der Tag, an dem aus irgendeinem Grunde keine Krankenschwester zur Verfügung stand, um am Lager des alten Mannes zu wachen.

Die Rani wurde aufgefordert, diese Aufgabe zu übernehmen, und sie setzte sich, aufgelöst vor Nervosität, zu ihrem Schwiegervater, in dessen Gegenwart sie stets die Augen abwenden, sich verschleiern und vollkommenes Schweigen wahren mußte.

Das Gesicht verschleiert, die Augen niedergeschlagen, saß sie in unbedingtem Schweigen an seinem Bett, während er mit gequälter, atemlos flüsternder Stimme Fragen stellte und ihr die Erlaubnis erteilte zu antworten. Nach dieser Begegnung rief er sie wieder zu sich, und in den darauffolgenden Tagen gewöhnte es sich die Rani an, sich an das Lager ihres Schwiegervaters zu setzen und sich sogar mit ihm zu unterhalten, wenn niemand in der Nähe war, der den Skandal dieses unerhörten Benehmens hätte verbreiten können.

Als feststand, daß der Tod des alten Herrn nahte, bat die Rani darum, ihn noch einmal sehen zu dürfen. Er hatte sie mittlerweile liebgewonnen und genoß die intelligenten Gespräche mit ihr, und als sie ihn um die Erlaubnis bat, den Purdah verlassen zu dürfen, willigte er ein. So kehrte die Rani in die wirkliche Welt zurück, und heute steht sie ihrem Mann als treue Ehefrau und fähige Geschäftspartnerin zur Seite.

Sie war eine wunderbare Frau – warmherzig und freundlich und unendlich wißbegierig. Sie kicherte schockiert, als sie erfuhr, daß ich eine geschiedene Frau war; hörte gespannt zu, als ich ihr von meinem Ex-Mann erzählte und davon, wie wir uns kennengelernt hatten. Was sie mehr als alles andere faszinierte, waren die eigenartigen Gewohnheiten, die wir Europäer hartnäckig an den Tag legten – wie das Händeschütteln, das sie ausgesprochen abstoßend fand. Als ich ihr eine der Gewohnheiten beschrieb, die ich in der portugiesischen Gesellschaft als unangenehm empfunden hatte, nämlich den Begrüßungskuß, riß sie ungläubig die Augen auf. *Wie* hatte ich sie geküßt, wollte sie wissen; wo, wann und wie oft? Als ich ihr erklärte, daß ich vollkommen fremde Menschen bis zu drei Mal hatte auf die Wangen küssen müssen, wurde sie von einem hysterischen Lachanfall geschüttelt. Offensichtlich schockiert, erklärte sie entschieden, niemals mit einem Menschen so vertraulich werden zu können, und dann bestand sie darauf, daß ich ihr die Technik des Begrüßungskusses erklärte. Ob die Lippen tatsächlich die Haut berührten, ob man es mit geschlossenen oder offenen Augen tat. Und – die Frage aller Fragen – ob die Nasen nicht im Weg waren. Woher man wußte, ob die Person, die man zu küssen beabsichtigte, den Kopf zur rechten oder zur linken Seite drehen würde. Ich klärte sie auf, daß es keine festgelegten Regeln gäbe und daß ich selbst ein paarmal unangenehm mit fremden Nasen und Kinnknochen kollidiert war. Worauf wir uns in hilflosem Gelächter bogen, und der Chauffeur eine überaus mißbilligende Miene aufsetzte.

Als wir den Stadtrand von Dschaipur erreichten, teilte mir die Rani mit, daß sie zum Essen im Palast eingeladen war, und bat mich, sie zu begleiten. So rauschten wir königlich in die Rosarote Stadt, wo wir in den belebten Straßen Kindern und Kamelen ausweichen mußten. Das Essen war eine ziemlich förmliche Angelegenheit in einem großen Saal, dessen Wände von oben bis unten handbemalt zu sein schienen.

Danach schlenderte ich mit der Rani durch die verstaubten Korridore des Palastes, und schließlich traten wir in die Nachmittagssonne hinaus. Mehrere Dienstboten standen auf der breiten Eingangstreppe bereit, und einer von ihnen hob mein Gepäck aus dem Kofferraum, während wir am Wagenschlag warteten.

»Haben Sie wirklich *keine* Ahnung, wo Sie wohnen werden?« erkundigte sich die Rani besorgt – denn eine solche Freiheit des Geistes und persönliche Unabhängigkeit schienen selbst dieser temperamentvollen Frau übertrieben.

»Ach, ich werde schon etwas finden. Ich finde immer etwas«, versicherte ich ihr. Ich wußte, daß es Zeit war, mich offiziell von der Frau des Maharadscha zu verabschieden, hatte aber keine Ahnung, was das Protokoll von mir verlangte. So legte ich die Handflächen zusammen und führte sie, die Finger nach oben gerichtet, ans Herz – eine Geste der Begrüßung oder des Abschiedes, die ich so oft bei ihr beobachtet hatte – und wollte den Kopf neigen, um den Gruß zu vervollständigen.

Sie hinderte mich mit einem übermütigen Lächeln daran und sagte: »Ich glaube, dieses eine Mal verabschieden wir uns so, wie ihr Europäer es tut.« Und dann fügte sie mit leisem Flüstern hinzu: »Und ich nehme die rechte Seite . . .« Darauf schnellte sie auf mich zu und küßte mich, zum Entsetzen aller anwesenden Dienstboten, erst leicht auf die rechte, dann auf die linke Wange.

Aufs höchste belustigt angesichts meiner verblüfften Miene, trat sie zurück, wünschte mir eine gute Reise und glitt in den Fond ihres Wagens, worauf der Chauffeur, steif vor Mißbilligung, die Tür hinter ihr schloß. Einen Augenblick später brausten sie, eine Wolke rötlichen Staubes aufwirbelnd, durch das Palasttor davon. Als ich mein Gepäck aufnahm und in die Hitze von Dschaipur hinaus wanderte, spürte ich den kalten Blick der Dienerschaft auf meinem Rücken.

Einige Stunden später hatte ich mich in meiner neuen Behausung niedergelassen – einem alten Palast mit verblichenen, handbemalten Wänden, hohen Decken und ungemütlichen, viktorianischen Möbeln (das Bett erwies sich als eines der härtesten, in denen ich je das Unglück gehabt hatte zu schlafen) – und machte mich auf zu meiner täglichen Ration an Erkundungen. Ich streifte durch den Palast der Winde, ein buchstäblich zweidimensionales Gemäuer. Hinter seiner unglaublichen Fassade befinden sich nichts als ein paar steile Treppenfluchten und ein »Grundriß«, wenn man so will, der Räume, die sich einmal dort befunden hatten. Als ich sie umrundete, hätte ich schwören können, daß ich mich hinter den Kulissen eines Hollywood-Studios befand, und das, was von der Straße aus betrachtet wie ein richtiges, massives Gebäude aussah, war in Wirklichkeit nur eine Mauerfront.

Danach ging ich meiner Lieblingsbeschäftigung nach – wanderte stundenlang durch das endlose Labyrinth von Seitengäßchen und bewegte mich immer weiter vom geschäftigen Zentrum der Stadt fort bis in die Außenbezirke hinein, in denen die Bevölkerung von

Dschaipur lebte. Ich ließ mich im allgemeinen Menschenstrom treiben, wich offenen Abflußrinnen und Hunden und Kühen aus, die sich auf der warmen ausgedörrten Erde räkelten, und ganz allmählich sammelte sich eine kleine Menschenmenge hinter mir. Zuerst bestand meine Eskorte aus ein paar Kindern, die ihr gewohntes Verschen sangen – »Ich habe keinen Vater und keine Mutter, gib mir Geld, bitte« –, und um die Eintönigkeit zu durchbrechen, begann ich mitzusingen; bei der Vorstellung, daß ich auch keine Mutter und keinen Vater hatte und Geld haben wollte, bitte, brachen die Kinder in unbändiges Gelächter aus.

Bald war die Menge, die mir folgte, auf eine beträchtliche Zahl angeschwollen, und es waren jetzt auch Männer dabei, die mich ein wenig beunruhigten, obwohl sie den Anschein erweckten, als seien sie freundlich und lediglich unbändig neugierig. In einer solchen Situation sind freundliche Annäherungsversuche in der Regel das beste, was man tun kann – eine Variation des »Man-muß-mit-den-Wölfen-heulen«-Themas. Also ließ ich mich überreden, hier auf einen Tee anzuhalten und dort jemandes Mutter zu begrüßen, die vor der Tür saß, bis es in einer bestimmten Straße dann überhaupt nicht mehr weiterging. Mittlerweile ziemlich müde geworden, hielt ich eine vorüberfahrende Rikscha an und ließ mich, unterwegs mit dem dürren, weißhaarigen Fahrer plaudernd, in die Stille meines Hotels zurückfahren.

Es stellte sich heraus, daß Sanjay, den ich seinem Aussehen nach auf mindestens fünfzig geschätzt hatte, erst zweiunddreißig Jahre alt war. Obwohl er sich vermutlich bereits im Herbst seines Lebens befand, wenn man bedenkt, daß die durchschnittliche Lebenserwartung eines Arbeiters in Bombay bei siebenunddreißig Jahren liegt. Er war sehr nett und freundlich und erbot sich, mich früh am nächsten Morgen abzuholen, um eine Rundfahrt durch die Umgebung von Dschaipur mit mir zu unternehmen. Selbstverständlich stand er am nächsten Morgen, als ich vom Frühstück herunterkam, bereits wartend vor dem Hotel; das hagere Gesicht und den silbernen Kopf in einen langen Wollschal gehüllt, schlug er sich kräftig mit den Armen über die dünne Brust, um die Morgenkälte zu vertreiben.

Es folgte ein wunderbarer Tag, an dem wir von einer Sehenswürdigkeit zur anderen tuckerten. Ich streunte in den gepflegten Gärten einer legendären Konkubine umher und besuchte das überwältigende Marmorkunstwerk, das einer anderen als letzte Ruhestätte diente. Dann fuhren wir wieder an einem Palast vorbei, der einsam in der Mitte eines flachen Sees gelegen war und dessen endlos grüner Seerosenteppich von einem Heer von Büffeln, die schultertief auf der Suche nach einem Rosenmahl durch das Wasser wateten, in sanfte Schaukelbewegung versetzt wurde.

Aus der diesigen Ebene stiegen wir in die Berge der Umgebung auf, und die einzigen anderen Verkehrsteilnehmer auf der Straße waren mächtige, schwerfällige Elefanten mit leuchtend bunt bemalten Stoßzähnen und Rüsseln. Elefanten sind das einzige Transportmittel von und zu der Bernsteinfestung, die sich hoch oben in die Felsen schmiegt. Gewaltig und eindrucksvoll wachen ihre mächtigen Türme meilenweit über das Land, und in ihren herrlichen Gärten stehen winzige schattenspendende Pavillons, deren Mauern reich mit Halbedelsteinen verziert sind. Die Räume selbst sind vom Fußboden bis zur Decke mit Millionen winziger Spiegelquadrate überzogen, die immer neue kunstvolle Muster bilden. Wo man geht und steht, in welche Richtung man auch schaut, überall sieht man die hochaufragenden Berge, an deren Fuß sich die schimmernde Wüste in endloser Weite dehnt.

Als die Sonne sich endlich dem Horizont zuneigte und wir wieder in die Ebene hinunterrumpelten, hatte ich einige unterhaltsame Stunden mit Sanjay verlebt und darauf bestanden, das Mittagessen für ihn zu bezahlen. Daher willigte ich ein, als er mich zum Abendessen zu sich nach Hause einlud. Er fuhr durch das Gewirr schmaler, überfüllter Gäßchen, die ich auf meinem Spaziergang am Vortag kennengelernt hatte. Es wimmelte in der Gegend von Fliegen, mageren Hühnern und verschlagen blickenden Hunden, und der Fäulnisgeruch war atemberaubend. In dieser Gegend wurde jedes Ereignis so rasch wahrgenommen, daß die Kunde meines Kommens uns weit vorauseilte. Sanjay stellte seine Rikscha am Eingang eines der Gäßchen ab, und wir betraten einen schäbigen kleinen Hof. Er war gesäumt von Baracken, die wie Kraut und Rüben übereinander gebaut waren und vor denen sich die Nachbarn drängten, die herausgekommen waren, um uns zu begrüßen.

So etwas wie eine Privatsphäre gab es hier nicht. Selbst als Sanjay den Stoffetzen, der als Tür zu seinem Haus diente, zurückgezogen hatte, folgte uns der Turbanmacher noch, der mir unbedingt seine neueste Kreation zeigen wollte – einen grellen, mit Ziermützen und Steinen besetzten Hochzeitsturban, der für den Kopf irgendeines zitternden Bräutigams bestimmt war.

Sanjays Zuhause erwies sich als kleiner, fensterloser Raum von ungefähr drei mal drei Metern Größe, den er mit seiner gewaltigen birmanischen Frau (buchstäblich doppelt so groß wie er) und seinen drei kleinen Kindern teilte. Natürlich gab es kein Klo, kein fließendes Wasser, keine Elektrizität und keine Küche. Das Mobiliar erschöpfte sich in einer quer durch das Zimmer gespannten Leine, über der die wenigen Kleider der Familie hingen, und einem einen Meter hohen und zwei Quadratmeter großen Podest, auf dem gesessen, gegessen und geschlafen wurde.

Das »Abendessen« wurde auf einem kleinen Spirituskocher zubereitet, den sie unter dem Bettpodest, das auch als Speisekammer diente, hervorzog. Es folgte eine unansehnliche Pappschachtel, aus der sie einige Okraschoten, ein paar Kartoffeln und ein Wurzelgemüse herausfischte, das ich nicht kannte, und zum Schluß kamen ein paar welke grüne Blätter zum Vorschein. Das alles beunruhigte mich nicht sonderlich – die mageren rohen Hühnerstücke dagegen sehr. Selbst in dem Dämmerlicht waren sie von undefinierbarer Farbe, und als sie sich daranmachte, sie über dem Gaskocher zu garen, versuchte ich, den unangenehmen Geruch nach einer Mischung aus Knoblauch und Paraffin zu ignorieren und mich seelisch auf ein Mahl vorzubereiten, von dem ich mich ganz sicher die nächsten vierundzwanzig Stunden lang würde übergeben müssen.

Eingeklemmt zwischen Bett und Wand hockte Sanjays Frau auf ihren ausladenden Schenkeln, schnitt Gemüse in winzige Stückchen und briet sie in Fett. Die ganze Zeit über schnatterte sie fröhlich vor sich hin, während Sanjay versuchte zu übersetzen – obwohl er, inzwischen beim fünften oder sechsten kräftigen Schluck aus einer Rumflasche angelangt, rasch ebenso unverständlich wurde wie seine Frau. Ich saß unterdessen mit seinen drei Kindern auf dem Bett, und bald waren wir alle vier eifrig damit beschäftigt, uns wie die Hündchen zu kratzen.

Viel, viel später fuhr mich ein ziemlich betrunkener Sanjay nach Hause – immer noch Fetzen des Liedes vor sich hin singend, mit dem er und seine Trinkkumpane (die sich gleich nach dem Essen zu uns gesellt hatten) mich unbedingt und ein ums andere Mal hatten erfreuen müssen. Im Fond der Rikscha sitzend und zitternd in der kalten Nachtluft, bemerkte ich, daß wir am königlichen Palast vorbeifuhren. Ich betrachtete ihn, wie er so strahlend erleuchtet in der Dunkelheit dalag, und dachte über die alte Lebensweisheit nach. Morgens sollst du essen wie ein König, mittags wie ein Edelmann und abends wie ein Bettler... hieß es nicht so?

Nun, gestern hatte ich mit einem Maharadscha gefrühstückt, dort im Palast mit einer Maharani zu Mittag gegessen und heute abend mit Bettlern gespeist. Und während der Palast an mir vorüberglitt, dachte ich darüber nach, wie eigenartig doch das Schicksal eines Reisenden war.

Einige Tage später nahm ich den Nachtzug nach Neu-Delhi. Nachdem ich wochenlang zweiter und dritter Klasse gereist war (und zumindest eine Nachtfahrt im Gepäcknetz schlafend verbracht hatte), beschloß ich, mir die Bequemlichkeit der ersten Klasse *und* ein Bett zu leisten. Ich vermute, daß dem Beamten bei der Buchung ein Fehler mit meinem Namen unterlief und er annahm, ich sei ein Mann. Was immer schiefgelaufen sein mochte, jedenfalls betrat ich mein winziges Abteil und stellte fest, daß ich es mit drei indischen Männern teilte. Ich glaube, sie waren noch verwirrter als ich, und als ich meinen Namen auf der Liste, die an der Fensterscheibe klebte, überprüfte, war mir klar, daß ich bleiben mußte, wo ich war.

Die Aussicht begeisterte mich nicht gerade, aber ich machte mir auch keine unnötigen Sorgen. Bis ich feststellte, daß sie völlig aus dem Häuschen gerieten. Sie kannten sich untereinander nicht, was vermutlich auch gut so war. Wenn sie sich gegen mich hätten verbünden können, wäre mir die Lage vielleicht ein wenig entglitten. So aber sprach während der ganzen Fahrt niemand ein Wort – was immerhin den tröstlichen Aspekt hatte, daß ich, solange Schweigen herrschte, sicher sein konnte, daß sie keine groben, ungehörigen oder unanständigen Bemerkungen über mich machten.

Aber selbst die Stille war bedrückend. Besonders, da ich eine der unteren Kojen belegt hatte und sich jedesmal, wenn ich mich um-drehte oder einen Ton von mir gab, drei Augenpaare auf mich richteten. Genau genommen starrten sie mich den größten Teil der Fahrt über an. Woher ich das wußte? Weil ich mich weigerte, mein Licht zu löschen (ich bin schließlich nicht vollkommen verrückt) und die ganze Zeit in dem Dämmerschein lag und versuchte, nicht zu beobachten, wie sie mich beobachteten. Ohne Zweifel brüsten sie sich immer noch vor ihren Freunden mit der Nacht, die sie mit einer europäischen Frau verbracht haben – ohne natürlich zu erwähnen, daß absolut nichts passierte. Es entbehrte nicht einer gewissen Ironie, daß es, obwohl die teuerste und vermutlich auch bequemste Zugreise, die ich in Indien unternommen hatte, auch die einzige war, während der ich kein Auge zutat.

Wieder in Delhi angekommen, war es Zeit, daß ich das Amex-Büro aufsuchte, um mir neue Reiseschecks zu besorgen und die Post abzuholen. Dann ging es weiter zum Reisebüro, um mir den Flug nach Kalkutta und den Anschlußflug nach Rangun wenige Stunden später bestätigen zu lassen. Am letzten Abend speiste ich mit Prakash, der mir ewige Liebe schwor; und viel später gelang es mir endlich, meinen kleinen vierrädrigen Bettler zu überlisten, der mir nur noch einen Fluch nachrufen konnte. Ich weiß, es klingt grausam – einem beinlosen Kind davonzulaufen. Aber Sie müssen diese geschickten kleinen Bettler aus der Nähe erleben, um zu verstehen, wie sehr sie einen zermürben können. Und im übrigen bekam er eine großzügige Handvoll Rupien, als ich am nächsten Tag abreiste.

Mein Flug nach Kalkutta verlief ereignislos, ebenso meine mitternächtliche Fahrt zum Hotel. Die Fahrt zurück zum Flughafen war etwas anderes. Also, wenn ich den Ort nennen müßte, den ich für das übelste Dreckloch der Welt halte – ich würde Kalkutta sagen. Wenn ich beschreiben müßte, was ein Alptraum von einem Leben meiner Meinung nach ist – ich würde sagen, es ist das Leben eines Obdachlosen in eben jener Stadt. Ich will Ihnen diese Bilder nicht beschreiben, an denen ich vorüberfuhr, denn selbst wenn ich Worte dafür finden würde, so könnte ich das Grauen doch nicht ausdrücken, ohne melodramatisch zu wirken. Wenn Sie sich für Einzelheiten interessieren, kaufen Sie sich *Die Stadt der Freude* von D. Lapierre. Und sagen Sie nicht, daß Sie es gelesen und nicht geweint haben.

Mein Flug nach Rangun sollte um sieben Uhr morgens gehen, und man hatte mir geraten, mindestens zwei Stunden vorher am Flughafen zu sein. Es gibt nur einen Flug in der Woche, und Birma Air ist berüchtigt für alles mögliche – wovon nicht das geringste die Streichung von Flügen ist. Ich hatte daher wohl so etwas erwartet, als ich dort ankam und feststellte, daß mein Name nicht auf der Passagierliste zu finden war und ich augenscheinlich überhaupt nirgendwo hinfliegen würde. Ich versuchte, sie mit Argumenten zu überzeugen – zeigte mein bestätigtes Ticket mit Datum und Uhrzeit des Abfluges vor und half noch mit meinem Paß nach, aus dem ersichtlich war, daß mein indisches Visum *und* seine Verlängerung in vierundzwanzig Stunden ablief. Sie waren vollkommen ungerührt von der Tatsache, daß ich mich in Kürze illegal in diesem Land aufhalten würde.

Also versuchte ich es mit einer anderen Methode – mischte ein bißchen Betteln mit einem bißchen Schmeicheln und einer großen Portion Charme und einer Spur weiblicher Hilflosigkeit. Es half nichts. Was mußte ich tun, um diese Leute zu bewegen? Instinktiv wissend, daß es sinnlos sein würde, meine Stimme zu erheben und wichtig zu tun, und ohne einen Augenblick das uralte Heilmittel in Erwägung zu ziehen, das aus allen standhaften Weigerungen bloße Mißverständnisse macht... genau, Sie haben's erfaßt, DAS SCHMIERGELD.

Die Kunst des Schmierens erfordert allerdings ebensoviel Talent wie jede andere, und die Briten sind darin merkwürdig unbeholfen. Meine eigene Einstellung zum Schmieren ist dieselbe wie zum Stehlen; ich bin sicher, daß ich nur deshalb keines von beidem je versucht habe, weil ich befürchtete, es falsch anzustellen und deshalb erwischt zu werden. Ich hatte das Schmieren im großen Stil in Kairo kennengelernt. Dort wird nichts, aber auch gar nichts getan, wenn man nicht bereit ist, eine ganze Reihe verschwitzter Hände zu schmieren, und ich hatte oft mit staunender Bewunderung zugesehen, wie Hafez es mit einem Lächeln, einem Zwinkern und einem locker sitzenden Vorrat an Barem geschafft hatte, die Räder des Lebens am Laufen zu halten. Etwas, von dem ich wußte, daß ich es nie können würde. Allerdings weiß man nie, was man alles kann, solange man es nicht versucht hat...

Ein paar frustrierende Minuten lang stand ich bei einem Grüppchen deutscher Geschäftsleute, die ebenso für diesen Flug gebucht hatten und wie ich zurückgewiesen worden waren. In mittleren Jahren, erfolgreich und offensichtlich mit Verbindungen zu höheren Kreisen ausgestattet, waren sie wie vor den Kopf gestoßen, als sie feststellen mußten, daß auch die Erwähnung verschiedener Größen aus der birmanischen Regierungsmannschaft ihre Lage nicht besserte. Als der Zeitpunkt des Abfluges näherrückte, begann ich, es mit Fassung zu tragen, und entschloß mich, da ich noch ein paar Tage auf indischem Boden zubringen würde und nicht mehr als ein paar Rupien besaß, ein wenig Geld zu wechseln.

Ich stand am Wechselschalter und hatte eben meinen Paß zurückbekommen, in dem die Rupien im Gegenwert von fünfzig Pfund steckten, als mein Name über den Lautsprecher ausgerufen wurde. Ich eilte zum Ticketschalter zurück, wo mich der kleine Mann fragte, ob er meinen Paß noch einmal sehen könne. Arglos reichte ich ihm das Dokument – und mir blieb fast das Herz stehen vor Schreck, als er die Seite umdrehte, dann aufsah und mir einen langen, ausdruckslosen Blick zuwarf. Zu spät merkte ich, daß ich das Geld darin gelassen hatte. »Jetzt glaubt er, ich versuche, ihn zu bestechen.« Ich weiß noch, daß mir dieser Gedanke durch den Kopf ging, während ich überlegte, welche Strafe wohl auf den Versuch, einen Beamten zu bestechen, stand, und ich wünschte mir, ich hätte den Mut, das kleine Büchlein wieder an mich zu reißen.

Mann und Paß verschwanden im hinteren Büro und kamen einen Augenblick später wieder heraus. »Miss . . . äh, Culross? Ein Irrtum. Ihr Ticket ist in Ordnung. Beeilen Sie sich jetzt bitte – die Maschine startet in wenigen Minuten.« Damit reichte er mir Paß und Ticket mit einem breiten Lächeln – glücklich, daß wenigstens Miss Culross wußte, wie man seinen Tag ein wenig verschönern konnte.

Ohne es überhaupt zu beabsichtigen, hatte ich das Geheimnis des Schmierens entdeckt . . . laß es sie schlucken und warte ab; und der gute Mann hatte den Köder geschluckt. Als ich durch die Wartehalle zurückeilte, blickten mir die Deutschen mit erstaunter und neidischer Miene nach. Also machte ich noch einmal kehrt und flüsterte ihnen atemlos zu: »Er will Geld! Stecken Sie ein paar D-Mark in Ihre Pässe!« Dann brauste ich davon, bevor es sich mein Ticketschacherer anders überlegen konnte.

Erst als wir sicher in der Luft waren – meine neuen Freunde aus Deutschland, in dankbares Lächeln gehüllt, ein paar Reihen hinter mir –, wagte ich es, meinen Paß zu öffnen. Wenn es mich jeden einzelnen Penny meiner fünfzig Pfund gekostet hätte, diesen Flug anzutreten, hätte es mir auch nicht viel ausgemacht. So war ich ziemlich gerührt zu sehen, daß er sich Rupien im Wert eines Zehners herausgenommen hatte und der Rest immer noch unberührt zwischen den Seiten steckte. Wer sagt, daß Diebe kein Ehrgefühl hätten?

Ich lehnte mich in meinem Sitz zurück und sah zu, wie die braunen und roten Flecke Indiens kleiner wurden und von Sonne und hohen Wolken verschlungen wurden. Indien . . . ich war wild entschlossen gewesen, es in einer Woche hinter mir zu lassen; hatte nicht das geringste Bedürfnis gehabt, das Land kennenzulernen, nicht eine Spur von Neugier auf seine Menschen. Jetzt saß ich hier und fühlte mich leer bei dem Gedanken, es zu verlassen, trauerte bereits wehmütig seinen Farben, seinen Klängen, seinen Ebenen und Wäldern nach.

Vieles war mit mir in diesen unvergeßlichen vier Monaten geschehen, und obwohl ich nicht recht verstand, wie und warum, spürte ich, daß mich diese Erfahrung verändert hatte. Es gab so viele Bilder und Gefühle, die ich nie zu vergessen hoffte; so viele wunderbare Menschen und Augenblicke, die ich auf keinen Fall verlieren wollte . . .

Lange, bevor wir die Küstenlinie hinter uns gelassen hatten und über die blaue Weite des Golfs von Bengalen hinausschwebten, gab ich mir selbst ein Versprechen.

Daß ich, gleichgültig, was die Zukunft für mich bereithielt und wo ich mich schließlich niederließ, irgendwann – irgendwie wieder durch Indien reisen würde.

FÜNFTES KAPITEL

Mein Weg nach Mandalay

Ich war schon gut achtundvierzig Stunden in Birma, als ich merkte, was fehlte. Der Lärm. Die klagende Tempelmusik, das Schwatzen der Frauen, die Rufe der Straßenhändler, der Tumult auf den Straßenbasaren... der schrille Lärm Indiens, der monatelang in meinem Kopf gedröhnt hatte, war verschwunden. Und hier, wo die Birmanen ihren Geschäften leise nachgingen, war der Klang der Stille selbst betäubend, wohin ich auch ging.

Am ersten Morgen in Rangun hatte ich in dem gähnend leeren Speisesaal des Inya Lake Hotel gefrühstückt – einem höhlenartigen Gebilde, das von den Russen entworfen und finanziert worden war. Was unschwer zu erraten ist, denn seinen seelenlosen Ausmaßen und mächtigen Säulen haftete mehr als nur der Hauch eines »Moskauer Mausoleums« an. An einem Seeufer erbaut, ungefähr viereinhalb Meilen von der Stadt entfernt, ist es weit überteuert und überschätzt, und ich war nur deswegen hier gelandet, weil ich mir ein Taxi mit den drei deutschen Geschäftsleuten geteilt hatte und ihr Ziel mir ebensogut erschienen war wie jedes andere. Nicht aufgefallen war mir allerdings, daß sie tatsächlich VIP-Gäste der Regierung waren und als solche keinen Einfluß darauf hatten, was sie sehen, wohin sie gehen und wo sie wohnen würden. Jede Stunde an jedem Tag, den sie in Birma verbringen würden, war bereits vorgeplant, und sie selbst wurden überallhin begleitet – ich vermute, sogar aufs Klo.

Ich dagegen, da ich niemandes Gast war und eine Person ohne jede Bedeutung (nicht einmal die Tatsache, daß ich Journalistin war, ging aus meinem Paß hervor), hatte die Freiheit, zu gehen, wohin ich wollte – jedenfalls offiziell. Inoffiziell ist es ebenso leicht, in Birma herumzukommen, wie am letzten Einkaufstag vor Weihnachten auf allen Vieren durch die ganze Oxford Street zu laufen. Ein praktisch unmögliches Kunststück, selbst für jemanden, der so blöd ist, es zu wollen.

Das Problem ist, daß die birmanische Regierung zwar unsere Dollars, D-Mark und englischen Pfunde haben will, aber gerne auf uns, die ausländischen Besucher, verzichten würde. Und da sie uns schlecht unsere Knete abnehmen und uns dann zum Teufel jagen können, tun sie das nächstbeste. Sie sorgen dafür, daß wir uns wünschen, wir hätten nie einen Fuß in das Land gesetzt.

Die Abschreckungstherapie beginnt gleich am Einwanderungs-
schalter, wo ein Heer von Beamten Impfbescheinigungen, Pässe und
Visa aufs genaueste überprüft und darauf besteht, daß jeder Einrei-
sende endlose Formulare ausfüllt. Als ich abgefertigt war, wußten sie
alles über mich, von meinem Alter bis zu der Tatsache, daß meine
Oma rote Haare hatte.

Wie viele Kreditkarten ich bei mir hatte? Welcher Kreditrahmen für
jede Karte galt? Wieviel Bargeld ich hatte? Das alles wurde auf einem
Blatt Papier eingetragen, das ich gezwungenermaßen mit mir würde
herumtragen müssen, um jede Transaktion, jeden Kauf darauf zu
notieren. Und wehe mir, wenn ich das Land verließ und das Geld, das
ich am Ende noch übrig hatte, zusammen mit dem Gesamtbetrag
meiner Ausgaben hier nicht mit der Summe übereinstimmte, mit der
ich eingereist war.

Sie fertigten eine Liste aller meiner Elektrogeräte an – der Föhn, die
heizbaren Lockenwickler – und setzten meine Kamera und meinen
Schmuck mit darauf. Sie notierten darüber hinaus den Marktwert
aller Gegenstände und erklärten, daß ich für alles, was sich bei meiner
Ausreise nicht mehr in meinem Besitz befinden würde, zu zahlen
hätte. Dann nannten sie mir alle Orte, die ich nicht besuchen durfte,
und die schrecklichen Folgen, die es für mich haben würde, wenn ich
Geld auf dem Schwarzmarkt tauschte oder, schlimmer noch, fremde
Währungen ins Land schmuggelte, und begleiteten mich dann zum
Wechselschalter. Dort plünderten sie mich mit dem offiziellen Wech-
selkurs derart aus, daß mich jede Tasse Kaffee, die ich trank, mehr
als ein Pfund kosten würde, während eine Nacht in einem halbwegs
anständigen Bett mir das letzte Hemd abfordern würde.

Und als wäre das alles noch nicht schlimm genug, geben sie dir
anschließend genau sieben Tage Zeit, durch Birma und zum Ausgangspunkt zurück zu kommen. Und wissen dabei ganz genau, wenn
sie dich aus dem Flughafen drängen, daß du bereits drei Stunden
dieser kostbaren Zeit damit verschwendet hast, unsinnige Fragen zu
beantworten, deinen Namen zwölf dutzendmal zu schreiben und
dein Gepäck zu suchen. Und wenn du dann draußen bist, läufst du
den Schwarzmarkthändlern in die Arme, die dir so viel mehr Kyats
(die Landeswährung) für das Pfund bieten, daß du am liebsten weinen
möchtest, und versuchen, dich für Preise, die wie Unsummen klingen,
von deinem zollfreien Schnaps, deinen Kippen und dem Parfüm zu
trennen.

Und wenn du diese Einleitung überstanden hast, bleibt es dir überlassen, dich in einem Land durchzuschlagen, dessen größter Teil offizielles Sperrgebiet und praktisch bar jeglicher Kommunikationsmittel ist und nur über ein höchst unzureichendes Straßen- und Schienennetz und einen lächerlichen Inland-Flugservice verfügt. Bewaffnet mit einer vollkommen unleserlichen Karte und umgeben von gleichermaßen unleserlichen Schildern überall und auf allem, von Straßen und Bussen bis zu den Speisekarten und Bahnhöfen (und Birmanisch ist keine Sprache, die man sich zu Hause mit Hilfe von Unterrichte-dich-selbst-Kassetten aneignen kann), heißt es, schwimmen oder untergehen – und das gilt um so mehr für Alleinreisende, die nicht zu einer durchorganisierten Reisegruppe gehören. Weniger ein Urlaubserlebnis als eine charakterbildende Erfahrung, ist Birma nicht der richtige Ort für kleinmütige Menschen.

Das alles weiß ich heute aus eigener Anschauung. Aber als ich an jenem ersten Morgen meinen eskortierten und umlagerten deutschen Freunden zum Abschied winkte und mich ins Zentrum von Rangun aufmachte, befand ich mich in gnädigem Unwissen über das, was mich erwartete. Auf der Straße angelangt, lungerte ich eine Ewigkeit mit einer Gruppe von etwa zwanzig Einheimischen herum, und wir musterten uns gegenseitig eingehend, während wir auf den Bus warteten. Was mir als erstes auffiel, war der Mangel an Farben.

Die Männer trugen weite Hemden über Sarongs in dunkel gestreiften und karierten Webmustern, während die Frauen mit enganliegenden Oberteilen und Sarongs mit Blumen- und Vogelmustern bekleidet waren – die kleinen Füße in Gummisandalen, die Haare zu straffen kleinen Knoten aufgesteckt. Es war kaum ein Zeichen von Schmuck oder Schminke zu sehen – nicht einmal hier und da eine Blume, wie sie selbst die ärmsten indischen Frauen im Haar trugen.

Die Gesichter waren breit und flach, die Augen schräggestellt, und wenn sie, arglos und scheu, lächelten, blitzten ihre Zähne weiß. Vom ersten Augenblick an hatte ich den Eindruck, daß diese Menschen ordentlich, gesund und sehr einheitlich in Kleidung und Verhalten waren. Ebenso neugierig, freundlich und hilfsbereit wie ihre asiatischen Nachbarn, aber wesentlich zurückhaltender und ohne die übersprudelnde Energie, die natürliche Ausdruckskraft und die Lebenslust der Inder, jene Eigenschaften, die ich so sehr lieben gelernt hatte.

Als der Bus dann kam, stellte sich heraus, daß es sich um einen kleinen überdachten Mini-Lieferwagen mit drei längsseitig angeordneten Bänken handelte – zwei davon an den Seitenwänden verankert, die dritte unbefestigt in der Mitte. Die Rückwand war heruntergelassen worden und an zwei Ketten aufgehängt, und der Innenraum des Busses war bald so überfüllt, daß es nur noch Stehplätze auf dieser kleinen Plattform gab. Das Gedränge beim Einsteigen gestaltete sich wesentlich geordneter, als ich es gewohnt war, aber ich erwischte dennoch nur einen Platz ganz hinten, wobei ich nur mit den Zehenspitzen überhaupt mit dem Metall in Berührung kam und mich krampfhaft mit den Fingern an den Ketten festklammerte.

Als wir in einer Staubwolke davonbrausten, kicherten die Frauen hinter vorgehaltener Hand über mich, wie ich mich da mit wehenden Haaren und im Fahrtwind flatternden Röcken um des lieben Lebens willen festhielt; während die Männer schüchtern versuchten, in dem Gedränge Platz für mich zu machen.

Diesen kostbaren ersten Tag brachte ich damit zu, auf der Suche nach dem offiziellen Touristenbüro durch Rangun zu wandern, ohne dessen Genehmigung und Segen konnte ein Ausländer hier nichts, aber auch gar nichts unternehmen. Mein Reiseführer lieferte für Birma so etwas wie einen Schlachtplan, wie man mit den geringstmöglichen Ausgaben und einem Mindestmaß an Scherereien hinein und wieder heraus gelangen und seine Tage dort verbringen konnte. Die sorgfältig ausgearbeiteten Pläne und detaillierten Anweisungen, wie man hier eine kostbare Stunde und da ein paar Kyats einsparen konnte, hätten einem Generalstab, der sich mit Kriegsspielen beschäftigte, alle Ehre gemacht. Ich begann bereits, die Reise mit Mißtrauen zu betrachten – nicht ganz sicher, ob ich Birma wirklich um jeden Preis in Angriff nehmen *wollte.*

Ich erkannte ein paar Touristen, die mit derselben Maschine angekommen waren – und die schon ziemlich wirr und hektisch dreinblickten, während der Uhrzeiger beständig weiterrückte. Der Vormittag schleppte sich dahin, und wir waren erst verwirrt, dann frustriert und schließlich gereizt, als sich herausstellte, daß die birmanischen Behörden nicht einfach nur desorganisiert, sondern nachgerade hinderlich waren in allen Angelegenheiten, die etwas mit Reisen zu tun hatten.

Als erstes erfuhr ich, daß ich nur mit dem Zug oder dem Flugzeug in den Norden gelangen konnte; die Straße nach Mandalay konnte ich vergessen. Zweitens stellte ich fest, daß ich keine Aussicht auf einen Platz in der Maschine hatte, die am selben Tag startete – oder auch nur auf eine Auskunft über die ungefähre Abflugzeit. Konnten sie mir einen Platz in der morgigen Maschine sichern? Ich fand das eine recht vernünftige Frage, aber sie löste fast so etwas wie ein Lächeln in dem schroffen Gesicht des kleinen Beamten aus, der mich »beriet«. Offensichtlich wurden die offiziellen Reisegruppen der Regierung bei der Vergabe der Flüge bevorzugt behandelt – wie überall sonst auch. Und gleichgültig, wie behende ich herumhüpfte, ich konnte ihm nicht weismachen, daß ich mehr als eine einzige Person war.

Er würde mich natürlich auf die Warteliste setzen. Aber bis ich erfuhr, ob ich einen Platz in der Maschine bekam oder nicht, war das einzige andere Verkehrsmittel, das mich aus Rangun hinausbringen konnte – der Zug – längst auf dem Weg in den Norden. Ich hatte gehört, daß die Zugfahrt entsetzlich unbequem sei, aber ich hielt es für besser, kein Risiko einzugehen, und kaufte mir eine Zugfahrkarte.

Am Nachmittag entschloß ich mich, neue Schuhe zu erstehen, und suchte an einem Stand ein Paar zu einem, wie ich dachte, anständigen Preis aus. Danach hatte ich die Absicht, zum Hotel zurückzukehren, da aber alle Busschilder für mich unlesbar waren, fragte ich einen buddhistischen Mönch, der gerade vorüberging, nach dem Inya Lake Hotel. Er bejahte es mit einem begeisterten Nicken, bedeutete mir, ihm zu folgen, und kurz darauf holperten wir in einem der kleinen Busse dahin. Diesmal war es mir gelungen, einen Sitzplatz im Innern des Wagens zu bekommen, aber als ich vollkommen verkrümmt unter dem niedrigen Dach kauerte und die Sitzbank unter mir hüpfte und wegrutschte, jedesmal, wenn der Fahrer eine Kurve nahm, wünschte ich mir fast, ich wäre draußen auf der Plattform geblieben.

Der Buddhist wollte wissen, was ich in meiner Papiertüte hatte, und als ich einen meiner neuen Schuhe hervorzog, um ihn ihm zu zeigen, streckte er mir ungefähr einen Meter des orangefarbenen Gewandes, das um seinen Körper gewickelt war, entgegen. Denn den Mönchen ist nicht nur jeder Körperkontakt mit einer Frau untersagt, sie dürfen auch keinen Gegenstand direkt aus ihren Händen entgegennehmen. Also mußte ich den Schuh in die kleine Hängematte fallen lassen, die er aus seinem Gewand gemacht hatte. Er hielt den Schuh hoch und fragte mich, wieviel ich dafür bezahlt hatte; auf meine Antwort hin grinste er breit mit dem universellen Ausdruck, der dir verrät, daß du übers Ohr gehauen worden bist.

Im übrigen stand er nicht allein da mit seiner Meinung. Der Schuh machte die Runde unter den Dutzend Fahrgästen, und sie schienen der einhelligen Meinung zu sein, daß der Händler nur auf einen

Dummen wie mich gewartet hatte, worauf sich alle auf meine Kosten amüsierten.

Nachdem wir ungefähr fünfzehn Minuten durchgeschüttelt worden waren, hielt der Bus an einem wie es schien, beliebten Zielort. Ganz bestimmt nicht mein Hotel ... dachte ich, als mich mein kleiner Fremdenführer auf die Straße drängte, aber da ich nun einmal so weit gefahren war, beschloß ich, ihm noch ein Stück weiter zu folgen. Wir gingen durch ein schmales Gäßchen und über einen Markt, der überdacht war, so daß ich nicht sehen konnte, was vor mir lag, als wir begannen, eine breite hölzerne Treppe hinaufzusteigen.

Immer weiter treppauf ging es, vorbei an herrlichen Ständen, an denen alle möglichen Waren angeboten wurden. Wunderschöne Blumen, die zu Girlanden und Sträußchen gebunden waren, die Farben so zart, daß es unmöglich war, zu sagen, welche echt und welche künstlich waren; winzige, golden bemalte Throne; Zeremonienschirme aus Papier; süß duftende Räucherstäbchen, Kämme und Armbänder; kostbar gekleidete Puppen; kunstvolle Löwen und Drachen aus Pappmaché. Die Auslagen nahmen meine Aufmerksamkeit so sehr in Anspruch, daß ich erst, als wir in den strahlenden Sonnenschein hinaustraten, merkte, daß wir das Ende der Treppe erreicht hatten.

Der Mönch hatte mich mißverstanden und zur berühmtesten Sehenswürdigkeit von Rangun gebracht, der Schwe-Dagon-Pagode, und nun beobachtete er mit unbändigem Vergnügen den Ausdruck auf meinem Gesicht. Die Schwe-Dagon ist ein Erlebnis visuellen Überflusses, und das Auge kann das Licht, die Farbe und die Form auf den ersten Blick kaum verkraften, so überwältigend ist der Eindruck. Auf dem Gipfel einer Anhöhe errichtet, nimmt diese Ansammlung von Pagoden eine Fläche von fast fünf Hektar ein, und wohin man auch blickt, trifft das Auge auf Farben und Marmor, eine wahre Fundgrube von Edel- und Halbedelsteinen. Und ein Vermögen in Gold.

Überall finden sich Statuen – manche acht bis zehn Meter hoch. Phantastische Drachen- und Löwenbilder in blendendem Weiß, grellem Scharlachrot, Grün oder Blau sind verschwenderisch mit Gold verziert. Sie halten schweigend Wache über eine ganze kreisrunde Stadt von Schreinen, Pagoden und Tempeln, die alle in ein wildes Feuerwerk von Farben getaucht sind, während dahinter die mächtigste aller Pagoden aufragt. Sie steht auf einem sechs Meter hohen Podest und hat die Form einer Glocke, und sie reicht, unter einer fast tausendfünfhundert Quadratmeter großen Schicht massiven Goldes, hundert Meter hoch in den Himmel. Mit goldenen und silbernen Glocken behangen, ist die oberste Ebene der Pagode vergoldet und mit mehr als tausend Diamanten besetzt. Die Spitze der Pagode bildet eine goldene Kugel mit weiteren Diamanten von 1800 Karat, gekrönt von einem Diamanten, der allein achtzig Karat wiegt.

Es ist einer der Vorteile, wenn man Rangun mit dem Flugzeug anfliegt oder verläßt, daß man den Diamanten aus der Luft tatsächlich funkeln sehen kann.

Ich verbrachte den Rest dieses wunderbaren Nachmittages dort an der Pagode, wanderte immer wieder um sie herum und genoß es, die schwarzen und weißen Marmorfliesen unter meinen bloßen Füßen zu fühlen, während ich mich dem Sinnenrausch dieses Ortes hingab.

Am Abend zog ich zum Essen einen meiner schönsten Saris an – grasgrüner Chiffon mit einem Anflug von Gold, mit goldenen Blumen bestickt und besetzt mit dunkelgrünen und rostbraunen Schmucksteinen. Mein Taxi war einer der vielen uralten amerikanischen Chevys und mein junger Fahrer ein heller Bursche, der begeistert war, zu hören, daß er »die italienische Schauspielerin« fahren sollte, dazu hatten mich die Hotelangestellten nämlich mit großer Bestimmtheit gemacht. Ich gab mir alle Mühe, den guten Mann zu überzeugen, daß ich nicht nur keine Schauspielerin, sondern auch keine Italienerin war. Aber die Wahrheit war nicht annähernd so aufregend wie der Tratsch, und so tat ich ihnen den Gefallen und wurde für den Rest meines Aufenthaltes Die Italienische Schauspielerin – und ich spielte meine Rolle mit ganzer Inbrunst, versteht sich.

Nach dem Abendessen ließ ich mich von ihm noch einmal zur Pagode fahren, nur um mir die Freude zu machen, im Dunkeln draußen zu sitzen und ihren leuchtenden Goldschimmer zu bewundern. Aber ich hatte Glück – selbst um zehn Uhr abends war die Pagode noch für Besucher geöffnet; nachdem ich die Treppe hinaufgestiegen war, meine Schuhe ausgezogen und den Marmorweg betreten hatte, stellte ich allerdings verwundert fest, daß sich keine Menschenseele dort aufhielt. Ganz allein wanderte ich still in den dunklen Schatten der Tempel dahin und genoß den Frieden und das Gefühl der Einsamkeit. Es war eine warme Nacht, und eine Brise spielte sacht mit dem Schleier meines Sari, bauschte den Chiffon um meinen Kopf. Dann wehte ein Windstoß vor mir her, so daß die vielen tausend Opferkerzen flackerten und aufflammten, der schwere, süßliche Duft von brennendem Räucherwerk in die Luft aufstieg und die unzähligen winzigen Gold- und Silberglöckchen in wildem Tanz mit ihrem hohen, dünnen Klimpern die Nacht erfüllten.

Am nächsten Morgen schritt ich lange vor Sonnenaufgang auf dem Bahnsteig auf und ab und nutzte weidlich die Gelegenheit, mir die Beine zu vertreten. Meine Reisetasche mit ein paar Kleidern zum Wechseln lag schon auf meinem Platz, und meine Nachbarinnen im Abteil beobachteten mich neugierig, während ich draußen umherschlenderte. Als ich mich endlich neben ihnen niederließ, sah ich, daß beide Frauen im Lotussitz auf der Bank saßen. Minuten nachdem wir den Bahnhof hinter uns gelassen hatten, waren sie eingeschlafen, und sie schliefen, ohne sich zu rühren oder ihre Stellung zu verändern, so ziemlich die nächsten zwölf Stunden durch.

Anfangs konnte ich durch die staubigen Scheiben nichts erkennen, außer hin und wieder eine Ansammlung von Hütten, deren dünne Lichtstrahlen in die Nacht hinaus schienen und verkündeten, daß die Familie darin sich zu rühren begann. Ein schwerer Nebel lag über dem Land, kroch über die Reisfelder, wogte in die Gräben hinein und stieg über den Bächen auf. Als der Morgen dämmerte, drang kaltes, graues Licht durch den Nebel, und die Umrisse von Bananenstauden, von Lastträgern, die gebeugt unter der Last ihrer an Bambusstangen hängenden Körbe gingen, und Wasserbüffeln, die auf uralten Pfaden dahintrotteten, zeichneten sich ab.

Dann brach die Sonne durch und verwandelte die unheimliche, abweisende Gegend in ein Wunderland, durchzogen von dichtem, dunklem Wald und jadegrünen Reisfeldern, durch die sich ein Netzwerk schimmernder Bäche wie flüssiges Silber zog. Und am Horizont schwelgten rosig und rot getönte Berge unter einem kobaltblauen Himmel.

Mein Mittagessen bestand aus einem harten, geschmacklosen Stück Käse in einem pappigen Sandwich, einem kleinen Gebäckstück und einem Apfel – sehr teuer in der Hotelküche erstanden. Allerdings war das immer noch besser als das Mittagessen meiner Nachbarin, die sich in einem Bahnhof aus dem Fenster beugte und einen langen Spieß mit etwas erstand, das aussah wie gegrilltes Fleisch. Was es wohl auch war; nur stellte sich heraus, daß das fragliche Fleisch aus riesigen Heuschrecken, vollständig mit Beinen und Kauwerkzeugen, bestand.

Die Frau neben mir schlief die ganze Zeit über. Zwölf Stunden, ohne sich zu rühren, während sich der Staub allmählich auf ihre

Schultern und ihr Haar legte. Als wir in Mandalay ankamen, sah sie aus wie ein kleiner weißer Buddha, und nachdem sie aufgestanden war, zeichnete sich der Abdruck ihres Körpers im Staub deutlich auf dem Sitzpolster ab.

Die Dunkelheit senkte sich herab, als ich aus dem Bahnhof trat und den Parkplatz der Trishaws – der Fahrräder mit Seitenwagen – überquerte. Als eine Hand zaghaft meinen Arm berührte, blieb ich stehen und blickte in das freundliche, fragende Gesicht eines kleinen Jungen hinunter. Mimo hatte mich soeben unter seine Fittiche genommen. Ungefähr zwölf Jahre alt, zierlich, aber sehnig gebaut, war er der älteste von drei Söhnen, der einzige Brotverdiener der Familie und der Augapfel seiner Mutter. Obwohl ich später seine reizende Familie kennenlernte, blieb der Aufenthaltsort – und selbst die Existenz – seines Vaters ein Rätsel.

An diesem ersten Abend brachte mich Mimo zu einem Hotel, das nicht auf der offiziellen Liste der Touristenhäuser verzeichnet war, was bedeutete, daß es sauberer und behaglicher war als alles, was ich angetroffen hätte, wenn ich den üblichen Weg gegangen wäre. Und nachdem er klargestellt hatte, daß ich für den Rest meines Aufenthaltes seiner Zuständigkeit unterlag, radelte Mimo, das Einkommen zumindest der nächsten vierundzwanzig Stunden sicher in der Tasche, fröhlich davon.

Vielleicht sollte ich erwähnen, daß die Unterhaltung in zwei Sprachen stattfand, denn obwohl viele der alten Birmanen Englisch verstehen besitzt die jüngere Generation keine Kenntnisse darin. Dennoch, so unwahrscheinlich das klingen mag, Unterhaltungen, der Austausch von Informationen und sogar Scherzen können ohne Gebrauch von Wörtern »gemacht« werden – eine Entdeckung, die ich schon vor langer Zeit in Ägypten gemacht hatte. Heute bin ich sogar der Meinung, daß die Kommunikation, wenn die Menschen erst einmal auf das gesprochene Wort verzichten und sich der Körper- und Zeichensprache bedienen, zwar nicht unbedingt einfacher, jedenfalls aber wesentlich ehrlicher ist. Und selbst die flüchtigsten Bekanntschaften werden um vieles vertrauter und inniger.

Am nächsten Morgen trieb sich der kleine Mimo vor dem Gästehaus herum – er hatte die Haare glatt gebürstet und trug augenscheinlich sein bestes Hemd und seine besten Shorts. Was ich gar nicht bemerkt hätte, wenn ihn die anderen Trishaw-Fahrer nicht mit anzüglichen Scherzen geneckt hätten, sich für mich schick gemacht zu haben. Ich tat um seinetwillen so, als würde ich ihr Gelächter nicht bemerken, kletterte in das wacklige Gefährt, und Mimo fuhr mit hocherhobenem Haupt davon.

Mandalay liegt in einer staubigen Ebene, und die Straßen der Stadt sind in einem Plannetz angelegt – nur gerade Linien und rechtwinklige Querstraßen. Und keine Steigungen, was für die vielen hundert Fahrradfahrer, die die Straßen bevölkern, ein wahrer Segen sein muß. Es gibt nur wenige Automobile, und Ochsenkarren sind das wichtigste Transportmittel. Wir steuerten den Mandalay-Hügel an, der ungefähr zweihundertfünfzig Meter hoch ist, und das bedeutet eine Unmenge von Stufen.

Aber für den Blick vom Gipfel lohnte sich die Mühe, und ich sah hinunter auf die Türme mit den goldenen Spitzen, die meinen Weg herauf gesäumt hatten und meinen Blick nun bis hinunter in die Ebene trugen. Dort konnte ich in der Ferne den königlichen Palast, die Stadt Mandalay mit ihrem Netz baumbestandener Straßen und hin und wieder einen Lichtblitz erkennen, wenn sich die Sonne im Gold einer fernen Pagode oder eines Schreins fing.

Beim Abstieg begegnete ich einem kleinen Mönchlein, das mit gekreuzten Beinen vor einer Glocke saß. Er konnte nicht älter als acht sein, und an seiner Seite saß ein kleines, vielleicht zwei- oder dreijähriges Mädchen in einem winzigen Sarong. Als sie mich sah, sprang sie auf und ging ein paar Schritte auf mich zu, und in diesem Augenblick lockerte sich ihr Sarong. Und während sie ihn erfolglos festzuhalten versuchte, begann ihre Unterlippe zu zittern, und ich bemerkte, daß die natürliche Zurückhaltung und Bescheidenheit dieser Menschen bei dem kleinen Kind bereits sehr ausgeprägt war. Ich ließ mich vor ihr auf die Knie und war die nächsten zehn Minuten damit beschäftigt, mit diesem Sarong zu kämpfen, der kompliziert gewickelt und gebunden gewesen und nicht einfach wieder zu befestigen war. Sie ließ das Geschiebe und Gezerre mit großen, ernsten Augen über sich ergehen, und dicke Tränen hingen zitternd in ihren Wimpern. Ich erinnerte mich an den Verlust meines eigenen Sari, und da ich genau wußte, wie dieser jungen Dame zumute sein mußte, war ich sehr froh, ihr eine peinliche Situation ersparen zu können.

Als ich unten am Aufgang zu den Stufen ankam, der von mächtigen weiß-goldenen Löwen flankiert war, die, schrägäugig und mit weit aufgerissenen Mäulern, in zehn Metern Höhe in die stille, klare Luft hinausgrollten, fand ich Mimo in tiefem Schlaf in seiner Trishaw vor. Und wieder machten wir uns auf den Weg, und er radelte wie wild zu dieser Pagode und jenem Tempel. Einmal hielten wir an, um einen vollkommen aus geschnitztem Teakholz erbauten Palast zu bewundern. Dann unterbrachen wir wieder unsere Fahrt, um Elfenbeinschnitzern bei der Arbeit zuzusehen oder einem Heer junger Mädchen, die Seide spannen. Sie saßen mit niedergeschlagenen Augen und zaghaftem Lächeln da, und Mimos Gegenwart brachte sie mehr aus dem Konzept als die meinige. Ihre glatten bronzenen Gesichter waren eigenartig verziert – als hätten sie sich eine dünne Schicht Teig auf die Wangen gestrichen und ein Blatt hineingedrückt, so daß die feinen Linien der Blattadern und seine Form einen zarten Abdruck auf dem Gesicht hinterließen.

Kichernd und spinnend brachten sie es fertig, Mimo völlig zu ignorieren, der großspurig umherstolzierte und mir mit wichtiger Stimme alles mögliche erklärte – zweifellos froh, daß er sich die Mühe gemacht hatte, sich in seinen besten Staat zu werfen.

Am nächsten Morgen war ich in aller Frühe auf dem Zegyo-Markt, wo ich mich nach der Möglichkeit einer Jeep-Fahrt in die Berge erkundigen wollte. Mein Ziel war May Myo, eine ehemalige britische Bergstation, wo angeblich Erdbeeren angebaut wurden. Ich hatte schon seit einem Jahr keine mehr gegessen, und die Aussicht auf eine Portion Erdbeeren mit Schlagsahne ließ mir den Ausflug lohnend erscheinen.

Die Strecke wird mit Jeeps zurückgelegt – uralte Wracks, die den Zweiten Weltkrieg überlebt haben. Sie stehen hustend und stotternd auf dem Marktplatz und warten auf die vorgeschriebenen acht Passagiere, die sich krampfhaft in einem Fahrzeug festklammern, das nur für vier Personen gebaut ist. Mein Jeep war fast vollbesetzt, als zwei junge Amerikaner mit einem hübschen birmanischen Mädchen im Schlepptau erschienen. Es waren Studenten, die nach May Myo unterwegs waren und hofften, von da aus nach Lashio zu gelangen, das für Ausländer strikter Sperrbezirk war. Das birmanische Mädchen war mit einem von ihnen entfernt verwandt, und ich beneidete sie um ihre Führerin, der es vielleicht gelingen würde, sie in Teile des Landes zu schmuggeln, die wir anderen nie zu sehen bekommen würden. Aber obwohl sie vorschlugen, ich solle in der Warteschlange zurücktreten und mich ihnen anschließen, riet mir eine innere Stimme davon ab.

Sie winkten zum Abschied, als wir uns klappernd und holpernd in Bewegung setzten, so daß mir die Zähne fast aus dem Kopf gerüttelt wurden. Ich saß neben einem reizenden alten Herrn von ungefähr siebzig Jahren – einem Menschen, der sich an den letzten Krieg erinnerte, als wäre es gestern gewesen, und der die englische Sprache wunderbar beherrschte. Es entspann sich eine Unterhaltung, die die ganze Fahrt über nicht abbrach – und wir genossen das Gespräch so sehr, daß wir weder das Baby, das unaufhörlich in den Armen seiner Mutter schrie, beachteten noch die aufgebrachten Hühner, die ihre mageren Hälse durch die Gitterstangen ihres Käfigs streckten und die vorüberfliegende Landschaft wütend angackerten.

Die Fahrt dauerte fast drei Stunden, in denen der Jeep sich ächzend und keuchend die steilen Serpentinen hinaufquälte und nur dann verschnaufte, wenn wir anhielten, um den Kühler mit Wasser, den Tank mit Sprit und uns selbst mit Tee aufzufüllen. Die Landschaft, durch die wir fuhren, war wild und unwirtlich, der Boden trocken und staubig, so daß wir uns in einer beständigen Staubwolke bewegten. Ich würde zwar nicht behaupten, daß die Reise gefährlich war, aber die Hänge, die wenige Meter hinter dem Straßenrand steil abfielen, waren so beschaffen, daß man nicht einfach aufstehen und davonwandern würde, wenn man unvorsichtig genug war, über die Kante zu treten.

Am nächsten Tag erfuhr ich, daß meine neuen amerikanischen Freunde genau das getan hatten. Die Nachricht machte in May Myo die Runde – ein Jeep war den Abhang hinuntergestürzt, und seine Insassen waren herausgeschleudert worden. Es waren zwei Ausländer darunter gewesen. Amerikaner. Der eine hatte schwere Kopfverletzungen erlitten, beim anderen vermutete man innere Verletzungen, und er hatte einen komplizierten Beinbruch. Ungewöhnlicherweise waren sie mit einem birmanischen Mädchen unterwegs gewesen. Sie hatte sich den Hals gebrochen und war auf der Stelle tot gewesen. Es wurden viele und widersprüchliche Geschichten erzählt; ich konnte nicht herausfinden, wohin man die jungen Männer gebracht hatte. Bei meiner Rückkehr nach Mandalay erfuhr ich, daß man sie nach Singapur geflogen hatte. So hatte Lashio seine Geheimnisse also doch vor neugierigen Augen bewahrt.

Ich wurde in May Myo abgesetzt, während die übrigen Mitreisenden in verbotenes Gebiet weiterfuhren. Mein ältlicher Gesprächspartner bestand darauf, sich meine Adresse in London zu notieren. Und bis heute vergißt er nie, mir ausgerechnet eine Weihnachtskarte zu schreiben.

Ich nistete mich im Candacraig-Gästehaus ein – einer berühmten Anlaufstelle für Reisende und einstmals Junggesellenunterkunft für die Angestellten der Birma-Bombay-Handelsgesellschaft. Es wohnten bereits ein paar europäische Gäste dort, und als wir vor dem Abendessen um das hell lodernde Feuer saßen, kamen wir auf die Idee, den Koch zu bitten, ein gemeinsames Mahl für uns sechs zu bereiten. Zwei Stunden später saßen wir in einem wunderschönen altmodischen Raum in diesem Landhaus in englischem Stil, trugen unsere besten Kleider für diesen Anlaß, und unsere Unterhaltung war entsprechend hochgestochen und geziert. Man hätte meinen können, es handele sich um eine Yuppie-Party in Maida Vale und nicht um einen bunt zusammengewürfelten Haufen müder Reisender auf dem Weg nach Indien, China, Malaysia und Gott weiß wohin.

Am nächsten Morgen tat ich das, was ich in einer neuen Stadt am liebsten tue – ich ging zum Markt, wo nach meiner Erfahrung immer der größte Trubel herrscht. Er erwies sich als ein reizender kleiner Platz mit schön angeordneten Obst- und Blumenständen; die Früchte waren prall und gesund, in der Luft lag ein herrlicher Duft nach Gewürzen und frischen Kräutern. Und selbst in dem fröhlichen Marktgedränge merkte ich es wieder – den unheimlichen, beunruhigenden Klang der Stille. Die Birmanen müssen die einzigen Menschen auf Erden sein, die alles – selbst das Handeln – mit wohlerzogenem Gemurmel verrichten.

Als ich den überdachten Teil des Marktes erreichte, fand ich mich in einer Schatzkammer von Gerätschaften und Kunstgegenständen wieder. Herrliche alte Schmuckstücke, kunstvolle Messing- und Kupfergeräte, holzgeschnitzte Drachen und erstaunliche Puppen mit wüsten Fratzen – es gab einfach alles. Zierlich geschnitzte Opiumpfeifen, saubere kleine Opiumwaagen in geschnitzten Kästchen, Opiumgewichte in Form von Hühner –, Löwen- oder Drachenfamilien; Tempelglocken und kleine Buddhas; Sonnenschirme und Fächer – das Angebot war riesig. Einiges davon neueren Datums, aber vieles sehr alt und sicherlich echt.

Und ich – die geborene Trödlerin, Flohmarktkundin und Streunerin in jedem Ramschladen – konnte nichts davon kaufen. Da ich keine Dollars oder Pfunde in meinen Unterhosengummi gestopft hatte, meine Rupien als wertlos betrachtet wurden und die offiziell getauschten Kyats einem klugen Kauf hohngelacht hätten, besaß ich einfach kein Geld, um Dinge zu erwerben, die sicherlich das Schnäppchen meines Lebens gewesen wären. Ein Händler allerdings, der in Begleitung seines Sohnes war, ließ sich nicht abschrecken. Was ich bei mir hätte, wollte er wissen. Vielleicht eine Kamera? Oder eine

Flasche Johnny Walker? Irgend etwas, was ich gern tauschen würde? Aber ich war zur Abwechslung einmal mit wirklich leichtem Gepäck unterwegs und deutete auf den Tagesrucksack zu meinen Füßen, um meinen Worten Nachdruck zu verleihen.

Er ließ sich dennoch nicht entmutigen, und im Handumdrehen waren alle meine weltlichen Güter zur Begutachtung ausgebreitet. Zehn Minuten später war mein Rucksack um ein erkleckliches leichter. Mein Make-up war schon benutzt? Egal, er nahm es. Und mein Deodorant und mein Haarwaschmittel. Er war verrückt nach meinem Schmuck – eine billige Türkiskette, die ich in Griechenland gekauft hatte, und ein Paar Muschelohrringe. Ihm gefiel der Baumwoll-Lunghi, den ich in Südindien erstanden hatte – die rote Schockfarbe ließ seine Augen aufleuchten. Ein ausgelatschtes Paar Turnschuhe wechselte ebenfalls den Besitzer – zusammen mit einem Kugelschreiber, den ich erstaunlicherweise während all der Monate auf Reisen nicht verloren hatte. Aber es war das Parfüm, das seine Augen glänzen machte. Es war zu zwei Dritteln verbraucht, aber es war mehr als nur ausländisch; es war französisch.

Im Gegenzug suchte ich ein paar Opiumwaagen und Gewichts-sätze aus, einige holzgeschnitzte Löwenbilder (die gewöhnlich auf der Innenseite der Haustür aufgehängt wurden, um Unglück fernzuhal-ten) und eine wunderschöne Tempelglocke, deren Griff die Form eines Drachens hatte. Wir waren beide begeistert über den Handel – wahrscheinlich, weil wir beide überzeugt waren, daß wir eine Menge alten Plunder im Austausch gegen wirklich gute Sachen losgeschla-gen hatten. Und als ich, begleitet vom Sohn des gerissenen alten Händlers, dem Markt den Rücken kehrte, grinste ich von einem Ohr zum anderen.

Der Junge war ungefähr sechzehn Jahre alt und sprach erstaunlich gut englisch. Auf unserem Weg durch den Markt begegneten wir seinem Freund Roger (ja, ich war ebenfalls verwundert), der mit einem Meter achtzig unglaublich groß war und alle anderen um Kopfeslänge überragte. Sie luden mich in ein Teehaus ein, und die nächsten zwei Stunden saßen wir über Bechern mit dem schreckli-chen, geschmacklosen Gebräu, und sie bestürmten mich mit Fragen. Wie es in England zugehe; wie hoch die Häuser dort seien; wie Schnee aussehe; ob ich das Meer schon einmal gesehen hätte (große Augen, als ich sagte, daß ich sogar schon darin geschwommen sei); ob ich je im Kino gewesen sei; was man beim Fliegen empfinde; wie die Königin aussehe; ob ich Kinder/Ehemann/Vater hätte; und wie alt ich überhaupt sei (verblüffte Mienen, als sie zu begreifen versuchten, wie eine so uralte, 36jährige Frau aussehen konnte wie ich).

Und so ging es immer weiter, die Jungen gierig nach Informationen und ich bemüht, ihnen ein Bild der Außenwelt vor Augen zu führen – und während ich das tat, war mir durchaus bewußt, daß genau das der Grund war, warum die birmanische Regierung versuchte, die Ausländer unter Kontrolle zu halten. So oder so brachten wir Unruhe in die einheimische Bevölkerung. Diese Menschen, die sich keinen Paß besorgen konnten (das war zu teuer) und nicht einmal in der Lage waren, im Inland zu reisen (das war zu teuer), würden vermutlich nie Gelegenheit haben, zu sehen, was jenseits ihres Horizontes lag. Und so war die Mitteilung, daß ich – nicht nur einmal, sondern sogar zweimal – um ihre vielgeliebte Schwe-Dagon-Pagode gewandert war, der Gipfel des Unfaßbaren für sie.

Als sie mich zum Jeep begleiteten, der mich nach Mandalay zurückbringen sollte, waren sie ein Bild des Jammers beim Gedanken an all die Erlebnisse, die noch vor mir lagen und die zu teilen sie sich nicht einmal im Traum vorstellen konnten. Und nicht zum ersten Mal wurde mir bewußt, wie wunderbar die Möglichkeit war, jederzeit in diese Stadt oder in jenes Land aufbrechen zu können; die Freiheit, diesen Zug oder jenes Flugzeug zu besteigen und von nichts und niemandem zurückgehalten zu werden. Spontan kramte ich in dem leuchtend roten Lederbeutel, den ich immer um die Taille trug und in dem sich die wenigen Dinge befanden, die zu verlieren ich mir nicht leisten konnte. Meine Kreditkarten steckten in einem kleinen Lederfutteral; ich holte sie aus ihren Plastikhüllen heraus und reichte das Futteral dem Sohn des Händlers. Er warf einen Blick auf das innen aufgestempelte »Echtes Kalbsleder. Made in England« und stieß ein Freudengeheul aus.

Roger stand schweigend daneben, zu höflich, um zu fragen, ob ich für ihn auch etwas hätte. Aber es gab nichts mehr. Außer... In meinem Beutel bewahrte ich auch einige Abzüge meines Paßphotos auf (man braucht Dutzende davon, die auf unzählige Formulare geklebt werden). Ich zog eines heraus, schrieb meine Adresse auf die Rückseite und reichte es Roger, denn ich wußte aus Erfahrungen der Vergangenheit, daß ihn das in helle Begeisterung versetzen würde. Ich irrte mich nicht. Er geriet außer sich – so sehr, wie es sich ein wohlerzogener Birmane erlauben kann.

»Glaub mir, Roger – eines Tages *wirst* du auf Reisen gehen. Das weiß ich. Und wenn du nach London kommst, besuch mich«, sagte ich. Und obwohl wir beide wußten, daß es sehr unwahrscheinlich war, wollten wir doch beide daran glauben, daß es so kommen würde.

In diesem Augenblick sprang der Jeep stotternd an, und ich winkte den Jungen nach, als sie sich entfernten – Roger die kostbare Photographie fest in der Hand, sein Freund eifrig bemüht, ihn zum Tausch gegen sein kleines Lederfutteral zu bewegen.

Ich verbrachte die Nacht in Mandalay, und kurz nach drei Uhr morgens stellte sich der treue Mimo ein, um mich zum Bus nach Pagan zu radeln. Meinem Reiseführer zufolge ist Pagan die erstaunlichste Sehenswürdigkeit ganz Birmas, wenn nicht ganz Südostasiens. Und ich glaube, dem kann ich zustimmen. Denn Pagan ist eine verlassene Stadt, die am Ufer des Irrawaddy beginnt und aus Meilen um Meilen prachtvoller Tempelruinen besteht. Die Busfahrt erwies sich als reinstes Brechmittel – wir fuhren mit Verspätung nach einem Alptraum von Bürokratismus ab (noch einmal vielen Dank der birmanischen Touristenzentrale), es war heiß, schweißtreibend und unglaublich unbequem im Bus, und am Ende hatte ich die Nase gestrichen voll von ganz Birma. Um drei Uhr nachmittags erreichten wir endlich die Außenbezirke von Pagan, und ich stieg in gefährlich gereizter Stimmung und mit bohrenden Kopfschmerzen in eine kleine Pferdedroschke um. Doch das sanfte Klipp-Klapp der Pferdehufe und das verhältnismäßig angenehme Schaukeln der Droschke besänftigten meine Laune ein wenig. So daß ich, nachdem ich das Gästehaus erreicht, mich eingemietet, mein Gepäck abgelegt und einen lebensrettenden Drink genommen hatte, mich fast wieder wie ein Mensch fühlte.

Dem Kutscher war das offensichtlich nichts Neues – brüllender ausländischer Löwe stürmt aus dem Bus von Mandalay, nimmt einen erfrischenden Drink zu sich und verwandelt sich wieder in normalen Ausländer –, und er hatte klugerweise draußen auf eine weitere Fahrt gewartet. Er fragte nicht einmal nach dem »Wohin«, als ich wieder in das Gefährt kletterte. In Pagan gibt es nur *ein* obligatorisches Ziel.

Die Sonne neigte sich dem Horizont entgegen, und die Temperatur, obwohl nicht gerade kühl, war angenehm. Hinten in dem überdachten Gefährt sitzend, blickte ich dahin zurück, woher wir gekommen waren, und verpaßte so den ersten Eindruck des Schauspiels – und merkte erst, daß wir in die verlassene Stadt Einzug gehalten hatten, als zwei gewaltige Bauwerke rechts und links in mein Blickfeld glitten. Mit einem aufgeregten Aufschrei kletterte ich zum Kutscher auf den Bock – und da lag es ausgebreitet vor mir. Pagan.

Vollkommen still. Vollkommen verlassen. Eine goldene Tempelruine um die andere ragte in den stillen Himmel auf – von niemandem zum Gebet benutzt, von keinem bewacht. Unheimlich, fremd und ehrfurchtgebietend.

Mein Kutscher hielt auf den größten Tempel zu, der alle seine Nachbarn überragte und, nach seiner Aussage, der schönste Standort war, um den Sonnenuntergang zu beobachten – dabei deutete er auf die glühende Scheibe, die jetzt sehr tief am eigenartig goldfarbenen Himmel stand. Und so kletterte ich in die Gawaurpolin-Pagode hinauf – die ganzen fünfzig Meter. Stieg die schmalen Treppen hinauf und trat immer wieder überraschend ins Sonnenlicht, während ich von Terrasse zu Terrasse vordrang. Endlich erreichte ich die Spitze und sprang mit einem Satz zur letzten geschnitzten Tür hinaus, um nach der untergehenden Sonne Ausschau zu halten. Ich stand auf der falschen Seite. Also jagte ich um die Terrasse herum der Sonne nach, merkwürdig aufgeregt beim Gedanken, daß ich hier in dieser Höhe, an einem so verzauberten Ort, mutterseelenallein den Sonnenuntergang beobachten konnte.

Und da war sie auch – riesig und flammend rot. Sie ließ das Land um mich herum in einem diesig goldenen Schimmer tanzen und tauchte den Irrawaddy in der Ferne in leuchtenden Feuerschein. Es war... es war... *großartig*, dachte ich und wäre, überwältigt von meinen Gefühlen, gern eine Dichterin gewesen, konnte aber keine Worte finden.

»Hübsch hier oben, was?« ließ sich eine körperlose Stimme vernehmen, und ich fuhr herum, verblüfft, auf diesem Planeten noch einen Menschen außer mir zu entdecken – und gar in meinem herrlichen Tempel! Und war noch ernüchterter beim Klang seines Nottinghamer Dialekts.

Da stand ich nun auf dem Gipfel der Welt in einer unfaßbaren Umgebung und blickte aus schwindelnder Höhe auf einen aufsehenerregenden Sonnenuntergang hinunter. Es war ein einmaliges Erlebnis. Und ich teilte es mit einem – mit einem pensionierten Polizeibeamten aus Nottingham, wie sich herausstellte. Ein durchaus netter Kerl in seinem Khakihemd und den Khakishorts, unter denen seine Polizistenknie hervorlugten.

Und er war unbestreitbar freundlich; erzählte mir, daß seine Frau gestorben und ihm das Leben nicht mehr lebenswert erschienen war und daß er die Vorstellung, in Pension zu gehen, furchtbar gefunden hatte – so einsam, wissen Sie! Und so hatte er gedacht: »Pfeif drauf –

nimm das Pensionsgeld und verpraß es.« Auf einer Reise. Einer langen Reise. Einfach immer weiter und sehen, wo man landet. Und die Kollegen waren sehr nett gewesen, nachdem sie erst einmal aufgehört hatten, ihn auszulachen. Hatten ihm dieses teure Fernglas geschenkt – ist es nicht toll? – und ein paar Landkarten und ein Butterbrotpaket spendiert, für den Fall, daß er unterwegs Hunger bekam. Oh ja, wirklich prima Burschen – und sie fehlten ihm. Aber nicht an Abenden wie diesem. Nicht mit dem Ausblick, den man hier hatte. Und sehen Sie sich nur diese Sonne an, verteufelt schön, was?

Und natürlich sah ich sie mir an. Und natürlich war sie das. Aber der Zauber war vergangen. Die Welt ist eben wirklich klein und wird immer kleiner, und wohin man auch geht, man entkommt der Heimat nicht.

Wie sich herausstellte, wohnte Fred sogar im selben Gästehaus. Also zuckelten wir nach Hause zurück, nachdem wir die Sonne auf ihrem Weg nach Indien oder Ägypten oder wohin auch immer beobachtet hatten, und aßen zusammen zu Abend. Am nächsten Morgen frühstückten wir gemeinsam, und ich stellte fest, daß ich Fred, hinter dessen gutgelaunter Jovialität sich eine Menge Einsamkeit und Kummer verbarg, wirklich gern mochte. Dennoch schlug ich sein Angebot aus, mich noch einmal in die verlassene Stadt zu begleiten. Merkte, daß ich aus irgendeinem unerfindlichen Grund nicht den Wunsch hatte, sie noch einmal zu sehen. So brachte ich meinen letzten freien Vormittag eine halbe Meile von dem Ort entfernt zu, für dessen Anblick Tausende von Reisenden mittelmäßiges Essen, schlechte Unterkunft, miserable Züge und erdrückende bürokratische Umstände in Kauf nehmen. Ich kehrte Pagan, dem Juwel von Birma, den Rücken zu und schrieb einen langen Brief nach Hause. Ich hatte genug – ich wollte das Spiel nicht mehr mitmachen.

Am Nachmittag flog ich in den Süden nach Rangun zurück. Am Abend aß ich mit den deutschen Geschäftsleuten im Inya Lake Hotel. Ich war wieder die Italienische Schauspielerin, diesmal in einem Sari aus golden schimmernder Seide mit rotgoldenem Rand und handeingefaßt mit einer Borte zartgemusterter bronzegoldener Blumen. Die Deutschen überhäuften mich mit ebenso vielen Fragen wie die Jungen in May Myo – denn das Birma, das sie kennengelernt hatten, war nicht einmal ein Fünkchen von dem kleinen Einblick, den ich selbst gewonnen hatte.

In der Nacht nahm ich noch einmal ein Taxi zur Schwe-Dagon-Pagode. Wanderte unter den wachsamen Blicken ihrer grinsenden

Löwen und finsteren Drachen, ihrer Götter und Göttinnen und goldenen Buddhas über die menschenleeren, vom Mond beschienenen Marmorwege. Und während ich ein letztes Mal den Tausenden von läutenden Glöckchen und fröhlich klirrenden Windspielen lauschte, hoffte ich, daß Roger dieses Wunder eines Tages mit eigenen Augen würde sehen können.

Später in meinem Hotelzimmer gab ich bald den Versuch auf, in der stickigen Hitze der Nacht einzuschlafen. Statt dessen legte ich mich nackt auf die Laken, lauschte dem Dröhnen des Ventilators über mir und dachte über das Morgen nach. Und über Bangkok.

SECHSTES KAPITEL

An einem balinesischen Strand...
die Stunde der Wahrheit

Bangkok erwies sich als die Stadt des Kulturschocks – es wimmelte dort von modebewußten Teenagern in Kleidern, wie ich sie seit meiner Abreise aus Italien nicht mehr gesehen hatte. Überall roch es nach Geld – von den hohen Büroblocks bis zu den Schaufensterauslagen –, ich wurde mit Popmusik beschallt und, wo ich ging und stand, mit bunten, glitzernden Konsumgütern in Versuchung geführt. Zum Teil fand ich es aufregend, wieder auf gut gepflasterten Straßen zu laufen und saubere Nahrungsmittel zu essen, aber andererseits stieß mich diese Stadt der Einkaufsbummler auch ab mit ihren amerikanischen Hamburger-Ketten, ihren Aufzügen und den Quadratkilometer großen blitzenden Glas- und Chromflächen.

Dennoch gab ich schließlich meinem lange unterdrückten Einkaufsinstinkt nach und kaufte mir einige Kleider und ein Paar neuer hochhackiger Schuhe, so daß ich in der Menge aufging – wir alle in einer leicht »orientalisch« abgewandelten Version dessen, was die westliche Mode in diesem Jahr als letzten Schrei diktierte.

Ich wohnte in einem farbenfrohen, wenn auch ein wenig heruntergekommenen Viertel von Bangkok, das bei weniger bemittelten Reisenden außerordentlich beliebt war. Mein unfehlbarer Blick für das Billige und Trostlose hatte mich ohne Umwege in ein Gästehaus geführt, das auf fensterlose Zimmer spezialisiert war – bar jeden Mobiliars, abgesehen von dem durchgelegenen Bett. Die Wände waren kotzgrün gestrichen, das uralte Linoleum auf dem Boden war schlammbraun, und über das Bett war ein grober Baumwollüberwurf mit einem orangefarbenen, blauen und braunen Blumenmuster gebreitet. Das Badezimmer war vom Fußboden bis zur Decke gekachelt, hatte ein Klo mit gesprungener Schüssel, ein rissiges Waschbecken und im Fußboden ein Gitter, durch das das Wasser von dem großen alten Duschkopf ablief. Es war ein überraschend großes Badezimmer – und überaus dicht bevölkert. So viel entdeckte ich, eine Zehntelsekunde nachdem ich mich ausgezogen und das Bad betreten hatte, um zu duschen.

Vor Jahren, als ich noch jung und naiv gewesen war und mir mit anderen eine Wohnung geteilt hatte, war Mary, eine Sozialarbeiterin und eine meiner Mitbewohnerinnen, ziemlich aufgelöst nach Hause gekommen. Sie hatte eine Mietwohnung betreten, kurz nachdem ihr sehr alter und sehr toter Bewohner hinausgebracht worden war, und in dem Augenblick, als sie den Fuß über die Schwelle gesetzt hatte, war sie von einer Horde Flöhe angefallen und praktisch aufgefressen worden. Sie hatten seit Tagen ungeduldig auf Nachschub an frischem Blut gewartet, und Mary hatte es getroffen. Aber während ich mir ihren beklemmenden Bericht anhörte, wie man die kleinen Tierchen ausräucherte und wie sie ins Büro zurückkam und ihr Chef liebenswürdig bemerkte, daß »solche Sachen eben in dem Beruf vorkommen, Mädchen«, hatte ich nicht umhin gekonnt, anzunehmen, daß sie ein bißchen übertrieb.

Aber sie hatte nicht übertrieben. Da ich ohne meine Kontaktlinsen war, dauerte es einen Augenblick, bis mir klar wurde, daß die vielen hundert schwarzen Punkte auf meinem Körper nicht der gesammelte Dreck und Staub der Reise waren, und noch einen weiteren, bis ich begriff, daß ich ebenfalls bei lebendigem Leibe von Tausenden von Flöhen aufgefressen wurde. Schaudernd vor Ekel hechtete ich unter die Dusche und drehte das Wasser voll auf, um sie abzuspülen. Dann wickelte ich mich in mein Badetuch und rannte barfuß zum »Büro«, wo ich die »Direktorin« zu sprechen verlangte. Entsetzlich dick, eine Kippe im Mundwinkel, strich sie sich fettige schwarze Haarsträhnen aus den kleinen Schweinsäuglein, während ich mich erbost über meine Mitbewohner ausließ. Nicht, daß sie allzu viel hätte hören können bei dem Lärm, den Fernseher *und* Radio *und* der uralte, tuckernde Kühlschrank machten!

Sie zuckte die Schultern und wies einen der Jungen an, meine Sachen in ein anderes Zimmer zu bringen, das zwar für das Auge ebenso trostlos war, aber immerhin nur solches lebendes Inventar beherbergte, das unter sich blieb.

Während dieser Transaktion verwickelte mich eine Belgierin in ein Gespräch. Sie war klein und gedrungen, trug schmuddelige, schlechtsitzende Jeans, ihr üppiger Busen war unter einem unvorteilhaften gelben T-Shirt plattgedrückt, und sie jammerte unaufhörlich. Erzählte mir, wie lange sie schon unterwegs war, wie sehr ihr alles allmählich zum Halse heraushing, wie leid sie es war, von den verdammten Einheimischen geneppt zu werden, was für ein Dreckloch Bangkok doch sei. Ich erfaßte mit einem Blick ihr mit einem Gummiband zusammengehaltenes, fettiges braunes Haar, die pickelige Haut, die mit Tesafilm geklebte Brille und die schmutzigen, abgekauten Nägel und kam zu dem Schluß, daß sie nicht nur nicht zu den Reisenden gehörte, die ich mochte, sondern daß sie mir auch als Frau nicht gefiel.

Als sie mir daher später durch die geschlossene Zimmertür hindurch zubrüllte, sie würde demnächst ausgehen, und mich fragte, ob ich mitkommen wolle, schützte ich Kopfschmerzen vor. Das führte zu einer peinlichen Situation, als ich gegen acht Uhr meine Zimmertür hinter mir verschloß, um auszugehen.

»Du lieber Gott . . . wo gehen Sie denn hin in dieser Aufmachung?« ertönte ihre jammernde Stimme plötzlich hinter mir. Und dann: »Ich dachte, Sie hätten Kopfschmerzen?« Da stand sie nun im Gang, immer noch schmuddelig, schmierig und ungewaschen. Und ich trat nervös von einem Fuß auf den anderen und war mir ihres Blickes auf mein gewaschenes und in Locken gedrehtes Haar, mein Make-up, die lackierten Nägel und den braun-pfirsichfarbenen Sari unangenehm bewußt.

»Herrje! Sowas habe ich wirklich noch nie gesehen«, lachte sie, indem sie sich mit dem Rücken gegen die Wand lehnte und die Arme über der Brust verschränkte. »Also . . .«, fuhr sie vorwurfsvoll fort, »wohin gehen Sie nun?« Und als ich das Hotel Oriental erwähnte, rief sie: »Ach, das wollte ich mir ohnehin auch ansehen, ich hole meine Tasche und komme mit Ihnen«.

Und in diesem Augenblick tat ich etwas, was ich nicht einmal dem ärmsten, zerlumptesten Menschen, dem ich unterwegs begegnet war, je angetan hatte – ich verweigerte ihr rundweg die Gesellschaft. »Es tut mir leid, aber ich habe bereits andere Pläne und würde lieber allein gehen«, sagte ich, indem ich an ihr vorüberging und versuchte, die Verwunderung und Enttäuschung in ihrem Gesicht zu ignorieren. Später, in einer Rikscha unterwegs zum Oriental, wunderte ich mich über mein Verhalten. Aber es führte kein Weg daran vorbei, daß es keine Entschuldigung gab für ihre traurige Erscheinung und ihre negative Einstellung. Sie war eine Katastrophe – eine von jenen Reisenden, zu denen ich nicht gehören, denen ich nicht einmal behilflich sein wollte.

Das Oriental ist das teuerste und berühmteste Hotel in Bangkok, und nachdem ich in der warmen Abendluft durch seine Gärten geschlendert war, betrat ich die Piano-Bar, um einen Cocktail vor dem Abendessen zu trinken. Die Bar war klein und gemütlich, und es saßen schon zwei Grüppchen darin zusammen. Der Pianist spielte dezent in einer Ecke, und ich bestellte einen Bloody Mary und verlangte dazu, die Speisekarte eines der Hotelrestaurants zu sehen.

Wenige Augenblicke später kehrte der Kellner mit einem Bloody Mary, einer Speisekarte ... und einer Botschaft zurück. Der Pianist würde sich glücklich schätzen, mir einen Musikwunsch zu erfüllen. Ich erbat mir »Falling Leaves«, ein Lied von Nat King Cole, das ich seit meiner Kindheit liebte. Er spielte es. Ich bedankte mich mit einem Kopfnicken. Ein wenig später erhob sich der Pianist und trat zu mir. »Ich habe ein paar Minuten Pause. Darf ich mich zu Ihnen setzen – oder erwarten Sie Gesellschaft?«

Major San Nu, wie er sich mir vorstellte, war von vollendetem Charme. Er gesellte sich nach seinem zweiten Auftritt wieder zu mir und lud mich ein, mit ihm zu Abend zu essen. »Hier im Hotel, wenn es Ihnen lieber ist«, fügte er hinzu, zweifellos des mißtrauischen Aufblitzens in meinen Augen gewahr. »Wenn Sie allerdings bisher noch nicht thailändisch gegessen haben, würde ich Sie lieber in ein Restaurant führen, das meiner Ansicht nach die beste traditionelle thailändische Küche in meiner Stadt hat ...«

Ich beratschlagte mich rasch mit meiner inneren Stimme, die mir sagte, daß der Titel zwar erfunden sein mochte (er sah zu jung aus, um Major zu sein), daß der Pianist selbst aber vertrauenerweckend sei. Zwanzig Minuten später saß ich in seinem ziemlich herrschaftlichen Auto, und wieder zwanzig Minuten später wurde ich in einem vornehmen Restaurant von einer Schar Thailänderinnen festlich bewirtet, während der Major alle erdenklichen Köstlichkeiten bestellte, die ich mit meinem in Birma nicht verwöhnten Appetit aufs höchste zu würdigen wußte.

Während des Essens unterhielt mich mein Begleiter mit allen möglichen Erzählungen aus seinen Armeetagen und setzte dem ganzen mit der unwahrscheinlichsten Geschichte die Krone auf.

»Ich liebe es, Klavier zu spielen – besonders im Oriental«, erklärte er nachdenklich. »Und es ist eine wunderbare Abwechslung zu meinem eigentlichen Beruf ...«

»Nämlich ...?«

»Ich bin Vizepräsident der So-und-so-Bank«, erwiderte er munter. »Eine Stellung, die mir durchaus gefällt, wenn ich auch lieber Klavier spielen würde.« Und dann ging er zu einem anderen Thema über, während ich versuchte, mir meinen völligen Unglauben nicht anmerken zu lassen. Ein Pianist, der sich einbildete, ein pensionierter Kriegsheld *und* der Vizepräsident einer Bank zu sein ... Walter Mitty war gesund und munter und lebte in Bangkok. Und ausgerechnet ich mußte über ihn stolpern.

Nach einem sehr angenehmen Abend bestand der Major (mittlerweile konnte ich ihn mir als nichts anderes mehr vorstellen) darauf, mich zum Hotel zu fahren – obwohl seine Miene Bestürzung ausdrückte, als ich ihm meine Adresse nannte. Er parkte das Auto vor dem Hotel und war ehrlich entsetzt, als er sah, wo ich wohnte, und wunderte sich über meine völlige Gleichgültigkeit gegen meine verwahrloste Umgebung. Die »Direktorin«, die in ihrem düsteren »Büro« auch jetzt auf der Lauer lag, warf mir einen wissenden Blick zu, als sich der Major von mir verabschiedete und sich anschickte, hinauszugehen. Dann blieb er noch einmal stehen, drehte sich um und fragte: »Hätten Sie Lust, morgen mit mir zu Mittag zu essen?« Und als ich seine Einladung annahm, zog er einen Notizzettel aus seiner Brieftasche und kritzelte eine Adresse darauf.

Am nächsten Tag – nach meinen Vormittagseinkäufen – fand ich mich an der angegebenen Adresse ein und stellte fest, daß ich in die Empfangshalle einer glitzernden High-Tech-Welt geraten war.

Die summende Geschäftigkeit – unter Hochdruck und Starkstrom – war beeindruckend; der Stil des Bangkoker Bankenwesens. Und hoch über mir, in einem futuristischen Büro mit gläsernen Wänden, stand Major San Nu (pensionierter Major, ausgezeichneter Kriegsheld und Vizepräsident der Bank) und erwartete mich.

Er lächelte, als seine Sekretärin mich hineinführte, und ich hatte das sichere Gefühl; daß er die ganze Zeit über gewußt hatte, daß ich ihm seine Geschichte nicht glaubte. »Ach, um eins wollte ich Sie noch bitten...«, murmelte er, während er mich durch das Bankgebäude führte. »Wenn wir beim Essen zufällig einem meiner Geschäftspartner begegnen, sagen Sie *nichts* davon, wie wir uns kennengelernt haben.« Und fügte dann entschuldigend hinzu: »Ihr Vizepräsident – ein Pianist im Oriental...? Mir wäre es wirklich lieber, wenn es unser Geheimnis bliebe.«

Nun, ich bin sicher, daß Ihre Vorliebe fürs Klavierspiel mittlerweile längst entdeckt worden ist, Major, und daß ich das Geheimnis jetzt bedenkenlos ausplaudern kann.

Eine Woche oder länger streifte ich noch durch Bangkok. Machte zahllose Aufnahmen vom Grand Palace, dem ehemaligen Königspalast, fuhr mit den Taxibooten den Fluß hinauf und hinab, erkundete die Märkte und aß köstliche Kleinigkeiten an den Straßenständen. Dann schipperte ich einen Tag lang in einem der farbenprächtigen schwimmenden Märkte im Norden umher. Fuhr noch weiter in den Norden und betrachtete mit eigenen Augen den Schauplatz von so viel Leid und Elend – die Brücke am Kwai. Stand da, ließ den Blick über die saftigen, grünen Ufer dieses Flusses wandern und fragte mich, wie er so friedlich aussehen konnte, da er doch eigentlich immer noch den Geruch, den Widerhall, das Blut so vieler Tode hätte mit sich führen müssen.

Wieder in Bangkok, wurde ich in meinem alten Hotel wie ein lange verlorenes Familienmitglied empfangen, und die Willkommenskarte des Majors gab mir das Gefühl, wirklich geschätzt zu werden. Aber mittlerweile, nach mehreren Wochen beschwerlicher Reisen, wurde die Verlockung von Sonne und Meer allmählich unwiderstehlich. Im Süden, gleich hinter dem Isthmus von Kra (und nach einer nächtlichen Busfahrt) winkte Ko Samui.

Ko Samui . . . ich lag auf meinem Bett, blickte auf die winzige Insel auf meiner Landkarte hinunter und dachte an den Abend zurück, an dem ich zum ersten Mal ihren Namen gehört hatte. Erinnerte mich an das leere kleine Weinlokal mit dem schummrigen gelben Licht, wo leise Albinonis »Adagio« erklang, während es draußen in Strömen regnete. Erinnerte mich an Amys Prophezeiung – daß ich es nicht weiter als bis Spanien schaffen würde; an Hannahs traurige Augen; und an Brunos wissendes Lächeln, als er vorgeschlagen hatte, ich solle Ko Samui besuchen, wenn (nicht *falls*) ich nach Thailand käme. Diese Nacht – es war die erste Nacht im Jahr der Ratte gewesen. Aber in gewisser Weise hatte Amy recht behalten; zumindest für mich war es wirklich das Jahr des Hündchens geworden.

Es erwies sich, daß Ko Samui in allem hielt, was Bruno versprochen hatte. Es war üppig, verborgen und ursprünglich. Eine Kostprobe des ruhigen, einfachen Lebens, meine Wohnung eine kleine, strohgedeckte Hütte am Strand, über der die Palmen leise rauschten, während wenige Meter vor meiner Eingangsveranda das Meer in sanften Wellen auslief. Gutes Essen und ständig wechselnde Gesellschaft, denn die Reisenden kamen und gingen. Viel Zeit, ins Blaue zu wandern; viel Zeit, ungestört zu schlafen. Viel Zeit, allein dazusitzen, und unendlich viel Zeit, nachzudenken. Darüber, wie sehr mir dieses ungebundene Leben gefiel und daß ich es niemals beenden wollte. London gehörte für mich zu einer anderen Zeit, einem anderen Leben. Meine Freunde, meine Familie . . . sie fehlten mir, aber nicht so sehr, daß ich es nicht aushalten konnte.

Obwohl es mir am Strand von Ko Samui noch nicht klar war,

erreichte ich ein interessantes Stadium meiner Reise – den Punkt, an dem diejenigen Reisenden, die noch dazu in der Lage sind, die Disziplin aufbringen, sich zu besinnen und zu ihren Freunden und Geliebten, in ihre Berufe und Verantwortungen zurückzukehren. Während die anderen alles fahrenlassen, alle Brücken hinter sich abbrechen, um das Reisen zu ihrem Lebensinhalt zu machen. Ich war solchen Menschen schon begegnet – Wanderern, die nichts besaßen, nichts aufbauten, nichts brauchten. Mehr und mehr schien mir das die ideale Lebensform. Und wenn ich meine Wohnung verkaufte – und mit dem Geld haushaltete –, konnte ich ungehindert noch jahrelang so herumziehen.

Meine gute alte Mutter mußte so etwas in meinen Briefen gespürt haben, denn als ich Bangkok verließ und in Singapur landete, fand ich bei meiner üblichen ersten Anlaufstelle (dem Briefschalter des American Express) wieder einmal einen der Briefe vor, die ich auf den ersten Blick erkannte. Der blaue Luftpostumschlag und die bescheidene grüne, mit den Umrissen der Tay-Road Brücke überstempelte Briefmarke wiesen ihn als Botschaft meiner Mutter aus. Und Mutter fand, daß es höchste Zeit für mich wurde, nach Hause zu kommen.

Mir wurde bewußt, daß ein Jahr ins Land gegangen war und sie wahrscheinlich nicht unrecht hatte, und so ging ich zur Telefonvermittlung und hing dort ein paar Stunden herum, bis mein Anruf durchkam.

»Singapur!« hauchte meine Mutter, fast ohnmächtig vor Aufregung, in den Hörer. »Oooh, Singapur wollte ich schon immer einmal sehen – aber ich muß mich wohl mit einem Telefonanruf begnügen«, lachte sie, und dann hörte ich ihrem Geplauder zu und freute mich, als ich merkte, daß sich nichts verändert hatte. Sie war eben im Begriff, sich eine gute Tasse Tee zu gönnen – allerdings keinen Kuchen, sie machte eine Diät. Wieder einmal. Vater führte Angus gerade aus, und Dundee sah ganz jämmerlich aus, wie sie da am Fenster stand und in den kalten Nieselregen hinaus blickte.

Dann fiel ihr plötzlich ein, wie teuer das Gespräch war, und sie fragte: »Und wann *kommst* du nun nach Hause, junge Dame? Wir können es kaum erwarten, dich wiederzusehen, dein Vater und ich.«

»Na ja, in nächster Zeit noch nicht, Mama. Ich dachte, ich fahre vielleicht auf die Philippinen. Oder nach Neuseeland. Ich bin noch nicht bereit, zurückzukommen«, fügte ich hinzu und betonte jedes einzelne Wort, während ihre Stimme allen Schwung verlor. »Ja . . . ich weiß, daß es eine Ewigkeit her ist. Ja ... ich weiß, daß es Geld kostet ... ja, Mama, ihr fehlt mir auch.«

Und dann der Geistesblitz. »Hör mal, wenn ihr mich unbedingt sehen wollt, warum kommt ihr dann nicht hierher? Nein, ich mache keine Witze. Warum denn nicht? Papa könnte einen Urlaub gut gebrauchen, er hat seit Jahren keinen mehr gehabt. Komm schon, Mama – würden dir ein paar Wochen in – sagen wir, Bali nicht gefallen?« Das überzeugte sie, und als ich den Hörer aufhängte, hatte meine Mutter eingewilligt, den armen alten Vater zu bearbeiten.

Ich lief zum Chinesenviertel zurück, wo ich ein hübsches Hotel namens Majestic entdeckt hatte, mit einem eigenen billigen Restaurant und einer wunderbaren chinesischen Wäscherei in unmittelbarer Nachbarschaft. Während ich mich oben in meinem Zimmer zum Essen umzog, mußte ich beim Gedanken daran lächeln, daß meine gute alte Mama – Veteranin in Sachen Busreisen nach Edinburgh und Einkaufsfahrten nach Glasgow, aber kaum mehr – auch nur für einen Augenblick den Gedanken in Erwägung zog, um die halbe Welt zu fliegen. Selbst ihre seltenen Besuche in London hatten den Aufwand und die Vorausplanung einer Expedition in die Arktis erfordert. Ihr waren die Stoßzeiten in der U-Bahn und der komische Dialekt der Londoner zuwider gewesen, sie hatte darauf beharrt, daß das Fleisch zäh und überteuert sei, verglichen mit seiner schottischen Entsprechung, und sie war zu Tode gekränkt gewesen, als ein Verkäufer sich geweigert hatte, ihr »komisches Geld«, den guten, alten schottischen Fünfer, anzunehmen.

»Nein ... es war verrückt von mir, ihr diesen Vorschlag zu machen.« Zu diesem Schluß kam ich, während ich das Licht ausknipste, die Tür hinter mir abschloß und in die Singapurer Nacht hinaustrat. »Nie im Leben würde sie den weiten Flug hierher machen.«

Was nur beweist, wie schlecht ich meine Mutter kannte.

Vier Wochen später ging ich in der Hitze einer balinesischen Nacht ungeduldig unter den stillen Palmen auf und ab. Die Ankunftshalle des Flughafens hinter mir war strahlend hell erleuchtet, und es herrschte emsige Geschäftigkeit, denn Japans blühende Jugend hastete aufgeregt umher. Einhundert Paare auf Hochzeitsreise – zweihundert Verliebte mit glänzenden Augen – genossen die letzten kostbaren Augenblicke ihrer Pauschalhochzeitsreise vor ihrer Rückkehr nach Osaka, Yokohama und nördlich gelegenere Orte. Während ich in die Sternennacht aufblickte und angestrengt nach dem

Flugzeug Ausschau hielt, das meine Familie von Java her bringen würde.

Das letzte Mal hatte ich sie an einem anderen Flughafen gesehen – zwei schmächtige, kleine, vom heftigen Sturm durchgeschüttelte Gestalten, die vor all den Monaten und Meilen zugesehen hatten, wie mein Flugzeug von der kleinen schottischen Startbahn abgehoben hatte. Damals hatte ich gedacht, ich würde sie vielleicht niemals wiedersehen – und gefunden, daß es möglicherweise auch besser war, so, wie mein Leben auseinanderfiel. Wenigstens würden ihnen einige Enttäuschungen erspart bleiben, wenn ich einfach verschwand. Aber hier stand ich – munter und in voller Lebensgröße – und wartete darauf, daß sie ihr Urteil sprachen.

Endlose Monate lang hatte ich unter Fremden gelebt und war von ihnen beeinflußt worden. Hatte meine Ansichten und Überzeugungen neu überdenken, alte Gewohnheiten ablegen und neue Einstellungen annehmen müssen, angesichts meiner ständig sich ändernden Lebensumstände. Ich war demontiert worden – manchmal kaum merklich, dann wieder auf dramatische Weise –, und ganz allmählich fanden sich die Teile wieder zusammen. Entstand wieder ein Ganzes. Aber von den Hunderten von Menschen, denen ich begegnete, konnte keiner etwas zu dem neuentstandenen Ich sagen, da keiner die ursprüngliche Version kannte. Bis heute. Und als die eigentlichen Erzeuger von Trudy Culross plötzlich, Gepäckwagen vor sich her schiebend und mit besorgten Blicken nach ihrer Erstgeborenen Ausschau haltend, durch die Ankunftshalle tappten, wurde ich einen Augenblick lang von Panik ergriffen. Was war, wenn ich ihnen nicht gefiel?

Es kam noch schlimmer. Sie erkannten mich nicht einmal. Sicher, ich war eine schmalere Ausgabe des Menschen, der von zu Hause weggefahren war. Mein Haar war viel länger und von tieferem Rot. Ich war braungebrannter. Vielleicht war mein Gesicht ein wenig älter. Aber als meine Mutter durch den Ausgang in die duftende Dunkelheit hinaushastete und ich in ihr winterblasses Gesicht schaute und bemerkte, daß sie mich anstarrte ... durch-mich-hindurch ... und hinter mich starrte ..., da wurde mir klar, daß die Veränderung viel weitreichender war, als selbst ich angenommen hatte. Sie erklärte später, daß sie von der Reise, der Hitze und der Fremdheit der Umgebung ganz durcheinander gewesen sei, aber meine Mutter sah mich, nur einen Augenblick lang, so an, als wäre ich eine vollkommen Fremde.

Dem Himmel sei Dank für Colin, der vor seinem leidgeprüften Vater herausgestürmt kam, mich stürmisch umarmte und zur Belustigung der balinesischen Zuschauer, die vermutlich noch nie einen auch nur annähernd so großen Menschen gesehen hatten, durch die Luft wirbelte. Und als wir im Jeep meines Vermieters zu meinem Standort zurück holperten, stellte ich fest, daß ich mich noch nie so gefreut hatte, jemanden zu sehen, wie jetzt diese drei.

Bis in die tiefe Nacht saßen wir auf der Eingangsveranda und tauschten Neuigkeiten aus – meine Mutter fast außer sich vor Aufregung (ich sah ihren Blutdruck buchstäblich steigen), während mein Vater die ganze Zeit über lächelnd dasaß, verlegen über die tiefe Freude, die es ihm bereitete, mich wiederzusehen. Meine Ankündigung, daß ich mit Colin ein Zimmer teilen würde, gab meiner Mutter einiges zu denken. Sie stand, das Nachthemd in der Hand, auf der Veranda zu ihrem Zimmer und sagte Dinge wie: »Äh, aber du kannst doch nicht mit Colin in einem Zimmer schlafen...« Und dann, mit sanfterer Stimme – als hätte ich irgendwo unterwegs sowohl den Verstand als auch das Gefühl für das, was sich »schickte«, verloren: »Es ist schließlich dein Bruder.«

»Ja, ich weiß. Aber ich habe ihn seit einer Ewigkeit nicht gesehen. Und wir müssen eine Menge nachholen, also kommt er mit in mein Zimmer.« Und als der schockierte Ausdruck noch immer nicht aus ihren Augen wich, fuhr ich fort: »Mama, ich habe unzählige Zimmer und unzählige Matratzen mit unzähligen Fremden geteilt. Es ist nichts dabei, zusammen in einem Doppelbett zu schlafen – das bietet mehr Privatsphäre, als der größte Teil der Menschheit je genießt. Sieh jetzt zu, daß du ein bißchen Schlaf bekommst. Es wird ein langer Tag morgen.«

Und man sollte es nicht für möglich halten, aber sie folgte wie ein Lamm! Allerdings lag sie kaum sicher zugedeckt in ihrem Bett, da war sie auch schon wieder draußen – sprang auf die Veranda herunter und schrie etwas von einem entsetzlichen, abscheulichen *Ding* neben ihrem Kissen und daß sie um nichts in der Welt in diesem schrecklichen Zimmer schlafen wurde und könnte. Mittlerweile war Colin aus unserem Badezimmer wieder aufgetaucht, und Vater war aufgewacht, also sahen wir uns gemeinsam das Ding an, das sie so sehr erschreckt hatte. Zugegeben, es war eine große – vielleicht sieben Zentimeter lang. Und sie war besonders dunkel und glänzend, ihre Fühler lang und sehr beweglich. Aber...

»Aber, Mama, das ist nur eine Kakerlake«, sagte ich, indem ich ein umgedrehtes Glas darüberstülpte, ein Blatt Papier darunterschob und das Tier in den Garten trug. »Auf der Insel wimmelt es davon. Und von Schlangen und Ratten und Spinnen und Echsen. Es wäre also besser, du gewöhnst dich daran.«

»Niemals!« krächzte meine Mutter und saß in der Folge, wie mein Vater am nächsten Tag berichtete, die ganze Nacht über aufrecht im Bett und hielt Wache über beide. Und das nach einem sechsundzwanzigstündigen Flug.

Colin und ich kehrten, bemüht, nicht über ihr Leid zu lachen, in unser kleines Zimmerchen zurück, und lange, nachdem wir zu Bett gegangen waren, redeten wir noch um die Wette. Schließlich wurde er still und begann zu schnarchen, und ich lag noch lange wach und fragte mich, was der nächste Tag bringen würde.

Ich war eine Woche zuvor auf Bali angekommen, nach einer entsetzlichen Fahrt durch Java, unter einem verfrühten Monsunregen, der die Straßen wegspülte, die Zugverbindungen durcheinanderbrachte und alle möglichen Bäume und Pflanzen auf die Schienen warf und unter den Zügen eine Verwüstung anrichtete. Ich hatte das Gefühl, ständig in durchnäßten Kleidern herumzulaufen, und erkältete mich zum ersten Mal, seitdem ich Europa verlassen hatte. Doch schien sich der ganze Ärger gelohnt zu haben, als mein Bus eines Morgens endlich das moslemische Java mit seinen gierigen, anzüglichen Männern verließ und in das freundliche buddhistische Bali mit seinen kultivierten, sanftmütigen Menschen hinüberwechselte.

Ich hatte eine schlaflose Nacht hinter mir, war ständig damit beschäftigt gewesen, die unwillkommenen Aufmerksamkeiten verschiedener moslemischer Mitreisender abzuwehren, deren Hände im Schutz der Dunkelheit mit Teilen meiner Anatomie in Berührung kamen. Doch als der Morgen dämmerte, hielt das Gefühl für Anstand und Ordnung wieder Einzug, und ich lehnte mich zurück, um die Augen ein wenig zu schließen – denn ich wußte instinktiv, daß ich mich jetzt, da ich in Bali war, endlich ausruhen konnte.

Ein paar Stunden, die ich in Kuta, dem touristischen Zentrum der Insel, verbrachte, reichten aus, mich zu überzeugen, daß dies *nicht* die Seite von Bali war, mit der ich meine Familie bekanntmachen wollte. Vor allem, weil es überhaupt nicht balinesisch war. Es war überlaufen und vollkommen heruntergewirtschaftet von einem bestimmten Typ australischer Urlauber – betrunkene, randalierende, unruhestiftende Halbstarke, die in Bali ebenso wüten wie ihre britischen Gesinnungsgenossen auf Ibiza.

Was ich suchte, war ein silberner Streifen Strand, gesäumt mit schattenspendenden Palmen und in einer beschützten, einladenden, einsamen Bucht gelegen. Etwas Ruhiges, Natürliches, Unverdorbenes – ein paradiesisches Fleckchen, wie es meine Familie bisher nur aus der »Bounty«-Werbung kannte. Ich weiß, ich weiß – ich wollte das Unmögliche. Aber in einem kleinen Ort namens Candydasser fand ich es trotzdem.

Am nächsten Morgen, nach einem herrlichen Frühstück aus Toast, Marmelade, Kaffee und frischen Früchten, brach die Culross-Sippe mit dem ersten von drei Inlandbussen auf, der uns an unser Ziel bringen würde. Eingekeilt zwischen schönen, zierlichen balinesischen Frauen in ihren farbenfrohen Sarongs und Schärpen, mit dem kunstvollen Schmuck und dem hochgebundenen und mit Blumen geschmückten Haar.

Unser kurvenreicher Weg führte durch Reisfelder und Mangohaine, Bananen- und Ananasplantagen, vorüber an den Ausläufern wolkenverhangener Berge und an kleinen, blumenüberhäuften Schreinen am Wegrand; wir hörten das fröhliche Schmettern der Zimbeln und das Klirren der Tempelglocken, lange bevor die Tempel selbst auftauchten, überquerten wackelige Brücken über reißenden Bächen, schlichen durch liebliche Täler, die vom Duft exotischer Blumen erfüllt waren, sahen Wellensittiche, die aus Bambusdickichten aufstoben, um sich in schwer mit Kokosnüssen behangenen Palmen niederzulassen.

Stunde um Stunde, Meile um Meile lösten sich Bilder ab, die das Auge erfreuten. Und an jeder Haltestelle am Weg sprangen Einheimische auf, die diese blassen Gesichter im Bus erspähten, und fuhren eine Meile oder mehr mit, nur um Gelegenheit zu haben, uns kennenzulernen. Es war meine Mutter, die sie beeindruckte. Ihre silberne Haarpracht, ihre grünen Augen und das hellhäutige Gesicht mit den Sommersprossen verfehlten ihre Wirkung nie. So daß alle Welt mit ihr reden und ihr Fragen stellen wollte (es amüsierte die Leute zu erfahren, daß Colin und ich Bruder und Schwester waren). Wenn wir beispielsweise auf einem Marktplatz hielten, stellte meine Mutter sehr schnell fest, daß schon allein der Anblick ihres aus dem Fenster herausragenden Ellbogens oder ihrer Hand eine zu große Versuchung darstellten. Früher oder später trat eine der Obstverkäuferinnen an den Bus, und Mama fühlte, wie neugierige, braune Finger versuchten, ihr die Sommersprossen von der Haut zu zupfen.

Mein Vater war unterdessen in einer anderen Welt. Oftmals blickte

ich über die Schulter zu ihm zurück, und jedesmal starrte er angestrengt aus dem Fenster. Als wir schließlich in Candydasser anlangten
und Colin unser Gepäck ablud, wandte ich mich an meinen Vater
und sagte: »Na, Paps – was hältst du davon?«

Wir standen nebeneinander auf der Straße, als der Bus in einer
Staubwolke verschwand. Dann sah er mich an, und sein Gesichtsausdruck war ein Gedicht. »Trudy, dafür hat es sich gelohnt – das Geld,
das Fliegen, die Aufregung deiner Mutter, alles – nur für diese
Busreise. Phantastisch.«

Ich hatte sie tausend Meilen weit gelockt, damit sie sich Bali
ansahen, aber es sah so aus, als hätte ich dieses eine Mal das Richtige
getan.

Ich hatte einen kleinen *Losman* für uns gemietet, der geschützt in
einem Palmenhain wenige Meter vom Strand entfernt lag. Er hatte
zwei Räume – jeder mit zwei Einzelbetten und einer eigenen Dusche
mit Klo –, ein steiles, strohgedecktes Dach und ein Meer farben-
prächtiger Pflanzen, die bis zur Eingangsveranda heraufkletterten.
Von den Fenstern aus genoß man einen unvergleichlichen Blick auf
den Garten, die helle Kurve des Strandes und das heitere Grün des
flachen Wassers. Weiter draußen konnte man sehen, wie sich die
Wellen am Korallenriff brachen, und dahinter funkelte das azurblaue,
tiefe Wasser im Sonnenschein.

Es gab noch zwei weitere *Losmen* in dem Wäldchen, aber sie
standen leer, und Candydasser war so verschwiegen, wie ein Strand
nur sein konnte. Das Leben war auf einen einfachen Ablauf von
Schlafen, Essen, Reden, Spazierengehen und Musikhören reduziert.
Obwohl ich, da es keinen Stromanschluß gab, sehr knickerig mit den
Batterien war. Der Tag begann, wenn die Sonne aufging, und war mit
dem Sonnenuntergang weitgehend beendet. Danach gingen wir über
die staubige Straße, durchbohrten die Dunkelheit mit unserer
Taschenlampe und machten uns auf zu einem der Speiselokale, in
denen die Ausstattung zwar elementar, das Essen aber ausgezeichnet
war.

Ganz allmählich kamen meine Eltern zur Ruhe; mein Vater ging
am Vormittag und am Nachmittag schwimmen, während meine
Mutter im Schatten einer Palme saß – sie konnte nicht schwimmen
und bemühte sich, sich nichts daraus zu machen, daß ihr das
Vergnügen entging. Dann kam der Tag, an dem wir beschlossen, sie
»wasserfest« zu machen, und der Strand hallte wider von unserem
Gelächter, als wir in dem etwa einen Meter hohen Wasser umher-

planschten und Mutter jedesmal, wenn wir sie losließen, unterging und mindestens einen von uns mit sich riß.

Aber als zwei ausgelassene Stunden vorüber waren, konnte sie es und paddelte mit uns anderen im flachen Gewässer herum. Sie hustete und spuckte jedesmal, wenn ihr eine Welle entgegenschlug, aber sie schwamm, und ihre Augen leuchteten angesichts der neuen Erfahrung und des Wissens, daß sie mit einundsechzig noch etwas dazugelernt hatte.

An einem unserer ersten Abende draußen, als die Eltern, noch erschöpft von der Reise, früh zu Bett gegangen waren, nahmen Colin und ich eine Sturmlampe und eine Flasche Whisky mit und spazierten barfuß am Strand entlang. Es war eine wundervolle Nacht, die Brecher funkelten im Mondschein, und die Umrisse der Palmen zeichneten sich schwarz vor einem Himmel voller Sterne ab. Wir unterhielten uns stundenlang über sein Leben in London, seine Wohnung, seine Freundin, seinen Job.

Er war nicht glücklich, war eigentlich schon damals, als ich London verlassen hatte, nicht glücklich gewesen. Ich spürte deutlich, daß er im Begriff war, eine Entscheidung zu treffen und die Richtung, in die sein Leben verlief, zu ändern. Aber das war ein gewaltiger Schritt – einer, zu dem er den notwendigen Mut noch nicht recht gefunden hatte. Ich konnte es ihm nachfühlen, denn wie lange hatte ich gebraucht, bis ich es schließlich geschafft hatte? Manchmal muß man ganz bis auf den Grund tauchen, bevor man den Aufstieg beginnen kann, und in diesem Augenblick war Colin noch nicht niedergeschlagen oder enttäuscht genug, um sein Leben zu ändern. Aber es stand bevor. Es stand bevor.

Ich erzählte ihm ein bißchen von dem, was ich erlebt hatte, nachdem wir uns auf Korfu begegnet waren; aber es war seltsam: Nachdem ich mir monatelang gewünscht hatte, jemanden zu haben, dem ich mich mitteilen konnte, stellte ich nun fest, daß ich im Grunde nicht mit ihm über meine Reisen sprechen wollte. Daß ich ihm die Einzelheiten dessen, was ich erlebt hatte und was ich als nächstes plante, nicht mitteilen wollte. Und das ging mir nicht nur mit Colin so.

Im Laufe der Tage wurde es mir *und* meinen Leuten klar, daß ich überhaupt nicht viel reden wollte. Es war wunderbar, sie zu sehen, und es gab mir ein Gefühl der Wärme und Zufriedenheit, mit ihnen zusammenzusitzen, ihrem beiläufigen Geplauder zu lauschen und ihre Gesellschaft zu genießen. Aber ich – die ich an so vielen Orten gewesen war und so vieles gesehen und getan hatte –, ich hatte einfach nichts zu sagen. Und ich verstand nicht, warum.

Nicht nur das, sondern ich entwickelte auch mehr und mehr das Bedürfnis, mich für ein paar Stunden am Tag von meiner Familie zurückzuziehen, schlich mich vor Sonnenaufgang aus dem *Losman*, um allein am Strand entlang zu wandern oder mich still und ruhig hinzusetzen und meinen Gedanken nachzuhängen. Nachdem ich mich monatelang nach Gesellschaft gesehnt hatte, zahllose Stunden in die Ferne geblickt und an meine Familie gedacht hatte, war ich jetzt mit ihr wiedervereinigt. Nur um festzustellen, daß ich ein gewisses Maß an »Distanz« zwischen uns wahren mußte. Es ergab einfach keinen Sinn.

Bis zu dem Morgen, an dem ich allein im Meer badete und meine Mutter sah, die über den Strand auf mich zu kam. Sie war offensichtlich auf der Suche nach mir durch die ganze Bucht gewandert, und ich spürte plötzlich, daß ich ärgerlich war über diesen Einbruch in meine Privatsphäre. Spontan hob ich die Hand und winkte ihr, wieder zu gehen und mich allein zu lassen; sah, wie sie einen Augenblick zögerte, bevor sie kehrtmachte und wegging. Einerseits kam ich mir entsetzlich schäbig vor, andererseits wieder nicht. Etwas passierte zwischen meinen Eltern und mir – und ich wußte nur, daß ich meine Gefühle akzeptieren mußte, ob ich sie nun verstand oder nicht.

Am Ende war es die liebe alte Mama, die die Antwort lieferte. Als ich nach meinem Bad zu unserem *Losman* zurückkehrte, saß sie ruhig im Sand und wartete auf mich. Sie war jetzt seit vier Tagen auf Bali und hatte in dieser Zeit kaum einmal den Blick von mir abgewandt – hatte mich erforscht –, und ich wußte, daß die Stunde der Wahrheit geschlagen hatte. Aber dennoch warf mich ihre Frage vollkommen um.

»Trudy...«, setzte sie an. Und dann, ohne weitere einleitende Worte: »Etwas ist los mit dir. Warst du im Gefängnis?« Sie sah mich mit festem Blick an. Offensichtlich war sie darauf gefaßt, das Schlimmste zu hören.

Ich mußte lachen. Konnte einfach nicht anders – wahrscheinlich, weil ich erkannte, daß alles, was ich ihr erzählen konnte, harmlos war im Vergleich zu dem, was sie sich vorgestellt hatte.

»Weißt du, Mama, es ist vieles passiert. Sehr vieles – und manches davon erzähle ich nicht gern. Aber nein – ich war nicht im Gefängnis. Wie um alles in der Welt kommst du darauf?«

»Ich weiß nicht«, entgegnete sie mit besorgter und verwunderter Miene zugleich. »Aber du bist so – anders. Du kannst immer noch Spaß verstehen, und wir amüsieren uns bestens. Und du hast nie besser ausgesehen. Aber irgend etwas ist los ... du behältst vieles für dich. Es ist, als hättest du etwas zu verbergen. Manchmal beobachte ich dich, und dein Gesicht ist so still und ernst – so *in dich gekehrt*. Das habe ich auch zu Papa gesagt. Er denkt natürlich, das bilde ich mir alles nur ein. Aber das stimmt nicht oder? Etwas ist passiert. Etwas Ernstes. Und ich habe gedacht: Was kann denn passiert sein, das eine solche Wirkung auf Trudy hat? Es ist, als wärest du – eingesperrt gewesen. Ich bin nur froh, daß es nicht das ist, was ich dachte«, schloß sie und erhob sich langsam auf die Füße. »Aber was es auch ist, du bist anders. Älter. Ich weiß es nicht ...«

Und dann setzte sie hinzu, wie in einem nochmaligen Versuch, die Sache auf den Punkt zu bringen: »Du scheinst niemanden mehr zu brauchen. Vorhin am Strand – hast du mich weggewunken, als du geschwommen bist. Oh ja – ich habe es wohl verstanden!« Sie lächelte angesichts meines Unbehagens. »Es ist schon gut – wirklich. Aber das hättest du früher nie getan ...« In ihrer Stimme lag kein Anflug von Vorwurf oder Gekränktheit. Nur die Feststellung, daß ich nicht mehr ihr kleines Mädchen war. Niemandes, genau genommen. Endlich ich selbst, dem Einfluß keines Menschen mehr ausgesetzt.

Wer sonst als meine Mutter hätte mit der Erklärung für mein merkwürdiges Verhalten herausrücken können! Sie hatte gespürt, daß das verunsicherte Kind in mir verschwunden war und mit ihm der Wunsch, zu gefallen. Meine Mutter – der mein lebenslanges Streben nach Anerkennung wahrscheinlich gar nicht bewußt war – hatte meine jetzige emotionale Unabhängigkeit sehr wohl registriert. Ich war immer noch eine liebende Tochter, aber keine sonderlich gehorsame oder pflichtbewußte mehr. Das hatte sie durchschaut. Und noch etwas anderes ...

Früh am nächsten Morgen streifte ich wieder über den Strand und sah zu, wie die Sonne sich über den Gipfel des Berges schob und die Bucht in einen rosigen Schein tauchte. Wie gewöhnlich plauderte ich mit der balinesischen Frau, die an der Flutlinie Korallen sammelte; dann blieb ich stehen und beobachtete die kleinen Fischerboote, die durch die Brecher glitten und deren Segel flatterten wie juwelenbesetzte Schmetterlingsflügel. An diesem Morgen ließen mir meine Gedanken keine Ruhe.

War ich im Gefängnis gewesen ...?

Ich *wußte*, daß diese Frage meiner Mutter wichtig war, und betrachtete sie von allen Seiten. Irgendwie hatte sie mit ihrer gewohnten Intuition den Schlüssel zu meiner inneren Veränderung gefunden.

Gefängnis. Ich stelle mir vor, daß das Schlimmste am Eingesperrtsein nicht so sehr der Mangel an Kommunikation mit anderen ist – sondern die Tatsache des Alleinseins, niemanden zu haben, auf den man seine Aufmerksamkeit lenken kann, so daß man früher oder später gezwungen ist, sich mit seinem eigenen Herzschlag, seinen eigenen Atemzügen in Einklang zu bringen – mit sich selbst. Daß man seine Schwächen und Unzulänglichkeiten akzeptieren und sich seine eigenen unbedeutenden, kleinlichen Gedanken anhören muß, während man versucht, daran festzuhalten, wenn man von der Angst überwältigt wird. Wenn man sich selbst nicht sehr liebt, muß es hart sein im Gefängnis, in der Einsamkeit. Denn wenn man sich selbst nicht genug ist, ist es schwer, allein zu sein.

Für mich war es unmöglich gewesen, und darum hatte ich beeindruckende Anstrengungen unternommen, um sicherzugehen, daß ich immer Gesellschaft hatte. Bruno, der stets aufmerksame Barkeeper – und natürlich mein kleines schwarzes Buch – konnten das bezeugen. So *war* also diese Reise für mich so etwas gewesen, wie im Gefängnis zu sein, da sie mich vollkommen auf mich selbst gestellt hatte.

Ein ums andere Mal hatte ich versucht, die Verantwortung für mich irgendeinem Mann aufzuladen – bereit, genau die Frau zu sein, die jeweils gebraucht wurde, wenn *er* nur bereit war, die Last zu tragen. Aber schließlich hatte ich der Wahrheit ins Gesicht sehen müssen: Ich war beklagenswert unfähig, für mich selbst zu sorgen, und bevor ich das nicht gelernt hatte, konnte niemand etwas mit mir anfangen.

Aber jetzt war das, Gottseidank, alles vorbei. Endlich hatte ich gelernt, allein zurechtzukommen – und das hieß auch, daß ich das Alleinsein genoß, die Freude an der Einsamkeit entdeckte. Ruhe und Stille konnte ich genießen ... jetzt, da ich auf meinen Herzschlag und meine Atemzüge lauschen konnte und keine Angst mehr vor dem Gedanken, allein zu sein, hatte. Jetzt, da ich mir meine jämmerlichsten, wehleidigsten, geheimsten Gedanken anhören konnte und dennoch in der Lage war, mir zu verzeihen, daß ich sie hatte.

Alle diese Teile – so viele emotionale Bruchstücke – setzten sich endlich zusammen, als ich mit einem Gefühl unendlicher Dankbarkeit am menschenleeren Strand saß. Denn die Frau, die mich am längsten (und am besten) kannte, war um die halbe Welt geflogen, um sich an einem ruhigen Ort mit mir zusammenzusetzen und mir einen Spiegel vorzuhalten. Und ich hatte hineingeschaut ... und was ich sah, hatte mir gefallen.

Mutter und ich sprachen nicht noch einmal darüber – es war nicht notwendig. Sie wußte, daß ich nicht im Gefängnis gesessen hatte, und das war sehr wichtig für sie. Und was wirklich passiert war – sie nahm an, daß sie die ganze Geschichte hören würde, wenn ich den Mut hatte, sie ihr zu erzählen. Sie ist froh, daß ich sie jetzt erzähle.

Am Ende einer Woche der Ruhe und des Friedens machte sich die Sippe wieder auf den Weg. Wir hatten inzwischen einen kleinen Suzuki-Jeep gemietet und streiften nach Lust und Laune über diese Insel der Nebel und Berge, der gewaltigen Sonnenaufgänge und überwältigenden Sonnenuntergänge. Wir ließen uns ohne Zeitplan und Ziel treiben; hielten einmal an, um Tausende von Fledermäusen, die von den Einheimischen sehr verehrt wurden, zu beobachten, die in der Abenddämmerung in ihre heimische Höhle zurückkehrten; dann wieder verweilten wir, um uns den berühmten Affentanz auf den Stufen eines uralten Tempels anzusehen.

Ein andermal brachten wir einen Nachmittag an den verschnörkelten Becken eines ehemaligen Königspalastes zu – schwammen darin und freuten uns an dem eiskalten Gebirgswasser, während ganze Schwärme zahmer Goldfische Versteck mit uns spielten. Am Abend stiegen wir stets in einem der vielen Losmen oder Gästehäuser ab, die am Weg lagen – schliefen manchmal in üppig ausgestatteten Räumen, dann wieder in Häusern, die unglaublich einfach waren, mit zum Himmel offenen und mit Pflanzen überwucherten Badezimmern, in denen man sich vorkam, als würde man in einem winzigen ummauerten Garten baden.

Dann kam der Tag, an dem wir den Lovina-Strand erreichten und meine Eltern beschlossen, hier ihr Lager aufzuschlagen. Der Lovina-Strand war nicht das schönste Fleckchen der Insel, aber ich hatte ja bereits gelernt, daß es beim Reisen nicht um Orte, sondern um Menschen geht. Und die Menschen hier waren wunderbar.

Es stellte sich heraus, daß die einzigen anderen Gäste am Ort eine verrückte Bande von Tiefseetauchern war, die hier eine wohlverdiente Pause nach einem Arbeitseinsatz in der Javasee einlegten. Ein Neuseeländer namens Dave und zwei Leute aus Singapur, die Johnny und Sam hießen – und sie nahmen das Spiel genauso ernst wie die Arbeit. Tatsächlich waren sie sehr ernsthaft dabei, zu spielen, als wir ankamen. Innerhalb weniger Stunden hatten sie meine Eltern in ihren Kreis aufgenommen und Colin zum Ehrenmitglied ihres Trinkclubs erklärt, und ich wußte, daß wir gefunden hatten, wonach ich gesucht hatte – das ideale Plätzchen für meine Familie, ihre letzten Tage auf Bali zu genießen.

Ich glaube, der Höhepunkt für meine beiden Eltern war der Tag, an dem wir einen Einbaum mieteten und zu siebt zu einer wenige Meilen entfernten Stelle fuhren, von der Dave wußte, daß sie sich besonders gut zum Schnorcheln eignete. Schließlich gingen wir vor Anker, und während das Boot in der Morgensonne schaukelte, zog mein Vater zaghaft eine Tauchermaske an und blickte in die kristallklare Tiefe hinunter.

Mein Vater weiß alles, was es über tropische Fische zu wissen gibt. Er hat sie selbst leidenschaftlich gezüchtet, seit der Zeit, als ich ein kleines Mädchen war, so daß ich Neonfischchen von Kaiserfischen unterscheiden konnte, lange bevor ich zählen gelernt hatte. Aber mein Vater hatte diese wunderbaren Geschöpfe nie in ihrer natürlichen Umgebung gesehen, und als ich ihn beobachtete, wie er sich bereitmachte, sich ins Wasser gleiten zu lassen, wußte ich, daß ihm der größte Genuß seines Lebens bevorstand.

Meine Mutter, nun immerhin schon seit zwei Wochen Schwimmerin, hatte nicht vor, anderswo als in unserer kleinen Bucht ins Wasser zu gehen. Sie wußte ebensogut wie ich, daß wir uns in ungeschütztem Gewässer befanden und daß es vermutlich Haie in der Nähe gab. Und obwohl sie bereitwillig Aquarien gesäubert und Temperaturanzeiger überprüft hatte, um an seinem Hobby teilzuhaben, war sie verständlicherweise der Meinung, daß es zu viel von ihr verlangt war, sich ein Stück Gummi in den Mund zu stecken und meinem Vater blindlings zu folgen. Aber dennoch, ich hatte gesehen, was es dort unten alles gab und wie wunderschön diese Unterwasserwelt war. Ich konnte den Gedanken nicht ertragen, daß ihr all das entgehen sollte.

Also beschwatzte ich sie so lange, bis sie ins Wasser glitt und sich treiben ließ, die Arme um den Holzpfahl gelegt, der im Wasser lag und das Kanu stabilisierte. Freundlich überredete Johnny sie, eine Gesichtsmaske anzuziehen. »Es ist ganz einfach, Mama«, lachte er. »Halten Sie einfach den Atem an und stecken Sie das Gesicht ins Wasser. Dann sehen Sie jede Menge Fische!«

Nun ging sie aufs Ganze, setzte die Maske auf und tauchte den Kopf unter Wasser, und ich werde nie den Ausdruck in ihren Augen vergessen, als sie wenige Sekunden später wieder auftauchte. Sie war höllisch aufgeregt. Zehn Minuten später hatte sie ihre erste Lektion im Schnorcheln hinter sich, und dann nahm sie allen Mut zusammen, schob ihre Hand in meine, löste die andere vom Stabilisator ... und weg waren wir. Anfangs paddelten wir nur um das Kanu herum, aber allmählich wurden die Kreise immer weiter, als sie mit ihren scharfen Augen eine Sehenswürdigkeit nach der anderen entdeckte und wir schon bald Schwärmen vom Papageienfischen und flachgesichtigen Engeln nachjagten. Es war das erste Mal, daß meine Mutter ihr silbernes Haupt unter die Wasseroberfläche tauchte, und sie hatte beschlossen, es in einem der lebendigsten, farbenprächtigsten Meere der Welt mit der denkbar exotischsten Bevölkerung zu tun.

Ja, ich glaube, das war der Höhepunkt der Reise für sie. Aber es gab einen anderen Augenblick, in dem sich für mich alles ins rechte Licht rückte.

Es war unser letzter Abend am Lovina-Strand, und die balinesische Familie, der unser Gästehaus gehörte, wollte der Familie ein besonderes Festmahl bereiten. An diesem Abend saßen sechzehn Leute um den Tisch, und meine Mutter hatte den Ehrenplatz am Kopfende inne. Sie war inzwischen braungebrannt, hatte ein bißchen abgenommen und sah sehr hübsch aus in ihrem hellblauen Kleid.

Sie war den ganzen Tag über großartig gewesen, und das Lächeln war nie aus ihrem Gesicht gewichen. Nicht einmal, als sie ein armes quiekendes Ferkel zur vorderen Veranda zerrten, damit sie es begutachten konnte, um es dann nach hinten zur Rückseite der Küche zu treiben, wo sie ihm prompt die Kehle durchschnitten. Das markerschütternde Gebrüll des Schweines ging meiner Mutter so nah, daß sie erklärte, sie könne keinen Bissen davon essen, gleichgültig, wie köstlich es gegrillt schmecken würde. Aber als das Schwein, mit Tomaten und grünem Salat garniert und mit einer rosigen Frucht im Maul, auf den Tisch gebracht wurde, blieb meine Mutter wunderbar gelassen.

Eine riesige Schüssel Reis wurde gebracht und vor dem Ehrengast auf den Tisch gestellt, worauf sich meine Mutter, einen großen silbernen Löffel in der Hand, mit königlichem Lächeln vorbeugte. Aber bevor sie den Reis erreicht hatte, begann der sich aufzuwerfen wie ein Miniaturvulkan, und wenige Zentimeter von ihrem Gesicht entfernt brachen zwei wirklich gigantische Kakerlaken durch den Gipfel des Reisberges. Mit ihren in der Luft zuckenden Fühlern sahen sie aus wie zwei geschniegelte Gangster, die uneingeladen auf einer italienischen Hochzeit erscheinen, und mir rutschte das Herz in die

Hosen, während ich den Blick meines Vaters auffing und wir uns beide an die Kakerlakenszene in der allerersten Nacht erinnerten. Meine Mutter würde uns gleich alle furchtbar in Verlegenheit bringen – und ich konnte ihr keinen Vorwurf daraus machen.

Ich schloß verzweifelt die Augen und wartete darauf, daß die Entsetzensschreie über den ganzen Lovina-Strand hallten. Als nichts geschah, öffnete ich sie wieder, gerade rechtzeitig, um zu sehen, wie meine Mutter mit ihrem Löffel in den Reisberg stach. Mit einer geschickten Bewegung – einem mühelosen Schnicken mit dem Handgelenk – beförderte sie die Tiere aus unserem Abendessen, so daß sie hoch durch die Luft flogen und ihre glänzenden Panzer rasselten, als sie auf die Mauer prallten.

Mit glücklichem Strahlen erklärte unsere Gastgeberin bestimmt: »Sehen? Reis ganz frisch. Kakerlaken leben nur in frisch Reis!« Während meine Mutter völlig ungerührt und mit einem verständnisinnigen Lächeln begann, ihren Teller zu füllen.

Ich war mehr als zufrieden mit ihr; mehr als stolz auf sie. An diesem Abend liebte ich sie wie wahnsinnig dafür, daß sie ein so prachtvoller Mensch war. Aber schließlich hatten sie alle drei diesen Teil meiner Reise mitgemacht, und das war etwas, das ich ihnen nie vergessen würde.

Zwei Tage später verabschiedete ich mich von ihnen in einem hübschen kleinen, von kühlen, schattigen Gärten umgebenen Losman. Sie flogen in sechsunddreißig Stunden nach London zurück, während ich meine Spuren über Java nach Singapur zurückverfolgen würde.

»Hast du eine Ahnung, wie lange du noch unterwegs sein wirst?« hatte mein Vater sich am Abend vor meinem Aufbruch vorsichtig erkundigt. Ich war klug genug, ihm nicht zu sagen, daß ein Teil von mir kein Bedürfnis hatte, je nach Hause zurückzukehren – am liebsten immer auf Reisen geblieben wäre. Und wenn meine Mutter so etwas ahnte, war sie jedenfalls zu schlau, eine Bemerkung darüber zu machen.

»Weißt du, Papa – mach dir keine Gedanken um mich. Du siehst ja, daß es mir gut geht. Und du siehst, daß ich glücklich bin, oder nicht? Ehrlich, ich glaube, ich bin früher wieder zu Hause, als du denkst. Also fang schon an zu sparen – die erste Runde wird teuer werden, und sie geht auf dich!«

Am nächsten Morgen trug ich ein weißes, enges Baumwollkleid und hochhackige Schuhe, und meine Nägel und Lippen waren leuchtend geschminkt, als ich mich gleich dort im Garten von ihnen verabschiedete – keine Abschiedsszenen am Flughafen mehr. Und diesmal hatte ich auch keine Zweifel daran, daß ich sie bald wiedersehen würde.

Wie bei unserem letzten Abschied zog mich mein Vater fest an sich und sagte kein Wort. Meine Mutter gab mir einen Kuß und einen Segen mit den Augen auf den Weg. Ich ging ein paar Schritte, dann drehte ich mich noch einmal um und lächelte ihr zu, in Erinnerung der letzten Worte, die sie zu mir gesagt hatte, als ich von zu Hause weggeflogen war ... »Was auch passiert, vergiß nicht, daß du meine Tochter bist.«

Damals hatte ich sie nicht verstanden. Jetzt begann ich den Sinn zu begreifen. Und sie würde mich nie wieder daran erinnern müssen, wer ich war. Denn endlich wußte ich es selbst.

SIEBTES KAPITEL

Traurig beim Gedanken an zu Hause

In dem Augenblick, als ich auf dem Flughafen von Auckland landete, wußte ich, daß es ein Fehler gewesen war, nach Neuseeland zu kommen. Zugegeben, die Reise hatte schlecht begonnen, da ich das Flugzeug in Singapur um ein Haar verpaßt hätte. Man bereitete mir bei der Einwanderungsbehörde von Neuseeland nicht eben einen begeisterten Empfang, und lange nachdem die anderen Passagiere verschwunden waren, beantwortete ich immer noch Fragen, in dem fruchtlosen Bestreben, mir Einlaß zu verschaffen.

Mein Paß war daran schuld – vollgepfropft mit Stempeln, die sich im Laufe des Jahres angesammelt hatten, wies er mich als emsige Reisende aus. Und was sie wissen wollten, war: hieß das, daß ich auch ein emsiges Mädchen war?

Ich war lange unterwegs gewesen . . . das kostete eine Menge Geld, woher also kam es?, wollte einer wissen.

»Siebzehn Jahre harter Arbeit in London – Sie sollten es auch mal probieren«, antwortete ich mit einem dünnen Lächeln.

Ich hatte eine recht lange Zeit in Indien verbracht. War das nur zum *Spaß*, oder hatte ich dort *Geschäfte*?, erkundigte sich ein anderer. Und langsam verstand ich, worauf sie hinaus wollten. Entweder war ich ein Drogenkurier oder eine gutbezahlte Nutte – vermutlich beides. Die Stempel aus Java machten die Sache nicht besser; Siobhan hatte mir damals in Indien erzählt, daß Java – ebenso wie Bombay – ein beliebter Anlaufort für Nutten ist, die auf der Suche nach dem schnellen Geld sind. Und ich war nicht eben gekleidet wie die normale Durchschnittsreisende. Wenige Stunden zuvor war ich in der glühenden Hitze eines Singapurer Tages herumgelaufen – und dort waren meine hohen Riemensandalen und mein ärmelloses, in der Taille mit einer großen Schleife zusammengehaltenes Baumwollhemd durchaus angemessen gewesen. Aber hier und jetzt war es sicher fehl am Platz. Kein Zweifel, in den Augen der versammelten Herren hier war ich ein leichtes Mädchen. Und eine höchst unerwünschte Ausländerin.

»Ahem . . . Madam . . . ich sehe, daß Sie dieses Ticket erst gestern gekauft haben«, begann wieder ein anderer der Fragesteller. »Vor wie langer Zeit haben Sie sich entschlossen, unser Land zu besuchen?«

»Gestern.« Nun, es war die Wahrheit. Ich hatte am gestrigen Vormittag die Reisebüros abgeklappert, noch unentschlossen, ob ich zu den Philippinen oder nach Neuseeland weiterreisen sollte. Aber die jüngsten Berichte darüber, daß in Manila mir nichts, dir nichts Touristenhotels in die Luft gesprengt wurden, hatten mich beunruhigt... und die Aussicht auf Fidschi hatte den Ausschlag gegeben. Angezogen von den Verlockungen des Südpazifiks – vielleicht sogar eines Besuchs auf der legendären Insel Tonga –, hatte ich beschlossen, im Vorübergehen bei den Neuseeländern hereinzuschauen. Um drei Uhr am selben Nachmittag hatte ich auf dem Weg zum Flughafen mein Ticket abgeholt und war kurz nach sieben Uhr abgeflogen. Aus einem spontanen Entschluß heraus, den ich bereits zu bedauern begann.

»Ich muß sagen, ich finde das erstaunlich«, fuhr er fort. Und man mußte es ihm lassen, er sah wirklich erstaunt aus. »Die meisten unserer Besucher kommen nicht einfach zufällig vorbei. Reisen nach Neuseeland werden Monate im voraus geplant...«

Ich seufzte theatralisch. »Wirklich? Also, wenn das der Empfang ist, der sie hier erwartet, kann ich mir nicht vorstellen, warum sie sich die Mühe machen.« Und dann, der ganzen Sache allmählich leid, fuhr ich fort: »Hören Sie, ich bin auf dem Weg zu den Fidschi-Inseln – mein Ticket ist gültig bis nach Amerika –, und ehrlich gesagt, ich habe die Nase bereits voll von Ihrem Land. Es ist kalt, draußen gießt es in Strömen, ich bin ausgeräuchert worden, bevor ich noch einen Fuß aus dem Flugzeug gesetzt habe. Um es offen zu sagen, ich bin nicht gerade beeindruckt. Wenn Sie also Zweifel haben, ob Sie mich hereinlassen sollen, ist es auch gut. Setzen Sie mich ins nächste Flugzeug nach Suva, und sehen Sie zu, ob es mir etwas ausmacht.«

Ich war fast enttäuscht, als ich zehn Minuten später auf den regennassen Stufen des Flughafens stand und mich nach einer Fahrmöglichkeit in die Stadt umschaute. Es war kein vielversprechender Anfang gewesen.

Nachdem ich mich in einem Gästehaus eingemietet hatte, machte ich mich auf zum Einkaufszentrum von Auckland, um mir so schnell wie möglich vernünftig warme Kleider zu kaufen. Nachdem ich zwei Trainingsanzüge, Handschuhe, ein Paar weiße Baseballschuhe aus Leder und zwei Schals ausgesucht hatte, holte ich meine treue Plastikkarte hervor – und stieß auf Problem Nummer zwei. Ich war meinen Gläubigern jetzt monatelang einen Schritt voraus gewesen. Aber hier in Neuseeland warteten sie schon auf mich, und meine Karte war nicht einmal für eine Tasse Kaffee gut.

Ich mußte zehn Minuten wie ein Buch reden, um den Ladeninhaber davon zu überzeugen, daß ich ein reiches kleines Biest auf Weltreise sei – und unbedeutendere technische Schwierigkeiten wie diese, die mir den Spaß verderben wollten, gelegentlich in Kauf nehmen mußte. Er hatte bald begriffen, wie sinnvoll es war, keine warmen Kleider mit sich herumzuschleppen, wenn man sein ganzes Leben in wärmeren Regionen verbrachte; sah die Notwendigkeit ein, seinen Körper vor Erfrierungen zu schützen, wenn man die Unannehmlichkeit erdulden mußte, mitten im neuseeländischen Winter anzukommen; überzeugte sich selbst, daß ich wirklich ein Opfer der zahlreichen Computerfehler war, und gestattete mir, mit meinen Wintersachen unbehelligt den Laden zu verlassen: Aber das sorgenfreie Leben wurde es nicht.

Ein üppiges Mittagessen, ein gewaltiges Abendessen, einen ausgiebigen Nachtschlaf, und vierundzwanzig Stunden später ging es mir entsetzlich schlecht. Ich weiß immer noch nicht, was mir fehlte, aber während ich in meinem kleinen Zimmer lag und abwechselnd zitterte und mich übergab, kam mir der Gedanke, daß ich vielleicht auf die »Normalität« meiner neuen Umgebung reagierte, die mir so furchtbar vertraut war. Angefangen von der furnierten Frisierkommode und der Kleiderablage am Fußende meines Bettes, bis hin zur Fish-and-Chips-Bude am Ende der Straße. Sie hätten ebensogut über alles »Made in Dundee« schreiben können.

Zu spät erkannte ich, daß ich um die halbe Welt gereist war, nur, um den Fuß in ein Land zu setzen, das das Spiegelbild von Schottland in den fünfziger Jahren war. Ich war wieder in der Zeit versetzt worden, und im Laufe des nächsten Monats würde ich mit jeder Meile, die ich zurücklegte, gezwungenermaßen an meine Mädchenzeit erinnert werden. Neuseeland erwies sich als schwerer Fehler.

Nicht, daß es nicht auch einige angenehme Augenblicke gegeben hätte. Zum Beispiel die Begegnung mit Chas, am Abend bevor ich Auckland verließ. Ich war in meiner gewohnten großen Abendaufmachung, als er mit einem Freund das Restaurant betrat, in dem ich saß. Eine Unterhaltung entspann sich, und Chas – ganze zweiundzwanzig Jahre alt, mit rotblondem Haar und einem offenen, ehrlichen Gesicht – gestand, daß er nicht viel von dem Land, in dem er aufgewachsen war, gesehen hatte. Er war Offiziersanwärter in der Handelsmarine und hatte zwei Wochen Heimaturlaub. Und war es vielleicht möglich, daß er mit mir mitkam?

Die Frage war halb im Scherz gestellt, und ebenfalls im Scherz antwortete ich, er könne mitkommen, wenn er sich am nächsten Morgen pünktlich um sieben in meinem Gästehaus einfinden würde, denn zu dieser Zeit wollte ich zu meinem Bus nach Cape Reinga im Norden des Landes aufbrechen. Er stand kurz nach sechs Uhr dreißig auf der Schwelle – sein kleiner Ford Anglia tuckerte in der Auffahrt, und seine Reisetasche lag fertig gepackt im Kofferraum.

Chas war ein Schatz. Voller Leben und Übermut, höflich und schüchtern wie fast alle Männer in Neuseeland. Ehrlich und verletzlich und einsam darüber hinaus, obwohl er ein Haus voller Brüder und eine Lehrerin zur Mutter hatte, die seinen Erzählungen nach die Fröhlichkeit in Person war. Was Chas wirklich brauchte, war ein Mädchen. Und bis ihm die Richtige über den Weg lief, dachte er, würde ich es auch tun. Ich war allerdings der Meinung, daß früher oder später die Karten auf den Tisch gelegt werden mußten, und früher war mir gerade recht. An jenem ersten Tag, auf unserem Weg in den Norden, hatte Chas mir alles über Billy erzählt, einen Freund aus Schulzeiten, der auf der Schaffarm seines Vaters lebte und arbeitete. Das Farmhaus schien sehr komfortabel zu sein und über unzählige Zimmer zu verfügen, in denen wir mit Sicherheit für eine Nacht unterkommen würden. Und es erwies sich, daß Billy ganz genauso nett war, wie Chas ihn beschrieben hatte, wenn auch ein bißchen (na schön, vollkommen) ungesprächig. Und es war auch zweifellos eine Schaffarm – es gab Tausende von den verdammten Dingern, von unserem geparkten Wagen bis an den Horizont. Und das Farmhaus war wunderschön, groß, vornehm und geräumig.

Unglücklicherweise verbrachten wir die Nacht aber schließlich bei Billy – in einer kleinen Baracke am Rande des Besitzes. Die baufällige Eingangsveranda war mit zerlumpten Wäschestücken ausgelegt, die Schäferhunde lagen auf dem dick gepolsterten Sofa, und der Schimmel auf nahezu allem, was sich in der Speisekammer befand, verlieh dem Ganzen vermutlich seine »Grenzpionier-Siedler«-Atmosphäre. Während das Angebot seines einzigen Schlafzimmers (und natürlich seines einzigen Bettes) an uns keinen Zweifel daran ließ, daß die Jungen echte Jungen waren und der Augenblick der Klarstellung gekommen war.

Ungefähr zwanzig Minuten lang saßen wir unbehaglich im Wohnraum herum, und ich hörte zu, wie sie ununterbrochen über Billys einzigen Lebensinhalt sprachen – das schwere Motorrad, das den Ehrenplatz im Raum einnahm und am Kaminsims angelehnt war. Selbst ich konnte erkennen, daß es eine schöne Maschine war – ein langes, schwarzes und chromblitzendes Etwas. Ein futuristisches Stück Metall, ein wirkliches Kunstwerk – eine Maschine, die Billy selbst entworfen und sorgfältig zusammengebaut hatte, die aber noch nie auf der Straße gefahren worden war.

Irgendwann war es natürlich Zeit für mich, ins Bett zu gehen, und halb belustigt, halb verärgert stieg ich in das alte Messinggestell und wartete auf Chas' nächsten Schritt. Würde er die Bedeutung des T-Shirts, der Unterhosen und der Kniestrümpfe erkennen, die ich höchst unverführerisch angelassen hatte? Oder würde er trotzdem einen Reinfall riskieren; das fragte ich mich, als er leise ins Zimmer kam und sich auszuziehen begann.

Ich nehme an, Männer fühlen sich irgendwie verpflichtet, wenn es darum geht, ihre Masche abzuziehen, da ein Mangel an Interesse oder sexueller Begierde einer Dame vielleicht wenig schmeichelhaft erscheinen könnte. Ich halte Chas also zugute, daß das, was sich in den nächsten zehn Minuten abspielte, ein Zeichen dafür war, daß er mich unter gar keinen Umständen dadurch beleidigen wollte, daß er einschlief.

Ich bedankte mich natürlich für sein großzügiges Angebot, erklärte ihm aber mit unmißverständlichen Worten, daß ich zwar die Aussicht auf einen Reisegefährten sehr angenehm fand, aber keinerlei Bedürfnis nach einem Bettgenossen hatte. Es machte mir nichts aus, ein Zimmer mit ihm zu teilen, aber daß ich ein Bett mit ihm teilte, sei eine abgekartete Sache gewesen. Nein, ich sei nicht böse, aber auch nicht gerade erfreut. Und es sollte nicht wieder vorkommen. Verstanden? Und der arme Chas verstand und räumte das Bett.

Der Schlaf übermannte uns beide, aber nicht für lange. Plötzlich wurden wir durch quietschende Reifen und erstickende Abgase ins Bewußtsein zurückgerissen, und ich fuhr gerade rechtzeitig im Bett auf, um zu sehen, wie Billy, rittlings auf seinem Metallungetüm, durch die Schlafzimmertür geflogen kam. Am Bett vorbei raste er, kam vor dem Fenster mit kreischenden Bremsen zum Stehen und verließ das Zimmer wieder, um im Wohnraum herumzudröhnen, bevor er die Maschine in einer Abgaswolke in der Küche abstellte. Chas und ich sahen uns in dem blauen Mief an, und unser Lachen explodierte in die unheimliche Stille hinein.

Nachdem wir die Schlafordnung einmal geklärt hatten, kamen wir beide großartig miteinander aus und zogen immer weiter nordwärts, bis wir schließlich gemeinsam auf den Klippen von Cape Reinga standen. Gute Freunde inzwischen, schmiegten wir uns wärmesuchend unter dem Leuchtturm zusammen und betrachteten die Tasmansee zur Linken, die gegen den Pazifischen Ozean zu unserer Rechten anprallte – zwei mächtige Wasserleiber, die sich am Fuße der Klippen, auf denen wir standen, vereinigten und mit gewaltigem, markerschütterndem Klatschen Welle um Welle gegeneinander warfen. Und als wir gesehen hatten, was zu sehen wir gekommen waren, wendeten wir die Nase des kleinen Ford Anglia herum und fuhren Richtung Süden.

Zwei Wochen, nachdem wir Auckland verlassen hatten, zockelten wir wieder in der kleinen Stadt ein – glücklich über die gemeinsam verbrachte Zeit, aber traurig, daß sie zu Ende ging. Am nächsten Tag würde ich weiter in den Süden nach Wellington fahren, und Chas mußte auf sein Schiff zurückkehren.

Am Rande der Stadt hielt er an und erledigte einen Anruf, dann kehrte er mit einer Einladung zum Essen bei sich zu Hause zum Wagen zurück. Ich hielt es nicht für eine umwerfende Idee – da ich nicht gerade die Art von Mädchen war, die ein Zweiundzwanzigjähriger zu Muttern mit nach Hause bringen sollte. Aber dann dachte ich daran, daß wir trotz der vierzehn Jahre Altersunterschied gute Freunde geworden waren, und wenn er mit den hochgezogenen Augenbrauen seiner Familie fertig wurde, konnte ich es auch.

Ich entschied mich gegen Trainingsanzug, Baseballschuhe und andere jugendliche Reiseaccessoires, ließ Chas vor dem Fernseher meiner Vermieterin zurück und begab mich in mein Zimmer, um mich wieder in die Frau zu verwandeln, die ich wirklich war. Den weißen, mit winzigen rosaroten Blüten übersäten Seiden-Cheongsam hatte ich mir in Singapur maßschneidern lassen. Er saß wie angegossen. Mit lackierten Nägeln, frisiertem Haar und perfektem Make-up stellte sich Chas' Reisegefährtin zur Begutachtung.

»Himmel, ich bin froh, daß du bei Billy nicht so ausgesehen hast«, schluckte er. »Sonst wären wir nie aus dem Bett gekommen.«

Sein Bruder schluckte ebenfalls, als ich zur Tür hereintrat. Auch seine Mutter *und* die Freundin seiner Mutter, als ich zur Küche hinein schlenderte und allen die Hand schüttelte. Chas Mutter war nicht wesentlich älter als ich – was sie in knappen fünf Minuten mittels einiger schlauer Fragen herausfand. Es dauerte noch zwei weitere Minuten, bis sie, mit dem untrüglichen Instinkt der Mutter, in Erfahrung gebracht hatte, daß ihr Sohn einigermaßen in mich vernarrt war.

Darauf folgten weitere drei nervenaufreibende Minuten, während derer ich vom großen Bruder auf einen Drink weggeführt und der arme Chas in der Küche von einer ängstlichen Mama ins Gebet genommen wurde. Als sie sich allerdings erst einmal vergewissert hatte, daß die Ewige Liebe ihren kleinen Chas *nicht* verschlungen und dann wieder ausgespuckt oder sich sonst irgendwie an ihm vergriffen hatte, war sie die vollendete Gastgeberin – behandelte mich, wie es für die Neuseeländer so typisch ist, wie ein Mitglied der Familie.

»Ich muß schon sagen, du bist ganz anders, als ich erwartet hatte«, gestand sie, als sie mir am Ende eines schönen Abends zum Abschied winkte. »Ich dachte, Chas würde einen blassen kleinen Spatzen von einer Schottin mit Pferdeschwanz und Söckchen mitbringen, die nichts dringender braucht als ein Essen wie bei Muttern zu Hause.«

»Also, mit dem Essen hatte sie recht!« murmelte Chas, als wir zu seinem Wagen gingen. »Du hast es wirklich in dich hineingeschaufelt. Obwohl es mir ein Rätsel ist, wie du in diesem Kleid überhaupt etwas essen konntest . . .«

Ach, Chas . . . du hast noch viel über die Frauen zu lernen. Und ich hoffe, du hast viel Freude daran, es herauszufinden.

Am nächsten Tag saß ich im Bus in Richtung Süden nach Hawke's Bay, und hier fand ich – dank des gut durchorganisierten neuseeländischen Touristenwesens – eine Unterkunft als Hausgast auf einer Farm. Ich bekam eine Vorstellung von der Schafzucht und lernte einiges über das Leben in Neuseeland, während ich bei der reizenden Familie Mogey wohnte – ganz zu schweigen von ihrer Vorliebe für gute Weine, gutes Essen und Unterhaltungen nach Tisch. John Mogey und ich führten sie gewöhnlich vor dem prasselnden Kaminfeuer, auf dem Bauch liegend – eine Flasche guten neuseeländischen Roten zwischen uns. John ließ sich über alles von der Atombombe bis zur Vorliebe der Japaner für Rentiere aus (er liebte lebhafte Auseinandersetzungen), während seine Frau Lynne – die spürte, daß ich ebenfalls eine Schwäche für angeregte Diskussionen hatte – mit Vergnügen im Hintergrund saß und unsere hitzigen Debatten genoß.

Weiter nach Wellington und über die Cookstraße in die kleine Stadt Picton an der Spitze der Südlichen Insel; dort landete ich bei einer sehr netten Maori-Familie und verbrachte wieder ein paar Abende vor einem prasselnden Feuer, wo ich das Bier der Gegend probierte und ihrem lebhaften Geplauder und den reich ausgeschmückten Legenden lauschte, während draußen der einsetzende

Winter an den Türen und Fenstern des kleinen Hotels heulte und rüttelte.

Ich folgte der zerklüfteten Küstenlinie weiter nach Christchurch, wandte mich dann ins Inland zu den mächtigen Gewässern des Tekapo-Sees und durchquerte schließlich die Neuseeländischen Alpen. Das Leben wurde zu einem alltäglichen Trott von Bussen und Busbahnhöfen – meine Tage waren von dem sich wiederholenden Spiel, den Bus rechtzeitig zu erwischen, geprägt, und mein Kopf verwandelte sich in ein Fahrplandepot. Das Land wurde zu einem ablaufenden Film hinter einer versiegelten Sicherheitsglasscheibe, als wir über Berge und durch Täler, vorbei an Wäldern und Seen fuhren; einsame kleine Bauernhöfe lagen verloren in einem Meer von goldenem Korn, und Schafe zogen wie Schneegestöber über smaragdgrüne Wiesen. Tag um Tag blickte ich auf Neuseeland hinaus... und Schottland erwiderte trotzig meinen Blick, erinnerte mich an meine Wurzeln und machte sich über meine vergeblichen Versuche lustig wegzulaufen. Schließlich sah ich mich gezwungen, die innere Logik meiner Situation zu akzeptieren.

Wenn man zur Vordertür hinausgeht, sich nach rechts wendet und immer weitergeht, wird man am Ende wieder vor seiner Haustür ankommen. Und genau das hatte ich getan. Vielleicht *war* ich damals wirklich auf der anderen Seite der Welt, aber ich befand mich auch auf dem Heimweg, der vorletzten Etappe. Wenn ich nicht einen einschneidenden Richtungswechsel vornahm, lag meine Haustür nur noch wenige tausend Meilen vor mir, und der Gedanke war mir unbehaglich. Aber erst, als mich der hundertste Bus am Fuße des Mount Cook absetzte, begriff ich, warum.

Ich hatte Angst. Mit gutem Grund, fand ich. Und es war der Mount Cook, der meine Angst an die Oberfläche brachte.

Ich war am ersten Abend kurz vor Sonnenuntergang am Hotel Hermitage angekommen, einem hübschen, aus Holz und Stein gebauten Haus, das am Rande einer windgepeitschten Ebene liegt und über ein wogendes Meer bronzefarbenen Grases blickt. Eingekreist von hoch aufragenden Bergen und erdrückt von der schieren Herrlichkeit des Tales, steht das Hermitage im Schatten des mächtigen Mount Cook. Der Berg bricht atemberaubend direkt aus dem Boden des Tales hervor und steigt in stolzer, ungebrochener Senkrechte in die Höhe – schneidet durch die Wolken und durchbohrt das lebhafte Blau des Himmels. Von blendend weißem Schnee umhüllt – gekrönt von silbernen Dunstschwaden, die aussehen wie der Atem eines unsichtbaren Drachen –, bietet er jedem die Stirn. Fordert alles und jeden auf, ihn zu bezwingen. Und viele haben es versucht.

Am Abend wanderte ich durch das weitläufige Tal – still bis auf den Wind, der durch das Gras pfiff, und den hohen, klagenden Ton eines heimwärts ziehenden Vogels. Die Stille war unheimlich an diesem verlassenen Ort, und irgendwie lockte der Berg – er schien so nah und gewiß für mich erreichbar, wenn ich nur die Spitze der ersten Erhebung erklimmen konnte . . .

Ich hatte noch nie am Fuße eines so erhabenen Berges gestanden, und zum ersten Mal begann ich zu begreifen, warum Menschen den Zwang verspüren, trotz ihrer Angst auf Berge zu steigen. »Weil er da ist«, antworteten Bergsteiger immer wieder auf die Frage, warum sie einen solchen Wahnsinn betreiben. Ich hatte diese Antwort nie verstanden, bis zu diesem Nachmittag.

Und der Mount Cook ist unbestreitbar »da«, schön und gefährlich, schweigend und überlegen, voll wortlosen Spotts für etwas so Vergängliches wie die Menschheit. Als ich so da stand, hatte ich das Gefühl, mit diesem furchtbaren Berg ganz allein zu sein. Und doch wußte ich, daß das nicht der Fall war.

Die Zeitungen waren in den letzten Tagen voll davon gewesen; zwei jugendliche Bergsteiger wurden auf dem Berg vermißt, wurden inzwischen für tot gehalten – und das Wetter verschlechterte sich so rasch, daß die Rettungsmannschaften an diesem Nachmittag gezwungen gewesen waren, ihre Suche abzubrechen. Jetzt, als die letzten hellen, harten Strahlen der Sonne den Berghang in eine Maske funkelnder Diamanten verwandelten, machte ich mir Gedanken über diese beiden Jungen. Fühlte mich ihnen fast telepathisch verbunden, während ich, halb in der Erwartung, irgendein Lebenszeichen über mir zu entdecken, die Augen über das unbarmherzige Weiß wandern ließ.

Ich hatte einmal gelesen, daß Erfrieren ein angenehmer Tod sei, und jetzt glaubte ich es aufs Wort. Ertappte mich bei dem Gedanken, daß es für einen Menschen, der sterben mußte, eine edle – ja, freudige – Art war, abzutreten, wenn er diesem Schicksal in der eisigen Herrlichkeit des Mount Cook entgegensah.

Wenn ich sie heute auf dem Papier sehe, erscheinen mir meine damaligen Gedanken schauerlich. Aber als ich an jenem Abend reglos im goldenen Lichtschein stand, empfand ich keine große Trauer um die vermißten Bergsteiger. Ich erinnerte mich daran, wie viele elende, traurige Wege des Sterbens ich gesehen hatte; die

Leprakranken in Ägypten, die Junkies in Goa. Dachte an den Todeszug in Bombay und an die tragischen Bilder in Kalkutta – alles klägliche Wege, aus dem Leben zu scheiden.

Waren diese Jungen dort oben in der Höhe noch am Leben? Und wenn sie es waren, hatten sie das Stadium der Angst hinter sich gelassen? Ich konnte es nur hoffen und sprach, während ich dort verharrte ein kurzes Gebet für sie. Ich hatte seit meinen Mädchentagen nicht mehr gebetet. Doch es kam mir vollkommen selbstverständlich vor, diese Worte hier, mitten im Nirgendwo, für zwei Jungen zu sprechen, denen ich nie begegnet war.

Wahrscheinlich war es der Gedanke an die Angst der beiden, die mich veranlaßte, meiner eigenen nachzuspüren. In den folgenden zwei Tagen, während das Wetter sich immer mehr zuzog und ich vergeblich darauf wartete, daß es wieder aufklärte, hatte ich viel Zeit zum Nachdenken. Stunde um Stunde blickte ich stumm zu diesem nebelverhangenen, vom Regen bestürmten Berg hinaus und forschte in Gedanken danach, was eigentlich los war und warum Neuseeland mit all seinen Erinnerungen an die Heimat mich so traurig machte.

Ich war nicht ständig unterwegs, weil ich das Reisen so sehr liebte – obwohl ein Teil meiner selbst sicherlich die Freiheit und Aufregung eines jeden neuen Tages in vollen Zügen genoß. Ich war unterwegs, weil ich Angst davor hatte, nach Hause zu kommen, Angst, nach London zurückzukehren und festzustellen, daß ich mich im Grunde gar nicht verändert hatte; die Aussicht, zu meinem alten Leben zurückzukehren und wieder in die alten Gewohnheiten hineinzurutschen, erschreckte mich zutiefst.

Ich hatte gelernt, allein unter Fremden zu sein. Hatte eine eigenartige Freude daran entdeckt, allein zu essen, zu schlafen, zu reisen oder auch nur Dinge *anzusehen*. Aber wie würde ich damit fertig werden, all das allein zu tun, wenn ich wieder unter Freunden war? Würde mich das Gefühl der Einsamkeit von neuem einholen? Und wenn meine Lage unerträglich wurde, würde ich dann anfangen, in meinem kleinen schwarzen Büchlein herumzublättern? Würde Bruno mich wieder auf seinem Barhocker finden, hierhin und dorthin schwenkend, immer ein wachsames Auge zur Tür gerichtet auf der Suche nach ahnungsloser Beute?

Einst hatte ich Freunde gehabt, aber wo waren sie alle jetzt? Amy weitergezogen zu neuen Weidegründen; Hannah verliebt, ihre Tage und Gedanken von einem anderen Menschen beansprucht. Für Nadia und Graham, Rui und Simon, Peter und sogar Colin war das

Leben einfach weitergegangen. Der winzige Raum, den ich einmal im Leben eines jeden von ihnen eingenommen hatte, war vermutlich längst wieder ausgefüllt und glattgestrichen. Und so war ich immer weiter gezogen – nichts und niemanden als Ziel im Auge –, weil ich Angst hatte, daß es nichts und niemanden gab, zu dem ich zurückkehren konnte.

Allein zu sein ist um so vieles einfacher, als einsam zu sein ...

Nun, am Ende klarte es wieder auf, und ich machte mich auf nach Queenstown, was mir ein ebensogutes Ziel schien wie jeder andere Ort. Und in Queenstown lungerte ich herum und tat all die Dinge, die andere Reisende auch tun. Aber jetzt, da ich keine so sorglose Reisende mehr war, machte mir nichts davon wirklich Spaß. Der Himmel war bewölkt, die Temperatur sank, und der Regen drückte ständig auf meine Stimmung.

Eines Tages beschloß ich, mir eine Fahrt mit dem Düsenboot durch den Skipper's Canyon zu leisten. Ich schoß mit einem halben Dutzend weiterer jauchzender Passagiere durch die Schlucht, schwindelig vor Aufregung, eine Schwimmweste von leuchtendem Orange auf den Rücken gegurtet, und der heulende Wind riß mir fast die Haare vom Kopf. Es war ungefähr wie eine Karussellfahrt auf dem Rummel und eine ebenso gute Methode, die Zeit totzuschlagen, wie jede andere.

Wir fuhren stromaufwärts, und nach einer Biegung glitten wir in ruhiges Wasser. Der Bootsführer ließ den Motor im Leerlauf tuckern und deutete zu der hohen, dunklen Canyonwand hinüber, die weiter aufwärts steil aus dem Fluß aufstieg. Etwa sieben Meter über der Wasseroberfläche donnerte ein wütender Wasserfall aus einer schmalen dunklen Felsspalte.

»Passen Sie auf!« brüllte er, um das Tosen des Wassers zu übertönen, und während ich mich noch fragte, was er von uns wollte, schoß etwas aus der Felsspalte heraus, schien einen Augenblick lang in der Luft zu hängen und stürzte dann mit einem gewaltigen Klatschen in das Wasser darunter. Während es aufprallte, hörte ich Schreie und erkannte mit angehaltenem Atem, daß der Gegenstand irgendeine Art Boot war, das jetzt im Fluß gekentert war.

Während wir uns die Hälse verrenkten, um zu sehen, was aus seinen Insassen wurde, kam ein weiteres Boot aus dem Felsenloch geschossen, dicht gefolgt von einem dritten.

»Das ist das Ende der Expedition Weißes Wasser«, erklärte unser Bootsführer. »Sehen Sie das Loch oben in der Felswand? Das ist das

Ende vom Teufels-Ellbogen. Eine ganz schöne Fahrt, wenn einer von Ihnen Spaß daran hat!« Und dann nahmen wir wieder Fahrt auf und rauschten über die Wellen zur Anlegestelle zurück. Ich mit dem Gedanken, daß ich mich um keinen Preis so durch die Luft würde schleudern lassen – nachdem mich das bloße Zusehen schon zu Tode geängstigt hatte.

Aber ich wußte auch, daß der Teufels-Ellbogen nicht der schlechteste Ort für einen Anfang war, wenn ich meine Angst in den Griff bekommen wollte…

Eben noch war ich sicher – Knie zusammen, Füße aufgestemmt, die betäubten Zehen da, wo die Wände des Dingis mit dem Boden zusammenstießen, in die weiche, pralle Falte gebohrt. Und im nächsten Augenblick flog ich durch die Luft und in die Tiefe, und während ich in die brodelnden Wellen eintauchte, glitten in einem schwindelerregenden Wirbel Felsen und Himmel und zischende Gischt an meinen Augen vorüber.

Betäubender Lärm, hektisches Prasseln an meinem Helm… prikkelnde Hitze auf meiner Haut, als das eiskalte Wasser mich verschluckte und voranpeitschte und -zerrte. Ich hielt die Augen fest geschlossen – durfte die Kontaktlinsen nicht verlieren. Mein letzter Atemzug war noch zwischen meinen Zähnen, und meine Brust war wie zugeschnürt. Noch ein heftiger Schlag auf die rechte Seite meines Helms, dann ein knirschendes Gefühl, als mein Kopf über den Grund des Flusses oder einen Felsen schrammte. Ich wußte nicht einmal, wo oben und wo unten war… und meine Brust… fühlte sich so das Ertrinken an?

Plötzlich schlug mir kalte Luft in das brennende Gesicht, und ich spürte Licht auf den Lidern – meine Schwimmweste hatte mich an die schäumende Wasseroberfläche zurückgetrieben. Gottlob hatte ich den Kopf oben, auch wenn ich rückwärts flog. »Denkt daran – wenn ihr im Wasser landet, heißt es, Arme über der Brust kreuzen. Beine gerade nach vorne strecken, Füße zusammen, damit ihr euch von den Felsen freihalten könnt.«

Ich stellte mir plötzlich lebhaft vor, wie meine Wirbel an einer Felswand zerschellten, und strampelte so lange wild um mich, bis ich mich genügend gedreht hatte, um zu sehen, wohin ich trieb. »Scheiße, Scheiße, Scheiße!« Hatte ich das herausgebrüllt oder nur gedacht, während ich in einem Tunnel von grauem Wasser, in dem ich auf beiden Seiten von Gischtmauern eingeschlossen war, vorwärts gerissen wurde? Zu meiner Linken huschte der feuchtglänzende Fels der

Schlucht vorbei, und genau vor mir, nicht mehr als fünfzehn Meter entfernt, ragte ein schlanker, glatter Monolith aus dem Wasser. Der gefürchtete Haifischzahn, um den das Wasser brodelte und wütend gurgelte, bevor es sich teilte und weiterpreschte.

»Welche Seite nehme ich?« fragte ich mich kopflos (als ob ich die Wahl gehabt hätte), als etwas meine linke Schulter streifte. Ein Paddel. *Mein* Paddel? Mir fielen plötzlich die Warnungen unseres Lehrers ein, und zum ersten Mal geriet ich in Panik.

Denkt daran – wer ins Wasser fällt, zahlt eine Strafe. Wer seinen Helm verliert, zahlt eine Strafe. Wer sein Paddel verliert, zahlt eine Strafe. Wer die Fahrt nicht beendet, zahlt eine Strafe . . .«

Benommen hörte ich wie aus weiter Ferne Rufe, aber als ich den Kopf hob, war das Dingi fast über mir. Der Lehrer stand aufrecht im Boot und kämpfte mit der Ruderpinne, während er mit dem Kopf aufgeregt zur gegenüberliegenden Wand der Schlucht deutete. Ich wußte, daß er mir zuschrie, ich solle schwimmen, auch wenn ich in dem Lärm die einzelnen Worte nicht verstehen konnte.

Er machte wohl Scherze! Ich war in einem Wasserwirbel gefangen, dessen Sog so stark war, daß ich den Arm kaum heben konnte. Schwimmen? *Wie?* Eine andere, nähere Stimme sagte: »Halt dich fest, Baby!«, und ich blickte auf in ein bärtiges Gesicht, in ruhige Augen unter einem zerschrammten roten Helm. Ich spürte, wie seine behandschuhte Hand den Kragen meines Kälteschutzanzuges packte, und gemeinsam flogen wir durch das weiße Wasser – ich und das kleine graue Dingi.

Ich war ein Korken, ein Blatt, ein Papierschiffchen. Ein blinder Passagier, der in einem geliehenen Helm zur Hölle fuhr. Ein nicht zahlender Fahrgast auf der größten Achterbahn der Welt – zwanzig Meilen lang und immer bergab. Und zum Fürchten blieb keine Zeit. Ich wußte, daß ich den Haifischzahn fast erreicht hatte, aber ich spürte keine Panik. Lediglich ein Schwindelgefühl im Kopf und einen beklemmenden Druck in der Lunge, und ich hörte, lauter als alle anderen Geräusche, meinen hämmernden Herzschlag.

Hände klammerten sich an meinen Rücken fest, und ich fühlte, wie mein Körper hochgezogen wurde. Instinktiv warf ich mein Gewicht nach vorn, und in diesem Augenblick griff ein weiteres Paar Hände nach mir, und ich purzelte mit dem Gesicht nach unten in eine zentimeterhohe Pfütze und in lieblichen Gummigeruch. Ich blieb mit dem Gesicht auf dem dünnen Boden des Dingi liegen und spürte das wütende Gurgeln des Wassers unter meiner Wange, und als ich mich umdrehte, konnte ich gerade noch sehen, wie der Haifischzahn, dessen Umrisse sich mächtig von dem eisblauen Himmel abhoben, wenige Zentimeter von meinen in Turnschuhen steckenden Füßen entfernt vorbeizischte.

Gelächter um mich herum, gegenseitige Glückwünsche, gefärbt mit einem Hauch von Hysterie. »Jesus! Das war knapp!« gluckste eine Stimme mit neuseeländischem Akzent, und Rothelm schob mich unfeierlich auf meinen erst kürzlich verlassenen Platz zurück – vierter Mann backbord. Ich lachte am lautesten und längsten und lachte immer noch, als das Dingi in ruhigeres Wasser glitt und seine Nase auf einen Streifen aus Kieselsteinen und glattem dunklem Fels schob.

Keine Zeit, auszuruhen, keine Zeit, nachzudenken. Wir sprangen über Bord, zogen unser Dingi aus dem Wasser und warteten dann, um zu sehen, wie es den anderen ging. Es waren vier Boote, die die Tour durch das weiße Wasser machten, und der Haifischzahn war eine der schwierigsten Strecken. Unser Lehrer war neu und mußte sich seine Sporen noch verdienen – darum waren wir die ersten. Jetzt näherte sich das zweite Boot durch den brodelnden Kanal. Und das dritte. Aber das vierte ließ lange auf sich warten, und dann kam es geschwommen wie die *Marie Celeste*, ohne jedes Lebenszeichen an Bord.

Eine ganze Weile waren alle, die zuschauten, stumm vor Verwunderung. Bis unsere Blicke die rudernden Arme und Beine, die hüpfenden blauen und gelben Helme und ein Gesicht ausmachten, das uns zugewandt war – erstarrt in einem Ausdruck des Unglaubens, bevor es verschwand.

Wie elektrisiert rannten und stolperten wir über die Uferböschung, und das steigende Adrenalin machte uns leichtfüßig wie Ziegen auf dem schlüpfrigen Fels, als wir uns bis zu den Schenkeln in die Eiseskälte des Flusses stürzten, der atemlose, keuchende Leiber wie entkräftete Fische ans Ufer warf.

Wieder ausgelassenes Gelächter und Schulterklopfen, während wir Paddel und Ruderer einholten. Plötzlich ein Schrei, als jemand hinter einem Felsen nach einem Paddel suchte und ein Mannschaftsmitglied entdeckte, fest eingeklemmt hinter einem Vorsprung, wenige Zentimeter unter der Wasseroberfläche gefangen.

Er war groß und schwergewichtig, und drei weitere Männer waren erforderlich, um ihn herauszuziehen. Schlaff hing er über seinen Helfern und würgte halb erstickt – Wasser strömte ihm aus Ohren, Mund und Nase, und sein Gesicht war purpurrot angelaufen. Aber jetzt schlug die Stimmung hoch, und die Schlucht hallte wieder von Jauchzern und Schreien und Rufen nach dem »Teufels-Ellbogen«. In diesem lautstarken Heldenmut ging das Elend des Mannes, den man auf einen Felsen gelegt hatte, damit er wieder zu sich kommen konnte, vollkommen unter.

Schweigend betrachtete ich die zitternde Gestalt. Er hatte eindeutig einen Schock. Aber jetzt befanden wir uns im Nabel Neuseelands. In dreißig Meter Tiefe, und es gab nur einen Ausgang für uns alle.

Augenblicke später waren wir wieder in Fahrt. Die Sonne kam hervor und lächelte kalt auf uns herunter, nahm Wasser und Felsen mit ihrem harten Schein unter Beschuß und verwandelte die Gischt und den Sprühnebel darüber in Millionen regenbogenfarbener Pünktchen.

Alle sangen, und auch ich fiel ein. Mir war schwindlig, ich war wie betrunken; berauscht von der Angst und Spannung, die ich erlebte. Ich lachte jetzt in Erinnerung an die schlaflose Nacht, das ausgelassene Frühstück, die Nervosität, die ich vor dieser Fahrt durchgemacht hatte. Jetzt konnte ich die nächste Strecke Weißen Wassers nicht erwarten. Wollte den Magen wieder in den Kniekehlen spüren, wenn wir über weiße und blaue Wellen glitten und schossen, von glatten Felsen abprallten und im Zickzack zwischen den zerklüfteten Felsen dahinjagten.

Ich war über Bord gegangen und hatte es überlebt – ich hatte das Schlimmste hinter mir und war jetzt ruhiger; konnte endlich klar denken. Und so ging ich mit Elan ans Werk, als der Boß schrie: »Vier backbord!« und führte seine Kommandos aus. Ich schob und zog, steuerte gegen und hielt still, als wäre es nicht das erste Mal, sondern als hätte ich mein Leben lang nichts anderes getan. Eifrig legte ich mich in die Riemen, hielt den Rhythmus mühelos, obwohl wir uns schon seit Stunden abplackten.

Nach und nach wurden wir eine Mannschaft. Neun Körper in einem Boot, unkenntlich hinter Schutzanzügen und Schwimmwesten, unter Helmen und Gurten. Aber als fünf Stunden vergangen waren, wußte ich, daß ich diese Züge überall wiedererkennen würde, so oft hatten wir rasche Blicke, ein Lächeln, ein Zwinkern der Ermunterung und Unterstützung gewechselt.

Unter fröhlichem Gelächter, mit den anderen um die Wette fluchend, war ich bereit für den Teufels-Ellbogen – diese letzte Wegstrecke durch eine Höhle, die nur einen Meter zwanzig hoch und einen Meter fünfzig breit war.

*»Wenn wir den Ellbogen erreichen, nehmt die Köpfe runter, legt die Arme an
und beobachtet das Lichtpünktchen am Ende des Tunnels. Dahinter geht es sieben
Meter abwärts, also haltet euch, in drei Teufels Namen, an der Leine fest. Und
rudert los, sobald wir unten aufkommen . . .«*

Und genau das tat ich jetzt, klammerte die Finger fest um die
eiskalte Leine und schob die Füße noch tiefer in die Falten des Dingis,
während wir durch den engen, dunklen Tunnel schossen. Als das
Lichtpünktchen zum klaffenden Maul wurde, stockte mir der Atem,
und ich schrie laut auf- wie alle anderen –, als wir in einem reißenden
Schwall tosenden Wassers gen Himmel geschleudert wurden und
durch die Luft flogen wie ein flügelloser grauer Vogel.

Ich spürte die Bauchlandung mit einem heftigen Ruck in der
Wirbelsäule, dann löste ich die Finger von der Leine, packte das
Paddel und ruderte, als würde mein Leben davon abhängen. Was
auch in gewisser Weise stimmte. Dann waren wir in glattem, schnell
fließendem Gewässer, und der Lehrer brüllte: »Vier backbord – raus
jetzt, und halt das Miststück!« Schon war ich über Bord, bis zu den
Hüften im eiskalten Wasser und stemmte mich gegen die Strömung,
bis ein anderer mich ablöste.

Und die ganze Zeit über blickte ich zurück und starrte ungläubig
und stolz zugleich zu dem schwarzen Loch in der Felswand hinauf –
so hoch oben mit seinem Bart aus weißem Wasser, der in den
brodelnden, dampfenden Hexenkessel hinunterhing. Vor meinen
Augen kam das nächste Dingi herausgeschossen und stürzte in einem
schwindelerregenden Taumel wie ein riesiger blauer Kiesel in die
Tiefe.

Hatte ich das wirklich auch getan? Bei der Vorstellung kribbelte es
mich am ganzen Körper, obwohl meine Brüste schmerzten und
meine Hände und Füße taub waren vor Kälte. Das alles spielte keine
Rolle angesichts dessen, was ich gerade durchgemacht hatte. Und
was ich jederzeit wieder tun konnte, wenn ich es wollte. Und wenn ich
das konnte, gab es dann irgend etwas, was ich nicht schaffen konnte,
wenn ich nur die Angst davor überwand?

Es war mir jetzt peinlich, an meine Angst zu denken – die
Magenkrämpfe und den Durchfall, die mich seit dem frühen Morgen
gequält hatten. Ich war auf der Fahrt zum Canyon schweigsam
gewesen und hatte so lange mit meinem Schutzanzug gekämpft, bis
mich der Lehrer in seiner Verzweiflung angezogen hatte wie ein
kleines Kind. Ich hatte den Fluß in verbissener Faszination angestarrt
und jeden Moment erwartet, daß ich mich selbst kneifen hören

würde; selbst dann noch, als ich zaghaft in das Dingi geklettert war, hatte ich nicht geglaubt, daß ich die Fahrt durchstehen würde.

Jetzt, fünf Stunden später, betrachtete ich den eindrucksvollsten Wasserfall Neuseelands von der Ziellinie aus. Kein Wunder, daß mein Lächeln so breit war, wie ein Lächeln nur sein kann...

Ich stolperte ans Ufer, zerrte meinen Schutzanzug, meine eiskalten Jeans und den Pullover vom Leib und packte mich in einen Satz trockener Kleider. Auf der Suche nach dem versprochenen Tee mit Whisky stand ich plötzlich Rothelm von Angesicht zu Angesicht gegenüber. Er sah jetzt ganz anders aus. Der helle Bart stand in krassem Gegensatz zu dem dunklen, sich lichtenden Haar. Er trug eine Goldrandbrille, die ihn irgendwie älter machte. Aber die ruhigen grauen Augen und der leicht abgesprungene Frontzahn waren unverkennbar. Das war der Mann, der mir höchstwahrscheinlich das Leben gerettet hatte.

Ich wollte ihn umarmen, ihm danken, daß er mich gerettet, mich beschwichtigt hatte; ich hatte das Gefühl, daß es ein Band zwischen uns geben mußte nach dem, was wir gerade durchgemacht hatten. Fühlte mich ihnen allen nah, denn obwohl sie jetzt anders aussahen, erkannte ich doch die Züge der anderen Mitglieder unserer Mannschaft wieder. Ich stellte bald fest, daß eine unmerkliche Veränderung stattgefunden hatte. Nicht länger durch eine gemeinsame Gefahr verbunden, waren wir wieder Fremde füreinander geworden – Rothelm zum Beispiel sah aus, als wäre ihm die Vertraulichkeit der letzten Stunden geradezu peinlich, als er mich jetzt verlegen anlächelte und sich dann abwandte.

Ich hatte nicht einmal Gelegenheit, mich bei ihm zu bedanken, was mich einen Augenblick lang traurig machte. Aber dann schickte ich mich in das Unvermeidliche und wandte mich auch ab. Während ich nachdenklich die Berge, die Bäume, das Grün und Rot der Umgebung betrachtete, war mir bewußt, daß ich immer wieder von den Menschen überrascht, erfreut und manchmal enttäuscht werden würde – und ich selbst war da keine Ausnahme.

An diesem Tag hatte ich mich selbst angenehm überrascht. Morgen flog ich nach Aurkland zurück, und übermorgen würde ich zu den Fidschi-Inseln starten. Heimwärts, wenn auch auf dem langen Wege... und London rückte beständig näher. Wenn ich dort ankam, was für ein Mensch würde ich dann sein? Die angenehmste Überraschung oder die größte Enttäuschung meines Lebens?

ACHTES KAPITEL

Wieder ein Tanz mit dem Tod

Das durchdringende Dröhnen einer Schiffssirene hallte über das Wasser und zerriß die nachmittägliche Stille. Ich lag mit geschlossenen Augen auf dem Rücken, den Kopf auf ein Stück silbern gebleichtes Treibholz gestützt, und hörte den Lärm durch die Klänge von Sibelius' Violinkonzert. Darum drehte ich die Musik lauter und gab mich wieder meinen Träumen hin, während die Musik meinen Walkman durchflutete.

Meine zweite Woche auf Plantation Island, und ich hatte mich dem Tagesablauf dieser winzigen Insel rasch angepaßt. Ich wußte, daß Rosie, die Unterhaltungschefin, eine halbe Meile weiter unten am Strand ihre Truppe bereits Aufstellung hatte nehmen lassen. Willi spielte Gitarre, während der Rest des Begrüßungskomitees ein Fidschilied anstimmte, sich in den farbenprächtigen Sarongs wiegte und im Takt in die Hände klatschte. Die hochgewachsene, statuenhafte Rosie mit den herrlichen Mandelaugen und dem lächelnden Mund würde am Rande des Wassers stehen, die Arme beladen mit Girlanden aus Hibiskusblüten und Jasmin, mit denen diese neuerliche Fährladung überwältigter Besucher begrüßt wurde. Die meisten von ihnen in mittleren Jahren, mit teigigen Gesichtern und Übergewicht, würden sie in Kürze die Cocktailbar stürmen und über einen Sandstrand ausschwärmen, der an jedem Morgen von Fidschianern, die die Strände rechten und Algen, scharfkantige Steine und sogar Seilstücke entfernten, so makellos gesäubert wurde wie ein Wohnzimmerteppich.

An ihrem vorzüglichen Liegeplatz – unmittelbar vor den Bungalows für Hochzeitsreisende, ein Stückchen rechts von der Windsurfer-Schule und einen Steinwurf von der Bar entfernt – würde sich die reizende Kitty auf ihre sonnengebräunten Ellbogen stützen und unter ihrem Sonnenschirm hervor die Neuankömmlinge begutachten. Die meisten waren nicht nach unserem Geschmack. Zu alt, zu fett, zu reich, zu verheiratet. Aber hin und wieder spuckte die Fähre auch etwas Interessantes aus. Ziemlich jung und groß, oftmals Europäer, unterbrachen die meisten von ihnen hier kurz ihre Reise, um sich im »Freudenhaus« niederzulassen.

Das »Freudenhaus« war die Herberge – das Heim für preisbewußt

Reisende, die wie ich des Weges kamen. Obwohl wir alle Fünf-Sterne-Einrichtungen der Anlage genossen – die Restaurants und Bars, die Tennisplätze und Wassersportangebote –, hielten wir uns doch von den reicheren, älteren Gästen fern. Urlauber, die mit teuren Pauschalreisen eine Inselrundfahrt machten und gewöhnlich drei oder vier Tage auf dem Weg nach Singapur oder Sidney hier Pause machten. Sie klebten bei Tage an der Eingangsveranda ihrer kleinen Strandbungalows und kippten am Abend ihren Fidschi-Firecracker und ihren Plantation-Punch, und aus der vollendeten Einsamkeit ihres kleinen Stückchens Paradies, in dem sie lebten, schauten sie uns »Freudenhäuslern« mehr als nur ein bißchen neidisch nach, wenn wir vorbeigingen. Denn sie hatten zwar das Geld, aber wir waren diejenigen, die den Spaß hatten... und die Herberge war der Ort, an dem etwas los war.

An dem Abend, als ich in einem kleinen sechssitzigen Wasserflugzeug angekommen war, hatte ich diesen langen, niedrigen Bungalow betreten und war angenehm überrascht gewesen von der Einrichtung. An dreien der vier Wände waren mit buntgestreiften Baumwollstoffen bezogene Sofas aufgereiht, und eine Doppelreihe von Sofas zog sich, Rücken an Rücken, durch die Mitte des Saales. In der vierten Wand befanden sich zwei Türen. Als ich die erste öffnete, sah ich mich vier Duschkabinen, zwei Klos und vier in einer Reihe angebrachten Waschbecken gegenüber. Die zweite Tür führte in einen kleinen Raum, in dem sechs Sofas an den Wänden standen. Ich erfuhr bald, daß dieser kleine Raum das Allerheiligste war; der Club; das Schlafquartier der »Clique« – jener Gäste nämlich, die schon am längsten da waren und den Ton angaben.

Aus den Sofas wurden für die Nacht bequeme Betten. Und es stellte sich heraus, daß die Bewohner beiderlei Geschlechts waren. Bis vor wenigen Wochen hatte es ein getrenntes Schlafquartier für die Männer gegeben, aber ein Hurrikan hatte sich mit dem Strohdach – und der Mehrzahl der Sofas – des Männerschlafsaals davongemacht, und so hatten hier alle ein bißchen zusammenrücken müssen.

Am Empfang hatte mich niemand auf diese ziemlich abenteuerliche Schlafordnung hingewiesen, und ich merkte es erst, als ein besonders großer und lärmender Mensch zur Tür hereingestürmt kam und sich auf das Bett fallen ließ, das meinem gegenüber stand. John war ein gutmütiger Riese – ein Arktisfischer, der hier seinen vierwöchigen Jahresurlaub machte, ein leidenschaftlicher Spieler und Trinker, den man immer da antraf, wo etwas los war. Er schnarchte gewaltig und redete im Schlaf, aber nach ein paar Nächten hatte ich mich daran gewöhnt.

Im Hauptsaal hatten sechsunddreißig Schläfer Platz, und da das Verhältnis von Männern und Frauen bei siebzig zu dreißig lag, kann es kaum verwundern, daß ich dachte, ich wäre gestorben und in den Himmel gekommen. Denn es war wirklich ein Erlebnis, aus dem Schlaf zu erwachen und, noch in diesem Zustand zwischen Träumen und Wachen schwebend, einen schönen Mann zu betrachten, der eine Armlänge von meinen begehrlichen Augen entfernt vor sich hin döste.

Und natürlich änderte sich die Aussicht beständig, da die Reisenden kamen und gingen. Eines Morgens erwachte ich und sah einem lockenköpfigen Kanadier ins Gesicht, der sich auf einen Ellbogen aufgestützt hatte und zu mir herüberlächelte. Und sein fröhliches, mit einem köstlichen französischen Akzent ausgesprochenen »Guten Morgen« war der ideale Anfang für einen neuen Tag. Und an einem anderen Morgen, als ich kurz nach Tagesanbruch aus dem Schlaf erwachte, bot sich meinen Augen der unvergeßliche Anblick zweier langbeiniger Schweden auf den Nachbarliegen. Ich hatte mich am Abend zuvor früh hingelegt, ohne die beiden neuesten Schlafgenossen kennengelernt zu haben. Aber da waren sie, beide in ruhigem, tiefem Schlaf, und ihr weißblondes Haar fiel ihnen in die glatten, jungenhaften Gesichter. Vollkommen nackt unter dem einfachen Laken, waren sie wahrhaftig sehenswert, wie sie, sonnengebräunt und ganz entspannt, mit sich hebender und senkender Brust da lagen und, ohne etwas von der eingehenden Musterung zu ahnen, leise vor sich hin schnarchten.

Vergessen Sie das Schamgefühl an einem Ort wie diesem. Wenn sechsunddreißig Leiber sich morgens in fröhlicher Nacktheit nebeneinander erheben, wirken Schlafanzüge irgendwie fehl am Platz. Vertraulichkeit war angesagt, und von Intimsphäre wollte keiner etwas wissen, wenn morgens und abends immer das gleiche Rugbygedränge um die Waschbecken, Duschen und Klos entstand und mit Hallo Handtücher ausgewrungen, Shampooflaschen ausgequetscht und Pobacken gekniffen wurden. Und obwohl die Bemerkungen, die die Luft erfüllten, reichlich obszön waren, hatten sie doch nichts Bösartiges. Merkwürdigerweise ließ das Maß an Nacktheit, dem man auf dem Weg zwischen Bett und Waschraum begegnete und das so groß war, daß unter normalen Umständen der Schmelzpunkt nähergerückt wäre, die Neugier aber völlig kalt.

Es wäre gelogen, wenn ich behaupten würde, daß ich das Ganze nicht ein bißchen erotisch gefunden hätte. Selbstverständlich tat ich das. Aber ob Sie es glauben oder nicht, sexuelle Techtelmechtel waren unter den Bewohnern des »Freudenhauses« nicht an der Tagesordnung. Anfangs konnte ich das nicht verstehen – denn in meinen Augen mußte ein solches Maß an Intimität in einer so herrlichen Umgebung eine wahre Treibhausatmosphäre schaffen. Dann stellte ich fest, daß wir mit unseren Kleidern auch einen großen Teil des Geheimnisvollen abgelegt hatten; daß wir mit unseren Hemmungen auch unser sexuelles Interesse verloren hatten – zumindest innerhalb der Gruppe.

Die Belegschaft der Herberge war wie eine große Familie – bis hin zu mitternächtlichen Freßorgien, Kissenschlachten, gemeinsamem Singen und Streitereien; so daß die Vorstellung sexueller Beziehungen uns unnatürlich, ja, geradezu inzestuös vorgekommen wäre.

Aus diesem Grunde sorgte die Ankunft der täglichen Fähre, ganz zu schweigen von dem halben Dutzend Sechssitzern, die jeden Tag an- und abschwirrten, immer wieder für Unruhe. »Schlaf nicht mit deinen Freunden« lautete das ungeschriebene Gesetz der Herberge. Und da es von allen Bewohnern des »Freudenhauses« befolgt wurde, hielten diejenigen von ihnen, die einen gesegneten sexuellen Appetit hatten, ständig nach den Spezialitäten des Tages – einem willigen Neuankömmling – Ausschau. Bis er allerdings ins »Freudenhaus« einzog und zu einem Mitglied der Familie wurde. Und die reizende Kitty mit ihrem hüftlangen kastanienbraunen Haar und ihrem weichen kanadischen Akzent war eine Frau, die das wechselnde Angebot ständig im Auge hatte.

Obwohl diese ungezwungene Nacktheit innerhalb des Schlafhauses an der Tagesordnung war, war es, da die Fidschianen ein ausgeprägtes Schamgefühl haben, auf dem Strand vor dem Feriengelände nicht einmal gestattet, sich ohne Oberteil sehen zu lassen. Das war einer der Gründe, warum ich jeden Nachmittag über eine halbe Meile weit lief. Auf der anderen Seite der Insel hatte ich eine winzige, geschützte Bucht entdeckt, die mir die Abgeschiedenheit bot, die ich brauchte – nicht nur, um nackt zu baden, sondern auch, um täglich ein paar Stunden für mich zu sein. Denn obwohl ich die Kameradschaft des Gemeinschaftslebens genoß, war das Alleinsein wichtiger denn je für mich.

Mittlerweile zwei Wochen auf der Insel, war ich ins Allerheiligste gelangt und teilte mir dieses heißbegehrte kleine Hinterzimmer mit

Kitty und einem buntgewürfelten Haufen von vier Männern. Kitty, eine siebenundzwanzigjährige Ärztin aus Ottawa, hatte gerade eine Reise durch China hinter sich. Ihre großzügigen Körperformen wurden durch einen ebenso großzügigen Charakter und einen unerschöpflichen Sinn für Humor ergänzt. Als ich Kitty das erste Mal sah, tanzte sie am Strand Limbo, und ihr Haar streifte den Sand, während sie sich mühelos zurückbog und zehn Zentimeter über dem Boden unter einer Stange hindurchschob. Dann richtete sie sich auf und nahm mit kehligem Lachen den Beifall des Publikums entgegen, und ich wußte instinktiv, daß sie eine Frau nach meinem Geschmack war.

Mittlerweile waren wir enge Freundinnen, aber selbst Kitty blieb zurück, wenn ich am Nachmittag meine Siebensachen zusammenraffte und vom Strand fortging. Wie die anderen spürte sie, daß es Zeiten gab, zu denen ich mich zurückziehen mußte. Und diese Zeiten waren – wie jetzt – die schönsten von allen.

Mit einem behaglichen Seufzer richtete ich mich auf und sah mich um. Vor mir verlief der Strand im Bogen nach links und verschwand hinter einer winzigen Landzunge; auf der anderen Seite lag der Ferienkomplex mit der Herberge. Hinter mir endete die Insel in einer Masse schwarzglänzender Felsen, die in den Pazifik abfielen. Zu meiner Rechten stieg der Strand sanft an bis zu einem Palmenwäldchen, in dem die Bäume trotz des kürzlichen Hurrikans dicht an dicht standen. Während zu meiner Linken der feine, saubere Sand in hellgrünes flaches Gewässer überging. Etwa dreißig Meter weit draußen endete das Riff, und dahinter konnte ich die Fähre sehen, die durch das dunkle Blau des tiefen Wassers auf unsere Schwesterinsel zuhielt.

Meine Kopfhörer abstreifend, verabschiedete ich mich von Sibelius und schaltete mich in die sanfteren Klänge der Wellen im Sand und des Windes in den Blättern ein. Es war heiß, heiß, heiß, Ich war wunschlos glücklich. Und morgen war mein Geburtstag. Am nächsten Morgen hüpfte ich, entschlossen, ein rauschendes Fest zu veranstalten, in einem kleinen Taxiflugzeug nach Suva auf der Hauptinsel hinüber und holperte bald darauf in die Stadt hinein, um meine Einkäufe zu erledigen.

Ich war drei Wochen zuvor hart auf den Fersen eines Hurrikans angekommen, der die Vegetation der Insel vernichtet hatte. Die Hauptstadt Suva mit ihren heruntergekommenen und vernachlässigten Gebäuden und den Läden, die von einer ganzen Gemeinde von hier merkwürdig fehl am Platz wirkenden Asiaten geführt wurden, hatte mich nicht sonderlich beeindruckt.

Also war ich gleich zu einem kleinen Atoll am Nordzipfel der Insel weitergezogen und dort in einem kleinen Bungalow einer verlassenen Ferienanlage gelandet. Darauf folgten ein paar unerfreuliche Tage, an denen ich fast bei lebendigem Leibe von Moskitos aufgefressen wurde und jedesmal, wenn ich von meinem Bungalow zum Strand oder zu einem Restaurant lief, mein Leben aufs Spiel setzte. Der Hurrikan Hilda hatte praktisch mit jeder einzelnen Palme am Ort sein Unwesen getrieben, und es bestand die dauernde Gefahr, daß eine lautlos herunterfallende Kokosnuß mir den Schädel spaltete. Jeder Baum mußte sorgfältig anvisiert und sein Fallwinkel ermittelt werden, und um jeden Stamm mußte ein ausreichend weiter Bogen geschlagen werden, für den Fall, daß seine Frucht plötzlich beschloß, sich zu Boden fallen zu lassen.

Als ob das noch nicht schlimm genug gewesen wäre, stellte sich heraus, daß der einzige Gast außer mir ein schüchterner, wohlhabender Neuseeländer war – ein Junggeselle Anfang vierzig. Und meine »Wirtin«, die Besitzerin der Anlage, war eine ausgelaugte, geschiedene Australierin Mitte fünfzig, die sich nie weiter als auf Armeslänge von der Whiskyflasche entfernte. Sie wollte verkaufen, und er dachte daran, dieses »Versteck für Hochzeitsreisende« zu erwerben. Und aus Gründen, die mir noch immer nicht ganz klar sind, bildete sich die Wirtin ein, ich könnte das Geschäft irgendwie zustande bringen. Sie bot mir Geld dafür, wenn ich ihn bearbeiten würde. »Tun Sie, was notwendig ist, meine Liebe. Er ist bestimmt noch Jungfrau, ein schlaues Mädchen wie Sie dürfte da keinerlei Schwierigkeiten haben...« Es dauerte einen Augenblick, bis ich begriff, in welche Richtung ihre Gedanken gingen.

Es stimmte, daß er mich ständig anstarrte, aber man mußte der Wahrheit halber dazu sagen, daß er nicht gerade mit der Auswahl verwöhnt war – entweder ich oder sie. Wahrscheinlich nahm sie an, daß ein verschwenderisches Maß an sexuellen Abenteuern sein Hirn so sehr ausdörren würde, daß er, ohne zu murren, den Vertrag unterschrieb. Ich hatte zuviel Mitleid mit ihr, um auch nur beleidigt zu sein, und sie erhielt ihre Antwort am nächsten Morgen, als ich meine Siebensachen in das kleine Boot lud und wir auf das flache Wasser hinausglitten. Über die Schulter sah ich sie auf der Veranda sitzen, die beiden Hunde zu ihren Füßen, die Flasche Johnny Walker neben sich. Mein Opfer hatte mich zum Abschied begleitet, und er schob mit seinen ungeschickt hochgekrempelten Hosenbeinen das Boot ins Wasser, warf mir ein letztes scheues Lächeln zu und wanderte dann ziellos über den Strand zurück. Was soll's ... es war ihr Kater, ihr Atoll, ihr Problem, damit tat ich den Gedanken an sie ab, während ich nach Suva zurückkehrte und dann nach Plantation Island weiterflog.

Im Supermarkt kaufte ich massenweise Chips und Käse und ein halbes Dutzend Flaschen Wein für das Besäufnis im Allerheiligsten. Dann wanderte ich zum Postamt, hoffend, daß vielleicht Post auf mich wartete – möglicherweise sogar eine Geburtstagskarte.

Es war ein einziger Brief für mich da; mein Name war in einer Schrift, die ich nicht erkannte, auf den Umschlag gekritzelt; voller Erwartung eilte ich zum Flughafen und meiner Maschine nach Plantation Island. Erst als ich in der Luft war und wir über das leuchtende Blau des Meeres hinausschwenkten, öffnete ich ihn, begierig, zu erfahren, welche Neuigkeiten er enthielt. »*Du wirst es noch nicht gehört haben, aber Brian ist tot. Krebs. Am Ende sehnte er sich nach dem Tod, und es war eine Erlösung. Du hättest ihn nicht wiedererkannt. Ich weiß, daß Du betroffen sein wirst, und es tut mir leid, Dir die Nachrichten auf diesem Wege zukommen lassen zu müssen. Ich kann es nicht glauben, wie sehr er mir fehlt ...*«

Es ging noch weiter, aber ich konnte den Brief nicht zu Ende lesen. Meine Augen waren mit Tränen gefüllt, und ich starrte auf das kleine Sicherheitsglasfenster und dachte daran, wie glücklich ich vor wenigen Augenblicken noch gewesen war. Brian tot ... er war zwar nicht einer meiner engsten Freunde gewesen, aber ein sehr langjähriger. Ein Mann, den ich schon als Teenager gekannt hatte und der nur wenige Jahre älter gewesen war als ich. Tief traurig – und irgendwie fast schuldbewußt, weil es mir so gut ging – sah ich, wie die Haifischflossenform der Insel vor mir auftauchte. Es war eine herrliche Insel, wie sie da lag in ihrem blau schimmernden Bett, die Ränder weiß gesäumt und mit einem Kopfputz aus jadegrünen Federn; ein wunderbarer Ort, um einen Geburtstag zu feiern. Und es war ein wunderbarer Tag zum Leben. Armer Brian ...

Die Nachricht hatte meine Festtagsstimmung etwas gedämpft, und nachdem ich meine Einkäufe in dem verlassenen Schlafgebäude abgelegt hatte, begab ich mich nicht zum gewohnten Treffpunkt des Vormittags, sondern machte mich auf zu meinem kleinen Privatstrand. Ich legte den Kopf auf mein Stück Treibholz und starrte auf das Meer hinans. Ungefähr fünfhundert Meter vom Ufer entfernt schaukelte die *Black Magic* an ihrem Anker, die scharlachroten Segel ordentlich gerefft, und ihre Chromteile blitzten in der Sonne. Ich konnte das Dingi, das wie ein Hündchen achtern befestigt war, gerade noch erkennen und wußte, daß Seth zu Hause war.

Die Sonne stand noch hoch, und mir war klar, daß es ein bißchen früh war für meine tägliche Schwimmübung, aber ich war zu betrübt, um mit meinen Gedanken ruhig am Strand sitzen zu können. Daher zog ich meinen Badeanzug an, watete in das schenkelhohe Wasser hinein, bis ich den Rand des Riffs erreicht hatte. Dort glitt ich ins tiefe Wasser und schwamm auf die Yacht zu. Ich war immer noch keine Meisterschwimmerin, und ich hatte meine Angst vor dem Wasser nicht verloren, aber jeden Tag schwamm ich von meinem Strand zu Seths schwimmendem Heim hinaus, und mit jedem Tag wurden meine Stöße kräftiger, ließ meine Angst ein wenig nach.

Obwohl eine der reichen Touristinnen mich darauf angesprochen hatte. Eine sehr hübsche, blonde Australierin Ende vierzig, die mit ihrem Mann und einem weiteren Paar einen der Luxusbungalows der Anlage bewohnte. Eines Morgens, als ich auf dem Weg zu meiner Privatbucht an ihrem Haus vorüberging, rief sie mich zu sich.

»Ich habe gesehen, daß Sie jeden Tag zu Seths Yacht hinaus-schwimmen«, sagte sie freundlich und blinzelte, geblendet von der Sonne, zu mir hoch. »Haben Sie denn keine Angst?«

Ich dachte irrtümlicherweise, sie spiele auf Seths Ruf als Frauen-held an und antwortete lachend, sie solle nicht auf den Bartratsch hören – Seth sei ein vollendeter Gentleman.

»Oh, das bezweifle ich nicht. Das habe ich nicht gemeint –« Und dann fuhr sie fort: »Also, ich will Ihnen keine Angst einjagen, aber wissen Sie, was da draußen alles im Wasser ist?« Sie deutete mit einer Kopfbewegung aufs Meer. »Bei uns zu Hause riskieren wir nichts – Sie würden mich nicht einmal als Leiche von diesem Riff hinaus-schwimmen sehen. Ich dachte nur, ich sollte es Ihnen sagen, falls Ihnen der Gedanke noch nicht gekommen ist . . .«

Aber mir war der Gedanke gekommen. Oft sogar, ging es mir durch den Kopf, während ich in stetigem Rhythmus das Wasser teilte. Ich wußte genug, um mir darüber klar zu sein, daß Riffe beliebte Aufenthaltsorte von Haien und giftigen Wasserschlangen waren, daß es gefährliche Korallen und andere unangenehme Bewohner hier gab. Und man konnte sich darauf verlassen, daß niemand außer mir je im tiefen Wasser schwamm, wenn es auch im flachen Gewässer von den

Gästen unserer Herberge wimmelte. Ich weiß heute noch nicht, warum ich es tat – warum ich diese zwanzigminütige Schwimmstrecke täglich zurücklegte –, denn ich war mir der Gefahr, auf die ich mich einließ, zweifellos bewußt.

Wahrscheinlich war es die alte Geschichte: »Warum muß ein Mensch auf einen Berg klettern?«, in der die Antwort »Weil er eben da ist«, seine Angst verhöhnt. Und wenn er dann den Berg bezwungen hat, ist vermutlich auch seine Angst bezwungen. Ich weiß nur, daß mir das Herz jedesmal, wenn ich ins Wasser watete, bis zum Halse schlug. Und daß ich mit gesenktem Kopf blind ins Wasser tauchte, tief durchatmete, um meine Nerven zu beruhigen, und mich ausschließlich auf meine Schwimmzüge konzentrierte. Manchmal dachte ich an das, was unter mir durch die Tiefen glitt, versuchte aber meistens, den Gedanken daran zu verdrängen.

Ich blickte nie länger als eine Sekunde am Stück zur *Black Magic* hinaus, weil es mir oft so schien, als liege sie außerhalb meiner Reichweite. Wenn der Wind dann das ersehnte Klirren ihrer Takelage zu mir herübertrug, fühlte ich mich fast in Sicherheit. Und wenn die unterste Sprosse der Bordleiter vor mir auftauchte, wußte ich, daß ich den heimischen Hafen fast erreicht hatte. Dann kam der Augenblick, in dem ich an ihrem schwarzen Holzrumpf hinaufkletterte, den Kopf über das Deck reckte und »Darf ich an Bord kommen, Käpt'n?« rief. Dieses süße Gefühl, etwas geschafft zu haben, wenn ich am Bug saß, die Füße ins Leere baumeln ließ und über die endlose Strecke hinblickte, die zwischen mir und dem Strand lag. Während Seth unten zwei Flaschen Bier auspackte, Ella Fitzgerald auf seinem Kassettenrecorder spielte und die *Black Magic* sich kokett im Wind und in der Strömung drehte und wendete.

Seth war ein großer Mann – ein sanftmütiger Riese. Er hätte ebensogut ein jung gebliebener Sechzigjähriger wie ein Fünfundvierzigjähriger sein können, der mit seinem Leben Schindluder getrieben hatte. Er sah alt aus – wie ein richtiger Seebär –, aber sein Verhalten war das eines jungen Menschen, so daß ich sein richtiges Alter nie schätzen konnte. Aber das machte auch nichts. Seth war Australier, hatte grau meliertes Haar, auffallend blaue Augen, breite, muskulöse Schultern und eine Vorliebe für Bier. Er trug ständig rosafarbene Kleidung; verwaschen, ölverschmiert und von der Sonne ausgeblichen. Aber nichtsdestoweniger rosa. Ich konnte nicht herausfinden, ob er sich wahrhaftig eine rosafarbene Garderobe angeschafft hatte oder ob sie das Ergebnis eines verpfuschten Waschtags war. Aber ich fand, daß eine Menge Mut dazu gehörte, den ganzen Tag lang in rosaroter Aufmachung herumzulaufen, und Seth war ganz sicher kein Feigling.

Er lebte auf der *Black Magic* und verpachtete sie für Fahrten um die Inseln herum. Es stimmte, er war ein Frauenheld, aber er sagte nie ein falsches Wort, tat nie einen falschen Schritt in meiner Gegenwart. Ich glaube, daß er meine Gesellschaft aufrichtig genoß und aus dem Verhalten, das er an mir beobachtete, geschlossen hatte, daß ich nicht auf der Suche nach einem Mann war. Überdies machte er nie eine Bemerkung über meine Schwimmübungen, da er offensichtlich begriff, daß etwas dahinterstecken mußte. Außer an dem einen Abend, als er ein paar von uns zum Abendessen an Bord eingeladen hatte und wir alle an Deck saßen und etwas tranken, während er kochte. Der Mond stand hoch am Himmel, die Nacht war windstill und warm, und das Wasser hatte einen phosphoreszierenden Schimmer. Ich konnte der Versuchung nicht widerstehen und ließ mich über die Bordwand gleiten, um vor dem Abendessen ein paar gemächliche Runden um die *Black Magic* zu schwimmen. Er hielt die Leiter ruhig, während ich wieder an Bord kletterte, dann schaltete er wortlos eine starke Taschenlampe ein, die sich immer an Deck befand. Neugierig sahen wir zu, während er sie nach unten richtete und ihr Strahl einige Meter tief die Dunkelheit des Wassers durchdrang.

Ich weiß nicht, ob sie von dem Lichtstrahl angezogen wurden, oder ob sie sich schon die ganze Zeit dort befunden hatten, aber im Meer wimmelte es von dunklen Schatten, die lautlos um die Yacht glitten. In unzähligen Schichten bewegten sich Dutzende von Leibern in dem Dunkel. Er warf mir einen vielsagenden Blick zu, dann schaltete er, sicher, daß ich ihn verstanden hatte, die Lampe aus. Ich schwamm weiterhin jeden Tag zur *Black Magic* hinaus, aber ich ging nie wieder bei Dunkelheit ins Wasser.

Am Nachmittag meines Geburtstages unterhielten wir uns über ernsthaftere Dinge. Über das Weglaufen (ich vermutete, daß Seth vor einer noch bewegteren Vergangenheit, als meine es war, davonlief), über das Leben. Und über den Tod. Nach der Unterhaltung fühlte ich mich besser, und als ich wieder von Bord ging, war Seth, ebenso wie ich selbst endlich auch, ganz auf mein Geburtstagsfest am Abend eingestellt.

Eine halbe Stunde später, wieder an meinem kleinen Streifen Strand angelangt, zog ich meinen Badeanzug aus, band mir den Walkman um die Hüfte und legte ein Dire-Straits-Band ein. Dann schlenderte ich in die auslaufenden Wellen, drehte die Lautstärke voll auf und tanzte wie ein Derwisch. Winzige Fischchen stoben in alle Richtungen davon, als ich in den schäumenden Wellen herumsprang – vollkommen nackt, mutterseelenallein und absolut dem beharrlichen Rhythmus hingegeben, der in meinem Kopf dröhnte. Ich spürte das warme Wasser an meinen Knöcheln, die Hitze der Sonne auf Brüsten und Beinen. Brian war tot, und das war tragisch. Aber ich war am Leben, und es lohnte, sich dafür anzustrengen – genau, wie Seth gesagt hatte. Es war mein Geburtstag. Ich war siebenunddreißig und immer noch heil und gesund, zugegeben, gegen alle Wahrscheinlichkeiten. Während ich aus purer Lebensfreude laut herauslachte, hob eines der vielen kleinen Flugzeuge von der winzigen Startbahn hinter dem Palmenwäldchen ab. Es schoß über den Rand der Insel hinaus und kehrte, als es an Höhe gewann, in scharfer Kurve in meine Richtung zurück – immer noch so niedrig, daß ich den Piloten hinter dem Fenster erkennen konnte. Lachend winkte ich hinauf und warf ihm Kußhände zu, und als das Flugzeug über meinem Kopf vorübersauste, senkte er die Flügel und grüßte mich mit einem Summen.

Eine Woche später gaben Kitty und ich unser Lager im Hinterzimmer auf und kehrten nach Suva zurück. Von dort aus flogen wir zu der winzigen Insel Roratonga, wo wir ein wunderschönes kleines Haus mieteten und uns den Luxus getrennter Betten und Zimmer, eines Badezimmers mit Dusche und heißem Wasser *und* einer Küche leisteten. Ich hatte seit einer Ewigkeit nicht mehr für mich – oder sonst irgend jemanden – gekocht. Aber der Kühlschrank und der Herd stellten eine zu große Versuchung dar. Während sich Frauen in der ganzen Welt darüber beklagten, am Spülbecken festgebunden zu sein, tauchten wir freiwillig bis zu den Ellbogen in das unsrige, und für die nächsten paar Tage waren wir von einem Anfall von Häuslichkeit besessen.

Wir ratterten auf unserem kleinen geliehenen Mofa in die Stadt, wo wir die Runde in den Geschäften machten und Obst und Gemüse kauften und schließlich ausgefallene und herrliche Fische aller Art nach Hause schleppten, an denen wir unsere Kochkünste beweisen wollten. Alte Rezepte wurden aus den hintersten, von der Reise verstaubten Winkeln unserer Erinnerung hervorgekramt, und Improvisation war bei diesem unserem neuesten Spiel angesagt.

An einem Tag kochte Kitty für mich, am nächsten bereitete ich ihr eine kulinarische Köstlichkeit. Bis tief in die Nacht unterhielten wir uns gegenseitig mit unseren Reiseerlebnissen, unseren Männerge-schichten, unseren zahllosen Fehlern, während die Kassetten, die ich um die ganze Welt mit mir herumgeschleppt hatte, auf Kittys super-schickem, hochmodernem Reiserecorder liefen.

Als lärmendster Zeitvertreib erwies sich unsere allnächtliche Ka-kerlakenjagd. Die unverschämten Biester hatten es sich angewöhnt, in unserem Kühlschrank zu Abend zu speisen, und obwohl wir ihn von oben bis unten genau untersuchten, konnten wir um nichts in der Welt feststellen, wie sie hineingelangten. Aber dennoch waren sie jede Nacht da, thronten auf der Butter, säbelten hektisch am Fleisch – und waren verärgert über die Störung und wütend, wenn sie aus dem besten Restaurant der Stadt vertrieben wurden. Und es waren große Tiere – was allerdings nicht verwundert, wenn man die Menge der Nahrungsmittel bedenkt, durch die sie sich fraßen. Und während wir durch die Küche hinter ihnen her jagten, müssen unsere Schreie und Jauchzer meilenweit durch die Nacht gehallt haben.

Unterdessen regnete es drei Tage und drei Nächte lang erbar-mungslos, in Strömen. Aber da wir nicht gekommen waren, um uns zu sonnen oder Sehenswürdigkeiten anzusehen, störte es uns nicht. Statt dessen kochten, aßen, plauderten und jagten wir und warteten darauf, daß sich das Wetter besserte, denn dann sollte eines der aufregendsten Abenteuer beginnen: Die Gewässer rund um Rora-tonga sind als die klarsten der Welt bekannt und bieten eine großar-tige Sicht bis in eine Tiefe von mehr als dreißig Metern. Und Kitty und ich waren hierher gekommen, um das Tauchen mit Gerät zu lernen.

Wahrhaftig eine verrückte Idee, wenn man bedenkt, wieviel Angst ich immer noch vor dem Wasser hatte. Aber unser Lehrer – ein winziger Australier mit einem rotgelockten Haarwust und einem Walroßbart – schien völlig unbeeindruckt, als ich ihm erklärte, daß ich nicht tauchen konnte, erst kürzlich gelernt hatte zu schnorcheln und nicht die Absicht hatte, den Kopf in das Wasser welchen Ozeans auch immer zu stecken, solange ich meine Kontaktlinsen nicht trug, ohne die ich blind wie eine Fledermaus war.

Endlich ließ der Regen nach, wenn auch der Himmel dicht bewölkt war und starker Wind herrschte, als wir am ersten Morgen in Charlies Tauchschule aufkreuzten. Zu Kitty und mir gesellte sich eine große und unglaublich kräftig aussehende Kanadierin, von der wir erfuh-ren, daß sie zu Hause Hafenarbeiterin war, und zu dritt machten wir uns bereit für einen Unterrichtsvormittag, in dessen Verlauf wir alles über Druckluftflaschen, Bleigürtel und Tiefenmesser erfuhren ... und ein Dutzend verschiedener Todesarten kennenlernten.

Charlie hielt seinen Vortrag im Plauderton und nicht ohne Humor, aber am Mittag lachte keiner mehr. In meinem Kopf schwirrten Geschichten von Tiefenrausch, Luftbläschen in den Blutgefäßen und anderen Scheußlichkeiten wirr durcheinander. Ich folgte den anderen auf der Suche nach einem Mittagessen, auf das ich nicht den geringsten Appetit hatte – denn ich ahnte, daß ich schließlich doch den Mund zu voll genommen hatte und das Tauchen sich als mein Waterloo erweisen könnte.

Ich geriet bereits in Panik – was bedeutete, daß ich gegen die oberste Regel verstieß, bevor ich noch einen Fuß ins Wasser gesetzt hatte. Und unmittelbar nach dem Mittagessen erlangte die Panik vollkommen Gewalt über mich. Das war, als Charlie – nachdem er uns anschaulich geschildert hatte, wie unser Schicksal aussah, wenn einem von uns ein Patzer unterlief – mit der Beschreibung der Dinge fortfuhr, die wir tun mußten, um unser Taucherzertifikat zu erlangen.

Das Ansinnen, fünf Meter tief zu tauchen, um Gesichtsmasken, Schnorchel und andere Gegenstände wieder heraufzuholen, ging absolut über meinen Horizont, da ich noch nie im Leben überhaupt nach irgend etwas getaucht war. Soundso viele Meter ohne Gesichtsmaske und Schnorchel schwimmen ... die Ausrüstung ablegen und auf dem Meeresgrund zurücklassen, dann wieder hinuntertauchen und alles anlegen ... aus einer Tiefe von dreißig Metern aufsteigen mit nichts als einer Lunge voll Luft ... Ich hörte mir das alles an und ergab mich still in die Erkenntnis, daß ich nie den Mut haben würde, auch nur eines davon zu tun. Aber es war der Spruch von der »Atemgemeinschaft«, der mir wirklich den Rest gab.

Dieser besondere Trick war dazu gedacht, einem Tauchpartner zu helfen, dem die Luft ausgegangen war. Er sah so aus, daß ich mein Mundstück herausnehmen und es einem anderen geben sollte, während ich selbst da sitzen – vermutlich auch noch unbesorgt – und unter Tonnen von Wasser den Atem anhalten mußte. Die Vorstellung erschien mir völlig abwegig, und mir schwebten schreckliche Bilder davon vor, wie ich mit jemandem auf Leben und Tod kämpfte, der diesen Trick mit mir versuchte, denn ich war einfach nicht aus dem Holz, aus dem gute Kameraden sind.

Man könnte also sagen, daß mir einiges im Kopf herumging, als wir später am Nachmittag unsere Ausrüstung in Charlies Lieferwagen packten und zum Strand ratterten. Nicht für uns die beruhigenden gekachelten Wände des Stadtbades! Wir sollten unsere erste praktische Lektion im offenen Gewässer des Pazifiks bekommen. Mit einem feindseligen Blick auf das unfreundliche Wasser wand ich mich in meinen unbequemen Taucheranzug und ließ den Bleigürtel um meine Taille zuschnappen. Da ich grundsätzlich auch mit der einfachsten Mechanik nicht zurechtkomme – und wenn es nur darum geht, einen Wecker einzustellen –, machte mich die bloße Vorstellung, mein Mundstück mit den Druckluftflaschen und die Druckluftflaschen mit dem Luftmesserdingsda verbinden zu müssen, schon fertig. So viel Verantwortung!

Als ich dann hinter den drei anderen den Strand hinunterwatschelte – wobei der Tiefenmesser mir gegen die Brust schlug und mein Mund völlig trocken und ohne die Spucke war, die ich brauchte, um meine Maske damit zu befeuchten –, hatte ich nicht den geringsten Wunsch mehr, den Ozean zu bezwingen. Alles, was ich wirklich wollte, war ein guter, kräftiger Drink!

Charlies Beispiel folgend, watete ich ins Wasser, bis es mir an den Hintern reichte. Dann ließ ich mich auf alle viere nieder, biß verzweifelt die Zähne um das Gummimundstück zusammen und tauchte mit dem Gesicht nach unten ins Wasser. Ein paar Sekunden lang hatte ich eine solche Angst, daß ich überhaupt nicht atmete, und als ich es schließlich tat, hallte das Geräusch des Luftholens unheimlich in meinem Kopf. Ich merkte, daß ich die Augen fest geschlossen hatte, und als ich sie öffnete, bewegte sich Kittys Flosse ungefähr einen halben Meter vor meinem Gesicht. Sie schwammen hinaus – glitten über den Sand wie plumpe Robben, und ich folgte ihnen, ohne nachzudenken.

Es war einer der unglaublichsten Augenblicke meines Lebens, als mir bewußt wurde, daß ich mich tatsächlich in diesem und durch dieses Element bewegte, an dessen Oberfläche ich bisher immer nur getrieben war. Eine Welt, auf die ich immer nur hinuntergeschaut hatte, entfaltete sich jetzt um mich herum.

Mühelos strich ich über den feinsandigen Boden: »Versucht, den Boden nicht mit den Händen zn berühren. Wenn ihr einen schlafenden Mantarochen weckt, gibt es böse Verletzungen . . .«, glitt an schwankenden tiefroten Wedeln vorüber: »Haltet euch von dem roten Zeug fern . Es sind Feuerkorallen, und die brennen höllisch . . .«, verrenkte den Hals, um in Löcher und Spalten zu blicken: »Denkt daran, in jedem Eckchen und Winkel könnte sich eine Muräne oder Schlimmeres verbergen. Also, haltet die Augen offen . . .«

Es war faszinierend, und ich gab mir Mühe, das Erlebnis zu genießen, da ich wußte, ich würde nie wieder so verrückt sein, in einen Taucheranzug zu steigen – als ich plötzlich mit Kitty zusammenstieß, die mit Sue zusammengestoßen war, die als einzige Charlie im Auge behalten und auf sein Kommando hin angehalten hatte.

Dann folgten aberwitzige vierzig Minuten, in denen Charlie erst meinen Schnorchel, dann meine Gesichtsmaske und schließlich eine meiner Flossen in sieben Meter tiefes Wasser warf und ich wie ein minderbemittelter, apportierender Neufundländer herumpaddelte, als ich nach Kräften versuchte, danach zu tauchen, aber zu meiner Schande immer wieder wie ein Korken an die Oberfläche getrieben wurde. Gottlob hatte ich Kitty, die ebenso eifrig nach meinen Sachen tauchte wie nach ihren eigenen – ein Hoch auf all die Jahre, in denen sie Puppenteekränzchen unter Wasser abgehalten hatte (das jedenfalls erzählte sie mir später).

Dann kamen die Purzelbäume vorwärts und rückwärts. Drei in jeder Richtung, bitte, und unter Wasser ausgeführt, während Charlie zusah und vermutlich unsere Koordinationsfähigkeit, vielleicht sogar unseren Orientierungssinnn überprüfte. Die anderen beiden schafften es, aber ich zappelte und wand mich wie ein Clown und purzelte mehr zufällig als beabsichtigt Arsch über Titten – völlig unfähig, zu beurteilen, wo oben und unten war und ob ich die drei Purzelbäume schon hinter mir hatte. Hustend und spuckend schnellte ich an die Oberfläche zurück, während mich Charlie mit dem Blick eines Menschen musterte, der ein Pfund verloren und einen verbogenen Penny gefunden hat. Ich nehme an, er hatte es in seiner Laufbahn als Tauchlehrer bisher zu einfach gehabt. Jetzt war er im Begriff, sich sein Geld zu verdienen.

Als die Übungen beendet waren, tauchten wir wieder unter und schwammen an Land zurück. Inzwischen hatte mein Herz aufgehört, wie wild zu hämmern, und mein Atem ging nicht mehr so stoßweise. Aber ich schleppte mich völlig erschöpft aus dem Wasser und stolperte den Strand hinauf- glücklich, wieder trockenen Boden unter den Füßen zu haben, und entschlossen, diese Übung nie zu wiederholen.

Es war also vermutlich die alte Angst vor dem Versagen, die mich dazu brachte, am nächsten Morgen wieder in den Taucheranzug zu steigen, obwohl das Meer noch aufgewühlter und der Himmel noch dunkler war als am Tag zuvor. Diesmal glitt ich ohne eine Spur von Nervosität ins Wasser, und Sekunden später machten wir uns in tieferes Gewässer auf, und ich schwamm geradewegs in mein Waterloo hinein.

Ich muß mir zugute halten, daß ich in der folgenden Stunde mehr Kunststückchen vollbrachte, als ich je für möglich gehalten hätte. Zu meiner Überraschung beherrschte ich die Kunst, eine wassergefüllte Gesichtsmaske auszuleeren, ohne meine Linsen zu verlieren. Ebenso, wie es mir gelang, ohne Luft und Gesichtsmaske eine bestimmte Strecke unter Wasser zu schwimmen – *immer noch,* ohne die Linsen zu verlieren. Ich zog die Maske aus und legte sie wieder an. Streifte die Flaschen ab und nahm sie wieder auf. Alle Bewegungen roboterhaft, da mein Hirn sich längst losgelöst hatte.

Plötzlich öffnete der Himmel seine Schleusen, und ein Regensturm prasselte nieder und wühlte die Wasserdecke sieben Meter über unseren Köpfen auf. Ich glaube, allein für dieses merkwürdige Gefühl lohnte sich das Ganze...

Jedenfalls mußten wir, mit überkreuzten Beinen auf dem Meeresgrund im Kreis sitzen, eine nach der anderen unsere Schritte absolvieren, und plötzlich war »Kameraden«-Zeit. Ich beobachtete mit zunehmendem Unbehagen, wie Charlie sein Mundstück herausnahm und es Sue reichte, die das ihre aus dem Mund fallen ließ und durch diese neue Luftzufuhr atmete. Charlie saß wie ein Guru da, während sie ein paar Atemzüge tat, bevor sie ihm das Mundstück zurückgab. Es sah einfach aus, aber es gefiel mir trotzdem nicht.

Dann wiederholte Sue die Übung mit Kitty, und schließlich wandte sich Kitty an mich und hielt mir die Hand hin, damit ich ihr mein Mundstück gebe – ihre Augen fragend hinter der Maske, da ich am Abend zuvor beim Essen eisern darauf beharrt hatte, daß ich mich niemals von diesem kostbaren Gummiteil trennen würde. Als sie mein Zögern spürte, zog sie ihr Mundstück heraus, und ich sah deutlich, wie sie ausatmete. Ich glaube, selbst so hätte ich es für niemanden sonst getan – ganz bestimmt nicht für Miss Schauermann –, aber ich nahm es mechanisch heraus und reichte es hinüber. Dann saß ich da, ließ meinen Atem ganz langsam entweichen und fragte mich unterdessen, wie zum Teufel ich das Ding je wieder in den Mund bekommen würde, ohne den halben Pazifik zu schlucken.

In wenigen Minuten war alles vorbei. Ich hatte von Kitty Luft bekommen, sie von mir, und am Ende war niemand erstickt. Und dann, als ich gerade dachte, ich könnte aufhören, mir Sorgen zu machen, zog Charlie seine Ausrüstung aus, legte sie in den Sand, schoß zur Wasseroberfläche hoch und tauchte nach unten zurück, um seine Sachen wieder anzulegen – mit angehaltener Luft, während er seine Siebensachen zusammenklaubte. Als nächstes war Miss Schauermann an der Reihe, und nach ihr schwamm Kitty an die Oberfläche, und ich sah, wie sie sich dort einen Augenblick lang treiben ließ, das kastanienbraune Haar wie ein Fächer um sie ausgebreitet. Dann tauchte sie gerade wie ein Pfeil herunter, und Blasen stiegen ihr aus Mund und Nase auf, während sie um mich herum nach ihrem Atemgerät suchte.

Oh Gott, oh Gott, oh Gott...

Nun, es gelang mir, die Geräte abzulegen und sie ordentlich auf einen Haufen zu legen. Dann schoß ich an die Oberfläche und blickte auf den kleinen Menschenkreis am Meeresgrund hinunter. Und tauchte. Und tauchte noch einmal. Tauchte ein viertes und ein fünftes Mal. Aber ohne Technik keine Chance, und beim sechsten Mal wurde ich wie eine Aufblaspuppe nach oben gedrückt, während mich die Strömung immer weiter von meiner Gummigarderobe abtrieb und die Panik wieder einmal Besitz von mir ergriff. Am Ende mußten sie mich holen – Kitty schleppte meine Flaschen, Miss Schauermann zog meine Flossen und die Maske hinter sich her –, während ich mittlerweile am Ende meiner Kräfte war und meine Kehle vollkommen wund vom vielen Wasserschlucken.

Lange stritt ich im Wasser mit Charlie herum. Wir schaukelten an der Wasseroberfläche, der Wind nahm beständig zu, und der Regen prasselte herunter – und Charlies Sprache wurde immer drastischer, je mehr ich mich weigerte, die Flaschen wieder anzuschnallen. Die Aussicht, wieder untertauchen zu müssen, machte mir wirklich Angst, aber ich wußte auch, daß wir viel zu weit draußen waren, als daß ich ohne Hilfe hätte zurückschwimmen können. Also beruhigte ich mich schließlich und hielt den Mund, und während ich hinter ihnen her tauchte, mußte ich mir eingestehen, daß, was immer ich in einem früheren Leben gewesen sein mochte, es so sicher wie das Amen in der Kirche kein kleiner Fisch gewesen war.

Heute kann ich darüber lachen. Vielleicht habe ich sogar noch an jenem Abend darüber gelacht und mich damit getröstet, daß ich zwar das Gesicht, nicht aber meine kostbaren Kontaktlinsen verloren hatte. Aber unter keinen Umständen – unter absolut gar keinen Umständen – konnten sie mich überreden, mich ihnen am dritten Tag anzuschließen. Ich hatte genug.

Nun, Kitty erhielt ihr Zertifikat, obwohl ihr von der Anstrengung, es zu erlangen, jedes einzelne Äderchen im Augapfel platzte und ihre

blauen Augen mir boshaft aus vampirroten Pupillen entgegenstarr-
ten. Auch Miss Schauermann schaffte es. Ich bekam ein T-Shirt mit
der Aufschrift »Ich habe im Pazifik getaucht« und lernte eine Lektion
dazu. Nämlich, daß es nicht schlimm ist, zu versagen, wohl aber, es
gar nicht erst zu versuchen. Also war ich froh, daß ich mich immerhin
bemüht hatte.

Mit eingekniffenem Schwanz verließ ich wenige Tage später in
Begleitung von Draculas Tochter Roratonga. Kitty war halb traurig,
halb aufgeregt, weil Tahiti, unsere nächste Zwischenstation, ihr letzter
Anflughafen war. In nur vier Tagen würde sie ihre alten Freunde in
Ottawa besuchen, durch die Krankenstationen wandern oder mit
Nachbarn plaudern, als wäre sie nie fortgewesen.

Ich weiß noch, daß wir uns darüber unterhielten – über das Gefühl
der Leere, wenn man wieder zu Hause war –, als unsere Maschine
abhob und in den düsteren, stürmischen Himmel aufstieg. Aber lange
bevor wir Tahiti erreichten, erwiesen sich die Chancen, daß einer von
uns seine Heimat je wiedersehen würde, als äußerst gering...

Kitty war als erste eingeschlafen, und ich starrte aus dem Fenster
des Notausgangs auf den beleuchteten Flügel, auf den der Regen
herunterpeitschte. Dann muß ich auch eingenickt sein, und das
nächste, was mir ins Bewußtsein kam, war ein furchtbarer Krach –
eher ein Knall als eine Explosion –, der die Motorengeräusche
übertönte. Im selben Augenblick sackte das Flugzeug nach vorn und
zur Seite, und in dem Bruchteil einer Sekunde, den es dauert, bis die
Angst einen Menschen aus dem Schlaf in einen hellwachen Bewußtseinszustand gerissen hat, wurde mir klar, daß wir in Schwierigkeiten
waren.

Ich war im Laufe der Jahre oft geflogen. War oft in schlechtes
Wetter geraten, hatte Gewitter und Flächenblitze erlebt. Mir war das
unverkennbare Gefühl im Magen vertraut, wenn die Maschine in
eine Fallbö gerät und für Sekunden, in denen einem das Herz
stehenbleibt, wie ein Stein in die Tiefe stürzt.

Aber von meinem Platz im Heck des Flugzeuges aus sah ich, wie
Jacken und Reisetaschen, Zeitschriften und Orchideensträuße aus
den Stauräumen über den Sitzen herauspurzelten, und ich wußte,
daß wir uns im Sturzflug befanden – und zwar in einem sehr steilen.

Die Angst, die um so schlimmer war, weil sie so plötzlich gekommen war und so tief ging, schnürte mir den Magen zu. Ich hatte schon
oft Angst gehabt, aber bis zu diesem Augenblick war ich noch nie von
schierem Entsetzen gepackt gewesen. Beim ersten Knall hatte ich

einen leisen Schrei ausgestoßen, aber danach war ich ganz still. Und Kitty ebenfalls – obwohl der Mann, der neben ihr saß, unzusammenhängendes Zeug vor sich hin brabbelte und nach der Stewardeß brüllte, und ich eine Frau ein paar Reihen hinter uns hysterisch schluchzen hörte.

»Meine Damen und Herren – legen Sie bitte sofort die Sicherheitsgurte an.« Die Stimme der Stewardeß, die aus dem Bordlautsprecher drang, klang beängstigend aufgeregt. Und das hektische Piepsen von hundert »Fasten seat belt« – und »No smoking«-Signalen wurde vom Klicken mehrerer hundert Gurte übertönt.

»Die werden uns verdammt was nützen, wenn wir im Wasser landen«, dachte ich, während ich meinen Sicherheitsgurt zuschnappen ließ. Noch während ich mit dem Metallverschluß kämpfte, gab es einen zweiten lauten Knall, der das ganze Flugzeug zu erschüttern schien, und wir stürzten erneut aus dem Himmel herunter.

Überzeugt, daß wir abstürzten, stellte ich eine merkwürdige Gleichgültigkeit an mir fest, bis sich das Flugzeug wieder in die Waagerechte legte. Ich ließ mich gegen die Kopfstütze sinken und sah ruhig zum Fenster hinaus in den strömenden Regen. Ich wußte, daß wir rasch an Höhe verloren. Ich merkte es an dem stechenden Schmerz in den Ohren. Die Frage war nur: hatte der Pilot den Höhenabfall unter Kontrolle, oder befanden wir uns auf einem Kollisionskurs?

Wie um meine unausgesprochene Frage zu beantworten, schnitt plötzlich eine Männerstimme durch das Getöse. Eine Stimme, die eine unglaubliche Ruhe und Gelassenheit verströmte.

»Guten Abend, meine Damen und Herren. Es tut mir leid, daß Sie in einer so unerfreulichen Nacht fliegen müssen –«, begann er mitfühlend. »Wir sind in eine unerwartete Schlechtwetterlage geraten, und Ihnen ist vielleicht eine leichte Verminderung unserer Flughöhe aufgefallen.« *Wie wäre es mit fünftausend Fuß und immer noch fallend?* »Das liegt daran, daß wir uns entschlossen haben, die Front zu unterfliegen, um Ihre Bequemlichkeit zu gewährleisten.« *Und je niedriger wir fliegen, um so weniger tief fallen wir.* »Vielleicht haben Sie vor einigen Minuten ein paar ungewöhnliche Geräusche bemerkt. Sie sind völlig normal und dem Drosseln unserer Geschwindigkeit zuzuschreiben.« *Das hauptsächlich auf die Tatsache zurückzuführen ist, daß wir unser Heck verloren haben.*

Oh, er machte seine Sache gut. Sogar sehr gut. Aber ich ließ mich nicht eine Sekunde lang täuschen. Ebensowenig wie die anderen.

Aber die Passagiere beruhigten sich, die Ordnung war wieder hergestellt, und dreihundertsoundsoviele Seelen schlingerten durch die tobende Nacht und dachten an Freunde und Familien; an das, was wir nicht hätten tun, das, was wir hätten sagen sollen.

Während dieser entsetzlichen Minuten war zwischen Kitty und mir kein einziges Wort gefallen. Aber als ich ihr jetzt ein unsicheres, dünnes Lächeln zuwarf, schob sie ihre Hand in meine. So blieben wir die nächste Stunde über sitzen, während abenteuerliche Geschichten im Flugzeug die Runde machten: Geschichten über ein zerstörtes Fahrgestell, Probleme im Laderaum, eine angeknackste Tragfläche, ein ausgefallenes Triebwerk. (Tatsächlich hatten zwei davon den Geist aufgegeben, aber das sollten wir erst viel später erfahren.)

Ich persönlich konnte einfach nicht über die Ironie meines Schicksals hinwegkommen. Da war ich nun um die Welt gereist und hatte ein übers andere Mal Kopf und Kragen riskiert auf der Suche nach Antworten auf meine Fragen, und nun hatte ich die Antworten gefunden, nur um als Leiche zu enden – im Pazifik herumzutreiben und irgendwann das Mittagessen für einen Haifisch abzugeben. Das Leben ist eine Qual und endet immer tödlich, stimmt's nicht?

Mit dem Gefühl, ein weiteres meiner neun Leben verwirkt zu haben, blieb ich noch lange, nachdem wir dröhnend auf der Landebahn aufgesetzt hatten und in den Flughafen von Tahiti eingerollt waren, auf meinem Platz sitzen. Als ich später in der Warteschlange am Ankunftsschalter stand, sah ich, wie unsere Mannschaft durch die Halle marschierte. Alle bleich und angespannt – der Kapitän starrte geradeaus, ohne nach rechts und links zu sehen, fast als wollte er die geduldig Wartenden nicht anblicken; die zukünftigen Polynesien-Urlauber, die gefährlich nah daran gewesen waren, ihre allerletzten paar Ferienminuten zu erleben.

Ich wäre am liebsten aus der Schlange getreten und hätte ihm gedankt, denn ich wußte – wie wir alle –, daß wir ihm unser Leben verdankten. Aber die große Verstellung nahm bereits ihren Lauf. Die Vertuschung. Die öffentliche Erklärung, daß nichts Ungewöhnliches auf diesem völlig normalen Linienflug passiert war – und ein »Dankeschön« hätte die Lüge platzen lassen. Also dankte ich statt dessen Kitty, daß sie meine Hand gehalten hatte und kein Feigling gewesen war.

In genau vierundzwanzig Stunden waren wir in Tahiti und wieder draußen. Wir konnten nicht ertragen, daß es so französisch, von so aufgeblasener Eleganz war; seine teuren Straßencafés und der entsetzliche Snobismus ging uns gegen den Strich. Und es gefiel uns nicht, daß wir New Yorker Hotelpreise zahlen mußten, um auf jemandes Wohnzimmerboden schlafen zu dürfen – zusammen mit einem Dutzend weiterer Reisender; oder die Tatsache, daß es im Gauguin-Museum alles gab, nur kein einziges Bild von Gauguin.

So nahmen wir eine Fähre zu einer der Nachbarinseln und verbrachten ein paar angenehme Stunden auf dem Wasser damit, daß wir in Erinnerungen an die vergangenen Wochen schwelgten und uns beglückwünschten, daß wir überhaupt noch am Leben waren und uns darüber unterhalten konnten.

Kitty hatte es sich in den Kopf gesetzt, an ihrem letzten Tag in Freiheit dafür zu sorgen, daß ich irgendwo sicher untergebracht war. Als wäre es so etwas wie ein schlechtes Omen gewesen, mich ohne Dach über dem Kopf zurückzulassen. Die kleine Insel, die den Hitzeschleier durchbrach, sah hinreißend aus. Von üppigem Grün, von Gischt umschäumt und mit einem Berg, der im Inland hoch aufragte wie ein grauer Hexenhut. Wir erkundigten uns im Hafen und erfuhren, daß auf der anderen Seite der Insel fünf Brüder lebten, die vielleicht Zimmer zu vermieten hätten. Also ließen wir uns von einem vorüberkommenden Jeep mitnehmen, und der freundliche Einheimische setzte uns ein paar Meilen weiter am Straßenrand ab und deutete auf einen Trampelpfad.

An dessen Ende fanden wir die fünf Brüder, und es stimmte, sie hatten Zimmer zu vermieten. Allerdings würde meins erst in ein paar Stunden fertig sein. So lud ich mein Gepäck ab, und dann wanderten Kitty und ich über die schattige Straße – die einzige, die es auf der Insel gab, wie sich herausstellte – zu dem kleinen Restaurant, das uns die Jungen genannt hatten. Die Inhaberin kochte uns bereitwillig ein Mittagessen und beharrte darauf, wir könnten alles haben, solange es nur gegrillter Papageienfisch sei. Wir tranken viel zuviel dazu, und später photographierte ich die reizende, Limbo tanzende Kitty, und sie machte Photos von der gu'n al'n Trudy vor ihrem Glas Wein.

Viel später liefen wir über die staubige Straße zurück, die von rotblühenden Hibiskus- und Jasminsträuchern zum Meer hin abgeschirmt war. Schwerer Blumenduft hing in der Luft. Wenige Meter von der Straße entfernt klatschte die Brandung auf einen schmalen Streifen Strand, und ein Stück vom Ufer entfernt schwamm ein winziges Atoll in dem strahlend blauen Meer. Dahinter schimmerte das ferne Tahiti rot und lavendelfarben am Horizont.

Der Himmel war mittlerweile von zarten rosigen Streifen überzogen, die Sonne ging allmählich unter, und es wurde Zeit für Kitty, sich von mir zu verabschieden. Wir hörten den Motor des Lieferwagens schon lange, bevor der Wagen um die Kurve gerattert kam. Im Führerhaus saßen vier junge Männer, und obwohl sie Kitty nur zu gerne mitnehmen wollten, erklärten sie, daß der einzige freie Platz im Laderaum sei. Der Laderaum, man hätte es ahnen müssen, war voller Fische. Hunderte davon in schillernden Regenbogenfarben, und sie glitschten und rutschten über den Wagenboden.

Während die jungen Männer im Leerlauf warteten, umarmten wir uns ein letztes Mal, und beide waren wir zu lange unterwegs gewesen, um die gewohnten banalen Dinge zu sagen, wie: »Du mußt mich einmal in London besuchen« oder: »Du bist bei mir willkommen, wann immer es dich nach Ottawa verschlägt.«

Statt dessen sagte sie lächelnd: »Du bist eine Marke. Versuch Kontakt zu halten.«

»Klar ... Ich werde auf den Limbo-Wettbewerben nach dir Ausschau halten«, gab ich zurück. Und dann war sie auf dem Lastwagen, saß rittlings auf dem Fischberg und winkte mir mit breitem Grinsen ... in diesem Augenblick fuhr der Wagen mit einem Ruck an, sie verlor das Gleichgewicht, flog durch die Luft und verschwand vollkommen zwischen der Tierfracht. Und so ist meine letzte Erinnerung an Kitty weniger ein Bild als ein Geräusch – volles, kehliges unbändiges Gelächter, das noch lange in der warmen Luft schwebte, als Kitty selbst schon verschwunden war.

NEUNTES KAPITEL

Ich folge der Sonne

Für die folgenden zwei Wochen war mein Heim ein wunderbares, kleines, strohgedecktes Rundhaus, eines von mehreren auf dem Gelände – fünf davon Wohnräume, das sechste eine Küche, und alle auf Pfählen erbaut. Eine Reihe von Bambusstangen, die in großem Kreis in die Erde eingelassen waren, bildeten das Außengerüst, mit dem der Holzboden so verbunden war, daß er mindestens fünfzig Zentimeter über der Erde schwebte.

Die Stangen waren mit einem Netzwerk von Palmwedeln verbunden, die eine niedrige Wand bildeten und dem Bewohner ein Mindestmaß an Privatsphäre boten, aber darüber war der kleine runde Raum den Elementen ausgesetzt und nur vor der schlimmsten Hitze und vor Regen durch das hohe, spitze Strohdach geschützt. Dieses Dach wiederum überragte die am oberen Ende der Bambusstangen verlaufenden Dachträger, so daß der tief überhängende Saum getrockneter Gräser, obwohl es keine Vorhänge gab, weiteren Schutz bot. Natürlich hatte die Hütte keine Tür.

Das einzige Möbelstück im Raum war eine Matratze auf dem Fußboden, über der ein Moskitonetz hing. Aber ich hatte mittlerweile den Bogen heraus, wie man aus ein paar Quadratmetern ein Heim machte, und nach einer Stunde war ich mit der Verwandlung fertig. Die Matratze war mit einem farbenprächtigen *Lunghi* überzogen, und die Kissen hatte ich in leuchtende Schals gehüllt, so daß mein Bett unter seinem Gazenetz plötzlich unglaublich romantisch aussah – wie aus einem türkischen Harem.

Meine bunte Garderobe von Röcken und Unterröcken hängte ich, zusammen mit Bändern und Gürteln, an dem runden Dachträger auf, während sich mein Schatz fidschianischer Korallenketten, meine funkelnden indischen Armbänder, meine Ohrringe und Fußkettchen in einer großen Muschel häuften, die ich gefunden hatte und deren Perlmutter jetzt warm neben meinem Bett schimmerte.

Als ich dann noch meinen Walkman und die unverwüstlichen Minilautsprecher aufgestellt hatte, trat ich zurück, um meinen kleinen Raum zu bewundern, der jetzt erfüllt war von Farben und beruhigender Flötenmusik, und dachte an Siobhan, die sicherlich stolz auf mich gewesen wäre.

Zufrieden mit meinem Werk, machte ich einen Erkundungsgang und entdeckte sanitäre Anlagen, die direkt aus *Die Schweizer Familie Robinson* stammten. Das Gemeinschaftsbad war ganz ähnlich wie mein Schlafraum gebaut, nur war der Boden nicht erhaben, sondern die Erde war mit glatten Kieselsteinen bestreut, durch die das Wasser ablaufen konnte. Das Waschbecken war unglaublich – aus einer riesigen Muschel gearbeitet, in die ein Loch gebohrt und ein kleines metallenes Abflußrohr eingelassen war. Die Dusche war ein dünnes Metallrohr, das in der Mitte des Raumes stand, und das Dekor bildete ein wildwucherndes Dickicht von Pflanzen, die ungehindert an den Gitterwänden hochrankten. Inmitten dieses Dschungelbadezimmers wirkte das weiße Porzellanklo seltsam fehl am Platz.

Auch die Küche sah aus wie eine ausrangierte Filmdekoration mit ihrem auf Baumstämme gestützten Spülbecken, den Regalen aus roh zusammengezimmertem Bambus und den leuchtend gelben Sittichen, die vorwitzig auf den Gitterwänden hockten und mit zur Seite geneigtem Kopf darauf warteten, übriggebliebene Krumen aufpicken zu können.

Die fünf Brüder gingen ihren Beschäftigungen nach, zwar meiner Anwesenheit bewußt, als ich durch ihr Heim streifte, aber zu scheu, mich anzusprechen. Sie waren dabei, ein weiteres Rundhaus zu bauen, größer als alle anderen – vermutlich sollte einmal so etwas wie ein Wohnzimmer bei uns zu Hause daraus werden –, und sie unterhielten sich bei der Arbeit in einem Gemisch aus Französisch und dem Dialekt der Einheimischen.

Im Alter zwischen achtzehn und etwa achtundzwanzig, waren sie durchweg kräftig gebaute und anziehende junge Männer. Braungebrannt und jugendlich, aber mit der glatten, *weichen* Physiognomie – voll und fast weiblich –, die so typisch für diese Inselbewohner ist.

Ihr Vater war vor ein paar Jahren gestorben, die Mutter lebte auf der Hauptinsel Tahiti, und die fünf Brüder führten hier ein recht harmonisches Leben, jeder mit seinem eigenen Schlafraum und seinem festen Aufgabenbereich.

Gegen Ende dieses Tages hatte ich mich mit dem allgemeinen Dienstplan vertraut gemacht und mich erboten, für sie zu kochen. Als mir einer von ihnen allerdings zwei Dutzend kleiner Fische reichte, die wie Perlen auf einem Band aus Palmbast aufgefädelt waren und aus denen ich, seiner Geste nach zu schließen, ein Abendessen bereiten sollte, war ich einen Augenblick lang ratlos. Ich verließ den

Hof mit ihnen, überquerte den heißen Asphalt und schlüpfte unter dem Bougainvilleavorhang hindurch, der die andere Straßenseite säumte. Vor mir erstreckte sich ein etwa drei Meter breiter Kieselstrand bis zum Wasserrand, und das Meer lief mit sanftem Glucksen auf den glatten Steinen aus.

Ich hockte mich bequem auf die Fersen nieder und zog den Rock bis weit über die Knie hoch, um ihn vor etwaigen größeren Wellen zu schützen, und begann dann, den kleinen silbernen Fischen die Köpfe abzuschneiden und sie mit einer kleinen gebogenen Gabel auszuweiden, dem einzigen Gerät, das ich in der Küche gefunden hatte. Sorgfältig warf ich die Innereien in die flachen Wellen, worauf von allen Seiten Krabben, so groß wie Untertassen, herbeigeeilt kamen und am Wasserrand entlang krabbelten. Während der Arbeit blickte ich mich immer wieder nach allen Seiten um, verliebt in die Schönheit und den Frieden dieses Ortes.

Leuchtend rote Streifen breiteten sich über dem Abendhimmel aus und gesellten sich zu den bereits vorhandenen Silberstrahlen, und am Horizont konnte ich die bläulichroten Umrisse von Tahiti erkennen, das unter einem Hitzeschleier lag. Trotz der sanften Brise, die durch die Bäume strich, so daß die tiefhängenden Palmwedel schaukelten und ihre Blattspitzen in die Wellen tauchten, war es warm und drückend.

Es war Samstagabend in Polynesien. Und bald würde es auch in London Samstagabend sein. Ich lächelte bei dem Gedanken, wie die andere Hälfte der Menschheit lebte. Lächelte in Gedanken an die überfüllten, verrauchten Bars, die lärmenden Nachtclubs, die schikken Kleider, das geistreiche Geplauder und wußte, daß mir nicht viel entging. Mutterseelenallein in der heraufziehenden Abenddämmerung, arbeitete ich mit meiner kleinen Gabel und meinen kleinen Fischen vor mich hin – plante zufrieden ein Abendessen für meine fünf hungrigen Nachbarn und hatte nicht das geringste Bedürfnis, anderswo zu sein oder etwas anderes zu tun.

Früh am nächsten Morgen drang die Sonne ungehindert in mein Schlafzimmer, und nachdem ich eilig geduscht hatte, setzte ich mich auf meine Eingangsstufe und blickte zu dem Berg auf, der über der ganzen Insel thronte, während ich mein Frühstück aus frischen Früchten genoß. Dann verließ ich das Gelände und wanderte zum Strand hinunter. Die Jungen hatten eine Hängematte zwischen zwei Bäumen am Wasserrand aufgehängt, und ich brachte eine angenehme Stunde damit zu, in der warmen Morgenluft sanft über den

Wellen zu schaukeln und mich an dem atemberaubenden Blick zu erfreuen.

Etwa dreißig Meter vom Ufer entfernt lag ein kleines palmenbewachsenes Atoll in der Sonne. Selbst aus dieser Entfernung konnte ich den weißen Saum am Wasserrand sehen und vermutete, daß es einen Sandstrand hatte – der ideale Ort, meine Kleider auszuziehen und mich ungestört der Sonnenanbetung hinzugeben. Das Problem war nur, wie ich dorthin gelangen sollte, da Schwimmen nicht in Frage kam; in dem tiefen Meereskanal, der die beiden Inseln voneinander trennte, herrschte eine viel zu starke Strömung. Aber als ich in Gegenwart von Tui, dem mittleren Bruder, erwähnte, daß ich die Insel gern einmal besuchen würde, erbot er sich, mich als Gegenleistung für meine Dienste als Köchin täglich hinauszurudern.

Und so wurde mein Tagesablauf um einen Punkt erweitert. Den Vormittag verwendete ich dazu, alle möglichen Arbeiten zu erledigen – Wäsche zu waschen beispielsweise. Füllte das alte Ölfaß mit Wasser, stopfte meine gesamte Wäsche hinein, und dann sang ich fröhlich vor mich hin, während ich die Wäsche sauber trat und den Rhythmus des Liedes mitstampfte. Jeden Tag räumte ich mein kleines Zimmer auf, fegte die Kakerlaken und Spinnen hinaus, die sich während der Nacht ungebeten Einlaß verschafft hatten, und störte die Ruhe kleiner Eidechsen, die sich in das kühle Dunkel meiner Kleider verkrochen hatten. Dann ging ich die Meile bis zu der Ansammlung von Hütten und Läden, die das Dorf ausmachten, und wanderte mit den Gaben, die das Abendessen des Tages bildeten, wieder zurück.

Am frühen Nachmittag kletterte ich in Tuis kleines Kanu, und er ruderte mich durch das tiefe und schnell fließende Wasser, das aber kristallklar war, so daß ich zwanzig Meter tief in ein von farbenprächtigem Leben wimmelndes Wunderland aus Licht und Schatten blicken konnte, zu der kleinen Insel hinüber.

Das Atoll war kleiner als ein Fußballfeld, und ich hatte es bei meinem ersten Besuch in weniger als zehn Minuten umrundet. Aber es hatte einen Sandstrand, war menschenleer und eine wahre Sonnenfalle. Hier verbrachte ich meine Nachmittage, vervollständigte mein Tagebuch, schrieb Briefe nach Hause, hörte Musik oder döste nur faul in der Hitze vor mich hin. Und wenn die Sonne tief stand und die Schatten länger wurden, schlüpfte ich in meine Kleider und wartete, bis Tuis kleine Gestalt am gegenüberliegenden Strand auftauchte und er sein Boot ins Wasser schob.

Ich befand mich seit vier Tagen auf der Insel und war auf meinem gewohnten Weg zum Einkauf im Dorf, als Tuis klappriger alter Jeep mit quietschenden Reifen neben mir zum Stehen kam und er sich schüchtern erbot, mich mitzunehmen. Wir waren erst wenige Minuten unterwegs, als uns ein zweiter Jeep entgegenkam und auf gleicher Höhe mit uns stehenblieb, worauf Tui mit breitem Lächeln in die Bremse stieg. Dann beugten sich die beiden Fahrer aus dem Fenster und vertieften sich in eine angeregte Unterhaltung, und ich war so verzaubert von dem Bild, das sich mir vor meinem Fenster bot, daß es ein paar Sekunden dauerte, bevor ich auch nur daran dachte, einen Blick auf diesen anderen Menschen zu werfen.

Aber als ich es dann tat, nahm mir diese neueste Bereicherung des Bildes schier den Atem. Der Mann war kein scheuer, sanfter Polynesier; kein einfacher, gutmütiger Einheimischer. Er war ein arroganter Franzose mit grünen Augen in einem hageren, braungebrannten Gesicht und dunkelbraunen Haaren, die sich über dem Kragen lockten und ihm wirr in die Stirn fielen. Ein gutaussehender Mann, ungefähr Ende dreißig, der mich in dem Augenblick bemerkte, als ich mich in seiner Gegenwart unbehaglich zu fühlen begann. Und wenn man aus seinem Augenausdruck irgend etwas schließen konnte, dann beruhte die umwerfende Wirkung auf Gegenseitigkeit. Ich weiß, daß ich rasch den Blick abwandte und, Desinteresse heuchelnd, aufs Meer hinaus blickte, obwohl ich innerlich zum Zerreißen gespannt war. Verwirrt von dem Unbehagen und der Verlegenheit, die ich spürte, gestattete ich mir nicht einmal einen Blick zum Abschied, als Tui plötzlich auf das Gaspedal trat und wir in einer Staubwolke davonbrausten.

»Er war . . . *wunderbar.*« Dieser Gedanke ließ mich nicht los, während Tui eine befangene Unterhaltung begann und ich mich bemühte, in meinem gewohnten, entsetzlich gebrochenen Französisch zu antworten. Ich hatte den Mann weniger als eine Minute gesehen, aber nach dieser zufälligen Begegnung ging er mir nicht mehr aus dem Kopf. In den folgenden Tagen tauchte er plötzlich überall auf, wo ich ging und stand, und ich hatte den Eindruck, ihn ständig aus der Ferne zu sehen. Jedesmal erlebte ich alle Symptome mädchenhafter Schwärmerei – peinlich für eine Frau in meinem Alter und mit meinen Erfahrungen, darum wäre es immerhin beruhigend gewesen, zu wissen, daß ich eine ebenso verwirrende Wirkung auf ihn ausübte. Aber er übersah mich in einem solchen Maße, daß ich mich des Eindrucks nicht erwehren konnte, ich hätte mir das unverhohlene Interesse in seinen Augen bei unserer ersten Begegnung nur eingebildet.

Einmal fuhr er an mir vorüber, als ich die Straße entlang wanderte. Ich erkannte seinen Jeep, der auf mich zukam, aber als er auf einer Höhe mit mir war, beschleunigte er ohne ein Zeichen des Erkennens. Ein andermal betrat er den Bäckerladen, als ich eben hinausging, und wieder war in seinen Augen, obwohl sie genau auf mich gerichtet waren, keine Spur eines Wiedererkennens. Ich nehme an, ich war ebenso unnahbar, ebenso distanziert. Es hatte mir ebenso die Sprache verschlagen. Und ich hatte ebensoviel Angst.

Denn ich hatte mich jetzt seit Monaten zu niemandem mehr hingezogen gefühlt; es war lange her, daß ich das kleine silberne Kettchen von meinem Fußgelenk gestreift und es Martin zurückgegeben hatte. Seitdem ich mich in diesen Mann verliebt hatte, hatte das erotische Abenteuer mit Fremden für mich jeden Reiz verloren, denn Sex ohne Gefühle war nicht das, was ich wollte. Aber hier stand ich nun, zu Tode erregt von der bloßen Gegenwart eines Mannes; quälte mich mit Phantasien, wie es sein würde, wenn ich diesen Mann dazu bringen würde, mit mir zu schlafen... und ich kannte noch nicht einmal seinen Namen.

Einige Tage später saß ich abends auf meiner Eingangstreppe und schälte Kartoffeln für das Abendessen. Ich beobachtete, wie die letzten Sonnenstrahlen alles in warm schimmerndes Gold verwandelten, so daß die jungen Männer, die wenige Meter von mir entfernt gemeinsam auf dem Dach des neuen Hauses arbeiteten, wie polierte Statuen aussahen. Die Abenddämmerung war heraufgezogen, und ich hatte mich eben in meine Hütte begeben, um die Sturmlampe zu entzünden, als der Jeep in das Gelände einbog. Daher erfuhr ich erst von dem Besucher, als Tui plötzlich aus der Dunkelheit auftauchte und befangen erklärte, daß es nicht nötig war, ein Abendessen zu kochen, da er und seine Brüder zum Essen eingeladen seien. Hinter Tui konnte ich undeutlich eine Gestalt erkennen, aber jetzt trat diese Person in den Lichtkegel, den meine Lampe auf den Boden warf. Es war der Franzose.

Es dauerte einen Augenblick, bis ich begriff, daß ich in die Einladung mit inbegriffen war, aber als ich in seinem Gesicht nach einer Bestätigung suchte, wirkte Tuis Freund alles andere als glücklich über diese Vereinbarung. Eher sogar erbost, und einen Moment lang war es vollkommen um meine Fassung geschehen. Selbstverständlich lehnte ich die Einladung ab und gab vor, lieber zu Hause zu bleiben. Obwohl ich keine Ahnung hatte, was ich den ganzen Abend lang mit mir anfangen sollte – ohne die Gesellschaft der Jungen, ohne Batterie für mein Radio und nur mit dem Licht der Sturmlampe, um darin zu lesen. Nicht einmal mein Kochritual blieb mir, um mich zu beschäftigen.

Es war wirklich ein Witz, daß der einzige Mann, der mir seit einer Ewigkeit gefiel, mich nicht nur nicht zu mögen schien – sondern daß er sich nicht einmal anständig benehmen konnte, wenn wir uns begegneten. Dann drehte sich der Franzose plötzlich noch einmal um, trat dicht an mich heran und strich mir, ohne ein Wort zu sagen, sanft über die Wange. Er stand so dicht vor mir, daß ich ihn riechen konnte – ein herrliches Aroma aus Holz und Schweiß, das mir noch lange, nachdem er gegangen war, in Erinnerung blieb.

Plötzlich machte es mir nichts mehr aus, daß ich zurückgelassen wurde; das Lachen der Männer, als sie sich in die zwei Jeeps drängten und aus dem Hof brausten, bekümmerte mich nicht. Denn ich wußte jetzt, daß mich mein Instinkt nicht getäuscht hatte. Der Franzose war ganz genauso hingerissen wie ich. Und noch entschlossener, es zu leugnen. Und ich konnte nicht umhin, mich zu fragen, warum.

Die Antwort lag auf der Hand, und sie wurde mir am nächsten Tag von Tui gegeben, der alle meine beiläufigen Fragen nach seinem Freund voller Unschuld beantwortete. Claude *war* Franzose und lebte seit neun Jahren auf der Insel. Er hatte in einem Projekt der französischen Regierung zum Ausbau der Industrie auf der Insel mitgearbeitet und dann, als seine Arbeit beendet war, beschlossen, zu bleiben. Er hatte eine Polynesierin geheiratet, mit der er drei Kinder hatte, und war eine angesehene Persönlichkeit im Dorf geworden, hoch geachtet von den Einheimischen – insbesondere von Tui und seinen Brüdern, die ihn wie den Helden der Insel behandelten.

Mit anderen Worten, dieser wunderbare Mann war grundanständig, und das letzte, wonach er sich sehnte, waren Probleme. Niemand konnte das besser verstehen als ich, und von diesem Tag an bemühte ich mich nach Kräften, ihn aus meinen Gedanken zu verdrängen. Und es funktionierte auch ... bis zur Nacht der Ratte.

Ich wußte sehr gut, daß ganze Sippen davon auf dem Gelände lebten, und Ratten waren nicht gerade etwas Neues für mich. Jede Nacht, wenn ich die Petroleumlampe gelöscht und mich zu Bett begeben hatte, hörte ich die Tierchen über den runden Träger trippeln, auf den sich das Dach stützte. In dieser betreffenden Nacht hatte ich meine Kleider wie gewöhnlich über den Träger gehängt und auch, ohne mir Gedanken darüber zu machen, meinen weißen Ledergürtel darüber gelegt. Wie gewöhnlich hörte ich das emsige

Trippeln, als die erste Ratte auf dem Rund umhertollte. Dann mußte sie wohl auf den Gürtel getreten sein, der vom Träger rutschte, so daß sie den Halt verlor.

Ich hörte das aufgeregte Scharren, als sie versuchte, das Gleichgewicht wiederzufinden; hörte den dumpfen Schlag, mit dem mein Gürtel auf dem Boden landete, und einen zweiten, schwereren, als die Ratte gleich anschließend auf das Holz prallte. Und in diesem Augenblick drehte sie vollkommen durch, raste im Raum herum, stieß mit irgendwelchen Gegenständen zusammen und wurde immer kopfloser. Ich lag ohne meine Kontaktlinsen im Stockdunkeln, konnte nicht einmal die Hand vor Augen sehen und war erstaunt über die Unfähigkeit des Tieres, zu sehen, wohin es lief. Hatten nicht alle Ratten große rote Augen, damit sie besser sehen konnten ... und lange gelbe Zähne, damit sie besser beißen konnten ... und waren sie nicht alle mit Tollwut infiziert?

Meine Angst wuchs von Minute zu Minute, und ich versuchte, die Lampe zu entzünden, in der Hoffnung, die Ratte damit vertreiben zu können, aber in meiner Aufregung ließ ich alle Streichhölzer fallen. Ich hörte sie in der Dunkelheit in meine Kassetten rasen und hektisch an meiner Tasche kratzen. Hörte, wie sie gegen meine Muschel prallte und mein ganzer Schmuck über den Boden verstreut wurde. Ich stellte mir eben vor, daß sie wahrscheinlich so verängstigt war, daß sie alles beißen würde, was ihr in die Quere kam, als sie gegen meine Matratze prallte – die natürlich auf dem Boden lag – und über meine Beine sprang. Sie war schwerer als eine durchschnittliche Katze, und das war genug für mich.

Ich sprang mit einem Satz aus dem Bett, verfing mich in meinem Moskitonetz und geriet bei dem Versuch, mich daraus zu befreien, vollends in Panik. Erst als ich über den Hof auf den ersten Bungalow zurannte, der zufällig Tuis war, fiel mir ein, daß ich splitternackt war. Darauf folgte eine vollendete Pantomime, in deren Verlauf ich Tui weckte und ihn daran hinderte, die Lampe anzumachen, weil ich nackt war. Das belustigte ihn ungemein, und er warf mir ein Handtuch heraus, mit dem ich meine Blöße bedecken konnte. Worauf wir gemeinsam zu meiner Hütte zurückkehrten und – welch eine Überraschung – feststellen mußten, daß die Ratte nirgendwo mehr zu sehen war.

Ich aber war inzwischen so entnervt, daß ich die Lampe für den Rest der Nacht anließ und in ihrem Schein in einen unruhigen Schlaf fiel.

Es muß kurz vor der Morgendämmerung gewesen sein, als ich erwachte, und dann, nachdem ich die Lampe gelöscht hatte, lag ich auf dem Rücken und beobachtete, wie die Linie meines Daches und die Umrisse meiner Kleider allmählich in dem dünnen, silbernen Lichtschein sichtbar wurden. Ich hatte schlecht geschlafen, hatte unangenehme Träume gehabt – und fühlte mich überhaupt nicht gut. Genau genommen fühlte ich mich richtig elend. Unruhig, allein und *einsam*. Etwas, das ich seit einer Ewigkeit nicht mehr erlebt hatte. Ich versuchte, an angenehme Dinge zu denken – versuchte, mir Martins Hände, seine Augen, sein Lachen in Erinnerung zu rufen. Es gelang mir nicht. Also beschwor ich statt dessen Claude herauf; dachte an sein schönes Gesicht, wie ich es an jenem ersten Tag im Jeep gesehen hatte, dachte daran, wie er an diesem anderen Abend meine Wange gestreichelt hatte. Dann ließ ich meiner Phantasie freien Lauf und schlief in Gedanken mit ihm, und während ich mit ihm schlief, muß ich wieder eingeschlafen sein.

… Ich lag in diesem Zustand zwischen Schlafen und Wachen auf der Seite, in jenem köstlichen Schwebezustand, in dem man ohne zu lauschen hören und mit geschlossenen Augen sehen kann. Ich spürte, daß es heller geworden war im Raum, daß er aber noch nicht in Sonnenlicht getaucht war, und ich ahnte mehr die Bewegung am Fußende meiner Matratze, als daß ich sie gesehen hätte. Ich akzeptierte in der Art, wie es ein Träumender tut, daß sich jemand in meinem Zimmer befand. Jemand hatte sich geirrt; das dachte ich im Schlaf und hob ohne das geringste Angstgefühl den Kopf, in der Erwartung, mit einem der Brüder zu sprechen, der in diesem meinem Traum gekommen war, um das Bett, das schließlich normalerweise das seine war, zurückzufordern.

Einen Augenblick lang konnte ich die Gestalt, die hinter dem Moskitonetz stand, nicht erkennen und fragte verschlafen: »Was ist los?« Ich bekam keine Antwort, und mir dämmerte allmählich, daß ich vielleicht doch nicht träumte. Und in diesem Augenblick bewegte sich die Gestalt und trat neben mein Bett, beugte sich vor und hob langsam den Saum des Moskitonetzes an.

Claudes Gesicht schob sich in mein Blickfeld, genau wie ich es mir vorgestellt hatte, und ich entspannte mich, denn jetzt wußte ich, daß es wirklich ein *Taum* war. Dann küßte er mich auf den Mund, und der Kuß war so wirklich, daß ich erschrocken zurückwich; aber nur für den Bruchteil einer Sekunde, bis ich begriff, daß es tatsächlich Claudes Gesicht war, das dicht vor meinem schwebte. Ich mußte nicht nachdenken. Brauchte mich nicht zu fragen, was ich jetzt tun sollte. Ich wußte nur, daß ich gewollt hatte, daß er zu mir kam, und plötzlich war er auf unerklärliche Weise da.

Leise schlüpfte er zu mir ins Bett; küßte mich sanft, dann fordernder, bevor er vollkommen die Beherrschung verlor und mich liebte wie ein Besessener. Und ich gab mich freudig dem hin, was ich in diesem Augenblick mehr als alles in der Welt herbeisehnte; schwelgte in dem Gefühl, einen warmen Körper an meinem zu spüren, in der lange vergessenen Wohltat, die es bedeutet, anderen wohlzutun. Ich verlor jedes Gefühl für die Zeit, während wir uns auf der Matratze herumwälzten und einander mit unseren unausgesprochenen Bedürfnissen erschöpften ...

Viel später, der Raum war von hellem Sonnenschein erfüllt, lag ich auf dem Rücken, bewegungslos unter Claudes beruhigendem Körpergewicht. Unsere Gesichter waren nur Zentimeter voneinander entfernt, wir betrachteten uns lächelnd, aber stumm. Wir wußten beide, daß wir uns gleichzeitig etwas genommen hatten, was wir aus tiefstem Herzen wollten, und etwas gegeben hatten, was wir verzweifelt brauchten. Keiner von uns benutzte den anderen, keiner wurde benutzt.

Er stemmte sich auf die Ellbogen hoch, küßte mich ein letztes Mal voller Zärtlichkeit, schlüpfte dann aus dem Bett und blickte mich einen Moment lang an, bevor er das Moskitonetz fallen ließ. Eine Sekunde später war er fort, und erst als ich jetzt meine Arme um mich schlang – schläfrig, befriedigt und vollkommen entspannt –, wurde mir bewußt, daß wir kein einziges Wort miteinander geredet hatten. Von der ersten bis zur letzten Sekunde nicht. Die ganze Begegnung war fast surreal gewesen, und ich begann bereits, mich zu fragen, ob ich mir das alles nur eingebildet hatte, als ich mich auf den Bauch drehte und den Kopf im Kissen vergrub. Und da lag sie – eine wunderschöne Hibiskusblüte, frisch gepflückt und glühend rot auf dem Weiß des Lakens. Zart geadert und leuchtend in der Farbe des frühen Morgens, lag sie da, ein Geschenk von meinem Phantomgeliebten und ein Andenken an einen wunderbaren Augenblick in der Zeit.

Ich glitt aus dem Bett, wickelte mich in einen Sarong, und dann setzte ich mich in meine offene Tür und atmete den herrlichen Morgen ein. Die Blume lag in meinem Schoß geborgen, und ich nahm die Blüte, steckte sie mir, lächelnd über das Geheimnis, das wir teilten, ins Haar und fühlte mich wunderschön.

Danach sah ich Claude noch ein einziges Mal. Es war an einem Sonntagmorgen, dem Tag vor meiner Rückreise nach Tahiti, und ich beschloß, in die Kirche zu gehen. Mehr und mehr hatte ich mir das während meiner Reise angewöhnt. Nicht, weil ich eine Wiederbelebung meiner christlichen Überzeugung erfuhr, sondern weil ich die Atmosphäre der Gemeinschaft genoß, die in der Kirche stets herrschte.

Die Gottesdienste in diesem Teil der Welt sind wunderbar – die Gemeinschaft der Gläubigen ein Meer von Farben, die Gesänge wohltönend und kraftvoll, harmonisch und voller Leben zugleich. Die Frauen tragen weiße Kleider und höchst exotisch geschmückte Strohhüte, und die Männer wetteifern miteinander in ihren weißen Hosen und den herrlichen, wild gemusterten Hemden.

Entschlossen, mich der allgemeinen Stimmung anzupassen, zog ich eine kleine weiße Bluse an, die vorne mit Haken und Ösen geschlossen wurde und weite Puffärmel hatte, und trug meine beiden weißen Baumwollunterröcke, die mir fast bis zu den Knöcheln reichten. Tui bestand darauf, daß ich den Strohhut aufsetzte, den seine Mutter zu Kirchgängen getragen hatte, und ich wand einen Seidenschal darum, um ihm noch mehr Farbe zu geben.

Obwohl ich es mir längst abgewöhnt hatte, Schuhe zu tragen, kramte ich meine weißen Espadrillos hervor, knotete die Bänder zusammen und schlang sie mir über die Schulter. Dann machte ich mich kreuzfidel auf den etwa zwei Meilen weiten Weg zur Kirche. Es war ein hübsches altes Bauwerk, das blendend weiß getüncht auf einer Landzunge stand, und das Meer klatschte von drei Seiten gegen seine Mauern. Es war von einem weißen Lattenzaun umgeben, und ich blieb vor dem hübsch gestrichenen Tor stehen, um mir die Schuhe anzuziehen.

Stimmen hallten in der Luft, und der Gesang schwoll an und fiel wieder ab – manchmal leise und traurig und dann wieder so laut und fröhlich, daß sich die Balken bogen. Ich kam zu spät zur Messe, weil ich wußte, daß ich auf diese Weise am wenigsten Aufmerksamkeit auf mich ziehen würde. Und so schritt ich über den verlassenen Gartenweg, stieg die breite Treppe hinauf und schlüpfte unbemerkt in die letzte Bankreihe. Dennoch erweckte ich die Neugier meiner unmittelbaren Nachbarn, die mich bald in ein freundliches Gespräch verwickelten und, offensichtlich taub für die hallende Stimme des Priesters, mit mir und über mich sprachen.

Am Ende des Gottesdienstes blieb ich auf meinem Platz, während sich die Gemeinde zum Ausgang drängte. Ich konnte mir nicht erklären, warum es so lange dauerte, bis die Menschen draußen waren, und erst als ich mich selbst in der Schlange mit aufstellte, merkte ich, daß sich der Priester, die Gemeindeältesten und die Meßdiener auf der Treppe in einer Reihe aufgestellt hatten, die von der Tür bis hinunter in den Garten reichte. Und sie schüttelten jedem einzelnen Gemeindemitglied die Hand. Ich kam mir ein bißchen wie eine Schwindlerin vor, als mir einer nach dem anderen mit freundlichem Lächeln die Hand schüttelte . . . und einer lächelte breiter als alle anderen.

Einen Augenblick lang geriet ich in Panik, weil ich befürchtete, er könnte denken, ich hätte diese Begegnung herbeigeführt, um ihn in Verlegenheit zu bringen. Aber ich hätte mir keine Sorgen zu machen brauchen. Offensichtlich erkannte Claude an meinem vollkommen verblüfften Gesichtsausdruck, daß er der letzte war, den ich in der Kirche zu sehen erwartet hatte. Als er meine Verlegenheit spürte, nahm er meine beiden Hände, erkundigte sich auf Französisch, wie es mir gehe, und erklärte dem Mann, der neben ihm stand, daß ich auf der Insel zu Gast sei und bei Tui und seinen Brüdern wohnte.

Dann lockerte er seinen beschwichtigenden Händedruck, warf mir das denkbar freundlichste Lächeln zu und ließ mich in der Reihe weiterrücken. Ich spürte, wie sein Blick mir folgte, und war froh, daß wir diese Gelegenheit gehabt hatten, uns voneinander zu verabschieden. Er mochte verheiratet sein, und ganz gewiß war er ein treusorgender Ehemann und Vater, und nichts, was wir getan hatten, würde das ändern. Aber er war auch ein Mann, und für kurze Zeit hatte er sich erlaubt, nur er selbst zu sein und sich mir mitzuteilen.

Und was noch viel wichtiger war, diese Begegnung mit ihm hatte mir etwas bestätigt, was ich längst über mich wußte, nämlich, daß ich Männer mag und möchte, daß sie in meinem Leben immer eine Rolle spielen. Ich hatte gelernt, allein zu bestehen, und ich brauchte jetzt niemanden mehr, auf den ich mich stützen konnte, aber ich wollte mein Leben immer noch eines Tages mit einem Mann teilen. Ich hatte gelernt, mit mir selbst glücklich zu sein, aber ich wollte aus dem Alleinsein keinen Lebensinhalt machen, ebensowenig, wie ich aus der Enthaltsamkeit eine Tugend zu machen gedachte. Seitdem ich aufgehört hatte, Sex als Waffe zu benutzen, um zu verletzen, oder als Tauschmittel einzusetzen, war die Liebe für mich wieder etwas so Besonderes, wie sie es vor all den langen Jahren gewesen war, als ich Rui kennengelernt hatte.

Wenige Augenblicke später war ich durch das Tor wieder auf die Straße getreten, hatte mir die Schuhe über die Schulter gehängt, und meine bloßen Füße hämmerten einen gleichmäßigen Rhythmus auf den warmen Asphalt. Zu meiner Linken blickte der Berg wohlwollend auf mich herunter und warf tiefe, violette Schatten über die Palmenhaine. Während zu meiner Rechten das Meer in der Ferne funkelte und sang und mein kleines grünes Atoll in einem Hitzeschleier tanzte und flimmerte.

Die Luft war erfüllt vom Duft der Jasminblüten und dem Gesang der Vögel, der Himmel war blau und der Morgen wunderbar klar. Mein Lächeln war breit, mein Herz war leicht, während ich über die Straße tänzelte und hüpfte und das köstliche Geheimnis an mich drückte – daß ich wieder verliebt war. Aber nicht in Martin, Claude oder Hafez – nicht einmal in den unverbesserlichen Rui. Irgendwo auf dieser langen, verzauberten Reise hatte ich mich Hals über Kopf in das Leben verliebt.

Ich hatte mich aufgeschwungen, hatte mich für eine Weile freigeflogen, aber ich würde jetzt bald wieder auf den Erdboden zurückkehren müssen. Zurück in der Alltagswelt, würden mir die Flügel gehörig gestutzt werden, und vielleicht würde ich nie wieder Gelegenheit haben zu fliegen. Die Frage war, ob ich mir diese guten Gefühle bewahren konnte, wenn ich erst wieder dauerhaft auf dem Boden zurück war, und meinen Optimismus – durch alles Unangenehme hindurch, das vor mir liegen mochte.

Ich wußte die Antwort noch nicht. Ich konnte nur hoffen, daß die Stärke, die ich erlangt zu haben *glaubte*, von Dauer sein würde. Konnte nur beten, daß die Wahrheit, die ich gefunden zu haben glaubte, auch wirklich war.

Am nächsten Tag verließ ich die kleine Insel mit ihrem schweigsamen Franzosen und den fünf schüchternen Brüdern, und achtundvierzig Stunden später hob mein Flugzeug von Tahiti ab.

Leise, um die blonde Frau, die auf dem Platz neben mir fest eingeschlafen war, nicht zu stören, ließ ich mich in meinen Sitz gleiten. Als sie ungefähr eine Stunde später erwachte, stellte sie sich mir vor: Karen war eine temperamentvolle, lebhafte Kalifornierin; sie kehrte nach einem einmonatigen Aufenthalt in Australien, der Geschäft und Vergnügen miteinander verbunden hatte, nach Hause zurück, und in den Stunden, die es dauerte, bis wir in den amerikanischen Luftraum einflogen, erzählten wir uns alles mögliche, wie es Fremde auf Flugreisen manchmal tun.

Karen war keine Träumerin, sondern eine nüchterne Geschäftsfrau, aber schon bei dieser ersten Begegnung merkte ich, daß sie dabei war, den Boden unter den Füßen zu verlieren. Sie war voll von der ruhelosen Energie, dem schneidenden Witz und dem bereitwilligen Gelächter, hinter dem sich Menschen verstecken, wenn sie entsetzlich verletzt und zornig sind. Daher konnte es mich kaum überraschen, als sie mir anvertraute, daß ihre Ehe vor kurzem zerbrochen war. »Aber ...«, erklärte sie mit einem gleichgültigen Achselzucken, »das ist jetzt alles Vergangenheit. Er ist seit drei Monaten weg, und ich weiß kaum noch, wie er aussieht. Erstaunlich, was?«

Mir wurde schwer ums Herz bei dem Gedanken, wie mir drei Monate nach Ruis Auszug zumute gewesen war. Wie ich damals vollkommen betäubt herumlief und nicht glauben konnte, daß alles aus war; wie ich jede Minute erwartete, daß er vor der Tür stehen oder mich anrufen und sagen würde: »Können wir es noch einmal versuchen?« Wie ich ihn wollte und brauchte und doch unfähig war, mir sein Gesicht in Erinnerung zu rufen. Mit dem Entschluß, sich scheiden zu lassen, hatte sich Karen auf einen grausamen Marathon eingelassen, und während ich ihr festes, verletztes kleines Lächeln sah, wußte ich, daß sie noch in den Startlöchern steckte.

Als wir unsere Warteschleifen über Los Angeles zogen, hatte Karen mich überzeugt, daß ich auf keinen Fall in dieser verrückten, abscheulichen und furchtbar stinkenden Stadt bleiben wollte. Statt dessen, bot sie mir an, sollte ich mit zu ihr nach Hause kommen, und da ich mich mittlerweile in ihrer Gesellschaft wirklich wohl fühlte, nahm ich die Einladung an.

Gleich, als wir das Flughafengebäude verließen, war ich froh über ihre Begleitung, denn ich erlebte den umgekehrten Kulturschock in seiner ganzen schrecklichen Pracht. Ich war von allen Seiten von Luxuslimousinen, eleganten Kleidern und mürrischen Gesichtern umgeben. Der Klang und der Geruch von Geld waren überall; und Kleinlichkeit und schlechte Laune, diese Gefährten von Reichtum und Erfolg, schienen überall in der Luft zu liegen. Ich kann gar nicht sagen, wie sehr es mir zuwider war und wie begierig ich war, diese Stadt zu verlassen.

Aber selbst als wir in Karens hübschem, kleinem Haus in Santa Barbara anlangten, hörte dieser quälende Angriff auf meine Sinne nicht auf. Alle möglichen Dinge, über die ich mir früher keine Gedanken gemacht hatte, störten mich jetzt; der riesige Berg Fleisch zum Beispiel, den Karen an ihre übermütig glücklichen Hunde verfütterte. Diese riesigen, wohlgenährten Ungeheuer leckten sie in ihrer überschwenglichen Wiedersehensfreude halb zu Tode, bevor sie sich über ein Essen hermachten, von dem Kinder in Kalkutta nur träumen konnten.

Gedankenverloren las ich den Text auf der Packung mit Hundekuchen – registrierte, wie wohlausgewogen diese Hundenahrung war; welch ein Wert auf die Beigabe von Vitaminen, Mineralien und Proteinen gelegt worden war. Aber als ich das »Treueangebot« auf dem Deckel las, zuckte ich wirklich zusammen. Wenn Karen – oder wer auch immer – sich die Mühe machte, sechs Packungsdeckel zu sammeln und sie, zusammen mit vierzig Dollar, an die Herstellerfirma zu schicken, so erhielt sie mit der Post ein maßangefertigtes, persönliches Halsband für ihr heißgeliebtes Tier. Kein gewöhnliches Halsband sollte es sein, sondern eine vergoldete Luxusausgabe »für den verwöhnten Hund«. Vierzig Dollar, um einen Hund mit Gold zu behängen... ich fand die bloße Vorstellung zum Kotzen, und ich konnte mich des Gedankens nicht erwehren, wieviel Segen vierzig Dollar in einige der elenden Hütten, die ich gesehen hatte, bringen würden. Es war wirklich obszön.

Tagelang bewegte ich mich im Taumel – und war mir dabei sehr wohl der natürlichen Großzügigkeit meiner Gastgeberin und der Tatsache bewußt, daß ihre Freunde mich herzlich in ihrem privilegierten Kreis aufnahmen. Aber so dankbar ich war für all die Gastfreundschaft, sosehr bedrückte mich auch der entsetzliche Überfluß, der ein Bestandteil des Lebens im Westen ist. Bitter beobachtete ich die Maßlosigkeit und hörte mir die »Mir-geht's-gut«-Philosophie an, die den großen amerikanischen Traum bestimmt.

Der Gedanke machte mich traurig, daß so die andere Hälfte der Menschheit lebte – noch trauriger, mich daran zu erinnern, daß ich selbst sehr wohl ein Teil davon war. Oh, vielleicht würde ich anfangs standhaft sein, aber früher oder später würde ich auch wieder zu den leidenschaftlichen Konsumenten gehören. Einer mehr in der Welt des »Habens« – gewillt, die vielen tausend Menschen zu vergessen, die mir begegnet waren und die gar nichts hatten.

Und es bewahrheitete sich. Innerhalb weniger Tage setzte das Konsumieren ein, indem ich als erstes Karens teuren Friseur aufsuchte, um meinen Haarwust bändigen zu lassen. Dann folgte die Einkaufsrunde, da mir bewußt wurde, daß ich nicht wie eine Eingeborene in New York einfliegen konnte. Das weiße rohseidene Kostüm war genau das Richtige, um im John-F.-Kennedy-Flughafen einzurauschen; das kleine Schwarze mit der großen Schleife wie geschaffen für ein Abendessen in Manhattan. Schuhe erwiesen sich als ein kleines Problem, da meine Füße nach Monaten des Barfußlaufens breiter geworden waren und sich nicht eben bereitwillig in die schwarzen italienischen Ledersandaletten zwängen ließen.

Aber Karen und ich hielten durch, und nach wenigen Tagen war die Verwandlung vollkommen. Als ich mich von meiner neuesten Freundin verabschiedete, war ich nicht mehr als die Frau zu erkennen, die im Flugzeug von Tahiti neben ihr gesessen hatte. Und niemand, der die braungebrannte, elegante Frau in die Maschine nach New York steigen sah, hätte geglaubt, daß sie wenige Wochen zuvor eine barfüßige Insulanerin gewesen war, nackt bis auf die Perlenketten um ihren Hals und die Blume in ihrem Haar.

Man muß gerechterweise sagen, daß Henry C. Stone überrascht war, als er meine Stimme am anderen Ende der Leitung hörte. Er hatte in den vergangenen eineinhalb Jahren zweimal von mir gehört – das erste Mal aus einem Hotel in Athen, das zweite Mal aus Bombay.

»He, Rotschopf – wo zum Teufel bist du?« brüllte er ins Telefon und fiel wie aus allen Wolken, als ich erklärte, daß ich in einem Hotel in der Avenue of the Americas saß, nicht mehr als eine Taxifahrt von seinem Büro entfernt. »Ich bin in zwanzig Minuten bei dir. Rühr dich nicht von der Stelle!« lachte er, und ich stand da und hielt den Hörer noch in der Hand, als die Leitung schon lange tot war.

Zum hundertsten Mal fragte ich mich, ob ich dabei war, das Richtige zu tun, und wußte doch, noch während mir die Frage durch den Kopf ging, daß Henry eins der ungelösten, noch zu lösenden Probleme meines Lebens war. Ruhelos wanderte ich in der Halle auf und ab und betrachtete prüfend mein Bild in den schweren vergoldeten Spiegeln, indem ich mich fragte, was er von meinem neu gestalteten Ich halten würde; dabei wagte ich kaum, daran zu denken, wie er auf mich wirken würde.

Henry C. Stone ... ich glaubte, daß ich ihn einmal geliebt hatte. Ich war wohl überzeugt gewesen, in ihm den Mann vor mir zu haben, der mein Leben vollständig machen konnte, da er die Art Leben führte, die ich mir damals für mich selbst wünschte – stilvoll, kultiviert und gesellschaftlich und beruflich erfolgreich. Er hatte mich aus allen möglichen Gründen außerordentlich fasziniert, aber in der Hauptsache deswegen, weil er schlauer war als ich, zielstrebiger. *Noch* entschlossener als ich, dem Leben alles abzugewinnen, was er für sich wünschte. Ich hatte all das als wünschenswerte Eigenschaften betrachtet, und sie hatten ihn für mich zu einem begehrenswerten Mann gemacht.

Seit unserer letzten Begegnung in New York hatte ich mich oft gefragt, wieviel von dem, was ich für Henry empfunden hatte, echt war und wieviel ich mir eingebildet hatte. Hatte ich ihn wirklich geliebt? Oder war er nur ein weiteres Beispiel dafür gewesen, wie sehr ich mich bemühte, mich in einem Mann zu verlieren – in irgendeinem Mann – damals, vor langer Zeit, als ich das Gefühl gehabt hatte, daß mein Leben auseinanderfiel? Ich hoffte, in allernächster Zeit die Antwort auf diese Fragen zu finden.

Als mein Blick dann auf Henry fiel, war es ein merkwürdiges Gefühl. Immerhin war es, abgesehen von meiner Familie, seit langem das erste bekannte Gesicht, das ich sah, und ich stellte mit Begeisterung fest, daß er immer noch dasselbe Lächeln hatte. Ich genoß die Umarmung und den keuschen Kuß auf die Wange – und merkte plötzlich, daß alles wirklich war, als Henry lange still dastand und mich in den Armen hielt. Der sichere Beweis, daß der Traum beendet war und ich wirklich nach Hause zurückkehrte. Aber es war mir unmöglich, zu sagen, wie meine Gefühle für ihn aussahen.

In den darauffolgenden Tagen trafen wir uns zum Mittagessen, verabredeten uns auf ein Glas am Abend und blieben bis nach dem Abendessen zusammen. Aber körperlich wahrte ich Distanz zu Henry – kehrte jeden Abend in mein Hotel zurück und versuchte herauszufinden, wieviel er mir bedeutete – *ohne* mich durch Sex beeinflussen und irreführen zu lassen. Am vierten Abend schliefen wir miteinander, und es war schön; und als er vorschlug, ich sollte für die letzten paar Tage in sein Apartment ziehen, erschien mir das als folgerichtiger Schritt.

Mit ihm zu leben, war überaus angenehm. Wir machten Spaziergänge im Central Park und plünderten die nahegelegenen Supermärkte, genossen all die Köstlichkeiten, die ich seit Ewigkeiten nicht mehr gegessen hatte. Schauten uns einen Film an, gingen zu einigen Parties. Aber die ganze Zeit sah ich mir selbst zu, wie ich Henry beobachtete. Wie ich diesen Menschen betrachtete, der sein Leben für sich weitergeführt hatte, während ich meines gelebt hatte. Eineinhalb Jahre waren vergangen ... und nicht nur ich hatte mich verändert.

Henrys großes Dachappartement bot dafür vielerlei Anzeichen. Die Schränke quollen über von noch mehr teuren Anzügen – und sagten unmißverständlich etwas über Henrys Geschmack und sein Bankkonto aus. Der Kühlschrank andererseits war leerer, als ich ihn in Erinnerung hatte, die Küche wurde offensichtlich kaum benutzt. Henry mochte wohl hier schlafen, aber den größten Teil seines Lebens verbrachte er anderswo.

Das Telefon klingelte unaufhörlich, und ich war es bald leid, abzunehmen und Nachrichten zu notieren; daher ignorierte ich es nach dem ersten Tag. Selbstverständlich waren viele der Anrufer Frauen. Es wäre blauäugig von mir gewesen, etwas anderes zu erwarten.

Auch die Post war interessant. All die vielen an Henry C. Stone III. adressierten Briefe. Er hatte das »Jr.« zugunsten einer Bezeichnung fallengelassen, die er beeindruckender fand, die besser übereinstimmte mit dem schwergewichtigen Image, das er zu pflegen versuchte – und ich konnte der Versuchung nicht widerstehen, ihn damit aufzuziehen. Aber Henry fand es nicht komisch. So wie er vieles nicht mehr amüsant fand, was ihn noch vor so kurzer Zeit angezogen hatte – einschließlich meiner ziemlich respektlosen Einstellung gegenüber seiner zunehmend pedantischen und durchorganisierten Lebensweise.

Oh ja, diese Wohnung verriet mir alles mögliche, aber die aufschlußreichsten Hinweise gaben die Wände. Als ich Henry das letzte Mal besucht hatte, waren sie ziemlich trostlos und kahl gewesen, aber jetzt waren sie bedeckt mit Stichen, Aquarellen und Ölbildern – alles Originale.

Selbst wenn diese Kunstsammlung meine Aufmerksamkeit nicht erregt hätte, wären mir doch irgendwann einmal die zahlreichen Einladungen zu Galerieeröffnungen, Vernissagen und dergleichen mehr aufgefallen. Und allmählich dämmerte es mir, daß Henry sich (als Teil seines Lebensplanes, ein vollkommener Mann zu werden – ebenso kunstsinnig wie klug, ebenso einfühlsam wie erfolgreich) zu einem Mäzen aufgebaut hatte, zum modernen Schutzheiligen aufstrebender Künstler. Ich glaube, es hätte mich weniger gestört, wenn ich den Eindruck gehabt hätte, daß er sich mehr daraus machte – aus der *Kunst*, meine ich. Aber ich wurde das unangenehme Gefühl nicht los, daß er die Kunst vielleicht nicht gerade meterweise kaufte, jedoch anderes damit bezweckte als sein Vergnügen oder auch nur eine Geldanlage. Er gab damit eine weitere Erklärung dazu ab, wer er zu sein beabsichtigte, wenn er dieser Mensch nicht überhaupt schon war.

Ich erinnere mich an eine bestimmte Galerie, die wir zusammen besuchten... und ich weiß noch, daß mir kein einziges Bild des

Künstlers gefiel. Ich fand seine Werke, die meisten waren Ölgemälde, abweisend und gefühllos. Ehrlich gesagt, ich habe keine Ahnung von Kunst, aber wie die meisten ehrlichen Laien weiß ich, was ich mir gerne anschaue, und kenne das Gefühl der Übereinstimmung, wenn die Sehweise eines Fremden mich innehalten läßt, wenn seine Interpretation einer Sache mich veranlaßt, sie ebenfalls in einem neuen und anderen Licht zu betrachten. Mit diesem Künstler ging es mir nicht so. Selbst heute kann ich noch nicht glauben, daß Henry mehr darin sah. Und obwohl es unbestreitbar bösartig von mir ist, zu erwähnen, daß es in Henrys Apartment eine leere Wand gab und dieses besondere Bild immerhin ungefähr *die richtige Größe* hatte, so besteht meiner Meinung nach kaum ein Zweifel daran, daß dieser praktische Aspekt der Neuerwerbung zumindest mit ausschlaggebend war.

Als ich bemerkte, daß Henry vor dem Bild stehenblieb, kehrte ich noch einmal um, um zu sehen, was mir entgangen war. Es war schrill. Viel Rot und Orange, mit fahlen grünen Streifen – gespenstisch, schroff und kalt. Ich betrachtete Henrys Gesichtsausdruck, während er im Katalog las. *Kaufen! Kaufen! Kaufen!* Ich konnte das Hämmern des harten Stakkatos in seinem Kopf fast hören. Er wollte *dieses* Bild kaufen? Doch sicher nicht.

Aber Henry war ein Mann mit einer Bestimmung – und er hatte eine Lücke von eineinhalb mal zwei Metern auszufüllen, so daß er mit diesem Bild gerade auf etwas mehr als dreitausend Dollar pro Quadratmeter kam. Als er sich, Unterstützung heischend, umwandte, konnte ich nicht umhin zu sagen: »Henry ... das ist doch nicht dein Ernst. Das Bild gefällt dir doch nicht wirklich, oder?«

»Aber sicher. Es ist genau das, was ich gesucht habe, und ich weiß genau, wo ich es aufhänge!« entgegnete er begeistert, wenn auch diese letzte Information nicht überraschend für mich kam.

»Aber ... Henry, es ist *gräßlich*«, beharrte ich. Bist du sicher, daß du tagaus, tagein damit leben kannst? Ich meine, die Technik ist nicht einmal gut, nicht wahr?«

»Was ist dagegen einzuwenden?« fragte er, indem er den Kopf schief legte – was dem Bild vielleicht zugute kam. »Mir gefällt es. Und im übrigen ist ein Sonnenuntergang ein Sonnenuntergang. Es hat viel Farbe, Rotschopf; was meinst du mit Technik?«

Ich wollte meinen Ohren nicht trauen, und das war der Augenblick, in dem ich alles verdarb. »Henry ... um Gottes willen!« zischte ich. »Zuallererst einmal ist das kein *Sonnenuntergang*, es ist ein *Sonnen-*

aufgang. Das ist nämlich ein großer Unterschied, weißt du –« Dann blieb mir das Wort im Halse stecken, als ich Henrys verblüfften, wachsamen Augenausdruck sah und mit Schrecken merkte, daß er es *wirklich* nicht wußte.

»Hier – siehst du nicht, wie kalt es ist, trotz der Rot- und Orangetöne? Spürst du nicht die Kälte darin? Das ist ein Morgenhimmel – aufdringlich und herausfordernd. Es ist ein bedrohliches Morgengrauen, wenn ich je eines gesehen habe.«

Ich merkte, daß die frostige Atmosphäre von dem Bild auf uns übergriff und uns nun beide zu verschlingen drohte, und ich hörte die Selbstbeherrschung aus seiner Stimme heraus, als er sagte: »*Das*, Rotschopf, ist ein Sonnenuntergang. Mir gefällt er, und ich kaufe ihn. Und da *ich* derjenige bin, der damit leben wird, was zum Teufel hast *du* für ein Problem damit?«

Darauf antwortete ich nichts mehr. Als er fortging, um den Künstler zu suchen, wurde mir bewußt, daß ich bis zu diesem Augenblick eigentlich kein Problem gehabt hatte. Aber jetzt türmte es sich riesengroß auf. Wir versuchten, für den Rest des Tages nett zueinander zu sein. Machten Witze und planten die Unternehmungen des nächsten Tages. Aber in der Nacht schlüpfte ich leise aus Henrys Bett und wanderte durch das Apartment, um aus dem Fenster auf die Stadt hinunterzublicken, die niemals schlief.

Ich habe einige wunderschöne Sonnenuntergänge gesehen; habe zugesehen, wie die beruhigende Dämmerung sich über so manch einen freundlichen Abendhimmel von Rhodos bis Radschasthan legte. Ebenso wie ich mit großen Augen und gesträubten Nackenhaaren zahlreiche Morgendämmerungen erlebt habe, von Zügen und Booten und von Flugzeugen aus: als Zeugin des Schauspiels einer aufgehenden Sonne, die sich in das verblassende Grau und Silber einer sterbenden Nacht brennt. Henry war jetzt stolzer Besitzer eines miserabel gemalten Sonnenaufgangs. Es machte mir Sorgen, daß er es nicht wußte.

Natürlich konnte ich ihm kaum einen Vorwurf daraus machen; ich glaube nicht, daß je ein Mensch in Manhattan diese riesige, flammende Kugel gesehen hat. Dort verliefen die Tage von Schwarz zu Grau, dann wurde aus Helligkeit strahlendes Licht, bevor sie wieder dunkel wurden. Die ganze Stadt war blind – ständig eingesponnen in einen Schleier der Hitze und Luftverschmutzung.

Henry war ein wunderbarer Mann, aufregend und herausfordernd in vieler Hinsicht. Aber er war schon achtunddreißig, und es gab noch so vieles, was er nicht kannte. So vieles, das er gar nicht lernen wollte. Mit diesen zehntausend Dollar hätte er für ein paar Wochen auf eine griechische Insel fliegen können, um einfach einmal mit der Natur auf vertrauten Fuß zu kommen. Er hätte ein einfaches Leben führen, sich an den einfachen Dingen erfreuen können. Hätte sich viele Dutzend Sonnenaufgänge und Sonnenuntergänge ansehen und trotzdem noch mit etwas Kleingeld in der Tasche heimkehren können. Aber nein. Henry war zu beschäftigt, um einmal Urlaub zu machen. Zu sehr in Anspruch genommen von seinen Telefongesprächen und seinen Computern, den deutschen Wechselkursen und der Tokioter Aktienbörse, um auch nur zu merken, daß sein Büro kein Fenster hatte und er kaum jemals das Tageslicht erblickte.

Und während ich da saß und zusah, wie der dunkle Himmel sich grau färbte, löste ich endlich das schwierige Problem Henry C. Stone III. Er war in vieler Hinsicht ein besonderer Mann. Ich fühlte mich immer noch zu ihm hingezogen, und er faszinierte mich – ich war überzeugt, daß er weiter von Erfolg zu Erfolg gehen würde. Und früher einmal hätte ich gern daran teilgehabt, aber das war nun vorbei. Irgendwann einmal könnte ich mich vielleicht wieder in Henry verlieben, aber ich bezweifle es. Denn wie könnte ich mich und mein Leben mit einem Mann verbinden, der niemals einen Sonnenuntergang gesehen hatte?

Zwei Tage später hatte ich meine Sachen gepackt und war zum Aufbruch bereit. Henry begleitete mich zur Zubringerstation, konnte mich aber nicht zum Newark-Flughafen bringen, weil er wichtige Kunden aus Chicago erwartete, und Henry – der Mann der Stunde in der Firma – mußte seine Masche abziehen. Es spielte eigentlich auch keine Rolle, denn wir hatten alles gesagt, was zu sagen war, hatten halbherzige Pläne für einen Besuch Henrys im Herbst in London geschmiedet; hatten über die Möglichkeit gesprochen, Weihnachten zusammen zu verbringen; hatten den ganzen »Gruß-und-Kuß«-Stuß hinter uns gebracht, denn das zu sagen, was uns wirklich durch den Kopf ging, wäre schmerzlich für uns beide gewesen.

Ich war traurig, als er in der Menge untertauchte und der Bus sich in den hektischen Verkehr von Manhattan einordnete. Und während wir uns durch die Straßen von New York schoben, warf ich einen langen, langen Blick auf diese Stadt, in der ich einmal geglaubt hatte, mich niederlassen zu können; in diesem Augenblick wußte ich, daß ich sehr lange nicht mehr hierher zurückkommen würde.

Als mein Flugzeug startete und in den Abendhimmel aufstieg,

senkte sich die Dämmerung bereits wie ein Schleier über Manhattan. Ich sah aus dem Fenster auf den Glanz und Flitter von Henrys Stadt hinunter und entschied, daß er damit glücklich werden sollte.

Die Plätze neben mir waren frei, und da sich keine Gelegenheit bot, mir die Zeit mit Plaudereien zu vertreiben, setzte ich die Kopfhörer auf und konzentrierte mich auf die Musik. Ich mußte lächeln, als Albinonis Adagio meinen Kopf erfüllte und Erinnerungen an Bruno und seine kleine Weinbar und ein schmuddeliges kleines Hotelzimmer in Bangkok wachrief.

Langsam, langsam beschrieb die hartnäckige, flüsternde kleine Stimme im hintersten Winkel meines Bewußtseins mir jetzt die nackten Tatsachen meiner Situation. Ich kehrte nach Hause zurück. Dort erwarteten mich kein Geld, keine Stelle und vielleicht nur wenige Freunde. Ich kehrte heim, um die Überbleibsel meines alten Lebens zu begutachten und, wenn ich Glück hatte, ein paar Scherben davon wieder aufzulesen. Ich kehrte heim zu Regen, Telefonrechnungen und dem lauten Nachbarn im Stockwerk über mir. Heim in eine kleine Erdgeschoßwohnung, zu einem kleinen weißen Hund ... und (der Härtetest) ich kehrte zurück, um ich selbst zu sein.

Hatte ich irgend etwas gelernt? War ich wieder bei Sinnen, wieder vollständig – *normal* –, und hatte die Welt eine Frau aus mir gemacht, mit der ich glücklich leben konnte? Ich konnte nicht umhin, zu glauben, daß die Antwort auf diese Fragen »ja« lautete, und dennoch schnürte mir eine zunehmende Nervosität den Magen zu. Aber das war auch in Ordnung so, denn jetzt wußte ich, daß ich Angst haben durfte. Geduldig erinnerte ich mich daran, daß nichts von dem, was vor mir lag, so schwierig sein konnte wie einige von den Dingen, die ich hinter mich gebracht hatte. Ebenso wie niemand in der Welt mir so viel Schaden zufügen konnte, wie ich es selbst aus freien Stücken einmal getan hatte.

Trotzdem machte ich mir Sorgen um die Zukunft. Ich war jetzt ein Mensch, der in sich selbst ruhte und mit sich zufrieden war. Das war etwas, das ich genießen, das ich nicht verlieren wollte. Das war das Glück ... konnte das Leben in London es mir wegnehmen?

»*Denkt daran – wer über Bord geht, zahlt eine Strafe. Wer sein Paddel verliert, zahlt eine Strafe. Wer seinen Helm verliert, zahlt eine Strafe. Wer die Fahrt nicht beendet, zahlt eine Strafe* ...« Aus dem Gewirr von Erinnerungen tauchte plötzlich die Stimme unseres Lehrers vor mir auf, und ich mußte lächeln, als ich daran dachte, welche Angst mir seine Worte damals gemacht hatten. Nun, ich hatte meinen Anteil an Strafen mehr als bezahlt, und was diese Reise betraf, so blieb mir keine andere Wahl, als sie zu beenden. Aber mir kam der Gedanke, daß es schlechtere Übungen für das Leben geben konnte als eine Expedition Weißes Wasser in Neuseeland ...

»Gott ... ich habe solches Glück gehabt«, dachte ich, während ich aus dem Fenster blickte. Ich sah zu, wie die Sonne die Wolken erst mit flammendem Rot, dann mit hellem Rosa und dann mit einem ganz blassen Malventon übergoß, bevor sie sich verabschiedete. Es war ein wunderbarer Sonnenuntergang, der seine kunstvolle Signatur in violetten Strichen auf den Himmel schrieb, bevor er sich langsam auflöste.

Dann war der taubengraue Himmel leer bis auf diesen ersten Stern, der blaß zu mir herunterzwinkerte. Ich hatte am Ende eines Tages oftmals nach ihm Ausschau gehalten, und jedesmal, wenn ich ihn erspähte, wanderten meine Gedanken zurück. Trugen mich zu einem sanft geschwungenen Strand, gerade als die Dämmerung sich über die Landspitze schob, und setzten mich in einer Vertiefung aus feinem Sand ab, und der Nachtwind strich leise seufzend durch die Palmen, eine warme Brise wehte vom Meer her ... und Martin saß schweigend an meiner Seite.

Erinnerungen ... so viele Erinnerungen. Und nichts und niemand konnte sie mir fortnehmen. All diese großartigen Orte und die wunderbaren Menschen, die in meiner Erinnerung weiterleben würden – die meine Träume erfüllen und sich im Wachen in meine Gedanken schieben würden, wann immer ich den Augenblick von neuem durchleben wollte.

Unaufgefordert kamen sie mir jetzt in den Sinn ... Wüstenritte mit Amer, Zugfahrten mit Siobhan, Späße und Unfug mit Chas, mitternächtliches Herzausschütten mit Kitty. Welche Erinnerung würde mir zu Hilfe eilen, wenn das Leben unerträglich wurde?

Und plötzlich war sie da – erfüllte meinen Kopf und mein Herz mit Zuversicht, Gelächter und einem Ausbruch reiner Freude. Die Erinnerung an mich selbst – allein mit dem Himmel, dem Meer und den Fischen –, nackt wie am Tage, an dem ich geschaffen wurde, und in den Wellen tanzend wie ein Derwisch. Fidschi an meinem Geburtstag. In diesem verzauberten, magischen Augenblick, in dem ich *wußte*, daß ich es geschafft hatte.

HEYNE
BÜCHER

Tariq Ali

»Tariq Ali ist ein Meister
der leisen Töne, ganz
und gar unaufdringlich,
und obendrein ein
spannender Erzähler.«
SÜDDEUTSCHE ZEITUNG

Im Schatten des
Granatapfelbaums
01/9405

Das Buch Saladin
01/13036

01/13036

HEYNE-TASCHENBÜCHER

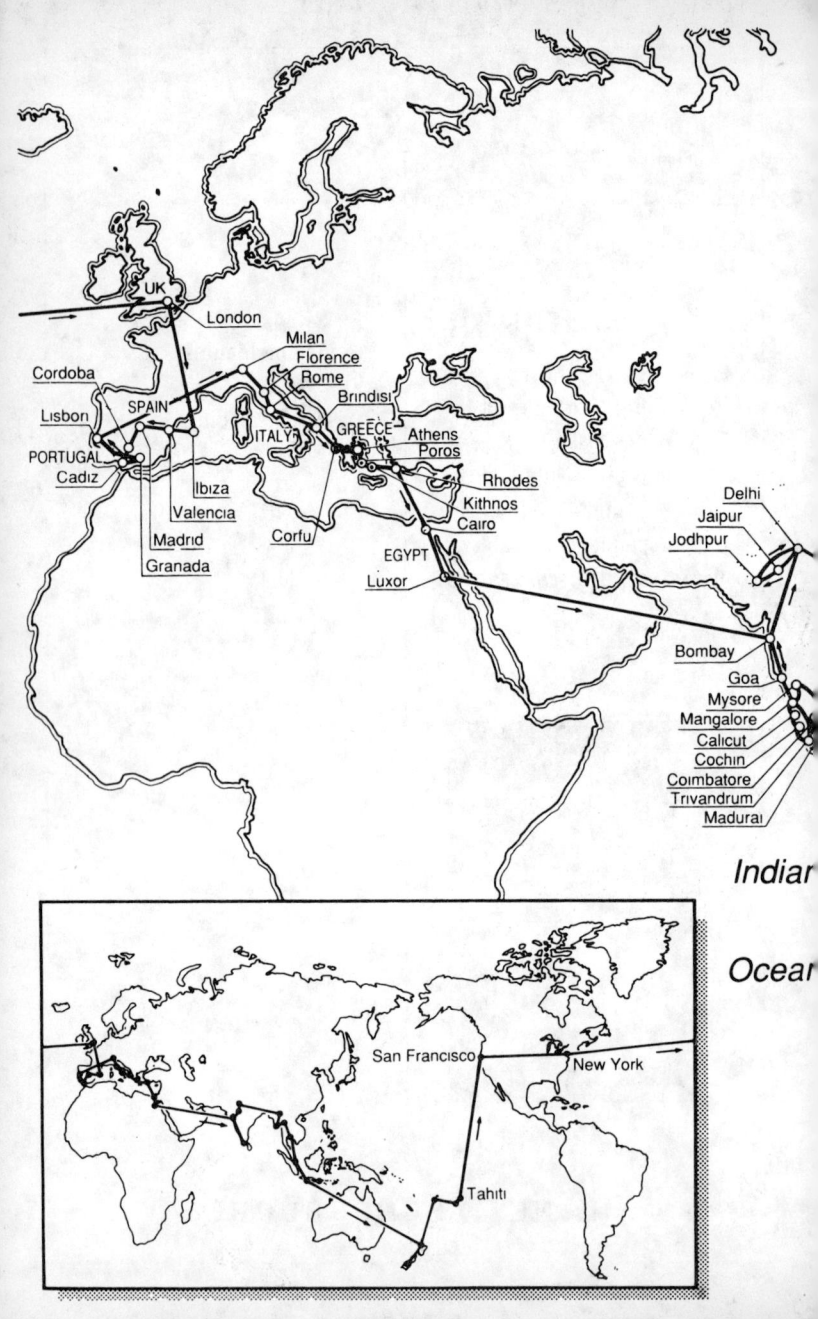

UK
London
Milan
Florence
Rome
Brindisi
Cordoba
SPAIN
Lisbon
ITALY
GREECE
Athens
Poros
PORTUGAL
Cadiz
Rhodes
Ibiza
Kithnos
Valencia
Cairo
Madrid
Corfu
Granada
EGYPT
Luxor

Delhi
Jaipur
Jodhpur

Bombay
Goa
Mysore
Mangalore
Calicut
Cochin
Coimbatore
Trivandrum
Madurai

Indian

Ocean

San Francisco
New York

Tahiti

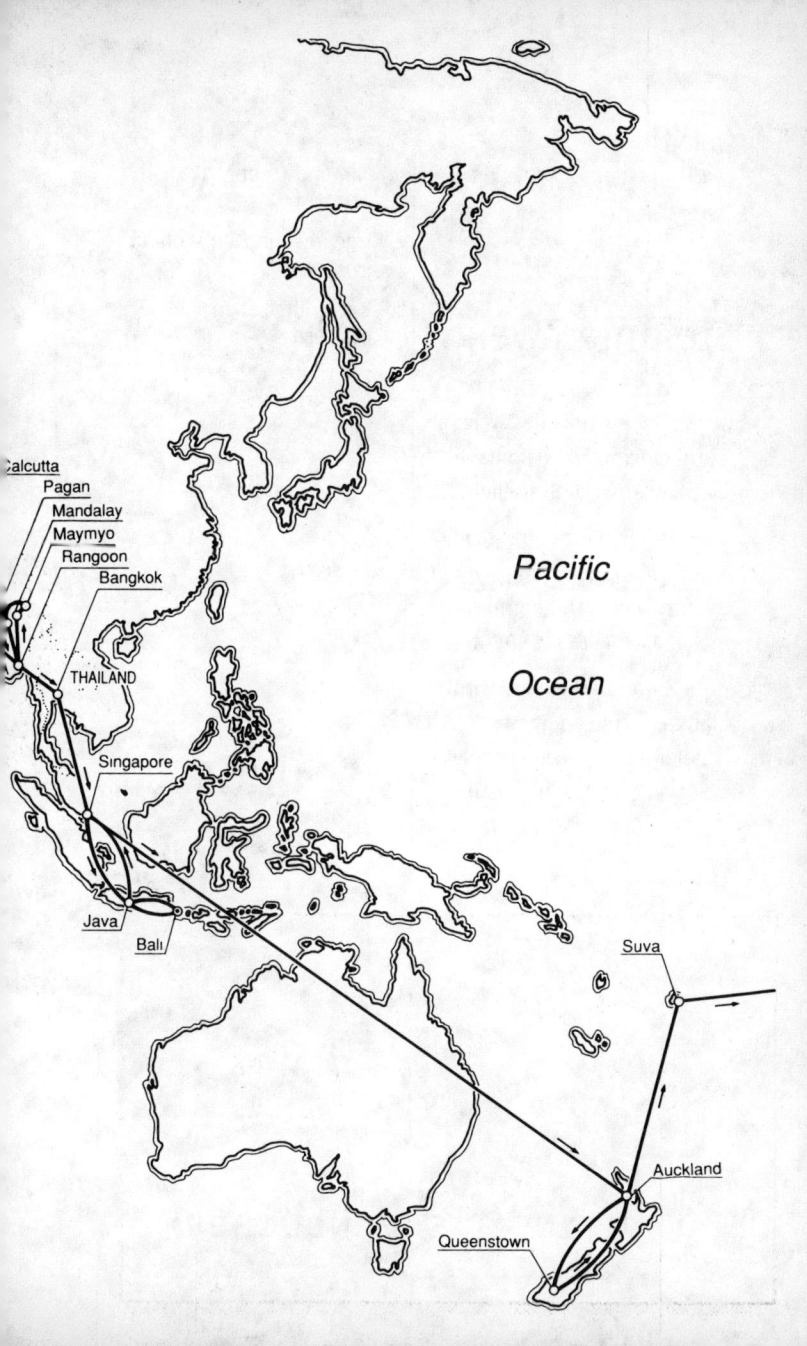

Calcutta
Pagan
Mandalay
Maymyo
Rangoon
Bangkok
THAILAND
Singapore
Java
Bali
Pacific
Ocean
Suva
Auckland
Queenstown

HEYNE
BÜCHER

Stefanie Zweig

Stefanie Zweigs
autobiographische Romane
wurden zu Bestsellern.

»Eine literarische
Liebeserklärung – vor
tragischem Hintergrund.«
HAMBURGER ABENDBLATT

»Der Background wird
ausgezeichnet dargestellt ...
Stefanie Zweig beobachtete
sehr genau.«
SÜDDEUTSCHE ZEITUNG

Nirgendwo in Afrika
01/10261

Irgendwo in Deutschland
01/10590

Katze fürs Leben
01/10980

01/10261

HEYNE-TASCHENBÜCHER